RAYMOND ARON

Le marxisme de Marx

Texte établi, préfacé et annoté
par Jean-Claude Casanova
et Christian Bachelier

ÉDITIONS DE FALLOIS

© Éditions de Fallois, 2002

ISBN : 2 - 253 -10800 - 6 - 1ère publication - LGF
ISBN : 978 - 2 -253 - 10800 - 9 - 1ère publication - LGF

PRÉFACE

par Jean-Claude Casanova

*à Pierre Hassner,
cette édition, en souvenir*

Dans les notes manuscrites de Raymond Aron, qui ont servi à préparer la première leçon du cours qu'il a donnée à la Sorbonne le 7 novembre 1962, leçon qui constitue l'introduction de ce volume, on lit, en travers du dernier feuillet, comme un message mélancolique qu'il s'adressait à lui-même : « Il y a aujourd'hui trente et un ans que j'ai commencé l'étude du marxisme. »

En 1931 il avait, en effet, décidé de consacrer sa vie philosophique à la réflexion sur l'histoire et sur la société et il avait, dans cette perspective, entrepris à Cologne la lecture du *Capital*, sans avoir encore acquis, précise-t-il dans ses *Mémoires*, « toute la culture économique suffisante pour le bien comprendre et le bien juger ». Dans Marx, il cherchait une explication à la crise économique que connaissaient, à cette époque, l'Europe et l'Amérique. Il voulait savoir si cette œuvre offrait une philosophie de l'histoire telle qu'elle pouvait libérer son lecteur de la charge de choisir entre les partis. Car il espérait, naïvement dit-il, « y trouver la confirmation du socialisme », en se demandant s'il était possible de démontrer que la crise économique conduirait à la fin du capitalisme, et de là au socialisme.

À la fois tenté et rebuté par cette philosophie de l'histoire, il en mesurait la force et il en décelait les pièges. Aussi, pour y voir clair, ne cessa-t-il d'approfondir ses connaissances en histoire, en sociologie et en économie. De même, il continua, tout au long de sa vie, d'étudier

Marx, les marxismes, les interprétations qu'on en donnait, et les politiques qu'on en tirait. Au point, comme il l'a reconnu, que sa formation devait plus à l'étude de Marx et aux questions qu'elle lui avait posées qu'à la tradition libérale illustrée par Montesquieu, Constant, Tocqueville et Élie Halévy, dont il se considérait, très légitimement, comme un héritier.

« Je suis arrivé à Tocqueville à partir du marxisme, de la philosophie allemande et de l'observation du monde présent… Je continue presque malgré moi à prendre plus d'intérêt aux mystères du *Capital* qu'à la prose limpide et triste de la *Démocratie en Amérique*. Mes conclusions appartiennent à l'école anglaise, ma formation vient de l'école allemande », a-t-il écrit. Tout cela parce que « j'ai lu et relu les livres de Marx depuis trente-cinq ans » [1].

Cette confrontation permanente avec Marx est présente dans presque toute son œuvre : dans *L'Introduction à la philosophie de l'histoire* (1938), bien sûr, dans *L'Opium des intellectuels* (1955), mais aussi dans ses grands cours sur la société moderne édités en livre : *Les Dix-Huit Leçons sur la société industrielle* (1962), *La Lutte de classes* (1964), *Démocratie et totalitarisme* (1965), et enfin dans l'*Essai sur les libertés* (1965).

Aux marxismes modernes seront également consacrés plusieurs des essais qu'il appelait « de critique idéologique ». Dans *D'une sainte famille à l'autre, Essais sur les marxismes imaginaires* (1969), il examinait la version existentialiste du marxisme qui interprétait Marx à travers Hegel et à partir du jeune Marx, et celle de Louis Althusser, qui pensait, au contraire, que Marx, en 1845, avait totalement rompu avec l'influence hégélienne. La découverte de cette « coupure » permettant à Althusser de revenir à une interprétation orthodoxe et « scientifique » du *Capital*. Toutes ces thèses étaient indéfendables aux yeux de Raymond Aron et, dans *Histoire et dialectique de*

1. *Les Étapes de la pensée sociologique*, Gallimard, 1967, Introduction.

la violence (1973), il revenait, pour en finir avec le marxisme parisien, sur l'étrange liaison chez Jean-Paul Sartre entre un marxisme jugé « indépassable » et une philosophie non moins absolue de la liberté. En 1977 enfin, dans le *Plaidoyer pour l'Europe décadente*, Aron recherchait la part de responsabilité du marxisme dans le régime et l'économie soviétiques.

Il n'y eut pas que ces livres et ces essais. Si l'on devait réunir en volume tous les articles qu'il a, par ailleurs, consacrés à Marx, au marxisme en général, et au communisme en particulier, il faudrait composer un ouvrage aussi épais que celui que vous tenez entre vos mains.

À ces milliers de pages imprimées, on doit ajouter, pour mesurer l'effort accompli, les ébauches de livres. Au milieu des années 30 : « Comme ma conversion à la sociologie avait commencé par l'étude du marxisme, écrit-il, j'avais même songé à une étude sur la postérité intellectuelle et politique de Marx, menée selon une méthode marxiste. J'aurais expliqué le marxisme de la IIe Internationale, la social-démocratie avant tout, par le contexte socio-économique et, simultanément, montré l'influence qu'avait exercée sur la conduite de la social-démocratie l'interprétation donnée par Friedrich Engels et Karl Kautsky de la pensée de Marx. J'avais abandonné rapidement ce projet tant la littérature marxiste, celle d'avant 1924 en particulier, m'avait découragé »[1].

Viennent les années 40 : il envisage alors d'écrire un *Marx et Pareto* pour étudier les révolutions du XXe siècle, le fascisme et le communisme, le rôle respectif des classes et des élites, afin de mettre au jour les relations entre les régimes politiques et les structures sociales et économiques. Sur ce sujet, il donna un cours à Sciences-Po, à la fin des années 40 et au début des années 50, puis il renonça à l'entreprise, pour se consacrer à la rédaction de *L'Opium des intellectuels*.

---

1. *Mémoires*, Julliard, 1983, p. 666.

Ce tête-à-tête avec Marx, ces débats avec ses interprètes, que ce soit Alexandre Kojève qui marxisait Hegel, Joan Robinson, qui ignorait tout de Hegel, ou encore avec Georges Lukács qui interprétait Marx à partir du jeune Marx, comme devaient le faire les existentialistes parisiens trente ans après, conduisaient tout naturellement Aron à rechercher, aussi bien à destination des philosophes et des économistes que des militants communistes et des défenseurs de la liberté, quelle était en définitive la pensée propre de Marx, autrement dit le *Marxisme de Marx*. Cette expression avait déjà été utilisée par Lucien Laurat, vieux compagnon de Boris Souvarine, mais c'est un titre qu'affectionnait Raymond Aron et qu'il donna successivement à deux cours qu'il consacra intégralement à Marx, l'un à la Sorbonne en 1962-1963, l'autre au Collège de France en 1976-1977.

Entre ces années, par trois fois, il avait caressé le projet de consacrer enfin un livre entier à Marx lui-même. Dans les années 60, il y renonça pour se consacrer aux relations internationales et à *Paix et guerre entre les nations*. Au début des années 1970, il faillit à nouveau se mettre à l'ouvrage. Depuis *Paix et guerre*, il considérait, en effet, qu'il n'avait publié que des essais et voulait se consacrer à un « grand livre ». Mais il décida, en définitive, d'écrire son *Penser la guerre : Clausewitz* (1976), alors, reconnaît-il « qu'un *Marx*, une autre étude sur la philosophie de l'histoire aurait répondu davantage à la logique de mon existence et de ma carrière » [1].

En 1977, il se décida à enseigner à nouveau le *Marxisme de Marx*, pour se préparer à l'écriture finale du livre. Il a bien donné le cours, mais il n'a pas écrit le livre, et il a expliqué pourquoi. « J'aurais probablement rédigé le *Marxisme de Marx* si je n'avais été frappé par une embolie, immédiatement après la fin du cours » [2], qui, « en

---

1. *Mémoires, op. cit.*, 645.
2. *Ibid.*, p. 661.

dépit de ses évidentes imperfections, promettait un essai substantiel sur ce que je finissais après tant d'années par tenir pour le noyau, le cœur d'une pensée aussi équivoque que riche… » [1]. « Mon projet était de dégager l'essentiel des spéculations philosophiques du jeune Marx, de saisir les grandes lignes de l'économie telle qu'il la présente dans la *Critique*, les *Grundrisse* et *Le Capital* et de tirer de ces deux parties les divers Marx possibles et les caractéristiques du révolutionnaire-prophète » [2].

Tout au long des années de sa vie consacrées à Marx, quelques idées avaient tenu à cœur à Raymond Aron. Il n'admettait pas les interprétations qui privilégiaient le « jeune Marx » et ignoraient superbement *Le Capital*. D'autant qu'à ses yeux la pensée du jeune Marx n'était pas un bloc, mais un long processus d'assimilation et de réfutation de Hegel qui, couplé avec l'économie ricardienne, devait aboutir à une œuvre économique – *Le Capital* – éclairée par la *Critique*. C'est cette notion de critique qui permettait à Marx d'être à la fois ricardien et hégélien, économiste et philosophe. On ne pouvait donc pas comprendre Marx si on en faisait un simple ricardien ou un économiste vulgaire, comme avaient été tentés de le faire Pareto ou Schumpeter, mais on ne risquait pas, non plus, de le comprendre si on en faisait un philosophe de l'aliénation.

Dans les deux cours – celui de la Sorbonne et celui du Collège de France –, Raymond Aron a longuement débattu de ce problème en analysant attentivement l'ensemble de l'œuvre de Marx et plus particulièrement *Le Capital*, et en montrant les liaisons nécessaires qui existent entre les différentes étapes de cette pensée.

Une autre question centrale était celle de la relation entre la nécessité historique et l'action humaine, qui

1. *Mémoires, op. cit.*, p. 688.
2. *Ibid.*, p. 734.

recouvre les dilemmes nécessité-liberté, théorie-pratique, révolution-réforme qui ont alimenté toute l'histoire du socialisme et du communisme, c'est-à-dire pratiquement toute l'histoire du XXe siècle. Cette question s'imposait tout simplement à Raymond Aron autant qu'à Marx parce que c'est celle dont doit partir tout philosophe qui interroge l'histoire.

Ajoutons que si Raymond Aron reconnaissait volontiers du génie à Marx, il précisait que ce « demi-dieu » avait, comme Nietzsche et Freud, « dit et autorisé à dire presque n'importe quoi ». Dans ce long colloque, Aron n'avait renoncé ni à ironiser ni à réfuter. Mais il ne cachait pas, non plus, son admiration pour Marx, auquel, comme d'ailleurs Pareto et Schumpeter, il reconnaissait un trait de caractère digne d'éloge, celui de détester avant tout la servilité. À ce point de vue, que Marx ait pu servir de maître à penser à tant d'esprits serviles ou tyranniques reste un mystère.

En revanche, il est plus facile de comprendre pourquoi le charme, la difficulté et l'ambiguïté ont favorisé l'efficacité d'une doctrine qui présente en effet, dit-il dans son cours de Sorbonne, « une qualité, pas unique mais rarement atteinte à ce degré, celle de pouvoir être expliquée fidèlement en cinq minutes, en cinq heures, en cinq ans, ou en un demi-siècle. Elle se prête, en effet, à la simplification du résumé en une demi-heure, ce qui permet éventuellement à celui qui ne connaît rien de l'histoire du marxisme d'écouter avec ironie celui qui a consacré sa vie à l'étudier, parce qu'il sait à l'avance ce qu'il doit savoir. Elle permet aussi à ceux qui ont le goût de la recherche de consacrer leur vie à essayer de savoir ce que Marx a voulu dire et d'aboutir à un aveu de demi-ignorance. Je pense qu'il n'y a pas de doctrine qui soit aussi grandiose dans l'équivoque, aussi équivoque dans la grandeur. C'est pourquoi je lui ai consacré un bon nombre d'heures… »

La vie n'ayant pas permis à Raymond Aron de publier son *Marxisme de Marx*, nous avons entrepris de le faire parce qu'il l'avait souhaité, et parce que nous y avons été encouragé par Dominique Schnapper, sa fille, et par Bernard de Fallois, son ami.

On lira dans la note qui figure à la fin de ce volume les raisons pour lesquelles cette édition s'appuie avant tout sur le cours de la Sorbonne et ne donne que des extraits du cours du Collège.

Si Raymond Aron a consacré tant de sa vie à l'étude de Marx et du marxisme, c'était surtout parce que le marxisme servait de fondement à une religion séculière, le communisme, et d'idéologie à l'Empire soviétique. La fascination qu'a exercée l'œuvre de Marx tenait, notamment parmi les intellectuels, à l'attrait ou à la terreur qu'exerçait le régime fondé par son disciple Lénine. Aussi fallait-il bien étudier l'œuvre de Marx pour en comprendre toutes les conséquences historiques.

Comme Raymond Aron devait l'écrire à la fin de ses *Mémoires*, « le Marx utile, si je puis dire, celui qui a changé peut-être l'histoire du monde, est celui qui a répandu les idées fausses ; le taux de plus-value qu'il suggère donne à penser que la nationalisation des moyens de production permet de récupérer pour les travailleurs des quantités énormes de valeur, accaparées par les détenteurs des moyens de production ; le socialisme ou, tout au moins le communisme, élimine la catégorie de "l'économique" et la "science sordide" elle-même. En tant qu'économiste, Marx reste peut-être le plus riche, le plus passionnant de son temps. En tant qu'économiste-prophète, en tant qu'ancêtre putatif du marxisme-léninisme, il est un sophiste maudit qui porte sa part de responsabilité dans les horreurs du XXe siècle »[1].

---

1. *Mémoires*, *op. cit.*, p. 734.

Mais, comme aujourd'hui le « socialisme réel », le « marxisme-lénininisme », la « socialisation des moyens de production », le communisme en un mot ont désormais disparu de notre horizon historique, sont « dépassés », pourrait-on dire à la manière de Sartre, peut-être est-il temps, en s'aidant de ce livre, d'oublier le « sophiste maudit » pour ne se souvenir que du philosophe critique.

Jean-Claude Casanova,
de l'Institut

INTRODUCTION

SUR LA DIFFICULTÉ
D'INTERPRÉTER MARX

L'étude scientifique, c'est-à-dire à la fois philosophique et historique, de la pensée de Marx, se présente dans des conditions singulières pour deux raisons essentielles : les particularités de la vie de Marx lui-même et le destin posthume de son œuvre. Je vais essayer d'analyser les deux sources de ces difficultés exceptionnelles.

Commençons par les difficultés qui tiennent à la carrière et à la personnalité de Marx. Marx, nous le savons, a été à la fois un savant, un homme d'action (il a pris une part décisive à la création et à l'organisation de la Première Internationale), un prophète, et il est devenu, après coup, probablement sans l'avoir voulu, le fondateur d'un État et d'une idéologie quasi ou pseudo-religieuse.

De la diversité de sa personnalité résulte inévitablement l'hétérogénéité de son œuvre. Marx a beaucoup écrit, dans les journaux en particulier, et des textes de nature très diverse, entre autres des pamphlets, dans tous les sens du mot pamphlet, et on a le droit de s'interroger sur l'importance qu'il convient d'attacher à ces diverses sortes d'écrits. Faut-il reconnaître la même signification et la même portée à une lettre adressée à un correspondant ou à un disciple qu'à un texte figurant dans une des œuvres majeures ? Comme tous les auteurs prolifiques, Marx s'est exprimé sur la plupart des sujets politiques, économiques et historiques, et, avec un peu d'assiduité et d'ingéniosité, on peut retrouver sous sa plume, sur la plupart des sujets, des opinions quelque peu contradictoires. Seuls ne se

contredisent pas ceux qui écrivent peu, et Marx certainement n'appartenait pas à cette catégorie. Dès lors, toute
proposition d'ordre général attribuée à Marx peut être
corrigée ou réfutée en utilisant une citation le plus souvent
inconnue, tirée d'un article de journal ou d'une lettre. Au
fur et à mesure du développement historique les marxistes,
ou les marxologues, ou les marxiens – comme on voudra,
ces trois catégories peuvent être distinguées mais elles ont
des caractères communs – ont rectifié les propositions qui
paraissaient ne pas être en accord avec les événements, en
découvrant un de ces textes où l'interprétation ordinaire de
Marx se trouvait en défaut. Je pense que, pour surmonter
ce genre de difficultés, il faut procéder avec bonne foi et
bonne volonté. C'est-à-dire qu'il faut établir une hiérarchie
d'importance des textes disponibles, saisir ce qui est le
centre et l'inspiration de la doctrine, reconnaître que, sur
tel ou tel point précis, tel texte particulier corrige la
doctrine généralement acceptée, mais malgré tout ne pas se
laisser détourner de la règle ordinaire d'interprétation : à
savoir qu'il faut s'attacher aux livres principaux, aux textes
les plus médités, et en particulier aux livres scientifiques, et
qu'il faut essayer de conserver le sens de ce qu'impliquent
les grandes lignes de la pensée de Marx.

La deuxième sorte de difficultés provient de la diversité
des périodes dans la vie de Marx. Marx est né à Trèves,
en 1818, il est mort en 1883 à Londres où il vivait depuis
l'échec de la révolution de 1848. Sa carrière et son œuvre
se divisent chronologiquement en deux parties principales.

Premièrement les écrits de jeunesse (1835-1848). On
peut hésiter sur le point de savoir si le *Manifeste communiste* appartient à la période de jeunesse ou au contraire à la
période de maturité. Ce serait une discussion sans grande
portée, car, à l'évidence, le *Manifeste* est tout à la fois
l'aboutissement de l'effort intellectuel qui a mené Marx de
la philosophie à la sociologie et à l'économie, et le point de
départ des recherches qui l'ont conduit à la publication du
Capital, plus exactement du premier tome du *Capital* en
1867. Personnellement, je préfère voir dans le *Manifeste*

communiste le début de la deuxième période, mais il est sans importance d'y voir simultanément la conclusion ou l'aboutissement, l'apothéose ou la dégradation, selon les préférences, de la pensée philosophique de jeunesse.

La deuxième période, à mon sens, constitue une unité parce qu'elle est dominée par un livre unique, *Le Capital*, bien que, entre-temps et au fur et à mesure des événements et des nécessités économiques, Marx ait écrit quantité de textes de circonstance.

Mais cette division en deux périodes n'est que le point de départ des particularités de la carrière de Marx. En effet les œuvres de ces deux périodes présentent les unes et les autres des singularités.

Les écrits de jeunesse

Considérons les œuvres de jeunesse ; parmi elles deux seulement ont été publiées du vivant de Marx : *La Sainte Famille (Die heilige Familie)* en 1845, et *Misère de la philosophie* en 1847, qui est une réponse au livre de Proudhon, *Philosophie de la misère*. Deux autres articles au moins ont été publiés parmi ces écrits de jeunesse : l'un est l' « Introduction à la critique de la Philosophie du droit de Hegel », et l'autre un article sur « la question juive ». Mais les deux ouvrages qui sont peut-être considérés aujourd'hui comme les plus importants de cette période de jeunesse, à savoir le *Manuscrit économico-philosophique*, rédigé par Marx à Paris en 1844, et *L'Idéologie allemande* écrite en 1846-1847, ouvrages essentiels pour la compréhension de l'itinéraire intellectuel de Marx, n'ont été publiés intégralement que depuis 1932[1]. L'existence de ces textes était connue, certains fragments en avaient été publiés, mais la publication intégrale date de 1932. Ce qui, du coup, explique qu'il y ait eu une destinée posthume de l'œuvre puisque, jusqu'il y a une trentaine d'années, on ignorait ces ouvrages, que Marx lui-même d'ailleurs, dans sa maturité, considérait comme indignes de la publication. Ce qui ajoute une dimension supplémentaire à l'incertitude des interprétations. En effet, beaucoup des marxiens actuels attachent à ces œuvres de jeunesse une importance que le Marx de la maturité leur refusait.

J'ouvre ici une parenthèse. On appelle aujourd'hui « marxologues » les spécialistes de la connaissance et de l'interprétation scientifique de la pensée de Marx. C'est ce que j'essaierai d'être ici. On est un « marxien », ou une proposition est considérée comme « marxienne », lorsque l'individu ou la proposition se réclame ou peut se réclamer de la pensée de Marx sans appartenir à l'interprétation provisoirement orthodoxe du marxisme par les représentants officiels des États qui se veulent marxistes. Enfin, Maximilien Rubel et quelques autres appellent « marxistes », avec un accent péjoratif naturellement à cause de la phrase de Marx : « Moi je ne suis pas marxiste »[2], ceux qui se déclarent officiellement tels, c'est-à-dire les représentants ou les porte-parole soit des partis communistes, soit de l'Union soviétique, soit de la Chine ou de toute autre République populaire ou État soviétique.

Pour revenir à notre question, nous allons donc faire de la marxologie et nous constatons une difficulté particulière à l'interprétation de la pensée de Marx : Marx a dit quelque part qu'il avait abandonné le manuscrit de *L'Idéologie allemande* à la critique des rats. Et il a ajouté que cet ouvrage n'avait eu d'autre fin et d'autre utilité que de permettre à Engels et à lui de mettre au point leurs propres conceptions. Aussi n'avaient-ils pas jugé nécessaire de publier cet écrit de jeunesse, à leurs yeux dépassé[3]. Mais, au bout du compte, un auteur n'est pas le juge suprême de l'importance respective de ses différents ouvrages. La postérité a le droit de croire soit que Marx vieilli se trompait sur les expressions de son génie, soit que des formules de cet ordre étaient une manière de litote, soit enfin que l'interprète peut légitimement substituer au sens que le créateur donne à son œuvre un sens qui lui paraît à lui-même plus satisfaisant.

En dehors de ces deux ouvrages essentiels, le *Manuscrit économico-philosophique* et *L'Idéologie allemande*, on a publié aussi un fragment d'une *Critique*, chapitre par chapitre, de *La Philosophie du droit de Hegel* ; on ne connaissait auparavant qu'un bref article qui était une introduction à cette critique, dont un fragment considérable a été publié il y a une trentaine d'années.

La signification globale de cette première phase de la carrière de Marx n'est pas douteuse. Tout le monde admet, à la suite de Marx lui-même, que celui-ci est allé de la philosophie et spécifiquement de la philosophie hégélienne à l'économie et à la sociologie, ou encore à une certaine conception de l'histoire résumée dans la préface à la *Contribution à la critique de l'économie politique* (publiée en 1859).

L'œuvre de la maturité

Mais, si le sens général de l'itinéraire de Marx est connu, un grand nombre de questions fondamentales se posent. La plus générale est de savoir quel rapport existe entre le jeune Marx, philosophe auteur du *Manuscrit économico-philosophique*, et le Marx de la maturité, auteur du *Capital* ? S'agit-il de deux penseurs distincts ? Et la question elle-même se subdivise en au moins deux questions particulières : que pensait le Marx du *Capital* du Marx du *Manuscrit économico-philosophique*, ou encore que pensait Marx en 1867 de la philosophie hégélienne, que pensait-il de la critique qu'il avait rédigée en 1844 de la *Phénoménologie* de Hegel ? Dans quelle mesure Marx lui-même jugeait-il que *Le Capital* comportait l'application à la matière économique d'une méthode philosophique inspirée par Hegel ?

Mais cette question de la relation entre les deux Marx n'est pas tranchée par la réponse que le Marx de la maturité lui a donnée. On peut aussi se demander ce que le critique d'aujourd'hui pense et doit penser de la relation entre ces deux hommes, ou ces deux périodes.

Ce n'est pas tout. La deuxième partie de la carrière de Marx est également d'interprétation difficile en raison du caractère des œuvres qui en sont résultées. En tant que savant, je dirais que, de 1849 à sa mort en 1883, Marx a travaillé à un livre unique. Si la comparaison ne paraissait, et justement, à beaucoup d'égards, surprenante, je dirais qu'en tant qu'auteur génial, Marx ressemble à Proust. Il est l'homme d'un livre unique. La comparaison ne vaut, je m'empresse de l'ajouter, que sur ce point particulier. L'un et l'autre ont porté toute leur vie un livre unique qu'ils n'ont terminé ni l'un ni l'autre. Marx, en effet, à partir de 1849-1850, a travaillé à un livre qui s'appelait *Critique de l'économie politique*. L'ouvrage ne s'appelait pas *Le Capital*. *Das Kapital* est le titre qui a été donné à un fragment de cette œuvre globale non achevée qui aurait été la *Critique de l'économie politique*. Ce titre ne s'est trouvé retenu que pour le fragment publié en 1859 sous le titre *Zur Kritik der politischen Ökonomie*. Mais nous savons que ce petit livre n'était qu'un fragment de l'œuvre d'ensemble à laquelle Marx n'a cessé de travailler entre 1849 et 1883.

De cette œuvre globale, que nous ne connaissons pas encore entièrement, parce qu'une partie des manuscrits ne sont pas publiés, nous disposons d'une version partielle de *Zur Kritik der politischen Ökonomie*, 1859, traduite en français sous le nom de *Contribution à la critique de l'économie politique*. Nous connaissons également, du moins quelques personnes, un livre énorme, publié d'abord à Moscou et ensuite à Berlin, qui est le manuscrit du *Capital* de 1857-1858[4], qui n'est pas le manuscrit du *Capital* tel que nous le connaissons, mais un premier état inachevé et imparfait de ce livre unique auquel a constamment travaillé Marx et qui s'appelait la *Critique de l'économie politique*.

Marx a publié en 1867 le premier tome de cet ouvrage sous le titre *Das Kapital* et Engels a publié après la mort de son ami les livres II et III qui sont aujourd'hui considérés comme les livres II et III du *Capital*, et qui portent en sous-titre : *Critique de l'économie politique*. Ces livres II et III proviennent à nouveau, selon les préférences des critiques, de la mise au point ou de la trituration des manuscrits de Marx par Engels.

La question la plus importante

Il résulte de tout cela que nous ne possédons que des fragments de l'ouvrage d'ensemble que Marx voulait écrire, et je dirais volontiers que la question, peut-être la plus importante que pose l'interprétation de la pensée de Marx, tient dans l'interrogation suivante : que signifie la formule « critique de l'économie politique » ? L'idée paraîtra plus claire au fur et à mesure que progressera le cours, mais je voudrais en annoncer aujourd'hui les thèmes principaux.

En un certain sens, Schumpeter a absolument raison : par ses concepts, par ses catégories, par sa méthode d'analyse dans le livre I du *Capital*, Marx est un disciple de Ricardo et il appartient à l'économie anglaise de son époque. Mais, en même temps, Marx avait une ambition qui le mettait à part des économistes classiques : il pensait utiliser d'une certaine manière leurs concepts et leurs méthodes pour élaborer ce qu'il appelait une critique de l'économie politique. Cette critique de l'économie politique aurait été simultanément une interprétation ou une explication du mode de fonctionnement de l'économie capitaliste, une mise en place de l'économie capitaliste dans le développement historique des différents régimes économiques, enfin une analyse du développement nécessaire de l'économie capitaliste vers la catastrophe finale. Peut-être même faudrait-il ajouter à ces trois formules une quatrième : Marx avait l'idée, à la fois géniale et extrêmement difficile à réaliser, que les catégories de la pensée économique ne s'expliquaient que par la réalité économique elle-même. Donc la critique de l'économie politique aurait été à la fois l'étude de la formation et de la mort de l'économie capitaliste et l'étude de la force et de la faiblesse de la pensée économique appliquée à la réalité capitaliste.

Ainsi donc, les textes les plus importants de Marx, aussi bien ceux de la première période que ceux de la deuxième, se présentent à nous en des états très différents d'achèvement. Les principaux textes de la première période sont des manuscrits inachevés, comme le *Manuscrit économico-philosophique*, et il y a souvent quelque chose d'irritant dans le soin et le pédantisme avec lesquels on essaye de trouver un sens rigoureux à toutes les phrases d'un Marx de vingt-cinq ans, écrivant pour lui-même ses réflexions sur le monde et sur la philosophie de Hegel. Il y a une différence fondamentale pour tous les auteurs, Marx compris, entre le manuscrit achevé et publié, *druckreif*, comme on dit en allemand, et le manuscrit que l'on garde dans ses papiers, parce que l'on n'a pas l'impression qu'il soit au point et qu'il soit digne d'être lu. Or la marxologie et même la pensée marxienne spéculent et ratiocinent indéfiniment sur n'importe quel fragment du Marx de jeunesse, que Marx lui-même, qui n'était pas entièrement incompétent sur le sujet, trouvait indigne de la publication. Le respect du sacré peut aller quelquefois trop loin, même en matière scientifique.

Dans la deuxième partie de sa vie, nous retrouvons, sous une autre forme, assez paradoxale aussi, la même difficulté. L'idée que les générations se sont faite de l'économie marxiste est tirée d'abord et surtout du premier livre du *Capital*. Or le premier livre du *Capital*, quelle que soit son importance dans l'ensemble, est bien loin d'épuiser le contenu du livre qui se serait appelé *Critique de l'économie politique*. En ce qui concerne les livres II et III, nous sommes en présence de mises au point de manuscrits inachevés. Or, en pareil cas, l'interprète ne peut pas ne pas prendre de risque, c'est-à-dire que, si l'on veut interpréter les livres II et III du *Capital*, il faut faire un choix entre beaucoup de textes et, avec autant de bonne volonté que possible, faire dépendre son interprétation de ce que l'on considère comme le centre vivant de la pensée économique de Marx. En d'autres termes, la question de fond que j'ai posée, à savoir : que reste-t-il de philosophie dans *Le Capital*, ou encore : jusqu'à quel point le Marx de 1867 était-il encore le philosophe de

1844, doit trouver réponse dans une interprétation inévitablement quelque peu arbitraire de deux sortes de manuscrits inachevés : les manuscrits inachevés de 1844, et les manuscrits inachevés des œuvres de maturité.

Je me permets d'insister sur ces données qui sont banales ou qui devraient être banales, parce que la plupart du temps tous, marxologues et marxistes, emportés par leur passion respective, finissent par oublier que, s'il ne s'agissait pas de Marx, tout le monde serait conscient du caractère nécessairement incertain des interprétations auxquelles on aboutit, puisqu'il n'y a pas d'ouvrage philosophique intégral reflétant la pensée du jeune Marx, et qu'il n'y a pas non plus de livre achevé, la *Critique de l'économie politique*, qui soit l'accomplissement et le testament de trente ans de recherches économiques.

Marx a été un prodigieux travailleur, mais il a vécu dans des conditions matérielles très difficiles, et ces difficultés matérielles, ajoutées aux difficultés intrinsèques liées à la nature même de sa recherche, expliquent que, ni pour la première ni pour la deuxième période, nous n'ayons un texte qui puisse faire foi et dont nous puissions dire : « C'est à lui qu'il faut se tenir. »

Le rôle d'Engels

Enfin, la troisième difficulté majeure qui tient à la vie de Marx lui-même réside dans les relations entre Marx et Engels. C'est encore une question à la mode aujourd'hui que celle de la nature des rapports entre ces deux hommes qui devinrent des amis intimes à partir de 1845-1846 et le restèrent toute leur vie. Ce problème comporte certains aspects purement biographiques, à mes yeux secondaires et presque inintéressants, et certains aspects qui touchent au centre même de la recherche que nous entreprenons. Ce que je considère comme secondaire et, pour un marxologue amateur non érudit de mon genre, comme inintéressant, c'est de savoir ce qu'Engels lui-même a apporté à Marx entre 1845 et 1848. En effet, lorsque les deux hommes se sont connus, Engels, qui était le fils d'un industriel du textile et qui a passé une grande partie de sa vie dans une entreprise textile en Angleterre, avait une connaissance de la réalité économique que Marx n'avait pas. Engels a aussi publié, dans les *Annales franco-allemandes*, un petit article de critique des concepts de l'économie politique[5] qui constitue d'une certaine façon l'esquisse de l'œuvre que Marx a voulu écrire toute sa vie. Donc il est non seulement probable mais certain qu'Engels a apporté une contribution à la formation de la pensée de Marx entre 1845 et 1848 ; mais en même temps il ne paraît guère douteux que des deux celui qui avait du génie, c'était Marx.

Peut-être, à certains égards, Engels était-il plus intelligent, tout au moins avait-il plus de bon sens. Mais si tel était le cas, c'était certainement parce qu'il n'avait aucun génie, alors que le génie de Marx est incontestable. J'ajoute qu'Engels n'a cessé de réduire sa propre contribution à la pensée marxiste et de répéter que ce qu'il avait pu apporter à Marx, d'autres auraient pu le lui donner, et que la conception matérialiste de l'histoire, pour employer cette expression commode, revenait essentiellement à Marx. Donc rechercher exactement quels ont été les échanges intellectuels entre Marx et Engels dans leur jeunesse n'est pas inintéressant. Il existe d'ailleurs une grande littérature sur le sujet. Mais personnellement je pense que les choses sont relativement claires et, encore une fois, d'un intérêt intellectuel médiocre.

En revanche, il se pose, à propos des relations entre Marx et Engels, un problème d'importance majeure : c'est le jugement que Marx lui-même portait à la fin de sa vie sur les œuvres philosophiques qu'Engels rédigeait et signait, à savoir essentiellement *L'Anti-Dühring*, et *La Dialectique de la nature*[6], les exposés de philosophie matérialiste liée à la conception matérialiste de l'histoire. Car le marxisme d'aujourd'hui est dans une large mesure sorti non pas de la philosophie du jeune Marx, mais des écrits dits philosophiques du vieil Engels. Et là, nous revenons à la discussion qui n'est pas terminée sur la

pensée profonde du Marx de la maturité et de la vieillesse
à l'égard des sujets philosophiques. Un étudiant yougoslave [7] qui travaille à la Sorbonne depuis de nombreuses
années apportait récemment une thèse à un professeur de
cette maison, où il prétendait démontrer, textes à l'appui,
que Marx dans sa vieillesse était absolument d'accord
avec la pensée philosophique d'Engels. Le professeur de
cette maison qui recevait cette thèse s'en trouvait, à la
fois, fâché et non convaincu, parce que pour lui il était
inconcevable que Marx eût été d'accord avec la philosophie d'Engels qui, quelques fanatiques mis à part, n'est
pas considérée comme une philosophie de premier ordre.
En d'autres termes, la philosophie matérialiste d'Engels, à
la fin de la vie des deux hommes, peut-elle être considérée
comme le testament philosophique de Marx ou non ? À ce
point, la question apparemment historique se transforme
en une question de fond et nous ramène au problème
majeur des relations entre philosophie et économie.

Économie et philosophie

Prenons Jean-Paul Sartre. Il ne peut pas croire que Marx
était d'accord avec la philosophie matérialiste d'Engels,
parce que cette philosophie matérialiste ne lui plaît pas et
lui paraît indigne du grand homme. Marx lui-même, et
l'étudiant yougoslave sur ce point a absolument raison, a
certainement dit plusieurs fois qu'il était d'accord avec la
philosophie d'Engels. À n'en pas douter, et étant donné ce
qu'étaient leurs relations, il approuvait ce qu'écrivait son
ami et collaborateur permanent. Mais les historiens en
général et les marxologues en particulier sont gens subtils,
il y a tant de façons pour un grand homme de dire à son
collaborateur qu'il a raison, il existe tant de façons de dire
qu'on est d'accord avec lui et d'éprouver des réserves.
Et puis, à supposer même que Marx ait cru sincèrement
qu'il se trouvait d'accord avec la philosophie matérialiste
d'Engels, il reste toujours la ressource de dire que Marx se
trompait sur lui-même ou se trompait sur la signification de

son œuvre. En fait, les contestations actuelles sur les
relations entre Marx et Engels tiennent au fait que les
meilleurs philosophes, du moins occidentaux, qui se
veulent plus ou moins marxistes se sentent capables
d'adhérer à peu près à la philosophie de jeunesse de Marx,
très difficilement au matérialisme dialectique tel que
l'esquissait Engels dans la dernière partie de sa vie et tel
que ce matérialisme dialectique est devenu à la suite d'un
certain nombre de péripéties, la philosophie plus ou moins
officielle d'un grand mouvement historique. Et du même
coup nous passons à la deuxième catégorie des difficultés
que j'ai annoncées, c'est-à-dire les difficultés qui tiennent
non pas aux conditions de la vie de Marx, mais à la
destinée posthume de sa pensée et de ses œuvres.

À partir du dernier quart ou du dernier cinquième du
XIXe siècle, la pensée de l'exilé londonien est devenue
l'idéologie progressivement de plus en plus officielle
d'un grand mouvement social. Le passage de la pensée
de Marx au marxisme s'est opéré essentiellement par
l'intermédiaire d'Engels et des sociaux-démocrates, amis
d'Engels, Bebel[8] et surtout Liebknecht[9], puis Kautsky[10]
qui a été, entre 1895-1900 et 1914, l'idéologue officiel de
la Deuxième Internationale. Les partis socialistes se sont
constitués en Europe en tant que grands partis de masses,
à partir du dernier cinquième du XIXe siècle, et le plus
grand de ces partis de masse a été la social-démocratie
allemande qui était également le plus marxiste des partis
socialistes d'Europe. Mais le parti socialiste français, par
exemple, était sensiblement moins marxiste que la social-
démocratie allemande. Jean Jaurès[11] pourtant se recom-
mandait, en un certain sens et d'une certaine façon, du
marxisme, bien que l'on puisse plaider qu'il ne l'a jamais
réellement compris. Mais enfin ne pas comprendre le
marxisme est une disgrâce qui arrive à beaucoup de
militants et de non-militants. La social-démocratie russe
était aussi profondément marxiste mais avec, dès le point
de départ, des querelles extrêmement vives au sujet de
l'interprétation du marxisme.

Ce lien entre la pensée de Marx et le mouvement socialiste crée naturellement une situation dont il n'y a pas d'équivalent dans l'histoire du cartésianisme ou dans l'histoire du kantisme. Ni le cartésianisme ni le kantisme ne sont devenus la tête pensante de masses agissantes. Or le marxisme, à partir de 1890-1895, est devenu la justification, l'animation de mouvements politiques au sein desquels on discutait sur les relations entre le premier et le troisième livre du *Capital*, sur les relations entre le taux de la plus-value et le taux de profit, comme s'il s'agissait de discuter sur une mesure législative ou sur une réforme sociale. Autrement dit, la discussion scientifique sur la signification du marxisme a été inextricablement liée aux querelles politico-sociales d'interprétation du marxisme, querelles politico-sociales qui faisaient que les différents groupes tendaient à agir d'une certaine façon en fonction d'une lecture déterminée à la fois de Marx et du monde. Jusqu'en 1917, ces querelles scientifico-politiques du marxisme se sont situées à l'intérieur de la Deuxième Internationale.

Puis est survenue la révolution russe, et ce qu'on a appelé à cette époque « le grand schisme », c'est-à-dire la dissociation en deux blocs rivaux du mouvement socialiste mondial se réclamant de Marx, la Deuxième Internationale et la Troisième Internationale. À partir de 1917, les querelles d'interprétation du marxisme ne se déroulent plus à l'intérieur seulement d'un mouvement socialiste international, lui-même parti du monde occidental, mais d'une part entre socialistes et communistes, d'autre part à l'intérieur du monde soviétique entre des factions ou des groupes rivaux au sein de la Troisième Internationale. À partir de ce moment, ce que Marx a exactement dit ou voulu dire importe de moins en moins pour les querelles dites doctrinales à l'intérieur de la Troisième Internationale, encore que les différents protagonistes disposent tous, pour soutenir leur thèse sur des sujets à propos desquels Marx n'a rien pensé, d'un nombre considérable de citations de Marx.

Heureusement, à partir du moment où les querelles marxistes deviennent exagérément politiques, une nouvelle dissociation intervient entre la marxologie et le marxisme. C'est le moment où nous nous trouvons. Sartre dit dans *La Critique de la raison dialectique*[12] que son livre n'aurait pas pu être écrit si la déstalinisation ne s'était pas produite auparavant. Je n'en suis pas sûr, mais disons que la condition pour se livrer à des exercices de marxologie ou pour traiter des problèmes dont je vais traiter, c'est d'accepter la dissociation entre les querelles d'interprétation inextricablement liées à la politique de la Deuxième, de la Troisième Internationale et le problème scientifique ramené à sa pureté scientifique : qu'est-ce que Marx – non pas Marx en 1962, parce que Marx a vécu au siècle dernier –, mais qu'est-ce que Marx, entre 1835 et 1883, a pensé et voulu dire ? Mon sentiment est qu'aujourd'hui la dissociation entre l'histoire du marxisme et la marxologie est suffisante pour que ce cours n'apparaisse pas comme une contribution déplaisante aux querelles politiques des marxistes, mais plutôt comme une contribution honnête à une question scientifique : quelle a été la pensée de Marx au siècle dernier ? Et non pas : que doit-on penser pour agir au siècle actuel ? Cependant, cette dissociation entre les querelles marxistes et les débats marxologiques n'est évidemment pas une dissociation entière. Il existe toujours le risque que des arrière-pensées pro ou anti-marxistes se mêlent au débat marxologique.

Le débat central

En effet, le débat marxologique central, celui que j'ai pris comme sujet de ce cours, porte sur les relations entre les œuvres de jeunesse et les œuvres de maturité, ou encore entre la philosophie et l'économie de Marx. Je dis que c'est le débat marxologique central et je le démontre de deux façons.

Premièrement, c'est le débat le plus ouvert, puisque s'expriment encore sur ce thème des opinions extrêmes.

L'un, Joseph Schumpeter, disant que *Le Capital* est le livre d'un disciple de Ricardo, et l'autre, Jean Hyppolite, le meilleur de nos hégéliens, disant que *Le Capital* est imprégné de la pensée hégélienne. Donc, ce débat est central pour la marxologie d'abord parce qu'il s'agit d'un débat authentique, ouvert, sur lequel des hommes également compétents, Schumpeter d'un côté, Hyppolite de l'autre, formulent des opinions aussi catégoriques que contradictoires.

La deuxième raison pour laquelle le débat est central, c'est que Marx en tant que penseur se définit par le passage de la philosophie hégélienne à une conception de l'histoire. La grandeur de Marx ou sa faiblesse, c'est d'avoir dit : la philosophie est achevée, il faut la réaliser. Ce que signifie cette formule, nous en discuterons. Mais certainement s'il existe une possibilité de résumer en un petit nombre de phrases l'entreprise, l'aventure intellectuelle de Marx, ce résumé serait le suivant : il part de la philosophie hégélienne, il voit en elle l'achèvement de la philosophie classique et il considère que dorénavant la vraie philosophie, c'est la pensée ou l'interprétation du monde à partir de l'économie, en vue de réaliser ce qu'il appelle la philosophie. Toutes ces propositions, pour avoir été entendues plusieurs fois, n'en sont pas moins extraordinairement obscures, et peut-être n'arriverons-nous jamais à en trouver une interprétation satisfaisante. Mais il est certain que là réside le sens de l'aventure intellectuelle de Marx, du moins en tant que Marx, non pas en tant que fondateur de l'Union soviétique – cela c'est un accident historique de grande dimension, mais pour le philosophe, au moins pour un marxologue, ce n'est qu'un accident. Il n'en reste pas moins que cette question centrale de la marxologie – Marx, que voulez-vous, est diabolique – a des implications pro et anti-marxistes.

En effet, depuis environ une trentaine d'années, il existe dans le mouvement marxiste ou para-marxiste une aile que j'appellerai, d'un mot vague et obscur, « révisionniste ». Son instrument principal est l'œuvre de jeunesse de Marx. Le premier et le plus intelligent de ses représentants est, très évidemment, le marxiste hongrois Georges Lukács dont le livre, *Histoire et conscience de classe*, a été publié en 1923 à Berlin et traduit l'an dernier en français. À l'époque, Lukács ne connaissait qu'une partie des ouvrages de jeunesse de Marx, mais il a certainement vu avec une parfaite clarté la possibilité de réinterpréter le marxisme officiel en utilisant la pensée au moins hégélianisante du jeune Marx. Depuis lors, Lukács a renié plusieurs fois son livre de jeunesse, il en a interdit la publication en français, sans réussir à l'empêcher. Cela prouve que la réinterprétation de la pensée de Marx à partir des œuvres de jeunesse a des implications politiques, puisque cette réinterprétation est d'ordinaire condamnée par les interprètes officiels du marxisme soviétique ou du marxisme communiste en France. Les philosophes qui insistent le plus sur la portée des œuvres de jeunesse de Marx ne sont évidemment pas des orthodoxes, je veux dire par là que ceux qui sont les plus convaincus de l'importance des œuvres de jeunesse de Marx, Jean-Paul Sartre ou Jean Hyppolite, ne sont pas des orthodoxes du marxisme soviétique. Mais il serait faux d'établir une corrélation stricte entre anti-marxisme soviétique et attitude favorable à l'égard des œuvres de jeunesse de Marx : bien que je ne sois pas un philosophe marxiste tout à fait orthodoxe, j'ai tendance dans la question marxologique à réduire l'importance des œuvres de jeunesse. Je préfère l'annoncer à l'avance : à mes yeux la grande œuvre de Marx n'est pas le *Manuscrit économico-philosophique*, mais évidemment *Le Capital*.

Quoi qu'il en soit, ce qui reste vrai, c'est que la discussion marxologique sur le rapport philosophie et économie, ou œuvres de jeunesse et *Capital*, est liée indirectement aux querelles intra-marxistes sur la vérité passée ou actuelle du marxisme. Ce qui signifie qu'il faudra se donner le plus de peine possible pour discuter le problème marxologique en pénétrant le moins possible dans les querelles politico-marxistes.

Que lire ?

Quelques mots pour achever cette introduction et donner des indications bibliographiques. Il n'est pas question que quelqu'un puisse avoir lu toute la littérature sur Marx. Si on attendait d'avoir soi-même lu tout ce qu'on a écrit sur Marx avant d'en écrire, on mourrait certainement avant d'avoir achevé les études préparatoires. J'indiquerai brièvement la littérature qui me paraît essentielle, choisie dans celle que je connais. J'ai des raisons, qui me paraissent valables, de croire que la littérature que je connais comprend sinon tout ce qui est important, tout au moins la plus grande partie de ce qui est important.

La littérature sur le marxisme se divise en plusieurs catégories. Il y a d'abord la littérature des intellectuels ou militants de la Deuxième Internationale. À cette époque, la littérature marxiste est essentiellement allemande ou autrichienne, en tout cas en langue allemande, et secondairement russe. Les grands noms sont pour les Allemands de la Deuxième Internationale : Karl Kautsky et Hilferding qui a été ministre des Finances de la république de Weimar et qui a écrit un livre, *Finanzkapital* ou *Le Capital financier*, qui a eu une certaine influence. Parmi les Autrichiens, le plus philosophe, et le plus intéressant en tant que philosophe, est Max Adler [13], puis un autre, qui était davantage militant, Fritz Adler [14], qui n'était d'ailleurs pas parent du premier, et un troisième qui s'appelait Otto Bauer [15]. Parmi les Russes, nous avons naturellement Plekhanov [16], un des premiers marxistes importants, qui a exercé une certaine influence sur Lénine ; puis Boukharine [17], Trotski [18] et Lénine [19]. Tous ces auteurs sont de ceux qui ne sauraient distinguer entre marxologie et marxisme, puisque la distinction entre ces deux notions est à leurs yeux, dans l'hypothèse la plus favorable, une ruse de la bourgeoisie : laisser entendre qu'il y a place pour des interprétations différentes du marxisme, c'est évidemment, lorsqu'on est engagé dans la bataille politique, dévaloriser à l'avance la caution que le fondateur de la vérité donne à l'homme qui agit ou tout au moins à l'interprétation qu'il donne de son action. Donc, quand il s'agit des Allemands que je viens de citer ou des Russes, il n'y a pas encore distinction entre marxologie et marxisme, bien qu'il soit toujours possible pour le marxologue au deuxième degré de choisir dans les écrits de ces marxistes actifs entre ce qui ressortit à l'interprétation de Marx et ce qui ressortit à la bataille politique. C'est une distinction à la fois possible et impossible : on peut toujours la faire, on n'est jamais sûr de ce qui ressortit à l'un ou à l'autre genre.

À partir de 1917, nous disposons d'une autre sorte de littérature, celle des auteurs russes sur le marxisme. Littérature partiellement accessible en français dans la mesure où il s'agit des textes de Trotski, de Staline[20] et des dirigeants de la révolution soviétique ou de leurs interprètes. En ce qui concerne les textes des philosophes russes qui ne sont pas accessibles à ceux qui ne savent pas le russe, ce qui est mon cas, il y a deux livres classiques à travers lesquels on peut se faire une idée de la littérature marxiste soviétique, celui d'un père jésuite du nom de Gustav Wetter, et un autre d'un dominicain, le père Bochenski. Ces deux livres donnent beaucoup de références et d'analyses de la philosophie marxiste soviétique, c'est-à-dire du matérialisme dialectique. Le livre du père Wetter s'appelle *Le Matérialisme dialectique*.

En ce qui concerne la prolongation chinoise du marxisme, faute de lire le chinois, on ne peut connaître que ce qui est traduit dans l'une ou l'autre des langues européennes. Une bonne partie des œuvres de Mao Tsétoung[21] ont été traduites en français, et un plus grand nombre encore en anglais, de telle sorte qu'il n'y a pas de difficulté majeure pour lire ces textes, étant bien entendu que là la part de la marxologie est réduite au minimum et la part du développement créateur du marxisme au maximum.

Enfin il existe une littérature semi-marxiste, semi-marxologique, qui a discuté le marxisme soviétique.

Entre les deux guerres, on trouve les livres en allemand de Georges Lukács, comme celui que j'ai déjà cité, *Histoire et conscience de classe*, et le petit livre d'un philosophe allemand peu connu, fort intéressant, Karl Korsch, qui s'appelle *Marxismus und Philosophie* (Marxisme et philosophie). Le livre de Lukács et celui de Korsch préfigurent un mouvement qui s'est épanoui dans la France d'après la Deuxième Guerre mondiale, celui de la réinterprétation du marxisme à partir des œuvres de jeunesse.

Dans la littérature occidentale marxiste d'entre les deux guerres, le livre qui, à l'époque, a eu le plus d'influence, et de retentissement, et qui est curieusement oublié aujourd'hui, est celui d'Henri De Man, le socialiste belge, en français *Au-delà du marxisme* ; et si mes souvenirs sont exacts, en allemand, *Zur Psychologie des Sozialismus* (1922), c'est-à-dire « Psychologie du socialisme ». Depuis 1945, nous connaissons en Occident une avalanche de livres sur le marxisme qui, les uns, sont des ouvrages qui se veulent purement marxologiques, du type de ceux de Maximilien Rubel, les autres, se veulent critiques du marxisme soviétique, par exemple celui du philosophe anglais Harry B. Acton, et, enfin, les derniers appartiennent à ce que j'ai appelé la réinterprétation du marxisme à la lumière des ouvrages de jeunesse. Dans ce genre, les pays les plus féconds sont, en premier lieu, la France, et secondairement l'Allemagne. La France dispose d'une bonne dizaine de livres de ce style. Le meilleur me paraît encore celui du révérend père Calvez. Depuis une vingtaine d'années, les prêtres ont pris une part considérable à la marxologie et à la discussion du marxisme, ce qui donne lieu très évidemment à des interprétations marxistes. Le livre du révérend père Calvez s'appelle *La Pensée de Karl Marx*. C'est le livre le plus global, le plus riche, sur l'interprétation du marxisme à partir des œuvres de jeunesse. Mais il en existe beaucoup d'autres. En allemand, au moins deux méritent d'être cités, l'un d'un universitaire de Bâle qui s'appelle Heinrich Popitz, et l'autre d'un professeur allemand du nom d'Erich Thier. En France, en dehors du livre du père Calvez, deux livres méritent aussi d'être cités parce qu'ils touchent directement à mon problème : l'un a pour auteur le père Bigo, jésuite également, et l'autre, d'un professeur des facultés de droit, Henri Bartoli, est consacré à l'économie marxiste.

Cela ne constitue pas une bibliographie. Mais ces ouvrages, dont j'ai une connaissance suffisante, en dehors de celle que je puis avoir des textes de Marx, donnent une idée des différents moments de la littérature sur le marxisme.

Première phase : la Deuxième Internationale, Kautsky, et, à la même époque, la discussion économique entre les marxistes et les marginalistes sur l'économie de Marx.

Deuxième phase : la formation de l'Union soviétique, le grand schisme, la séparation entre le marxisme social-démocrate et le marxisme soviétique, les polémiques entre les deux marxismes et à l'intérieur de chacun d'eux.

Troisième phase : la séparation du marxisme et de la marxologie, la prise en considération des ouvrages de jeunesse de Marx, la réinterprétation du Marx de la maturité à la lumière des œuvres de jeunesse, l'abondante littérature sur les interprétations philosophiques possibles du marxisme, qui de temps en temps se situe à l'intérieur de ce courant de pensée et de temps en temps à l'extérieur. Nous sommes, semble-t-il, à un moment où l'évolution historique nous permet d'introduire des distinctions de genre.

Je terminerai en indiquant un livre qui, parmi tous ceux que je connais, serait le plus utile comme introduction à ce cours. C'est le livre de Lichtheim, qui s'appelle tout simplement *Marxism*. Ce livre offre une vue d'ensemble beaucoup plus détaillée, beaucoup plus approfondie, de ce que j'ai essayé de dessiner rapidement dans cette introduction, c'est-à-dire les moments de la carrière de Marx et ceux de sa carrière posthume, Lichtheim appliquant à l'étude de la pensée de Marx et du marxisme une méthode plus ou moins marxiste [22].

PREMIÈRE PARTIE

LA FORMATION DE SA PENSÉE

CHAPITRE I

SES IDÉES EN 1848 [1]

Deux méthodes sont concevables pour étudier l'évolution de la pensée de Marx : ou bien suivre pas à pas la formation de ses idées pour arriver à la pensée de sa maturité. Ou bien partir de la pensée de Marx telle qu'elle se présente à partir de 1848, moment où, d'après sa propre déclaration, il a achevé la mise au point de sa conception de l'histoire.

La première méthode est, dans l'abstrait, la meilleure, mais elle demande beaucoup plus de temps car elle exigerait un travail d'érudition. Nous allons donc adopter la deuxième méthode. Nous placer au moment où la *pensée philosophique* de Marx s'est formée. Analyser en quoi consiste cette *pensée philosophique*. Voir comment elle s'est constituée.

Pour exposer ce que j'appelle ici *la pensée philosophique de Marx* à partir de 1848 et avant les ouvrages de vieillesse d'Engels, je me propose d'utiliser deux textes principaux : le *Manifeste communiste* et la préface à la *Contribution à la critique de l'économie politique*.

J'utiliserai aussi, mais secondairement, l'« Introduction à la critique de la Philosophie du droit de Hegel ».

Une conception d'ensemble

< Marx [2] lui-même, dans un texte qui est peut-être le plus célèbre de tous ceux qu'il a écrits, a résumé sa conception d'ensemble. Dans la préface à la *Contribution*

à *la critique de l'économie politique* publiée à Berlin en 1859, il s'exprime ainsi :

> « *Voici, en peu de mots, le résultat général auquel j'arrivai et qui, une fois obtenu, me servit de fil conducteur dans mes études.*
>
> « *Dans la production sociale de leur existence, les hommes nouent des rapports déterminés, nécessaires, indépendants de leur volonté ; ces rapports de production correspondent à un degré donné du développement de leurs forces productives matérielles. L'ensemble de ces rapports forme la structure économique de la société, la fondation réelle sur laquelle s'élève un édifice juridique et politique, et à quoi répondent des formes déterminées de la conscience sociale. Le mode de production de la vie matérielle domine en général le développement de la vie sociale, politique et intellectuelle. Ce n'est pas la conscience des hommes qui détermine leur existence, c'est au contraire leur existence sociale qui détermine leur conscience. À un certain degré de leur développement, les forces productives matérielles de la société entrent en collision avec les rapports de production existants, ou avec les rapports de propriété au sein desquels elles s'étaient mues jusqu'alors, et qui n'en sont que l'expression juridique. Hier encore formes de développement des forces productives, ces conditions se changent en de lourdes entraves. Alors commence une ère de révolution sociale. Le changement dans les fondations économiques s'accompagne d'un bouleversement plus ou moins rapide dans tout cet énorme édifice. Quand on considère ces bouleversements, il faut toujours distinguer deux ordres de choses. Il y a le bouleversement matériel des conditions de production économique. On doit le constater dans l'esprit de rigueur des sciences naturelles. Mais il y a aussi les formes juridiques, politiques, religieuses, artistiques, philosophiques, bref les formes idéologiques, dans lesquelles les hommes prennent conscience de ce conflit et le poussent jusqu'au bout. On ne juge pas un individu sur*

l'idée qu'il a de lui-même. On ne juge pas une époque de révolution d'après la conscience qu'elle a d'elle-même. Cette conscience s'expliquera plutôt par les contrariétés de la vie matérielle, par le conflit qui oppose les forces productives sociales et les rapports de production. Jamais une société n'expire, avant que soient développées toutes les forces productives qu'elle est assez large pour contenir ; jamais des rapports supérieurs de production ne se mettent en place, avant que les conditions matérielles de leur existence se soient écloses dans le sein même de la vieille société. C'est pourquoi l'humanité ne se propose jamais que les tâches qu'elle peut remplir : à mieux considérer les choses, on verra toujours que la tâche surgit là où les conditions matérielles de sa réalisation sont déjà formées, ou sont en voie de se créer. Réduits à leurs grandes lignes, les modes de production asiatique, antique, féodal et bourgeois moderne apparaissent comme des époques progressives de la formation économique de la société. Les rapports de production bourgeois sont la dernière forme antagonique du procès social de la production. Il n'est pas question ici d'un antagonisme individuel ; nous l'entendons bien plutôt comme le produit des conditions sociales de l'existence des individus ; mais les forces productives qui se développent au sein de la société bourgeoise créent dans le même temps les conditions matérielles propres à résoudre cet antagonisme. Avec ce système social c'est donc la préhistoire de la société humaine qui se clôt » [3].

On trouve dans ce texte toutes les idées essentielles de l'interprétation économique de l'histoire, avec la seule réserve que ni la notion de classes ni le concept de lutte de classes n'y figurent explicitement. Cependant, il est facile de les réintroduire dans cette conception générale.

1°) Première idée, et idée essentielle : les hommes entrent dans des rapports déterminés, nécessaires, qui sont indépendants de leur volonté. En d'autres termes, il convient de suivre le mouvement de l'histoire en analysant la structure des sociétés, les forces de production et les rapports de production, et non pas en prenant pour origine de l'interprétation la façon de penser des hommes. Il y a des rapports sociaux qui s'imposent aux individus, abstraction faite de leurs préférences, et la compréhension du procès historique a pour condition l'intelligence de ces rapports sociaux supra-individuels.

2°) Dans toute société on peut distinguer la base économique ou l'infrastructure, et la superstructure. L'infrastructure est constituée essentiellement par les forces et les rapports de production, cependant que dans la superstructure figurent les institutions juridiques et politiques en même temps que les façons de penser, les idéologies, les philosophies.

3°) Le ressort du mouvement historique est la contradiction, à certains moments du devenir, entre les forces et les rapports de production. Les forces de production sont, semble-t-il, essentiellement la capacité d'une société donnée de produire, capacité qui est fonction des connaissances scientifiques, de l'appareil technique, de l'organisation même du travail collectif. Les rapports de production, qui ne sont pas définis avec une entière précision dans ce texte, semblent être essentiellement caractérisés par les rapports de propriété. Il y a en effet la formule : « les rapports de production existants, ou, ce qui n'en est que l'expression juridique, les rapports de propriété à l'intérieur desquels elles s'étaient mues jusqu'alors ». Cependant, les rapports de production ne se confondent pas nécessairement avec les rapports de propriété, ou tout au moins les rapports de production peuvent inclure, au-delà des rapports de propriété, la répartition du revenu national, plus ou moins étroitement déterminée par les rapports de propriété.

En d'autres termes, la dialectique de l'histoire est constituée par le mouvement des forces productives, celles-ci entrant en contradiction à certaines époques révolutionnaires avec les rapports de production, c'est-à-dire tout à la fois les rapports de propriété et la distribution des revenus entre les individus ou groupes de la collectivité.

4°) Dans cette contradiction entre forces et rapports de production, il est facile d'introduire la lutte de classes, bien que ce texte n'y fasse pas allusion. Il suffit de considérer que dans les périodes révolutionnaires, c'est-à-dire les périodes de contradiction entre forces et rapports de production, une classe est attachée aux rapports de production anciens qui deviennent une entrave pour le développement des forces productives, et en revanche qu'une autre classe est progressive, représente de nouveaux rapports de production qui, au lieu d'être un obstacle sur la voie du développement des forces productives, favoriseront au maximum la croissance de ces forces.

Passons de ces formules abstraites à l'interprétation du capitalisme. Dans la société capitaliste, la bourgeoisie est attachée à la propriété privée des instruments de production et, du même coup, à une certaine répartition du revenu national. En revanche, le prolétariat, qui constitue l'autre pôle de la société, qui représente une autre organisation de la collectivité, devient, à un certain moment de l'histoire, le représentant d'une nouvelle organisation de la société, organisation qui sera plus progressive que l'organisation capitaliste. Cette nouvelle organisation marquera une phase ultérieure du procès historique, un développement plus poussé des forces productives.

5°) Cette dialectique des forces et des rapports de production suggère une théorie des révolutions. En effet, dans cette vision de l'histoire, les révolutions ne sont pas des accidents politiques, mais l'expression d'une nécessité historique. Les révolutions remplissent des fonctions nécessaires et se produisent lorsque les conditions en sont données.

Les rapports de production capitalistes se sont développés d'abord au sein de la société féodale. La Révolution française s'est produite au moment où les nouveaux rapports de production capitalistes avaient atteint un certain degré de maturité. Et, dans ce texte du moins, Marx prévoit un processus analogue pour le passage du capitalisme au socialisme. Les forces de production doivent se développer dans le sein de la société capitaliste ; les rapports de production socialistes doivent mûrir au sein de la société actuelle avant que ne se produise la révolution qui marquera la fin de la préhistoire. C'est en fonction de cette théorie des révolutions que la IIe Internationale, la social-démocratie, inclinait à une attitude relativement passive ; il fallait laisser mûrir les forces et les rapports de production de l'avenir avant d'accomplir une révolution. L'humanité, dit Marx, ne se pose jamais que les problèmes qu'elle peut résoudre : la social-démocratie avait peur d'accomplir trop tôt la révolution, ce pourquoi d'ailleurs elle ne l'a jamais faite.

6°) Dans cette interprétation historique, Marx ne distingue pas seulement infra- et superstructure, mais il oppose la réalité sociale et la conscience : ce n'est pas la conscience des hommes qui détermine la réalité, c'est au contraire la réalité sociale qui détermine leur conscience. D'où une conception d'ensemble selon laquelle il faut expliquer la façon de penser des hommes par les rapports sociaux dans lesquels ils sont intégrés.

Des propositions de cette sorte peuvent servir de fondement à ce que l'on appelle aujourd'hui la sociologie de la connaissance.

7°) Enfin, dernier thème inclus dans ce texte : Marx dessine à grands traits les étapes de l'histoire humaine. De la même façon qu'Auguste Comte distinguait les moments du devenir humain d'après les façons de penser, Marx distingue les étapes de l'histoire humaine d'après les régimes économiques, et il détermine quatre régimes économiques ou, pour employer son expression, quatre modes de production, ceux qu'il appelle asiatique, antique, féodal et bourgeois.

Ces quatre modes peuvent être divisés en deux groupes :

Les modes de production antique, féodal et bourgeois se sont succédé dans l'histoire de l'Occident. Ce sont les trois étapes de l'histoire occidentale, chacune étant caractérisée par un type de relations entre les hommes qui travaillent. Le mode de production antique est caractérisé par l'esclavage, le mode de production féodal par le servage, le mode de production bourgeois par le salariat. Ils constituent trois modes distincts d'exploitation de l'homme par l'homme. Le mode de production bourgeois constitue la dernière formation sociale antagonique, parce que, ou dans la mesure où, le mode de production socialiste, c'est-à-dire les producteurs associés, ne comportera plus d'exploitation de l'homme par l'homme, de subordination des travailleurs manuels à une classe détenant tout à la fois la propriété des moyens de production et le pouvoir politique.

En revanche, le mode de production asiatique ne semble pas constituer une étape de l'histoire occidentale. Aussi les interprètes de Marx ont-ils discuté infatigablement sur l'unité, ou la non-unité, du processus historique. En effet, si le mode de production asiatique caractérise une civilisation distincte de l'Occident, la probabilité est que plusieurs lignes d'évolution historique soient possibles selon les groupes humains.

D'autre part, le mode de production asiatique ne semble pas défini par la subordination des esclaves, des serfs ou des salariés à une classe possédant les instruments de production, mais par la subordination de tous les travailleurs à l'État. Si cette interprétation du mode de production asiatique est vraie, la structure sociale ne serait pas caractérisée par la lutte des classes, au sens occidental du terme, mais par l'exploitation de la société entière par l'État ou la classe bureaucratique.

On voit aussitôt quel usage on peut faire de la notion de mode de production asiatique. En effet, on peut concevoir que, dans le cas de la socialisation des moyens de production, l'aboutissement du capitalisme soit, non pas la fin de toute exploitation, mais la diffusion du mode de production asiatique à travers l'humanité entière. Ceux des sociologues qui n'aiment pas la société soviétique ont largement commenté ces propos rapides sur le mode de production asiatique. Ils ont même retrouvé dans Lénine certains passages où celui-ci exprimait la crainte qu'une révolution socialiste aboutît non pas à la fin de l'exploitation de l'homme par l'homme, mais au mode de production asiatique, pour en tirer les conclusions d'ordre politique que l'on peut aisément deviner.

Telles sont, à mon sens, les idées directrices d'une interprétation économique de l'histoire. Il n'est pas question, jusqu'à présent, de problèmes philosophiques compliqués : dans quelle mesure cette interprétation économique est-elle solidaire ou non d'une métaphysique matérialiste ? Quel est le sens précis qu'il faut attacher au terme de dialectique ? Pour l'instant, il suffit de se tenir aux idées directrices qui sont manifestement celles que Marx a exposées et qui comportent d'ailleurs quelque équivoque, puisque les limites exactes de l'infrastructure et de la superstructure peuvent faire et ont fait l'objet de discussions indéfinies. >

Le *Manifeste communiste*

Dans le *Manifeste communiste*, on trouve partiellement une illustration et une confirmation de cette vision d'ensemble. S'y rajoute la problématique de la lutte de classes.

< Le *Manifeste*[4] est un texte que l'on peut qualifier, si l'on veut, de non scientifique. C'est une brochure de propagande, mais où Marx et Engels ont présenté, sous une forme ramassée, quelques-unes de leurs idées scientifiques.

Le thème central du *Manifeste communiste* est la lutte de classes.

« *L'histoire de toute société jusqu'à nos jours, c'est l'histoire de la lutte des classes.*

« *Homme libre et esclave, patricien et plébéien, baron et serf, maître de jurande et compagnon, en un mot :*

oppresseurs et opprimés, se sont trouvés en constante
opposition ; ils ont mené une lutte sans répit, tantôt
déguisée, tantôt ouverte, qui chaque fois finissait soit par
une transformation révolutionnaire de la société tout
entière, soit par la ruine des diverses classes en lutte »[5].

Voilà donc la première idée décisive de Marx : l'histoire humaine est caractérisée par la lutte de groupes
humains, que nous appellerons des classes sociales, dont
la définition reste pour l'instant équivoque, mais qui ont
la double caractéristique d'une part de comporter l'antagonisme des oppresseurs et des opprimés, et d'autre part
de tendre à une polarisation en deux blocs, et deux seulement.

Toutes les sociétés ayant été divisées en classes
ennemies, la société actuelle, capitaliste, ne diffère pas en
un sens de celles qui l'ont précédée. Elle présente cependant certaines caractéristiques sans précédent.

Tout d'abord, la bourgeoisie, la classe dominante, est
incapable de maintenir son règne sans révolutionner en
permanence les instruments de production.

« La bourgeoisie ne peut exister, écrit Marx, sans
bouleverser constamment les instruments de production,
donc les rapports de production, donc l'ensemble des
conditions sociales. Au contraire, la première condition
d'existence de toutes les classes industrielles antérieures
était de conserver inchangé l'ancien mode de production.
[...]

« Au cours de sa domination de classe à peine
séculaire, la bourgeoisie a créé des forces productives
plus massives et plus colossales que ne l'avaient fait dans
le passé toutes les générations dans leur ensemble »[6].

D'autre part, les forces de production qui susciteront le
régime socialiste sont en train de mûrir dans le sein de la
société présente.

Deux formes de la contradiction caractéristique de la
société capitaliste, qui se retrouvent d'ailleurs dans les

ouvrages scientifiques de Marx, sont présentées dans le
Manifeste communiste.

La première est celle d'une contradiction entre les
forces et les rapports de production. La bourgeoisie crée
sans cesse des moyens de production plus puissants. Mais
les rapports de production, c'est-à-dire, semble-t-il, à la
fois les rapports de propriété et la répartition des revenus,
ne se transforment pas au même rythme. Le régime
capitaliste est capable de produire de plus en plus. Or, en
dépit de cet accroissement des richesses, la misère reste le
lot du plus grand nombre.

Il apparaît donc une deuxième forme de contradiction,
celle existant entre la progression des richesses et la
misère croissante du plus grand nombre. De cette contradiction, il résultera un jour ou l'autre une crise révolutionnaire. Le prolétariat, qui constitue et constituera de
plus en plus l'immense majorité de la population, se
constituera en classe, c'est-à-dire en une unité sociale
aspirant à la prise du pouvoir et à la transformation des
rapports sociaux. Or la révolution du prolétariat différera
en nature de toutes les révolutions du passé. Toutes les
révolutions du passé étaient faites par des minorités au
profit de minorités. La révolution du prolétariat sera faite
par l'immense majorité au profit de tous. La révolution
prolétarienne marquera donc la fin des classes et du
caractère antagoniste de la société capitaliste.

Cette révolution, qui aboutira à la suppression simultanée du capitalisme et des classes, sera l'œuvre des
capitalistes eux-mêmes. Les capitalistes ne peuvent pas
ne pas bouleverser l'organisation sociale. Engagés dans
une concurrence inexpiable, ils ne peuvent pas ne pas
accroître les moyens de production, accroître tout à la fois
le nombre des prolétaires et leur misère.

Le caractère contradictoire du capitalisme s'exprime
dans le fait que la croissance des moyens de production,
au lieu de se traduire par le relèvement du niveau de vie
des ouvriers, se traduit par un double processus de prolétarisation et de paupérisation.

Marx ne nie pas qu'entre les capitalistes et les prolétaires, il y ait aujourd'hui de multiples groupes intermédiaires, artisans, petits bourgeois, marchands, paysans propriétaires. Mais il affirme deux propositions. D'une part, au fur et à mesure de l'évolution du régime capitaliste, il y aura tendance à la cristallisation des rapports sociaux en deux groupes et deux seulement, d'un côté les capitalistes, et de l'autre côté les prolétaires. D'autre part, deux classes, et deux seulement, représentent une possibilité de régime politique et une idée de régime social. Les classes intermédiaires n'ont ni initiative ni dynamisme historique. Il n'y a que deux classes qui peuvent mettre leur marque sur la société. L'une est la classe capitaliste et l'autre la classe prolétarienne. Le jour du conflit décisif, chacun sera obligé de rallier soit les capitalistes, soit les prolétaires.

Le jour où la classe prolétarienne aura pris le pouvoir, une rupture décisive sera intervenue avec le cours de l'histoire précédente. En effet, le caractère antagoniste de toutes les sociétés jusqu'à nos jours connues aura disparu. Marx écrit ainsi :

« *Lorsque, dans le cours du développement, les antagonismes de classes auront disparu et que toute la production sera concentrée entre les mains des individus associés, le pouvoir public perdra son caractère politique. Le pouvoir politique, au sens strict du terme, est le pouvoir organisé d'une classe pour l'oppression d'une autre. Si, dans la lutte contre la bourgeoisie, le prolétariat est forcé de s'unir en une classe ; si, par une révolution, il se constitue en classe dominante et, comme telle, abolit violemment les anciens rapports de production – c'est alors qu'il abolit en même temps que ce système de production les conditions d'existence de l'antagonisme des classes ; c'est alors qu'il abolit les classes en général et, par là même, sa propre domination en tant que classe.*

« *L'ancienne société bourgeoise, avec ses classes et ses conflits de classes, fait place à une association où le*

*libre épanouissement de chacun est la condition du libre
épanouissement de tous* »[7].

Ce texte est caractéristique d'un des thèmes essentiels
de la théorie de Marx. La tendance des écrivains du début
du XIXᵉ siècle est de considérer la politique ou l'État
comme un phénomène secondaire par rapport aux phénomènes essentiels, qui sont économiques ou sociaux. Marx
participe de ce mouvement général, et lui aussi considère
que la politique ou l'État sont des phénomènes secondaires par rapport à ce qui se passe dans la société elle-
même.

Aussi présente-t-il le pouvoir politique comme l'expression des conflits sociaux. Le pouvoir politique est le moyen
par lequel la classe dominante, la classe exploiteuse,
maintient sa domination et son exploitation.

Dans cette ligne de pensée, la suppression des contradictions de classes doit logiquement entraîner la disparition de la politique et de l'État, puisque politique et État
sont en apparence le sous-produit ou l'expression des
conflits sociaux.

Tels sont les thèmes tout à la fois de la vision historique et de la propagande politique de Marx. Il ne s'agit
que d'une expression simplifiée, mais la science de Marx
a pour fin de donner une démonstration rigoureuse à ces
propositions : caractère antagoniste de la société capitaliste, autodestruction inévitable d'une telle société contradictoire, explosion révolutionnaire mettant fin au caractère antagoniste de la société actuelle.

Ainsi le centre de la pensée de Marx est l'interprétation du régime capitaliste en tant qu'il est contradictoire,
c'est-à-dire dominé par la lutte des classes. Auguste
Comte considérait que la société de son temps était privée
de consensus à cause de la juxtaposition d'institutions
remontant aux sociétés théologiques et féodales et d'institutions correspondant à la société industrielle. Observant
autour de lui la déficience du consensus, il cherchait dans
le passé les principes du consensus des sociétés histo-

riques. Marx observe, ou croit observer, la lutte de classes dans la société capitaliste, et il retrouve dans les différentes sociétés historiques l'équivalent de la lutte de classes observée dans le présent.

Selon Marx, la lutte de classes va tendre à une simplification. Les différents groupes sociaux se polariseront les uns autour de la bourgeoisie, les autres autour du prolétariat, et c'est le développement des forces productives qui sera le ressort du mouvement historique, celui-ci aboutissant par l'intermédiaire de la prolétarisation et de la paupérisation à l'explosion révolutionnaire, et à l'avènement, pour la première fois dans l'histoire, d'une société non antagoniste.

À partir de ces thèmes généraux de l'interprétation historique de Marx, nous avons deux tâches à remplir, deux fondements à trouver. Premièrement : quelle est, dans la pensée de Marx, la théorie générale de la société qui rend compte tout à la fois des contradictions de la société présente et du caractère antagoniste de toutes les sociétés historiquement connues ? Deuxièmement : quelle est la structure, quel est le fonctionnement, quelle est l'évolution de la société capitaliste qui explique la lutte de classes et l'aboutissement révolutionnaire du régime capitaliste ?

En d'autres termes, à partir des thèmes marxistes que nous avons trouvés dans le *Manifeste communiste*, nous aurons à expliquer plus tard : la théorie générale de la société, c'est-à-dire ce que l'on appelle vulgairement le *matérialisme historique* ; et les idées économiques essentielles de Marx telles qu'on les trouve dans *Le Capital*. >

Une pensée claire et obscure

Tirons des conclusions succinctes de cet exposé initial :

1°) *La pensée philosophique* de Marx, à cette époque, consiste en une *interprétation de l'histoire*. Il n'est pas évident que cette interprétation soit inséparable d'une philosophie au sens d'une *métaphysique*. Le matérialisme ne semble pas *strictement impliqué* par cette théorie de l'histoire. Il est question de *réalité*, qu'il faut sans doute saisir par les sciences naturelles.

2°) *La théorie* est plus claire dans sa formulation historique que dans sa formulation universelle. Pour le capitalisme, on voit très bien ce que veut dire Marx. À ses yeux : l'humanité ne se pose jamais que des problèmes qu'elle peut résoudre. Le développement du capitalisme correspond donc à l'évolution historique et exprime ses contradictions.

3°) Le *socialisme scientifique*. Il est défini contre l'utopie : cela signifie essentiellement que le socialisme doit résulter du mouvement de la réalité historique elle-même. Dès lors le déterminisme et l'action s'opposent, mais se concilient par la prise de conscience qui permet de synthétiser la théorie et la pratique.

Cette pensée est à la fois *claire* en son ensemble et *obscure* si l'on va dans le détail. Son obscurité tient à la non-définition ou au flottement de la définition des concepts fondamentaux. Ce qui est clair, c'est l'ensemble des forces de production, le renouvellement technique et les contradictions qui naissent de ce renouvellement.

Cet exposé nous renvoie dans deux directions. D'où vient cette conception ? À quoi a-t-elle mené ?

À la première question nous allons répondre dans la première partie de ce cours.

À la deuxième question, nous pouvons donner une réponse qui, dans les grandes lignes, n'est pas douteuse : il s'agit d'étudier « *le bouleversement matériel des conditions de production économiques – qu'on doit constater fidèlement à l'aide des sciences physiques et naturelles* »[8].

Donc proposer une anatomie de la *société bourgeoise* : ce sera *Le Capital, critique de l'économie politique*, objet de la deuxième partie du cours.

Esquisse bio-bibliographique

Donnons d'abord les indications biographiques néces-saires à la compréhension de cette partie de l'œuvre :

1818-1835 – Jeunesse, Lycée de Trèves.
> Milieu libéral et rationaliste.
> Famille juive – Rabbins.
> Conversion du père, avocat, pour exercer son métier.
> Dissertations terminales au Lycée[9].
> Tendances libérales, rationalistes, antireligieuses.

1835-1836 – Études à l'Université de Bonn.
1836-1841 – Études à l'Université de Berlin.
Les textes les plus importants de cette période de jeunesse sont :
> – Lettre à son père du 10 novembre 1837[10].
> – Poésies[11].
> – Dissertation pour le Doctorat[12] écrite en 1840 jusqu'au début de 1841.

avril 1841 – Docteur (Iéna).
mai 1842 - mars 1843 – articles dans la *Gazette rhénane*.
> Il perd l'espoir d'une carrière universitaire. Rédac-teur en chef à partir du 15 octobre 1842 dans la *Gazette*.
> Quitte ce journal le 18 mars 1843.
> Il se marie le 19 juin 1843 à Kreuznach. Il était fiancé depuis l'été 1836.
> Il s'établit à Paris en novembre 1843 et fait publier les *Annales franco-allemandes*[13].

Textes principaux de cette période :
> *Critique* [inachevée] *de la philosophie du droit de Hegel* (Rédigé probablement à Kreuznach au printemps de 1843)[14].
> Les articles de la *Rheinische Zeitung*[15].
> « Introduction à la critique de la Philosophie du droit de Hegel » (fin 1842-44)[16].

En 1844 à Paris :
>*Manuscrit économico-philosophique* [17].
>*La Question juive* [18].
>*La Sainte Famille*, en 1844-45 [19].

Il est expulsé de Paris *en janvier 1845,* se rend à Bruxelles et achève la *Sainte Famille*.
>Thèses sur Feuerbach [20].

1845-46 – *Idéologie allemande* [21].
1847 – *Misère de la philosophie* [22].
1848 – Le *Manifeste communiste* (avec Engels).

Peut-on dégager le sens général de son évolution intellectuelle et y discerner des périodes ?

Sur le premier point, je pense que oui. Et qu'il y a un accord entre les interprètes de sa pensée sur les grandes lignes. Nous verrons plus tard quelles sont les différences d'interprétation.

Karl Marx appartient au groupe des jeunes hégéliens : « le club des Docteurs »[23].

Il participe de *leurs problèmes* et de *leurs discussions*. L'enjeu principal, c'est la *religion*, les rapports de la *religion* et de la *philosophie*, de la pensée et du réel.

Un *système*, celui de Hegel, a mis un point final à l'évolution de la philosophie. Une critique du système et une critique du réel sont nécessaires. On passe de la *critique de la religion* à la *critique du droit*. Il existe une discussion sur la date de révision de la *Critique de la Philosophie du droit* (1841-1842 ou 1843).

Et, en 1844, on arrive à la critique de l'économie politique et de la philosophie, tout à la fois, sous la forme du *Manuscrit économico-philosophique*.

De 1844 à 1848 – La pensée de Marx va de la critique philosophique de l'économie politique à l'interprétation historique.

Il travaille avec Engels pendant l'été 1844 (après une première rencontre en novembre 1842). Leur coopération durera toute la vie de Marx.

Est-il possible de discerner des périodes ? On peut en distinguer trois :

1°) 1818-1843 – jusqu'à la fin de la *Gazette rhénane*. Rupture avec Bruno Bauer.

2°) 1843-janvier 1845 – Critique philosophique. Rupture avec Ruge.

3°) 1845-1848 – De la critique philosophique à l'interprétation matérialiste.

On pourrait aussi diviser cette partie de sa vie intellectuelle en deux étapes : 1. jusqu'aux manuscrits économico-philosophiques, puis 2. de 1845 à 1848.

Je n'insiste pas sur cette périodisation. Elle ne s'éclairera finalement que par la compréhension du mouvement philosophique de Marx.

Or cette compréhension est difficile à beaucoup d'égards. Car la plupart des textes sont *inachevés*, ils sont bourrés de références à beaucoup d'auteurs aujourd'hui inconnus.

On peut se reporter à des ouvrages adoptant une méthode d'érudition pour résoudre ces difficultés. Par exemple :

– Auguste Cornu, *Karl Marx et Friedrich Engels* [24].

– Charles Wackenheim, *La Critique de la religion dans les écrits de jeunesse de Karl Marx* [25].

– Maximilien Rubel, *Karl Marx. Essai de biographie intellectuelle* [26].

Critique de la religion et critique de la réalité

Je vais essayer de saisir ce qui constitue manifestement le centre de la pensée de Marx au cours de ces années de formation.

La critique de la religion est une critique de la réalité qui fait naître cette religion.

On ne peut pas surmonter cette façon religieuse de penser sans surmonter la réalité qui lui donne naissance. En ce sens, l'action est *réalisation de la vérité philosophique*.

La critique de l'idéologie et la critique de la réalité sont donc inséparables.

De la critique de la religion on passe à la critique du droit et à celle de l'économie.

Pour finir, voici un texte, tiré de l'« Introduction à la critique de la Philosophie du droit de Hegel », et paru en 1844 dans les *Annales franco-allemandes*. Retenons quatre points que nous pourrons ensuite commenter.

1°) Le thème central : la critique de la religion est le fondement de tout :

« *La critique de la religion est la condition de toute critique* » [27].

2°) Le rapport entre l'état social et la conscience que l'on en prend.

« *Guerre à l'état social allemand ! Évidemment ! Cet état est au-dessous du niveau de l'histoire, il est au-dessous de toute critique, mais il n'en reste pas moins un sujet de la critique, tout comme le criminel, qui est au-dessous du niveau de l'humanité, reste un sujet du bourreau. En lutte contre cet état social, la critique n'est pas une passion de la tête, mais la tête de la passion. Elle n'est pas un bistouri, mais une arme. Son objet, c'est son ennemi, qu'elle veut, non pas réfuter, mais anéantir. Car l'esprit de cet état social a été réfuté. En soi, cet état ne constitue pas d'objet qui mérite notre attention, et c'est quelque chose d'aussi méprisable que méprisé. La critique en soi n'a pas besoin de se fatiguer à comprendre cet objet, puisqu'elle l'a bien saisi depuis longtemps. Elle ne se donne plus comme un but absolu, mais uniquement comme un moyen. C'est l'indignation qui fait l'essence de son style pathétique, c'est la dénonciation qui constitue le plus clair de sa besogne* » [28].

« *De même que les anciens peuples ont vécu leur préhistoire dans l'imagination, dans la mythologie, nous autres Allemands nous avons vécu notre post-histoire dans la pensée, dans la philosophie. Nous sommes les contemporains philosophiques du temps présent, sans en être les contemporains historiques. La philosophie allemande est le prolongement idéal de l'histoire allemande. Lorsque, au lieu des œuvres incomplètes de notre histoire réelle, nous critiquons donc les œuvres posthumes de notre histoire idéale, la philosophie, notre critique est en plein milieu des questions dont le présent dit : that is the question. Ce qui, chez les peuples avancés, constitue un désaccord pratique avec l'ordre social moderne, cela constitue tout d'abord en Allemagne, où cet ordre social n'existe même pas encore, un désaccord critique avec le mirage philosophique de cet ordre social.*

« *La philosophie du droit, la philosophie politique allemande est la seule histoire allemande qui soit au pair avec le présent moderne officiel. Le peuple allemand est donc forcé de lier son histoire de rêve à son ordre social du moment et à soumettre à la critique, non seulement cet ordre social existant, mais encore sa continuation abstraite. Son avenir ne peut se limiter ni à la négation directe de son ordre juridique et politique réel, ni à la réalisation directe de cet ordre social. La négation directe de son ordre réel, il la possède en effet dans son ordre idéal, et la réalisation immédiate de son ordre idéal, il l'a déjà presque dépassée dans l'idée* [Anschauung] *des peuples voisins. C'est donc à juste titre qu'en Allemagne le parti politique pratique réclame la négation de la philosophie. Son tort consiste, non pas à formuler cette revendication, mais à s'arrêter à cette revendication qu'il ne réalise pas et ne peut pas réaliser sérieusement. Il se figure effectuer cette négation en tournant le dos à la philosophie et en lui consacrant, à mi-voix et le regard ailleurs, quelques phrases banales et pleines de mauvaise humeur. Quant aux limites étroites de son horizon, la philosophie ne les compte pas non plus dans le domaine de la réalité allemande, ou bien va jusqu'à les supposer sous la pratique allemande et les théories dont elle fait usage. Vous demandez que l'on*

*prenne comme point de départ de réels germes de vie,
mais vous oubliez que le véritable germe de vie du peuple
allemand n'a poussé jusqu'ici que sous le crâne de ce
même peuple. En un mot : vous ne pouvez supprimer la
philosophie sans la réaliser »* [29].

3°) La pensée et l'action :

*« Il est évident que l'arme de la critique ne saurait
remplacer la critique des armes ; la force matérielle ne
peut être abattue que par la force matérielle ; mais la
théorie se change, elle aussi, en force matérielle, dès
qu'elle pénètre les masses. La théorie est capable de
pénétrer les masses dès qu'elle procède par des démonstrations* ad hominem, *et elle fait des démonstrations* ad
hominem *dès qu'elle devient radicale »* [30].

4°) Comment la pensée peut-elle s'incarner dans la réalité militante :

*« Ce n'est qu'au nom des droits généraux de la société
qu'une classe particulière peut revendiquer la domination. Pour emporter d'assaut cette position émancipatrice, et s'assurer l'exploitation politique de toutes les
sphères de la société dans l'intérêt de sa propre sphère,
l'énergie révolutionnaire et la conscience de sa propre
force ne suffisent pas. Pour que la révolution d'un peuple
et l'émancipation d'une classe particulière de la société
bourgeoise coïncident, pour qu'une classe représente
toute la société, il faut, au contraire, que tous les vices de
la société soient concentrés dans une autre classe, qu'une
classe déterminée soit la classe du scandale général, la
personnification de la barrière générale ; il faut qu'une
sphère sociale particulière passe pour le crime notoire
de toute la société, si bien qu'en s'émancipant de cette
sphère on réalise l'émancipation générale »* [31].

*« Où donc est la possibilité positive de l'émancipation
allemande ?*

« Voici notre réponse. Il faut former une classe avec

des chaînes radicales, une classe de la société bourgeoise qui ne soit pas une classe de la société bourgeoise, une classe qui soit la dissolution de toutes les classes, une sphère qui ait un caractère universel par ses souffrances universelles et ne revendique pas de droit particulier, parce qu'on ne lui a pas fait de tort particulier, mais un tort en soi. Une sphère qui ne puisse plus s'en rapporter à un titre historique, mais simplement au titre humain, une sphère qui ne soit pas en une opposition particulière avec les conséquences, mais en une opposition générale avec toutes les conditions du système politique allemand, une sphère enfin qui ne puisse s'émanciper, sans s'émanciper de toutes les autres sphères de la société et sans, par conséquent, les émanciper toutes, qui soit, en un mot, la perte complète de l'homme, et ne puisse donc se reconquérir elle-même que par le regain complet de l'homme. La décomposition de la société en tant qu'ordre [Stand], *c'est le prolétariat »* [32].

Je reviendrai sur ces textes et sur leur interprétation, car ils sont très importants pour comprendre la formation de la pensée de Marx, de celui que l'on appelle le « jeune Marx » et donc pour comprendre l'inspiration philosophique de sa pensée.

CHAPITRE II

LA CRITIQUE PHILOSOPHIQUE

J'ai exposé dans la leçon précédente les idées directrices de ce que l'on peut appeler la conception de l'histoire de Marx à partir de 1848, c'est-à-dire un schéma du devenir historique des modes de production, du devenir de l'économie ou du régime capitaliste et une théorie des relations entre l'infrastructure et la superstructure grâce aux concepts de forces de production, de rapports de production, et d'idéologie.

Cette conception n'est pas logiquement inséparable d'une métaphysique et l'on peut concevoir l'adhésion à une telle conception de l'histoire sans adhérer à une métaphysique matérialiste. Mais il va de soi que cette conception de l'histoire à elle seule n'explique ni le retentissement qu'elle a eu, ni la signification qu'on lui accorde encore aujourd'hui. En effet, si l'on considère cette conception de l'histoire en soi, un certain nombre de questions surgissent immédiatement.

Pourquoi le développement des forces productives conduit-il, par l'intermédiaire d'une révolution, à la fin du capitalisme ? Pourquoi la fin du capitalisme devrait-elle représenter la fin de la préhistoire et le début d'une phase toute nouvelle de l'histoire de l'humanité ?

Si l'on considère seulement les thèmes économiques et sociaux, on pourrait dire que la pensée marxiste se situe au milieu de tout un ensemble de conceptions économiques et sociales qui fleurissaient à l'époque. On peut retrouver chez des socialistes antérieurs à Marx ou chez ses contemporains beaucoup des idées esquissées précédemment. Par exemple, le thème selon lequel, dans le régime de l'avenir, l'administration des choses remplacera le gouvernement des personnes est manifestement un thème saint-simonien. D'autre part, l'idée que dans le régime capitaliste il y a simultanément augmentation considérable des forces productives et aggravation de la misère, qu'on assiste tout à la fois à la concentration des forces productives et à la misère croissante des masses sont des thèmes de l'analyse économico-sociale assez courants à l'époque de Marx et là ne réside pas son originalité. En d'autres termes, son originalité, il est nécessaire de le comprendre pour saisir la portée de sa pensée, est l'arrière-plan philosophique ou plutôt l'inspiration philosophique de sa conception de l'histoire.

Nous allons commencer maintenant la partie la plus difficile et peut-être la plus intéressante de ce cours. Je me suis situé en 1848, au moment où s'achève la formation de Marx, au sens de l'allemand *Bildung*, formation ou éducation intellectuelle. Mais on ne comprend l'inspiration philosophique de la conception marxiste que si l'on saisit cette inspiration dans les années de formation de Marx, c'est-à-dire entre 1835, date où il sort du lycée comme bachelier, et 1848, année où il publie le *Manifeste communiste*, texte classique de ce qui est devenu le marxisme.

Règles de méthode

Pour l'étude de la formation de la pensée du jeune Marx, il me paraît nécessaire de poser au point de départ quelques règles de méthode – règles que beaucoup des auteurs qui, depuis une quinzaine d'années, ont étudié en France les idées du jeune Marx, n'ont pas toujours respectées.

La première règle, à mon sens, est la suivante : il est illégitime de parler de la pensée du jeune Marx comme si elle constituait un bloc. Il y a même une certaine absurdité à faire ce que font la plupart des auteurs qui traitent de la jeunesse de Marx et qui consiste à opposer en bloc le jeune Marx au Marx de la maturité, alors que de toute évidence la pensée du jeune Marx n'a jamais été un tout achevé et constitue presque par définition un itinéraire philosophique. Or, pour comprendre un itinéraire philosophique, il faut le suivre dans son développement et essayer de faire la discrimination entre les thèmes ou les inspirations qui furent constants à travers cet itinéraire et les étapes de pensée changeante de moment en moment.

Certaines idées du jeune Marx apparaissent relativement constantes et, en particulier, certaines inspirations philosophiques sont présentes dès le point de départ et subsistent jusqu'en 1848 et au-delà. Mais toutes les formulations précises doivent être analysées et critiquées afin de déterminer dans quelle mesure elles sont l'expression d'un état temporaire et transitoire de la pensée de Marx ou, au contraire, une expression constante de sa pensée définitive.

La deuxième règle se déduit de la première : à aucun moment, avant 1848, il n'existe une pensée de Marx que l'on puisse dire arrêtée. À aucun moment, il n'a consigné sa pensée dans un exposé systématique ; le texte le plus suggestif – tout au moins aux yeux des marxiens de 1962 – est le *Manuscrit économico-philosophique*, dont une bonne moitié est perdue. Il s'agit d'un ouvrage inachevé qui, à aucun degré, ne peut représenter une pensée systématique.

J'ajoute qu'à cette époque Marx s'est occupé, selon les années, de tel ou tel sujet en fonction des nécessités pratiques de son existence. Le fait qu'en 1842-1843, quand il était rédacteur à la *Gazette rhénane*, il ait écrit surtout sur la liberté de la presse ou sur les rapports entre la religion et l'État, ne prouve pas de manière démonstrative qu'à cette époque il ne s'intéressait pas aux problèmes économiques. Autrement dit, les textes que nous possédons pour chaque période ne représentent pas la totalité de sa pensée à cette époque. Ces textes dispersés doivent être interrogés essentiellement en vue de retrouver l'itinéraire de la formation de Marx et non pas pour créer un Marx fictif en formulant un exposé systématique d'une pensée de Marx à cette époque, exposé que Marx lui-même n'a pas fait et que, probablement, il était incapable de faire puisqu'il en était encore à la période d'éducation.

La troisième règle consiste à considérer que ce qui ne figure pas dans les textes d'une certaine période n'est pas nécessairement absent de la pensée de Marx à cette même époque.

Ces trois remarques – je les ai baptisées « règles de méthode » de façon un peu solennelle –, ces trois remarques préjudicielles, en fonction desquelles je voudrais procéder à cette analyse historique, ont simplement pour but, à mon sens, d'éviter des malentendus et, encore plus, d'indiquer l'esprit dans lequel je vais étudier les textes de jeunesse. Je les étudierai en fonction de leur aboutissement ; je les considérerai sous l'angle d'un itinéraire intellectuel et je ne les considérerai pas comme une critique de la pensée du Marx de la maturité, ou comme un substitut de cette pensée.

Le devenir nécessaire et l'action humaine

Dans cette étude des textes de jeunesse, je prendrai pour centre ce qui me paraît constituer, à toutes les époques, le point essentiel, philosophique de la pensée de Marx : la relation entre un devenir nécessaire et l'action humaine. Dans le *Manifeste communiste*, on trouve un exposé du devenir nécessaire du régime capitaliste avec ses contradictions intrinsèques s'aggravant au cours du temps ; mais avec la misère croissante du prolétariat et la révolte inévitable qui en résulte, on trouve aussi l'action humaine, celle du prolétariat. La pensée socialiste a dès lors pour fonction de déterminer l'action à partir d'une prise de conscience de la réalité. On a donc là une sorte de synthèse ou de relation dialectique entre la réalité, dont le devenir est susceptible d'être pensé comme nécessaire, et l'action humaine, qui accomplit tout à la fois ce qui est nécessaire au sens du déterminisme et ce qui est nécessaire au sens de la rationalité, de manière à surmonter le vieux monde et à ouvrir l'ère nouvelle de l'histoire de l'humanité.

Je serais tenté de dire que toutes les discussions philosophiques sur le marxisme ont tourné autour de ce point central, celui de la relation entre la théorie et la pratique, entre la nécessité historique et l'action humaine, entre la nécessité tout court et la liberté, entre la réalité et la pensée. Autour de ce thème se cristallisent pour ainsi dire tous les paradoxes, toutes les contradictions, toutes les difficultés d'une philosophie de l'histoire qui, tout à la fois, annonce un devenir nécessaire et incite à l'action révolutionnaire. Là se trouve, pour moi, le centre philosophique de la pensée de Marx, son caractère fascinant, ses difficultés aussi.

Dans une large mesure, mon exposé de l'itinéraire philosophique de Marx tendra à rendre claire la manière dont Marx lui-même, aux différentes périodes de sa formation, a conçu cette relation entre la nécessité et l'action, mais aussi la manière dont il l'a exprimée. Car, s'il est certain que Marx n'emploie pas les mêmes mots aux différentes périodes, il n'est pas évident que sa pensée fondamentale ait changé.

Pour exposer la pensée de jeunesse de Marx, c'est-à-dire entre 1835 ou 1836 et 1848, je vais reprendre la méthode que j'ai déjà adoptée pour l'ensemble de la carrière de Marx. Je vais me situer à une période intermédiaire : la fin de l'année 1843.

La fin de l'année 1843 est le moment où s'achève l'activité allemande de Marx. Il s'est marié en juin 1843 et il s'est établi à Paris en novembre 1843. L'année 1843 représente une période charnière. À ce moment-là, il a derrière lui les années d'études à Berlin – 1836-1841 –, la rédaction de sa thèse de doctorat sur *La différence entre la philosophie de la nature de Démocrite et d'Épicure* et son activité de journaliste entre mars 1842 et mars 1843. C'est à Paris qu'il rédigera le texte considéré comme représentatif de sa jeunesse, à savoir le *Manuscrit économico-philosophique* [1], c'est à Paris et à Bruxelles qu'il rédigera successivement *La Sainte Famille*, *L'Idéologie allemande*, la *Misère de la philosophie* et le *Manifeste communiste*.

Cette période marque la fin de son séjour en Allemagne et le début de sa vie à l'étranger, puisqu'il n'est jamais revenu vivre en Allemagne. À compter de 1843, il a vécu successivement à Paris, à Bruxelles, puis à Londres, il a séjourné en Allemagne beaucoup plus tard dans les années 1860, mais, à partir de 1843, il rompt physiquement avec sa patrie.

Or, sur l'état d'esprit, sur l'attitude philosophique de Marx à cette époque, nous possédons deux textes, qui sont à mon avis aussi précieux l'un que l'autre. Le premier, le moins connu des deux, sauf des marxologues, est la lettre de Karl Marx à Arnold Ruge [2], qui date de septembre 1843 et où Marx donne, à mon sens, l'expression la plus simple et la plus convaincante de ce qu'il entendait à l'époque par « critique ». J'essaierai, en commentant ces textes, d'expliquer ce qu'est la critique dans la pensée de Marx en 1843, moment où il n'a pas encore fait beaucoup d'études économiques et où sa critique porte surtout sur la religion et sur la politique.

Le deuxième texte, lui très célèbre, est l' « Introduction à la critique de la Philosophie du droit de Hegel ». Il a été rédigé selon toute probabilité presqu'à la même époque que la lettre à Arnold Ruge – un peu plus tard, puisque la lettre est de septembre 1843 –, et a été publié en février 1844 dans les *Annales franco-allemandes* à Paris. Il faut donc supposer qu'il a été rédigé entre octobre 1843 et janvier 1844 ; c'est pourquoi il est presque contemporain de la lettre à Ruge.

Je citerai ces textes dans la traduction de Molitor, qui est la plus facilement accessible. J'ai vérifié cette traduction sur l'original allemand, car cette traduction assez

lisible n'est pas toujours exacte et comporte même un
certain nombre de curieux contresens, curieux en ce
qu'ils sont inutiles, qu'ils ne portent pas sur des phrases
difficiles. Tout se passe comme si, de temps en temps, le
traducteur en allant vite avait regardé avec inattention le
texte allemand, et ajouté un certain nombre de choses qui
gênent la compréhension.

Le premier texte de 1843

Je cite d'abord des fragments du premier texte en les
commentant au fur et à mesure :

« *Ce qui constitue justement l'avantage de la tendance
nouvelle, c'est que nous ne voulons pas anticiper le
monde dogmatiquement, mais trouver seulement le monde
nouveau par la critique du monde ancien. Jusqu'ici, les
philosophes avaient la solution de toutes les énigmes
toutes préparées dans leur pupitre, et ce sot de monde
exotérique n'avait qu'à ouvrir le bec et les alouettes de la
science absolue lui tombaient toutes rôties.* [Cela, c'est le
genre de style qu'affectionnait Marx dans sa jeunesse, qui
s'est légèrement modifié postérieurement.] *La philosophie s'était sécularisée* [La traduction ici n'est pas tout à
fait exacte, car le mot allemand n'est pas *säkularisiert*,
qui existe, mais *verweltlicht*, ce qui veut dire " *la philosophie était devenue mondaine. Elle s'occupait du monde et
elle était entrée dans le monde* "], *et la preuve la plus
frappante en est que* [La traduction Molitor dit : " *la
conscience philosophique fut elle-même, et non seulement
extérieurement, mais encore intérieurement dans le
tourment de la lutte* ". Le texte allemand dit *hineinge-
zogen*, ce qui veut dire :] *la conscience philosophique est
entrée elle-même et non seulement extérieurement mais
encore intérieurement dans le tourment de la lutte. Si la
construction de l'avenir et l'achèvement pour tous les
temps n'est pas notre affaire, ce que nous avons à cette
heure à réaliser est d'autant plus certain, je veux dire la*

critique, sans considération d'aucune sorte, de tout ce qui existe, *sans considération d'aucune sorte, aussi bien dans ce sens que la critique n'a pas peur de ses résultats et tout aussi peu du conflit avec les puissances existantes* »[3].

Ce premier paragraphe illustre un certain nombre des traits de l'attitude philosophique de Marx.

1°) Le Marx de jeunesse est antidogmatique en ce sens qu'il n'a pas de solution toute prête ni de formule achevée qu'il pourrait produire comme représentant la vérité philosophique.

2°) La fonction de la philosophie est d'être dans le monde, *weltlich*, et d'être critique. Critique, comme on dit en allemand, *rücksichtslos*, ce qui se traduit péniblement par « sans considération d'aucune sorte » ; en style ordinaire, on dirait « critique impitoyable sans respect pour rien ni personne ».

3°) Cette critique, critique de la réalité, doit dégager du monde ancien le monde nouveau. Ce qui, du même coup, pose immédiatement le problème central d'une philosophie critique ou d'une critique philosophique, au sens de Marx. Au nom de quoi critiquer la réalité si l'on n'est pas dogmatique ? Car il ne s'agit pas simplement d'annoncer ce qui sortira de la réalité, mais ce qui sera tout à la fois nécessaire et rationnel. Nous allons le voir dans les textes suivants.

À l'origine donc, Marx veut critiquer la réalité et en faire surgir l'anticipation du monde futur sans cependant formuler, à la manière des socialistes utopiques, un plan achevé de cité idéale.

Au paragraphe suivant, il écrit qu'il ne faut pas être dogmatique. Je cite cette phrase, parce qu'elle indique le point où il est parvenu dans sa réflexion :

« *Le communisme notamment est une abstraction dogmatique* »[4].

À l'époque, en 1843, Marx ne se déclare nullement communiste. Il considère le mouvement communiste comme une réalité importante, la théorie communiste comme une pensée qui doit être étudiée rigoureusement. Nous disposons sur ce point d'un autre texte très connu. Il s'agit d'un des derniers articles qu'il ait écrits pour la *Gazette rhénane*[5]. Il avait été accusé d'être communiste, ou plutôt la *Gazette rhénane* avait été accusée de communisme par un autre journal, l'*Augsburger Zeitung*, et il avait répondu que le communisme était quelque chose d'important et de sérieux, mais qu'il n'était pas en mesure de formuler une opinion catégorique sur le communisme parce que ses études sur le sujet n'étaient pas encore assez avancées.

Poursuivons cette lecture :

« *Tout le principe socialiste n'est à son tour qu'un côté qui concerne la réalité du véritable être humain.* [La traduction Molitor présente ici un contresens qui rend le paragraphe incompréhensible. Molitor écrit : *"Tout le principe socialiste n'est à son tour que le seul côté qui concerne la réalité du véritable être humain."* Alors que Marx écrit[6] :] *Tout le principe socialiste n'est qu'un côté qui concerne la réalité du véritable être humain. Nous devons nous occuper tout aussi bien de l'autre côté, de l'existence théorique de l'homme, donc faire de la religion, de la science, etc., l'objet de notre critique. Nous voulons en outre agir sur nos contemporains, à savoir sur nos contemporains allemands. Comment s'y prendre ? Voilà la question. Deux sortes de faits ne sont pas niables. La religion d'une part, la politique d'autre part, sont des objets qui constituent l'intérêt principal de l'Allemagne actuelle. C'est d'elles, telles qu'elles sont, qu'il faut partir, et non point leur opposer un système quelconque tout achevé, comme par exemple* Le Voyage en Icarie[7] » [8].

Ce deuxième paragraphe donne une deuxième idée de la conception de la critique philosophique de Marx. Elle doit s'appliquer tout à la fois à la réalité et à l'idée que les hommes s'en font. S'il y a une idée qui est fondamentale pour comprendre le marxisme, c'est celle-là. Le marxisme est en permanence, depuis l'origine jusqu'à la fin, la critique tout à la fois de la réalité et de l'idée que les hommes s'en font à travers la théorie. On ne peut pas comprendre *Le Capital* si l'on ne se souvient pas que, pour Marx, c'est un livre qui s'appelle *Critique de l'économie politique*, qu'il y s'agit tout à la fois de l'analyse de la réalité du régime économique capitaliste et de l'analyse critique de la conscience qu'en prennent les hommes, de la conscience spontanée comme de la conscience théorique.

J'ouvre ici une parenthèse. J'ai dit au début de ce cours que je connaissais un autre auteur qui n'avait jamais écrit qu'un seul livre depuis sa jeunesse jusqu'à sa mort et que c'était Proust. Toujours à titre de parenthèse et avec une nuance d'ironie, je dirais qu'il existe un autre rapprochement possible entre Marx et Proust. Proust voulait lui aussi retrouver la réalité du vécu et le souvenir que nous en avons gardé. Il a voulu, en se plaçant au terme d'une vie qui s'achève, reconstituer les moments successifs du vécu et les prises de conscience changeantes de ce vécu. Ce système de pensée qui veut retrouver tout à la fois le vécu et la conscience du vécu présente un caractère tellement circulaire que d'une certaine façon la tâche n'est jamais achevée. Ce qui tend à expliquer, en dehors des raisons accidentelles, pourquoi la *Recherche du temps perdu* est un livre qui fut écrit pendant trente ans et jamais achevé. Dans le cas de Marx, le phénomène est jusqu'à un certain point le même, car il voulait tout à la fois analyser la réalité et les consciences que nous en prenons. Or le propre de ce genre de recherche est qu'elle est pour ainsi dire inépuisable. Marx n'a pas achevé *Le Capital* et peut-être ne pouvait-il pas l'achever parce que, précisément, il est difficile de fixer à la fois ce qui est et la conscience que nous en prenons, la réalité changeant en permanence, et la conscience que nous en prenons aussi. Fermons la parenthèse.

La critique marxiste est une critique simultanée du réel et de la conscience que les hommes prennent du réel, y compris de la conscience théorique.

Vient, ensuite, un paragraphe qui révèle assez profondément l'état de la réflexion de Marx à ce moment :

« La raison a toujours existé, mais pas toujours sous la forme rationnelle. Le critique peut donc partir de n'importe quelle forme de la connaissance théorique ou pratique, des formes propres *de la réalité existante, développer la réalité vraie comme son but et son objectif final. Or, en ce qui concerne la vie réelle,* l'État politique, *même là où il n'est pas encore consciemment imprégné des exigences socialistes, renferme précisément dans ses formes* modernes *les exigences de la raison. Et il ne s'arrête pas là. Partout il suppose la raison réalisée. Mais partout il tombe également dans la contradiction entre sa définition théorique et ses conditions réelles. »*

Reprenons ce paragraphe qui montre l'autre aspect indispensable de ce que Marx entend par « critique ».

« La raison, dit-il, *a toujours existé, mais pas toujours sous la forme rationnelle.* » Ce qui signifie que ce qui correspond à la raison est d'une certaine façon présent dans la réalité. Ce que Marx appelle « rationnel », ce dont il veut favoriser la réalisation, n'est pas une création extérieure à la réalité. Là, se cache l'hypothèse implicite fondamentale, dérivée de la philosophie hégélienne, selon laquelle la raison a toujours été à l'œuvre dans l'histoire, à travers le cours de l'histoire humaine. Mais cette raison n'est pas nécessairement réalisée entièrement et n'a pas toujours pris conscience d'elle-même. D'où la proposition de Marx : on peut partir de n'importe quelle forme de la connaissance pour en faire sortir ce qui sera la raison de cette réalité, la raison en étant le but et l'objectif. Par exemple, on peut considérer l'État, analyser l'État tel qu'il est et on peut par l'analyse de l'État tel qu'il est dégager ce que serait l'État rationnel. C'est-à-dire que la raison est suffisamment présente dans la réalité pour qu'on puisse y trouver des exigences rationnelles. Ce qui signifie que la philosophie de Marx n'est pas une philosophie du type kantien opposant ce qui est à ce qui doit être. Ce n'est pas

non plus une philosophie déterministe se bornant à constater ce qui se produit nécessairement. C'est une philosophie que l'on peut appeler « immanentiste » ou « moniste » de type hégélien, qui prétend par l'analyse de la réalité existante dégager ce qui est la raison d'être, l'objectif de ce qui est. On peut en analysant l'État tel qu'il est découvrir ce qu'il doit être parce que ce « doit être » est pour ainsi dire impliqué dans cette raison demi-consciente que la critique découvre dans la réalité.

Marx commente ce qu'il vient de dire sur l'État par le paragraphe suivant :

« *De ce conflit de l'État politique avec lui-même* ["Conflit de l'État politique avec lui-même" signifie que l'État tel qu'il est aujourd'hui ne réalise pas l'idée rationnelle de lui-même], *la vérité sociale peut donc être dégagée partout.* [Et les phrases suivantes sont fort importantes :] *De même que la religion est le sommaire des luttes théoriques de l'humanité,* l'État politique *est le sommaire de ses luttes pratiques. L'État politique exprime donc dans sa forme* sub specie rei publicae *toutes les luttes sociales, tous les besoins sociaux, toutes les vérités sociales.* »

Là, il ne s'agit nullement d'une pensée définitive de Marx, mais d'une forme transitoire que prend sa pensée. À ce moment, il considère que la contradiction entre l'État rationnel tel qu'il devrait être et l'État tel qu'il est est la contradiction fondamentale dans laquelle on peut retrouver toutes les luttes sociales, tous les besoins sociaux, toutes les vérités sociales.

Ce texte correspond à la phase de sa pensée qui s'exprime dans *La Critique de la Philosophie du droit de Hegel* [9] – non pas l'Introduction à cette œuvre, mais un texte plus développé qui n'est connu que depuis 1927 et qui porte ce titre. Dans ce texte, Marx critique l'État, surtout l'État prussien existant, en le confrontant à l'État rationnel. Dans cette critique de l'État réel par rapport à l'État rationnel, il découvre effectivement toutes les luttes sociales, tous les besoins sociaux, toutes les vérités sociales.

La phrase suivante comporte, dans la traduction, un contresens inutile. Marx écrit, en fait [10] :

« Ce n'est donc pas descendre au-dessous de la hauteur des principes *que de faire de la question politique spécifique l'objet de la critique* » [11].

Monsieur Molitor, pour des raisons obscures, lui fait dire le contraire et traduit : « *Ce n'est donc pas du tout à la* hauteur des principes *que de faire de la question politique spécifique l'objet de la critique.* » Alors que Marx veut dire, et c'est évident d'après le contexte, que ce n'est pas descendre de la question des principes que de faire de la question politique spécifique l'objet de la critique.

Un dernier paragraphe restitue un peu le son de sa voix :

« *La réforme de la conscience consiste* uniquement *à donner au monde conscience de sa conscience, à l'éveiller du rêve dans lequel il est plongé à son propre sujet, à lui* expliquer *ses propres actions. Tout notre objectif ne peut consister, comme c'est d'ailleurs le cas dans la critique que Feuerbach fait de la religion, qu'à revêtir d'une forme humaine consciente les questions religieuses et politiques.*

« *Notre devise doit donc être : réforme de la conscience non par des dogmes, mais par l'analyse de la conscience mystique, inintelligible à elle-même, qu'elle se manifeste dans la religion ou dans la politique. Il apparaîtra alors que depuis très longtemps le monde possède le rêve d'une chose dont il doit maintenant posséder la conscience pour la posséder réellement. Il apparaîtra qu'il ne s'agit pas d'un très grand trait suspensif entre le passé et l'avenir, mais de* la mise en pratique *des idées du passé. Il apparaîtra enfin que l'humanité ne commence pas une tâche* nouvelle, *mais achève son ancien travail en en ayant conscience* » [12].

C'est là, sous une autre forme, le grand thème de la critique marxiste. Il s'agit de donner aux hommes conscience de la rationalité à l'œuvre dans l'histoire. Il ne s'agit pas de faire surgir quelque chose de complètement nouveau, car cet État rationnel, ou cet être humain rationnel, était déjà possédé en rêve dans les représentations mystiques de la religion ; mais il s'agit, en faisant prendre conscience aux hommes de la contradiction entre l'être réalisé et l'être rationnel, de les amener à rejeter les représentations mystiques pour que la vérité rationnelle devienne réelle, ce qui se traduit dans la formule fameuse : « *Surmonter la philosophie pour la réaliser* » ou, encore, « *On ne peut réaliser la philosophie qu'en la surmontant* ».

Ce qui signifie que la vérité rationnelle de l'homme et de l'État est déjà présente dans la conscience sous une forme plus ou moins mystique, qu'il s'agit d'en prendre une conscience authentique et de transformer cette conscience en moteur d'action et d'agir pour que la réalité devienne conforme à l'idée que les hommes se font d'eux-mêmes dans la philosophie.

L'on aperçoit du même coup à la fois la beauté, la grandeur de cette conception de la critique et sa difficulté. La difficulté essentielle est de savoir comment on détermine cette vérité rationnelle de l'homme et de l'État. Bien sûr, plus tard, Marx n'emploiera pas cette expression et on pourrait croire que le problème a disparu, mais évidemment la philosophie de la maturité suppose cette inspiration critique avec son double caractère : confrontation de la réalité et de l'idée, confrontation de la réalité et de la vocation rationnelle de la réalité. Ce qui présuppose que le philosophe puisse déterminer ce qui est l'objectif ou la vérité rationnelle de la réalité imparfaite qui l'analyse.

Le deuxième texte de 1843

Je passe au deuxième texte où nous retrouvons plus ou moins les mêmes thèmes, avec quelques autres supplémentaires qui, ensemble, nous donneront la définition que je cherche, celle de la critique philosophique dans la pensée de Marx à cette époque, c'est-à-dire à la fin de 1843.

Les premiers mots se trouvent être la deuxième phrase du texte, très souvent citée.

« *La critique de la religion est la condition de toute critique* » [13].

Je commenterai de la manière la plus simple en disant que la pensée de Marx fait certainement partie d'une critique ou négation de la religion. L'athéisme n'est pas un élément surajouté au marxisme de Marx, c'en est un élément intrinsèque, l'inspiration profonde. Ce qui, naturellement, laisse entièrement de côté la question strictement politique de savoir comment les marxistes, un siècle après, devenus gouverneurs de tel ou tel État, agissent à l'égard de la religion. Je veux dire simplement que le marxisme de Marx commence par une critique de la religion et que cette critique de la religion est fondamentalement athée.

Marx la définit ainsi :

« *L'homme fait la religion, ce n'est pas la religion qui fait l'homme. La religion est en réalité la conscience et le sentiment propre de l'homme qui, ou bien ne s'est pas encore trouvé, ou bien s'est déjà reperdu. Mais l'homme n'est pas un être abstrait, extérieur au monde réel. L'homme, c'est le monde de l'homme, l'État, la société. Cet État, cette société produisent la religion, une conscience* [que Molitor appelle :] *erronée du monde, parce qu'ils constituent eux-mêmes un monde faux.* »

On peut, à mon avis, formuler deux reproches à l'égard de cette traduction. Marx emploie le même terme pour dire « la conscience erronée » et le « monde faux » [14]. Si Marx emploie le même mot, le traducteur doit l'imiter, parce que cette répétition ne signifie pas que, lorsqu'un auteur emploie le même mot pour qualifier la conscience et la réalité, le traducteur s'arroge le droit d'employer deux mots différents. La répétition du mot est fondamentale et l'essentiel de la signification se perd si l'on emploie deux termes distincts. De plus, Marx ne dit exactement ni « erroné » ni « faux », il dit *verkehrt*, ce qui veut dire quelque chose comme « renversé » ou « inversé », « à l'envers », « sens dessus dessous ».

« La religion est la théorie générale de ce monde, son compendium encyclopédique, sa logique sous une forme populaire, son point d'honneur spirituel, son enthousiasme, sa sanction morale, son complément solennel, sa raison générale de consolation et de justification. C'est la réalisation fantastique de l'essence humaine, parce que l'essence humaine n'a pas de réalité véritable. La lutte contre la religion est donc par ricochet la lutte contre ce monde, dont la religion est l'arôme spirituel. »

Vient ensuite un paragraphe que tout le monde connaît :

« La misère religieuse est, d'une part, l'expression de la misère réelle, et, d'autre part, la protestation contre la misère réelle. La religion est le soupir de la créature accablée par le malheur, l'âme d'un monde sans cœur, de même qu'elle est l'esprit d'une époque sans esprit. C'est l'opium du peuple » [15].

Ce texte a de nouveau une portée décisive pour comprendre la critique philosophique de Marx.

Premièrement, cette critique part de la critique de la religion. Elle considère celle-ci comme « une conscience fausse d'un monde faux ». Faites attention à l'expression « conscience fausse d'un monde faux » ou « conscience renversée d'un monde renversé », parce que l'originalité de la critique de la religion de Marx est tout entière dans cette phrase. Il existe beaucoup d'autres critiques de la religion parmi les jeunes hégéliens contemporains de Marx, qui pensaient que « la religion était un tissu d'erreurs, de rêves ». D'autre part, Feuerbach avait écrit que c'était l'homme qui créait Dieu et non pas Dieu qui créait l'homme. Marx écrira que c'est l'homme qui crée la religion et non pas la religion qui crée l'homme. L'idée reste la même : les représentations religieuses sont l'expression de l'homme ou sont une convention de l'homme et ce sont des représentations fausses.

Seulement, Marx ajoute à cette critique générale deux choses. Il ajoute d'abord que l'homme qui crée la religion n'est pas un être abstrait, extérieur au monde. L'homme, c'est le monde de l'homme, l'État, la société. Or, dire que l'homme qui crée la religion, c'est le monde de l'homme, l'État, la société, c'est introduire le thème de l'analyse et de la critique sociologiques de la religion puisque la religion devient l'expression de la société. Il ajoute ensuite que la fausseté de la religion a pour origine la fausseté du monde réel. Cela signifie que c'est parce que l'homme ne réalise pas la vérité de son être dans le monde réel qu'il projette cet être réel dans les représentations fantastiques de la religion. L'idée paraît simple, mais je dirais que si, de tous les jeunes hégéliens, un seul a bouleversé le monde et l'histoire, et tous les autres sont restés des curiosités à l'usage des érudits, c'est en fonction d'une idée très simple, dont la portée sera considérable et qui est la suivante.

La vraie critique de la religion doit être une critique sociologique de la religion, qui explique la conscience religieuse comme une conscience fausse par la fausseté du monde réel. À partir du moment où l'on comprend la signification de cette formule, la critique de la religion devient la critique de la terre, et de la politique, et la critique de la politique devient la critique de l'économie. En d'autres termes, le passage de la critique de la religion au *Capital*, si je puis m'exprimer ainsi, se fait par l'inter-médiaire de cette idée, dont l'expression se trouve dans le premier paragraphe de ce texte, à savoir que, s'il existe une conscience renversée de la religion, c'est parce que le monde lui-même est à l'envers.

La réalité et la conscience

Du même coup, l'on voit que la critique marxiste consiste tout à la fois à chercher pourquoi la conscience théorique est à l'envers et pourquoi le monde est à l'envers. D'où, à nouveau, mon thème central : la critique marxiste est simultanément une critique de la réalité et une critique de la conscience que les hommes en prennent. L'exemple de cette dualité apparaît dans la critique de la religion avec la formule suivante : la conscience religieuse est une conscience fausse, mais les hommes ont une conscience fausse parce que les hommes vivent dans un monde faux. Comme toutes les grandes idées philosophiques, c'est évidemment une idée simple, mais il serait difficile d'en surestimer la portée. D'ailleurs, elle est d'inspiration hégélienne : Marx voit dans Hegel l'achèvement de la philosophie classique et il considère que, dorénavant, la vraie philosophie consiste à dépasser Hegel.

La conclusion du paragraphe que je viens de commenter se ramène à la formule suivante, que nous trouvons plus loin :

« *L'histoire a la mission, une fois que la vie future de la vérité s'est évanouie, d'établir la vérité de la vie présente. Et la première tâche de la philosophie, qui est au service de l'histoire* [Retenons cette formule : "*la philosophie au service de l'Histoire*"], *consiste, une fois démasquée l'image sainte qui représentait la renonciation de l'homme à lui-même, à démasquer cette renonciation sous ses formes profanes. La critique du ciel se transforme ainsi en critique de la terre, la critique de la religion en critique du droit, la critique de la théologie en critique de la politique* »[16].

J'indique en passant que l'expression française utilisée « la renonciation de l'homme à lui-même » est la traduction du terme allemand *Selbstentfremdung*, ce qui veut dire « devenir étranger à soi-même », *fremd* voulant dire « étranger » et *Selbstentfremdung* voulant dire « l'acte par lequel moi-même je deviens étranger à moi-même », ce que l'on traduit d'ordinaire par le terme « aliénation ».

Ce paragraphe explique comment on passe de la critique de la religion à la critique de la politique. En même temps, il nous indique une autre idée, qui a son importance, à savoir que la critique de la politique peut comporter des traits communs avec la critique de la religion, en ce sens que dans les deux cas il s'agit de découvrir et de démasquer des représentations fausses que les hommes ont d'eux-mêmes.

On part de la critique de la religion. On suppose ou on affirme que la religion est une conscience fausse, donc que les contenus religieux sont des idéologies. La critique des idéologies politiques sera comparable à la critique de la conscience religieuse, elle consistera à démasquer les idées fausses que les hommes se font d'eux-mêmes. Ce qui rappelle le texte que j'ai déjà cité selon lequel l'on ne juge pas un homme sur l'idée qu'il se fait de lui-même, on juge un homme sur la réalité [17], la seule question, comme toujours, étant de savoir, comment on définira la réalité par opposition aux consciences fausses.

Le deuxième passage de l'*Introduction à la critique de la Philosophie du droit de Hegel*, que je veux citer, porte directement sur les rapports entre la réalité et la conscience théorique dans le cas particulier de l'Allemagne.

« *De même que les anciens peuples ont vécu leur préhistoire dans l'imagination, dans la mythologie, nous autres Allemands, nous avons vécu notre post-histoire dans la pensée, dans la philosophie. Nous sommes les contemporains philosophiques du temps présent, sans en être les contemporains historiques. La philosophie allemande est le prolongement idéal de l'histoire allemande. Lorsque, au lieu des œuvres incomplètes de notre histoire réelle, nous critiquons donc les œuvres posthumes de notre histoire idéale, la philosophie, notre critique est en plein milieu des questions dont le présent dit :* that is the question. *Ce qui, chez les peuples avancés, constitue un désaccord pratique avec l'ordre social moderne, cela constitue tout d'abord en Allemagne, où cet ordre social n'existe même pas encore, un désaccord critique avec le mirage philosophique de cet ordre social.* »

La philosophie allemande

Voici un excellent texte à commenter. Marx tente de résoudre le problème suivant : la philosophie achevée, c'est la philosophie de Hegel. Or, la réalité allemande est en retard sur la réalité moderne, qui a trouvé son expression au-dehors, surtout en France ou en Angleterre. Donc, le rapport entre la réalité et la conscience prend, dans le cas de l'Allemagne, ce caractère particulier. La réalité allemande n'est pas contemporaine de la modernité ; elle est en retard. Les petits États allemands, des États pour ainsi dire prérévolutionnaires – la révolution étant la Révolution française –, sont en retard sur la réalité historique accomplie au-dehors. Mais la philosophie allemande a pensé non seulement la Révolution française et la modernité, mais elle a pensé ce qui vient après et ce qui n'est pas encore réalisé. En d'autres termes, l'Allemagne est contemporaine de son temps par l'intermédiaire de sa philosophie et la critique de la philosophie devient l'aspect essentiel de la critique de la modernité, puisque cette philosophie, c'est-à-dire celle de Hegel, a pensé non seulement ce qui est déjà réalisé au-dehors, mais encore ce qui va au-delà de ce qui est réalisé au-dehors.

« *La philosophie du droit, la philosophie politique allemande est la seule histoire allemande qui soit au pair avec le présent moderne officiel.* [Donc, Marx dresse une critique des temps modernes puisque la modernité ne s'est réalisée en Allemagne que dans la conscience et non pas dans la réalité.] *Le peuple allemand est donc forcé de lier son histoire de rêve à son ordre social du moment et à soumettre à la critique, non seulement cet ordre social existant, mais encore sa continuation abstraite. Son avenir ne peut se limiter ni à la négation directe de son ordre juridique et politique réel, ni à la réalisation directe de cet ordre social. La négation directe de son ordre réel, il la possède en effet dans son ordre idéal* [Ce qui signifie que la philosophie allemande, celle de Hegel, est la négation directe de ce qui est réalisé comme ordre dans l'Allemagne de son temps] *et la réalisation immédiate de son ordre idéal, il l'a déjà presque dépassée dans l'idée des peuples voisins.* [Le terme allemand est *Anschauung*, qui veut dire plutôt "intuition" ou "représentation".] *C'est donc à juste titre qu'en Allemagne le parti politique pratique réclame la négation de la philosophie. Son tort consiste, non pas à formuler cette revendication, mais à s'arrêter à cette revendication qu'il ne réalise pas et ne peut pas réaliser sérieusement. Il se figure effectuer cette négation en tournant le dos à la philosophie et en lui consacrant, à mi-voix et le regard ailleurs, quelques phrases banales et pleines de mauvaise humeur. Quant aux limites étroites de son horizon, la philosophie ne les compte pas non plus dans le domaine de la réalité allemande, ou bien va jusqu'à les supposer sous la pratique allemande et les théories dont elle fait usage. Vous demandez que l'on prenne comme point de départ de réels germes de vie, mais vous oubliez que le véritable germe de vie du peuple allemand n'a poussé jusqu'ici que sous le crâne de ce même peuple. En un mot : vous ne pouvez supprimer la philosophie sans la réaliser* » [18].

Nous avons là un texte très caractéristique du jeune Marx, assez éblouissant et plein de ce que l'on pourrait appeler des *concetti* philosophiques, c'est-à-dire des jeux de positions conceptuelles quelque peu fascinants. Mais pour autant la signification de ce texte n'est probablement pas si obscure.

L'Allemagne n'est contemporaine de son temps que par la philosophie. Donc, la réalité allemande étroite des petits États réactionnaires est niée dans la philosophie. La philosophie allemande, elle, c'est-à-dire pratiquement la philosophie de Hegel, a pensé non seulement la réalité allemande, mais la réalité universelle et elle est déjà même au-delà de ce qui est réalisé au-dehors. En conséquence, parce que la philosophie allemande paraît la négation de la réalité allemande, les Philistins ont tendance à se détourner à la fois de la réalité allemande et de la philosophie, alors que Marx dit : bien sûr, il faut nier la réalité allemande étroite, mais pour que la réalité allemande se transforme, pour qu'elle devienne contemporaine de la modernité, il faut non pas ignorer la philosophie, mais la réaliser parce que la philosophie allemande a pensé à l'avance, par l'intermédiaire de Hegel, ce qui serait la vérité de l'État ou ce qui serait la vérité de notre temps. Ce qui donne une nouvelle expression au rapport de la conscience et de la réalité : il n'est pas impossible à la conscience théorique d'anticiper sur le réel et, d'autre part, en se tournant vers la réalité et vers l'action, la philosophie se nie elle-même d'une certaine façon, mais elle ne se nie que pour se réaliser, puisque ce qu'il s'agit de faire, c'est que la vérité de l'histoire et de l'État pensée par la philosophie en vienne à coïncider avec la réalité elle-même, d'où sa formule que je résumerai ainsi : *il faut agir et non plus penser le monde. Mais pour que cette action soit une vraie action, il faut qu'elle accomplisse la vérité de la philosophie, c'est-à-dire qu'elle la réalise.*

De l'arme de la critique à la critique des armes

Voilà le thème du jeune Marx. Cette réalisation de la philosophie suppose la critique, la double critique de la réalité et de la conscience théorique ; mais elle n'est pas nécessairement une critique non violente et même, plus précisément, elle conduit à une critique violente, ou, comme dit Marx : « *On passe de l'arme de la critique à la critique des armes.* »

« *Il est évident que l'arme de la critique ne saurait remplacer la critique des armes ; la force matérielle ne peut être abattue que par la force matérielle* [Marx n'était pas un non-violent] ; *mais la théorie se change, elle aussi, en force matérielle, dès qu'elle pénètre les masses. La théorie est capable de pénétrer les masses, dès qu'elle procède par des démonstrations* ad hominem, *et elle fait des démonstrations* ad hominem *dès qu'elle devient radicale. Être radical, c'est prendre les choses par la racine. Or, pour l'homme, la racine, c'est l'homme lui-même. Ce qui prouve, jusqu'à l'évidence, le radicalisme de la théorie allemande, donc son énergie pratique, c'est*

*qu'elle prend comme point de départ la suppression
absolument positive de la religion. La critique de la
religion aboutit à cette doctrine que l'homme est, pour
l'homme, l'être suprême. Elle aboutit à l'impératif
catégorique de renverser toutes les conditions sociales où
l'homme est un être abaissé, asservi, abandonné et
méprisable, qu'on ne peut mieux dépeindre en leur appliquant la boutade d'un Français à l'occasion de l'établissement projeté d'une taxe sur les chiens : Pauvres
chiens ! on veut vous traiter comme des hommes »* [19].

Ce texte comporte les idées suivantes, que je vais
reprendre une à une :

1°) *Le passage de la critique philosophique à l'action
révolutionnaire, de l'arme de la critique à la critique des
armes.* Le passage de la critique à l'action révolutionnaire
est possible.

2°) *Parce que la théorie est une force matérielle
lorsqu'elle s'empare de l'esprit des hommes.* C'est par cet
intermédiaire que Marx passe de la critique philosophique
à l'action révolutionnaire. *Faire prendre conscience au
prolétariat de sa situation, c'est agir révolutionnairement.*

3°) « *Être radical, c'est remonter jusqu'à la racine et
la racine c'est la négation de la religion et l'affirmation
de l'idée que l'homme est pour l'homme l'être suprême.* »
Cette expression est une expression de Feuerbach, qui
exerce, à ce moment, une influence sur Marx, mais c'est
aussi l'expression d'une conviction qui me paraît
constante dans la pensée de Marx. Elle aboutit finalement
à l'impératif catégorique qui est de modifier, de bouleverser toutes les conditions dans lesquelles l'homme n'est
pas traité humainement.

Enfin, il y a un quatrième texte, dont je voudrais citer
des extraits, à propos du passage de la philosophie au
prolétariat. Le troisième texte concernait le passage de
la critique philosophique à l'action révolutionnaire. Le
deuxième portait sur la réalisation de la philosophie par
sa suppression. Le quatrième texte que j'aborde mainte-

nant porte sur le passage de la philosophie au prolétariat, ou encore sur la justification philosophique du rôle philosophique du prolétariat, ou encore, en jouant avec les mots, sur la justification révolutionnaire du rôle philosophique du prolétariat, à moins que ce ne soit la justification philosophique du rôle révolutionnaire du prolétariat. Les deux expressions sont acceptables parce qu'à cette époque, dans la pensée de Marx, il existe une fusion nécessaire entre révolutionnaire et philosophique. Puisque la révolution réalise la philosophie, ce qui est philosophique est révolutionnaire et ce qui est révolutionnaire est philosophique. On peut naturellement procéder à des variations conceptuelles sur ce thème.

Bourgeoisie et prolétariat

Le texte part de l'idée suivante : pour qu'une classe puisse émanciper la société tout entière, il faut qu'elle représente les intérêts de la société tout entière.

« *Ce n'est qu'au nom des droits généraux de la société qu'une classe particulière peut revendiquer* [Ce que Monsieur Molitor appelle :] *la suprématie générale* [Ce qui est dans le texte allemand *allgemeine Herrschaft*, c'est-à-dire la domination générale ; il vaut mieux utiliser "domination" pour *Herrschaft* que "suprématie"]. *Pour emporter d'assaut cette position émancipatrice, et s'assurer l'exploitation politique de toutes les sphères de la société dans l'intérêt de sa propre sphère, l'énergie révolutionnaire et la conscience de sa propre force ne suffisent pas. Pour que la révolution d'un peuple et l'émancipation d'une classe particulière de la société bourgeoise coïncident, pour qu'une classe représente toute la société, il faut, au contraire, que tous les vices de la société soient concentrés dans une autre classe, qu'une classe déterminée soit la classe du scandale général, la personnification de la barrière générale ; il faut qu'une sphère sociale particulière passe pour le crime notoire de*

*toute la société, si bien qu'en s'émancipant de cette
sphère on réalise l'émancipation générale »* [20].

Développons ces idées.

Pour qu'une classe puisse émanciper toute la société, il
faut qu'elle représente d'une certaine façon les intérêts
généraux de toute la société – problème que l'on retrouvera dans la pensée de la maturité. La bourgeoisie a pu
faire la révolution bourgeoise parce qu'à l'époque les
intérêts de la bourgeoisie coïncidaient avec les intérêts
généraux de la société. Mais cette représentation des
intérêts généraux de la société peut prendre deux formes.
Dans le cas de la bourgeoisie : la bourgeoisie représentait
les intérêts généraux de la société, le développement des
forces productives, mais simultanément elle était la classe
économiquement privilégiée. Dans le cas de la société
bourgeoise capitaliste : la classe qui va représenter les
intérêts généraux de la société, et qui va émanciper la
société tout entière, est la classe qui concentre en elle tous
les vices de la société. La classe qui détruira la société
fondée sur la propriété privée sera nécessairement la
classe entièrement dépourvue de propriétés privées, c'est
la classe prolétarienne qui est la négation en acte de la
société bourgeoise, qui portera les intérêts généraux de la
société en niant la société fondée sur la propriété privée.

Voici le texte le plus frappant à cet égard, que Maurice
Merleau-Ponty [21] aimait à citer et qui ne représente pas
nécessairement la pensée du Marx de la maturité, mais qui
correspond à la découverte du prolétariat par Marx philosophe à l'époque où il ne connaissait pas encore le prolétariat réel. En effet, la découverte du rôle philosophique du
prolétariat apparaît dans ce texte, c'est-à-dire en 1843, à
une époque où Marx, comme il le reconnaît lui-même,
avait tout juste commencé ses études économiques :

« *Il faut former une classe avec des chaînes radicales,
une classe de la société bourgeoise qui ne soit pas une
classe de la société bourgeoise, une classe qui soit la
dissolution de toutes les classes, une sphère qui ait un*

*caractère universel par ses souffrances universelles et ne
revendique pas de droit particulier parce qu'on ne lui a
pas fait de tort particulier, mais un tort en soi, une sphère
qui ne puisse plus s'en rapporter à un titre historique, mais
simplement au titre humain, une sphère qui ne soit pas en
une opposition particulière avec les conséquences, mais en
une opposition générale avec toutes les conditions du
système politique allemand, une sphère enfin qui ne puisse
s'émanciper, sans s'émanciper de toutes les autres sphères
de la société et sans, par conséquent, les émanciper toutes,
qui soit, en un mot, la perte complète de l'homme, et ne
puisse donc se reconquérir elle-même que par le regain
complet de l'homme. La décomposition de la société en
tant que classe particulière, c'est le prolétariat »* [22].

J'ai cité cette dernière phrase dans la traduction
Molitor. La phrase exacte de Marx en allemand n'est pas
la même [23]. Il n'emploie pas le terme de « classe », qui se
dit en allemand *Klasse*, comme en français, mais il
emploie le terme de *Stand*, qui est l'équivalent de ce que
nous appelons « ordre » ou « état », car un *ständischer
Staat*, un État d'ordres, n'est pas la même chose qu'un
État de classes et s'il dit « la décomposition de la société »
en tant que *Stand*, ce n'est pas la même chose que de dire
en tant que « classe », car il retrouve l'idée de la différence des États de l'Ancien Régime, à la suite de cette
analyse polémique et éloquente à propos du prolétariat
considéré comme la décomposition de toutes les classes.

Ce texte montre par quel itinéraire philosophique Marx
parvient à la conception du rôle du prolétariat.

Loin de moi l'intention de glisser subrepticement une
critique qui serait non fondée et de dire que la conception
du prolétariat de Marx est une conception philosophique
et non économique. Car le fait qu'il ait découvert philosophiquement le rôle révolutionnaire du prolétariat ne
signifie pas qu'il ne l'a pas ensuite fondé économiquement. Tout ce que je dis, c'est qu'à ce moment de sa
pensée il découvre, d'une part, la nécessité d'une classe

particulière pour assumer un rôle révolutionnaire au nom des intérêts généraux de la société, et que, d'autre part, il découvre que le prolétariat remplira ce rôle révolutionnaire parce qu'il est la négation absolue de la société, la dissolution de toutes les classes. Du même coup, il en résulte que la comparaison si souvent faite entre le Tiers et le Quatrième État, c'est-à-dire entre la révolution faite par la bourgeoisie et la révolution faite par le prolétariat, ne vaut que jusqu'à un certain point dans la pensée même de Marx. Car la classe bourgeoise était la classe socialement privilégiée à l'intérieur de la société féodale alors que le prolétariat est dans le régime capitaliste la classe de tout le malheur. Donc, quand tout le monde dit : on passe de la bourgeoisie au prolétariat, du Tiers État au Quatrième État, on va trop vite. Certes, il existe des textes de Marx où, en effet, cette comparaison est faite. Mais, dans ce texte philosophique initial, on voit que le rôle général du prolétariat est à la rigueur comparable au rôle général de la bourgeoisie, mais avec une différence fondamentale, c'est que le rôle du prolétariat résulte de l'universalité de son malheur, si l'on peut dire, et non pas de l'universalité de sa force économique comme dans le cas de la bourgeoisie.

Ce quatrième thème se résume dans les phrases suivantes :

« *L'émancipation de l'Allemand, c'est l'émancipation de l'homme.* »

Ce qui signifie que, puisque l'Allemagne est philosophiquement en avance, le jour où l'Allemagne fera une révolution, ce sera une révolution totale. À cela on doit ajouter la formule suivante :

« *La philosophie est la tête de cette émancipation. Le prolétariat en est le cœur.* »

Ce qui aboutit à nouveau à la jonction entre la philosophie et le prolétariat, entre la philosophie et la révolution, entre la pensée et l'action. Enfin :

« *La philosophie ne peut être réalisée sans la suppression du prolétariat, et le prolétariat ne peut être supprimé sans la révolution de la philosophie* » [24].

Nous sommes toujours dans les *concetti*, l'idée reste la même. Le prolétariat est la négation de la rationalité du réel. Or, si l'on supprime le prolétariat, on va supprimer l'irrationalité de la réalité existante, donc réaliser la rationalité de l'État et du monde, donc réaliser la philosophie.

L'on voit ainsi comment se nouent ces relations entre philosophie et prolétariat et du même coup entre théorie et pratique.

Ni déterminisme, ni moralisme

Quelques remarques maintenant, pour finir. Rien n'est plus éloigné de cette philosophie critique que l'acceptation passive de ce qui est, attitude que l'on a prêtée au marxisme et que l'on lui a reprochée. La philosophie du jeune Marx est tout le contraire d'une philosophie selon laquelle il suffirait que quelque chose soit pour être justifié. Mais, d'autre part, rien n'est plus éloigné non plus de la philosophie du jeune Marx que le kantisme ou le moralisme abstrait. Rien n'est plus éloigné que l'opposition, devenue centrale dans toute la philosophie néo-kantienne, entre l'être et le devoir être. Il a existé des marxistes kantiens, mais les marxistes kantiens, à mon sens, sont de toute évidence étrangers à ce qui est l'inspiration philosophique profonde de Marx, qui est une inspiration hégélienne, c'est-à-dire un effort pour retrouver la raison et le devoir être dans la réalité elle-même.

Marx vise à la critique, à l'unité de la pensée et de l'action, mais la condition de cette unité de la pensée et de l'action, c'est que l'on soit capable de saisir la vérité de l'État et de l'homme et, par conséquent, d'agir révolutionnairement et philosophiquement à la fois, de bouleverser les conditions existantes, non pas simplement pour les bouleverser, mais pour réaliser ce qui en est la rationalité implicite.

Cette philosophie comporte de toute évidence une difficulté centrale autour de laquelle nous tournerons souvent. C'est la détermination de la vérité historique de l'État ou de l'économie ou de l'homme. Si Marx, dans sa jeunesse, ne paraît pas prendre une conscience exacte de la difficulté intrinsèque d'une critique de cet ordre, c'est qu'il a pour point de départ la philosophie hégélienne, c'est-à-dire d'une certaine façon le critère de la rationalité de l'État, de l'histoire et de l'homme. Il part d'une certaine représentation rationnelle de l'histoire et, armé de ce critère, il critique le monde existant. Mais, si l'on supprime par hypothèse ou par décision métaphysique ce critère de rationalité, comme c'est le cas dans la deuxième philosophie de Marx ou dans les expressions reçues par la philosophie de Marx dans la deuxième partie de sa vie, évidemment, à ce moment-là, l'on fait apparaître une difficulté fondamentale qui consiste à déterminer pourquoi l'évolution déclarée nécessaire au sens du déterminisme est simultanément la réalisation de la philosophie.

Dans la première version de la pensée marxiste, cette difficulté existe à peine pour Marx parce qu'il part de la vérité de l'homme exprimée dans la philosophie de Hegel. Mais si, dans la deuxième partie de sa vie, il est devenu matérialiste au sens métaphysique du terme et s'il dispose plus d'une vision rationnelle de l'histoire humaine, alors la question se pose de savoir pourquoi s'opère cette conjonction entre un certain déterminisme et un accomplissement de la raison.

À ce moment de sa pensée, en quoi consiste la dialectique ? Jusqu'à présent, j'ai volontairement évité à peu près complètement d'employer ce mot, parce qu'il est passe-partout, parce qu'il est employé dans tellement de sens qu'il vaut mieux éviter les confusions. Eh bien, je dirai qu'à ce moment de la pensée de Marx, la dialectique consiste essentiellement en un dialogue entre la réalité et la conscience. Cette pensée peut être appelée une philosophie dialectique, précisément parce qu'elle n'est ni une philosophie déterministe, ni une philosophie du moralisme. Elle se définit par un dialogue entre, pourrait-on dire, la conscience spontanée et la conscience philosophique, entre la réalité brute et la conscience, et aussi un dialogue entre la conscience et l'action. La prise de conscience de la réalité est le point de départ nécessaire de l'action, au sens fort du terme, l'action n'étant vraiment action et création que dans la mesure où elle est réalisation de la vérité rationnelle. Alors cet incessant passage entre la conscience mystifiée et la conscience authentique, entre la réalité brute saisie par la conscience et la conscience de la rationalité, entre la conscience de la rationalité et l'action nécessaire, toutes ces modalités du dialogue sont ce qui constitue cette philosophie critique comme une philosophie dialectique, puisque dans la dialectique on retrouve l'idée de dialogue et aussi l'idée de défi et de réponse, comme dit Toynbee, ou de question et de réponse.

D'où vient cette philosophie ? Là-dessus nous pouvons passer rapidement, car les idées sur la question sont très répandues.

Le milieu familial de Marx, celui de son père, celui aussi de l'homme qui devint son beau-père, c'est-à-dire Monsieur de Westphalen[25], était libéral d'esprit. Le père de Marx était très influencé par des philosophes français du XVIIIe siècle. Celui qui devint son beau-père était très influencé par les idées saint-simoniennes. Le père de Marx était resté vaguement déiste à la manière dont on l'était au XVIIIe siècle. Marx, à mon sens, n'a jamais été religieux et je dirais volontiers qu'il ne s'est jamais posé le problème religieux comme un problème qui le concernât intimement. En un sens banal et vulgaire il est parti de la négation d'un Dieu transcendant comme d'une évidence.

D'autre part, Marx a toujours été animé d'un sentiment moral très fort qui s'exprime dès ses dissertations d'écolier, que l'on retrouve dans tous ses textes, c'est-à-dire une espèce de révolte contre l'injustice, un sens aigu de la justice et en même temps un sens aigu de l'action. Il sentait ce qui était injuste et pour lui la moralité devait être une moralité pratique, une moralité en action, qui consistait, l'injustice étant observée, à agir pour la supprimer.

Enfin, sans entrer dans le problème de la psychologie de Marx – ce serait très compliqué : on ne pourrait le faire qu'à travers les témoignages nombreux que nous avons sur sa personnalité ; or, Marx étant génial, il était, comme le plus souvent en pareil cas, insupportable, et il serait trop facile d'en faire un portrait caricatural, et tout aussi bien un portrait édifiant –, avançons une proposition qui, elle, ne présente aucun danger : il avait un tempérament de révolutionnaire. Il a toujours eu un tempérament de révolutionnaire. Son héros, c'est Prométhée. C'est visible dans la préface à la dissertation qu'il a rédigée pour son doctorat : la préface contient un hommage éclatant à Prométhée [26]. Marx avait certainement le goût de défier les autorités sociales, les autorités religieuses et les dieux. Il était prêt à défier le ciel et la terre, ce qui est évidemment la vertu première et essentielle du révolutionnaire.

D'autre part, il existe un petit témoignage frappant que je signale en passant. Vers la fin de sa vie, à Londres, on jouait à un petit jeu qui consistait à obliger les personnes à répondre à une série de questions parmi lesquelles se trouvaient : « Qu'est-ce que vous aimez le plus ? Qu'est-ce que vous aimez le moins ? » etc. Aujourd'hui c'est devenu de la sociologie empirique, à l'époque c'était encore un jeu de société. Dans ce jeu, on devait répondre à la question : « Quel est le défaut que vous détestez le plus ? » Et la réponse de Marx a été : « La servilité. » C'est en effet la vertu éminente de Marx : il était un révolutionnaire qui admirait Prométhée et haïssait la servilité. On peut lui faire beaucoup de reproches, mais il est incontestable qu'il a vécu pour ses idées, qu'il a vécu pour la révolution avec une indifférence totale au confort de l'existence et au succès pratique.

CHAPITRE III

DE LA CRITIQUE DE LA RELIGION
À LA CRITIQUE DE LA POLITIQUE

J'ai expliqué, dans la dernière leçon, ce qu'était la critique philosophique au sens que cette expression revêt dans les textes du jeune Marx. Pour lui, la théorie est achevée dans la philosophie de Hegel ; cette philosophie achevée se transforme en action, mais cette action demeure théorie, puisqu'elle mesure chaque réalité à l'essence de celle-ci. Bien que la critique soit une « *critique des armes* », elle est aussi « *arme de la critique* », en ce sens que l'action a pour but la réalisation de l'idée.

Cette entreprise philosophique de Marx, ainsi résumée, se situe évidemment dans un contexte historique, défini pour l'essentiel par la médiocrité de la réalité politique allemande et la grandeur de la philosophie allemande, c'est-à-dire la grandeur de la philosophie de Hegel. Marx aurait volontiers dit : les Français accomplissent la modernité, mais ce sont les Allemands qui la pensent. Ils pensent non seulement le présent, mais déjà l'au-delà du présent, l'avenir de ceux qui ont réalisé le présent, l'avenir des Français eux-mêmes.

Maintenant, je voudrais d'abord étudier les premières démarches de la pensée de Marx à partir de Hegel et ensuite expliquer la *Critique de la Philosophie du droit de Hegel*, telle que l'expose Marx.

Il n'est pas question pour moi de présenter la philosophie de Hegel – il y faudrait un autre cours –, mais simplement ce qui est indispensable pour comprendre la

critique marxiste telle qu'elle se dégage des textes de
Marx lui-même.

Le Hegel de Marx

Énonçons simplement, pour commencer, un certain
nombre de propositions banales, mais qui donneront une
idée de ce que représente la philosophie de Hegel pour
Marx.

La philosophie de Hegel telle qu'elle apparaît à Marx
est une synthèse conceptuelle globale. Cela signifie que
toutes les antinomies de la pensée philosophique traditionnelle sont intégrées et surmontées dans un système
constitué par un déroulement nécessaire de concepts.
Pour Hegel, il y a parallélisme (dans l'*Encyclopédie*)
entre le mouvement des concepts, le mouvement de la
nature et le mouvement de l'histoire. Dans la saisie
globale de l'histoire humaine, Antiquité et christianisme,
sentiment et raison, particulier et universel, nature et
histoire, toutes ces antithèses classiques prennent leur
place et sont simultanément surmontées.

La condition philosophique fondamentale pour réussir
cette synthèse globale repose sur la signification philosophique essentielle que Hegel reconnaît à l'Histoire.
L'Histoire, le temps, signifient, pour lui, la création de la
vérité de l'homme. L'Histoire est pour ainsi dire le
devenir de la vérité ou le devenir de l'humanité vers la
vérité. L'Histoire n'est donc pas une dimension secondaire de la réalité, mais la dimension essentielle de
l'homme créateur de lui-même et de son essence à travers
le temps.

Telle qu'elle se présentait dans les années 1830, la
philosophie du vieil Hegel paraissait un achèvement et
les discussions entre hégéliens de droite et hégéliens
de gauche – remarquons l'utilisation de ces concepts
politiques pour le mouvement des idées philosophiques –,
les discussions entre les deux Écoles issues de la philosophie de Hegel portaient essentiellement sur deux thèmes,

étroitement liés l'un à l'autre : celui des relations entre la philosophie et la religion, et celui de la politique.

La Philosophie du droit est un cours professé par Hegel à l'Université de Berlin[1]. Le résumé qui figure dans *La Philosophie du droit de Hegel* de Marx se trouve dans l'*Encyclopédie*[2]. *La Philosophie du droit de Hegel* était couramment interprétée à l'époque, à tort ou à raison, comme une justification de l'État prussien considéré comme le dernier mot de l'Histoire, comme la synthèse dans laquelle les antinomies se trouvaient résolues. Les hégéliens de gauche refusaient cette assimilation de l'État prussien à l'achèvement de l'Histoire.

D'autre part, les hégéliens de droite et de gauche discutaient sur la signification qu'il fallait attribuer à l'interprétation hégélienne de la religion, et c'est là-dessus que je vais m'arrêter quelques instants, puisque le premier mot de l' « Introduction à la critique de la Philosophie du droit de Hegel » est la phrase : « *La critique de la religion est le début de toute critique* »[3]. En fait, les discussions théologiques auxquelles a participé le jeune Marx tournaient autour du problème de la religion et du sens qu'il convenait d'attribuer à l'interprétation hégélienne de la religion.

En quoi consistait cette interprétation hégélienne ? Elle se résume en une proposition à la fois très simple et très obscure. Religion et philosophie ont même contenu, mais ce contenu revêt une forme différente dans la philosophie et dans la religion.

On peut faire tourner toutes les querelles des jeunes hégéliens autour de l'interprétation de cette formule : « Religion et philosophie ont même contenu, mais la forme est autre. »

En gros, cela signifie que religion et philosophie ont le même contenu intellectuel, le même ensemble de propositions, mais que la religion présente ces contenus sous forme, soit d'intuition, soit de représentation sensible, cependant que la philosophie, et la philosophie seule, fait accéder le contenu de la religion à la forme conceptuelle, c'est-à-dire à la seule forme véritablement rationnelle. Cette proposition peut être considérée comme une présentation subtile du théisme. Elle peut aussi être considérée, avec beaucoup plus de probabilité, comme une forme subtile, mais catégorique, de l'athéisme. Au fond, tous les jeunes hégéliens ont discuté sur le sens qu'il fallait attribuer à cette formule et la plupart d'entre eux lui donnaient une interprétation athée. On peut même dire que les jeunes hégéliens se définissaient par cette attitude.

Comment procédaient-ils ? Prenons pour commencer le contenu religieux de l'expression : Jésus-Christ, c'est-à-dire l'Homme-Dieu. Que signifie la proposition : la religion et la philosophie ont l'une et l'autre comme contenu la notion de l'Homme-Dieu, mais la religion, sous une forme, et la philosophie, sous une autre forme ?

Eh bien, l'Homme-Dieu signifie la relation entre le particulier et l'universel, ou le fini et l'infini. Jésus-Christ, Homme-Dieu, c'est la médiation accomplie entre le fini et l'infini, c'est l'Homme qui est fini en tant qu'homme et infini en tant que Dieu.

Que signifie l'idée de Hegel selon laquelle la religion présente cette synthèse du fini et de l'infini, mais sous une forme non rationnelle ? La première interprétation de cette formule est celle de David Strauss dans sa *Vie de Jésus* [4] : lorsque Hegel dit que le contenu de la religion est le contenu de la philosophie, mais sous une forme non philosophique, cela revient à dire que c'est le contenu de la philosophie sous une forme mythique ou mythologique. Autrement dit, la fusion du fini et de l'infini ne s'accomplit pas dans un Homme-Dieu – Jésus-Christ est un homme qui a vécu à une certaine période de l'histoire, mais il n'était pas Dieu –, mais les hommes ont imaginé cette fusion du fini et de l'infini sous la forme religieuse d'un Homme-Dieu.

Quant à la philosophie, elle conçoit naturellement la synthèse du fini et de l'infini, mais cette synthèse du fini et de l'infini ne s'accomplit qu'au terme de l'Histoire, sous forme du savoir absolu auquel participe l'esprit fini.

Donc, dans le cas de la religion, le contenu est présenté sous la forme mythologique d'un Homme-Dieu, tandis que dans la forme philosophique (celle de Hegel) la conception du lien entre fini et infini apparaît au terme de l'Histoire et grâce au savoir absolu.

Cette première version critique de la philosophie hégélienne connut un retentissement extraordinaire parce que Strauss tirait manifestement de la pensée hégélienne une des interprétations possibles. L'idée que « les contenus de la philosophie se présentent sous une forme religieuse, c'est-à-dire une forme de représentation ou d'intuition ou une forme imparfaite », peut se traduire en langage vulgaire par l'expression « sous une forme mythique » et la réalisation de l'unité du fini et de l'infini se concevra à l'échelle de l'histoire humaine dans sa totalité.

Dans cette ligne critique, Hegel serait en réalité un athée parce que Dieu serait en quelque sorte l'ensemble de l'histoire humaine. Dieu serait toute l'Humanité créant sa vérité, par conséquent l'immanence absolue. À la rigueur, il s'agirait d'une forme de panthéisme sans Dieu. Mais cela n'a aucune relation avec la conception traditionnelle de la divinité.

Si la première traduction possible de l'idée hégélienne à propos de la religion aboutit à une critique des contenus religieux en termes de mythes, la deuxième version possible de cette critique aboutit à la critique théologique antithéologique de celui qui fut l'ami intime de Marx jusqu'en 1842 et qui devint son adversaire par la suite, à savoir Bruno Bauer.

Bruno Bauer a été un court moment professeur de philosophie et de théologie à l'Université de Bonn. Il était à ce moment l'ami de Marx, à qui il avait conseillé d'entreprendre une carrière universitaire. Ce que Marx ne put naturellement faire à cause de ses opinions. Bruno Bauer a été d'abord un hégélien conservateur, puis il est devenu un jeune hégélien, un hégélien de gauche. Sa critique est à peu près la suivante : il ne s'agit plus d'une

critique mythologique dans le style de Strauss, mais
d'une critique théologique.

À l'époque où Marx réfléchissait à ces problèmes,
Bruno Bauer écrivit un livre, qui fit scandale, où il s'effor-
çait de démontrer que Hegel était en réalité un athée[5].
Il avait procédé à cette démonstration en rédigeant un
ouvrage et en l'attribuant à un vieux-croyant. Il supposait
que ce chrétien véritable écrivait un livre contre Hegel, où
il affirmait que prétendre que les contenus de la religion
sont les contenus de la philosophie, mais sous une forme
non élaborée conceptuellement, constitue la version
extrême de l'athéisme, puisque la vérité dernière de la
religion est la philosophie, que la philosophie aboutit au
savoir absolu, et que l'aboutissement au savoir absolu
résulte de tout le déroulement de l'Histoire. Par conséquent il n'y a pas d'autre Dieu que l'humanité elle-même
créant sa vérité. Or, dire cela, c'est essentiellement
être athée. Il suffisait de supposer qu'un vieux-croyant
présente cette interprétation de Hegel pour dénoncer
Hegel comme un athée et, du même coup, on défendait
l'athéisme de Hegel en faisant semblant de l'attaquer.
Bruno Bauer non seulement adoptait l'interprétation athée
de la pensée hégélienne, mais à partir de là, au lieu de
présenter les croyances chrétiennes, à la façon de David
Strauss, comme une espèce de mythologie qui annonçait
la pensée philosophique, il présentait la dogmatique
chrétienne comme une forme d'emprisonnement de la
conscience. La théologie chrétienne était moins, pour lui,
l'anticipation de la vérité philosophique que la négation de
la conscience humaine et la présentation d'une vue
dégradée de l'humanité elle-même. Du coup, la critique
théologique ou antithéologique de Bruno Bauer se donnait
pour objectif essentiel la libération de la conscience par
rapport à la théologie. Il restait hégélien en un certain
sens, c'est-à-dire qu'il disait qu'après tout le sens de l'histoire humaine était la réalisation progressive de la
conscience de et par l'Humanité. Par conséquent, l'essentiel était la critique théologique délivrant la conscience

humaine de la prison chrétienne. Quant à la réalité, elle se débrouillerait toute seule ; ce qu'il fallait avant tout, c'était libérer la conscience par la critique. D'où, chez Bauer, une critique qui reste critique théologique antithéologique, c'est-à-dire, comme Marx le lui a reproché ensuite, n'allant pas jusqu'à l'essentiel, qui aurait consisté à libérer tout à la fois la conscience et la réalité. Ici, il faut se souvenir que le thème central de la critique marxiste est que l'on ne peut libérer la conscience de ses illusions qu'en libérant la réalité elle-même de sa fausseté.

La troisième version de la critique religieuse parmi les hégéliens de gauche s'exprime dans un des livres les plus connus de Feuerbach, *L'Essence du christianisme*[6]. Pour Feuerbach, le thème fondamental s'expose ainsi : ce n'est pas la religion qui crée l'homme, c'est l'homme qui crée la religion et l'homme crée la religion en projetant en Dieu et dans les représentations religieuses ce qu'il conçoit de meilleur de lui et en lui. L'homme s'aliène dans les représentations religieuses en prêtant à celles-ci toutes les perfections qui sont humaines. La critique feuerbachienne est appelée *anthropologique* en ce sens qu'elle essaie de remonter à l'origine humaine des représentations religieuses et qu'elle substitue à l'absolu de Dieu l'absolu de l'homme. Feuerbach, nous verrons cela plus loin, a eu une certaine influence sur la pensée de Marx. La critique marxiste de la religion est une version, légèrement différente, de la critique anthropologique de Feuerbach.

Le dernier auteur que je citerai, en me bornant à ceux avec lesquels Marx lui-même a polémiqué dans ses ouvrages de jeunesse, notamment dans *La Sainte Famille*[7] et dans *L'Idéologie allemande*[8], est Max Stirner. Son livre s'intitule *L'Unique et sa propriété*[9]. Avec lui la critique de la religion aboutit à l'exaltation de la conscience individuelle et solitaire considérée, à son tour, comme un absolu.

Tous ces hégéliens de gauche sont, d'une façon ou d'une autre, athées et tous, d'une façon ou d'une autre, font de la critique de la religion. Tous se traitent récipro-

quement de théologiens. Tous s'accusent réciproquement
de n'avoir pas mené jusqu'au bout leur critique de la
religion. Et, naturellement, d'une certaine façon, ils ont
tous raison, car, du fait qu'ils font la critique de la
théologie, il reste toujours quelque chose de la thèse dans
l'antithèse, et on peut trouver de ce fait qu'ils n'ont pas
été jusqu'au bout de leur projet. David Strauss fut accusé
de conserver les dogmes religieux sous forme de mythes.
À Bruno Bauer ses ennemis reprochaient de prendre au
sérieux la théologie qu'il condamnait puisqu'il considérait la critique de la théologie comme l'essentiel de la
critique. À Feuerbach, on reprocha la proposition selon
laquelle « l'homme est l'absolu pour l'homme », ce qui,
affirme-t-on, est encore une manière d'être religieux,
puisque la notion d'absolu demeure. Quant à Stirner, il
lui fut reproché, évidemment, de poser « l'absolu de la
conscience ».

De Hegel au marxisme

La critique de la religion de Marx se rapproche de la
critique feuerbachienne avec deux différences fondamentales :

1°) Marx reproche à Feuerbach de faire de l'homme,
en général, de la nature humaine ou d'un homme non
défini historiquement, le créateur de la religion. Cette
critique consiste à considérer l'homme social et historique, et non pas l'homme en général, comme le créateur
de la religion. Cette différence, en termes abstraits,
distingue la critique anthropologique de la critique sociologique. Marx pose les fondements d'une critique sociologique de la religion avec des formules philosophiques
comme : « Ce n'est pas l'homme en général qui crée la
religion, c'est l'homme social et historique de périodes
données. »

2°) Marx est à mon avis meilleur philosophe que tous
les autres hégéliens de gauche et il est surtout beaucoup
plus hégélien. Il est hégélien en ce sens, et cela est essen-

tiel, qu'il ne se borne pas à affirmer : c'est l'homme social et historique qui crée la religion. Il dit aussi que c'est parce que l'homme social et historique ne se réalise pas lui-même qu'il se projette ou s'aliène dans les représentations religieuses. En d'autres termes, et je reviens toujours à ce thème élémentaire mais fondamental, il combine la critique des représentations religieuses avec la critique de la réalité sociale qui fait surgir les illusions religieuses. De la même façon, quand il écrira *Le Capital*, il combinera la critique de la science économique avec la critique de la réalité économique qui suscite cette science économique. Thème toujours identique : la fausseté du réel suscite la fausseté des représentations. Mais, pour que ce thème fondamental de la critique simultanée des représentations et de la réalité soit valable, il faut disposer d'un critère de la vérité du réel. Et ce critère de la vérité du réel, dans le Marx que nous étudions actuellement, c'est évidemment la philosophie de Hegel. Il faut savoir ce qu'est la vérité de l'homme pour pouvoir qualifier de fausse la réalité actuelle de l'homme. C'est cette forme particulière de la critique philosophique, cette critique simultanée des représentations et du réel qui conduit Marx de Hegel au marxisme.

Nous avons déjà décrit l'itinéraire de Marx de 1835 jusqu'à 1848, rappelons-en les principales étapes purement biographiques :

1°) les années d'études : 1835-1841 ;

2°) les années d'activité allemande, surtout dans la *Gazette rhénane*[10] : 1842-1843 ;

3°) le séjour à Paris : novembre 1843-janvier 1845 ;

4°) le séjour à Bruxelles : 1845-1848.

Au point de vue intellectuel, quelles sont les étapes de la formation de la pensée marxiste ? Personnellement, j'en distinguerais trois qui me paraissent représenter réellement des moments successifs de la pensée marxiste.

La première phase se définit comme l'application de la critique à la politique et à la religion telle que nous l'avons définie. Cette phase dure jusqu'en 1843.

La deuxième phase est celle qui est marquée par le séjour à Paris et qui comporte l'application de l'idée critique à l'économie politique ou le passage de la critique de la politique et de la religion à la critique de l'économie et, simultanément, à la critique par l'économie de la religion ou de l'État.

Et enfin, la troisième phase de la formation de la pensée marxiste va de 1845 à 1848, c'est-à-dire de la critique philosophique de l'économie politique au matérialisme historique tel qu'il est exposé dans le *Manifeste communiste*[11] et ensuite dans la préface à la *Critique de l'économie politique*[12].

On pourrait naturellement, si l'on voulait, réduire ces trois phases à deux. Ce ne serait pas une interprétation absolument différente. On pourrait dire que la formation de la pensée marxiste a comporté deux phases fondamentales : la phase de critique philosophique au sens où j'ai défini ce terme et celle qui mènera au matérialisme historique.

La phase de critique philosophique a comporté successivement la critique de la religion, celle de la politique et celle de l'économie politique. Cette phase aboutit au *Manuscrit économico-philosophique* de 1844, qui représente pour ainsi dire la tentative de synthèse de la philosophie critique de Marx. On pourrait dire que la lecture de Hegel jusqu'au *Manuscrit économico-philosophique*[13], c'est le développement, l'épanouissement de la philosophie marxiste considérée comme critique au sens précis, c'est-à-dire à la fois comme critique des illusions ou des représentations et comme critique de la réalité qui suscite les illusions.

Puis, à partir du *Manuscrit économico-philosophique*, Marx va se lier définitivement avec Engels. Leur amitié date de l'automne 1844 ; ils s'étaient rencontrés une fois auparavant, quand Marx était rédacteur en chef de la *Gazette rhénane* en 1842, mais cette première rencontre n'avait rien donné. À l'automne de 1844, en revanche, Marx va nouer avec Friedrich Engels une amitié qui durera toute sa vie. Engels apporte à Marx à ce moment-là d'abord une formation différente et des connaissances concrètes empiriques d'ordre économique que Marx ne possédait pas encore complètement. À partir du *Manuscrit économico-philosophique* de 1844, la pensée de Marx va se développer et le mener au matérialisme historique.

Sur les grandes lignes de cet itinéraire philosophique de Marx il n'existe, à mon avis, aucun doute. Mais j'ajouterai immédiatement qu'il est essentiel de bien distinguer au moins deux phases : celle qui culmine dans le *Manuscrit économico-philosophique* et celle qui va du *Manuscrit économico-philosophique* au matérialisme historique. À mon sens, on aurait tort de croire que les textes de 1843 et ceux de 1846 ou 1847 ressortissent à la même pensée. Ce sont les étapes successives d'un développement, mais il existe manifestement des différences.

De quoi doutent les interprètes de la pensée de Marx et en quoi divergent-ils ? Un marxologue allemand du nom de Karl Korsch [14] a essayé de résumer l'itinéraire philosophique de Marx par une formule devenue célèbre : Marx a d'abord critiqué philosophiquement la religion, puis politiquement la religion et la philosophie, puis économiquement la religion, la philosophie et le reste. C'est une très jolie formule qui comporte une part de vérité, mais que je crois fausse sur un certain point.

Ce que suggère cette formule, c'est qu'il y aurait eu dans la critique marxiste de la religion deux phases distinctes. D'abord une critique philosophique de la religion, puis une critique politique de la religion et de la philosophie. Or, personnellement, je crois que distinguer ces deux phases de critiques est erroné. Cette distinction a été reprise dans une thèse [15], non encore publiée et que j'ai lue en manuscrit, sur la critique de la religion dans la pensée de Marx. Il s'agit d'une biographie intellectuelle de Marx dans ses relations avec la critique religieuse. Dans cette thèse, d'ailleurs excellente, l'auteur, un prêtre catholique alsacien, distingue lui aussi deux phases dans la critique marxiste de la religion : celle qu'il appelle « la critique rationaliste de la religion », et une seconde phase, celle de « la réduction sociologique de la religion ».

Personnellement, je pense que cette distinction est erronée car elle est contradictoire avec les textes et avec le développement même de la pensée de Marx.

Je ferai observer d'abord, à l'usage de ceux qui s'intéressent aux détails de cette formation de la pensée marxiste, que le thème que j'appelle central, c'est-à-dire celui de la critique simultanée des représentations religieuses et de la réalité qui suscite les représentations religieuses, est déjà présent dans les fragments qui ont servi à Marx pour préparer sa thèse de doctorat [16]. On trouve déjà dans ces fragments, publiés dans l'édition dite *MEGA*, l'idée que la contradiction entre l'idée ou l'essence et le donné concret est interne à la réalité.

Par conséquent, la critique des représentations doit être en même temps la critique de la réalité qui suscite les représentations. Ce qui signifie, à mon sens, que la critique marxiste de la religion a été, dès le départ, si l'on veut, politique ; ou, mieux encore, que la critique de la religion de Marx a été, toujours dès le départ, à la fois une critique rationaliste et une critique sociologique. Le lien entre la critique rationaliste et la critique sociologique est fourni par la philosophie de Hegel elle-même, car puisque les notions essentielles sont présentes dans la réalité, en critiquant les représentations fausses, on est simultanément en quête de l'essence des réalités et des raisons pour lesquelles l'essence ne se réalise pas dans le donné concret. Ce qui me paraît vrai, c'est que la critique de la religion de Marx a deux ou trois origines différentes et qu'elle se situe pour ainsi dire au point de rencontre de trois influences.

Lecture de Spinoza

D'une part, l'influence des philosophes français du XVIIIe siècle, dont étaient imbus tout à la fois son père et celui qui devait devenir son beau-père, c'est-à-dire les milieux libéraux de la Rhénanie. La deuxième influence vient du *Traité théologico-politique* de Spinoza. La troisième enfin est celle de Hegel.

Nous savons, avec une très grande précision, que Marx a lu le *Traité théologico-politique* [17] et qu'il l'a lu très attentivement. Nous savons à quelle époque il l'a lu, parce qu'il avait l'excellente habitude, pour ses futurs historiens, quand il lisait un livre avec attention, d'en recopier des extraits dans ses cahiers. Or, par bonne chance, la plupart de ses cahiers ont été conservés. De telle sorte qu'on sait qu'il a lu le *Traité théologico-politique*. On sait même l'ordre dans lequel il a lu les différents chapitres de ce livre, car les extraits ne sont pas recopiés dans l'ordre des chapitres de l'ouvrage de Spinoza. Si je disposais de plus de temps, j'essaierais de montrer que la critique marxiste de la religion s'inspire tout à la fois de Spinoza et de Hegel. D'ailleurs, d'une certaine façon, la formule hégélienne, « le contenu est le même, la forme est différente », pourrait être attribuée au Spinoza du *Traité théologico-politique* bien que les concepts de Spinoza soient différents, tout au moins dans l'interprétation que, personnellement, je donnerais du *Traité théologico-politique*, qui me paraît un livre d'un athéisme absolu, combiné avec la prudence à l'égard des croyants et l'acceptation de l'idée que la vérité philosophique n'est pas accessible à tous les hommes, qu'elle n'est accessible qu'aux philosophes et que, puisque la plupart des hommes sont incapables de la vérité philosophique, il faut accepter qu'ils agissent en fonction de représentations religieuses, c'est-à-dire, certainement pour Spinoza, de représentations mythologiques. Si l'on admet l'interprétation selon laquelle il faut conclure à l'athéisme de Hegel, il existe des points communs entre le *Traité théologico-politique* et la philosophie hégélienne.

La critique de la religion

Quoi qu'il en soit, la critique de la religion de Hegel telle que Marx me semble l'avoir pratiquée dès le départ se déduit à la fois de l'irréligion essentielle, qui est certainement caractéristique de l'être intellectuel de Marx, des influences qu'il a subies, celle de Spinoza et celle de Hegel tel que celui-ci était interprété par les hégéliens de gauche. Nous savons que Marx voulait, en 1841 ou 1842, contribuer aux publications athées et antithéologiques de Bruno Bauer, mais, en fait, plusieurs des textes que Marx avait promis à Bauer n'ont jamais été rédigés, de telle sorte que nous ne possédons pas de textes d'ensemble dont on puisse dire qu'ils représentent la critique de la religion telle que la pense Marx entre 1840 et 1843.

Ceux que nous possédons de cette période sont, d'une part, sa thèse de doctorat, dont j'ai dit quelques mots, et puis les articles plus ou moins accidentels qu'il a écrits dans la *Gazette rhénane*[18] entre le printemps 1842 et le printemps 1843. Ces articles de la *Gazette rhénane* ont été, comme tout ce que Marx a écrit, étudiés passionnément et avec un extrême détail depuis une douzaine d'années.

J'en dirai quelques mots, simplement pour essayer de montrer ce qu'était Marx polémiste et journaliste. Ces articles de 1842-1843 traitent de la liberté de la presse[19], des relations entre l'État et la religion[20] et l'un, spécialement célèbre, du vol de bois[21]. Il est célèbre parce que, avec un peu de bonne volonté, on y retrouve l'origine de la conception de la marchandise fétiche qui se trouve dans *Le Capital*. En fait, nous savons que le thème du fétichisme lui a été suggéré par le livre d'un historien français des religions du nom de Charles de Brosses, qui avait écrit un livre sur le culte des dieux fétiches[22], livre que Marx a lu et dont il avait copié des extraits. C'est de là qu'il a tiré le thème, et nous verrons plus tard à propos du *Capital* l'usage qu'il fera de cette notion.

Ce dont je veux parler surtout, c'est des articles sur la liberté de la presse et de ceux sur les rapports entre la religion et l'État. Là, Marx polémiste s'en donne à cœur joie.

La question des relations entre l'État et la religion était centrale dans toutes les polémiques des hégéliens de gauche en raison de l'équivoque des expressions employées par Hegel. Pour donner une idée de l'équivoque de ces textes, je vais citer un passage de *La Philosophie du droit* dans la traduction, excellente, publiée aux éditions Gallimard et qui est due à Monsieur André Kaan [23].

Ce passage se trouve au paragraphe 270 de *La Philosophie du droit* de Hegel :

« C'est pourquoi la religion contient le point qui dans le changement universel et dans l'évanouissement des buts des intérêts et des propriétés réelles garantit la conscience de l'immuable, de la liberté et du contentement souverain. Mais si la religion constitue ainsi le principe de l'État comme volonté divine, néanmoins elle n'est qu'un fondement et c'est en cela que les deux sphères se distinguent. L'État est la volonté divine comme esprit présent ou actuel qui se développe dans la formation et l'organisation d'un monde. Ceux qui, en face de l'État, veulent s'en tenir à la forme de la religion, se comportent comme ceux qui croient avoir atteint le droit dans la connaissance alors qu'ils en restent toujours à l'essence et ne passent de cette abstraction à l'existence ou encore comme ceux qui ne veulent que le Bien abstrait et réservent au libre-arbitre de déterminer ce qui est bien. La Religion est la relation à l'absolu dans la forme du sentiment, de l'imagination et de la croyance et dans son centre qui contient tout, tout ce qui existe devient un accident et aussi s'évanouit » [24].

Nous nous trouvons ici face à un texte véritablement hégélien dans lequel il s'agit des relations entre l'État et la religion et qui, lorsqu'il s'agit de la religion, se prête à toutes les interprétations, cette obscurité ou cette équivoque étant naturellement volontaire chez Hegel. Il aurait pu s'exprimer autrement, mais il voulait s'exprimer ainsi, au moins pour deux raisons. La première, il n'était pas si facile, ni sans danger, de son temps d'exprimer directement des opinions athées. La seconde, qui explique pourquoi tant de philosophes conservent les expressions religieuses, c'est qu'ils ne veulent pas laisser ces expressions religieuses aux seuls vieux-croyants, parce qu'ils pensent que le vrai contenu de la religion, c'est eux qui le sauvegardent dans la philosophie.

Face à un texte de cet ordre, on commence par dire que « *la religion constitue le principe de l'État comme volonté divine* ». Ce qui autorise une interprétation facile : nous sommes au cœur d'une philosophie religieuse. Mais, à la fin du paragraphe, on lit que « *la Religion est la relation à l'absolu dans la forme du sentiment, de l'imagination et de la croyance* », c'est-à-dire dans une forme inférieure à la forme philosophique, qui est celle du concept. Et Hegel ajoute : « *Et dans son centre qui contient tout, tout ce qui existe devient un accident et aussi s'évanouit.* » Ce qui signifie que, par rapport à la divinité considérée au sens traditionnel du terme, il ne reste plus de place pour ce qui existe, pour l'État, pour les choses politiques, pour justifier l'État. Ce qui revient à dire que la véritable justification de l'État n'est évidemment pas cette relation absolue dans la forme de l'imagination, du sentiment et de la croyance.

D'autre part, il dit que « *la religion constitue le principe de l'État comme volonté divine* », mais il ajoute qu'elle « *n'en est qu'un fondement* » et il ajoute encore : « *L'État est la volonté divine comme esprit présent ou actuel qui se développe dans la formation et l'organisation d'un monde.* » Ce qui justifie l'interprétation athée. « *L'État est la réalisation de la volonté divine* », volonté divine qui n'a évidemment pas de relation avec la volonté du Dieu chrétien, mais c'est la forme que prend l'esprit dans son développement historique. Par conséquent ce qui est divin, c'est l'État, et non pas le Dieu du christianisme, qui n'est qu'une représentation vulgaire et imaginative de ce que la philosophie pense dans le langage des concepts.

On voit qu'un seul paragraphe de cet ordre est représentatif de l'équivoque des formules hégéliennes. Je propose une interprétation, mais ce n'est pas la seule qui ait été donnée. Encore aujourd'hui, certains interprètes de Hegel considèrent qu'il était théiste plutôt qu'athée. Personnellement, j'ai dit comment je comprends ces textes, mais surtout j'espère avoir fait comprendre en même temps pourquoi le débat sur l'interprétation de ces textes peut continuer indéfiniment.

Je commenterai encore une phrase que j'ai laissée de côté : « *Ceux qui, en face de l'État, veulent s'en tenir à la forme de la religion* [se comportent] *comme ceux qui ne veulent que le Bien abstrait et réservent au libre-arbitre de déterminer ce qui est bien.* »

Là, l'opposition centrale se situe entre la philosophie kantienne et la philosophie hégélienne. Si l'on admet le bien abstrait et la bonne volonté, et la bonne volonté déterminant le contenu de ce qui est bien, on se situe dans une philosophie de type kantien. Hegel veut que ce qui soit et ce qui est le bien soit déterminé concrètement, ou, selon l'expression philosophique, soit « l'universel concret », et c'est l'État tel qu'il est historiquement qui est la réalisation de l'idée, alors que Dieu ou la volonté divine, si on se tenait à la formule religieuse, ne pourrait donner que de l'universel abstrait et non pas l'universel concret qui prend la forme d'un État déterminé.

Venons-en maintenant à des textes de Marx journaliste. Il s'agit d'un journalisme d'un caractère particulier, qui n'est pas si facile, mais tout de même moins difficile que les textes de la *Critique de la Philosophie du droit*. Ceux que je vais étudier portent sur le problème de la relation entre l'État et la religion.

Si nous partons de l'idée que, d'après Hegel, l'État rationnel réalise la vérité de la religion, nous dirons que Marx s'ingénie à montrer la contradiction à l'intérieur d'une synthèse de cette sorte, de manière à faire ressortir la contradiction fondamentale entre religion et philosophie. Par exemple, il dit dans ses articles de la *Gazette rhénane* que la philosophie est raison, qu'elle est recherche de la vérité et que la religion est particulière et que par conséquent elle ne peut pas être philosophie.

D'autre part, il fait ressortir la difficulté essentielle de la synthèse hégélienne, qui est la suivante : ou bien la religion qui est accordée à l'État est une religion particulière, la religion d'une confession particulière, et elle ne peut pas être philosophie puisqu'elle est dénuée du caractère universel et rationnel, qui définit la philosophie en tant que telle ; ou bien l'on dit que la religion accordée à l'État est une religion sans spécification de confession. Alors, Marx, qui a le goût de la polémique, répond immédiatement : Mais qu'y a-t-il de plus irréligieux que d'évoquer une religion qui ne serait pas celle d'une confession particulière ?

Du même coup il enferme ses adversaires dans un dilemme peut-être sophistique, mais en tous cas percutant et qui est le suivant : ou votre religion accordée à l'État est une religion particulière et, dans ce cas-là, elle ne peut pas être accordée puisque l'État doit être l'État rationnel universel ; ou bien vous prétendez que c'est une religion, abstraction faite de la différence des confessions, mais alors, sous prétexte d'être religieux, vous êtes irréligieux puisqu'il n'y a pas de religion qui n'est pas définie par une confession.

On pourrait naturellement rétorquer que ce genre d'argumentation caractérise le jeune Marx. Alors, voici d'autres textes qui sont assez convaincants :

« *Lisez saint Augustin :* De civitate Dei, *étudiez les Pères de l'Église et l'esprit du christianisme, puis revenez nous trouver et dites-nous si c'est l'État ou l'Église qui est l'État chrétien ! D'autre part, tout instant de votre vie pratique ne donne-t-il pas un démenti à votre théorie ? Considérez-vous comme un tort de faire appel aux tribunaux quand on vous a porté préjudice ? Mais l'Apôtre écrit que c'est un tort. Tendez-vous la joue droite quand on vous frappe sur la joue gauche, ou bien intentez-vous un procès pour voies de fait ? Mais l'Évangile le défend. Réclamez-vous en ce monde un droit rationnel, ne murmurez-vous contre la plus légère augmentation des impôts, ne vous emportez-vous pas contre la moindre violation de la liberté personnelle ? Mais il vous est enseigné que les maux d'ici-bas ne sont pas dignes de la future splendeur céleste et que supporter sans réagir et trouver son bonheur dans l'espérance sont des vertus cardinales »* [25].

Ce morceau de bravoure veut expliquer que le comportement des citoyens chrétiens n'est pas exactement conforme aux obligations du christianisme telles que certains Pères de l'Église ont pu les exprimer. Je cite un autre passage situé plus loin dans le même article :

« Lorsque, dans la Sainte-Alliance, on devait commencer par établir une confédération quasi religieuse des États et faire de la religion le blason de tous les États d'Europe, ce fut le Pape qui, avec un sens profond des réalités et une logique parfaite, refusa d'adhérer à cette Sainte-Alliance, la confédération générale chrétienne des peuples étant l'Église et non point la Diplomatie, la confédération terrestre des États. »

On voit qu'il s'agit de rejeter l'Église et la religion en dehors de la réalité politique et Marx poursuit :

« L'État vraiment religieux, c'est l'État théocratique ; le prince de tels États doit être, ou bien comme dans l'État juif, le Dieu de la religion, Jéhovah lui-même, ou bien comme au Thibet, le représentant de ce Dieu, le Dalaï Lama, ou enfin les États chrétiens, comme Görres l'a fort bien exposé dans son dernier ouvrage, doivent se soumettre tous à une Église qui soit une "Église infaillible". Quand, en effet, comme dans le protestantisme, il n'existe pas de chef suprême de l'Église, la domination de la religion n'est rien d'autre que la religion de la domination, le culte de la volonté gouvernementale. »

Cela, c'est le genre des *concetti* marxistes. Venons-en à la conclusion :

« *Dès qu'un État englobe plusieurs confessions paritaires, il ne peut plus être un État religieux sans faire tort à l'une des confessions religieuses particulières, sans être une Église qui condamne comme hérétique l'adepte d'une autre confession, une Église qui fait dépendre de la foi le moindre morceau de pain et érige le dogme en lien entre les divers individus et l'existence civique. Demandez aux habitants catholiques de la "pauvre et verte Erin", demandez aux huguenots d'avant la Révolution française, ce n'est pas de la religion qu'ils se sont réclamés, car leur religion n'était pas la religion d'État, ils se sont réclamés des "droits de l'homme" ; or, la philosophie interprète les droits de l'homme, et demande que l'État soit l'État de la nature humaine* »[26].

À cette époque, l'État visé par Marx est l'État rationnel et universel, non un État défini par l'Église. Le dilemme fondamental auquel j'ai fait allusion tout à l'heure est donc le suivant :

Ou bien l'État chrétien répond aux concepts de l'État comme permettant la réalisation de la liberté rationnelle. Il suffit alors d'être un État rationnel pour être un État chrétien ; on déduit la nature de cet État de la raison et de la condition humaine et l'un des objets de la philosophie consiste à accomplir ce travail.

Ou bien l'État de la liberté rationnelle ne se laisse pas déduire du christianisme et, dans ce cas, vous serez forcés d'avouer vous-mêmes que ce développement n'entre pas dans la tendance du christianisme, le christianisme ne voulant pas de mauvais État. Or, un État qui n'est pas la réalisation de la liberté rationnelle est un mauvais État.

Ce sont là quelques-uns des thèmes polémiques que Marx énonce dans ses articles de la *Gazette rhénane*. Il discute de la censure, des problèmes des rapports entre religion et État, parce qu'il s'agit de questions dont on discutait à l'époque autour de lui. Ce que l'on peut retenir de ces discussions se résume ainsi :

1°) Marx définit l'État rationnel comme l'État déterminé par la seule philosophie.

2°) Il ne veut pas de la conciliation entre l'État et l'Église, entre l'État et la religion, parce que la religion pour lui ne peut être que particulière. Étant particulière, elle ne peut pas s'accorder avec la rationalité de l'État et, dans la mesure où on conçoit une religion réduite à ses éléments rationnels, celle-ci, d'une part n'est pas religieuse au sens ordinaire de la religion et, d'autre part, aux yeux de Marx, elle est inutile, puisque son contenu n'est pas démontré par la religion, mais par la raison. Nous nous trouvons donc face à une critique rationaliste de la religion, fondée sur la valeur absolue de la raison et soulignant le côté non rationnel de la religion.

Passons maintenant à un autre texte important qui exprime une critique de la politique ou de l'État tels qu'ils sont définis dans *La Philosophie du droit* de Hegel.

La critique de la politique

Formulons, d'abord, une remarque d'ordre secondaire. Ce texte, qui n'est connu que depuis 1927, a été daté différemment par les différents marxologues. Quand on l'a publié pour la première fois, on l'a situé en 1841. Dans cette hypothèse, la *Critique de la Philosophie de l'État* – ou *du droit,* selon la traduction – *de Hegel* [27] aurait été écrite deux ans avant le texte dont j'ai parlé dans la leçon précédente, c'est-à-dire deux ans avant l'« Introduction à la critique de la Philosophie du droit »[28]. Ce texte donc serait antérieur à l'activité journalistique dans la *Gazette rhénane*. Aujourd'hui, les spécialistes datent ce texte de 1843, c'est-à-dire après l'activité journalistique de Marx. Personnellement, je préfère croire que ce texte a été écrit en 1843. Cette interprétation, admise par presque tous aujourd'hui, me paraît plus probable que l'autre interprétation, car un certain nombre de détails matériels et techniques justifient la date de 1843. Mais je n'attache pas une importance extrême à cet écart entre ces deux dates, parce que je ne pense pas qu'il y ait de différence fondamentale dans la pensée de Marx entre 1841 et 1843.

Comment aborder ce texte ? Il faut d'abord savoir que *La Philosophie du droit* de Hegel, ce cours de Hegel sur la philosophie du droit, comporte trois parties principales : 1re partie, le droit abstrait, en particulier le droit de propriété et de contrat ; 2e partie, appelée « moralité subjective » dans la traduction française de Kaan, et qui s'intitule en allemand *Moralität* ; 3e partie, qui s'appelle en français « moralité objective » et en allemand *Sittlichkeit*.

Les Allemands disposent de deux mots : *Moralität* et *Sittlichkeit* pour dire moralité. Ils peuvent s'en servir pour définir deux aspects différents ; nous sommes alors obligés d'ajouter des adjectifs. La différence est que dans la moralité subjective il est question de l'intention, de la bonne volonté, en gros de la morale conçue à la manière kantienne, cependant que dans la moralité objective ou *Sittlichkeit* il est question des institutions de la Cité, des institutions de l'unité politique.

Dans cette troisième partie du livre de Hegel apparaît une nouvelle distinction entre trois moments, c'est une triade hégélienne, dont le premier est la famille, le deuxième la société civile, en allemand *bürgerliche Gesellschaft*, et le troisième l'État. La *bürgerliche Gesellschaft*, ou société civile, est l'ensemble social constitué par les activités pratiques, économiques de l'homme. Que signifient ces trois moments ? Le premier est un élément naturel, il s'agit de la vie de famille ; le deuxième est la négation du premier, c'est l'activité professionnelle extérieure à la famille : ainsi se constitue le système des besoins, et donc la société civile ; le troisième moment permet, d'une certaine façon, la synthèse des deux premiers, l'État apparaît et se subdivise en un certain nombre d'éléments : la constitution, le gouvernement, le Prince, la représentation.

Marx n'a pas commenté l'ensemble de *La Philosophie*

du droit, mais uniquement les paragraphes 261 à 313. Le paragraphe 261 se situe dans la troisième section de la troisième partie de *La Philosophie du droit*. Marx n'a commenté ni la théorie du droit abstrait, ni la théorie de la moralité subjective ; il a commenté exclusivement une partie de ce qui concerne la moralité objective, et encore, dans cette partie, il n'a commenté ni ce qui concerne la famille, ni ce qui concerne directement la société civile, mais il a commenté ce qui concerne l'État. Et à propos de l'État, il n'a pas discuté ce qui figure à la fin de *La Philosophie du droit* de Hegel, c'est-à-dire les relations des États entre eux, en d'autres termes les relations diplomatiques et la politique étrangère.

La raison pour laquelle il a commenté cette partie concernant l'État tient à la volonté de Marx de montrer que l'État prussien, dont *La Philosophie du droit* de Hegel passait à tort ou à raison pour la justification, n'était pas l'État rationnel. La critique marxiste de *La Philosophie du droit* va donc consister à prendre la partie du livre dont les implications politiques sont le plus évidentes et à critiquer à la fois l'interprétation de la réalité prussienne par Hegel et la réalité prussienne elle-même. Cette critique se fonde sur sa conception de l'État rationnel. Marx va montrer tour à tour que la réalité prussienne n'est pas l'État rationnel, contrairement à l'interprétation que Hegel donne de l'État prussien. Car ou bien l'analyse qu'en donne Hegel ne coïncide pas avec la réalité ou bien il fait passer une réalité non rationnelle pour rationnelle.

Après avoir défini le sens général de cette critique de Hegel, j'ouvre une parenthèse à propos de la traduction de Molitor, non par esprit d'hostilité à cette traduction ; je sais qu'il est plus facile de critiquer une traduction que l'on n'a pas faite que de faire une bonne traduction, et qu'il est encore plus facile, quand on lit, de repérer les erreurs commises. Cependant, dans le cas de la traduction Molitor de la *Critique de la philosophie de l'État de Hegel*, il existe des passages strictement incompréhensi-

bles pour ceux qui ne lisent pas l'allemand, en raison
d'erreurs incroyables sur les concepts. Or, dans une
discussion de Hegel ou de Marx, si l'on ne commence pas
par disposer d'un vocabulaire rigoureux et par expliquer
quels mots l'on choisit pour traduire tels mots allemands,
personne ne peut plus comprendre ce que signifie la
discussion. Voici quelques-uns de ces mots sur lesquels il
existe de perpétuelles oscillations dans les traductions et
donc dans les interprétations.

D'abord le mot *allgemein* : il peut être traduit soit par
« général », soit par « universel ». La traduction la plus
courante, en France aujourd'hui, retient « universel » car
on oppose « particulier » à « universel » et non pas « particulier » à « général ». Ce qui est « universel » au sens
hégélien, c'est ce qui se rapporte à l'ensemble des
hommes. Par exemple, dans *La Philosophie du droit* de
Hegel et dans l'expression *der allgemeine Stand*, *Stand* est
le mot allemand qui correspond à peu près à « ordre » ou à
« état » au sens de Tiers État ou de tiers ordre. La traduction employée par André Kaan dans *La Philosophie du
droit* traduit par « la classe universelle ». On pourrait
écrire aussi : « l'ordre universel ». Molitor, selon les cas,
écrit « général » ou « universel ». Mais le plus grave, qui
rend souvent incompréhensible son texte, c'est la traduction du mot *Stand*. Il le traduit le plus souvent par état
(avec un petit *e*). Donc il faut savoir – car il ne l'explique
pas dans une note – que quand Molitor écrit État (avec un
grand *E*), cela signifie *Staat* ou ce que l'on appelle « l'État
français » ou « l'État allemand » et l'état (avec un *e*) est
dans cette traduction le plus souvent l'équivalent du *Stand*
ou de l'ordre, il existe cependant des cas où le mot « état »
signifie simplement : l'état satisfaisant de votre santé.
Dans ce cas il s'agit d'un troisième sens. Il faut donc
savoir que quelquefois ce n'est ni « État » avec un *E*, ni
Stand, mais tout simplement « état » au sens vulgaire du
terme. De plus, on rencontre en allemand l'expression
ständisches Element, qui signifie « élément de représentation par ordre ou par corporation ». Or, de manière absolu-

ment délirante, Molitor traduit *ständisches Element* par
« élément constituant ». À partir de ce moment-là,
évidemment, on peut traduire *Stand* par « éléphant »,
parce qu'« élément constituant » n'a aucun sens précis en
français et n'a aucune espèce de relation avec le problème
que se pose Hegel et que discute Marx très longuement.

Ce problème est le suivant. L'État prussien organisait
des élections par ordres distincts jusque 1918. L'État
prussien au moment de la guerre de 1914 ne pratiquait
pas le suffrage universel du style dit « moderne », c'est-à-
dire un homme-une voix, et les électeurs allemands
choisissaient des représentants comme les Français
avaient choisi des représentants pour les États Généraux
de 1789, c'est-à-dire par ordre distinct. Pour Marx, discutant Hegel, un problème important se pose dans *La Philosophie du droit*. Hegel fait intervenir les *Stände*, c'est-à-
dire les ordres, les corporations comme généralités
empiriques entre le particulier de l'individu et l'universel
de l'État. Marx discute longuement cette question et
s'efforce de démontrer que toute représentation par ordre
ou par corporation est un mode de représentation non
moderne, qui ressortit au Moyen Âge et qui est contradictoire avec la modernité. Pour comprendre cette discussion
qui se prolonge sur cinquante ou soixante-quinze pages
dans ce texte de Marx, il faut avoir présent à l'esprit le
sens exact de « état » avec un petit *e*, c'est-à-dire de
Stand, d'ordre ou de corporation.

Marx réfute Hegel

Cela dit, essayons, bien que ce ne soit pas facile,
d'expliquer en quoi consiste la discussion-réfutation de la
philosophie hégélienne du droit par Marx.

On y trouve une réfutation du mode de déroulement de
la pensée hégélienne, qui est considérée par Marx comme
une sorte de panlogisme ou de mystification logique. La
formule essentielle par laquelle Marx exprime son
opinion est la suivante : Hegel, à ses yeux, fait partout de

l'idée le sujet et du sujet réel proprement dit – au sens politique – le prédicat. Ce développement s'effectuant toujours du côté du prédicat.

Pour commencer, je vais essayer d'expliquer en quoi consistent la relation sujet-prédicat et le renversement de la relation sujet-prédicat par Marx.

En termes ordinaires, voici à peu près le raisonnement de Marx. Pour lui, ce qui est réel, c'est l'homme concret, l'homme travailleur, l'homme agissant. Ce qui est réel dans la cité politique, c'est le peuple avec ses dispositions propres, autrement dit une collectivité donnée. Cette réalité concrète de l'homme, ou de la collectivité donnée, correspond au sujet réel et le développement historique s'effectue toujours à partir de ce sujet. Or, chez Hegel, dans *La Philosophie du droit*, comme dans l'*Encyclopédie*, tout se passe comme si le développement s'effectuait au niveau des idées. On passe d'une idée à une autre idée, ou d'un concept à un autre, en fonction d'une nécessité logique.

Voici par exemple un texte de Marx qui risque de paraître obscur. Il concerne la transition de la famille à la société civile. On se souvient que famille et société civile sont les deux moments de la moralité objective.

> « *La transition de la famille et de la société civile à l'État politique consiste en ce que l'esprit de ces sphères, qui est* en soi *l'esprit de l'État, se rapporte maintenant aussi comme tel à soi et est, en tant que leur essence,* réel *pour soi.* »

On connaît la différence entre l'*en soi* et le *pour soi* dans la philosophie hégélienne ; ce qui est quelque chose est *en soi* et le *pour soi* suppose la prise de conscience de cet être. Poursuivons cette lecture :

> « *La transition n'est donc pas dérivée de l'être* particulier *de la famille et de l'être particulier de l'État, mais du rapport* universel *de* nécessité *et de* liberté. *C'est absolument la transition même qui est, dans la logique, effectuée de la sphère de l'être à la sphère du concept. La*

*même transition est faite, dans la philosophie de la
nature, de la nature inorganique à la vie. Ce sont
toujours les mêmes catégories qui fournissent l'âme
tantôt à telle sphère, tantôt à telle autre. La seule chose
qui importe, c'est de découvrir, pour les déterminations
concrètes individuelles, les déterminations abstraites
correspondantes »* [29].

Voilà une des premières critiques fondamentales que
Marx adresse à Hegel. Il est aussi possible d'exprimer
cette idée en style ordinaire : il s'agit de passer de la
famille à la société civile et de la société civile à l'État.
Le vrai passage consiste à trouver dans les particularités
de la famille et de la société civile ce qu'exige le passage
à l'État. Or, dans la philosophie de Hegel, au moins telle
que Marx l'interprète, Hegel n'est pas préoccupé de
trouver dans les particularités de la famille et de la société
civile le passage nécessaire à l'État, mais de trouver dans
ces trois moments de la moralité objective le même
devenir nécessaire des concepts qu'il a trouvé dans la
logique, dans la philosophie de la nature et qu'il trouve
maintenant dans la philosophie politique.

Citons encore un autre texte qui, me semble-t-il,
traduit bien ce que Marx veut dire :

*« La réalité empirique apparaîtra donc telle qu'elle
est ; elle est également énoncée comme rationnelle, mais
elle n'est pas rationnelle à cause de sa propre raison ;
elle l'est parce que le fait empirique a, dans son existence
empirique, une signification autre que soi-même. Le fait
qui sert de point de départ n'est pas conçu comme tel,
mais comme résultat mystique.*

*« Le réel devient phénomène, mais l'idée n'a pas
d'autre contenu que ce phénomène. L'idée n'a pas non
plus d'autre but que le but logique " d'être pour soi esprit
réel infini ". Dans ce paragraphe tout le mystère de la
philosophie du droit et de la philosophie hégélienne en
général se trouve déposé »* [30].

Voici en effet la signification de ce passage. Si l'on prend au pied de la lettre ou si l'on interprète d'une certaine façon la philosophie hégélienne du droit comme toute philosophie de Hegel dans l'*Encyclopédie*, on a le sentiment que le problème que se pose Hegel est de retrouver dans les réalités empiriques le déroulement nécessaire des concepts qu'il a analysé dans *La Logique*. Donc, tout se passe comme si Hegel essayait de découvrir dans l'empirie quelque chose d'autre que ce qui y est et présentait les réalités du monde, en l'espèce du monde politique, comme simplement des exemples des concepts abstraits. Au lieu de partir des réalités concrètes, de l'homme concret, il cherche uniquement à trouver dans ces réalités concrètes les illustrations des concepts logiques. En ce sens, dit Marx, il s'agit d'un panlogisme et d'une mystification.

Utilisons la formule connue de tous du renversement de la dialectique. Dans ce texte, l'interprétation de Hegel par Marx consiste à avancer que le sujet dans la philosophie hégélienne est l'idée, le développement de l'idée que l'on retrouve à travers les concepts, à travers la réalité naturelle, à travers l'Histoire. L'idée est donc le sujet et les réalités concrètes sont les prédicats ou les attributs. Le renversement de la dialectique hégélienne consistera à considérer que ce que Hegel donne comme les prédicats, c'est-à-dire les réalités concrètes, expressions de l'idée, sont en réalité les sujets. Les réalités concrètes, l'homme, la société civile, les peuples sont le sujet et se développent conformément à leur rationalité, mais une rationalité qui n'est pas simplement la représentation ou le reflet du devenir abstrait des concepts, mais qui est une rationalité spécifique liée à la nature propre de chacune de ces réalités concrètes.

En exposant ce premier thème de la critique de Hegel par Marx, nous avons posé que l'homme concret, la société civile, le peuple sont le sujet. Mais nous n'avons pas, pour autant, renoncé à l'idée d'une rationalité. Il s'agit donc de savoir comment se définit la rationalité de l'État pour Marx à cette époque.

La réponse à cette question se trouve à la page 66 de la traduction Molitor, dans un texte, à mon avis fort important, dont la proposition essentielle est la suivante : la démocratie est la vérité essentielle rationnelle de la politique.

« *La démocratie est la vérité de la monarchie, mais la monarchie n'est pas la vérité de la démocratie. La monarchie est nécessairement démocratie en tant qu'inconséquence envers elle-même, l'élément monarchique n'est pas une inconséquence dans la démocratie. La monarchie ne peut pas, mais la démocratie peut être comprise en elle-même. Dans la démocratie, aucun des éléments n'acquiert de signification autre que celle qui lui revient. Chacun n'est réellement qu'élément du grand* démos. *Dans la monarchie, une partie détermine le caractère du tout. La constitution tout entière doit se modifier d'après le point fixe. La démocratie est le genre de la constitution. La monarchie est une espèce, et une mauvaise espèce. La démocratie est "le fond et la forme". La monarchie ne doit être que la forme, mais elle altère le fond* »[31].

Passons sur les jeux conceptuels et essayons d'expliquer le fond du raisonnement.

La démocratie telle que l'entend Marx à ce moment de sa pensée est donc « *le genre de la constitution politique* ». En d'autres termes, une constitution n'est conforme à la rationalité que lorsqu'elle est démocratique. Une idée analogue se trouve déjà exprimée dans le *Contrat social* de Rousseau avec un terme différent : Rousseau écrit qu'il n'y a réellement constitution que dans la mesure où il y a république. La république implique le contrat social, le consentement des gouvernés au gouvernement. Dans ce cas, la démocratie pour Marx signifie un régime où tous les éléments de la collectivité participent à la politique, ce qui revient à participer à l'État. Cette participation de tous les membres de la collectivité à l'universalité de l'État n'exclut pas qu'il puisse y exister un élément monarchique ensuite, au niveau d'une expression particulière du gouvernement. Mais la démocratie, ou participation de tous à l'État, se comprend elle-même parce qu'elle est conforme à la rationalité de l'État, alors que la monarchie ne se comprend que comme une *espèce* particulière de gouvernement par rapport au *genre* qui est démocratie. Dans une démocratie, chacun est un élément du tout, donc le tout détermine chacun, donc il existe cette synthèse du particulier et de l'universel, qui est le thème marxiste comme il est le thème hégélien. La monarchie au contraire n'est qu'« une espèce particulière de constitution, et une mauvaise espèce » parce que, en elle, un élément particulier, le monarque, détermine le tout, alors que dans la démocratie, forme rationnelle de la politique, il se produit une réciprocité d'action entre particularité et universalité. Chacun n'y est ce qu'il est que dans le tout et en fonction du tout. En définissant la rationalité de la politique par la démocratie, Hegel va être conduit à une comparaison entre la critique de la politique et la critique de la religion.

La démocratie, vérité de la politique

Voici encore un texte qui n'est pas très long, mais qui fournit une bonne conclusion à cette analyse, en montrant comment le mode de critique de la religion, d'une part, et de critique de la politique, d'autre part, sont parents :

> « *Hegel part ici de l'État et fait de l'homme l'État subjectivé ; la démocratie part de l'homme et fait de l'État l'homme objectivé.* »

On retrouve là le renversement marxiste « sujet-prédicat ». Hegel part de l'État et par conséquent l'homme n'est plus que la subjectivisation de l'État. La démocratie, c'est-à-dire Marx, en l'occurrence, part de l'homme réel et fait de l'État l'homme objectivé. L'opposition, me semble-t-il, est claire. L'État devient le prédicat et l'homme le sujet. Continuons :

> « *De même que la religion ne crée pas l'homme, mais que l'homme crée la religion, ce n'est pas la constitution qui crée le peuple, mais le peuple qui crée la constitution.* »

Ce texte est, à mon avis, un des plus utiles pour comprendre le parallélisme entre critique de la religion et critique de la politique. La critique de la religion consiste à montrer que ce n'est pas Dieu ou la religion qui crée l'homme, mais l'homme qui crée la religion. De la même façon, nous verrons que ce n'est pas la constitution ou l'État qui crée le peuple, mais le peuple qui crée la constitution. Autrement dit, il y a parallélisme entre les deux critiques : la critique de la religion consiste à montrer que l'homme concret est l'auteur, le créateur de la religion ; la critique de la politique consiste à substituer à la représentation hégélienne de l'homme dérivant de la constitution, la constitution dérivant du peuple considéré concrètement et point de départ de l'analyse. Continuons :

> « *La démocratie est, à un certain point de vue, à toutes les autres formes politiques comme le christianisme à toutes les autres religions. Le christianisme est la religion* κατ' ἐξοχήν, *l'essence de la religion, l'homme déifié sous forme de* religion *particulière. De même la démocratie est* l'essence de toute constitution politique, *l'homme socialisé comme constitution* particulière ; *elle est aux autres constitutions comme le genre est à ses espèces ; mais avec cette différence que le genre apparaît ici lui-même comme existence, et par conséquent, vis-à-vis des existences qui ne correspondent, pas à l'essence, lui-même comme une espèce* particulière. »

Nous nous trouvons ici au centre de la pensée du jeune Marx. La religion chrétienne est-elle l'essence de la religion ? Ce n'est pas seulement Marx qui l'affirme, c'est encore Hegel, parce que Hegel pensait effectivement que le christianisme était la religion par excellence, que le christianisme correspondait à l'essence de la religion. C'était, certes, une religion particulière, mais une religion particulière qui aboutissait à l'achèvement de l'idée religieuse. De la même façon, la démocratie est l'essence de toute constitution politique, ce qui signifie que toutes les constitutions politiques tendent vers la démocratie, c'est-à-dire vers la participation de tous les membres de la collectivité à l'universalité de l'État, ou encore vers leur réalisation rationnelle. Une constitution démocratique, la démocratie en un mot, comprend elle-même et comprend simultanément toutes les autres constitutions. Ce qui est la condition nécessaire dans une philosophie de type hégélien : lorsqu'on accède à la compréhension du concept, de l'essence d'une réalité, on comprend simultanément les formes inférieures et antérieures de ce concept. La démocratie est à la politique ce que le christianisme est à la religion : elle découvre l'essence de la politique comme le christianisme découvrait l'essence de la religion.

« La démocratie est à toutes les autres formes politiques comme à son Ancien Testament. L'homme n'existe pas à cause de la loi, la loi existe à cause de l'homme, c'est une existence humaine, *tandis que dans les autres l'homme est* l'existence légale. *Telle est la différence fondamentale de la démocratie »* [32].

Ou, plus loin, Marx écrit encore :

« Dans tous les États qui diffèrent de la démocratie, l'État, la loi, la constitution dominent sans dominer réellement, c'est-à-dire sans imprégner matériellement le contenu des autres sphères non politiques. Dans la démocratie, la constitution, la loi, l'État lui-même ne sont qu'une détermination propre du peuple, un contenu déterminé du peuple, en tant que ce contenu est constitution politique » [33].

Le thème se résume dans une proposition : la démocratie ou participation de tous les membres de la collectivité à l'universalité de l'État est la vérité de la politique. Dans la démocratie, il y a pour ainsi dire fusion de tous les éléments de la vie sociale. Par conséquent, « *dans la démocratie, constitution, loi, État ne sont qu'une détermination du peuple* ».

À partir de cette vérité de la politique qu'est la démocratie, il devient possible de comprendre les États du passé. Dans la *Critique de la philosophie du droit de Hegel* on trouvera donc des comparaisons entre l'État moderne et l'État du Moyen Âge, dont on peut résumer l'essentiel.

Dans l'État moderne, tel qu'il apparaît aujourd'hui, les individus en tant qu'individus particuliers et concrets, agissants et travailleurs, sont insérés dans la société civile. La société civile est le système des besoins et le système du travail par lequel sont satisfaits les besoins. Cette société civile est, d'après Marx, séparée de la vie politique, les individus dans leur travail sont strictement particuliers. Il existe un hiatus infranchissable entre le système des besoins, ou, comme nous dirions en un style moderne, l'économie de la société et la politique de la société. Pour combler cet intervalle, Hegel fait intervenir un certain nombre de médiations et, en particulier, celle des ordres ou des corporations. À ce point du raisonnement, Marx essaie de réfuter Hegel en montrant que le rôle des corporations, tel que le conçoit Hegel, pour établir une médiation entre la particularité des sujets concrets et l'universalité de l'État, est incompatible avec la nature de l'État moderne.

À la suite de Hegel, Marx va distinguer trois types fondamentaux de sociétés dans l'histoire de l'Occident. Dans l'Antiquité, l'essentiel du travail était accompli par des esclaves. Il en résultait que le travailleur était non seulement exclu de la participation à l'État, mais qu'il était exclu de toute participation à la Cité ou à la vie politique. Au Moyen Âge, il en allait autrement ; les individus travailleurs étaient insérés dans des ordres ou dans des corporations. Dans la société moderne, cette insertion de l'individu dans des corporations devient contraire à la nature de l'État moderne.

Voici les quelques lignes dans lesquelles se trouve exposée, dans le style marxiste de l'époque, la différence entre Moyen Âge et État moderne :

« *Non seulement l'ordre ou la corporation repose sur la séparation de la société comme loi générale, il sépare en outre l'homme de son être général, il en fait un animal qui coïncide directement avec sa déterminabilité. Le Moyen Âge est l'histoire animale de l'humanité, sa zoologie.* »

Expliquons ce que signifie cette formule : « *Le Moyen Âge est la zoologie de l'humanité.* » Au Moyen Âge, l'homme travailleur est inséré dans une corporation. En fonction du travail accompli il appartient à telle corporation ou à telle autre, à tel ordre ou à tel autre. Cet ordre est participation à l'État, car le *Stand* du Moyen Âge, l'ordre du Moyen Âge est essentiellement politique. Donc, l'individu inséré dans la corporation participe à l'universalité de l'État. Mais il y participe par l'intermédiaire d'une corporation, qui est déterminée elle-même par le caractère du travail qu'il accomplit, donc par les caractères accidentels et pour ainsi dire animaux de chacun. C'est en tant que l'homme est tel travailleur ou tel autre qu'il appartient à telle corporation, à tel ordre. C'est donc par l'intermédiaire de ces caractères les plus particuliers et les moins humains qu'il participe à l'État, qu'il participe à ce qui devrait être son humanité. Donc, dans le style du jeune Marx de cette époque, « le Moyen Âge est l'histoire animale de l'humanité ». Ce qui signifie que c'est par l'intermédiaire de ses caractères les moins humains ou les plus naturels que l'homme accède à la politique, dans une société où l'homme n'accède à la politique qu'en passant par des corporations ou des ordres eux-mêmes déterminés par des caractères empiriques et accidentels propres à chacun. Poursuivons :

« *Le temps moderne, la* civilisation *commet la faute inverse. L'être* concret *de l'homme, il le sépare de lui comme un être purement extérieur, matériel. Elle ne prend pas le contenu de l'homme pour sa véritable réalité* »[34].

Explicitons cette idée. Dans la société moderne existe l'homme de la société civile. C'est un travailleur, un professeur, un artisan, un marchand, un commerçant, tout ce qu'il vous plaira. Il se définit par des caractères concrets et empiriques. L'homme de la société civile est un homme particulier, qui exerce une activité particulière et qui est défini par la particularité de son activité marquée dans les particularités de ses traits. Or, ces particularités du travailleur sont exclues pour ainsi dire de la politique et de l'État, puisque l'homme qui accède à la politique et à l'État, ce n'est pas l'ouvrier, ce n'est pas le travailleur, mais c'est l'électeur, c'est-à-dire le citoyen abstrait qui va tous les ans ou tous les cinq ans déposer un bulletin avec un « oui » ou un « non » ou portant tel ou tel nom. L'idée marxiste est la suivante : dans la cité du Moyen Âge, il y avait bien insertion de l'homme particulier dans l'État, mais cette insertion s'opérait par l'intermédiaire d'une détermination accidentelle et quasi animale, à travers la détermination de l'activité professionnelle.

Dans la société moderne, il se produit une séparation entre cette activité professionnelle de la société civile et l'activité politique. Donc une séparation entre l'homme de la société civile et l'homme politique ou le citoyen. L'activité du citoyen, l'activité de l'électeur se trouve comparable à l'empyrée, c'est-à-dire aux illusions de la religion. L'homme réel vit dans la société civile et il accède, par l'intermédiaire des élections de temps à autre, à l'empyrée de la politique. L'idée de Marx est donc qu'il faut rétablir l'unité entre l'homme de la société civile et le citoyen. Il faut que le travailleur soit le citoyen et que le citoyen soit le travailleur. Au lieu de bénéficier seulement de la liberté formelle de l'électeur, l'homme doit aussi disposer de la liberté réelle dans son activité professionnelle. Marx n'accepte pas de médiation entre la particularité et l'universalité par l'intermédiaire des ordres ou des corporations, parce que ce sont des institutions logiques dans la rationalité de l'État du Moyen Âge, mais incompatibles avec la logique de l'État moderne.

Reste alors la difficulté majeure : en quoi consiste l'unification ou la réunification de l'homme de la société civile et de la politique ? Comment peut-on faire en sorte que l'homme concret de la société civile participe directement à l'universalité de l'État ? Ou encore, quelles sont les médiations par lesquelles doit s'opérer la synthèse entre les hommes particuliers et concrets de la société civile et l'homme universalisé qu'est le citoyen ?

On voit très bien à travers ces critiques de Hegel ce que Marx ne veut pas. Ce que l'on mesure moins bien, c'est ce qu'il veut. L'on voit très bien que la séparation entre l'homme de la société civile, c'est-à-dire le travailleur, et le citoyen lui paraît rendre dérisoire la liberté du citoyen. Puisque l'homme n'est pas libre dans son activité de travailleur, comment pourrait-il être libre dans son activité de citoyen ? Autrement dit, comment peut s'opérer dans le travail lui-même la synthèse du particulier et de l'universel ?

C'est ce que je vais essayer d'expliquer, sans être sûr que Marx lui-même ait donné une réponse tellement précise à cette question.

CHAPITRE IV

DE LA CRITIQUE DU DROIT
À LA CRITIQUE DE L'ÉCONOMIE

Pour tenter de rendre plus explicite la *Critique de la Philosophie du droit de Hegel*, je vais en reprendre l'exposé en partant de Hegel, en systématisant la critique qu'en fait Marx. Comment passe-t-on de la critique du droit à la critique de l'économie ?

Repartons de l'*Encyclopédie des sciences philosophiques* de Hegel, qui est l'expression dernière de la philosophie hégélienne connue par le jeune Marx. J'ajoute immédiatement, pour ainsi dire entre parenthèses, que de la même façon que les textes de jeunesse de Marx n'ont été connus, les uns que depuis 1927, les autres que depuis 1932, les textes de jeunesse de Hegel n'étaient pas connus du jeune Marx [1]. La même histoire intellectuelle s'est reproduite deux fois : les jeunes hégéliens connaissaient *La Phénoménologie* et l'*Encyclopédie*, ils ne connaissaient pas les œuvres théologiques de jeunesse de Hegel, de telle sorte qu'ils ne connaissaient pas au moins une des origines de la pensée hégélienne ; de même les marxistes de la fin du XIXᵉ siècle ne connaissaient pas les œuvres de jeunesse de Marx que nous sommes en train d'étudier.

Dans l'*Encyclopédie des sciences philosophiques*, « la Philosophie du droit » constitue la deuxième section de la troisième partie. La première partie de l'*Encyclopédie* étant consacrée à « la Logique » [2], la deuxième à « la Nature » et la troisième à « l'Esprit », en allemand *Geist*. Ces trois parties constituent la totalité d'une pensée philosophique qui a l'ambition d'embrasser toute la réalité à la

fois logique, naturelle et spirituelle. Ce système encyclopédique se présente à une lecture littérale comme un
système panlogique en ce sens qu'il se donne comme
l'achèvement de la pensée rationnelle.

Raison se dit en allemand *Vernunft*, et non pas *Verstand*
qui signifie « entendement », *Vernunft* exprime l'ensemble
de la pensée rationnelle. Celle-ci est pensée par concepts,
c'est-à-dire à l'aide de *Begriffe*. Le concept ou *Begriff* dans
la conception hégélienne est à la fois subjectif et objectif,
c'est-à-dire qu'il est à la fois conception de la conscience et
élément interne à la réalité dont il est l'expression rationnelle. Ce qui est une autre manière de dire que, dans la
pensée hégélienne, la substance, dont ont parlé les philosophes de l'Occident à travers les siècles, est à la fois sujet ou
subjectivité et objet, et que l'itinéraire philosophique n'est
achevé qu'à partir du moment où s'est opérée la réconciliation totale de l'objectif et du subjectif ou encore de la
conscience et de l'objet. Ce qui signifie qu'au terme de
l'Histoire, l'Esprit est devenu pleinement conscient de lui-
même, l'objet pensé n'est plus extérieur à l'Esprit lui-
même, mais il est reconnu comme l'expression de cet
Esprit même. Supposons l'Histoire achevée dans le socialisme, l'Esprit se reconnaît dans l'objet (la société socialiste) et cet objet ne lui est pas étranger, il est l'œuvre même
de l'Esprit, de telle sorte que s'est opérée au terme de cet
itinéraire la réconciliation du subjectif et de l'objectif, de la
conscience et de l'objet, la conscience pensant l'objet et se
reconnaissant elle-même dans l'objet conçu.

Dans la troisième partie de cette *Encyclopédie des
sciences philosophiques*, « la Philosophie du droit »
constitue la deuxième section, après celle portant sur
« l'Esprit subjectif » et avant celle concernant « l'Esprit
absolu ».

Dans chacun des chapitres de l'*Encyclopédie*, le
système se présente comme un enchaînement de concepts,
chaque concept appelant un autre concept, selon la triade
bien connue de la thèse, de l'antithèse et de la synthèse.

L'Esprit, peut-on dire, dans la troisième partie de

l'*Encyclopédie*, réconcilie, supprime et conserve la Logique et la Nature. Plus clairement encore, dans *La Phénoménologie de l'Esprit*, l'Esprit absolu, qui intervient comme troisième moment de la troisième partie de l'*Encyclopédie*, réconcilie l'Esprit subjectif et l'Esprit objectif. Cette réconciliation signifie que, dans la phase finale de l'Histoire, l'Esprit absolu tel qu'il apparaît dans la conscience du philosophe, c'est-à-dire de Hegel, a surmonté le déchirement entre l'Esprit qui veut quelque chose et une réalité historico-sociale qui lui est étrangère. L'Esprit absolu apparaît lorsque s'est terminé le déchirement entre les désirs rationnels de l'Esprit et les œuvres transitoires de l'Histoire. Quand cette réconciliation s'est produite, l'Esprit absolu dans la conscience du philosophe permet de saisir l'ensemble du cours de l'Histoire. L'Esprit absolu évite le divorce de la subjectivité et de l'objectivité, du fini et de l'infini, puisqu'il supprime la différence entre les aspirations de l'Esprit et la réalité historique. Il n'existe plus d'écart entre le fini de la conscience individuelle et l'infini de Dieu, puisque Dieu constitue la totalité du devenir historique, et que la totalité du devenir historique se trouve présente dans la conscience finie – dans la conscience finie de Hegel, bien sûr. Mais là se trouve l'essentiel, le reste étant secondaire : dans la conscience de Hegel, il n'y a plus d'intervalle entre le fini et l'infini, puisque le philosophe qu'il est pense la totalité de l'Histoire accomplie et la totalité de l'Histoire, ou la totalité de l'itinéraire de l'esprit, c'est-à-dire l'infini, c'est-à-dire Dieu.

Voilà le schéma philosophique sommairement résumé, en langage hégélien et sans effort particulier d'interprétation, que Marx semble avoir eu comme un des objets de sa réflexion et à partir duquel se déroule sa critique.

Dans cette partie sur la philosophie du droit, dans Hegel, la triade essentielle est : 1°) le droit formel ou droit abstrait de propriété ; 2°) la moralité subjective, c'est-à-dire la morale de la bonne volonté qui naît à partir du droit formel par antithèse ; 3°) la réconciliation du droit formel et de la moralité subjective, c'est-à-dire la *Sittlichkeit* ou moralité objective.

Ces trois moments (droit formel, moralité subjective, moralité objective) sont présents dans l'exposé succinct sur la philosophie du droit que l'on trouve dans l'*Encyclopédie des sciences philosophiques* et se retrouvent dans le cours professé par Hegel à Berlin sur la philosophie du droit. C'est ce cours que l'on appelle d'ordinaire *La Philosophie du droit*.

Prise au pied de la lettre, *La Philosophie du droit* est conçue comme la dialectique du droit formel, de la moralité subjective et de la moralité objective. Cette dialectique apparaissait à Hegel comme le mouvement de l'Esprit lui-même. L'Esprit se développe par concepts et va du concept le plus formel, celui du droit de propriété, pris comme symbole du droit formel en général, à la moralité subjective, c'est-à-dire à la bonne volonté qui est l'inverse, le contraire ou la contradiction du droit formel. La théorie de la moralité objective permet la réconciliation au niveau du concept du droit formel et de la moralité subjective. De la même façon, dans le troisième moment, à savoir dans la moralité objective, la famille, la société civile ou l'activité économique et l'État, enfin, seront les trois étapes conceptuelles du développement de l'Esprit. La famille exprime les relations individuelles telles qu'elles sont déterminées par la nature biologique de l'être humain. La société civile traduit l'activité professionnelle de chacun qui est négation de l'intimité familiale, puisque chacun de nous a sa famille alors que, dans son activité professionnelle, il se situe à l'opposé de l'intimité familiale. On peut donc dire que la société civile est la négation de la famille et que l'État permet la synthèse des deux termes, famille et société civile.

Résumé de la critique de Hegel

Voilà le schéma hégélien dont part Marx. Résumons-le, maintenant, d'une manière systématique, que l'on ne trouve pas telle quelle dans les livres de Marx et qui par conséquent pourra être utile. Nous allons d'abord énoncer les trois éléments fondamentaux de la critique de Hegel par Marx, avant de résumer, également en trois points, les éléments positifs qu'apporte cette « Critique de Hegel › par Marx. J'expliquerai ensuite, plus en détail, ces six points de manière à rendre aussi claire que possible une pensée qui est aussi obscure qu'il est possible.

Le premier point de cette critique est le suivant :

Marx dit : Hegel renverse le rapport du sujet au prédicat ou attribut, il fait du sujet le prédicat et du prédicat le sujet, et c'est le renversement des rapports entre sujet et prédicat qui constitue tout le mystère de la philosophie spéculative, qui en constitue la mystique et la mystification. L'on voit tout de suite à ces termes : mystère, mystique et mystification, que le commentaire n'est plus de moi, mais de Marx. C'est le renversement du rapport de sujet et prédicat qui constitue mystère, mystique et mystification de la philosophie spéculative[3].

Deuxième point critique donc : dans le mouvement des idées ou encore dans le devenir des concepts tel que Hegel le présente, nous dit Marx, tantôt Hegel exprime le mouvement réel tel qu'il se déroule dans la réalité authentique et tantôt il se borne à substituer au mouvement propre à une réalité concrète donnée un mouvement de concepts abstraits interchangeables (comme ceux de nécessité, de liberté), qui alors ne sont plus authentiquement adaptés à la logique spécifique d'une réalité, car, en raison de leur abstraction, il est toujours possible de jouer avec eux.

Troisième point critique : Marx dit, un peu par mon intermédiaire, que le problème central dans *La Philosophie du droit* de Hegel porte sur les relations entre famille, société civile et État, qui sont les trois mouvements de la moralité objective. À l'intérieur de l'État existent d'autres problèmes difficiles qui tiennent aux relations entre le Prince, le Gouvernement et le Pouvoir législatif. Hegel, dans *La Philosophie du droit*, telle au moins que Marx la lisait, retrouvait tous les éléments de la monarchie constitutionnelle prussienne et semblait déduire ces éléments de l'itinéraire de l'Esprit depuis le début des temps ou même de l'itinéraire des concepts depuis *La Logique pure*.

Or, ajoute Marx, dans les relations entre société civile et État, comme dans les relations, à l'intérieur de l'État, entre le Prince, le Gouvernement et le Pouvoir législatif, on rencontre de multiples difficultés, en particulier la difficulté de concilier le rôle du Prince avec celui du Pouvoir législatif, expression du peuple tout entier. C'est à propos de cette difficulté qu'il rédige le texte que j'ai commenté dans la leçon précédente sur les relations respectives de la démocratie et de la monarchie. Mais, dans le cadre d'un exposé aussi extraordinairement simplifié que le mien, je pense que la difficulté centrale telle que la perçoit Marx, celle qui a le plus de portée pour la compréhension de la pensée marxienne, réside dans la non-conciliation entre société civile et État. En effet, la société civile (les hommes dans leur activité professionnelle, dans leur activité économique) correspond au système des besoins. Il s'agit de l'homme concret, avec des désirs, des besoins, l'homme qui boit, qui mange, qui satisfait ses instincts animaux comme ses désirs humains. Cet homme de la société civile, pense Marx, c'est l'homme véritable, c'est l'homme concret, c'est aussi l'homme particulier. Or, Marx reproche à Hegel de ne pas avoir réussi la conciliation entre la société civile et l'État, c'est-à-dire entre le système économique et l'État politique.

Quand je dis la non-conciliation entre le système économique et l'État politique, nous sommes au cœur de la pensée de Marx jusqu'à la fin de sa vie. Cette non-conciliation de la société civile, de la *bürgerliche Gesellschaft*, et du *politischer Staat*, ou État politique, revêt deux formes différentes qu'il faut bien comprendre l'une et l'autre. Ou bien, nous dit Marx, Hegel définit ou analyse faussement la réalité, ou bien il analyse selon la vérité une réalité fausse. Je ne joue pas sur les mots. La critique de la religion part de l'idée que, s'il y a une pensée fausse, c'est parce que la réalité est fausse. Eh bien, dans la *Critique de la philoso-*

phie du droit de Hegel, la non-conciliation de la société civile et de l'État consiste, pour Marx, à montrer que Hegel tantôt décrit exactement une réalité fausse, tantôt décrit faussement la réalité telle qu'elle est.

Après l'exposé des trois points de la critique, voyons maintenant quelles sont les trois conclusions positives de cette critique. Elles constituent une étape importante de la formation de la pensée de Marx. On peut les présenter ainsi :

1°) La réalité authentique, la réalité vraie, c'est la société civile, la *bürgerliche Gesellschaft*, le système économique, le système des besoins, l'homme au travail. Ou encore, c'est le peuple considéré concrètement avec ses dispositions singulières qui constitue la réalité authentique ou le sujet véritable. Il en résulte que c'est dans la société civile que doit s'accomplir la vérité de la politique, c'est-à-dire la démocratie. C'est dans la société civile, donc dans l'activité économique, que les hommes doivent s'accomplir, réaliser leur essence par la participation du particulier à l'universel. On peut ainsi traduire simplement cette idée : dans la cité grecque, les individus étaient directement citoyens ; chacun participait de l'universalité de l'État. Ce qui est l'objectif, plus ou moins clairement conçu par Marx à ce moment, c'est que cette même participation à la collectivité s'accomplisse pour chacun de nous dans son travail. Comment concrètement pourra s'accomplir cette participation ? C'est là une autre histoire. Si Marx l'avait su, il l'aurait certainement écrit plus clairement. Si nous le savions, on pourrait le dire plus facilement. Mais le thème n'est pas douteux, il s'agit de faire en sorte que la démocratie, ou la participation de chacun à l'universel de la collectivité, s'accomplisse désormais dans la vie active professionnelle.

2°) Il en résulte une similitude fondamentale entre le style de la critique de la religion et le style de la critique de la politique. Le thème commun de ces deux critiques réside dans le concept d'aliénation. Dans la religion, le thème fondamental de la critique est que l'homme religieux projette dans une représentation illusoire d'un autre monde ses désirs ou ses rêves ou ses valeurs non réalisés dans ce monde. L'homme religieux vit dans un monde d'illusions parce qu'il ne s'accomplit pas dans ce monde. Parallèlement l'homme de la société actuelle vit dans l'empyrée politique, c'est-à-dire dans la citoyenneté abstraite, une existence illusoire comparable à l'existence illusoire qu'il mène dans les rêves religieux parce qu'il n'accomplit pas sa vocation humaine dans l'ici-bas de la société civile. Critique de la religion et critique de la politique conduisent donc par l'intermédiaire de l'aliénation à la critique de l'économie politique, dont nous parlerons.

3°) Troisième point positif : toute cette critique des illusions religieuses ou des illusions politiques suppose en permanence qu'il existe une vérité définissable de la réalité, que l'on puisse déterminer ce qu'est la vérité de l'homme ou la vérité de la société. Toute critique idéologique qui renvoie à l'illusion une certaine manière de penser présuppose un critère de réalité ou de vérité. Or, c'est ce critère de vérité, ou de réalité, du jeune Marx qui est à la fois le point le plus intéressant et le point le plus difficile à préciser.

Si l'on comprend ces trois points critiques et ces trois points positifs, on comprend l'ensemble de la critique de la philosophie du droit de Hegel par Marx. Je dirais volontiers : mieux que Marx ne l'a comprise lui-même. Parce que ce n'est pas si simple chez Marx même. En effet ces six idées, qui me paraissent relativement claires, on les trouve dispersées dans plus de deux cent cinquante pages. Il faut donc, pour poursuivre, admettre que l'interprétation que je viens de donner est la bonne. Pour tout dire, j'ai commencé à lire ces textes, voilà environ vingt-cinq ans ; mais il y avait un bon nombre d'années que je ne les avais pas relus. Relisant au fur et à mesure simultanément le texte allemand et la traduction française, j'ai l'impression de comprendre pour la première fois ce que Marx voulait dire. Peut-être est-ce un signe de l'âge ? Quand on a l'impression de comprendre, on doit toujours s'inquiéter.

Reprenons nos six points, l'un après l'autre, et commençons, comme il est normal, par le premier.

Premier point critique

Un texte offre un exposé vulgarisé du thème du renversement du sujet et du prédicat. Il n'est pas emprunté à la *Critique de la Philosophie du droit de Hegel*, mais à *La Sainte Famille*. Il est légitime de se servir de ce texte pour deux raisons. D'abord, Marx et Engels ont commencé à écrire *La Sainte Famille* à l'automne de 1844, alors que la *Critique de la Philosophie du droit de Hegel* a été écrite à la fin de 1843. Il s'écoule donc seulement un an entre ces deux ouvrages, et si l'on peut trouver sur certains points des modifications éventuelles de la pensée de Marx, il n'est pas douteux que, sur le thème fondamental du renversement du sujet et du prédicat, sa pensée n'a pas changé. D'ailleurs, cette question du sujet et du prédicat, on la retrouve dans tous les écrits des jeunes hégéliens, aussi bien dans Feuerbach, qui a écrit cela sous vingt-cinq formes différentes, que dans Marx. Ce n'est donc pas une idée mystérieuse ni qui ait été modifiée au cours de ce temps.

Si je retiens le texte de *La Sainte Famille* en premier, c'est parce qu'il s'agit d'un livre polémique et, pour dire la vérité, de polémique un peu journalistique. Les idées philosophiques sont traduites dans un langage grossier, vulgaire, philosophiquement discutable, mais de ce fait dans un langage qui me paraît aussi clair que possible. Et puis, d'autre part, je ne vois pas pourquoi chez Marx on établirait une différence de principe entre les textes philosophiques et les textes journalistiques. Marx est l'un des premiers qui ont considéré que les philosophes pouvaient être journalistes et il avait une raison particulière pour cela. Dans une formule célèbre, Hegel disait que « la lecture des journaux était la prière positive du matin ». Pour Hegel, l'Histoire universelle, c'est Dieu, aussi la lecture du point singulier où cette « sacrée » Histoire universelle a abouti, juste ce matin, exprime-t-elle une communication entre la

conscience individuelle, la conscience particulière et
l'infini. La lecture des journaux – des journaux bien
choisis, cela va de soi – correspond donc à la forme conve-
nable de la prière. Fermons cette nouvelle parenthèse.

Ce texte que je vais citer s'intitule : « Le mystère de la
construction spéculative ». Je ne peux pas le citer en
entier parce qu'il est trop long [4].

Il commence ainsi : vous avez devant vous des fruits,
vous avez devant vous des poires, des pommes et des
amandes. Ce sont des réalités particulières concrètes.
Chacun de ces fruits a sa forme, sa couleur, sa saveur,
ce sont donc des réalités particulières et, quand vous
construisez un concept de fruit, vous considérez que
toutes ces réalités particulières sont des cas particuliers
du concept de fruit. La relation normale consiste à considérer la poire, la pomme et l'amande comme les sujets, ce
sont les réalités concrètes, et le prédicat ou l'attribut, c'est
le concept de fruit. Quand vous dites que la poire, la
pomme et l'amande sont des fruits, il s'agit d'une pensée
non spéculative, d'une dialectique remise sur ses pieds,
qui consiste à considérer le concret comme le concret et
le concept abstrait comme l'attribut du sujet.

Maintenant, supposons que nous prenions le concept de
fruit et que nous soyons, dit Marx, un disciple de Hegel.
Alors, nous dirons que le fruit est un *Begriff*, un concept,
qui se manifeste lui-même tantôt sous forme de poire,
tantôt sous forme de pomme et tantôt sous forme
d'amande. À partir de là le concept, le *Begriff*, de fruit, qui
est l'attribut des fruits réels, est faussement considéré
comme le sujet. C'est ce sujet « fruit » qui est supposé
dans son itinéraire se manifester sous forme de poire, de
pomme ou d'amande, de telle sorte que ces réalités
concrètes, qui sont pour la pensée non spéculative le sujet,
deviennent dans la pensée spéculative le prédicat du
concept de fruit, faussement assimilé à l'essence profonde
des choses. On ne peut concevoir quelque chose de plus
simple. Tout le renversement des rapports de sujet et de
prédicat, que je viens d'expliquer avec ma poire, ma

pomme et mon amande, d'un côté, et le concept de fruit de l'autre – ce n'est pas moi, c'est Marx qui parle –, eh bien, c'est le renversement des rapports du sujet au prédicat.

Pour comprendre comment s'opère ce renversement, je peux maintenant en venir au texte lui-même :

« La raison en est, répond le philosophe spéculatif, que le fruit n'est pas une entité sans vie, sans caractères distinctifs, sans mouvement, mais une entité douée de vie, de caractères distinctifs, de mouvement. La différence des fruits ordinaires n'importe en rien à mon intelligence sensible, mais elle importe au fruit lui-même, à la raison spéculative. Les divers fruits "profanes" sont des manifestations différentes du fruit unique ; ce sont des cristallisations qui forment le fruit lui-même. C'est ainsi, par exemple, que dans la pomme et la poire, le fruit prend l'aspect d'une pomme et d'une poire. Il ne faut donc plus dire, comme lorsqu'on se plaçait au point de vue de la substance : la poire est le fruit, la pomme est le fruit, l'amande est le fruit ; il faut dire au contraire : le fruit se présente comme poire, le fruit se présente comme pomme, le fruit se présente comme amande, et les différences qui distinguent la pomme, la poire, l'amande, ce sont les différences mêmes du fruit, et elles font des fruits particuliers, des membres différents dans le procès vital du fruit. Le fruit n'est donc plus une unité sans contenu ni différence ; c'est l'unité en tant que généralité, en tant que totalité des fruits qui forment "une série organiquement distribuée". Dans chaque membre de cette série, le fruit prend une figure plus développée, plus nettement caractérisée jusqu'à ce qu'elle soit enfin, en tant que résumé de tous les fruits, l'unité vivante qui contient et reproduit sans cesse chacun de ses éléments, tout comme tous les membres du corps se transforment sans cesse en sang et sont sans cesse reproduits par le sang » [5].

Passons ensuite à un deuxième passage très court de Marx :

« *Le philosophe spéculatif, cela va de soi, ne peut accomplir cette création continue qu'en intercalant, comme étant de sa propre invention, des propriétés reconnues par tous comme appartenant réellement à la pomme, à la poire ; en donnant les noms des choses réelles à ce que la raison abstraite peut seule créer, c'est-à-dire aux formules rationnelles abstraites ; en déclarant enfin que sa propre activité, par laquelle il passe de la représentation pomme à la représentation poire, est l'activité, même du sujet absolu, le fruit.*

« *Cette opération, on l'appelle, en langage spéculatif, comprendre la substance comme sujet, comme procès intérieur, comme personne absolue, et cette compréhension constitue le caractère essentiel de la méthode hégélienne* »[6].

Il n'y a rien de plus simple à comprendre que ces formules apparemment mystérieuses du renversement du rapport entre le sujet et le prédicat. Nous pouvons maintenant bien distinguer : il y a d'un côté les réalités concrètes, ces réalités concrètes sont particulières, elles appartiennent à des concepts qui sont généraux et dont les termes ordonnent la réalité concrète.

Voilà la démarche normale et philosophique qui, aux yeux de la philosophie que Marx inaugure, veut être la philosophie de l'avenir. Dans la philosophie spéculative, on substitue à cette démarche une démarche autre, qui consiste à prendre le concept comme étant pour ainsi dire l'*âme vivante des réalités particulières*, et on présente le devenir des réalités particulières comme les apparitions successives de ce concept donné pour l'essence de la réalité.

Supposons que la philosophie de Hegel, quelle que soit la signification qu'elle revêt – c'est une question que nous poserons plus tard –, soit bien celle que Marx présente ainsi. Supposons que par l'exemple des poires, des pommes et des amandes et du concept de fruit, on soit parvenu à une bonne présentation de la pensée hégélienne. Alors nous comprenons tout de suite le point fondamental de la *Critique de la Philosophie du droit*. Hegel présente les moments successifs de la réalité de la moralité objective comme les moments successifs de la substance sujet alors que le vrai sujet, c'est l'homme concret, l'homme travailleur, la société civile, de la même façon que le sujet, ce n'est pas le concept de fruit, mais la pomme et la poire. Chacun d'entre nous est, comme une pomme ou une poire, membre de la société civile, citoyen dans l'État, mais nous ne sommes pas des moments d'apparition de l'idée ou de la substance, nous sommes des hommes concrets, nous sommes des sujets et, tout le reste, ce sont des attributs.

Deuxième point critique

Prenons le passage de la société civile à l'État, l'État étant considéré à la fois comme la nécessité à laquelle famille et société civile sont soumises, mais aussi comme la finalité vers laquelle tendent la famille et la société civile.

Il faut nous reporter au paragraphe 266 du texte de Hegel. On lit :

« *Ce n'est pas seulement en tant que cette nécessité* [Marx ajoute immédiatement entre parenthèses :] *(laquelle ?) mais en tant qu'*idéalité *de cette nécessité et en tant que son intérieur, que l'esprit est pour lui-même, objectif et réel ; c'est ainsi que cette universalité substantielle est pour* elle-même *objet et fin, et cette nécessité, par là même, existe pour elle-même sous* forme *de liberté.* »

En langage ordinaire, de quoi s'agit-il ?

Famille et société civile sont les deux moments de la moralité objective. L'État est nécessité par rapport à la famille, et à la société civile, parce que l'État fixe les lois selon lesquelles la famille et la société civile sont organisées. Donc, sous un de ces aspects, l'État est la nécessité qui plie sous son empire la famille et la société civile. Mais, d'un autre côté, famille et société civile tendent vers l'État, vers la réalisation de leur collectivité, comme vers leur fin, sous une forme que Marx appellerait « mystification spéculative ». Voici le commentaire de ce paragraphe 266 de *La Philosophie du droit* de Hegel que Marx va proposer :

« *La transition de la famille et de la société civile à l'État politique consiste donc en ce que l'esprit de ces sphères, qui est* en soi *l'esprit de l'État, se rapporte maintenant aussi comme tel à soi et est, en tant que leur essence,* réel *pour soi. La transition n'est donc pas dérivée de l'être* particulier *de la famille, etc., et de l'être* particulier *de l'État, mais du rapport* universel *de* nécessité *et de* liberté. *C'est absolument la transition même qui est, dans la logique, effectuée de la sphère de l'être à la sphère du concept.* [Rappelons que l'être en allemand se dit *Sein* et que le concept se dit *Begriff.*] *La même transition est faite, dans la philosophie de la nature, de la nature inorganique à la vie. Ce sont toujours les mêmes catégories qui fournissent l'âme, tantôt à telle sphère, tantôt à telle autre. La seule chose qui importe, c'est de découvrir, pour les déterminations concrètes individuelles, les déterminations abstraites correspondantes* »[7].

Selon la critique faite par Marx, si l'on voulait passer réellement de la famille et de la société civile à l'État, il faudrait voir en quoi les concepts de ces deux sphères appellent l'État comme leur complément à la fois nécessaire et final. Mais, dans la philosophie hégélienne, le passage d'un concept à un autre, dans ce cas précis tout au moins, ne se fait pas au niveau des réalités spécifiques. Il se fait en substituant au concept propre aux sphères envisagées des concepts abstraits comme ceux de nécessité ou d'idéalité.

Je citerai une autre phrase, qui se trouve plus loin dans le texte de Marx, car elle est parfaitement claire :

« *La* compréhension *ne consiste pas, ainsi que Hegel le pense, à reconnaître partout les déterminations du concept logique, mais à concevoir la logique spécifique de l'objet spécifique* »[8].

Troisième, et principal, point critique

Dans *La Philosophie du droit* de Hegel, il est question du Monarque, du Gouvernement et du Pouvoir législatif, c'est-à-dire des trois moments de l'État.

Si je disposais de plus de temps, je pourrais expliquer en détail les discussions fort intéressantes de Marx à ce propos. Je considère en effet que la *Critique de la Philosophie du droit de Hegel* est le texte le plus achevé parmi les textes du jeune Marx. C'est une opinion hérétique, puisque le conformisme intellectuel d'aujourd'hui veut que le texte le plus important soit le *Manuscrit économico-philosophique*, dont nous parlerons tout à l'heure, mais enfin, personnellement, je considère que la *Critique de la Philosophie du droit* est à beaucoup d'égards un texte plus remarquable. Je laisse donc le problème du Monarque, du Gouvernement et du Pouvoir législatif et j'en viens au point essentiel, puisque c'est exactement là que va se dégager le matérialisme historique.

À partir de la philosophie hégélienne, Marx va établir de nouvelles relations entre la société civile, c'est-à-dire l'activité professionnelle et économique, et l'État. Pour en traiter, il faut savoir comment Marx conçoit la société civile. Il existe sur ce point un texte suffisamment simple, je crois, pour être lu et commenté :

« *La société civile, de par sa séparation de la société politique, était devenue autre.* »

Cela signifie que l'activité professionnelle s'est séparée de l'État ou de l'activité politique, et que cette séparation du système économique et de l'État est la caractéristique première de l'État (avec un grand *E*) moderne. Retenons cette idée simple parce que c'est une des idées inspiratrices de tout le matérialisme historique : le système économique, le système des activités professionnelles, est divorcé de la politique.

Marx continue (j'utilise toujours la traduction Molitor,

mais je substitue en permanence le mot « ordre » au mot
« état » avec un petit *e* pour traduire le terme allemand
Stand) :

« L'ordre, *au sens médiéval du terme, ne subsista
plus qu'à l'intérieur de la bureaucratie même, où la
position civile et la position politique sont immédiatement
identiques.* »

Cette phrase est également claire. Par « bureaucratie »,
Marx entend les fonctionnaires de l'État – pour les
fonctionnaires de l'État, la position civile est en même
temps une position politique. Cette fusion de la position
civile professionnelle et de la position politique était vraie
pour tous les hommes de la société médiévale dans la
mesure où les *Stände*, ordres de la société médiévale,
étaient simultanément économiques et politiques. Donc,
la fusion de la position civile et de la position politique
n'est plus vraie aujourd'hui que pour les fonctionnaires
de l'État qui, effectivement, sont en tant que professionnels à la fois des fonctionnaires, et liés à l'État puisqu'ils
sont serviteurs de l'État en tant que fonctionnaires. Si on
voulait entrer dans le concret, il serait intéressant de
savoir si cette formule s'applique également à cette
catégorie particulière de fonctionnaires qu'on appelle les
professeurs, mais ceci nous mènerait trop loin et serait
trop personnel. Continuons :

« *La société civile s'y oppose comme* ordre privé. »

Alors, dire que la société civile est ordre privé par
opposition au fait que les fonctionnaires de l'État sont
un ordre public signifie que, dans la société civile, les
individus qui exercent des fonctions économiques sont
sans lien avec l'État.

« *La différence des ordres n'est plus ici une différence
du* besoin *et du* travail *en tant que corps autonome. La
seule différence générale,* superficielle et formelle, *qui
existe encore ici, c'est la différence entre* la ville et la
campagne. »

Notons très soigneusement cette phrase. La différence entre ville et campagne est restée pour Marx, jusqu'à la fin de sa vie, une question décisive. Je dirais volontiers qu'elle demeure encore aujourd'hui une question décisive pour tous les régimes socialistes. Car la conception marxienne de la société civile s'applique surtout aux activités professionnelles des villes, puisque, dans le cas de la campagne, il subsiste une espèce de solidarité organique entre les individus et leur profession, entre les individus et la nature, qui n'entre pas entièrement dans la représentation que Marx se fait de la société civile.

« *Mais à l'intérieur de la société même, la différence se développa dans des cercles mobiles, pas fixes, dont le principe est* l'arbitraire. L'argent *et* l'instruction *sont les critères principaux* » [9].

Je pense que ce texte est magnifique parce qu'il reste encore à 90 % vrai aujourd'hui. Il signifie tout simplement que, dans le système économique, la place de chacun présente un caractère arbitraire, accidentel, déterminé par deux facteurs : l'argent et l'instruction. La représentation de la société civile qu'avaient les critiques socialistes du capitalisme jusqu'à une date récente était une société civile où la place de chacun était déterminée par l'argent. Aujourd'hui il est en train de naître une nouvelle version de cette critique, qui s'appelle la critique de la « méritocratie ». Un livre anglais [10] porte ce titre et montre que, au fur et à mesure que l'éducation se généralise – nous en sommes encore très loin, mais supposons que les enfants de toutes les familles de la société aient la même chance de faire des études –, la place de chacun dans la société dépendra finalement dans une très large mesure des réussites scolaires. Nous aboutirions à un système de hiérarchie dans la société civile qui serait déterminé par les mérites acquis à coups de parchemins universitaires. C'est ce que les uns appellent avec indignation « la méritocratie » et les autres avec admiration « le système des talents », mais cela revient strictement au même. Dans mon langage, je dirai que la question est de savoir si le hasard de l'argent est pire que le hasard des gènes, au sens biologique du terme. Probablement, le hasard de l'argent est-il pire. Mais cette discussion nous mènerait trop loin. Quoi qu'il en soit, dans la société civile, les critères principaux sont l'argent et l'instruction. Poursuivons :

« *Mais ce n'est pas ici, c'est dans la critique de l'exposé que Hegel fait de la société civile, que nous aurons à développer cela. Suffit. L'ordre de la société civile n'a ni le besoin comme un élément naturel, ni la politique comme principe.* [Ce qui signifie que les gens ne sont intégrés dans la société civile ni en fonction d'un besoin naturel, ni en fonction d'une détermination politique.] *C'est une division de masses qui se forment en passant et dont la formation est elle-même une formation arbitraire et* non pas *une organisation.* »

Nous trouvons là la première représentation du monde capitaliste tel que le voit Marx dans sa jeunesse. Il s'agit d'un monde dans lequel les hommes sont répartis, comme il l'écrit, au hasard de l'argent et de l'instruction sans qu'il existe aucune communauté organique entre eux. Poursuivons la lecture :

« *La seule caractéristique, c'est que* le manque de biens *et* l'ordre de travail immédiat, *l'ordre de travail concret, forment moins un ordre de la société civile que le terrain sur lequel reposent et se meuvent les cercles de cette société. L'ordre proprement dit, où la position politique et la position civile coïncident, n'est que celui des membres du* pouvoir gouvernemental. »

Nous rencontrons toujours la même idée : la société civile est le lieu d'un hasard où les hommes se groupent, s'organisent n'importe comment. Il n'y a pas d'ordre communautaire dans cette société économique.

« *L'ordre actuel de la société montre sa différence de l'ancien ordre de la société civile rien que par le fait qu'il n'ait pas, comme jadis, quelque chose de commun, une communauté tenant l'individu, mais qu'il dépend pour une part de la contingence, pour une part du travail de l'individu, que celui-ci se tienne ou non dans son ordre. C'est un* ordre *qui n'est à son tour qu'une détermination* extérieure *de l'individu, car il n'est pas inhérent au travail de l'individu et ne se rapporte pas non plus à lui comme une communauté objective organisée d'après des lois fixes et ayant avec lui des relations fixes. Il ne se trouve, plutôt, dans aucune relation* réelle *avec son action substantielle, avec son* ordre réel. *Le médecin ne forme pas d'ordre particulier dans la société civile. Un commerçant appartient à un autre ordre, à une autre* position sociale *que l'autre commerçant. »*

Toute cette description de la société civile réfute une idéologie encore aujourd'hui à la mode, celle des corporations, selon laquelle, dans le monde de la société civile d'aujourd'hui, il existait encore des groupements communautaires, par exemple le groupement des marchands. Ce que dit Marx, c'est qu'il n'existe plus d'ordre des marchands, plus d'ordre des médecins, parce qu'il se produit dans l'économie moderne une espèce de répartition aléatoire des individus :

« Tout comme la société civile s'est séparée de la société politique, la société civile s'est, dans son propre sein, divisée en l'ordre *et en* situation *sociale, malgré toutes les relations entre les deux. Le principe de l'ordre civil, ou de la société civile, est la* jouissance *ou la* capacité de jouir. *Dans sa signification politique, le membre de la société civile se détache de son ordre, de sa position privée réelle ; c'est là seulement qu'il vaut au titre* d'homme, *ou qu'apparaît sa détermination comme membre de l'État, comme être social, comme sa détermination humaine. »*

Nous voici à nouveau sur le terrain de la philosophie. Nous partons de cette dispersion des individus au hasard de l'activité, de l'argent, de la profession ; tous ces hommes sont purement et simplement des individus sans

aucune relation avec l'universalité de la communauté et
ce n'est qu'en tant que citoyens, en dehors de leur activité
professionnelle, qu'ils reprennent contact avec l'universel
de la collectivité tout entière, qu'ils y participent :

> « *Car toutes ses autres déterminations dans la société
> civile* apparaissent *comme* inessentielles *à l'homme, à
> l'individu, comme des déterminations* extérieures *qui sont,
> il est vrai, nécessaires à son existence en général, c'est-à-
> dire en tant que lien avec l'ensemble, lien dont il peut tout
> aussi bien se débarrasser par la suite.* »

Dès lors, Marx parvient à cette conclusion :

> « *La société civile actuelle est le principe réalisé de*
> l'individualisme *; l'existence individuelle est le but final :
> activité, travail, contenu ne sont* que *des moyens* » [11].

Pour exprimer simplement la critique de Marx, je dirai
qu'à ce moment de sa vie, il a une conception *communautaire* de l'existence humaine authentique. À ses yeux,
l'homme ne réalise son humanité que dans et par la participation à la communauté. Or, dans le système économique –
que nous pouvons commencer à appeler « capitaliste » –,
l'activité professionnelle n'est plus que le moyen en vue de
la jouissance individuelle et, par conséquent, il y a, pour
parler comme Marx, un renversement du rapport de moyen
à fin, c'est-à-dire que l'essentiel devient le moyen de l'inessentiel. L'essentiel pour l'homme, c'est de réaliser pleinement son humanité dans la vie collective. Or, c'est par
l'activité économique que l'individu participe à la communauté. Dans le système des besoins du capitalisme, cette
activité économique communautaire est un moyen en vue
de la jouissance individuelle de telle sorte que c'est l'essentiel, la participation à la communauté, qui est dégradé en
moyens en vue de l'inessentiel, qui est l'individualisme.

Tel me paraît le sens de la pensée de Marx en 1843.
Est-ce qu'il pensait encore la même chose en 1867, au
moment du *Capital* ? C'est une autre question que je
laisse ouverte pour l'instant. Marx philosophe, combat-

tant Hegel, décrit la société civile autrement que Hegel, en ce sens qu'il met l'accent sur le caractère radicalement individualiste de l'organisation économique et qu'il en conclut que cette organisation économique individualiste est divorcée de l'État, que cette organisation est en elle-même déchirée, qu'il en résulte un individualisme qui fait de l'inessentiel la fin de l'essentiel.

Il reste deux sortes de critiques en ce qui concerne les descriptions hégéliennes.

Tantôt Marx dit que Hegel ne voit pas la réalité. Par exemple, à propos du vote par ordre, c'est-à-dire de l'élection par l'intermédiaire des ordres, Marx va montrer que Hegel veut introduire dans l'État moderne des institutions qui appartiennent à la société médiévale et qui sont radicalement inadaptées à la société moderne. Dans cette critique, Marx considère que Hegel ne dit pas la vérité de l'État moderne.

Dans un autre type de critique, Marx va reprocher à Hegel de subordonner le droit et la morale à l'État et de considérer, finalement, que l'État dit ce qu'est le droit formel et même la morale. Marx en conclura qu'on a tort de reprocher à Hegel de démontrer ainsi l'immoralité de l'État ou le caractère étatique de la moralité. Il est vrai que cette réalité est fausse, mais Marx veut définir *vraiment* la fausseté de la réalité. Pour cela, il emploie un autre type de critique, qui porte sur la description d'une réalité fausse. Pour démêler cette question, il faut se reporter à un autre texte de Marx :

« *Hegel désigne le droit privé comme le* droit *de la* personnalité abstraite *ou le* droit abstrait. *Et il faut, en vérité, qu'il soit développé comme l'*abstraction du droit, *donc comme le* droit illusoire de la personnalité abstraite, *de même que la morale développée par Hegel est l'*existence illusoire de la subjectivité abstraite. *Hegel développe le droit privé et la morale comme des abstractions de ce genre, et il ne s'ensuit pas chez lui que l'État, la moralité dont ce sont les présuppositions, ne puissent être que la* société *(la vie sociale) de ces illusions ; on conclut au contraire que ce sont des éléments subalternes de cette vie morale. Mais le droit privé est-il autre chose que le droit, et la morale est-elle autre chose que la morale de ces sujets de l'État ? Ou plutôt la personne du droit privé et le sujet de la morale sont la* personne *et le* sujet *de l'État. On a beaucoup attaqué Hegel au sujet de son développement de la morale. Il n'a fait que développer la morale de l'État moderne et du droit privé moderne. On a voulu séparer davantage la morale de l'État, l'émanciper davantage. Qu'a-t-on prouvé par là ? Que la séparation de l'État actuel de la morale est morale, que la morale n'est pas élément de l'État et que l'État n'est pas moral. Hegel a plutôt le grand mérite, inconscient dans un certain sens (dans ce sens que Hegel nous donne l'État, qui a une telle morale comme présupposition, pour l'idée réelle de la moralité), d'avoir assigné sa vraie place à la morale moderne »* [12].

Ces trois points critiques étant précisés, exposons maintenant les trois points positifs, qui paraîtront après ce préambule beaucoup plus simples.

Premier point positif

Nous savons, après le renversement des rapports du sujet et du prédicat, que la réalité sujet, la substance, c'est l'homme concret. Ce ne sont pas les concepts. Ce sont les hommes de sang, de chair et d'os. En particulier, dans la société moderne, dans la collectivité moderne, le sujet réel se découvre dans la société civile, dans le système économique. Or, dire que le sujet authentique, véritable de la collectivité moderne, c'est la société civile ou le système économique, revient à donner la première version de l'interprétation matérialiste de l'histoire, dont nous avons vu une autre version plus achevée tirée de la préface à la *Contribution à la critique de l'économie politique*, ou du matérialisme historique. Disons ici, très simplement : c'est en analysant *La Philosophie du droit* de Hegel et en la confrontant avec la réalité de son temps que Marx aboutit à l'affirmation que la *bürgerliche Gesellschaft* ou société civile ou système économique constitue la réalité authentique dans la collectivité moderne et de ce fait le sujet véritable à partir duquel doit se développer la réflexion. La primauté de la société civile par rapport à l'État découle pour Marx de sa discussion de *La Philosophie du droit* de Hegel.

Deuxième point positif

La critique de la politique est assimilée par Marx à la critique religieuse à travers la comparaison qu'il établit entre le côté illusoire des représentations religieuses et le caractère aérien, éthéré de la vie politique du citoyen. Cette distinction entre liberté formelle et liberté réelle a joué et continue à jouer un grand rôle dans la pensée non seulement marxienne, mais aussi marxiste. Elle a pour origine la critique de *La Philosophie du droit* de Hegel par le jeune Marx, car la liberté réelle est celle qui doit s'épanouir dans la société civile, alors que la liberté formelle, ou les droits abstraits du citoyen, est par rapport à la vie réelle dans la société civile comme la vie éternelle ou les représentations religieuses de l'au-delà par rapport à la vie ici-bas. Voici les quelques lignes de Marx que l'on peut retenir sur ce point :

« *Cette représentation ne* maintient *pas la séparation entre la vie civile et la vie politique* ; *elle n'est que* la représentation d'une séparation qui existe réellement.

« *Cette représentation ne met pas la vie politique* en l'air, *mais la vie politique est vie aérienne, elle est la région éthérée de la société civile* » [13].

L'on se souvient que Marx disait que la religion était le « *point d'honneur* » d'un monde sans religion. « *La vie politique du citoyen est la région éthérée de la vie civile* », c'est un faux semblant dans lequel l'homme réel acquiert l'illusion d'une participation à la collectivité, participation à la collectivité qu'il n'exerce pas dans la vie réelle, qui est la vie économique.

Troisième point positif

Quelle est la notion de vérité de la réalité ou de réalité de la vérité que cette critique implique ?

Je dirai que le critère de vérité est devenu anthropologique. Marx, à ce moment de sa réflexion, utilise le langage hégélien, comme tous ses amis et ses adversaires avec lesquels il discute, mais toute son analyse, telle que je viens de la décrire, implique que l'homme soit défini comme un être social, comme un être travailleur. L'homme réel, par rapport auquel la vie politique du citoyen est comparable à l'illusion religieuse, cet être réel est un être social, un travailleur.

Je ne dis pas que telle soit la conception définitive de Marx. Je dis qu'à cette époque de sa vie on ne peut comprendre toutes les critiques que je viens de résumer qu'en présupposant une conception anthropologique selon laquelle l'homme essentiel se définit comme un être social et un travailleur.

Le deuxième critère de vérité impliqué par cette critique de *La Philosophie du droit* de Hegel, c'est que l'on puisse définir une vérité historique ou encore que l'on puisse déterminer ce qu'est l'essence de la modernité ou l'essence de la collectivité moderne. Effectivement, quand Marx reproche à Hegel de maintenir le suffrage par ordre, il lui objecte que ce suffrage par ordre ne correspond pas à la séparation essentielle intervenue entre société civile et État. Par conséquent, par ce genre de critique, il présuppose la possibilité de déterminer ce qui constitue la caractéristique essentielle de la société moderne, de la collectivité moderne.

En définitive, les deux éléments positifs impliqués par sa critique sont une anthropologie de l'homme social et du travailleur, d'une part, et, d'autre part, la conception selon laquelle, à chaque époque, on peut déterminer la vérité de la société, dont il est présupposé qu'elle doit réaliser la vérité de l'homme. Ces éléments sont présents dans la *Critique de la Philosophie du droit* et ils sont naturellement indispensables à une compréhension en profondeur de l'interprétation matérialiste de l'histoire, au-delà des textes que tout le monde lit, que tout le monde cite et que personne ne comprend.

Le *Manuscrit économico-philosophique*

Je voudrais introduire un nouveau thème à partir du prochain texte que nous allons commenter. Ce texte est fameux, il se trouve dans le *Manuscrit économico-philosophique*.

Par chance, les Éditions sociales ont récemment publié une traduction de ce *Manuscrit économico-philosophique*, dont je dirai le plus grand bien parce que j'en pense le plus grand bien. Il s'agit d'une excellente traduction. Je ne veux pas me vanter, puisque je n'ai pas tout vérifié ; mais chaque fois que je l'ai fait, je me suis trouvé en accord avec le traducteur. Je peux donc considérer qu'il s'agit d'une bonne traduction faite avec grand soin, comportant une explication des termes employés et ayant adopté un vocabulaire bien défini et constant, ce qui est la condition première d'une bonne traduction.

Ce *Manuscrit économico-philosophique* est connu depuis une trentaine d'années. Il a été écrit par Marx à Paris, en 1844, probablement durant le premier semestre. Nous savons que ce n'est pas plus tard, puisque Marx s'est consacré, à l'automne suivant, après s'être lié définitivement avec Friedrich Engels, à la rédaction de *La Sainte Famille*.

Il faut aussi connaître un petit nombre de détails sur ces manuscrits parce que les commentateurs, les interprètes de Marx depuis quinze ans en France, y compris les meilleurs comme le révérend père Calvez, font tous un usage extraordinaire de ce texte. Tout d'abord, ce *manuscrit* se présente sous forme de trois cahiers différents.

Le premier cahier ou *premier manuscrit* comporte une critique économico-philosophique de trois catégories fondamentales de l'économie : la catégorie du salaire, celle du capital et celle de la rente foncière. Il s'agit donc, de la première version de l'œuvre unique de Marx qui s'appelle la *Critique de l'économie politique.* Cette première version est de 1844 ; une deuxième sera publiée en 1859 [14] ; une troisième, publiée à Berlin et pas encore traduite en français, date de 1857-1858 [15] ; une quatrième, *Le Capital,* sera publiée en 1867 en tant que livre I, mais il faut aussi ajouter ces immenses fragments des livres suivants publiés, après la mort de Marx, à partir de 1885 [16]. La critique de ces trois catégories économiques, le salaire, le capital et la rente foncière, se termine par un texte de sept ou huit pages qui est peut-être aujourd'hui le texte le plus commenté du monde et qui s'appelle « le travail aliéné », *die entfremdete Arbeit.* Texte qui conclut le premier manuscrit et qui en révèle le sens philosophique. C'est dans ce texte que nous verrons apparaître, pour la première fois, l'objet propre de ce cours sur Marx, ce problème de la relation de la philosophie avec l'économie politique sous la forme directe d'une conclusion philosophique tirée d'une critique économique.

Le deuxième manuscrit comportait quarante-trois pages et était probablement la partie la plus importante du livre tout entier ; malheureusement, trente-neuf pages sur quarante-trois sont perdues. De telle sorte qu'il reste quatre pages du deuxième cahier ; le poids des commentaires a été d'autant plus grand que le nombre des pages était réduit. Que contenaient ces trente-neuf pages ? Selon toute probabilité, elles comportaient un développement de la critique des catégories économiques et, probablement, pour autant qu'on puisse deviner, elles devaient combiner une critique des catégories avec une esquisse du développement économique simultané, de la réalité et des catégories. Nous ne sommes sûrs de rien à ce propos, puisque nous ne disposons, en tout et pour tout, que de ces quelques pages, dont le titre, donné par les éditeurs et non par l'auteur, est « Opposition du capital et du travail. Propriété foncière et capital ».

Le troisième manuscrit présente un caractère particulier en ce sens que la plus grande partie est constituée de commentaires marginaux des pages perdues du deuxième manuscrit. Ce qui, naturellement, donne aux interprètes qui ont de l'imagination des facilités extraordinaires puisque nous ne disposons pas de la totalité du texte, mais des commentaires par Marx lui-même du texte perdu. Là encore, les interprétations ont été d'une richesse exceptionnelle et je vous dirai ma conviction personnelle : c'est que nul n'est en mesure d'interpréter phrase par phrase ces textes de Marx. D'abord, parce que souvent leur lecture par les éditeurs a été défectueuse ou douteuse. Ainsi on s'est aperçu, voilà peu, qu'on avait quelquefois confondu les deux mots allemands, dont l'un signifie « esprit » et l'autre signifie « jouissance », l'un de ces mots est *Geist* et l'autre est *Genuss*. Mais les commentateurs et les éditeurs n'avaient pas moins de difficultés à expliquer la phrase selon qu'on lisait *Geist* ou qu'il y avait *Genuss*. Ils n'étaient pas désarmés. Au contraire. Il est donc extrêmement difficile d'être sûr de la signification de chacun de ces textes. Pour ma part, j'essaierai de dégager les idées essentielles à mes yeux, pour comprendre à la fois l'itinéraire de Marx par la suite et l'état de sa réflexion au moment où il rédigeait ces textes. Le troisième manuscrit comporte donc des commentaires de la partie perdue du deuxième texte et il comporte également deux passages d'une extrême importance, dont l'un devait servir de préface à l'ensemble de l'ouvrage et dont l'autre devait lui servir de conclusion. Le texte qui devait servir de conclusion est extrêmement intéressant et difficile. Il s'agit d'une discussion de *La Phénoménologie* de Hegel.

Le *Manuscrit économico-philosophique* va nous mener pour la première fois au thème central de ce cours : le rapport entre la philosophie et l'économie politique. Nous disposons pour l'étude d'une première version doublement inachevée. Inachevée parce que Marx ne l'a pas achevée lui-même. Inachevée aussi parce que nous ne possédons qu'un fragment de ce qu'il a écrit. Le but de notre analyse sera moins de déterminer l'état de la pensée économique de Marx en 1844, parce que c'est ensuite, à propos du *Capital*, que j'expliquerai ce qu'il avait déjà pensé en 1844 en matière économique, que de montrer quelles sont les idées philosophiques avec lesquelles il approche le problème de l'économie politique en 1844. Nous connaissons déjà le concept fondamental qu'il va utiliser, dans cette approche ; c'est le concept d'aliénation que nous avons découvert à propos de la religion, puis retrouvé à propos de la politique en ce sens que l'homme réel de la société civile s'aliène ou est aliéné dans le monde illusoire de la politique. Nous allons maintenant trouver dans le *Manuscrit économico-philosophique* l'achèvement de la philosophie marxiste de l'aliénation, parce que c'est dans le *Manuscrit de 1844* que Marx découvre la racine du phénomène d'aliénation, qu'il a déjà employée à propos de la religion et de la politique. Cette racine du phénomène dans l'ordre économique se trouve dans la propriété privée. Il s'agit donc maintenant de comprendre l'aliénation telle que Marx la pense en 1844, sans tenir compte du fait que le Marx de 1867 ne considérait plus ces spéculations de jeunesse comme l'essentiel de son œuvre. Il reste naturellement aux marxiens la possibilité d'adopter un avis différent de celui de Marx et à considérer que ces spéculations de jeunesse sont au contraire plus importantes que les œuvres de la maturité. Admettons au moins, pour notre part, que Marx n'était pas lui-même dépourvu d'une certaine compétence en la matière.

CHAPITRE V

LA CRITIQUE DE L'ÉCONOMIE

Nous en sommes arrivés au texte qui achève la première phase de la carrière intellectuelle de Marx, le *Manuscrit économico-philosophique*. C'était ce que Marx, à cette époque de sa vie, appelait la *Critique de l'économie politique*. Nous savons[1] que cette *Critique de l'économie politique* devait faire partie d'un ensemble qu'il concevait à cette époque comme comportant la *Critique de la religion*, la *Critique du droit*, la *Critique de l'économie*, mais aussi la *Critique de l'idéologie* et celle *de la morale*. Autrement dit, c'était l'ensemble des créations sociales et intellectuelles de l'homme qu'il voulait critiquer.

Avant d'en venir à cette *Critique de l'économie politique*, je voudrais rappeler les idées directrices des deux critiques que nous avons précédemment analysées : la *Critique de la religion* et celle *du droit*.

Rappel sur les critiques de la religion et du droit

La *Critique de la religion* comportait les idées directrices suivantes :

1°) Les représentations du dogme religieux sont des représentations mythiques, délirantes. Ce sont des représentations fausses de la seule réalité authentique, qui est la réalité d'ici-bas.

2°) L'homme crée, suscite, produit ces représentations fausses, il projette ces représentations dans l'au-delà parce qu'il ne s'accomplit pas lui-même dans l'ici-bas, il invente un monde faux parce que son existence dans l'immanence est fausse.

3°) Le compromis hégélien entre religion et État est un compromis intenable et au fond contradictoire. Ou bien on considère que la religion est celle d'une confession particulière et, en ce cas, l'État ne peut pas se confondre avec cette religion particulière parce que l'État vrai est celui de la raison. Ou bien on considère que l'État obéit à la raison universelle, il n'a nul besoin d'être baptisé ou consacré par la religion.

La _Critique du droit_, et plus spécifiquement celle de la philosophie du droit de Hegel, comportait les idées directrices suivantes :

1°) Entre le bourgeois, c'est-à-dire l'homme de la société civile ou encore de l'activité professionnelle, et le citoyen, qui participe à l'universalité de l'État, les médiations conçues par Hegel sont fausses, parce qu'elles appartiennent à un autre État, à une autre phase du développement historique. Elles sont aussi impuissantes à rétablir l'unité fondamentale qui doit être celle du bourgeois et du citoyen, de l'homme travailleur et de l'homme politique, donc finalement l'unité de l'homme dans son activité économique, et l'unité de l'homme dans son activité publique.

2°) L'homme réel, l'homme concret, est le bourgeois, l'homme de la société civile, ce qui signifie que l'homme est essentiellement social et travailleur.

3°) L'État politique, ou, plus rigoureusement, l'État en tant qu'expression essentielle de l'ordre politique, s'explique par la société civile (_bürgerliche Gesellschaft_), et non inversement la société civile par l'État.

Les trois moments de la moralité objective (_Sittlichkeit_), c'est-à-dire la famille, la société civile et l'État, ne sont pas les articulations ou les développements de l'Idée. La société civile est le sujet, l'homme concret, le travailleur, est le sujet. Ce que Hegel présentait comme sujet, l'Idée qui se développe à travers les trois moments, n'est en réalité que prédicat ou attribut du sujet authentique, de l'homme concret, du travailleur au sein de la société civile.

Voilà résumé de manière aussi succincte que possible le contenu des deux critiques de la religion et du droit.

Le concept d'aliénation

Ces deux critiques peuvent être présentées aussi en utilisant un concept, dont nous allons maintenant nous occuper, parce qu'il se trouve au centre du *Manuscrit économico-philosophique*, le fameux concept d'aliénation.

Tout d'abord, pour essayer de voir clair, il faut savoir qu'il existe en allemand trois mots différents, que l'on traduit en français par le terme *aliénation*. L'un est le terme *Entäusserung*, le deuxième est le terme *Entfremdung* et le troisième est le terme *Veräusserung*. La langue allemande est très riche en formules.

Le troisième terme, le plus simple, veut dire aliénation au sens juridique. Nous utilisons aussi en français le terme aliénation en tant que substantif pour désigner l'acte d'aliéner, de vendre, une propriété que l'on possède. Le terme allemand *Veräusserung* est employé quelquefois par Marx, surtout dans les écrits de sa maturité, presque jamais dans ses textes de jeunesse, où les termes employés sont *Entäusserung* et *Entfremdung*.

Ent indique, dans les deux mots, le mouvement vers, le mouvement d'expression. *Äussere* veut dire extérieur, de telle sorte que *Entäusserung* signifie « projection vers l'extérieur ». Ce que traduit Jean Hyppolite par un terme choisi spécialement, celui d'*extranéation*[2], projection vers l'extérieur lui paraissant un peu lourd. Il choisit extranéation pour exprimer simplement l'acte par lequel une réalité projette hors d'elle-même quelque chose, ce quelque chose devenant objectif. *Ent* exprime le mouvement vers et *Äussere* la création de quelque chose d'extérieur.

Le terme *Entfremdung* comporte la même indication. Le préfixe *ent-* exprime toujours le mouvement vers l'extérieur et le mot *fremd* signifie « étranger » (c'est un adjectif). Donc *Entfremdung* signifie « mouvement de projection par lequel quelqu'un ou quelque chose crée une réalité qui lui devient étrangère ».

Ces explications sont nécessaires pour essayer de comprendre le fameux texte de 1844. Deux questions, en effet, se posent à propos de la traduction de ces trois termes.

1°) Il vaut mieux savoir pour étudier ces textes philosophiquement si *aliénation*, en français, traduit *Veräusserung*, c'est-à-dire la simple activité économique de vente, ou bien s'il traduit *Entäusserung* ou *Entfremdung*, qui exprime une action à signification philosophique, la projection vers l'extérieur d'une réalité, soit simplement objective, soit devenue étrangère à celui qui l'a créée.

2°) Le deuxième problème est de savoir si l'on différencie *Entäusserung* et *Entfremdung* dans la traduction.

Jean Hyppolite pense qu'il convient d'utiliser deux mots français différents : *aliénation* étant réservé à *Entfremdung* et *extranéation* à *Entäusserung*. Son argument est solide. Le langage philosophique allemand, celui de Hegel, et plus encore celui de Heidegger, retient quelque chose du sens originel des mots employés. Il est, en effet, très difficile de comprendre la philosophie de Heidegger si l'on ne connaît pas les mots allemands qu'il emploie et les racines mêmes de ces mots. Dans *Entäusserung*, se trouve l'idée d'extériorité ; dans *Entfremdung*, il y a l'idée d'étrangeté. *Entfremdung* ajoute à l'idée de la création, l'idée que l'objet de cette création devient étranger au créateur.

Le traducteur, aux Éditions sociales, du *Manuscrit de 1844* – Émile Bottigelli, dont la traduction est excellente – ne suit pas Jean Hyppolite et considère que, dans les textes de jeunesse de Marx, il est impossible de saisir une différence nette entre *Entäusserung* et *Entfremdung*[3]. J'ajoute, en soutien de sa thèse, que, dans un grand nombre de textes, les deux mots sont employés simultanément. Marx dit *entäusserte oder entfremdete Arbeit* (le travail extranéé, si je puis dire, ou le travail aliéné). Bottigelli considère qu'il n'est pas nécessaire de différencier les deux concepts, puisque, pour autant qu'on en puisse en juger, le Marx de 1844-1845 ne distingue pas nettement entre eux.

Mon avis personnel rejoint l'avis d'Émile Bottigelli. Je me suis reporté à un certain nombre de textes pour confirmer mon sentiment. Je pense que nous pouvons utiliser *aliéné* pour traduire simultanément *Entäusserung* et *Entfremdung*, précisément parce que Marx emploie les deux mots indifféremment et souvent ensemble. Souvenons-nous simplement qu'il existe deux nuances, la nuance d'étrangeté dans un des cas et celle d'extériorisation ou d'objectivation dans l'autre cas.

L'usage du concept

Si nous utilisons ce terme d'aliénation, pour revenir aux deux critiques précédentes, celle de la religion et celle de la politique, nous constatons qu'il n'est pas impossible d'exprimer l'essence de ces critiques en utilisant ce concept.

La *Critique de la religion* dérive chez Marx de la critique de la religion par Feuerbach. Or Feuerbach emploie le concept d'*Entäusserung* pour désigner l'acte par lequel l'homme projette dans la représentation de la divinité les qualités parfaites qui sont celles auxquelles il aspire[4]. On peut donc dire, et Marx le dit quelquefois avant 1844, mais pas très souvent, que la religion est une forme d'aliénation, c'est-à-dire un acte par lequel l'homme se dépouille de ses qualités ou de son essence et les projette dans les représentations fausses de la divinité. On peut effectivement utiliser dans cette perspective ce concept d'aliénation. Dans ce cas, la religion devient une représentation aliénée de l'essence humaine. Ce qui veut tout simplement dire que l'essence humaine, dont l'homme pourrait prendre conscience comme de sa propre essence, est projetée, transfigurée dans l'absolu, dans un être illusoire. Nous avons dans ce cas un premier exemple du processus d'aliénation : la projection dans une réalité transcendante illusoire des qualités ou des réalités de l'ici-bas. En m'exprimant ainsi, j'expose la critique de la religion, que nous avons étudiée, dans le langage de l'aliénation, parce que ce langage est celui des *Manuscrits de 1844*.

En ce qui concerne la *Critique de la Philosophie du droit*, on trouve un petit nombre de passages où Marx emploie effectivement le langage de l'aliénation pour désigner ce qui se passe dans *La Philosophie du droit* de Hegel et aussi dans la réalité. Le texte le plus caractéristique, à cet égard, se trouve à la page 165 de la traduction Molitor. J'en cite quelques lignes qui faciliteront l'exposé :

« *Cette conception atomistique* [il s'agit de la représentation de la société civile comme composée d'individus atomes séparés les uns des autres], *bien qu'elle disparaisse déjà dans la famille et peut-être (? ?) aussi dans la société civile, revient dans l'État politique, précisément parce qu'il est une abstraction de la famille et de la société civile. La réciproque est vraie. En exprimant ce que ce phénomène a* d'étrange*, Hegel n'a point, par là même, supprimé* l'aliénation » [5].

L'ennui est que cette traduction crée une difficulté dont elle n'est pas responsable : dans le texte de Marx se trouve un jeu de mots [6]. Ce que le traducteur exprime par « ce que ce phénomène a d'étrange » correspond en allemand à *befremdlich*, c'est-à-dire donner un sentiment d'étrangeté. Or l'aliénation est exprimée chez Marx par le terme *Entfremdung*. Dans ce cas, il veut montrer que l'État dans lequel les individus sont considérés comme des atomes de citoyens est une abstraction. La projection dans l'État des caractéristiques de la société civile constitue « un phéno- mène étrange » parce qu'en fait l'homme est devenu étranger à lui-même, en ce sens que le citoyen est séparé de la réalité du bourgeois de la société civile.

Une autre traduction, peut-être plus facile, de la

Critique de la Philosophie du droit en termes d'aliénation donnait la proposition suivante : nous avons vu que l'homme réel est le bourgeois et le travailleur. Le citoyen vit dans le monde aérien, éthéré de la politique purement formelle. Eh bien, on peut dire dans le langage marxiste que l'homme réel est aliéné dans la vie éthérée de la politique, ce qui signifie que dans la vie concrète du travailleur, il n'est pas politique et que dans la vie politique, il n'est plus l'homme du travail. Il existe donc, pour ainsi dire, un déchirement, une dualité dans l'homme lui-même : la dualité de l'homme travailleur et du citoyen. Le monde éthéré du citoyen est l'aliénation, la création d'un monde étranger à l'homme travailleur.

Cela dit, il n'est pas indispensable de traduire les deux premières critiques en termes d'aliénation. Je n'ai pour ainsi dire pas utilisé le concept d'aliénation pour expliquer « la critique de la religion » et « la critique de la philosophie du droit ». J'en avais parfaitement le droit, parce qu'au rebours des légendes qui, maintenant, ont cours dans les travaux consacrés à Marx, le concept d'aliénation ne revient pas si souvent dans les textes marxistes d'avant 1844. Comme nous le verrons, il revient encore plus rarement dans les textes d'après 1844.

Donc cette fameuse philosophie de l'aliénation, dont on nous rebat les oreilles depuis une quinzaine d'années [7], existe presque exclusivement dans les textes de 1844 et dans ce *Manuscrit*, dont nous ne possédons que les deux tiers. S'il est vrai que le phénomène de l'aliénation joue un rôle dans toute la pensée marxiste – et j'essaierai de préciser ce rôle –, la philosophie de l'aliénation en tant que centre de la pensée marxiste ne correspond qu'à une phase très déterminée de l'évolution intellectuelle de Marx. On peut trouver dans les textes postérieurs de deux ans au *Manuscrit économico-philosophique* des passages ironiques [8], où Marx a l'air de se moquer de lui-même, c'est-à-dire de se moquer des philosophes allemands qui traduisent dans un langage incompréhensible les idées socialistes des Français ou des Anglais. Mais j'anticipe sur l'exposé de cette question. Revenons à ce fameux terme d'aliénation avant d'expliquer le texte de 1844.

Je n'essaierai pas de proposer un historique du concept d'aliénation. C'est un terme philosophique qui remonte très loin. Il est d'origine religieuse. Dans le passé, il a signifié pour ainsi dire la chute de l'homme ou de l'esprit individuel, perdant le contact avec la Divinité et s'aliénant ainsi. L'homme, dans cette perspective, se perd lui-même dans le monde concret et réel. L'origine immédiate du terme d'aliénation, chez Marx, vient évidemment de Hegel et des jeunes hégéliens. Il est vrai que la philosophie hégélienne tout entière est d'une certaine façon une philosophie de l'aliénation et de la reprise des aliénations. Si nous nous plaçons sur le plan de l'histoire concrète, on peut dire que, d'après Hegel, toute l'Histoire est l'histoire de la création par l'homme d'institutions qui deviennent étrangères à leur créateur et qui souvent déchirent l'unité de l'homme ou de la conscience. Le terme de l'Histoire arrive lorsque l'homme reprend ses aliénations, en ce sens qu'il détruit les institutions qu'il a créées et dans lesquelles il ne se reconnaît plus. Finalement, l'homme ne se retrouve lui-même que dans des institutions qui lui apparaissent siennes, tout à la fois parce qu'il s'en sait le créateur et parce que, dans et par ses institutions, il s'est accompli totalement lui-même.

En ce sens, la philosophie de l'histoire hégélienne est une philosophie de la conscience créant des institutions qui, tour à tour, lui deviennent étrangères et qui sont détruites et conservées à la fois pour atteindre à la phase ultime du savoir absolu, celle où la conscience du philosophe saisit la totalité de l'Histoire et se trouve satisfaite de la saisir tout entière et de comprendre ce que les malheureux qui l'ont précédé ou qui lui sont contemporains vivent sans comprendre. Car il n'y a que le philosophe qui en comprenant le tout se trouve satisfait puisqu'il parvient à une situation comparable à celle que l'on attribuait traditionnellement à Dieu.

Cette conception hégélienne de l'histoire consiste en la

projection sur le plan de l'historicité humaine de ce que Hegel conçoit comme le mécanisme philosophique fondamental. L'Esprit projette un objet hors de lui-même, il projette la nature qui n'est pour ainsi dire que l'aliénation de l'Esprit, et au terme de cet itinéraire l'Esprit se retrouve ayant conscience que l'objet qu'il a créé ne lui est pas étranger. Par conséquent, il y a tout à la fois fusion du fini et de l'infini, suppression de la dualité de la conscience et de l'objet, de la dualité de l'esprit et de la nature. Toutes ces oppositions sont finalement réconciliées au terme d'un mouvement défini par l'aliénation et la reprise des aliénations.

La pensée de Marx en 1844

Après ces considérations préliminaires, venons au *Manuscrit de 1844* et essayons de comprendre ce qu'il contient. Je voudrais répéter d'abord que l'on n'a aucun droit de considérer comme l'étape finale de la pensée de Marx ce manuscrit inachevé, qu'il n'a jamais publié et dont il s'est complètement désintéressé immédiatement après l'avoir écrit. Je songe, par exemple, à l'utilisation faite par des marxistes ou des anti-marxistes chrétiens, comme mon ami le père Gaston Fessard, de quelques textes du *Manuscrit de 1844*[9]. On n'a pas le droit, à mon avis, de considérer que ces textes sur le mystère de l'histoire constituent l'étape finale de la pensée de Marx. Tout ce qu'on a le droit de dire, c'est que Marx, en 1844 – il n'avait pas encore trente ans –, avait un certain nombre d'idées curieuses et bizarres sur les conséquences d'une révolution socialiste au point de vue de la métaphysique. Tous ces textes ne fixent qu'une étape dans l'itinéraire intellectuel de Marx.

Deuxième remarque préjudicielle : personne ne peut avec certitude reconstituer un système intellectuel qui serait celui de Marx en 1844. Plus précisément, personne ne peut reconstituer la *Critique de l'économie politique* que Marx a commencé à écrire et n'a pas achevée en 1844, parce que selon toute probabilité, au bout de vingt ans, Marx lui-même ne l'aurait pas pu. Il faut vraiment une étrange ignorance du mécanisme de la création intellectuelle pour croire qu'à vingt ans de distance un auteur se souvienne exactement de l'état de sa pensée à une époque où elle était en pleine ébullition ou en pleine fermentation. De telle sorte que l'idée même de dire : voici ce que pensait Marx quand il écrivait le *Manuscrit économico-philosophique*, serait une idée délirante, une forme d'aliénation, si j'ose dire, à supposer même que nous possédions la totalité de ce *Manuscrit*. Or, il nous manque la plus grande partie du deuxième *Manuscrit*, qui était probablement la partie la plus importante. Ce qui rend obscurs les commentaires que nous lisons dans le troisième *Manuscrit*, qui sont des commentaires de textes perdus pour nous.

Ces remarques exprimées, que tirer de ces textes ? Le premier *Manuscrit* (la partie la plus importante du *Manuscrit de 1844*) offre une analyse des concepts utilisés par les économistes : salaire, capital, rente foncière. Ils figurent parmi les concepts majeurs du *Capital*. Il est donc intéressant pour les marxologues, professionnels ou amateurs, de comparer l'analyse de ces concepts tels que Marx vient tout juste de les découvrir avec l'analyse qu'il en fera une vingtaine d'années plus tard lorsqu'il écrit *Le Capital*. Je dis « qu'il vient tout juste de découvrir », car d'après les cahiers d'extraits que nous possédons et d'après les témoignages de Marx lui-même, lorsqu'il collaborait à la *Rheinische Zeitung* (à la *Gazette rhénane*), il se jugeait incapable de porter un jugement d'ordre économique sur les idées socialistes parce que, disait-il, « mes études économiques ne sont pas assez avancées »[10]. Or, ces textes remontent au printemps de 1843 et le fameux *Manuscrit* est d'environ une année postérieure. Il en résulte que la formation économique de Marx en 1844 comportait à peu près une année de travail. Marx avait une capacité d'absorption tout à fait exceptionnelle et il a été ensuite l'économiste du XIXe siècle qui, peut-être, avait lu le plus les œuvres des autres économistes. Il n'existe qu'un seul équivalent de Marx au XXe siècle, c'est Joseph Schumpeter qui avait tout lu et tout compris. Marx avait tout lu, tout compris et tout critiqué, ce que ne fait pas Schumpeter. Mais tout cela se situe vingt ans après : en 1844, Marx commence à critiquer l'économie politique après une année seulement de culture économique – en mettant les choses au mieux.

Comment se présente cette critique de l'économie ? Marx utilise les concepts des économistes, il cite les textes des grands économistes : le premier *Manuscrit* est composé pour les deux tiers de citations des auteurs qu'il est en train de lire. Ayant achevé de lire ces auteurs et en ayant extrait les bons passages, il en fait une critique qui comporte deux sortes d'éléments que nous retrouverons dans *Le Capital*. Ces deux éléments vont jouer un rôle fondamental dans son mode de raisonnement.

1°) Marx montre de temps à autre que les conséquences auxquelles aboutissent les concepts et les raisonnements des économistes sont des conséquences humainement scandaleuses. Cette démarche subsiste dans *Le Capital*. Officiellement *Le Capital* se prétend une œuvre de science pure, mais c'est une œuvre de science pure entrecoupée de diatribes morales qui ajoutent considérablement sinon à sa valeur scientifique du moins à son efficacité politique. Or, dès le début, la méthode de Marx consiste à prendre les économistes, à les citer avec la plus grande exactitude et à leur montrer les conséquences amorales ou immorales auxquelles conduisent leurs analyses.

2°) Ce qui est plus important encore dans son système intellectuel, c'est que Marx va s'efforcer de montrer les contradictions internes des concepts ou de la réalité que les concepts sont censés exprimer ou traduire.

Du *Manuscrit de 1844* au *Capital*

Ces deux procédés subsistent dans *Le Capital*. Il est certainement intéressant de comparer la méthode du *Manuscrit économico-philosophique* avec la méthode du

Capital. Marx a trouvé immédiatement dès 1844 son originalité comme critique de l'économie politique. Elle consiste à se déclarer plus économiste que les économistes, plus savant que les purs savants et, en se mettant sur le plan où se situent les économistes professionnels, à montrer à quoi conduit leur manière de raisonner. Par exemple, la théorie du salaire aboutit à des conséquences humainement scandaleuses :

« *Le taux minimum et le seul nécessaire pour le salaire est la subsistance de l'ouvrier pendant le travail, et l'excédent nécessaire pour pouvoir nourrir une famille et pour que la race des ouvriers ne s'éteigne pas* » [11].

Cet extrait du *Manuscrit économico-philosophique* est tiré des textes des économistes eux-mêmes. Marx montre que, finalement, la théorie du salaire chez les économistes patentés du capitalisme aboutit à cette notion que le salaire de l'ouvrier consiste simplement dans le minimum nécessaire à la subsistance de l'ouvrier et au maintien de sa famille. Montrer que les économistes raisonnent ainsi, c'est montrer à quoi conduit la science économique strictement amorale, qui est l'expression du capitalisme tel qu'il est. À ce moment, Marx sait déjà ce qu'est le salaire, mais il ne sait pas encore, ce qui sera sa contribution, comment démontrer scientifiquement cette théorie du salaire considérée comme le minimum nécessaire à la vie de l'ouvrier et de sa famille.

À partir de cet exemple, l'on voit quelle a été la démarche intellectuelle en ce qui concerne l'économie politique.

Ces thèmes fondamentaux du *Capital*, il les a découverts chez les économistes, mais il les a redémontrés par un système intellectuel, par une théorie économique, qui lui seront propres mais qu'il ne possède pas encore en 1844. Mais, dès cette époque, il découvre les conséquences auxquelles aboutira la théorie qu'il n'a pas encore élaborée. Disons, en osant une mauvaise comparaison, *fides quaerens intellectum*. Il sait que le salaire consiste dans le minimum de subsistance parce qu'il l'a lu chez les économistes, parce que cela le scandalise humainement, parce que c'est un bon thème et parce qu'il croit que c'est vrai. Mais il reste à démontrer pourquoi il en est ainsi dans le capitalisme. Nous verrons dans *Le Capital* comment il démontre scientifiquement, ou croit démontrer scientifiquement que le salaire défini comme le minimum de subsistance offre la vérité scientifique du capitalisme. En 1844, il sait seulement à travers les économistes qu'il en est ainsi. Il ne sait pas encore comment le démontrer.

Ce n'est qu'un exemple entre beaucoup d'autres. Si ceux qui connaissent *Le Capital* veulent relire le *Manuscrit de 1844* à la lumière de cette analyse particulière, ils y découvriront de multiples exemples du mécanisme que j'indique. Les thèmes du *Capital* sont présents dans le *Manuscrit* sans la démonstration scientifique qui interviendra dix ou vingt ans plus tard.

Ce premier point, à mon avis, est intéressant parce qu'en général il n'est pas remarqué et que la majorité des commentateurs se précipitent sur les histoires d'aliénation qui paraissent philosophiquement plus intéressantes. Mais, pour ceux qui s'intéressent à l'économie politique et qui ont la curiosité du développement de la pensée marxiste, je prétends que c'est la comparaison des textes économiques du premier *Manuscrit* avec les textes du *Capital*, qui est de beaucoup ce qu'il y a de plus important. Les textes sur l'aliénation que nous allons étudier, Marx, selon toute probabilité, les aurait reniés. Il s'agit d'une étape de son itinéraire philosophique, beaucoup plus que d'un moment de la création de son système économique.

Pour mon deuxième exemple, je ne vais pas citer les textes en détail, parce que cela prendrait trop de temps. Aux pages 52-53, l'on trouve un exemple du mode d'analyse qui est aussi le mode d'analyse du *Capital*. Marx choisit des concepts, il montre leurs contradictions, il montre que ces contradictions constituent le ressort du mouvement de la réalité et par suite il parvient à montrer ce qu'est le développement du régime capitaliste à partir de ces contradictions internes. L'exemple que je prends concerne la division de la propriété foncière et les contradictions du monopole et du partage. Si la propriété foncière tend à se diviser, il y a contradiction, parce que la petite propriété interdit d'utiliser les ressources de la technique moderne. Si, au contraire, la propriété foncière tend vers le monopole, la propriété se nie elle-même. En effet, dans la mesure où elle tend vers le monopole, la propriété foncière recèle, dans le régime moderne, une sorte de contradiction, puisque, si l'on va vers la division des propriétés, on nie l'exploitation moderne des ressources du sol. Si on tend au monopole, on nie le concept même de propriété. De cette façon, le concept de propriété foncière se charge d'une contradiction interne qui déterminera le mouvement des institutions dans la réalité. Cet exemple montre ce que Marx a cherché à faire : saisir à partir des concepts la loi interne du développement du régime capitaliste.

Prenons un autre exemple de ce mécanisme des contradictions.

« *La grande propriété foncière, comme en Angleterre, pousse la majorité écrasante de la population dans les bras de l'industrie et réduit ses propres ouvriers à la misère complète. Elle engendre et accroît donc la force de ses ennemis, le capital, l'industrie, en jetant des pauvres et toute une activité du pays dans l'autre camp* »[12].

On découvre là l'exemple d'une nouvelle contradiction. La propriété foncière ne peut se développer qu'en rejetant une partie de ceux qui travaillaient dans le cadre des petites propriétés ; mais en éliminant une partie de cette main-d'œuvre, elle transforme cette main-d'œuvre en main-d'œuvre industrielle. De ce fait, la propriété foncière ne peut se développer qu'en renforçant son ennemie, la propriété industrielle.

Je ne dis pas que Marx aurait présenté les choses de la même façon dans *Le Capital*, mais il est intéressant de noter que le mécanisme mental et la méthode d'analyse de l'économie, que nous trouvons dans le *Manuscrit de 1844*, se retrouveront dans *Le Capital*. Cette méthode d'analyse du *Capital* présente des caractéristiques perceptibles à partir de ces exemples élémentaires. Elle est à la fois statique et dynamique, théorique et historique. Ce qui fait l'originalité, certainement géniale, de Marx, c'est d'avoir cherché à joindre deux modes d'analyse que l'on n'a pas encore aujourd'hui réussi à joindre. Peut-être parce qu'on ne peut pas les joindre, car il serait bien agréable de le faire et tout le monde souhaiterait y parvenir. Ces deux modes d'analyse sont l'analyse du fonctionnement d'un certain régime économique et l'explication de la transformation historique de ce régime à partir des lois de fonctionnement du régime lui-même. Je dis que nous souhaiterions tous pouvoir joindre ces deux modes d'analyse parce qu'on posséderait enfin ce que l'on ne possède pas, peut-être parce qu'on ne peut pas le posséder, à savoir une explication par la théorie du devenir historique. On dispose le plus souvent d'une analyse statique du fonctionnement d'un régime économique. Depuis qu'il existe une économie politique moderne, tous les économistes ont essayé de donner une analyse statique du fonctionnement du régime. Par ailleurs, on dispose d'études historiques de la transformation du régime ou des régimes. Ce que Marx a essayé de faire, dès le point de départ, c'est de trouver dans le mouvement des concepts l'explication scientifique du devenir du régime économique. Si Marx est resté hégélien jusqu'à la fin de sa vie, c'est au fond pour la raison essentielle qu'il a voulu trouver dans le mouvement des concepts l'explication en profondeur du devenir historique. Il est beaucoup plus hégélien par cela que par les fabulations de l'aliénation dont il aurait souri dans sa maturité, alors que jamais il n'aurait souri de ce qui demeure son ambition centrale : expliquer théoriquement le mouvement de l'histoire. Je ne crois pas qu'il y soit parvenu. Mais personne n'y est parvenu jusqu'à présent. Peut-être ne peut-on pas y parvenir, parce que le mouvement de l'histoire n'est pas réductible au mouvement des concepts et parce qu'on ne peut pas expliquer le devenir historique à partir d'une théorie du fonctionnement. Mais s'il existe un point central dans la conception à la fois économique et philosophique de Marx, il se situe là.

Il est, à mon avis, passionnant de constater que, dès le *Manuscrit de 1844*, le thème central de l'entreprise marxiste se trouve formulé. C'est à ce moment-là que l'on découvre ce qu'il va retenir de la méthode hégélienne : ce n'est pas la métaphysique de l'aliénation, mais tout simplement la volonté de combiner analyse statique et analyse dynamique, analyse théorique et analyse historique. C'est-à-dire le souci, à partir de l'analyse du fonctionnement et de celle des concepts, de parvenir à une compréhension véritable du devenir historique.

Voilà les quelques remarques que je voulais présenter sur la partie économique du premier *Manuscrit*. Cette partie représente les quatre cinquièmes de ce texte, et elle est suivie d'une quinzaine de pages, qui portent pour titre « Le travail aliéné » et que je vais essayer maintenant d'expliquer.

Le travail aliéné

Toute l'économie politique était extraordinairement pessimiste à l'époque de Marx. Le résultat nécessaire de la concurrence et de l'accumulation du capital en un petit nombre de mains aboutissait, aux yeux des économistes, et à ceux de Marx, leur lecteur, à la restauration encore plus redoutable du monopole. C'est la théorie de la concentration. Elle se présente dès le point de départ. De même, la distinction entre capitaliste et propriétaire foncier, entre paysan et ouvrier de manufacture, disparaît et toute la société désormais va se diviser en deux classes, celle des propriétaires et celle des ouvriers non propriétaires. Donc, dès 1844, on rencontre aussi la théorie de la division de toute la société en deux classes, et la réduction de la complexité sociale à l'antinomie fondamentale des capitalistes et des ouvriers. Tout cela provient chez Marx d'une réflexion sur les économistes de son temps – notamment Thomas Hodgskin [13]. Dès ses premières études, il aboutit à des propositions qui resteront, dans les interprétations courantes et vulgaires de la pensée de Marx, comme les propositions fondamentales du marxisme. Puis vient, dans le manuscrit, ce qui nous intéresse philosophiquement : l'économie politique part du fait de la propriété privée ; elle ne nous l'explique pas, elle exprime le processus matériel qui décrit en réalité la propriété privée en formules générales et abstraites, qui prennent ensuite pour elle valeur de lois. Ce qui revient à dire qu'elle ne comprend pas ses propres lois, elle ne montre pas comment elles résultent de l'essence de la propriété privée. L'opposition se situe, ici, entre expliquer, *erklären* en allemand, et comprendre, *begreifen*, dont est tiré le terme *Begriff* ou concept, un terme hégélien signifiant l'expression rationnelle de la réalité, ou plutôt l'expression par la raison de ce qu'il y a d'essentiel dans une réalité donnée.

Donc, Marx dans ce texte nous dit qu'il existe une économie politique dont il parle le langage et dont il montre les conséquences, mais que cette économie politique reste à la surface des phénomènes parce qu'elle ne comprend pas, au sens philosophique du terme, le mécanisme par lequel la propriété privée produit ses phénomènes scandaleux : la réduction du travail en une marchandise, la misère de l'ouvrier croissant avec l'augmentation de la production. Il n'y a donc pas compréhension philosophique de phénomènes que l'économie politique se borne à expliquer sous forme abstraite.

En quoi doit consister cette compréhension ?

Je me permettrai, ici encore, une parenthèse qui revêt de l'importance à mes yeux. Je dirai que toute sa vie Marx a voulu réaliser ce qu'il exprime dans ce texte : adopter le langage de l'économiste, être intégralement et rigoureusement un économiste, mais il a voulu en plus comprendre en profondeur, en philosophe, ce que l'économiste se borne à suivre sur un plan superficiel. Toute la question est de savoir si Marx est parvenu à cette compréhension, au sens de *begreifen*, de la même façon aux différents moments de son itinéraire. Comment y parvient-il en 1844 ?

Il parvient à la compréhension des lois abstraites de l'économie politique grâce à la théorie du travail aliéné. Il nous faut donc analyser en quoi consiste l'aliénation du travail décrite par Marx dans ce *Manuscrit*.

L'aliénation du travail, pour Marx, dans ce texte très élaboré, dont l'écriture est très claire, présente trois sens différents :

1°) L'aliénation du travail consiste en ce que l'ouvrier produit un objet, qui, transformé en marchandise, ne lui appartient pas en tant que producteur, ni n'appartient à celui qui en fera l'acquisition. L'objet fabriqué par le travail humain est devenu étranger à son producteur. Un mauvais esprit dirait que cela signifie seulement, pour cette première forme d'aliénation du travail, que si l'artisan fabrique un objet dans lequel il s'exprime lui-même, c'est parce que l'objet du travail artisanal n'est pas étranger à l'artisan, cependant que l'ouvrier du travail industriel contribue à fabriquer un objet qui devient une marchandise, qui est mis sur le marché et qui devient en tant que marchandise étranger à son producteur.

On trouve cette explication aux pages 55 et suivantes : l'aliénation du travail consiste d'abord dans le fait que l'objet devient étranger à celui qui l'a fabriqué [14].

2°) La deuxième sorte d'aliénation est plus compliquée. Elle est plus philosophique aussi.

Décrétons, pour les besoins de l'explication, que l'essence de la vie humaine soit le travail. Décrétons que l'homme exprime son être générique par le travail, pour parler comme Marx parle à l'époque, et traduisons « être générique » par « essence humaine ». Dans le travail, nous observons que le travailleur dans le système industriel moderne ne travaille pas pour le plaisir de travailler, il ne travaille pas pour exprimer son être générique, mais il travaille pour obtenir un salaire qui lui permettra d'acheter le minimum de marchandises nécessaires à sa survivance physique. Qu'en résulte-t-il ? Il en résulte qu'il y a aliénation du travail, parce que ce qui devrait être la vie générique, c'est-à-dire le but, devient un moyen, et ce qui est un moyen devient le but.

Pour être plus clair, je m'exprime d'une autre façon.

La vie non générique, la vie individuelle, particulière et concrète, est celle qui consiste pour nous à manger, à boire et à dormir. Il s'agit de l'exercice des fonctions animales ou biologiques, que nous avons en commun avec les animaux. « *L'activité générique ou l'homme comme être générique c'est l'homme participant de l'humanité, c'est-à-dire l'homme capable de prendre conscience de son essence.* » Cette définition se trouve dans Feuerbach [15], et correspond à peu près à celle de Marx à ce moment de sa vie [16]. Nous pouvons distinguer en nous notre vie particulière, biologique, animale, d'un côté, et, de l'autre côté, notre activité d'être générique, c'est-à-dire ce qu'il y a d'humain dans notre activité, la prise de conscience de ce que nous sommes, la prise de conscience de la vocation ou de la détermination de l'humanité. Disons que ce en quoi l'être humain se manifeste est le travail. Nous constatons que, dans un système de salariat, cette activité, qui devrait être l'activité générique, c'est-à-dire l'activité essentiellement humaine, est dégradée en un simple moyen d'obtenir les ressources financières grâce auxquelles nous pourrons manger, boire et dormir, c'est-à-dire exercer nos fonctions biologiques. Il en résulte donc que ce qui devrait être activité générique, c'est-à-dire travail humain conscient, n'est plus qu'un moyen de gagner de l'argent pour vivre.

Si l'on suit ce raisonnement, on devrait vivre pour travailler tandis que, dans le système capitaliste, on travaille pour vivre. En réalité, ce n'est pas un simple jeu philosophique, il y a quelque chose de sérieux dans cette vision. Si l'on admet l'homme comme un être essentiellement travailleur, on doit considérer le travail non pas comme un simple moyen d'obtenir le minimum de salaire qui l'empêche de mourir de faim, mais on doit trouver dans le travail l'expression même de l'être humain.

Marx nous dit que l'aliénation, sous cette deuxième forme, consiste en la subordination de la vie générique à la vie biologique ou en la subordination de l'activité essentiellement humaine de l'homme à ce qu'il y a, en l'homme, de simplement biologique ou animal. Cette forme d'aliénation, naturellement, présuppose une proposition, dont il n'est nullement sûr que Marx l'aurait maintenue, à savoir que l'homme accomplit son humanité dans le travail. Car il existe un texte fameux dans ce troisième livre du *Capital*[17] où il dit exactement le contraire : « La liberté de l'homme commencera toujours en dehors du travail et, quel que soit le régime, le travail industriel sera toujours de l'ordre de la nécessité. » Et il conclut : « exigence première = réduire la durée du travail », ce qui paraît plein de bon sens. Mais enfin, pour l'instant, au moment où nous nous situons dans l'énoncé de la théorie de l'aliénation du travail, Marx analyse très rigoureusement en langage feuerbachien ce renversement du rapport de la vie individuelle à la vie générique. La vie générique devient le moyen de la vie individuelle alors que le contraire devrait se produire. Voilà pour la deuxième détermination du concept d'aliénation.

3°) Pour la troisième détermination de l'aliénation, Marx considère que les rapports entre l'homme et le produit de son travail, et que les rapports entre l'homme et son travail, c'est-à-dire les deux premières formes de l'aliénation, commandent les rapports des hommes entre eux. La troisième forme de l'aliénation intervient dans les rapports des hommes entre eux. En effet, le travailleur, l'ouvrier dépend du non-travailleur, les hommes n'ont pas de relations directes, humaines les uns avec les autres, mais toutes leurs relations sont médiatisées par – en termes philosophiques – ou – en langage vulgaire – passent par l'intermédiaire des marchandises et de ce qui est l'équivalent de toutes les marchandises, à savoir l'argent.

Voilà donc les trois formes très précises et très exactement définies par Marx de ce qu'il appelle l'aliénation du travail. Je les récapitule :

– Forme n° 1 : le travailleur produit un objet qui lui devient étranger.

– Forme n° 2 : le travailleur est aliéné dans le travail même, parce que le travail qui devrait être l'activité générique n'est plus que le moyen au service de l'être biologique ou animal.

– Forme n° 3 : cette aliénation du travailleur par rapport au produit de son travail et par rapport à son travail entraîne l'aliénation dans les rapports des hommes entre eux, sous la double forme de la domination du non-travailleur sur le travailleur et de la médiatisation par l'argent de toutes les relations humaines.

La portée d'un texte décisif

C'est le texte, à mon sens, le plus important, le plus caractéristique de la conception marxiste de l'aliénation. Car, en 1844, Marx considère qu'il a trouvé le principe de toutes les critiques du fait qu'il a trouvé la racine de la critique de l'économie politique.

Nous sommes partis de la critique de la religion, représentation délirante : l'homme se perd dans des relations délirantes parce qu'il ne se réalise pas lui-même dans l'immédiat, dans l'immanence. Puis vient la critique de la philosophie du droit : le citoyen figure dans l'empyrée étatique, mais l'homme réel, l'homme travailleur, est l'homme de la société civile, et cet homme de la société civile n'est pas en même temps un homme universel. Il y a donc déchirement dans la société où nous vivons entre l'homme du travail et l'homme de l'État. Pourquoi ces déchirements et pourquoi ces aliénations ? Où est la racine de la fausseté radicale du monde dans lequel nous vivons et qui rend compte de toutes les aliénations ?

Il est incontestable qu'en 1844, au moment où il écrit ce *Manuscrit*, Marx est certainement, on le sent par le style

même de l'écriture, soulevé par le sentiment d'une découverte essentielle, fondamentale. Il cherchait pourquoi les
hommes ne se réalisaient pas eux-mêmes ; il cherchait
pourquoi la société n'était pas ce qu'elle devait être. Eh
bien, passant de la critique de la religion à la critique de la
politique, de la critique de la politique à la critique de
l'économie politique, il arrive enfin au sol profond de la
société et, à ce moment-là, il éprouve le sentiment de
découvrir dans la société civile la racine même de l'aliénation qui va prendre tant de formes. L'origine de toutes les
aliénations réside dans l'aliénation du travail. En style
vulgaire, la racine de l'aliénation du travail se trouve dans
la propriété privée. Il le dit à un autre moment : « La
propriété privée est l'expression de l'aliénation du
travail. » Mais, ajoute-t-il, à partir d'un certain moment
dans l'Histoire, il se produit une action réciproque entre
aliénation du travail et propriété privée [18].

Le texte que je viens de résumer est évidemment
passionnant, parce qu'il synthétise l'aboutissement de
l'itinéraire critique de Marx. Il a commencé par la critique
du plus transcendant : la religion. De là, il passe à la
critique de la politique, puis il parvient à la critique de
l'économie politique et, dans la critique de l'économie
politique, il a trouvé enfin ce qu'il cherchait : la racine de
toutes les aliénations qui est l'aliénation du travail. D'une
façon un peu plus compliquée que je ne l'expose, il met en
relation aliénation du travail et propriété privée. À ce
moment-là, il découvre ce thème, si étrange dans le
marxisme à beaucoup d'égards, celui de l'importance
vitale, pas seulement économique mais humaine, de la
propriété privée. La découverte, disons l'intuition philosophique de Marx en 1844, correspond à l'aboutissement de
sa phase critique : à l'origine de toutes les aliénations se
trouvent l'aliénation du travail et la propriété privée. Pour
la compréhension de l'itinéraire marxiste, nous touchons
là évidemment à quelque chose de fondamental. Mais
on facilite naturellement un peu la critique lorsque l'on
suppose que Marx en est resté à une affirmation aussi

catégorique que non démontrée, à savoir que l'origine de toutes les aliénations réside dans la propriété privée. D'ailleurs, il n'est pas si facile de savoir, nous le verrons dans un instant, ce que serait un homme non aliéné.

Formulons auparavant quelques remarques sur ces trois formes d'aliénation. Quelles sont celles qui subsisteront certainement dans *Le Capital* ?

J'avancerai qu'il n'y a pas l'ombre d'un doute que la forme n° 1 et la forme n° 3 se retrouvent dans *Le Capital*. Elles ne sont pas présentées dans ce langage, mais elles sont présupposées par l'analyse du *Capital*.

L'aliénation n° 1, c'est-à-dire l'étrangeté de la marchandise par rapport à son producteur, est un thème que nous retrouvons dans *Le Capital*, en particulier dans le chapitre consacré à « la marchandise fétiche » [19]. Cette forme d'aliénation – le langage est savant, mais l'idée est vraiment très banale – consiste en ce que le travailleur produit des objets qui ne lui appartiennent pas, qui lui deviennent étrangers et qui circulent, sont achetés, vendus, conformément à des lois qui échappent au producteur. Disons que le hasard de la concurrence et celui du commerce s'emparent de ces objets produits par les travailleurs et qu'en ce sens le travailleur perd la maîtrise de son œuvre propre. Cette perte de maîtrise sur l'œuvre propre, c'est évidemment une version d'une idée présente dans *La Philosophie de l'histoire* de Hegel, à savoir que l'homme est le créateur de l'histoire, mais, comme dit l'autre, sans savoir jamais l'histoire qu'il fait. C'est-à-dire que les hommes créent des institutions, dont ils sont à partir d'un certain moment prisonniers, et ces institutions finissent par devenir des tyrans, des prisons. Tyrans contre lesquels les hommes se rebellent, prisons dans lesquelles les hommes se sentent enfermés. L'histoire est précisément faite d'un mouvement incessant d'aliénation et de reprise des aliénations, de création d'institutions et de reprise des institutions. Transposé dans le langage de l'économie politique, cela devient l'aliénation du produit transformé en marchandise.

La deuxième version de l'aliénation qui subsiste dans *Le Capital* est celle présentée sous le n° 3 dans le *Manuscrit économico-philosophique*. Les relations des hommes entre eux sont aliénées, car les hommes deviennent étrangers les uns aux autres, ils ne communiquent plus directement, mais leurs relations sont médiatisées par le monde de l'économie, donc par les marchandises et par l'argent. Il en résulte, si ces deux modalités de l'aliénation sont des acquêts durables, voire définitifs de sa pensée, que Marx n'abandonnera jamais l'idée que la racine de ce qu'il n'appellera plus l'aliénation, la racine de ce qu'il y a d'inhumain dans notre société, est la propriété privée. Il s'agit effectivement d'un thème de sa pensée constant jusqu'à la fin de sa vie et présent pour la première fois, dans toute sa clarté, dans le *Manuscrit économico-philosophique* sous la forme de l'aliénation du travail.

En revanche, on ne saurait dire que subsiste la version n° 2, c'est-à-dire la version des rapports entre l'homme générique et l'homme animal, selon laquelle on ne travaille que pour obtenir un salaire, et vivre, au lieu d'exprimer son humanité dans le travail. D'une part, Marx n'en était pas venu à considérer plus tard que le travail devînt complètement inhumain. D'autre part, il n'employait plus l'expression « être générique » ou « *Gattungsmensch* »[20], il n'employait plus des expressions comme « essence de l'homme » ou « *Das Gattungswesen des Menschen* », parce que toutes ces expressions, « être générique », « essence de l'homme », supposent une philosophie incompatible avec la philosophie de sa maturité. Avec une philosophie radicalement historique, on ne peut pas conserver une notion de l'essence de l'homme. L'idée de Marx est qu'il n'y a pas d'homme abstrait, défini une fois pour toutes, mais que l'homme se définit par l'ensemble des relations sociales qui le constituent. Donc, même si l'idée morale impliquée dans la deuxième version de l'aliénation survit d'une certaine façon dans la pensée de Marx, il ne pouvait plus employer le langage du « *Gattungsmensch* » ou le langage de la « *Wesen* », c'est-à-dire de l'essence, parce que toute cette façon philosophique de penser est incompatible avec la philosophie historico-matérialiste qu'il développe à partir de 1845.

La racine de toutes les aliénations

Venons-en maintenant au thème dont nous avons découvert le caractère fondamental : l'aliénation du travail se trouve à la racine de toutes les aliénations.

Comment comprendre cette proposition ? Évidemment, on en comprend le sens verbal, si je puis dire ; mais ce qui n'est pas immédiatement clair, c'est le pourquoi de la chose. Voici quelques remarques ou commentaires pour tenter d'éclairer cette question :

1°) Marx a trouvé chez les économistes l'idée que l'origine de toute richesse est le travail. Comme, d'autre part, il est allé par la critique de la politique à la notion de la société civile, comme il a découvert, à travers les économistes, que dans la société civile le travail est la racine de tout, on voit assez bien par quelle démarche intellectuelle il passe de l'État à la société civile, puis de la société civile au travail. Il étudie le travail à travers les économistes et parvient ainsi à l'idée que ce doit être dans l'activité majeure de la société civile, c'est-à-dire dans le travail, que doit résider l'origine des aliénations.

2°) Le travail caractéristique de la société moderne, aux yeux de Marx, est le travail industriel. Ce n'est pas le travail des champs, le travail agricole, ce n'est pas non plus le travail artisanal, c'est le travail industriel. Il conçoit à l'époque, et il concevra toujours, le travail industriel comme la forme la plus abstraite, la plus indifférenciée du travail. Il a donc l'idée que le travail industriel est à la fois l'achèvement et la négation du processus historique par lequel se sont opérés tout à la fois l'aliénation de l'homme et le développement des forces productives, parce que – il développera ce point dans des textes postérieurs, mais on le trouve déjà à ce moment-là – l'aliénation du travail a commencé avec la propriété. La chute dans la propriété privée et dans l'aliénation a été un moment nécessaire du développement historique. Probablement, à ce moment de sa vie, se révèle un écho de Rousseau et du *Discours sur l'origine de l'inégalité*. Il a fallu passer par l'aliénation et par la propriété privée pour que se développent les forces productives. Mais, par le travail industriel, l'aliénation du travail a trouvé sa forme extrême, parce qu'à ce stade il n'y a plus aliénation d'un homme à un autre homme, mais une espèce d'aliénation de tous les hommes aux forces abstraites et anonymes du marché capitaliste. On trouve donc dans cette théorie de l'aliénation du travail une vision historique du mouvement nécessaire de la société se perdant pour se trouver, se perdant dans la propriété privée pour pouvoir développer les forces productives. Au moment où s'achève l'aliénation – car jamais l'aliénation n'a été aussi totale que dans la société industrielle moderne –, approche le moment où l'homme pourra ressaisir les aliénations. Selon ce processus philosophique, au moment où l'aliénation atteint son point culminant, elle est précisément sur le point de se renverser. La révolution bouleversera les conditions sociales et l'homme se retrouvera après s'être perdu. Une vision historique s'inscrit à l'arrière-plan de cette théorie de l'aliénation du travail.

Mais on trouve aussi dans les textes du troisième *Manuscrit* un certain nombre d'autres idées qui complètent plus ou moins l'interprétation que j'esquisse.

On trouve dans le troisième *Manuscrit* un passage dont je vais citer la traduction, à partir de la page 119. Ce passage s'intitule « Pouvoir de l'argent dans la société bourgeoise ». Il s'agit d'une critique de l'ensemble de la société bourgeoise. Critique que l'on aurait appelée, dans ma jeunesse, « critique morale » et que l'on appelle, aujourd'hui, « critique existentielle ». Cette critique existentielle ou existentialiste tourne autour des deux concepts chers à Gabriel Marcel : l'*être* et l'*avoir*[21]. Cette critique de la société bourgeoise et de l'argent présente le caractère suivant qui n'est pas très original : la société bourgeoise se définit comme une société où tout s'achète et où tout se vend. Contre de l'argent, on peut tout. Les relations d'*avoir* se substituent aux relations d'*être* qui sont en quelque sorte les relations authentiques. Voici la façon dont Marx exprime cette critique :

« *La perversion et la confusion de toutes les qualités humaines et naturelles, la fraternisation des impossibilités – la force* divine *– de l'argent sont impliquées dans son* essence *en tant qu'*essence générique *aliénée, aliénante et s'aliénant, des hommes. Il est la* puissance *aliénée de l'humanité* » [22].

En style ordinaire, que signifie l'expression « *l'argent est la puissance aliénée de l'humanité* » ? Cela veut dire que les hommes possèdent collectivement et individuellement une certaine puissance, celle d'agir, celle de créer et celle de se satisfaire. Comme aujourd'hui tout s'achète, pour exercer réellement cette puissance potentiellement donnée dans les hommes, il faut passer par l'argent. Ce qui, dans le style philosophique que pratiquait Marx en 1844, qu'il ridiculisait en 1846 et que les exégètes admirent aujourd'hui, donne en 1962 : l'argent comme puissance aliénée de l'humanité.

« *Comme l'argent, qui est le concept existant et se manifestant de la valeur* [Si l'on veut !], *confond et échange toutes choses, il est la* confusion *et la* permutation *universelles de toutes choses, donc le monde à l'envers, la confusion et la permutation de toutes les qualités naturelles et humaines.*

« *Qui peut acheter le courage est courageux, même s'il est lâche* » [23].

En effet on peut dire cela.
Un peu plus loin dans ce texte on trouve :

« *Si tu supposes* l'homme en tant qu'homme *et son rapport au monde comme un rapport humain, tu ne peux échanger que l'amour contre l'amour, la confiance contre la confiance. Si tu veux jouir de l'art, il faut que tu sois un homme ayant une culture artistique ; si tu veux exercer de l'influence sur d'autres hommes, il faut que tu sois un homme qui ait une action réellement animatrice et stimulante sur les autres hommes »* [24].

Et ainsi de suite.

On le voit, il existe les relations authentiques, la relation de l'homme qui peut goûter l'art avec l'art, la relation de l'homme qui a confiance dans un autre homme avec un autre homme, les relations d'amitié ou d'amour. Quand ces relations deviennent médiatisées par l'argent, elles sont perverties et confondues. Ainsi tel individu passera-t-il pour un grand critique d'art parce qu'il fait écrire ses articles par d'autres et signe religieusement ce qu'il a fait écrire par d'autres. On rencontre là un exemple de la puissance aliénante de l'argent : celui qui possède beaucoup d'argent peut signer ce qu'il n'a pas écrit.

En généralisant, la société bourgeoise est une société d'argent et c'est une société où la position de chacun dépend des richesses dont il dispose.

Il s'agit donc bien d'une critique morale ou existentielle d'une société dans laquelle règne l'argent. C'est une bonne critique que l'on rencontre encore un peu partout et qu'il est excellent de ne pas laisser tomber en désuétude, parce que dans toutes les sociétés les positions de chacun ne sont pas proportionnelles à ses qualités authentiques, mais éventuellement proportionnelles à sa fortune ou à son pouvoir politique, ou aux accidents de la conjoncture historique, ou à d'autres facteurs encore. Il y aura toujours place pour une critique opposant l'être et l'avoir, l'homme authentique à ce qu'il paraît être grâce à sa capacité de possession.

Marx invoque à ce point de son raisonnement un texte de Shakespeare sur l'or :

« Ce peu d'or suffirait à rendre blanc le noir, beau le laid, juste l'injuste, noble l'infâme, jeune le vieux, vaillant le lâche... » [25].

Il aimait tellement ce texte qu'il l'a cité non seulement dans ce *Manuscrit*, mais encore dans *L'Idéologie allemande*.

Cet aspect de sa critique donne un certain fondement à l'interprétation éthique de sa pensée de jeunesse, mais, personnellement, cela ne m'intéresse pas tellement pour les raisons suivantes.

La *première* raison peut s'exprimer ainsi : on n'a jamais vu un révolutionnaire de grand style comme Marx être animé dans son désir de révolution par un autre sentiment que le souci d'améliorer la vie des hommes. Dire que Marx était inspiré par un sentiment éthique va de soi. Il faudrait être stupide pour ne pas le reconnaître. Mais ce n'est pas le problème philosophique de Marx. Son problème philosophique est de savoir s'il justifiait par l'intention morale ou éthique son système scientifique. Sur ce point, je dois formuler toutes espèces de réserves. En d'autres termes, ceux qui veulent trouver une inspiration éthique dans le marxisme ont évidemment raison s'ils font de la psychologie, et probablement tort s'ils font de l'exégèse philosophique. Or, ici, nous ne faisons pas de psychologie, au moins autant que possible.

La *deuxième* idée critique, qui se trouve encore dans le dernier *Manuscrit*, repose sur la division du travail. Marx ne cesse d'indiquer que l'homme est appauvri, amputé d'une partie de ses potentialités par le fait qu'il se trouve enfermé dans une activité parcellaire. Si l'on y réfléchit, cette critique de la division du travail peut prendre deux formes. Une forme banale comme quoi chacun ne fait qu'une seule chose la plupart du temps dans sa vie alors qu'il serait capable d'en faire plusieurs. Dans cette amputation des potentialités de chacun de nous réside encore une forme d'aliénation. À laquelle on peut ajouter une interprétation un peu plus subtile en mettant en cause non pas la division du travail proprement dite, mais le fait que chacun se trouve recevoir un travail partiel pour des raisons accidentelles. C'est-à-dire qu'il reçoit un travail partiel en fonction de sa place dans la société, trouvée à sa naissance et dont il ne peut s'évader. On peut dire que parmi ces deux versions de la critique de la division du travail, l'une serait supprimée si chacun pouvait se livrer à toutes les activités aux différents moments de la journée ou de son existence, et que l'autre disparaîtrait si la division effective du travail correspondait aux potentialités de chacun.

La propriété privée

Cela dit, en quoi consiste cette manière de définir l'aliénation, en quoi consiste la désaliénation ? Si nous savions en quoi consiste la désaliénation, nous saurions encore mieux en quoi consiste l'aliénation. Toute la difficulté rencontrée à la lecture de ces manuscrits, de ce *Manuscrit* en particulier, c'est que nous ne savons pas très bien en quoi consiste la désaliénation.

Avant de dévoiler ce mystère, je cite un texte qui se trouve à la page 87, qui a été cité depuis une vingtaine d'années un nombre de fois que je n'oserais évaluer, même par approximation. Il s'agit de la définition du communisme par le jeune Marx en 1844 :

« *Le communisme, abolition* positive de la propriété privée *(elle-même* aliénation humaine de soi) *et par conséquent* appropriation *réelle de l'essence* humaine *par l'homme et pour l'homme ; donc retour total de l'homme pour soi en tant qu'homme* social, *c'est-à-dire humain, retour conscient et qui s'est opéré en conservant toute la richesse du développement antérieur. Ce communisme en tant que naturalisme achevé = humanisme, en tant qu'humanisme achevé = naturalisme ; il est la* vraie *solution de l'antagonisme entre l'homme et la nature, entre l'homme et l'homme, la vraie solution de la lutte entre existence et essence, entre objectivation et affirmation de soi, entre liberté et nécessité, entre individu et genre. Il est l'énigme résolue de l'histoire et il se connaît comme cette solution* » [26].

Rien que cela ! Voilà donc ce texte fameux, qui se trouve dans le troisième *Manuscrit* et qui est un commentaire à propos d'une page XXXIX du *Manuscrit n° 2*, que nous ne possédons malheureusement pas.

Qu'est-ce qui est mystérieux dans ce texte ?

C'est que le communisme en tant qu'abolition de la propriété privée soit vraiment tout cela, c'est-à-dire :

« *la* vraie *solution de l'antagonisme entre l'homme et la nature, entre l'homme et l'homme, la vraie solution de la lutte entre existence et essence, entre objectivation et affirmation de soi, entre liberté et nécessité, entre individu et genre. Il est l'énigme résolue de l'histoire et il se connaît comme cette solution* ».

Si l'on confronte ce en quoi est supposée consister cette révolution, c'est-à-dire l'abolition positive de la propriété privée, et ce en quoi consiste cet acte assez simple dans la réalité historique, à savoir substituer aux dirigeants des entreprises privées des fonctionnaires de l'État, il s'agit, certes d'un changement désagréable pour les propriétaires des entreprises privées et agréable pour les fonctionnaires qui les remplacent, et d'une transformation qui a toutes espèces de conséquences sociales et économiques. Mais, si l'on réfléchit au contenu concret de l'abolition de la propriété privée et si on lit ce texte philosophique, on se pose tout de même une question : « Comment la substitution d'un mode de propriété à un autre suffit-il à faire que soit résolue l'énigme de l'histoire ? » Bien sûr, on peut expliquer cela parce que l'on peut tout expliquer. Essayons de le faire.

La première façon consiste simplement à dire que, puisque nous avons décrété que l'origine de toutes les aliénations réside dans l'aliénation du travail, et puisque l'aliénation du travail se confond avec la propriété privée, nous pouvons par équivalence logique dire que, si nous avons supprimé la racine de toutes les aliénations, nous avons supprimé toutes les aliénations. Et puisque toute l'histoire se réduit à l'histoire des aliénations, nous avons mis fin au processus historique. Effectivement, au premier degré, cette explication est évidemment juste. Rousseau représentait l'ensemble de l'histoire comme une chute à partir de l'état de nature. Cette chute était nécessaire ou inévitable pour que l'histoire se déroule. L'aliénation par la propriété privée représente dans la vision historique de Marx, à ce moment de sa réflexion, l'équivalent de la chute hors de l'état de nature. Dans les textes postérieurs de Marx, comme dans « le Marx de la maturité », il faut passer par la propriété privée, pour une série de raisons qui seront tout à fait concrètes. Mais, quand on suit Marx et qu'il décrète qu'il faut passer par la propriété privée, que la propriété privée fonde le travail aliéné et que le travail aliéné se trouve à l'origine de toutes les aliénations, on obtient évidemment par simple analyse qu'en mettant fin à la racine de toutes les aliénations, en la déracinant, on élimine l'aliénation. Puisque toute l'histoire a été la création de l'homme à travers ses aliénations, l'homme reprend alors toutes ses richesses, comme le dit le texte de Marx. L'homme met fin aux aliénations et puisqu'il conserve toutes les richesses acquises au cours de l'histoire, il supprime la forme aliénée prise par ces richesses. Il s'agissait donc en quelque sorte d'une ruse de l'histoire. Puisque les aliénations sont terminées, les richesses créées sous forme aliénée sont reprises ; l'homme comprend qu'il a dû s'aliéner dans la propriété privée pour créer ses richesses. Il devient donc conscient de l'histoire et résout en même temps l'énigme de cette histoire. En langage philosophique, tout est assez facile à comprendre. En ce sens il ne s'agit que de développements de l'idée selon laquelle l'aliénation du travail se situe à l'origine de toutes les aliénations.

En ce qui concerne les termes humanisme et naturalisme, il faut les considérer comme des expressions feuerbachiennes. L'humanisme achevé, c'est l'accomplissement par l'homme de son essence humaine. Cet accomplissement est aussi naturalisme, simplement parce que l'homme se sait un être naturel, un homme de nature sensible, un homme de chair et d'os. Donc, l'humanisme achevé, c'est-à-dire la réalisation de l'essence humaine, est en même temps le naturalisme achevé parce que l'essence humaine est une essence naturelle.

Toujours au niveau philosophique, cela se comprend parce que tout repose sur les deux propositions qu'il faut admettre :

1°) À la racine de toutes les aliénations, on trouve l'aliénation du travail.

2°) Toute l'histoire humaine se réduit à l'histoire des aliénations et de la reprise des aliénations.

Mais en quoi peut consister la *suppression* de l'aliénation du travail ? On peut donner trois significations à cette expression.

Le premier sens serait de ne plus travailler pour créer une marchandise. La production d'objets cesserait d'être une production de marchandises. Sous sa forme extrême, cette suppression de la marchandise exigerait sa suppression du marché sur lequel s'échangent les objets créés par les hommes. Si vous n'avez plus de marché, vous n'avez plus de marchandises ; si vous n'avez plus de marchandises, il faut une distribution sans marchés. Beaucoup de socialistes ont, en effet, interprété de cette façon la désaliénation. Ils s'étaient représenté une sorte d'immense distribution des objets produits en commun, un peu dans le style de la distribution grâce à des bons de nourriture dans les régiments, les bataillons et les compagnies de l'armée. Il n'existe plus de marchés, mais ces hommes disposent de bons distribués collectivement et égalitairement, quelquefois il règne un peu d'inégalité dans l'organisation militaire ou dans l'organisation administrative, mais enfin la distribution des biens peut s'y faire après une allocation de bons, au lieu de se réaliser par des échanges sur le marché. L'élimination du marché et de la monnaie permet une allocation directe des biens, succédant à l'allocation des bons représentatifs de ces biens, bons qu'il suffira de présenter pour obtenir les biens qui sont affectés à chacun.

La deuxième version de la désaliénation consisterait
non pas à ne plus travailler pour créer une marchandise,
mais à ne plus travailler pour un autre. Le marché subsis-
tant, il y aurait propriété publique, de telle sorte qu'on ne
travaillerait plus au service d'un autre, mais au service de
tous, puisque l'entreprise dans laquelle on travaille est
devenue publique. Dans ce cas concret, la désaliénation
s'opère par suppression de la propriété privée.

La troisième interprétation est la plus satisfaisante de
toutes. Elle consiste à ne plus travailler du tout. Dans un
texte de *L'Idéologie allemande*[27], Marx dit qu'il s'agit de
supprimer le travail, mais comme il s'agit de « supprimer »
dans le style philosophique, c'est-à-dire *aufheben*, et que
« supprimer » signifie en même temps « conserver », on
peut supposer que la suppression-conservation est quelque
chose d'un peu plus subtil. Il n'y aurait plus de travail au
sens où le travail dans la société actuelle est un travail-
esclave. Il y aurait donc un travail, mais qui ne serait plus
esclave.

Ce sont les trois sens concrets de la désaliénation du
travail : 1°) ne plus travailler pour créer une marchandise ;
2°) ne plus travailler pour un autre ; 3°) ne plus être astreint
à un travail-esclave.

Lequel des trois sens est celui que Marx privilégie en
1844 ? Je ne suis pas sûr de pouvoir répondre avec certitude à cette question, et si j'avançais une hypothèse, je
dirais qu'il entend le mot un peu dans ces trois sens à la
fois.

CHAPITRE VI

DE LA CRITIQUE DE L'ÉCONOMIE
AU MATÉRIALISME HISTORIQUE

Le *Manuscrit de 1844* représente l'esquisse de la troisième des critiques que Marx souhaitait écrire et que l'on trouve dans ses différents manuscrits de jeunesse. La première était la *Critique de la religion*, qu'il n'a pratiquement jamais écrite, la deuxième était la *Critique de la politique*, que nous avons étudiée à partir de la *Critique de la Philosophie du droit de Hegel*. La troisième critique s'exprime dans le *Manuscrit économico-philosophique*. Ce troisième manuscrit, nous le savons, est le plus important de cette première phase de la carrière intellectuelle de Marx, puisqu'il représente la première tentative de synthèse entre la philosophie allemande, essentiellement la philosophie hégélienne, et l'économie politique anglaise, synthèse qui restera le noyau de la pensée de Marx jusqu'à la fin de sa vie. Cette synthèse présente deux caractères qui se retrouvent dans toute l'œuvre ultérieure :

1°) Il s'agit de comprendre le fonctionnement du système économique capitaliste, de comprendre la transformation de ce système économique en suivant le mouvement des concepts, dans lequel se reflète, plus ou moins déformé, le mouvement de la réalité elle-même.

2°) Il s'agit de retrouver dans le régime économique, et dans ce qui constitue son caractère essentiel, c'est-à-dire la propriété privée, l'origine de toutes les aliénations. Le régime économique capitaliste a pour caractéristique majeure la propriété privée. Dans la propriété privée s'exprime la contradiction majeure : la suppression de toute propriété pour la masse des travailleurs. Cette contradiction ou ce paradoxe explique l'origine de l'aliénation économique. Et l'aliénation économique se trouve à la racine de toutes les autres aliénations.

De ces deux aspects du *Manuscrit*, suivre dans le mouvement des concepts le mouvement de la réalité et découvrir dans l'aliénation économique la racine de toutes les aliénations, le second a été mis en lumière de manière toute particulière par les interprètes modernes, en particulier par le père Calvez dans son livre sur *La Pensée de Marx*. Interpréter Marx à partir de la théorie de l'aliénation appartient, à mon avis, à l'histoire posthume du marxisme. Je veux dire que cette insistance sur l'aliénation s'explique largement par le désir de certains marxistes ou non-marxistes de trouver dans Marx les arguments susceptibles de réfuter les marxistes officiels, c'est-à-dire les marxistes soviétiques. Ce n'est pas que je veuille exclure que la théorie de l'aliénation soit un aspect de la pensée de Marx ; à coup sûr, c'est un aspect essentiel de la pensée de Marx en 1844. Mais, dès *L'Idéologie allemande*, c'est-à-dire dès un texte écrit en 1845-1846, lorsque Marx emploie l'expression d'aliénation avec le concept philosophique d'*Entfremdung*, il ajoute une remarque ironique du genre : « Pour être compréhensible aux philosophes » ou « pour faire plaisir aux philosophes » [1]. Ce qui semblerait tout de même indiquer que la théorie de l'aliénation de 1844 n'est pas l'expression définitive de sa pensée, tout au moins de sa pensée telle qu'il l'a pensée. En quoi il pouvait se tromper, mais son avis mérite tout de même d'être pris en considération.

Personnellement, j'ai indiqué tout de suite que c'est le premier aspect, c'est-à-dire la relation entre le mouvement des concepts et le mouvement de la réalité, qui me paraît être, même dans le *Manuscrit économico-philosophique*, le plus important pour la suite.

Avant d'écarter le thème de l'aliénation

Cependant, avant d'écarter ce thème de l'aliénation, rappelons ce qu'a été, à ce moment, la pensée de Marx et résumons-la en trois propositions. L'aliénation de l'homme, c'est-à-dire la perte par l'homme de son essence, a pour origine l'aliénation du travail. Et l'aliénation du travail revêt une triple signification.

Tout d'abord, l'homme dans le travail, sous le régime de la propriété privée, est créateur d'un monde d'objets qui lui devient étranger.

Ensuite, le système de la propriété privée dans le travail aboutit à la subordination de la vie générique à la vie empirique. Ce qui signifie que le travail, au lieu d'être l'expression libre de l'essence humaine, n'est plus qu'un moyen pour se procurer les moyens de subsistance. Ce qui aboutit à ce que le travail qui devrait permettre à l'homme de se réaliser lui-même n'est plus qu'un moyen en vue de l'existence empirique ou quasi animale, d'où il résulte une déshumanisation de l'homme.

Enfin, en troisième lieu, l'aliénation de l'homme dans le travail ou l'aliénation du travail a pour conséquence une rupture des relations ou des communications directes entre les hommes par le fait que s'interpose entre les hommes un monde d'objets étrangers.

À partir de cette aliénation du travail, il est possible de concevoir, à titre au moins hypothétique, les diverses significations de la formule des aliénations, en se demandant à quelles conditions le travail ne serait plus aliéné. Les différentes réponses sont les suivantes et varient avec le sens retenu.

À partir du premier sens la réponse serait : ne plus travailler du tout. Ce qui évidemment est difficile à concevoir. Mais il n'est pas impossible de penser qu'au fur et à mesure de l'augmentation de la productivité du travail, les hommes puissent travailler moins.

Le deuxième sens, qui, lui, est beaucoup plus précis,

suggère une réponse réalisable : ne plus travailler pour un autre, c'est-à-dire ne plus être soumis au travail salarié. En ce cas, la désaliénation signifie la suppression du salariat, ce qui a été une revendication socialiste pendant un siècle, la formule « suppression du salariat » elle-même pouvant s'interpréter de diverses façons.

Le troisième sens, lié au deuxième, conçoit la désaliénation comme le fait de ne plus travailler pour produire une marchandise. Ce qui impliquerait la suppression du marché et le travail direct par l'intermédiaire de la planification dans le seul but de satisfaire les besoins.

Dans le deuxième sens, la suppression du salariat signifierait que le travailleur, au lieu de vendre sa force de travail à un entrepreneur privé, serait directement en communication avec la collectivité. Il recevrait une certaine contrepartie pour le travail qu'il fournirait, mais ce ne serait plus l'équivalent du salaire, à partir du moment où il n'y aurait plus d'entrepreneurs privés susceptibles de s'approprier la plus-value. Dans ce cas, la suppression de l'aliénation suppose la suppression de la propriété privée des instruments de production.

Dans le troisième sens, ne plus travailler pour produire une marchandise signifierait une planification générale. Dans les formes primitives du travail, le travailleur produit un objet nécessaire pour satisfaire ses besoins. Dans le système d'une économie complexe capitaliste, le travailleur produit une marchandise, c'est-à-dire un objet qui ne répond pas directement aux besoins de celui qui l'a fabriqué, mais qui est destiné à être présenté sur le marché, échangé contre une somme de monnaie ou contre un autre objet. Dans ce cas, il y a aliénation parce que le travailleur produit des marchandises. Dans cette ligne de pensée, la suppression de l'aliénation pourrait être obtenue par une planification générale, qui aurait pour résultat de ramener les forces productives à un niveau supérieur par rapport à la situation primitive, le travail produisant un objet conçu comme directement utile à la satisfaction des besoins.

Une quatrième signification de la reprise des aliénations ou de leur suppression consisterait à surmonter la division du travail. Marx insiste beaucoup, dans le *Manuscrit* et également dans *L'Idéologie allemande*, sur l'appauvrissement de l'individu, sur l'amputation en chacun d'une partie de ses capacités par le fait que chacun se trouve enfermé dans une activité parcellaire, qu'il n'a pas choisie librement, mais qui lui est pour ainsi dire dictée par le mécanisme ou le déterminisme social dans lequel il se trouve en naissant. Dans cette perspective, la suppression de l'aliénation revient à la suppression de la division du travail. Suppression dont on trouve une expression assez grossière dans un passage de *L'Idéologie allemande*, dans lequel Marx explique que, dans le système capitaliste d'aujourd'hui, on fait la même chose toute la journée, tandis que dans le système du communisme on pourrait concevoir que le matin on pêche, que l'après-midi on chasse, qu'ensuite on se livre à une autre activité, etc. C'est-à-dire un système où chacun trouverait la possibilité de se livrer à une pluralité d'activités productives. Je citerai plus tard le texte où il est question de la suppression de la division du travail [2], mais je n'y attache pas trop d'importance parce que ce n'est pas un des textes les plus géniaux de Marx.

Cela dit, parmi les thèmes marxistes, il y a certainement l'idée qu'il faut surmonter la division du travail. Ce qui comporte au moins deux sens positifs.

Le premier aboutit à privilégier la formation polytechnique, c'est-à-dire l'un des objectifs raisonnables d'une société moderne qui consiste à donner, au point de départ, au plus grand nombre d'individus une formation telle qu'ils ne soient pas enfermés toute leur vie dans une activité parcellaire sans possibilité de changer au cours de leur existence. Cette idée d'une formation polytechnique est encore une des idées actuelles les plus valables. Elle n'est pas facile à réaliser, mais elle correspond à une aspiration légitime, et humaniste de la pensée socialiste.

Dans un second sens de la formule, « *surmonter la*

division du travail » revient à surmonter le caractère socialement accidentel de la division du travail. Dans les
sociétés qu'a connues Marx et, dans une large mesure
encore, dans la société actuelle, l'activité parcellaire, à
laquelle la plupart des individus sont condamnés, ne
répond pas nécessairement à leurs dispositions ou à leurs
capacités. Chacun exerce, en gros, l'activité parcellaire qui
lui est dictée, imposée par le milieu social dans lequel
il naît. *« Surmonter la division du travail »* consiste à
réduire la part de déterminisme injuste dans la répartition
des individus entre les différents emplois, et de donner au
plus grand nombre possible d'individus la possibilité de
choisir le travail qui répond à leurs dispositions ou à leurs
capacités.

Le dernier sens, plus vague et plus philosophique de la
désaliénation, c'est la réalisation de l'homme total. Bien
que cette expression soit souvent employée, elle n'est pas
tellement claire. L'idée qui semble se dégager des textes
de Marx est que la richesse créée par l'humanité considérée globalement est immense et que chacun de nous
n'est capable de recueillir ou d'absorber qu'une partie de
cette richesse. Le thème philosophique développé est qu'il
faudrait que les individus fussent capables d'atteindre à la
même richesse que celle qui a été créée par l'humanité
prise globalement. Comment pourrait-il en être ainsi ?
C'est là une autre affaire.

Pour pouvoir pousser un peu plus loin l'interprétation
philosophique de ces textes de Marx, je voudrais
proposer une ou deux remarques sur les raisons pour
lesquelles la synthèse de la philosophie hégélienne et de
l'économie politique apparaît aussi facile.

Le passage par Feuerbach

La première raison, c'est que l'économie politique du
temps de Marx dispose de beaucoup plus de concepts que
de statistiques. Aujourd'hui la situation est plutôt inverse.

L'économie politique qu'étudie Marx est une économie très abstraite, qui utilise et discute beaucoup de concepts : propriété, valeur, rente, profit. Marx est conduit par sa formation et son tempérament de philosophe à reprendre ces concepts et à les discuter à son tour.

Les contradictions du capitalisme, Marx les a trouvées toutes faites dans les œuvres des économistes. Beaucoup des économistes contemporains de Marx sont pessimistes sur les possibilités d'élever le niveau de vie des masses et sur les conditions d'existence dans l'économie capitaliste. Marx n'a donc qu'à leur emprunter leur pessimisme et à décrire comme eux les contradictions du capitalisme pour trouver ce qu'il cherche.

Enfin, on trouve au centre de la pensée économique, et en même temps dans la pensée de Hegel, le concept de travail ; celui-ci joue un rôle essentiel dans la philosophie de Hegel et en particulier dans la *Phénoménologie*. Le travail est aussi considéré comme un des concepts centraux de la pensée économique du temps. La plupart des économistes classiques veulent faire sortir la propriété du travail. Or, il est visible que dans la société capitaliste du milieu du XIXe siècle, la majorité des travailleurs sont sans propriété. La contradiction centrale entre la propriété fondée sur le travail et l'absence de propriété pour les travailleurs, Marx l'a trouvée chez les économistes. Il a donc vu immédiatement la synthèse possible de la philosophie allemande et de l'économie anglaise.

Les interprétations du *Manuscrit économico-philosophique* que je suggère sont, en dépit de la difficulté de tel ou tel passage, des interprétations relativement simples.

Les interprètes les plus profonds du marxisme les considéraient comme des interprétations superficielles parce que, jusqu'à présent, tout ce que j'ai expliqué peut s'exprimer presque constamment en langage ordinaire, du moins les thèmes généraux, sinon le détail des élaborations. Les thèmes généraux sont en effet facilement saisissables.

J'ajouterai qu'il n'y a pas de nécessité impérieuse, si

l'on se préoccupe essentiellement, comme je le fais ici, de retrouver l'itinéraire philosophique de Marx, de pousser tellement plus loin l'interprétation philosophique des textes de 1844 qui, encore une fois, sont des textes non publiés, qui n'étaient pas publiables, et qui, enfin, n'avaient pas atteint la forme d'élaboration ou la rigueur d'élaboration nécessaire pour la publication. Ils resteront donc toujours en tant que tels obscurs. Il serait légitime de s'en tenir là et de ne pas pousser l'analyse plus loin. Cependant, il ne faut pas se refuser aux tâches difficiles.

Avant de passer à la période suivante de la formation intellectuelle de Marx, je voudrais essayer de me livrer à quelques essais d'interprétation plus approfondis sur le thème suivant : supposons que nous ayons à traiter comme thème de dissertation ou comme thème de travail scientifique le sujet suivant : « Quelle était la philosophie de Marx en 1844 ? »

Que pourrait-on dire ? Quelle était à ce moment-là la pensée philosophique de Marx ? Que signifient en particulier ses phrases sur le communisme, comme celle où Marx affirme : « *Il est l'énigme résolue de l'Histoire et il se connaît comme cette solution* »[3] ? Comment peut-on expliquer cette transfiguration philosophique d'une révolution économique et sociale comme celle qu'envisage Marx dès cette époque ?

En essayant de pousser un peu plus loin, je m'assigne une tâche un peu plus difficile. Je vais essayer d'être aussi clair que possible et je vais prendre les textes dans lesquels Marx se réfère à Feuerbach et à Hegel, car il n'est pas douteux qu'en 1844, Marx philosophe est profondément influencé par ces deux penseurs, d'abord et avant tout par Hegel, et ensuite par celui qui, à ses yeux, est le critique principal de Hegel, c'est-à-dire Feuerbach.

Le texte principal auquel je me réfère se trouve à la page 126 de la traduction du *Manuscrit* publié aux Éditions sociales. Il commence ainsi :

« Feuerbach *est le seul qui ait eu une attitude* sérieuse, critique, *envers la dialectique hégélienne et qui ait fait de véritables découvertes dans ce domaine ; il est en somme le vrai vainqueur de l'ancienne philosophie. La grandeur de ce qu'il a accompli et la simplicité discrète avec laquelle Feuerbach la livre au monde font un contraste surprenant avec l'attitude inverse des autres.* »

C'est tout à fait Marx : quand il dit du bien de quelqu'un, il lui faut dire au moins immédiatement du mal de quelqu'un d'autre. Quand il écrit que Feuerbach est simple et discret, il s'agit de souligner que son ex-ami Bruno Bauer se conduit très mal.

En ce qui concerne la psychologie de Marx à ce moment, il ne fait pas de doute qu'il admire Feuerbach. Mais pourquoi ?

Il nous le dit bien lui-même immédiatement :

« *La grande action de Feuerbach est :*

« *1°) d'avoir démontré que la philosophie n'est rien d'autre que la religion mise sous forme d'idées et développée par la pensée ; qu'elle n'est qu'une autre forme et un autre mode d'existence de l'aliénation de l'homme ; donc qu'elle est tout aussi condamnable.*

« *2°) d'avoir fondé le* vrai matérialisme *et la* science réelle *en faisant également du rapport social "de l'homme à l'homme" le principe de base de la théorie.*

« *3°) en opposant à la négation de la négation, qui prétend être le positif absolu, le positif fondé positivement sur lui-même et reposant sur lui-même* »[4].

Nous allons essayer de comprendre ces trois mérites principaux de Feuerbach parce que je pense qu'ils constituent les trois idées fondamentales que le Marx de 1844 emprunte à celui qu'il considère comme le vainqueur de Hegel.

Nous allons commencer par la deuxième proposition : « *Fonder le* vrai matérialisme *et la* science réelle *en faisant du rapport social "de l'homme à l'homme" le*

principe de base de la théorie. » Le vrai matérialisme
consiste à poser comme point de départ l'homme concret,
l'homme sensible, l'homme être naturel comme la base de
toute philosophie. Dans d'autres passages, Marx utilise le
terme « matérialisme » en une acception différente et il le
condamne car il signifie autre chose. Ce qu'il appelle le
vrai matérialisme, il l'appelle d'ordinaire le naturalisme.
Cette conception matérialiste de Feuerbach, que Marx
emprunte, signifie tout simplement que « le sujet », « la
substance » pour parler en termes philosophiques, est « le
principe de toute pensée ». Pour parler de manière plus
simple, il s'agit de « l'homme concret », de « l'homme
être biologique ». En même temps, à la base de la théorie,
on trouve le rapport des hommes entre eux, le rapport de
l'homme à l'homme. Donc, l'homme est à la fois un être
biologique et un être social. C'est cette conjonction dans
la définition de l'homme, de son aspect naturel ou biologique et de son aspect social, qui est à ce moment-là au
centre de la pensée de Marx. Et il attribue à Feuerbach le
mérite d'avoir développé ce thème.

Selon la première proposition, Feuerbach a démontré
que « la philosophie n'est rien d'autre que la religion
mise sous forme d'idée et développée par la pensée ».
D'une certaine façon, c'est la même chose que ce
qu'avait dit Hegel. D'une autre façon, c'est l'inverse.
Dans la philosophie hégélienne, telle qu'elle apparaît aux
jeunes hégéliens à ce moment-là, la philosophie explique
le sens de la religion. Hegel lui-même montrait dans la
philosophie l'explicitation non mythique, mais rationnelle de ce que la religion avait présenté de manière
imagée ou mythique. Donc, il y avait équivoque sur la
relation entre religion et philosophie chez Hegel, puisque
les uns pensaient que Hegel conservait l'essentiel de la
religion et les autres que Hegel était fondamentalement
athée et qu'en explicitant le sens non mythique de la
religion, il dénonçait les dogmes religieux comme
mythiques. L'interprétation de Feuerbach consiste à dire
que Hegel reste à l'intérieur du monde religieux ou

aliéné, parce qu'il n'a pas pris pour point de départ l'homme concret et que la philosophie qui interprète la religion ne marque pas le retour véritable de la pensée aliénée à la réalité. Nous verrons dans les critiques que Marx adresse à Hegel ce qu'il entend exactement par là.

Reste la troisième proposition. Au lieu de la négation de la négation, on doit partir du positif. Dans la philosophie hégélienne, le mouvement des concepts s'opère sous la forme de thèse, d'antithèse et de synthèse. La philosophie tout entière aboutit au savoir absolu dans lequel toutes les vérités antérieures, tous les moments antérieurs sont à la fois conservés et surmontés. S'il s'agit de la religion, l'idée de Feuerbach, telle que la comprend Marx à ce moment, c'est qu'il ne faut pas considérer l'athéisme simplement comme la négation du théisme, mais qu'il faut partir de l'athéisme comme du positif absolu, qui n'a pas besoin pour s'affirmer de passer par la négation. Cela signifie que si l'athéisme n'est que le résultat du mouvement des idées ou du mouvement de la réalité, il conserve un élément négatif puisqu'il se définit par la négation de quelque chose. Or, dit Feuerbach par l'intermédiaire de Marx, l'athéisme ne doit pas être considéré comme postérieur et subordonné au théisme, il doit être considéré comme le positif absolu. Ce qui signifie que l'homme concret, qui est revenu à lui-même et qui a pris conscience de ce qu'il est, n'a pas besoin de nier Dieu, parce que l'athéisme est posé de manière immédiate comme la vérité évidente. Quelle est la différence entre négation de la négation et positif absolu ? En termes simples et non philosophiques, il est facile de la faire comprendre. Quand j'ai une discussion avec mon ami le père Fessard[5], il présente toujours mon athéisme comme une forme de négation : le positif étant l'affirmation de Dieu et l'athéisme étant simplement une forme de négation. Ce qui revient à se mettre dans la situation où l'athée est quelqu'un qui nie quelque chose. Si j'étais feuerbachien, je lui dirais qu'il fausse les relations, car je ne nie pas, je pars du positif absolu de l'homme, être naturel, qui se crée lui-même à travers l'histoire et je n'ai nul besoin de nier le théisme ou Dieu. Simplement la question ne se pose pas pour l'homme qui s'est découvert lui-même. Voilà ce que signifie la différence entre l'athéisme posé comme un positif absolu et l'athéisme considéré simplement comme la négation du théisme antérieur. Je ne prétends pas que cette traduction en langage ordinaire rende compte absolument de la discussion. Mais c'est tout de même le sens profond de la discussion sur le point de savoir si on considère l'athéisme comme une négation qui, par conséquent, est subordonnée aux thèses antérieures qu'il a fallu nier ou bien si on considère l'athéisme comme immédiatement posé, ce qui signifie que la question religieuse ne se pose plus. Or, il me paraît qu'au sens psychologique, pour Marx, c'était à peu près évident et que, philosophiquement, c'est également vrai pour lui. Sa pensée est une pensée athée pour laquelle le problème de Dieu ne se pose pas, en ce sens qu'il est pour cette pensée évident que la pensée religieuse n'est qu'une forme d'aliénation et que l'homme, par conséquent, n'a pas à tuer Dieu. Dieu est mort avant que l'homme commence à penser, quand cet homme est Marx.

Voilà les trois mérites de Feuerbach aux yeux de Marx qui vont nous permettre de comprendre le chapitre le plus difficile du *Manuscrit économico-philosophique*, celui dans lequel Marx discute la philosophie de Hegel.

La synthèse de Hegel et de l'économie politique

Commençons par quelques remarques sur cette discussion.

Marx, dans les textes connus de lui, n'a jamais discuté le livre qui s'appelle *La Philosophie de l'histoire* de Hegel. Tout simplement parce que cette *Philosophie de l'histoire* est un cours publié par les élèves de Hegel après sa mort [6].

Les textes de Hegel, que Marx a directement commentés, sont *La Philosophie du droit*, nous le savons, *La Phénoménologie* et l'*Encyclopédie*. D'autre part, bien qu'on dise souvent que Marx s'est largement inspiré de la dialectique du maître et de l'esclave de *La Phénoménologie* – ce qui est possible –, il n'y a pas dans les écrits de Marx de références directes à la dialectique du maître et de l'esclave. Donc, l'idée qui vient assez spontanément à l'esprit des interprètes selon laquelle la relation entre le prolétariat et la bourgeoisie est la répétition de la dialectique du maître et de l'esclave tirée de *La Phénoménologie* est une idée peut-être vraisemblable, mais qui n'est pas démontrée par les textes.

Dans le *Manuscrit*, Marx se réfère essentiellement à *La Phénoménologie de l'Esprit* et, secondairement, à *L'Encyclopédie*.

Le texte que je vais essayer d'expliquer se trouve aux pages 132 et suivantes du manuscrit.

« *La grandeur de la* Phénoménologie *de Hegel et de son résultat final – la dialectique de la négativité comme principe moteur et créateur – consiste d'une part, en ceci, que Hegel saisit la production de l'homme par lui-même comme un processus, l'objectivation comme désobjectivation, comme aliénation et suppression de cette aliénation ; en ceci donc qu'il saisit l'essence du* travail *et conçoit l'homme objectif, véritable parce que réel comme le résultat de son* propre travail* »[7].

Là, nous rencontrons le premier thème, le thème fondamental, à l'origine de la philosophie marxiste de l'histoire : c'est la conception, sortie de Hegel par l'intermédiaire de Feuerbach, selon laquelle l'Histoire est, si l'on peut dire, la création de l'homme par lui-même. On connaît la formule de Sartre selon laquelle on définit : « L'homme comme avenir de l'homme »[8]. Je pense que la formule correspondant le mieux au cœur de la pensée de Marx est celle-ci : « *L'homme comme histoire de l'homme.* » L'homme, être naturel, est créateur de lui-même à travers la durée. Cette création s'accomplit par l'intermédiaire d'un processus qui consiste pour l'homme à créer des réalités objectives, des réalités qui lui deviennent extérieures et étrangères. Aussi l'homme s'aliène dans le processus d'auto-création. L'aboutissement de cette auto-création en une auto-aliénation, puis en une reprise des aliénations, poursuit la solution de l'énigme de l'Histoire. La création s'opère par l'intermédiaire du travail. Le travail est l'activité humaine par laquelle l'homme se crée lui-même à travers l'objectivation, l'aliénation et la reprise des aliénations. Ce qui permet à Marx d'écrire cette phrase si souvent citée et qui pour nous, qui cherchons les relations de la philosophie et de l'économie, est tellement importante :

« *Hegel se place du point de vue de l'économie politique moderne. Il appréhende le* travail *comme l'essence, comme l'essence avérée de l'homme ; il voit seulement le côté positif du travail et non son côté négatif. Le travail est le* devenir pour soi *de l'homme à l'intérieur de l'*aliénation *ou en tant qu'*homme aliéné. »

Vient ensuite cette autre phrase :

« *Le seul travail que connaisse et reconnaisse Hegel est le travail* abstrait de l'esprit » [9].

Naturellement, tout cela n'est pas tellement facile à comprendre ni cohérent. Car si Hegel se place au point de vue de l'économie politique moderne, s'il appréhende le travail comme l'essence de l'homme, il est assez difficile de dire en même temps que Hegel ne reconnaît que le travail abstrait de l'Esprit. S'il ne reconnaît que le travail abstrait de l'Esprit, on ne peut pas dire qu'il se place exactement au point de vue de l'économie politique moderne. Pour simplifier, disons que Hegel, tel que l'interprète Marx, a compris le processus fondamental par lequel progresse l'histoire humaine. Ce processus est celui de l'objectivation, de l'aliénation et de la reprise des aliénations. Dans ce processus, le travail reconnu par les économistes joue un rôle essentiel. Mais, d'après Marx, Hegel aurait eu tendance à confondre le travail abstrait de l'esprit avec le travail véritable.

D'où ce qui peut être exprimé alors dans les termes

simples que voici : la vision historique de Hegel est une vision de l'homme créateur de lui-même à travers le processus d'objectivation, d'aliénation et de reprise des aliénations.

Mais ce processus, d'après Hegel compris par Marx, est un processus abstrait ou pour ainsi dire métaphysique. C'est l'Esprit qui se caractérise par ce processus d'objectivation et c'est l'Esprit, l'Idée, qui, dans la phase finale, dans le savoir absolu, reprendra et conservera les acquisitions antérieures. Ce processus d'objectivation et d'aliénation, qui est dans la philosophie de Hegel un processus métaphysique lié à l'essence de l'Idée ou de l'Esprit, se trouve être, pour Marx, un processus réel, concret, historique. Il en résulte que, pour lui, il existe une différence essentielle entre objectivation et aliénation. Dans la philosophie hégélienne, toute objectivation est finalement aliénation puisque l'Esprit n'est satisfait que lorsqu'il s'est retrouvé lui-même dans ses objets et qu'il n'y a plus de distinction entre subjectivité et objectivité.

Pour Marx, l'objectivation est un processus historique concret qui devient aliénation dans certaines circonstances. L'objectivation n'est pas nécessairement un processus d'aliénation. Il y a possibilité de mettre fin à l'aliénation dans l'Histoire quand on en a compris le processus réel.

Lukács qui est un des rares, peut-être le seul grand philosophe à se recommander explicitement de la pensée de Marx, dans son livre sur le jeune Hegel [10], a longuement insisté sur le point central à ses yeux de la différence entre Hegel et Marx, c'est-à-dire sur la distinction ou la non-distinction entre objectivation et aliénation. Si on ne distingue pas entre objectivation et aliénation, s'il s'agit d'un processus lié à l'essence même de l'Esprit, si au terme de ce mouvement l'Esprit pourra être satisfait parce qu'il aura compris tous ces objets comme siens, il aura finalement laissé les choses en l'état. L'assimilation de l'objectivation et de l'aliénation et l'interprétation métaphysique de cette assimilation conduisent, dit Lukács, à une philosophie conservatrice. Comme il veut expliquer Hegel de manière marxiste, il ajoute que Hegel ne pouvait pas comprendre les choses autrement, parce que la société de son temps n'était pas mûre pour la conception révolutionnaire. En revanche, la création par l'homme concret d'objets n'est pas nécessairement un processus d'aliénation. Ce n'est un processus d'aliénation que dans des circonstances historiques données. Et dans ces circonstances historiques données, il est possible de surmonter l'aliénation.

Je peux citer une ou deux phrases pour illustrer ces considérations. D'abord, une phrase à propos de l'athéisme qui rappellera l'idée que je développais il y a un instant.

« *L'athéisme et le communisme ne sont pas une fuite, une abstraction, une perte du monde objectif engendré par l'homme, une perte de ses forces essentielles qui ont pris une forme objective. Ils ne sont pas une pauvreté qui retourne à la simplicité contre nature et non encore développée. Ils sont bien plutôt, pour la première fois, le devenir réel, la réalisation devenue réelle pour l'homme de son essence, et de son essence en tant qu'essence réelle* » [11].

Le fait que l'athéisme est invoqué avec le communisme me donne la possibilité de réexpliquer la signification du *communisme* en tant que « positif absolu ».

Marx, dans le *Manuscrit de 1844* [12], dit qu'il existe deux formes de communisme. Historiquement, on peut dire que le point de départ est la propriété collective. Puis vient la propriété privée, qui est la négation de la propriété collective. Puis nous aurons le communisme vulgaire qui sera la négation de la négation, c'est-à-dire la négation de la propriété privée.

Mais le communisme vulgaire sera quelque chose comme la communauté des femmes dans certaines utopies, c'est-à-dire une forme vulgaire inférieure de communisme, parce qu'en invoquant la propriété collective, en voulant simplement nier la propriété privée, on aboutit à la confirmer d'une certaine façon.

En revanche, le communisme, comme « positif absolu », n'aura rien de commun avec le communisme vulgaire. Il sera l'affirmation directe de l'organisation collective, celle où la collectivité réglemente l'ensemble de son activité. Ce ne sera pas la négation, mais « le positif absolu ».

L'opposition entre le communisme vulgaire, simple négation de la négation qu'est la propriété privée, et le communisme véridique illustre la différence entre la simple négation de la négation et le positif absolu.

Je ne citerai pas les pages 144 et 147 qui sont trop longues et trop difficiles [13]. On y trouve la critique fondamentale que Marx adresse à *La Phénoménologie* de Hegel, telle qu'il la comprend.

Cette critique est à peu près la suivante. *« L'acte d'auto-engendrement et d'auto-objectivation de l'homme »* est conçu – ce sont les termes mêmes utilisés par Marx – de manière *« formelle et abstraite »*. À cause de ce formalisme abstrait, l'aliénation n'est pas supprimée au terme de *La Phénoménologie*. Toutes les phases antérieures sont conservées, toutes les situations sont conservées, elles sont simplement pensées. D'où l'opposition fondamentale entre Hegel et Marx, Hegel est bien compris par Marx d'une certaine façon, puisqu'il y trouve la conception de l'auto-engendrement de l'homme. Mais il n'y trouve pas sa conception de la reprise des aliénations par l'action révolutionnaire. Car cette reprise des aliénations dans la philosophie hégélienne s'opère simplement par le fait que les objets sont pensés. Mais penser les objets ne revient pas à les transformer. Dans Hegel, tout reste en l'état. Pas dans Marx.

D'autre part, ce processus d'auto-engendrement, toujours conçu de manière abstraite et formelle, a un agent, un sujet. Mais ce sujet est conçu comme *« Dieu, l'Esprit absolu ou l'Idée qui se connaît et se manifeste »*, et par suite *« l'homme réel et la nature réelle deviennent de simples prédicats »*. En interprétant ainsi Hegel, Marx revient à la critique sujet prédicat, que nous avons déjà vue dans sa *Critique de la Philosophie du droit de Hegel*.

Marx trouve, chez Hegel, en germe, sa critique. Mais cette critique est présente sous une forme mystifiée ou aliénée par le fait que le processus d'aliénation est conçu comme inséparable du processus même de création de l'homme. Quand on a pensé la religion, la philosophie et l'État, on considère que l'on a mis fin aux aliénations alors que les aliénations, la religion, la politique, l'État subsistent tels quels. Ils ne sont pas transformés du simple fait qu'ils sont pensés.

Cette démarche philosophique, ce premier marxisme, Marx l'appellera « *naturalisme conséquent* » ou « *humanisme* ». Il le distinguera de l'*idéalisme* et du *matérialisme*, tout en taisant la vérité qui réunit et dépasse ces deux démarches. Nous voyons, en même temps, que le naturalisme seul est capable de comprendre l'acte de l'histoire universelle. Ce naturalisme de Marx, en 1844, combine, si mes analyses sont exactes, la pensée de Hegel et celle de Feuerbach. Il substitue, d'une part, l'être concret, l'être naturel, à la substance ou à l'idée, et en ce sens il est feuerbachien. D'autre part, il considère ce naturalisme comme différent de l'idéalisme hégélien, mais différent aussi du matérialisme vulgaire.

Pour compléter cette analyse de la philosophie marxiste (ou marxienne) de 1844, nous allons retenir les textes les plus célèbres des thèses sur Feuerbach.

Les *Thèses sur Feuerbach*

Les *Thèses sur Feuerbach* qui ont été retrouvées dans les cahiers de Marx sont au nombre de onze. Elles sont légèrement postérieures, probablement, au *Manuscrit*. Mais elles offrent la meilleure approximation de ce que l'on peut considérer comme la philosophie de Marx à cette époque.

Cette expression prudente revêt une signification précise. Il faut n'avoir aucune idée de ce qu'est le travail ou la création intellectuelle pour s'imaginer que nous pouvons reconstituer avec certitude et avec précision ce qu'était la philosophie de Marx en 1844 alors que lui-même ne le savait plus vingt ans après. Personne ne sait vingt ans après, avec certitude, ce qu'il a pensé vingt ans auparavant. Comme il n'a pas exposé sa propre philosophie de manière cohérente à cette époque de sa jeunesse, nous nous livrons simplement à un jeu de puzzle qui consiste à prendre un certain nombre de textes plus ou moins différents pour essayer de reconstituer le climat philosophique de la pensée marxiste.

Après ces réserves d'usage, on peut en venir à ce que je crois l'essentiel : Marx est feuerbachien, dans la mesure où il reprend les trois critiques fondamentales de Feuerbach à Hegel.

Mais aussi il est un critique, dès ce moment, de Feuerbach parce que le naturalisme de celui-ci a un caractère non historique. Si le naturalisme de Marx s'inspire du naturalisme de Feuerbach, il s'en distingue immédiatement par le fait que, si l'homme est un être naturel, comme chez Feuerbach, l'homme est aussi en même temps un être historique. Il n'existe pas une essence de l'homme définie de manière éternelle, abstraction faite de la création de l'homme dans et par l'Histoire. Cette critique du caractère non historique du naturalisme feuerbachien se trouve dans les thèses 6 et 7. Dans la thèse 6, elle s'exprime de façon précise :

« *Feuerbach résout l'essence religieuse en l'essence humaine.* [Là il a raison.] *Mais l'essence humaine n'est pas une abstraction inhérente à l'individu pris isolément. Dans sa réalité, elle est l'ensemble des rapports sociaux* [Autrement dit, l'essence humaine est l'ensemble des rapports sociaux].

« *Feuerbach, qui ne s'arrête pas à la critique de cette essence réelle, est donc forcé :*

« *1°) de faire abstraction de la marche historique, de fixer le sentiment religieux pour soi et de présupposer un individu humain abstrait* isolé.

« *2°) l'essence ne peut donc être prise qu'en tant que*

genre, *universalité intérieure, muette, reliant* naturellement *les nombreux individus* » [14].

Poursuivons avec la thèse 7 :

« *Feuerbach ne voit donc pas que le* sentiment
religieux *est lui-même un produit social et que l'individu
abstrait qu'il analyse appartient à une forme sociale
déterminée* » [15].

En premier lieu, donc, le naturalisme de Marx se
distingue immédiatement du naturalisme de Feuerbach.
Il n'existe pas d'essence supra-historique de l'homme.
L'homme est l'ensemble des rapports sociaux et ces
rapports sociaux se transforment continuellement à travers
l'histoire.

En second lieu, Feuerbach n'a pas compris que l'aliénation en pensée ne s'explique que par l'aliénation réelle.
On trouve l'expression de cette critique dans la thèse 4 :

« *Après que la famille terrestre a été découverte
comme le mystère de la sainte famille, il faut que la
première soit elle-même anéantie en théorie et en
pratique* » [16].

Autrement dit, c'est la situation de la famille terrestre
qui explique les mythes de la sainte famille et il faut
détruire ce qu'il y a de faux dans la famille terrestre pour
éliminer l'aliénation religieuse. Cette thèse que l'aliénation religieuse ne peut être éliminée que par une réforme
sociale ou une révolution sociale, nous le savons, est
probablement antérieure à l'influence de Feuerbach sur
Marx. Tout au moins, on trouve cette thèse dans le texte
que j'ai déjà commenté, qui s'appelle « Introduction à la
critique de la Philosophie du droit de Hegel ». Dans cette
Introduction, Marx expliquait qu'on ne venait pas à bout
de l'aliénation religieuse simplement en expliquant qu'il
s'agissait d'une aliénation, parce que la fausseté de la
conscience religieuse s'expliquait par la fausseté de
l'existence vécue. C'est par cette thèse 2, sur la fausseté

de l'existence vécue qui s'explique par la fausseté de l'existence pensée, que Marx est un révolutionnaire. Ce que Feuerbach n'était pas.

En troisième lieu, nous trouvons dans les *Thèses sur Feuerbach* les concepts de pratique et de *praxis*, qui ont joué un grand rôle dans la pensée des marxistes depuis lors. Ce qu'il y a de plus difficile, c'est de distinguer les différents sens que revêtent les termes à cette époque de la pensée de Marx.

Praxis signifie dans les *Thèses sur Feuerbach* : action révolutionnaire. C'est un des sens du mot *praxis*. Je n'ai pas besoin de rappeler la thèse 11 :

> « *Les philosophes ont simplement* interprété *le monde de façons différentes, il s'agit de le changer ou de le modifier* » [17].

Pratique ou *praxis* renvoie souvent à quelque chose d'autre. Au caractère actif de la perception ou plutôt au caractère actif de l'activité intellectuelle. Ce caractère actif est méconnu par les matérialistes et il est développé par les idéalistes.

> « *Le défaut de tout matérialisme passé (celui de Feuerbach compris), c'est que l'objet, la réalité, la matérialité ne sont pris que sous* la forme de l'objet ou de l'intuition, *mais non comme* activité sensible-humaine, *comme* pratique » [18].

Cette phrase qui se trouve dans la thèse 1 exprime un des thèmes philosophiques principaux de Marx. À savoir que le matérialisme, le sien en l'occurrence, ne nie pas l'activité qui est déployée par l'homme dans la perception ou dans la saisie de la réalité extérieure. S'il n'y avait dans l'idéalisme que l'idée selon laquelle l'Esprit est actif et non passif, que la perception est activité et non pas passivité, le matérialisme nouveau ne s'en distinguait pas, car il reconnaît le caractère actif de la perception ou de la saisie de la réalité extérieure.

Mais, en même temps, il y a après ce deuxième sens un

troisième sens de la pratique : c'est l'activité industrielle qui consiste à changer le monde. Marx est très frappé à cette époque – on trouve plusieurs indications dans le *Manuscrit*, et on retrouve cette idée dans les *Thèses sur Feuerbach* – par le fait que l'homme est en train de transformer la réalité naturelle par le travail et par l'industrie. Dans le *Manuscrit*, il est question d'humaniser la nature et de naturaliser l'homme. Humaniser la nature, à cette époque, signifiait tout simplement que par l'intermédiaire du travail et de l'industrie les choses extérieures prendront une forme humaine. Nous vivons tous, quand nous vivons dans les villes, dans un ensemble de réalités, qui sont à la fois objectives et humanisées. C'est cette création d'un monde d'objets à la fois naturels et humains qui frappait Marx. Naturaliser l'homme signifie tout à la fois pour Marx que l'homme accomplit sa nature et que l'homme se trouve plongé dans une nature qu'il a lui-même humanisée.

Nous disposons donc de trois sens : 1°) la pratique révolutionnaire ; 2°) l'activité incluse dans la perception et dans toute activité des sens et de l'esprit ; 3°) l'activité industrielle qui change le monde.

Mais nous allons rencontrer une quatrième idée qui est que le problème de la vérité n'est pas une question théorique, mais une question pratique. C'est la thèse 2 :

« *La question de savoir si la vérité objective revient à la pensée humaine n'est pas une question théorique, mais une question* pratique. *Dans la pratique, l'homme doit démontrer la vérité, c'est-à-dire la réalité et la puissance, la matérialité de sa pensée. La querelle sur la réalité ou la non-réalité de la pensée – isolée de la pratique – est une question purement* scolastique » [19].

Une formule de cet ordre peut s'interpréter de plusieurs manières.

Ce qui est immédiatement saisissable, c'est qu'elle contient une des inspirations de ce que l'on a appelé plus tard la « doctrine pragmatiste de la vérité », c'est-à-dire que le problème du vrai et du faux n'est pas une question à discuter dans l'abstrait, mais que c'est par la capacité de maniement, de manipulation ou par l'efficacité de la pensée que se résout ce problème du vrai et du faux. Ce que Marx entendait exactement par là, on n'en saura jamais rien. Je pense qu'à cette époque il y avait chez lui l'intuition d'une conception pragmatiste de la vérité. Je ne suis pas convaincu que cette conception pragmatiste de la vérité résolve aucun des problèmes philosophiques. Ce qui est sûr, c'est qu'elle se mêlait chez lui avec les autres thèmes, en particulier avec le thème de la transformation du monde extérieur par l'industrie.

Dans *L'Idéologie allemande*, on trouve un passage assez curieux, dans lequel Marx, ou bien Engels, prend l'exemple suivant pour montrer que la question de la vérité est une question pratique. Il dit : vous discutez sur la question de la vérité de la perception, mais vous ne vous rendez pas compte que tous les objets que vous percevez sont transformés par la pratique humaine. Ainsi, dit-il, même le cerisier que vous observez ou que vous percevez résulte d'un transfert opéré il y a quelques siècles. S'il n'y avait pas eu les grandes expéditions et l'industrie, vous ne pourriez pas voir ce cerisier[20]. Il est évident que cette argumentation revient à confondre deux idées différentes : l'une, selon laquelle la question de la vérité de la perception ou de la théorie se résout par la pratique, c'est-à-dire par l'efficacité de l'action ; l'autre, toute différente, selon laquelle le contenu de la perception est transformé par l'industrie.

Il ne me paraît pas tellement important de pousser beaucoup plus loin la réflexion sur les *Thèses sur Feuerbach*. Je dirai que l'importance qu'on y attache est en proportion directe de leur caractère épigrammatique et par suite de leur obscurité. On peut spéculer indéfiniment sur ce qu'était la pensée dernière de Marx. Mais je pense que ces deux pages et demie de la jeunesse ne constituent pas une philosophie. Elles rendent assez claire l'orientation de sa pensée philosophique à ce moment et, du même coup, rendent, me semble-t-il, assez compréhensible ce que signifie la réconciliation de l'homme et de la nature conçus comme le sens même du communisme.

Qu'est-ce que Marx voulait dire par là ? À peu près ceci : nous sommes partis d'un homme, être réel, biologique, qui transforme le monde, qui se transforme lui-même en transformant le monde. Aujourd'hui cet homme est aliéné dans ses créations. Le monde dans lequel il vit est plein de créations humaines. Le monde est humanisé et l'homme est déshumanisé puisque chacun ne participe ou participe à peine aux richesses créées objectivement dans le monde. La reprise de l'aliénation, c'est l'idée, peut-être vague, mais en tout cas forte, qu'il y aurait une possibilité de réintégrer en l'homme les richesses créées par l'humanité même au cours de son histoire et que, à ce moment-là, la nature étant humanisée et l'homme étant naturalisé, il y aurait une espèce de réconciliation de ces termes aujourd'hui opposés.

Voilà, me semble-t-il, à quoi aboutit la phase critique de la pensée marxiste. Elle aboutit à la fin de 1844 et au début de 1845 aux propositions suivantes :

1°) L'homme est un être sensible, naturel et actif. Il est partie de la nature. Il ne se définit pas comme conscience de soi, mais comme un animal ou comme un être social, créateur de lui-même dans et par l'histoire.

2°) L'homme qui se crée lui-même dans et par l'histoire est aujourd'hui encore perdu, c'est-à-dire que les objets qu'il a créés et qu'il doit créer le tiennent pour ainsi dire prisonnier. Il est devenu étranger à lui-même dans un univers qui est sa création et il faut une révolution pour que l'homme réintègre en lui-même les richesses qu'il a objectivées.

3°) La perte de l'homme dans l'histoire a pour origine la propriété privée qui entraîne l'aliénation du travail. Par conséquent, la reprise des aliénations a pour condition une révolution portant sur les forces de production et sur la propriété.

Mais pourquoi va-t-il y avoir reprise ? Pourquoi y

aura-t-il révolution ? Dès ce moment, Marx détient la clé du mouvement de l'histoire. Ce qui détermine l'ensemble de ce mouvement, ce sont les forces productives et leur développement. C'est parce que les forces productives se développent que les relations sociales actuelles deviennent intenables. La révolution communiste n'interviendra pas parce que l'homme la souhaite ou parce qu'elle est nécessaire à la reprise des aliénations, elle interviendra parce que le développement de la force productive rendra intenable l'état social actuel.

De la théorie à l'histoire

Voilà l'aboutissement de la période critique. En quoi consiste maintenant la deuxième période qui va du *Manuscrit économico-philosophique* ou des *Thèses sur Feuerbach*, c'est-à-dire de la fin 1844, ou du début 1845, au *Manifeste communiste* de 1848 et ensuite à la préface de la *Contribution à la critique de l'économie politique* ?

Le sens général de cette deuxième phase me paraît être le suivant.

Marx, en 1844, nous l'avons vu, s'exprime encore dans un langage philosophique qui est difficile et, pour celui qui n'a pas lu Hegel et *La Phénoménologie de l'Esprit*, obscur. Un an plus tard, il se moque du langage qu'il employait lui-même en 1844. À partir de ce moment-là, le thème de l'aliénation, sans disparaître entièrement, passe au deuxième plan et nous trouvons des textes, sinon d'une inspiration différente, ou encore d'un contenu différent. Que s'est-il passé ?

Pour ceux qui ont le goût de l'explication par les influences, il faut souligner l'importance de la rencontre avec Engels, et pour ceux qui ont le goût de l'explication par le développement interne de la pensée, il faut invoquer les exigences de l'évolution même de Marx.

Alors commençons par la seconde interprétation et nous en viendrons ensuite à l'influence exercée par Engels.

À quoi la critique économico-philosophique a-t-elle

conduit ? À reconnaître qu'à l'origine de toutes les aliénations se trouve l'aliénation du travail et que celle-ci ne
découle pas d'un processus métaphysique qui se confond
avec le processus de l'objectivation, mais que c'est un
événement historique. À partir de ce moment-là, que
doit faire Marx ? Ayant reconnu, pour point de départ,
l'homme concret, ayant reconnu, comme fondement de
la politique, la société civile, ayant reconnu, à l'origine
des aliénations, l'aliénation du travail, il doit passer de
la critique à l'interprétation de l'histoire. Il doit donc
rendre compte historiquement du processus d'aliénation et chercher dans le devenir historique lui-même le
mécanisme qui rend nécessaire la reprise des aliénations,
c'est-à-dire la condition à ses yeux de l'accomplissement
de l'homme. Dans la philosophie de Hegel, le mouvement
de la dialectique commence avec les concepts, continue
avec la nature, s'achève dans l'Histoire. Ce mouvement
étant un mouvement des concepts, il est un mouvement
rationnel qu'explique l'analyse même des concepts. Mais
Marx a, dans le *Manuscrit*, différencié le mouvement
hégélien d'objectivation-aliénation du mouvement historique d'aliénation, qui n'est pas lié essentiellement au
mouvement d'objectivation. Il s'agit donc pour lui,
suivant le développement de sa propre pensée, d'expliquer pourquoi ce développement historique a pris la
forme de l'aliénation et ensuite d'expliquer pourquoi ce
mouvement d'aliénation va se résoudre lui-même dans la
révolution, qui y mettra fin.

En d'autres termes, étant donné la nature historique
attribuée par Marx au processus d'auto-création de
l'homme, il devenait nécessaire pour lui d'élaborer une
théorie de l'histoire et de démontrer la nécessité, au sens
du déterminisme, tout à la fois de l'aliénation et de la
reprise des aliénations. Autrement dit, étant passé de la
dialectique rationnelle de Hegel à une dialectique historique, il lui fallait, par une théorie de l'histoire, expliquer
la nécessité, au sens du déterminisme, des deux mouvements d'aliénation et de reprise des aliénations. De la

phase critique, il devait donc passer à une théorie de l'histoire qui, dans la conception marxiste de la dialectique, deviendrait l'élément indispensable, pour aller de la philosophie hégélienne à une philosophie de la révolution.

Pour conclure je dirai qu'en 1844, c'est le développement de sa propre pensée critique qui pousse Marx à chercher dans l'histoire les réponses aux questions qui lui ont été posées par sa propre réflexion critique. Il est donc normal qu'après le *Manuscrit économico-philosophique* il soit passé à la théorie de l'histoire énoncée dans le *Manifeste communiste*, et dont nous avons déjà trouvé, dispersés dans différents textes, les éléments principaux.

La rencontre avec Engels

L'explication par l'influence repose, elle, sur le fait que, dans la deuxième partie de l'année 1844, Marx habitait à Paris, au 38 de la rue Vaneau. C'est au cours de cette année 1844 qu'il a rencontré pour la deuxième fois Engels et qu'il s'est lié avec lui.

Je n'expliquerai pas en détail l'itinéraire intellectuel d'Engels avant sa rencontre avec Marx, mais il faut rappeler quelques éléments connus sans doute de tous, mais dont la connaissance est indispensable pour la compréhension de ce qui va suivre. Engels était le fils d'un petit industriel allemand. Il avait déjà l'expérience des affaires car il avait vécu un certain temps en Angleterre avant de rencontrer Marx. Il avait achevé, ou presque achevé, le livre qui s'appelle *L'état des classes laborieuses en Angleterre*[21]. Il était certainement moins philosophe que Marx, mais assez philosophe, cependant, pour avoir écrit des critiques ironiques sur la philosophie de Schelling et des plaidoyers en faveur de Hegel contre Schelling[22]. Engels, en fait, s'intéressait beaucoup à la philosophie sans bénéficier d'une formation aussi complète que celle de Marx. En revanche, par rapport à Marx, il avait une plus grande expérience de la réalité historique et économique concrète de son époque.

Au moment de leur rencontre, Marx vient d'écrire les fragments du *Manuscrit économico-philosophique*. Ses réflexions l'ont conduit à reconnaître la primauté de la société civile par rapport à l'État, le positif absolu sous la forme de l'athéisme et de l'homme concret. Il a donc reconnu les éléments fondamentaux de la conception matérialiste de l'histoire. Que lui apporte Engels ?

Engels lui apporte une connaissance plus directe et plus détaillée de la réalité de son temps, un moindre penchant à l'élaboration philosophique, une moindre rigueur aussi dans la philosophie et un talent de vulgarisation, que l'on peut applaudir ou déplorer, probablement un peu des deux.

À partir de 1845, Marx et Engels travailleront ensemble et, de 1845 à 1848, ils prépareront deux ouvrages, l'un qui a été publié et qui s'appelle *La Sainte Famille ou critique de la critique critique*. Il s'agit d'une critique de Bruno Bauer, d'un ancien ami donc. Ils ont aussi préparé un autre livre, devenu énorme au fil de leur travail et jamais publié, sinon au xxᵉ siècle, qui s'appelle *L'Idéologie allemande*. La plus grande partie de cette *Idéologie allemande* est consacrée à la critique d'un philosophe que personne ne lit plus aujourd'hui et qui s'appelle Max Stirner. Celui-ci avait écrit un ouvrage intitulé *L'Unique et sa propriété*.

Dans ces deux ouvrages de la période 1845-1847, Engels et Marx critiquent interminablement – je dis interminablement à nos yeux, car nous ne sommes plus tellement intéressés par ce qu'avaient dit Bauer ou Stirner – leurs anciens amis, les jeunes hégéliens. Bruno Bauer est critiqué essentiellement parce qu'il confond la libération de la conscience avec la libération de l'homme, et parce qu'il se soucie uniquement de libérer la conscience de soi des fausses idées et parce que, d'après Marx et Engels, il oppose aux esprits libres, aux philosophes la masse et parle avec mépris de la masse populaire. En ce qui concerne Max Stirner, auteur d'un seul livre important, *L'Unique et sa propriété*, il mérite leurs critiques parce que son ouvrage conduit à l'anarchisme absolu, en méconnaissant, surtout, l'intégration de la conscience et de l'individu dans les différentes sociétés historiques. Peu nous importe aujourd'hui la critique des jeunes hégéliens. Elle relève de l'étude historique du marxisme. Ce qui nous intéresse ici dans ces ouvrages, c'est ce qu'ils dévoilent des étapes de la formation intellectuelle de Marx.

Le premier point, que j'ai déjà suggéré et que je voudrais souligner, tient au fait que le style, l'écriture ont désormais changé. Nous ne trouvons à peu près plus de formules philosophiques comme celles que nous avons lues dans le *Manuscrit*. Ce qui explique que les interprètes modernes qui ont cherché à opposer le jeune Marx au Marx de la maturité s'arrêtent à 1844. En effet, dès 1845, c'est-à-dire dès *L'Idéologie allemande*, l'essentiel de ce qu'ils cherchent ne se rencontre plus. Entre 1842 et 1844 ils peuvent encore rencontrer le Marx de l'aliénation. Ce n'est plus le cas par la suite. Dans le Marx de 1845-1847, on trouve un style d'écriture, qui n'est pas encore celui du Marx de la maturité, mais celui d'Engels. On pourrait naturellement dire que, dès ce moment-là, il ne s'agit plus de la philosophie de Marx, mais de celle d'Engels. Mais il est difficile de se tenir à cette position, d'abord parce qu'une partie de *La Sainte Famille* a été rédigée par Marx et l'autre par Engels. Ils se sont ensuite corrigés réciproquement. En ce qui concerne *L'Idéologie allemande*, tout le manuscrit est de l'écriture d'Engels. Mais on trouve en marge des annotations de Marx, ce qui interdit d'admettre que ce qu'écrit Engels, peut-être sous la dictée de Marx, ne corresponde pas à la pensée de Marx.

Comme je l'ai déjà dit, on peut expliquer de deux façons cette évolution du style. D'une part, elle répondait aux nécessités mêmes du développement de la pensée de Marx. À partir du moment où Marx cessait d'être essentiellement philosophe et devenait interprète de l'histoire, il était normal que son style d'écriture changeât. D'autre part, la collaboration avec Engels l'aurait incité, peut-être, à changer de style. Car Marx, à cette étape de sa vie, veut prendre ses distances par rapport à ses anciens amis de la gauche hégélienne. Il s'efforce par conséquent d'employer un autre style qu'eux.

Cela dit, qu'allons-nous considérer comme le plus important dans ces textes ? Je crois que le texte principal, qui permet de saisir une autre étape de l'évolution de Marx, est le premier fragment de *L'Idéologie allemande*, intitulé « Feuerbach ».

Dans ce premier fragment, on trouve un exposé d'ensemble de la conception matérialiste de l'histoire. Exposé qui, à mon avis, n'est pas foncièrement différent de celui qui se trouve dans la préface à la *Contribution à la critique de l'économie politique*, qui lui-même, sans être foncièrement différent de l'exposé figurant dans le *Manifeste communiste*, s'en distingue néanmoins sur certains points. Certains interprètes préfèrent le texte de *L'Idéologie allemande* aux autres parce que l'exposé suggère une conception moins rigide, moins dogmatique de l'interprétation matérialiste de l'histoire. Par exemple, Georges Gurvitch, dans ses études sur « La sociologie du jeune Marx »[23], s'est appuyé non pas tant sur le *Manuscrit économico-philosophique* que sur la première partie de *L'Idéologie allemande* où il trouve un exposé – à juste titre, je crois – de la conception matérialiste de l'histoire, qui ne diffère pas essentiellement des exposés postérieurs, mais qui est un peu plus souple et, à certains égards – abstraitement au moins –, plus satisfaisant que les autres.

Vers *L'Idéologie allemande*

Voici les points essentiels que nous développerons par la suite :

1°) *La base de l'Histoire*[24]. Ce sont les hommes, êtres naturels, qui produisent eux-mêmes leurs moyens d'existence. C'est là la reprise du thème du naturalisme énoncé dans le *Manuscrit*, mais avec, en même temps, une accentuation de ce qui distingue les hommes des autres animaux : les hommes produisent eux-mêmes leurs conditions d'existence.

2°) On trouvera également une analyse intéressante de l'évolution de l'histoire avec une classification des étapes de cette évolution[25].

1. Les *besoins prioritaires* de l'homme.

2. Le développement historique et la *création de besoins nouveaux.*

3. Les *relations familiales*, c'est-à-dire les exigences de l'organisation des hommes pour le maintien de l'espèce. On se trouve là à l'origine des relations des hommes entre eux, de même que les besoins et la satisfaction des besoins se trouvent à l'origine des relations des hommes avec la nature.

4. Le mode de collaboration des hommes entre eux crée la *force de production.*

5. La *conscience* doit être considérée en relation avec la force de production. Elle n'est pour ainsi dire que l'expression supérieure d'une activité humaine qui se manifeste d'abord dans la création des moyens de production et dans l'organisation du travail collectif.

3°) Vient ensuite une analyse de la dialectique historique et des contradictions de la réalité[26]. Les moments qui sont en relations dialectiques tiennent à la triade forces productives, état social ou forme des communications et conscience.

D'autre part, le développement historique se caractérise par la division du travail, dont les deux formes principales sont la division entre travail manuel et travail intellectuel et la division entre villes et campagnes.

4°) Cette manière de considérer l'histoire condamne la distinction des histoires particulières. Il n'y a pas d'histoires séparées de la politique, de la morale ou de la religion, il y a une seule histoire générale qui s'explique à partir des forces de production.

5°) Les sociétés que nous connaissons ont été divisées en classes et les idées dominantes ont été régulièrement celles de la classe dominante. D'où un deuxième thème de l'explication des idées par la réalité sociale. Le premier consistait à ramener le développement particulier de la morale, de la religion ou du droit au développement général de la société. Le deuxième consiste à expliquer les idées par la situation de la classe dominante dans une collectivité particulière.

6°) Le communisme interviendra parce que le développement des forces productives rendra la révolution inévitable. On trouvera des textes souvent cités sur les conditions indispensables à la révolution, sur le développement suffisant des forces productives avec ce passage fameux où Marx dit que si la révolution intervient avant que le développement des forces productives soit suffisant, toutes les vieilles saletés recommenceront après la révolution[27]. Il existe aussi une formule où il dit que *« la vraie Révolution communiste ne peut intervenir que s'il y a une universalisation du mouvement historique et du prolétariat, universalisation qui elle-même a pour conditions le développement des forces productives et du marché mondial »*[28].

Voilà quels sont les six thèmes fondamentaux que je tirerai de *L'Idéologie allemande*. Il me restera, ensuite, à indiquer quelques-unes des difficultés que Marx lui-même reconnaît. En particulier, qu'advient-il de la guerre et de la conquête dans cette interprétation de l'histoire ?

CHAPITRE VII

LE MATÉRIALISME HISTORIQUE

Nous savons que dans la deuxième partie de l'année 1844, Marx et Engels se lient d'une amitié qui va durer tout au long de leur existence. À partir de la fin de 1844, c'est-à-dire au lendemain de la rédaction du *Manuscrit économico-philosophique*, Marx et Engels travaillent désormais ensemble. Entre 1845, date à laquelle Marx sera expulsé de France par le gouvernement Guizot et se rendra à Bruxelles, jusqu'à la rédaction du *Manifeste communiste*, en 1848, Marx et Engels vont rédiger trois ouvrages principaux : *La Sainte Famille* dirigée contre Bruno Bauer, et qui fut publié immédiatement en 1845, puis *L'Idéologie allemande*, qu'ils rédigent en 1845-1846, et qu'ils ne publieront pas à la suite des dissentiments survenus avec leurs éditeurs [1]. Cet ouvrage ne sera publié intégralement que dans les années 1930. Le troisième texte a Marx pour seul auteur : il s'intitule *Misère de la philosophie*, et il date de 1847. Il répond à la *Philosophie de la misère* de Proudhon [2].

L'Idéologie allemande

Je m'occuperai d'abord de *L'Idéologie allemande* et de *Misère de la philosophie*. Ces ouvrages présentent un caractère commun, il s'agit de textes polémiques, car Marx et Engels n'ont pas plus tôt élaboré et mis au point dans leur esprit leur conception de l'histoire qu'ils utilisent cette conception de l'histoire pour critiquer, réfuter, tourner en dérision, vitupérer soit leurs anciens amis, parmi les jeunes hégéliens, soit leurs rivaux ou nouveaux amis parmi les socialistes. C'est pourquoi les textes de cette période sont des œuvres polémiques dirigées contre Bruno Bauer *(La Sainte Famille)*, contre Max Stirner *(L'Idéologie allemande)*, contre Proudhon *(Misère de la philosophie)*.

Il est impossible de suivre dans le détail ces polémiques qui, je l'avoue, me paraissent tout spécialement ennuyeuses. Pour saisir le sens exact de chacune des phrases de Marx, il faut se reporter aux livres de Bruno Bauer et de Stirner. Ce qui n'est pas tellement distrayant en soi. Il existe aussi une autre raison. Marx et Engels, dès cette époque, vont user d'un style polémique qu'ils conserveront tout au long de leur vie, et qui consiste à vouloir ne pas comprendre ce que veulent dire les gens qui pensent autrement qu'eux. On ne peut pas dire qu'ils soient absolument les seuls de cette espèce dans la famille des écrivains polémiques, mais ils sont parvenus dans cette attitude à une maîtrise parfaite. La plupart du temps, leur critique est prédéterminée par leur propre interprétation de la philosophie et du monde. Aussi me paraît-il nécessaire, pour cet exposé, de s'en tenir essentiellement aux parties positives plutôt qu'aux parties critiques. J'ajoute que, dans les parties critiques, ce sont seulement les indications positives qui sont intéressantes.

Or, en ce qui concerne cette partie positive des idées de nos auteurs, un seul texte revêt un intérêt particulier : c'est, au début de *L'Idéologie allemande*, le fragment intitulé « Feuerbach ». D'abord, parce que ce fragment est probablement de la plume de Marx alors que le reste du livre est probablement de la plume d'Engels, au moins en très grande partie. Je n'en tire pas la conclusion qu'il s'agit là d'une différence fondamentale puisque le manuscrit, que nous possédons, est à peu près tout entier de la main d'Engels. Mais on trouve en marge des annotations critiques de Marx, ce qui authentifie, au moins approximativement, ce texte comme représentant la pensée commune des deux hommes. Dans cette première partie, intitulée « Feuerbach » donc, se trouve l'exposé le plus long que nous possédions de la philosophie marxiste ou, plutôt, de la philosophie de l'histoire de Marx. Ce texte est important, aussi, pour la raison suivante : à partir de 1848, les textes de Marx sont ou bien des textes économiques ou bien des textes politiques, et le plus souvent, dans ce cas, portant sur l'actualité ; par exemple, *Le 18 Brumaire de Louis Bonaparte,* admirable essai historique, est l'œuvre de Marx lui-même, mais c'est avant tout un essai de circonstance, une analyse historique, ce n'est pas un livre théorique [3].

Un siècle après, il reste étrange, pour nous, d'observer que, dans la division du travail entre Marx et Engels, Engels était le philosophe et Marx l'économiste. Ces textes philosophiques de la dernière partie de la vie de Marx et d'Engels sont tous d'Engels et non pas de Marx. À partir de cette constatation, naturellement, certains interprètes modernes ont conclu qu'Engels n'avait jamais compris la véritable pensée de Marx. Ce n'est pas mon interprétation. Mais il n'en reste pas moins qu'après le texte que nous allons étudier, nous ne trouverons plus d'exposé cohérent de l'interprétation matérialiste de l'histoire écrit par Marx lui-même. Ce qui est devenu le marxisme orthodoxe après Marx et Engels a été surtout inspiré par les ouvrages philosophiques de la deuxième partie de l'existence des deux hommes, et ces ouvrages philosophiques ont été écrits par Engels.

Pour ces raisons, il me paraît qu'il faut prendre la peine d'étudier attentivement cette première partie de *L'Idéologie allemande* et ce texte consacré, sous son titre *Feuerbach,* qui forment un exposé d'ensemble non sans équivoque, mais cohérent, de ce que Marx et Engels – et probablement Marx surtout – pensaient sous le nom d'interprétation matérialiste de l'histoire en 1845-1846. En même temps, nous mettrons en relation ce dernier texte de la jeunesse de Marx avec ceux de la maturité et, en particulier, les deux écrits que j'ai commentés dans la deuxième leçon de ce cours, c'est-à-dire le *Manifeste communiste* et la préface à la *Contribution à la critique de l'économie politique*

Anthropologie et histoire

On pourrait dire aussi la conception de l'homme ou encore l'anthropologie telle qu'elle se présente en tant que fondement d'une certaine interprétation du cours de l'histoire humaine.

La traduction de cette partie intitulée « *Feuerbach* » que j'utiliserai est la traduction donnée dans le petit volume publié aux Éditions sociales intitulé *L'Idéologie allemande. Première partie : Feuerbach*. Ce texte est aussi traduit par Molitor, mais la traduction que je vais utiliser me paraît meilleure.

Page 11, on trouve un premier passage où est résumée l'anthropologie marxiste. Je le cite :

« *La condition première de toute histoire humaine est naturellement l'existence d'êtres humains vivants. Le premier état de fait à constater est donc la complexion corporelle de ces individus et les rapports qu'elle leur crée avec le reste de la nature. Nous ne pouvons naturellement pas faire ici une étude approfondie de la constitution physique de l'homme elle-même, ni des conditions naturelles que les hommes ont trouvées toutes prêtes, conditions géologiques, orographiques, hydrographiques, climatiques et autres. Toute histoire doit partir de ces bases naturelles et de leur modification par l'action des hommes au cours de l'histoire.*

« *On peut distinguer les hommes des animaux par la conscience, par la religion et par tout ce que l'on voudra. Eux-mêmes commencent à se distinguer des animaux dès qu'ils commencent à* produire *leurs moyens d'existence, pas en avant qui est la conséquence même de leur organisation corporelle. En produisant leurs moyens d'existence, les hommes produisent indirectement leur vie matérielle elle-même* » [4].

Ce texte me paraît l'exposé le plus simple, le plus immédiatement intelligible de la conception anthropologique de Marx. Cette conception peut être appelée, si l'on veut, matérialiste, mais elle serait plus exactement appelée naturaliste ou vitaliste, car elle n'implique pas une métaphysique matérialiste. Elle se borne à dire que, pour comprendre l'histoire, il faut partir de l'homme, être naturel, disons même de l'homme être biologique, de l'homme comme espèce naturelle. Cette espèce naturelle est placée dans une nature donnée, définie par des conditions géologiques, orographiques, hydrographiques, climatiques et autres. Tout commence donc par une interprétation pour ainsi dire biologique de l'homme comme espèce naturelle qui se distingue des autres espèces par le fait qu'elle est capable de produire ses propres moyens d'existence. C'est la production par l'homme de ses moyens d'existence qui est l'origine de l'histoire elle-même, puisque cette relation de l'homme produisant ses moyens d'existence à la nature donne les deux transformations qui définissent l'histoire elle-même : la transformation de la nature extérieure par l'homme et la transformation de l'homme lui-même du fait qu'il crée ses propres conditions d'existence en transformant la nature.

Dès ce texte anthropologique, on découvre le mouvement dialectique de l'histoire : l'homme produisant ses moyens d'existence et transformant la nature extérieure par son travail et se transformant lui-même par son travail et par la création des conditions artificiellement produites dans lesquelles il vit. Je pense que cette vision des relations créatrices entre l'homme et la nature, entre l'espèce humaine, espèce naturelle, qui se crée son milieu, est centrale dans la philosophie marxiste. J'ajoute qu'elle n'implique pas, à mes yeux, une métaphysique déterminée. Dans les œuvres du père Teilhard de Chardin [5], on trouve sans difficultés des formules de cet ordre intégrées dans une vision chrétienne du monde. Ce qui ne veut pas dire, dans le cas de Marx, que cette dialectique de l'espèce naturelle, créant ses moyens d'existence et se transformant elle-même par cette création, soit si peu que ce soit rattachée à une vision spiritualiste. Nous verrons les autres éléments qui excluent cette hypothèse, mais tout ce que je veux dire, pour l'instant, c'est que le centre de l'anthropologie marxiste n'implique pas de métaphysique déterminée.

Je citerai un autre texte, emprunté, lui, à *La Sainte Famille*. Il exprime différemment le même thème. Il se trouve à la page 165 du tome II de la traduction Molitor, c'est-à-dire dans la première partie de *La Sainte Famille*.

« *Une fois que l'homme a été reconnu comme l'essence, comme la base de toute activité humaine et de tout rapport humain, la critique seule peut encore inventer de nouvelles catégories et retransformer, ainsi qu'elle le fait précisément, l'homme en une catégorie, et même dans le principe de toute une série de catégories, recourant ainsi à la seule échappatoire qui reste encore à " l'inhumanité " théologique, traquée et pourchassée. L'histoire ne fait rien, elle "ne possède pas de richesse immense ", elle " ne livre pas de combats " ! C'est plutôt l'homme, l'homme réel et vivant qui fait et possède tout cela et livre des combats ; ce n'est pas, soyez-en certains, l'histoire qui se sert de l'homme comme d'un moyen pour se réaliser – comme si elle était un personnage particulier – et ses propres buts ; elle n'est que l'activité de l'homme qui poursuit ses objectifs* »[6].

Apparaît ici une idée complémentaire de l'anthropologie marxiste. Il n'est pas question, à ce moment de la pensée de Marx, de personnifier ou de diviniser l'histoire, qui n'est qu'une abstraction. La base et le fondement de l'histoire, c'est l'homme, l'homme réel, espèce naturelle, qui poursuit ses fins. Mais, à travers le développement de l'activité humaine, se poursuit également, nous allons le voir, le développement de l'histoire.

Les facteurs de l'histoire

On pourrait dire aussi les différents éléments constitutifs de la réalité de l'histoire et nécessaires à sa compréhension.

Le texte auquel je vais me référer se trouve à la page 19 de l'édition déjà citée de *L'Idéologie allemande*. Il parcourt les étapes successives nécessaires pour atteindre à l'ensemble historique. Il démontre cinq moments de cette analyse historique.

1°) Marx va d'abord poser le principe de la primauté des besoins physiques de l'homme. Citons-le :

« *Avec les Allemands dénués de toute donnée préalable, force nous est de débuter par la constatation de la donnée préalable première de toute existence humaine, partant de toute histoire, à savoir que les hommes doivent être à même de vivre pour pouvoir "faire l'histoire". Mais pour vivre, il faut avant tout boire, manger, se loger, s'habiller et quelques autres choses encore. Le premier fait historique est donc la production des moyens permettant de satisfaire ces besoins* »[7].

L'homme, être naturel, être biologique, espèce animale, a des besoins prioritaires et la condition initiale de toute l'histoire est la satisfaction de ces besoins.

2°) L'homme est un être tel qu'au fur et à mesure que les besoins prioritaires sont satisfaits, d'autres besoins naissent. On pourrait formuler aussi cette constatation : la satisfaction progressive des besoins contribue à l'enrichissement même de ceux-ci.

« *Le second point est que le premier besoin une fois satisfait lui-même, l'action de le satisfaire et l'instrument déjà acquis de cette satisfaction poussent à de nouveaux besoins, et cette production de nouveaux besoins est le premier fait historique* »[8].

Donc, avec les besoins élémentaires et pour ainsi dire animaux, nous nous situons au-dessous du seuil de l'histoire humaine. Ce seuil, c'est la création de besoins plus subtils et plus riches, produits par l'action même de satisfaire les besoins animaux.

3°) Voici le troisième moment de l'analyse : la famille est, au même titre que la satisfaction et la transformation des besoins, une condition fondamentale de toute l'histoire humaine.

« Le troisième rapport, qui intervient ici d'emblée dans le développement historique, est que les hommes, qui renouvellent chaque jour leur propre vie [par la création des moyens de satisfaire les besoins], *se mettent à créer d'autres hommes, à se reproduire ; c'est le rapport entre homme et femme, parents et enfants, c'est la* famille »[9].

4°) La transformation des moyens de production crée ce que l'on peut appeler les forces productives, qui impliquent simultanément un rapport des hommes entre eux et un rapport des hommes avec la nature.

« Produire la vie, aussi bien la sienne propre par le travail que la vie d'autrui en procréant, nous apparaît donc dès maintenant comme un rapport double : d'une part comme un rapport naturel, d'autre part comme un rapport social, – social en ce sens que l'on entend par là l'action conjuguée de plusieurs individus, peu importe dans quelles conditions, de quelle façon et dans quel but. Il s'ensuit qu'un mode de production ou un stade industriel déterminés sont constamment liés à un mode de coopération ou à un stade social déterminés, et que ce mode de coopération est lui-même une "force productive" ; il s'ensuit également que la masse des forces productives accessibles aux hommes détermine l'état social, et que l'on doit par conséquent étudier et élaborer sans cesse "l'histoire des hommes" en liaison avec l'histoire de l'industrie et de l'échange »[10].

Ce quatrième moment de l'analyse de Marx est évidemment le moment décisif. C'est celui où apparaissent les concepts les plus couramment retenus comme caractéristiques de sa pensée.

Il intervient à la suite des deux précédents, dont l'un établit la relation des hommes avec la nature pour la création des moyens de production et l'autre, le troisième, la coopération nécessaire des hommes entre eux. Le quatrième moment est pour ainsi dire le rassemblement synthétique des moments précédents et il se formule de la manière suivante : l'action des hommes sur la nature, pour transformer celle-ci et en extraire les moyens d'existence, est simultanément et nécessairement une forme de coopération des hommes entre eux.

Autrement dit, toute relation de l'homme avec la nature est simultanément une relation des hommes entre eux. Ce qui est la formule initiale et la plus générale de la dialectique des forces et des rapports de production, dialectique qui dans ce texte apparaît plus complexe que dans les formules ordinaires. En ce sens que les rapports de production ou organisations de la coopération des hommes, ce mode de relations des hommes entre eux est un aspect fondamental des forces de production elles-mêmes. Les forces de production, c'est-à-dire la capacité des hommes de transformer la nature, contiennent en elles des rapports de production, c'est-à-dire un certain mode d'organisation de la coopération des hommes.

Voilà donc le quatrième moment où se trouve esquissée l'analyse des deux concepts fondamentaux, forces productives et rapports de production, avec la possibilité de retrouver dans le texte une dialectique des forces et des rapports de production, dans ce sens précis que dans les forces de production sont contenus comme un élément les rapports de production, à condition que ces rapports soient entendus au sens le plus large comme le mode de coopération des hommes entre eux. Rien de tout cela n'est tellement mystérieux. Si tout cela n'était pas recouvert par la poussière du siècle et des commentaires, il n'y aurait pas tant de nécessité d'entrer dans le détail. Mais il s'agit d'essayer de comprendre rigoureusement, et comme si c'était un texte tout neuf, que, dans ce quatrième moment, après les besoins élémentaires, la transformation des besoins par l'histoire, la coopération des hommes pour la procréation et dans le travail, apparaissent les deux concepts fondamentaux, c'est-à-dire les forces productives et les rapports de production. Sans que ces deux concepts soient toujours employés de cette façon dans le texte. Ce qui revient à montrer comment les rapports des hommes entre eux et les rapports des hommes avec la nature se commandent réciproquement.

5°) Il ne nous reste plus qu'un cinquième moment de l'analyse à mettre au jour, c'est la conscience. La citation essentielle se trouve un peu plus loin dans le texte étudié. Après ces quatre moments de l'histoire – le « moment » est le terme employé dans la traduction et qui correspond d'ailleurs au terme allemand [11] –, voici donc le cinquième moment :

> « *Nous trouvons que l'homme a aussi de la « conscience ».* »

En marge de ce texte, on trouve, écrites de la main de Marx, les lignes suivantes :

> « *Les hommes ont une histoire parce qu'ils doivent* produire *leur vie et qu'ils le doivent en fait d'une manière* déterminée *: ce devoir* [devoir de produire leur vie] *donné par leur organisation physique ; de même que leur conscience.* »

Ce qui signifie que la conscience est donnée par l'organisation physique. Ce qui suggère donc un lien entre la conscience et la vie, au sens biologique du terme. Ce qui, à nouveau, va dans le sens d'une philosophie vitaliste ou naturaliste plutôt que d'un matérialisme métaphysique. Continuons à citer :

> « *Mais pas davantage une conscience qui soit d'emblée conscience « pure ». Dès le début, une malédiction pèse*

sur " l'esprit ", celle d'être " entachée " d'une matière qui
se présente ici sous forme de couches d'air agitées de son,
du langage en un mot. Le langage est aussi vieux que la
conscience – le langage est la conscience réelle, pratique,
existant aussi pour d'autres hommes, existant donc également pour moi-même pour la première fois et, tout comme
la conscience, le langage n'apparaît qu'avec le besoin,
la nécessité du commerce avec d'autres hommes. Là où
existe un rapport, il existe pour moi. L'animal "n'est
en rapport" avec rien, ne connaît somme toute aucun
rapport. Pour l'animal, ses rapports avec les autres
n'existent pas en tant que rapports. La conscience est
donc d'emblée un produit social et le demeure aussi
longtemps qu'il existe des hommes en général. »

Cette formule – « la conscience est d'emblée un
produit social » – aurait fait grand plaisir à Durkheim, s'il
avait connu ce texte.

« Bien entendu, la conscience n'est d'abord que la
conscience du milieu sensible le plus proche et celle du
lien borné avec d'autres personnes et d'autres choses
situées en dehors de l'individu qui prend conscience ;
c'est en même temps la conscience de la nature qui se
dresse d'abord en face des hommes comme une puissance
foncièrement étrangère, toute puissante et inattaquable,
envers laquelle les hommes se comportent d'une façon
purement animale » [12].

Que veut-on dire en disant que le cinquième moment de
l'analyse de la réalité historique est la conscience ? Il s'agit
d'abord d'une conscience réelle et pratique qui s'exprime
dans le langage. Le langage est inséparable de la réalité
sociale, et ce texte suggère que conscience et langage sont
liés au caractère social de l'homme. Marx veut montrer
la conscience non pas comme première, mais comme
seconde, non pas comme devant être pensée, abstraction
faite de la réalité vivante ou historique, mais au contraire
comme l'expression de cette réalité de l'homme, espèce

naturelle, espèce sociale, de l'homme créant ses moyens d'existence. La conscience est une forme de la production de la vie par elle-même et cette conscience réelle est immédiatement liée à l'activité pratique, à la *praxis*.

Ces cinq moments sont souvent présentés dans le texte que je suis sous une forme plus simple qui ne retient que trois moments en relations réciproques, à savoir la force productive, l'état social et la conscience. Sous cette forme, la conception de Marx est à peu près la suivante : la force productive, c'est-à-dire la capacité industrielle d'une société, caractérise cette société même, mais il n'existe pas de capacité industrielle qui n'implique un certain état social et il peut y avoir relations de contradiction aussi bien que de complémentarité entre forces productives et état social.

Les contradictions de l'histoire ou la dialectique

Il n'y a pas non plus de forces productives et d'état social qui n'impliquent un certain état de la conscience, car les hommes ne peuvent coopérer entre eux que par l'intermédiaire du langage. Comme le langage implique un système de concepts et d'idées, la conscience réelle est présente aussi bien dans les forces productives que dans l'état social.

Mais il est possible que la conscience se sépare, divorce des forces productives et de la réalité sociale, si bien que le mouvement de l'histoire résulte des relations de complémentarité ou surtout de contradiction entre les trois moments principaux que nous venons d'appeler : forces productives, état social et conscience. Dans ce texte (à la page 23), apparaît l'idée de cette contradiction entre ces trois moments :

« *Ces trois moments, la force productive, l'état social et la conscience, peuvent et doivent entrer en conflit entre eux car, par la* division du travail, *il devient possible, bien mieux il devient effectif que l'activité intellectuelle et*

*matérielle, que la jouissance et le travail, la production et
la consommation échoient en partage à des individus différents »* [13].

Nous passons alors de l'analyse des moments de l'histoire, au troisième chapitre de cette théorie. Il va sans
dire que les intitulés des chapitres de cette théorie sont
de moi, comme les sous-titres dans la presse sont placés
par la rédaction du journal, et non par l'auteur de l'article.
J'essaie de donner une sorte de structure articulée à
l'exposé de la pensée marxiste, avec le maximum de
fidélité au texte, mais sans garantir que l'auteur ratifierait
ces sous-titres.

Passons donc du chapitre 2, c'est-à-dire les moments
de la réalité historique, au chapitre 3, portant sur les
contradictions de l'histoire et sur le mouvement dialectique.

À partir du texte auquel je viens de me référer, j'ai
mentionné les contradictions entre la conscience et la
réalité sociale. Je rappelle, à ce propos, le thème fondamental de la critique marxiste déjà indiqué plusieurs fois,
à partir en particulier de l'« Introduction à la critique de la
Philosophie du droit » où il est question de la religion.
Dans la pensée de Marx, s'il y a contradiction entre la
réalité sociale et la conscience que nous en prenons, c'est
que la réalité sociale elle-même est contradictoire. L'on se
souvient du thème de la critique de la religion par Marx :
les hommes s'aliènent dans des illusions religieuses, parce
qu'ils ne se réalisent pas eux-mêmes dans la réalité
sociale.

Nous allons retrouver l'application de cette idée
fondamentale à ce point de l'analyse. S'il existe une
contradiction entre conscience et réalité, c'est parce que
cette contradiction se produit déjà dans la réalité elle-
même. C'est ce qui justifie l'intitulé de ce chapitre :
« Les contradictions de l'histoire », ou « Le mouvement
dialectique ».

La question, sous sa forme la plus générale, peut être

ainsi posée : pourquoi l'histoire de l'homme, créateur de ses moyens d'existence, pourquoi l'histoire du développement des forces productives ou de la force productive, pourquoi toute cette histoire se développe-t-elle par l'intermédiaire de contradictions et non pas sous la forme d'un progrès continu ? C'est là une des questions-clés de la pensée marxiste, car si l'on s'attache à la notion de force productive, c'est-à-dire de capacités croissantes pour l'homme de manipuler les phénomènes naturels, on pourrait croire à une interprétation progressive ou progressiste de l'histoire humaine, puisqu'à travers l'histoire, la force productive augmente constamment. Mais, nous explique Marx, jusqu'à la révolution socialiste le développement des forces productives ne s'est opéré et ne pouvait s'opérer que par l'intermédiaire de contradictions ou de luttes sociales. Ce n'est qu'après la révolution socialiste, et nous verrons plus tard pourquoi, qu'il sera possible de concevoir un progrès des forces productives sans révolution politique.

Quelles sont les causes du caractère nécessairement antagoniste du développement de la force productive ? La réponse tient en deux mots : division du travail et propriété. L'histoire humaine est antagoniste parce qu'il y a division du travail et parce qu'il y a propriété. La forme première de la division du travail, nous dit Marx, est la séparation du travail matériel et du travail intellectuel et l'on comprend bien pourquoi, à ses yeux, la division du travail matériel et du travail intellectuel est la contradiction première. Nous avons vu en effet que la conscience est réelle dans la mesure où elle est la prise de conscience de l'existence effective des hommes dans le travail et dans la coopération. Or, à partir du moment où il existe une classe spéciale de scribes, de prêtres ou de professeurs, cette classe d'intellectuels est séparée de la pratique réelle et elle se met à développer des idées ou des idéologies qui peuvent être en désaccord ou en contradiction avec la pratique réelle. D'autre part, autre raison de ces contradictions, et autre contradiction, il se forme une séparation entre les villes et les campagnes, entre ceux qui possèdent la terre et ceux qui ne possèdent pas. Il s'opère de multiples séparations entre les activités des uns et des autres. De ces diverses formes de division du travail résultent l'inégalité et même, de manière plus profonde, l'opposition entre l'intérêt particulier d'un individu ou d'un groupe et l'intérêt général de la collectivité.

En d'autres termes, la propriété, la division du travail, disloquent l'unité fondamentale, élémentaire de la collectivité et créent tout à la fois des contradictions d'intérêts entre les groupes sociaux et des contradictions possibles entre la conscience réelle et la conscience idéologique. La conscience réelle refléterait la pratique effective, cependant que la conscience idéologique, celle des classes privilégiées ou dominantes ou des intellectuels séparés de la pratique, serait une représentation fausse du monde réel ou encore essaierait de justifier à coups de concepts ou d'idées la réalité présente.

Marx considère donc que le caractère radicalement antagoniste de toutes les sociétés connues jusqu'à la révolution socialiste résulte de deux termes fondamentaux : la division du travail et la propriété. Mais naturellement, à ce moment-là, l'on serait tenté de demander : que signifie « supprimer la division du travail » dans une société complexe comme celle dans laquelle nous vivons ?

La réponse que l'on peut extraire des textes de Marx tourne autour de l'opposition entre deux adjectifs allemands : *naturwüchsig* et *freiwillig* [14]. Ce qui veut dire en style très ordinaire « naturel » et « volontaire ». Marx ne peut évidemment penser que la division du travail, la spécialisation, c'est-à-dire le fait que chacun serait amené dans une société complexe à se livrer à une activité, disparaîtrait avec le socialisme, bien que, dans *L'Idéologie allemande*, il existe un texte où il dit que, dans une société socialiste, on serait chasseur le matin, pêcheur l'après-midi et agriculteur le soir, à moins que ce ne soit dans un ordre différent.

Il est donc certain qu'il y a un texte où est suggéré quelque chose comme l'élimination de la spécialisation des activités et la possibilité pour chacun de se livrer à toutes les activités. Mais évitons la polémique : il n'est évidemment pas possible de considérer que ce texte de *L'Idéologie allemande* représente la totalité de la pensée de Marx. Il faut, me semble-t-il, tenir compte d'au moins deux autres idées.

Il y a d'abord la question de savoir comment s'opère cette division du travail. Ce que Marx reproche à la société actuelle, c'est que la division du travail s'impose aux individus comme une espèce de fatalité naturelle, du fait que chacun naît dans une certaine classe sociale et a le minimum de chances d'en sortir. Cette division du travail qui s'impose aux groupes sociaux, aux classes sociales comme une fatalité naturelle, c'est une division *naturwüchsig*. C'est la division sociale du travail prenant le caractère d'un déterminisme naturel. La division du travail *freiwillig*, volontaire, serait organisée volontairement par la collectivité. Elle donnerait à tous les individus la capacité de choisir une activité appropriée à leurs dons, adaptée à leurs dispositions. J'ajoute que, dans ce texte, Marx croyait fortement que les hommes étaient naturellement très proches de l'égalité et que l'inégalité apparente des dons résultait de l'inégalité des conditions ; donc, dans la mesure où l'on croit à cette égalité naturelle des individus au point de départ, on est effectivement tenté de considérer l'extrême inégalité des individus dans leur développement comme tout entière déterminée par des conditions sociales, et des conditions sociales injustes. Mais, sans pousser l'analyse sur ce point, le problème de savoir si on peut transformer les individus par l'intermédiaire du milieu a donné lieu dans l'Union soviétique, un siècle après Marx, aux querelles de Lyssenko, Mitchourine, etc.[15]. L'origine de toutes ces querelles se trouve effectivement dans les textes marxistes qui ont une propension à mettre l'accent sur l'influence du milieu et à dévaloriser les conditions génétiques elles-mêmes. Si on laisse de côté cette discussion biologique, une des idées centrales de Marx, c'est certainement que la division du travail, dont il ne pouvait pas nier le caractère inévitable, prît une allure volontaire et organisée et ne conservât pas l'aspect d'une sorte de déterminisme naturel.

Il y a aussi, dans ces textes, une critique anthropologique, ou une critique culturelle, de la division moderne du travail qui confine un très grand nombre d'individus dans une activité parcellaire non significative. Cette critique de l'activité parcellaire est une critique parfaitement valable. Cependant, ce qui ne nous apparaît pas évident aujourd'hui, c'est qu'il suffise de transformer le système de propriété pour que l'on puisse soustraire la masse des individus à ce cloisonnement dans une activité parcellaire. Voilà, en tout cas, semble-t-il, quelle était l'inspiration de Marx. On doit incontestablement tirer des conséquences de cette critique. Ce que Marx, semble-t-il, veut dire, lorsqu'il évoque le moment où chacun pourra se livrer à trois ou quatre activités différentes dans la même journée, pourrait se traduire dans un langage plus acceptable. Une formation polytechnique permet de donner à chacun la possibilité de ne pas être enfermé toute sa vie dans une seule activité.

Les antagonismes de classe

Nous parvenons, en quelque sorte, à notre quatrième chapitre, en passant des contradictions de la dialectique aux antagonismes de classe. Nous avons en effet introduit les contradictions de l'histoire par l'intermédiaire des relations entre les forces de production, « l'état social » et la conscience [16]. « L'état social » est une des expressions qu'emploie Marx dans *L'Idéologie allemande*. On trouve une autre expression, *Verkehrsform* ; *Verkehr* veut dire en langage ordinaire : communication, transport, mais il veut dire aussi : commerce, non pas au sens de petit commerce, mais au sens où il existait une revue littéraire, voilà une vingtaine d'années, qui s'appelait *Commerce*.

Le commerce des hommes entre eux, le commerce intellectuel, c'est-à-dire le mot *Verkehr*, peut désigner le transport et aussi la communication. *Verkerhrsform*, dans *L'Idéologie allemande*, veut dire, à peu près, « la forme des relations entre les hommes »[17]. Ce qui est une autre version de la notion d'état social, mais qui a l'avantage de mettre l'accent sur une idée à laquelle je tiens. L'origine profonde de la dialectique historique de Marx est la relation entre le rapport des hommes avec la nature et le rapport des hommes entre eux. La dialectique des forces productives et des formes de communication correspond toujours à cette relation dialectique entre la manière dont les hommes transforment la nature et la manière dont ils coopèrent entre eux pour opérer cette transformation de la nature.

La dialectique historique que nous avons rencontrée jusqu'à présent est celle de la force productive et de l'état social, ou de la force productive et des formes de communication ou de relation, et nous n'avons pas encore vu explicitement la dialectique des classes.

Dans le texte que j'ai longuement commenté, la préface à la *Contribution à la critique de l'économie politique*, la seule dialectique que nous avions vue, la forme essentielle de contradiction qui était approuvée, était celle entre les forces et les rapports de production. D'où la question suivante : comment dans *L'Idéologie allemande* ces deux contradictions, entre les forces et les rapports de production d'une part, entre les classes d'autre part, comment ces deux sortes de collisions – puisque, dans *L'Idéologie allemande*, Marx écrit volontiers *collisions* –, sont-elles rapportées l'une à l'autre ? Dans le texte de Marx que je suis, il me semble que la combinaison des deux thèmes s'opère de la manière suivante :

1°) Les idées dominantes dans une société donnée sont les idées de la classe exploitante. Chaque société se caractérise par une classe privilégiée et les idées de cette classe privilégiée donnent la façon de penser de la société tout entière.

2°) À un moment donné, les rapports de production ou l'état social tendent à paralyser le développement des forces productives. Cet état social profite à la classe dominante, et il est celui que la classe privilégiée veut maintenir. Puisque les classes agissent normalement selon leur intérêt de classe, la classe dominante devient inévitablement conservatrice et réactionnaire, à partir du moment où le développement des forces productives est paralysé par l'état social qui profite à cette classe dominante. D'où il résulte, de manière logique et irréfutable, que c'est la classe dominée qui doit devenir le facteur révolutionnaire, et du même coup le facteur favorable au développement des forces productives puisque ce développement est paralysé par l'état social, lequel favorise la classe privilégiée, qui veut le maintenir puisqu'il la favorise. C'est donc par l'intermédiaire de la solidarité inévitable entre la classe privilégiée et l'état social que l'on passe logiquement de la dialectique des forces et rapports de production à la dialectique des classes. La classe non privilégiée devient nécessairement la classe révolutionnaire et se trouve justifiée dans sa volonté révolutionnaire par le fait qu'elle libérera de ses entraves le développement des forces productives.

Maintenant que nous avons vu le passage d'une dialectique à l'autre, de la dialectique forces-rapports ou forces-état social à la dialectique des classes, il nous reste à envisager deux points liés l'un à l'autre : la conception du prolétariat, les raisons pour lesquelles le prolétariat va jouer ce rôle historique, et en second lieu la conception de la révolution salvatrice, c'est-à-dire pourquoi, à partir d'un certain moment, la révolution mettra fin au caractère antagoniste du développement historique.

Nous avons vu pourquoi, d'après Marx, le développement historique ou développement des forces productives s'était opéré à travers les siècles de manière antagoniste. Les raisons de ces antagonismes étaient la propriété privée et la division du travail. Pour que le développement historique post-révolutionnaire ne soit plus antagoniste, il faut donc éliminer la propriété privée et la division du travail. Il reste évidemment à savoir pourquoi cette élimination va intervenir maintenant. En ce qui concerne le prolétariat, les raisons pour lesquelles Marx lui attribue cette mission historique et révolutionnaire sont de deux sortes. D'une part, on trouve l'argumentation générale selon laquelle le développement historique s'opère de manière antagoniste. C'est la classe non privilégiée qui sera l'agent de la révolution, et la classe prolétarienne étant la victime, l'expression, le reflet et même la trahison, aux deux sens du mot trahison [18], de la société actuelle, c'est le prolétariat qui doit accomplir cette mission.

À la page 63 de *L'Idéologie allemande*, on trouve cette phrase :

« *Seuls les prolétaires de l'époque actuelle, totalement exclus de toute manifestation de soi-même, sont en mesure de parvenir à leur manifestation totale, et non plus bornée, qui consiste dans l'appropriation d'une totalité de forces productives et dans le développement ainsi posé d'une totalité de facultés* » [19].

Dans ce texte, apparaissent à nouveau les jeux conceptuels caractéristiques du jeune Marx. C'est parce que les prolétaires sont privés de tout qu'ils pourront tout s'approprier. Raisonnement évidemment plus convaincant au niveau abstrait qu'au niveau concret. On voit très bien pourquoi. Les prolétaires étant privés de tout, sont, eux, capables de tout s'approprier. On peut même lire ailleurs qu'étant dépouillés de toutes caractéristiques particulières, ils sont immédiatement universels, c'est-à-dire qu'ils participent de l'histoire universelle dans la mesure où ils ne sont pas prisonniers de l'histoire locale ou provinciale. L'idée est très belle d'ailleurs, et peut se traduire en une style plus simple. Pour Marx, plus les hommes se situent à un niveau élevé de la hiérarchie sociale, plus ils sont solidaires des systèmes d'idées, des valeurs, des préjugés caractéristiques d'un groupe parti-

culier. Marx imaginait les prolétaires comme sans patrie ;
s'ils n'avaient pas de patrie, ils devenaient accessibles
à l'idée universelle, ils se situaient directement au
niveau de l'histoire universelle, précisément parce qu'ils
n'étaient ni Français, ni Allemands, ni Russes, mais
simplement humains en général. Dans quelle mesure cette
représentation est-elle vraie ? Cela est une autre affaire.

On trouve un autre texte de Marx sur les prolétaires,
page 62 de la traduction Molitor de *La Sainte Famille*. Il
écrit ceci :

> « *Si les auteurs socialistes attribuent au prolétariat ce
> rôle mondial, ce n'est pas du tout, comme la critique
> affecte de le croire, parce qu'ils considèrent les prolé-
> taires comme des dieux. C'est plutôt le contraire. Dans le
> prolétariat pleinement développé, il est fait abstraction
> de toute humanité, même de l'apparence de l'humanité ;
> dans les conditions d'existence du prolétariat se trouvent
> condensées, sous leur forme la plus inhumaine, toutes les
> conditions d'existence de la société actuelle ; l'homme
> s'est perdu lui-même, mais il a, en même temps, non
> seulement acquis la conscience théorique de cette perte,
> il a été contraint directement, par la détresse désormais
> inéluctable, impossible à pallier, absolument impérieuse
> – par l'expression pratique de la nécessité – à se révolter
> contre cette inhumanité : et c'est pour tout cela que le
> prolétariat peut et doit s'affranchir lui-même* »[20].

Ces textes sur le prolétariat de 1845-1846 ressemblent
extraordinairement aux textes sur le prolétariat de 1842-
1843, que j'ai cités, c'est-à-dire aux textes de l'« Introduction à la critique de la Philosophie du droit de
Hegel », article publié, par Marx, dans les *Annales franco-
allemandes* où il était expliqué que le rôle historique du
prolétariat tenait précisément à son extrême degré d'aliénation dans la société actuelle. Parce que le prolétaire était
dépouillé de toute humanité, il rendrait à l'espèce humaine
son humanité totale. Disons que le rôle historique du prolétariat est conçu dans le cadre d'un renversement du rien au

tout, dans le cadre d'un mouvement dialectique où la classe la plus dépouillée de toute humanité particulière est désignée pour rendre à l'humanité entière son humanité.

Cela dit, reste naturellement une question décisive : pourquoi la révolution socialiste, celle par laquelle le prolétariat supprimera les fondements actuels de l'organisation sociale, différera-t-elle essentiellement de toutes les révolutions du passé ?

Révolution et évolution

Marx a écrit plusieurs fois, j'ai cité ses textes, qu'une révolution ne se produisait que lorsque la classe qui en prenait l'initiative représentait les intérêts de la société tout entière. Mais, ajoutait-il, cette représentation des intérêts de la société tout entière par une classe n'est qu'une représentation transitoire. La bourgeoisie, en renversant l'Ancien Régime ou le régime féodal, était vraiment une classe particulière qui, à cette époque de l'histoire, parlait pour toutes les classes parce qu'elle introduisait un mode de production supérieur aux modes anciens. La bourgeoisie rendait possible le développement des forces productives, mais dialectiquement, classe progressive à la fin du XVIIIe siècle et au XIXe siècle, elle devenait une classe conservatrice, réactionnaire ou paralysante dans une phase ultérieure.

D'où la question suivante : pourquoi le même processus dialectique ne se reproduirait-il pas ? Pourquoi, après la révolution socialiste, le progrès économique et social se déroulerait-il sans bouleversements politiques ?

Le texte le plus clair à cet égard se trouve tout à la fin de *Misère de la philosophie*.

« *Ce n'est que dans un ordre de choses où il n'y aura plus de classes et d'antagonisme de classes, que les* évolutions sociales *cesseront d'être des* révolutions politiques » [21].

Cette conception a fait que les purs hégéliens, comme le révérend père Fessard, ont objecté à Marx qu'il commençait par une conception hégélienne avec la notion de la fin de la préhistoire et se donnait après la fin de la préhistoire le progrès indéfini. Autrement dit qu'il combinait deux philosophies différentes, l'une où l'histoire aboutit à un point d'arrivée et l'autre où l'histoire continue indéfiniment vers un terme inaccessible [22]. Dans les textes de Marx, il est clair qu'on trouve des éléments de chacune de ces deux conceptions : la révolution socialiste marque la fin de la préhistoire et après la révolution socialiste l'évolution sociale continue sans révolution politique.

Pourquoi en est-il ainsi ? Puisque l'antagonisme résulte de la propriété privée et de la division du travail, on pourrait dire qu'il suffirait de supprimer la propriété privée et la division du travail, quel que soit le sens de cette suppression, pour aboutir, au moins en théorie, à un monde dépourvu d'antagonismes. Mais de cette façon on ne fait que reculer la difficulté. Pourquoi pourrait-on à ce stade supprimer la division du travail et la propriété privée ?

Le texte le plus caractéristique de la pensée de Marx, à cette époque, se trouve à la page 26 de *L'Idéologie allemande*. Je le cite, parce que c'est un texte très connu et très important et qui naturellement peut être utilisé dans les conflits idéologiques d'aujourd'hui. Il est également assez caractéristique de ce que pensait Marx à l'époque.

« *Cette* "aliénation", *pour rester intelligible aux philosophes* [Cette formule ironique sur le terme "aliénation" ou *Entfremdung*, que Marx employait en 1844 dans le *Manuscrit*, traduit le fait qu'il lui paraît maintenant ressortir à une philosophie allemande désormais éloignée de ses préoccupations] *ne peut naturellement être abolie qu'à deux conditions* pratiques. *Pour qu'elle devienne une puissance* "insupportable" [c'est-à-dire l'aliénation], *c'est-à-dire une puissance contre laquelle on fait la révolution, il est nécessaire qu'elle ait fait de la masse de l'humanité une masse totalement* "privée de propriété",

qui se trouve en même temps en contradiction avec un
monde existant de la richesse et de la culture, choses qui
supposent toutes deux [...] un stade élevé de son dévelop-
pement. »

La première condition posée à la révolution est facile à
interpréter. On doit aller jusqu'au bout des contradictions
du monde actuel. Pour se révolter contre l'aliénation, il
faut qu'elle devienne insupportable et pour cela il faut que
s'accumulent, comme Marx le dira dans *Le Capital*, la
richesse à une extrémité et la misère à l'autre extrémité. Il
faut donc que les contradictions internes à la société
actuelle s'accentuent au maximum. On trouve là un des
aspects de la vision dialectique de l'histoire. Pour qu'on
soit sauvé par la révolution, il faut que les choses aillent
d'abord le plus mal possible et qu'elles aillent toujours le
plus mal possible. Marx était d'ailleurs convaincu, au
moins à l'époque, qu'elles iraient spontanément le plus
mal possible, mais il s'agit d'un pessimisme au comptant
et d'une optimisme à terme. À courte échéance, les choses
doivent s'aggraver beaucoup, ensuite tout ira beaucoup
mieux.

« D'autre part, ce développement des forces produc-
tives (qui implique déjà que l'existence empirique
actuelle des hommes se déroule sur le plan de l'histoire
mondiale au lieu de se dérouler sur celui de la vie
locale), ce développement des forces productives est une
condition pratique préalable absolument indispensable,
car sans lui [sans le développement des forces produc-
tives] *c'est la* pénurie *qui deviendrait générale, et, avec*
le besoin, *c'est aussi la lutte pour le nécessaire qui*
recommencerait et l'on retomberait fatalement dans la
même vieille gadoue. [Le terme allemand utilisé est un
petit peu plus fort, il consiste à dire à peu près : "on
recommencerait les saletés ordinaires" [23]. Marx ajoute
alors :] *Il est également une condition pratique* sine qua
non, *parce que des relations* universelles *du genre*
humain peuvent être établies uniquement par ce dévelop-

pement universel des forces productives et que d'une part il engendre le phénomène de la masse "privée de propriété" simultanément dans tous les pays (concurrence universelle), qu'il rend chacun d'eux dépendant des bouleversements des autres et qu'il a mis enfin des hommes empiriquement universels, historiques, *à la place des individus vivant sur un plan local »* [24].

Disons, tout de suite, qu'il n'existe immédiatement aucune raison de considérer que ce texte représente le dernier mot de Marx sur la question. Mais à l'époque où il l'écrit, ce qu'il exprime est évidemment décisif. Il signifie que la révolution ne peut transformer les bases de l'ordre social actuel qu'à la condition que soient réalisées deux conditions.

1°) Un développement des forces productives suffisant pour mettre fin à la pénurie et suffisant du même coup pour créer des hommes empiriquement universels. On mesure, à l'évidence, la portée de ce texte par rapport à l'idéologie du XXᵉ siècle. Mais, en la soulignant, on doit ajouter qu'il existe des textes de Marx qui vont dans d'autres sens. Celui que nous étudions signifie évidemment que la révolution socialiste ne peut être qu'une révolution universelle et non pas une révolution nationale ou locale. C'était d'ailleurs la conviction de Lénine lui-même au moment où il déclenchait la révolution russe parce qu'il était un bon marxiste et qu'il pensait, en conséquence, que la vraie révolution ne pouvait être qu'universelle.

2°) L'autre condition est tout aussi importante. Cette transformation radicale de la société met fin aux aliénations. La suppression de la propriété privée et de la division du travail suppose un énorme développement des forces productives qui permet, au-delà de la révolution, de distribuer dans l'abondance et non dans la pénurie.

Dans cette conception originale de Marx, la condition fondamentale de la vision historique était le développement prodigieux des moyens de production dans le régime capitaliste lui-même et l'intervention de la révolution au moment où il s'agirait de distribuer les bénéfices de cet accroissement des forces productives et non pas de développer les forces productives elles-mêmes. Mais, encore une fois, c'est là l'idée de Marx en 1845-1846 et il a pu ensuite penser autrement. Il n'en reste pas moins que dans le marxisme classique, c'est-à-dire le marxisme antérieur à 1917, la vision historique était tout de même dominée par l'idée que je viens d'exposer. Le mouvement de l'histoire développait les forces productives et la révolution intervenait plus au terme de ce développement que comme condition de ce développement. C'était la conception de l'histoire que Marx exposait en 1845-1846.

En quoi cette conception diffère-t-elle, soit de la phase de critique, soit de la phase postérieure, de ce que j'ai appelé le marxisme classique, c'est-à-dire celui qui est exposé dans le *Manifeste communiste* ou dans la préface à la *Contribution à la critique de l'économie politique* ?

En ce qui concerne les rapports de cette pensée avec la phase antérieure. je dirai que la transformation consiste essentiellement à substituer aux sens multiples, plus ou moins philosophiques, de l'aliénation un sens sociologique, et à utiliser ces concepts : objectivation, extériorisation, aliénation, pour désigner avec une certaine précision un certain nombre de processus historico-sociologiques qui ressortissent à l'analyse sociologique. Le fait que la séparation du travailleur intellectuel et du travailleur manuel, la séparation des villes et des campagnes, la division du travail créent des formes diverses de réalités collectives, qui sont extérieures aux individus, qui s'imposent aux individus, et les relations contradictoires entre ces ensembles sociaux sont le ressort du mouvement historique. Je dirai donc que nous passons d'une critique philosophique à une analyse historico-sociologique qui était d'ailleurs rendue nécessaire par le développement de la pensée critique.

Je crois avoir rendu intelligible le passage de la critique à l'histoire, le passage du *Manuscrit économico-*

philosophique au texte que nous venons d'étudier. Les résultats de la critique sont conservés, mais utilisés comme point de départ d'une interprétation de l'histoire.

La critique se transforme en une conception historico-sociologique, que nous appellerions, aujourd'hui, interprétation sociologique ou interprétation matérialiste de l'histoire, mais peu importe. Cette conception de l'histoire ne diffère pas fondamentalement du marxisme classique exprimé dans la préface à la *Contribution à la critique de l'économie politique*. Je dirais simplement que la présentation en est moins dogmatique, moins rigoureuse.

Je dirais aussi que, philosophiquement, cette pensée reste plus proche des origines dialectiques que de la conception déterministe qui apparaîtra plus tard. En effet, dans le texte de la préface, la contradiction fondamentale est celle entre les forces et les rapports de production, et il est question de faire appel aux sciences naturelles pour saisir la réalité historique. Dans les textes de *L'Idéologie allemande*, que j'ai cités, on trouve une analyse qui me paraît plus souple et plus fine de la relation entre les forces productives, l'état social, et la conscience. Les termes employés sont un peu flottants parce qu'il n'y a pas encore l'existence des rapports de production : Marx parle tantôt d'état social, tantôt de forme de communication. Son vocabulaire n'est pas arrêté, mais il est visible qu'il s'agit d'éléments de la réalité sociale distingués pour ainsi dire par l'esprit plutôt que de réalités matériellement distinctes. En effet, les textes de *L'Idéologie allemande* prouvent que l'état social est un des éléments des rapports de production, que la conscience réelle est inséparable des forces productives de telle sorte que la dialectique de ces éléments est une manière de concevoir le déroulement de l'histoire ; ce n'est pas une manière de découper dans une réalité matérielle concrète des segments qui pourraient être placés les uns à côté des autres.

Quelles que soient les nuances que l'on pourrait apporter à cette confrontation, je dirai que les thèmes de

L'Idéologie allemande et les thèmes de la préface à la *Contribution à la critique de l'économie politique* ou les thèmes du *Manifeste communiste* sont fondamentalement les mêmes. Les idées directrices sont identiques avec des mises en forme verbale légèrement différentes. Elles sont légèrement différentes parce qu'aucune d'entre elles n'est véritablement satisfaisante, ni pour Marx, ni pour ses lecteurs. On voit très bien à quoi Marx veut en venir, mais il est très difficile d'exprimer de manière rigoureuse toutes ces idées.

Maintenant que nous connaissons ces idées directrices, nous savons que l'homme est créateur de ses moyens d'existence, donc qu'il est avant tout celui qui crée son propre milieu, donc que le développement des forces productives fixe, pour ainsi dire, la ligne du mouvement historique, et qu'à travers l'histoire le développement des forces productives s'opère selon un processus d'antagonisme : les hommes créent un monde qui leur devient étranger, les hommes sont prisonniers de groupes sociaux dont les intérêts sont fondamentalement opposés. Propriété privée et division du travail se trouvent à l'origine des antagonismes à travers lesquels se développent les forces productives et l'humanité elle-même.

Dans la phase actuelle, l'aliénation va atteindre un degré suprême : le prolétariat sera le représentant et le témoin de cette aliénation totale, cependant que les forces productives dans notre société se développent plus qu'elles ne se sont jamais développées dans le passé. Nous aboutissons donc à la contradiction la plus radicale : d'une part des forces productives sans précédent, d'autre part une déshumanisation du prolétariat également sans précédent. Donc, à la fois, une abondance virtuelle sans exemple et une misère actuelle sans exemple. De cette contradiction doit sortir une révolution radicale, qui ne se bornera pas à mettre une classe privilégiée à la place d'une autre, mais qui posera les fondements d'un ordre social radicalement nouveau, où l'évolution sociale n'exigera plus de révolution politique.

Difficultés de cette interprétation :
la guerre et la conscience

Nous étions partis au début de ce cours de cette version simplifiée de la théorie, nous sommes remontés au Marx de la *Critique de la Philosophie du droit*, et puis nous avons retrouvé, par l'intermédiaire de *L'Idéologie allemande*, ces thèmes fondamentaux. L'on peut voir maintenant comment ces idées classiques de l'interprétation matérialiste de l'histoire se sont formées dans l'esprit de Marx et ont abouti à une doctrine qui est, à mon avis, définitivement constituée dans ses lignes essentielles à partir de 1848. En effet, à partir de cette date, le problème de Marx devenait le problème économique. Il s'agit désormais pour lui de démontrer par l'analyse de l'économie que les choses se passaient bien comme elles devaient se passer d'après la dialectique qu'il avait conçue.

Je ferai, maintenant, quelques remarques sur les difficultés que recelait cette interprétation de l'histoire. Elles serviront de transition pour passer à la suite du cours.

La première difficulté tient au rôle des guerres et de la violence physique. Dans *L'Idéologie allemande*, Marx pose deux fois la question. À la page 13, il écrit :

« *Le fait de la conquête semble être en contradiction avec toute cette conception de l'histoire* » [25].

Et puis à la page 59, il revient aussi là-dessus :

« *Rien n'est plus courant que l'idée qu'il s'est agi uniquement de* prises de possession *jusqu'ici dans l'histoire* » [26].

Voilà le point : il n'était pas obligé de le considérer comme une difficulté, mais il semble qu'il l'ait bien perçu ainsi, pour la raison suivante. Nous avons retenu la contradiction entre les forces et les rapports de production, les luttes entre les classes, comme les ressorts du mouvement historique. Mais tout le monde sait qu'à travers l'histoire il s'est toujours produit des guerres et qu'il y a toujours eu des peuples qui conquéraient des territoires et qui soumettaient d'autres peuples. Or, si l'on prend une vue d'ensemble de l'histoire humaine, peut-on éliminer le rôle des guerres ? Le problème était d'autant plus important et évident pour Marx que dans la philosophie de Hegel, la lutte essentielle était plutôt la lutte entre les peuples que la lutte entre les classes.

Aussi, par deux fois, Marx écrit à peu près : on va objecter à ma conception le problème des guerres et des conquêtes, il me faudrait trop de temps pour répondre, j'y reviendrai… Il n'est pas très clair de savoir ce qu'aurait été sa réponse approfondie à cette question. Mais au moins peut-on se reporter à sa réponse courte, la plus convaincante, celle qui se trouve à la page 59 de ce volume et qui consiste à dire à peu près ceci. Effectivement, il s'est produit de temps en temps des conquêtes, et des peuples se sont installés comme des classes privilégiées au-dessus de peuples réduits en servitude. Mais, ajoute-t-il, après la phase d'excitation qui suit les conquêtes et les victoires, il faut revenir aux choses sérieuses, c'est-à-dire à la production. La communauté de production qu'établiront les conquérants s'adaptera à l'état de développement des forces productives.

« *Il découle de cette nécessité de produire qui se manifeste très tôt, que la forme de communauté adoptée par les conquérants qui s'installent doit correspondre au stade de développement des forces de production qu'ils trouvent, et, si ce n'est pas le cas d'emblée, la forme de communauté doit se transformer selon les forces productives* » [27].

Dans ce cas, la réponse est à peu près la suivante : bien sûr, il existe des phénomènes de conquête, mais cela ne tire pas à conséquence ; une fois les joies du butin épuisées, il faut se remettre à produire et conquérants et peuples conquis produisent ensemble selon un mode de production adapté à l'état effectif de développement des forces productives. Cela ne me paraît pas répondre complètement à l'objection, car Marx se borne à constater qu'après la conquête, les forces de production ne sont pas automatiquement augmentées, ce qui est incontestable ; mais cela ne signifie pas que le fait que ce soit un groupe humain qui s'établisse en groupe dominant au-dessus d'un autre groupe humain ne marque pas l'organisation de la société.

Or, si l'on voulait réduire le rôle des guerres en les subordonnant au rôle du développement économique, il faudrait expliquer, ou bien que ces guerres sont déterminées par l'état des forces productives, c'est ce qu'a essayé de faire Lénine à propos de la Première Guerre mondiale [28], ou bien que les conséquences des guerres et des conquêtes disparaissent rapidement. Chacune de ces démonstrations est difficile à faire et, à mon avis, aucune n'aboutira. Mais je laisse de côté ce problème, et me borne à signaler la difficulté. Cette vision de l'histoire dominée par la dialectique des forces et des rapports de production et par la lutte de classes ne fait pas place aux guerres et aux luttes entre nations. Comment, à supposer que Marx veuille réduire les luttes de nations aux luttes de classes, peut-on proposer une théorie acceptable ?

À mon sens, jamais personne n'a proposé de réponse satisfaisante à cette question.

Le second problème, plus important, concerne la relation entre la réalité historique, la pratique, et la conscience.

Marx a démontré, dans les textes que j'ai cités, qu'il existe une certaine unité de la réalité historique et il a affirmé que la conscience est un aspect de la réalité historique globale, et donc que la conscience réelle est liée à la pratique. Il en résulte qu'il existe un certain nombre de distinctions à établir dans les divers modes de relations entre les œuvres de la conscience et la réalité historique. Naturellement, il est facile de dire que l'homme produit la conscience comme il produit ses moyens de production, ou encore de dire que l'homme produit les œuvres de l'Esprit comme il produit les biens industriels. Mais reste à savoir la relation qui existe entre ce mode de production du langage et des idées et le mode de production des biens matériels. D'après les textes de Marx, il semble que l'on puisse distinguer, dans les œuvres de l'Esprit, au moins, trois stades ou trois degrés qui ressortissent à trois interprétations différentes.

On trouve d'abord ce qu'il appelle la conscience réelle qui est, semble-t-il, la conscience attachée à la pratique et qui est la conscience non idéologique, par exemple : le langage. Ce qui d'ailleurs, entre parenthèses, donne des titres de noblesse marxiste au fameux texte de Staline sur la linguistique[29], où il avait expliqué que les langues n'étaient pas du tout marquées par les oppositions de classes et étaient des œuvres nationales, communautaires. Il aurait, en effet, pu démontrer le caractère non partisan, non « fait de classe » du langage en se référant à l'idée de la conscience réelle exprimée dans *L'Idéologie allemande*, qui est la conscience directement liée à la pratique, indispensable à la pratique et qui n'est encore marquée ni par les relations de classes, ni par les illusions idéologiques.

Au-delà de la conscience réelle, on découvre les idées de la classe dominante. Ce ne sont pas les idées de tous, mais elles peuvent être plus ou moins adaptées à l'interprétation de la réalité historique transitoire que domine cette classe. Par exemple, les idées de l'économie politique anglaise que Marx étudiera de si près, expriment la prise de conscience par la classe dominante d'une partie de la réalité dans laquelle vit cette classe dominante. Mais ce n'est pas la vérité complète du monde capitaliste, parce qu'il s'agit d'une interprétation du monde capitaliste faussée, consciemment ou inconsciemment, par les intérêts de la classe dominante. Ce système d'interprétation distingue, au-dessus ou au-dessous de la conscience réelle, les idées de classes caractéristiques d'un moment historique, et qui peuvent soit comporter une part de vérité, soit être tout à fait fausses, être conformes à l'intérêt transitoire d'une classe ou de la société. Ces idées sont interprétées par référence à une classe.

Enfin, la troisième sorte d'œuvre de la conscience pourrait s'appeler idéologie. Il s'agit des systèmes de justification, de couverture ou de dissimulation de la réalité, qu'emploie, consciemment ou inconsciemment, une classe ou un groupe pour se défendre lui-même dans la bataille des idées, forme extérieure que prend la bataille réelle, c'est-à-dire la bataille de classes.

Ces trois sens ou ces trois modes d'interprétation des idées ne sont pas distingués par Marx aussi simplement et aussi clairement que je le fais ici. Les interprétations que l'on a données de la conception marxiste de l'idéologie oscillent entre des termes extrêmes. Selon certaines interprétations, à partir de certains textes de Marx, toutes les idées juridiques, politiques, morales, philosophiques ressortissent à l'idéologie. Dans ce cas, toutes les œuvres de l'esprit seraient idéologie. Dans d'autres textes de Marx et selon d'autres interprétations, il convient de distinguer entre la conscience réelle, qui est proche de la pratique et qui, par conséquent, n'est pas faussée, et les idées faussées par leur appartenance de classe ou les idées faussées par le désir d'illusions, qui elles seulement sont idéologiques.

Si l'on se reporte aux textes de 1845-1846, on trouve un certain nombre d'interprétations historico-sociologiques des idées, en particulier dans un passage de *L'Idéologie allemande* [30], où Engels propose une explication de Kant à peu près dans les termes suivants : Kant est le parfait représentant de la bourgeoisie allemande et la théorie de la bonne volonté est l'expression, au niveau idéologique, de l'incapacité de cette bourgeoisie de réaliser ses idées ou ses conceptions. Je simplifie un peu une interprétation déjà démesurément simple. Mais, enfin, c'est le type d'interprétations auxquelles se sont livrés de temps à autre Marx et Engels, et beaucoup plus encore les marxistes. Elles sont aussi faciles qu'insatisfaisantes, bien que la relation entre

Kant et la situation sociale de l'Allemagne soit évidente. Mais, dans la mesure où Kant est un grand philosophe, c'est une proposition incontestable que d'expliquer Kant par la bourgeoisie allemande, mais aussi instructive que celle qui consiste à expliquer Picasso par la Révolution russe.

Laissons ces sortes de considérations et disons que la théorie des idées qui résulte du matérialisme historique est claire dans son fondement et équivoque dans ses conséquences. L'idée selon laquelle on doit replacer les idées des hommes dans leur contexte social est une idée juste et profonde. L'idée selon laquelle on doit concevoir l'homme créateur de son monde intellectuel comme non radicalement séparé de l'homme créateur de son monde matériel est aussi, en tant qu'idée directrice, parfaitement juste. Mais, quand on a dit cela, il n'est pas tellement facile de passer d'un état de la peinture, de la sculpture, ou de la philosophie à un état déterminé de la réalité sociale. Il n'est pas douteux que Marx dans *L'Idéologie allemande* insiste beaucoup sur le côté global de la réalité historique. Il écrit et il répète qu'il n'existe pas d'histoire séparée de la littérature ou de la philosophie ou de l'art. C'est-à-dire que ce qui le frappait le plus, à l'époque, c'était le caractère total de la réalité historique et la nécessité de replacer les œuvres de l'esprit dans ce contexte historique total. Personnellement, je n'éprouve aucune difficulté pour admettre le principe, mais je trouve qu'il laisse entière la question de savoir comment l'appliquer. Il est très vrai que nous faisons tous partie d'un contexte historique et social déterminé, mais le passage d'un monde intellectuel particulier, mettons celui de *La Phénoménologie* de Husserl, à la situation historique de l'Allemagne dans les quarante premières années du siècle, n'est pas tellement facile. On a souvent adopté cette démarche, mais on ne peut pas dire que l'expérience se soit révélée pleinement satisfaisante.

Le rôle du prolétariat

Troisième remarque, qui nous conduira au chapitre suivant : les contradictions ou collisions et l'aboutissement. Il reste à démontrer la nécessité de l'aboutissement, à trouver les contradictions et le rôle du prolétariat.

Marx doit démontrer que les intérêts du prolétariat sont radicalement contradictoires avec ceux de la bourgeoisie. C'est-à-dire qu'il lui faut aussi démontrer la théorie de l'exploitation, ce qu'il fera dans *Le Capital*. Autrement dit sa philosophie de l'histoire appelle la thèse centrale du *Capital* qui concerne l'exploitation du salarié en régime capitaliste.

Il faut démontrer, en deuxième lieu, que l'exploitation du salarié dans le régime capitaliste ne puisse pas être éliminée sans révolution. Là encore, c'est ce que Marx essaiera de faire dans *Le Capital*.

Enfin, troisième chose à faire, qui n'est pas très facile : il faut démontrer que le mouvement de l'histoire tendra effectivement à réaliser cette forme extrême de contradiction que j'ai signalée tout à l'heure, l'opposition entre une abondance virtuelle sans précédent et une misère actuelle également sans précédent. Ce qui est la situation idéale pour la révolution. Idéale, parce que la plus conforme aux exigences révolutionnaires en ce sens que la contradiction entre abondance et misère sera au maximum. Ayant posé, avant d'étudier à fond l'économie politique, qu'il en serait ainsi, Marx consacrera le reste de sa vie savante à essayer de démontrer qu'effectivement il en serait ainsi. Dans *Le Capital*, en effet, il essaiera de démontrer la thèse de l'exploitation du prolétariat en régime capitaliste, le caractère indéracinable de l'exploitation du prolétariat dans le capitalisme, et l'accentuation de la misère prolétarienne toujours dans le capitalisme, pour trouver au terme du mouvement historique spontané la situation révolutionnaire, qu'il anticipe comme, à la fois, probable ou certaine et souhaitable.

La dernière proposition qu'il lui reste à démontrer, à supposer qu'il ait démontré la nécessité de la révolution, concerne le régime qui viendra après le régime capitaliste, et le fait de savoir s'il répondra aux espoirs qu'il fonde sur lui. Le régime socialiste sera-t-il effectivement un régime où l'aliénation aura disparu, avec la division du travail et la propriété privée ? Pour démontrer que le régime post-capitaliste présente les mérites que Marx lui attribue à l'avance, deux procédés existaient en théorie.

Le premier est celui qu'il n'a pas voulu appliquer, et qui serait coutumier de ceux des socialistes qu'il appelait utopistes : construire un modèle d'une société socialiste fondamentalement différente de la société capitaliste et présentant les mérites qu'on attendait. Cela aurait consisté à démontrer qu'un régime sans propriété privée est un régime sans aliénation, sans inégalité et ainsi de suite.

Or, Marx n'a pas essayé ce genre de démonstration pour plusieurs raisons.

La première, c'est qu'il était très intelligent et qu'il savait qu'une démonstration de cet ordre ne convaincrait personne, parce que les seules difficultés en matière sociale tiennent à la réalité et non pas aux mots et aux idées. On peut évidemment construire un modèle d'une société socialiste pleinement satisfaisante, qui n'aurait qu'un seul inconvénient, celui de ne pas exister et dont on ne pourra pas démontrer qu'il existera.

Marx était aussi profondément réaliste et il n'a jamais voulu démontrer ce que serait le régime socialiste. Il s'en est tiré en disant : l'homme se construit son avenir par l'action, l'avenir dans le détail est imprévisible, donc je ne vous dirai pas ce que sera la régime socialiste.

Seulement, il fallait, tout de même, qu'il démontre à la fois que la révolution était inévitable et que le régime post-socialiste répondrait à peu près à ce qu'il en attendait, sans en avoir donné une description.

Évidemment, du point de vue de l'efficacité, la solution qu'il a adoptée est de beaucoup la meilleure, car s'il avait donné une description de la société socialiste, il aurait été vulnérable. S'il avait dit qu'il ne savait pas ce que serait la société socialiste, on lui aurait demandé : « Et alors ? » Il a donc adopté la solution intermédiaire, c'est-à-dire qu'il a tout à la fois affirmé qu'il ne savait pas ce que serait la société socialiste, et que cependant la condition indispensable pour éliminer les maux de la société actuelle consistait en une révolution radicale.

Ce qu'il a essayé, à mon avis, de faire, c'est de démontrer deux choses. Il ne les a pas distinguées explicitement, mais je pense qu'on ne fausse pas sa pensée en suggérant qu'elle contient deux éléments distincts.

Le premier, c'est ce que j'appellerais volontiers la dialectique rationnelle implicite de la représentation marxiste de l'histoire. Si l'on montre le monde capitaliste entraîné dans un développement prodigieux des moyens de production et simultanément la misère croissante des masses, on est tenté de dire que ce qui se produira un jour ou l'autre, c'est que le monde cessera d'être complètement absurde et qu'une révolution permettra au plus grand nombre des hommes de profiter des bénéfices de l'abondance créée. Donc, il existe une espèce de renversement dialectique, conforme à la rationalité implicite. Une partie des textes de Marx vont dans ce sens : ceux qui n'ont rien seront, un jour, les agents d'une révolution qui mettra fin au scandale de la misère au sein de l'abondance potentielle. Marx suggère, alors, une espèce de vision rationnelle de l'histoire, où les événements réconcilieraient le fait avec la raison. Il ne le dit jamais sous cette forme, parce qu'en principe ce langage reste le langage philosophique de sa jeunesse qu'il s'est interdit d'employer par la suite.

La deuxième démonstration est du style du déterminisme historique ou sociologique. Marx essaie de démontrer dans *Le Capital* que la paupérisation s'aggrave en même temps que la concurrence se détruit elle-même. Il essaie de retrouver, sous la forme d'un déterminisme économico-social, la vision dialectique de sa jeunesse. Il passe de la vision historique à la démonstration économico-sociale, que l'on trouve dans *Le Capital*.

Ce qui du même coup montre le lien entre les œuvres de jeunesse et les œuvres de la maturité. Ces œuvres de jeunesse, au point où nous en sommes arrivés, aboutissent à une certaine interprétation des contradictions, forces et rapports de production, contradiction des classes ou contradiction entre forces productives, état social et conscience. Mais toutes ces contradictions entre les moments de la réalité historique n'impliquent pas de vision eschatologique, de révolution salvatrice. La meilleure preuve en est que Georges Gurvitch, dans ses livres ou ses cours sur Marx, reprend de Marx tous ses éléments de l'interprétation sociologique et il élimine comme de peu d'importance ce à quoi Marx tenait le plus, c'est-à-dire très évidemment la vision eschatologique et l'accomplissement de la révolution socialiste [31].

Ce n'est pas du tout un procédé illégitime, car nous pouvons considérer que ce qui est le plus important dans Marx, c'est ce qui nous intéresse personnellement le plus, nous faisons tous cela. Simplement, Marx lui-même n'aurait pas été convaincu parce qu'il voulait arriver à une certaine vision révolutionnaire.

Au point où nous sommes arrivés, nous disposons d'une certaine vision historique, d'une certaine manière de penser l'histoire, mais il reste encore pour Marx à démontrer, autrement que par des propositions faciles et catégoriques, qu'effectivement l'histoire aura la complaisance de réaliser ce qui lui apparaît comme une dialectique rationnelle. C'est-à-dire qu'il faut, effectivement, que par le mouvement même de l'économie la misère s'accumule à un pôle et la richesse à l'autre, il faut que le développement des forces productrices soit paralysé par les contradictions du capitalisme, c'est-à-dire qu'il faut avoir lu *Le Capital* pour savoir que le Marx de jeunesse avait raison.

CHAPITRE VIII

ITINÉRAIRE INTELLECTUEL

À la fin de la leçon précédente, j'en étais arrivé à indiquer quelques-unes des difficultés intrinsèques de l'interprétation de l'histoire que l'on trouve dans *L'Idéologie allemande*. Ces difficultés réduites à l'essentiel sont les suivantes :

1°) *Le rôle de la force, de la violence et de la guerre.*

Il est possible de répondre, à la manière dont le fait Marx, que le conquérant, une fois maître d'un territoire, est obligé de travailler à son tour et de travailler selon l'état des forces productives. Il n'en reste pas moins que la force militaire est à la fois créatrice et destructrice des unités politiques. Dans la mesure où cette force n'est pas fonction des ressources économiques, on trouve là un facteur du déroulement de l'histoire qui n'est pas réductible à la dialectique des forces et des rapports de production.

2°) *Les relations entre la réalité sociale et les idées (ou la conscience).*

Elles sont multiples et équivoques puisqu'il existe diverses formes de la conscience : conscience réelle liée à la pratique, conscience idéologique, conscience illusoire, conscience justificatrice. La difficulté majeure peut se résumer dans les termes suivants : ou bien la relation entre la réalité sociale et l'idée se réduit à la formule du conditionnement et en ce cas la formule est tout aussi incontestable qu'elle est peu significative ; ou bien la relation entre la réalité sociale et l'idée s'exprime en termes de détermination, et alors la proposition est aussi significative qu'elle est contestable. Ou conditionnement, ce qui est évident, mais ne nous apprend pas grand-chose ; ou détermination, ce qui nous apprendrait beaucoup, mais qui est difficile à démontrer.

J'avais fait allusion à un passage de *L'Idéologie allemande*, dû probablement à la plume d'Engels, concernant l'Allemagne et Kant. Voici ce texte que je ne donne pas du tout comme un modèle d'interprétation marxiste, mais au contraire comme un modèle de ce à quoi peut aboutir, dans les circonstances défavorables, ce genre d'interprétation :

« *L'état de l'Allemagne, à la fin du siècle dernier, se reflète complètement dans la* Critique de la raison pratique *de Kant.* [Le "complètement" est vraiment merveilleux.] *Tandis que la bourgeoisie française s'élevait au pouvoir par la Révolution colossale que l'histoire connaît et conquérait le continent européen, tandis que la bourgeoisie anglaise, déjà politiquement émancipée, révolutionnait l'industrie et se soumettait les Indes au point de vue politique et tout le reste du monde au point de vue commercial, les bourgeois allemands impuissants n'en arrivèrent qu'à la "bonne volonté". Kant se contentait de la simple "bonne volonté", même si elle reste sans aucun résultat, et plaçait la* réalisation *de cette bonne volonté, l'harmonie entre elle et les besoins et les aspirations des individus, dans l'au-delà* »[1].

On ne saurait dire qu'il s'agit d'une interprétation très profonde de la *Critique de la raison pratique*.

Dans la philosophie de l'histoire de Marx, dans *L'Idéologie allemande*, l'aboutissement est la révolution salvatrice, c'est-à-dire celle qui mettra fin au déroulement antagoniste de l'histoire. Et c'est là qu'apparaît une troisième difficulté.

3°) La question, c'est la suivante : cet aboutissement favorable, ce *happy ending*, comme disent les Anglais, cette fin heureuse des romans roses, est-elle nécessaire au point de vue du déterminisme ou est-elle nécessaire parce qu'elle est rationnelle ? S'agit-il d'une dialectique rationnelle qui doit se dénouer par la réconciliation ou s'agit-il d'un mouvement historique, dont on peut prévoir le terme dernier parce que celui-ci est déterminé par des forces irrésistibles ?

La réponse peut être naturellement l'un et l'autre, mais Marx et les marxistes ont hésité sur la réponse qu'il convenait de donner à cette question. Les uns ont dit que la révolution socialiste salvatrice était inévitable, d'autres qu'elle était inévitable pour mettre fin aux contradictions. On trouve, chez Marx, une formule reprise par Trotski, qui sert aujourd'hui de titre à une petite revue d'inspiration marxiste, d'ailleurs intéressante, *Socialisme ou barbarie*[2]. Dans cette version de la philosophie de l'histoire de Marx, l'aboutissement heureux n'est pas inévitable, il est nécessaire pour que la dialectique historique conduise à son terme satisfaisant et pour éviter la rechute dans la barbarie.

Misère de la philosophie

Avant de donner une vue d'ensemble de la formation de la pensée de Marx, je voudrais parler brièvement de *Misère de la philosophie*, c'est-à-dire du premier texte polémique de Marx, qui date de 1847. Cette œuvre polémique a pour objet non plus les philosophes et les jeunes hégéliens, mais un socialiste.

L'intérêt premier de ce texte est de montrer à l'œuvre la pratique polémico-politique de Marx, qui se prolongera à travers tout le mouvement marxiste et qui est fondée sur l'idée que l'interprétation marxiste de l'histoire et de la situation historique est vraie et seule vraie. De telle sorte que toute autre interprétation doit être non pas réfutée dans le style poli de la discussion académique, mais simultanément critiquée dans un style poli et combattue dans un style partisan, celui des invectives politiques. Marx et Engels ont appliqué cette technique polémico-partisane, d'abord à leurs anciens camarades du mouvement des jeunes hégéliens, puis à Proudhon. Ils ont continué ensuite à l'appliquer toute leur vie à leurs rivaux en socialisme, par exemple à Bakounine lors de la constitution de la Première Internationale[3]. Cette technique s'est prolongée à travers tout le marxisme : si l'on suit les polémiques de la fin du XIXe siècle et du début du XXe siècle, à l'intérieur du mouvement social-démocrate, on y retrouve, sous une forme quelque peu atténuée, ce genre de polémique. Puis les bolcheviks, Lénine en particulier, sont revenus aux formes extrêmes de l'invective. Je dois ajouter que la technique mise au point, pour la première fois, par Marx et Engels, se prolonge encore aujourd'hui et représente, si l'on ose dire, un des aspects de l'histoire universelle contemporaine[4].

En ce qui concerne *Misère de la philosophie*, cette technique polémique s'exprime dans le titre même, puisque le livre de Proudhon s'appelait *Philosophie de la misère*[5] et qu'il n'était évidemment pas gentil de lui répondre par un livre s'intitulant *Misère de la philosophie*. J'ajoute, à titre d'indication historique, qu'à l'époque où Marx a écrit ce livre, il était à peu près inconnu, Proudhon au contraire était déjà célèbre et n'a pas répondu à Marx. Marx étant un jeune Allemand, un petit roquet qu'il n'avait pas de raisons de prendre tellement au sérieux, il s'est borné à écrire en marge du texte de *Misère de la philosophie* ses propres réponses que l'on connaît[6].

Dans le livre de Marx, on trouve un certain nombre d'idées qui doivent nous intéresser. Je n'entrerai pas dans la discussion économique entre Marx et Proudhon, parce qu'il faudrait d'abord expliquer les *Contradictions économiques* dont parle Proudhon dans son livre et ensuite montrer sur quels points Marx et Proudhon sont en désaccord. Cela prendrait trop de temps et n'a plus aujourd'hui qu'un intérêt d'érudition. Tenons-nous-en aux idées positives de Marx qui apparaissent dans cette polémique.

Dans *Misère de la philosophie*, nous trouvons un certain nombre des idées inspiratrices de la conception économique de Marx, que nous étudierons plus en détail, et nous trouvons aussi l'une des idées auxquelles il tient le plus, qui est fondamentale à ses yeux et qui commande tout *Le Capital* : dans le régime capitaliste, l'exploitation de l'ouvrier est impliquée par le système capitaliste lui-même. Il n'y a donc pas de possibilité de mettre fin à l'injustice intrinsèque du régime dans le cadre du régime lui-même. En conséquence, il reproche à Proudhon d'essayer de trouver, à l'intérieur du régime de la propriété privée, un mode d'établissement de la valeur qui aboutirait à l'échange égalitaire des travaux contre les travaux. Marx répond que le système économique étant ce qu'il est, c'est-à-dire fondé sur la propriété privée, sur l'achat par le capitaliste de la force de travail de l'ouvrier, il en résulte une exploitation intrinsèque qui rend absurde la conception proudhonienne d'une réforme du système économique, aboutissant à un juste système d'échanges.

« *Dans le principe, il n'y a pas échange des produits, mais échange des travaux qui concourent à la production. C'est du mode d'échange des forces productives que dépend le mode d'échange des produits.* [Ce qui signifie que c'est l'organisation intrinsèque du système de production qui commande l'ensemble du système économique.] *En général, la forme de l'échange des produits correspond à la forme de la production. Changez la dernière, et la première se trouvera changée en conséquence* » [7].

De là résulte l'idée majeure que nous trouverons exprimée dans *Le Capital*. On ne peut pas modifier le régime économique capitaliste et en éliminer les injustices par une modification secondaire du système ou de l'organisation des échanges. Ce qui est la base, c'est le système de production, le rapport de production fondé sur les forces de production. Ce rapport de production capitaliste, nous le verrons, c'est l'achat par le capitaliste de la force de travail de l'ouvrier. Ce qui entraîne que le capitaliste dispose d'une valeur produite par l'ouvrier supérieure à celle qu'il lui paie sous forme de salaire.

Citons un autre texte dans lequel on trouve soulignée cette primauté absolue des forces productives. La phrase, dans le style de jeunesse, est catégorique :

« *Vraiment, il faut être dépourvu de toute connaissance historique pour ignorer que ce sont les souverains* [c'est-à-dire les souverains politiques] *qui, de tout temps, ont subi les conditions économiques, mais que ce ne sont jamais eux qui leur ont fait la loi. La législation tant politique que civile ne fait que prononcer, verbaliser le pouvoir des rapports économiques* »[8].

Un texte de cet ordre représente l'expression sous la forme la plus sommaire et la plus catégorique de la primauté des relations économiques sur les relations politiques. Ce qui ne va pas, naturellement, sans quelques difficultés dans un siècle où une révolution, c'est-à-dire la prise du pouvoir, a pu entraîner la transformation des rapports de production. Mais, enfin, dans ce texte écrit par Marx contre Proudhon, l'on trouve affirmée la primauté des rapports de production sur l'action des souverains, c'est-à-dire sur la politique, sous sa forme la plus extrême.

La deuxième critique majeure que Marx adresse à Proudhon est liée à l'idée centrale de la dialectique historique selon Marx. Il ne faut pas essayer d'éliminer le mauvais côté des choses pour en garder le bon. En d'autres termes, il ne faut pas compter, par des réformes partielles, éliminer le mal qui se trouve dans la société pour en garder le bien. La relation du mal au bien est autre. Il faut d'abord aller jusqu'au bout du mal pour que, par un renversement dialectique, surgisse le bien. Proudhon, lui, dans sa propre dialectique, essayait de montrer que chacun des principes de l'économie politique de son temps comportait un bon et un mauvais aspect, et il voulait éliminer le mauvais pour garder le bon. Ce qui aboutissait, pratiquement, à une philosophie réformiste. Marx prétend, lui, que bien et mal sont inséparables dans la réalité historique et que le mouvement de l'histoire doit pousser au point extrême le négatif pour que de l'excès même du négatif surgisse le positif. En termes concrets et historiques : il faut que les classes populaires aillent jusqu'au bout de la misère pour que d'une situation intolérable surgisse leur volonté révolutionnaire qui modifiera les conditions profondes de la production.

Citons un texte très simple, qui exprime cette idée de Marx que le mal dans la réalité historique est lié au bien, qu'il faut accepter le mal de l'histoire et que c'est par le mouvement dialectique qu'on éliminera finalement le mal :

« *On supposerait naturellement que les Anglais auraient pu produire ces richesses sans que les conditions historiques dans lesquelles elles ont été produites, telles que : accumulation privée des capitaux, division moderne du travail, atelier automatique, concurrence anarchique, salariat, enfin tout ce qui est basé sur l'antagonisme des classes, eussent existé. Or, pour le développement des forces productives et de l'excédent de travail, c'étaient précisément là les conditions d'existence. Donc il a fallu, pour obtenir ce développement des forces productives et cet excédent de travail, qu'il y eût des classes qui profitent et d'autres qui dépérissent* »[9].

Ce texte est tout à fait caractéristique parce qu'il est formulé dans un autre des styles de Marx. Il ne multiplie pas toujours les invectives contre un auteur ou à propos d'une situation, il raisonne aussi en savant. Il s'efforce de montrer, c'est ce qui peut justement nous scandaliser, les conditions de ce que nous aurions dû souhaiter et de ce que nous souhaitons. Autrement dit, le salariat et la misère ont été effectivement les conditions nécessaires des forces productives. Proudhon est un imbécile de vouloir éliminer ce qui lui déplaît, c'est-à-dire l'inégalité des classes et le salariat sans se rendre compte que ce mal de la société présente était intrinsèquement lié à son bien, à savoir le développement des forces productives. Dans cette ligne de pensée, il ne faut pas du tout hésiter à aller jusqu'au bout de la misère des classes populaires puisque cette misère est intrinsèquement liée au régime économique dans lequel nous sommes. C'est de l'excès même de cette misère que surgira la révolution.

Une épigraphe noue *Le Capital*

Je cite encore un autre passage tiré de *Misère de la philosophie*. Texte classique, essentiel, qui présente, en une formule sommaire, l'interprétation matérialiste de l'histoire. Il a été très souvent cité. Il souligne, sous une autre forme, la même idée, celle de la primauté des forces de production.

« *Les catégories économiques ne sont que les expressions théoriques, les abstractions des rapports sociaux de la production.* »

Il faut être attentif à cette phrase qu'on pourrait mettre en épigraphe du *Capital*. Elle rappelle ce que j'ai expliqué plusieurs fois, à savoir que Marx prépare simultanément la *Critique de la réalité économique* et la *Critique de la science économique*. Ces deux critiques sont inséparables l'une de l'autre, puisque la science économique n'est que l'expression théorique de la réalité économique. Aussi continue-t-il avec son amabilité ordinaire :

« *Monsieur Proudhon, en vrai philosophe, prenant les choses à l'envers, ne voit dans les rapports réels que les incarnations de ces principes, de ces catégories, qui sommeillaient, nous dit encore Monsieur Proudhon le philosophe, au sein de la "raison impersonnelle de l'humanité"* »[10].

Si nous laissons les gracieusetés, nous pouvons retenir le thème fondamental : les catégories économiques sont l'expression théorique des rapports réels.

Mais qu'est-ce qui est essentiel dans les rapports réels de production ? Et Marx propose une réponse :

« *Les rapports sociaux sont intimement liés aux forces productives. En acquérant de nouvelles forces produc-*

tives, les hommes changent leur mode de production, et en changeant le mode de production, la manière de gagner leur vie, ils changent tous leurs rapports sociaux. Le moulin à bras vous donnera la société avec le suzerain, le moulin à vapeur, la société avec le capitalisme industriel » [11].

C'est un passage que l'on a cité indéfiniment et qui n'offre certainement pas l'expression la plus compréhensive du matérialisme historique, mais il s'agit d'une des interprétations possibles : on part des catégories économiques et on les ramène aux rapports de production, on analyse les rapports de production et on les ramène aux forces productives et, finalement, on aboutit à l'une des interprétations possibles, celle qui mettrait l'accent sur la primauté quasi absolue des moyens techniques de production.

Voici un autre texte, important également. Tout en ramenant les catégories économiques aux rapports de production et les rapports de production aux forces productives, Marx ajoute immédiatement :

« Les rapports de production de toute société forment un tout » [12].

On découvre là un autre aspect, qui a toujours été maintenu, de l'interprétation marxiste de l'histoire. Ce que l'on appelle aujourd'hui « l'interprétation de la totalité ». Car, autrement, s'il n'y avait pas cette idée que les rapports de production dans chaque société forment une totalité, on pourrait se borner à établir les relations entre tel état des forces productives et tel état des rapports de production, entre tel état des rapports de production et tel état de la conscience. Pour qu'il y ait une interprétation marxiste de l'histoire, il faut qu'il y ait une vue globale de chaque société à partir des forces et des rapports de production. Pourquoi faut-il qu'il y ait une vue globale ? Il le faut pour qu'existe la possibilité d'une révolution globale. Puisqu'après tout il s'agit de transformer de fond en comble les bases mêmes de la société, il faut que cette interprétation, à partir des forces et des rapports de production, nous fournisse l'équivalent de ce que la philosophie hégélienne trouvait dans une interprétation construite à partir de l'idée ou du concept, c'est-à-dire une saisie globale de la totalité historique.

Marx précurseur de Sartre

La dernière idée sur laquelle je voudrais attirer l'attention apparaît dans un texte qui nous rappelle les idées philosophiques de jeunesse de Marx. Il s'agit d'une très belle phrase, qui elle aussi pourrait servir d'épigraphe, soit à un exposé de la philosophie marxiste, soit à la *Critique de la raison dialectique* de Jean-Paul Sartre :

« Monsieur Proudhon ignore que l'Histoire tout entière n'est qu'une transformation continue de la nature humaine » [13].

L'histoire humaine, conçue par Marx, n'est pas simplement la succession des sociétés et de leurs organisations, elle n'est pas simplement la succession des forces et des rapports de production, elle est création de l'homme par lui-même. Toute la philosophie marxiste perd sa signification si l'on oublie son inspiration philosophique selon laquelle c'est dans et à travers l'histoire que la nature humaine se transforme ou encore que l'homme se façonne lui-même.

Dans les dernières pages de *Misère de la philosophie*, Marx revient sur la révolution et sur le rôle du prolétariat dans la révolution. Le texte que je vais citer est très beau, très éloquent et, à mon avis, très conforme à l'inspiration de Marx non seulement dans sa jeunesse, mais durant toute sa vie.

« Une classe opprimée est la condition vitale de toute société fondée sur l'antagonisme de classes. »

On retrouve là l'idée qu'il fait valoir contre Proudhon : vous ne pouvez pas éliminer d'une société fondée sur l'antagonisme de classes l'oppression d'une classe ; l'antagonisme étant intrinsèque à cette société, vous pouvez détruire cette société pour en créer une autre, vous ne pouvez pas en éliminer ce qui en est inséparable.

« *L'affranchissement de la classe opprimée implique donc nécessairement la création d'une société nouvelle.* »

Le thème de la révolution est indispensable pour passer d'une société antagoniste à une société non antagoniste.

« *Pour que la classe opprimée puisse s'affranchir, il faut que les pouvoirs productifs déjà acquis* [Marx écrit directement en français "pouvoirs productifs", nous disons "forces de production", peu importe, c'est la même chose] *et les rapports sociaux existants ne puissent plus exister les uns à côté des autres. De tous les instruments de production, le plus grand pouvoir productif, c'est la classe révolutionnaire elle-même.* »

Voilà une phrase sur laquelle on a glosé indéfiniment et qui peut signifier deux choses simultanément : d'une part, qu'à l'intérieur de la société actuelle, la classe révolutionnaire est indispensable à la production ; d'autre part, puisque les rapports de production paralyseront le développement de la force productive, la classe révolutionnaire, en rompant les entraves au développement des forces productives, s'affirmera comme « élément de la force productive ». La classe révolutionnaire remplit donc une fonction dans la société actuelle et elle est aussi, en tant que révolutionnaire, capable d'ouvrir toutes grandes les portes à travers lesquelles passera le mouvement historique qui conduit à la force productive la plus grande.

« *L'organisation des éléments révolutionnaires comme classe suppose l'existence de toutes les forces productives qui pouvaient s'engendrer dans le sein de la société ancienne.* »

Ce qui signifie que les éléments révolutionnaires ne deviendront classe révolutionnaire dans le sein de la société capitaliste que le jour où toutes les forces productives susceptibles de se développer dans la société actuelle se seront formées. Nous nous trouvons dans la perspective historique de ce que j'ai appelé « le marxisme orthodoxe » ou encore le marxisme de la social-démocratie allemande jusqu'en 1914 : il faut que les forces productives se développent à plein au sein du capitalisme pour que la classe révolutionnaire soit prête à jouer son rôle.

Le dilemme de la paupérisation

Cette version orthodoxe exige la paupérisation, c'est-à-dire que la classe opprimée, la classe ouvrière, se trouve dans une situation de plus en plus intenable au fur et à mesure que les forces productives se développent dans le sein de la société capitaliste.

Si les choses ne se passent pas ainsi, et le fait est qu'elles ne se sont pas passées ainsi, alors apparaît l'alternative qui a commandé le grand schisme entre la social-démocratie et le communisme. Si, au fur et à mesure du développement des forces productives, la classe opprimée ne devient pas plus révolutionnaire, deux réponses deviennent possibles : l'une consiste à faire une révolution même si la classe prolétarienne n'est pas tellement révolutionnaire, et l'autre consiste à s'accommoder du régime et à croire qu'il se transforme progressivement. Dans un cas, on verse dans le réformisme et, dans l'autre, on se dirige vers le bolchevisme. Chacune de ces deux interprétations peut se recommander, avec autant de justification, ou avec la même absence de justification, des textes de Marx qui sont aussi nombreux dans les deux sens. Marx a, en effet, suffisamment écrit pour justifier toutes les interprétations qu'on peut en donner.

« Est-ce à dire qu'après la chute de l'ancienne société il y aura une nouvelle domination de classe, se résumant dans un nouveau pouvoir politique ? Non.

« *La condition d'affranchissement de la classe laborieuse c'est l'abolition de toute classe, de même que la condition d'affranchissement du tiers état, de l'ordre bourgeois, fut l'abolition de tous les états et de tous les ordres.* »

De même que la révolution bourgeoise a supprimé tous les états et créé l'égalité civile, la révolution prolétarienne supprimera toutes les classes et du même coup mettra fin à la préhistoire, période au cours de laquelle le développement des forces productives était lié à l'antagonisme des classes.

« *La classe laborieuse substituera, dans le cours de son développement, à l'ancienne société civile une association qui exclura les classes et leur antagonisme, et il n'y aura plus de pouvoir politique proprement dit, puisque le pouvoir politique est précisément le résumé officiel de l'antagonisme dans la société civile.* »

Ce texte reprend en français, quelques années après, les idées exprimées dans la *Critique de la Philosophie du droit de Hegel*. En commentant cet écrit, j'avais indiqué que, pour Marx, la société civile est la base de la société et que l'État n'est que l'expression de la société civile. Dans le texte que nous discutons, la société civile est antagoniste. Parce qu'elle est antagoniste, l'État ou le pouvoir politique devient nécessaire. Lorsque l'antagonisme des classes aura disparu, après la révolution, le besoin de pouvoir politique disparaît. D'où l'idée que l'on retrouve encore dans le livre de Lénine, intitulée *L'État et la Révolution* [14], écrit juste avant la prise du pouvoir en 1917. Lénine l'a rédigé pendant son exil en Finlande, et il reprend l'idée marxiste que je viens d'exposer. Le jour où disparaîtra l'antagonisme des classes, disparaîtra du même coup la nécessité d'un pouvoir politique.

« *En attendant, l'antagonisme entre le prolétariat et la bourgeoisie est une lutte de classe à classe, lutte qui, portée à sa plus haute expression, est une révolution totale. D'ailleurs, faut-il s'étonner qu'une société fondée sur l'opposition des classes aboutisse à la contradiction brutale, à un choc de corps à corps comme dernier dénouement ? »*

On découvre là l'idée qui va opposer Marx et les marxistes en général à Proudhon et aux saint-simoniens, dont nous parlerons dans un instant. Dans la conception dialectique de Marx, l'antagonisme doit être porté au point extrême jusqu'à la veille du jour où disparaîtra tout antagonisme. Ce paroxysme est au cœur de la représentation philosophico-historique de Marx. Il ne faut pas imaginer une atténuation progressive des contradictions et des antagonismes. Cela n'est bon que pour les sociologues bourgeois et pour les révisionnistes politiques. Dans la vision qui était celle de Marx en 1847 – je laisse de côté la question de savoir quelle était la vision d'Engels en 1890, parce qu'entre 1847 et 1890, il se sera passé bien des choses –, dans ce texte marxiste de jeunesse très caractéristique, la vision est que l'antagonisme arrivera à son point extrême de brutalité et d'intensité juste avant que par un renversement dialectique disparaisse tout antagonisme.

« Ne dites pas que le mouvement social exclut le mouvement politique. Il n'y a jamais de mouvement politique qui ne soit social en même temps.

« Ce n'est que dans un ordre de choses, où il n'y aura plus de classes et d'antagonisme de classes, que les évolutions sociales cesseront d'être des révolutions politiques. Jusque-là, à la veille de chaque remaniement général de la société, le dernier mot de la science sociale sera toujours : "Le combat ou la mort, la lutte sanguinaire ou le néant. C'est ainsi que la question est invinciblement posée" (George Sand) » [15].

Voilà le texte sur lequel se termine *Misère de la philosophie*. Ces lignes que j'ai déjà citées expliquent une des grandes difficultés de la philosophie marxiste en tant que philosophie. Dans la préhistoire, nous sommes dans un mouvement dialectique qui ne se dénoue et ne se termine qu'à la fin. Nous partons d'une communauté primitive, dans laquelle sont nées la division du travail et la propriété privée. Ce qui a créé, tout à la fois, le mouvement de l'histoire et l'antagonisme des classes. L'antagonisme des classes a été porté au point suprême dans le régime capitaliste. Viendra la révolution qui résoudra ces antagonismes et rétablira les fondements d'une société sans antagonismes. Mais, après la fin de la préhistoire, l'histoire ne s'arrêtera pas. Elle continuera sous forme d'un progrès indéfini sans révolution. Ainsi, dans une première vision, l'histoire est dialectique avec une fin ou une pré-fin, si je puis dire. Ensuite, après cette fin provisoire, l'histoire se poursuit sous la forme d'un progrès indéfini.

Voilà ce que je voulais dire à propos de *Misère de la philosophie. Réponse à la Philosophie de la misère de M. Proudhon.* Avec ce livre de 1847, nous avons rejoint notre point de départ, c'est-à-dire ce premier exposé que j'avais fait du marxisme en commentant la préface à la *Contribution à la critique de l'économie politique* et le *Manifeste communiste*, qui est de 1848.

Il me devient possible, maintenant, de résumer, en quelques phrases, l'interprétation de la formation intellectuelle de Marx.

Résumé de cet itinéraire

L'itinéraire intellectuel de Marx, se résume, à mes yeux, de la façon suivante.

1°) Au point de départ, l'athéisme est une philosophie immanentiste ou moniste. Il s'agit d'une négation positive de la transcendance ou de l'au-delà. La réalité concrète de l'homme naturel se situe dans la nature, mais, simultanément, il recherche la raison dans la réalité et il va de l'idée immanente aux faits.

2°) À partir de là, Marx participe à la critique de la

philosophie hégélienne, qui se développe dans les années 1830, en particulier dans le groupe de ceux que l'on appelle « les jeunes hégéliens ». Une idée fondamentale le met cependant à part et, dans une large mesure, me paraît commander son évolution ultérieure et son importance historique. Tous ces post-hégéliens discutent indéfiniment sur la signification profonde du système de Hegel et réappliquent à ce système lui-même une critique d'inspiration hégélienne. Feuerbach, surtout, montre que l'aliénation religieuse survit dans le système hégélien. Mais, parmi tous ces critiques, un seul, Marx en l'occurrence, établit une relation intrinsèque entre l'aliénation dans les idées et l'aliénation dans la réalité.

Je renvoie à l' « Introduction à la critique de la Philosophie du droit de Hegel », c'est-à-dire ce texte très court publié dans les *Annales franco-allemandes*. J'ai commenté le passage où Marx dit que si les hommes projettent le meilleur d'eux-mêmes dans une représentation religieuse ou transcendante, c'est d'abord et avant tout parce qu'ils ne se réalisent pas eux-mêmes dans l'ici-bas [16], ce qui signifie que la critique de l'aliénation religieuse ou idéologique doit déboucher sur une critique de la réalité historique elle-même, de l'homme dans la réalité.

3°) À partir de ce thème fondamental, Marx procède à une critique de *La Philosophie du droit* de Hegel, et c'est dans et par cette *critique* qu'il aboutit au premier thème fondamental de son interprétation de l'histoire, à savoir que le fondement de l'ensemble social, c'est la société civile, le système des besoins et de la production, dont le pouvoir politique et l'État n'est que l'expression ou, comme il dira plus tard, la superstructure.

Ayant cherché dans la réalité les causes de l'aliénation religieuse, il critique *La Philosophie du droit* et découvre que le fondement social réside dans la société civile. D'où l'étape ultérieure : la critique de la philosophie du droit, d'abord enquête sur les causes profondes de l'aliénation, devient une critique de l'économie. Nous sommes en 1844. Il rédige le *Manuscrit économico-philosophique*.

Nous sommes passés de la critique de l'État, qui nous a menés à la société civile, à la critique de la société civile, qui nous a menés à la critique de l'aliénation du travail – l'aliénation du travail étant l'origine profonde, la racine en quelque sorte de toutes les autres aliénations.

En 1844, Marx s'exprime encore en philosophe et quand il emploie le terme « aliénation » ou *Entfremdung*, il ne l'emploie pas encore avec ironie.

4°) Entre 1844 et 1845-1846, deux phénomènes vont intervenir.

Le premier tient au développement logique de la recherche de Marx, qui le conduit de la critique de la réalité économique présente à une interprétation de l'histoire, de manière à expliquer tout à la fois l'origine de la situation historique actuelle et les promesses ou les germes de la transformation de cette situation économique. Le passage de ce que j'ai appelé « la phase critique » à « la phase historique », ou le passage du *Manuscrit économico-philosophique* à *L'Idéologie allemande*, est donc un passage conforme à la logique interne de la recherche de Marx.

Le deuxième élément tient à ce que Marx s'est lié d'amitié avec Engels à Paris dans la deuxième partie de l'année 1844. Engels est parvenu à des idées analogues par une voie différente. Comme il vient d'écrire un livre sur *L'état des classes laborieuses en Angleterre*[17], il apporte à Marx une connaissance plus directe de la réalité économique. Il lui apporte aussi un grand talent de vulgarisation avec les inconvénients, au point de vue des philosophes sourcilleux, de la vulgarisation.

5°) Entre 1845 et 1847, la philosophie de Marx va devenir une interprétation de l'histoire. Les forces productives ou la force de production ou « les pouvoirs productifs », comme dit Marx dans *Misère de la philosophie*, deviennent le fait majeur, celui qui fixe la ligne générale du développement historique. Les forces productives sont, à chaque époque, intégrées dans des rapports de production. Ces rapports de production, à partir d'un certain moment, entrent en contradiction avec les forces de production, d'où les *collisions*, comme écrira Marx dans *L'Idéologie allemande*, qui jalonnent le cours de l'histoire, d'où les contradictions, les antagonismes à travers lesquels se développe l'histoire.

Ce thème des forces de production exprime philosophiquement le fait industriel qui frappe tous les observateurs contemporains de Marx.

6°) À ce moment doit intervenir une mise en relation, ou une combinaison, entre les deux thèmes essentiels de l'interprétation marxiste de l'histoire. À savoir, d'une part, la contradiction entre forces et rapports de production, d'autre part, le rôle des antagonismes de classes.

Le premier thème, celui des contradictions entre forces et rapports de production, résulte d'une réflexion sur le contraste entre le développement de l'industrie et la misère des masses. Contraste que Marx observe comme l'observaient la majorité des économistes de son temps, y compris les économistes bourgeois.

Quant au prolétariat et à son rôle dans la révolution, Marx, curieusement, l'a conçu avant ses études d'économie politique : le prolétariat était chargé d'être une classe universelle dont les intérêts se confondraient avec les intérêts généraux de la société. Dans l' « Introduction à la critique de la Philosophie du droit de Hegel », c'est-à-dire un texte rédigé à la fin de 1843 et publié dans les *Annales franco-allemandes* au début de 1844, il écrit que le prolétariat est le cœur de la révolution, la philosophie en est la tête [18]. Il opère une jonction entre la misère prolétarienne et la théorie philosophique ; dans l'esprit de Marx, cette fonction est opérée en fonction de sa réflexion philosophique.

Dans la phase suivante, il réinterprète le rôle philosophique qu'il a attribué au prolétariat dans le cadre de la dialectique des forces et des rapports de production. D'où le texte que j'ai cité tout à l'heure : le prolétariat révolutionnaire est une force productive, ce qui signifie qu'il est indispensable à la production d'aujourd'hui, et qu'il est indispensable au développement futur des forces de production dans la mesure où il est indispensable à la révolution qui libérera de leurs entraves les forces productives. Le thème « Philosophie et prolétariat » est donc antérieur à la période économique de Marx, mais il sera repensé par Marx dans la deuxième phase de ses années de formation, de manière que le rôle des antagonismes de classes soit intégré dans la vision historique dominée par la contradiction entre les forces et les rapports de production.

7°) Enfin, l'aboutissement de cette vision historique, c'est la révolution. Elle doit être nécessaire, au sens du déterminisme, à la seule condition qu'il soit vrai que le développement du capitalisme contribue à pousser au degré supérieur d'intensité les antagonismes de classes, en accumulant à une extrémité la misère, à l'autre extrémité la richesse. La révolution est aussi nécessaire selon la rationalité historique. Je veux dire qu'il faut que la révolution soit accomplie par les prolétaires, témoins de l'inhumanité de la société présente, pour que, par un renversement dialectique total, on passe de l'extrême de l'antagonisme à l'élimination radicale des antagonismes.

Pourquoi la philosophie historique de Marx aboutit-elle ainsi à une philosophie ou à une interprétation des antagonismes poussée à leur extrême ? Pourquoi aboutit-elle ainsi à une vision révolutionnaire ? Pour répondre, on a le choix entre deux interprétations qui, probablement, sont vraies toutes les deux.

Marx avait un tempérament de révolutionnaire et pas un tempérament de réformiste. Nous n'y pouvons rien. Chacun naît avec son propre tempérament. Marx était toujours convaincu d'avoir raison à cent pour cent alors que le réformiste est celui qui pense : « Si je n'ai tort qu'à cinquante pour cent au plus, c'est une bonne chance. » Celui qui est toujours sûr d'avoir raison à cent pour cent, aura tendance, lorsqu'il n'est pas satisfait de la réalité, à ne pas voir d'autre solution qu'une révolution à cent pour cent. En ce sens Marx avait un tempérament de révolutionnaire.

En second lieu, Marx était resté marqué par une certaine façon de penser hégélienne. Incontestablement, l'histoire telle qu'il la voyait : c'est-à-dire le renversement du pour au contre, ceux qui n'ont rien devenant tout, la classe dépouillée de toute humanité devenant la classe universelle, toute cette vision est infiniment plus belle que les visions prosaïques et réformistes, disons des travaillistes anglais aujourd'hui. La vision des travaillistes anglais a peut-être des avantages temporels, mais elle a des inconvénients philosophiques extrêmes. Or Marx, au moins jusqu'en 1848, et, comme nous le verrons, probablement ensuite, était resté marqué mentalement par les cadres hégéliens de la pensée philosophique. Pour que la dialectique historique ait une fin, il faut une belle révolution du genre de celle que Marx envisage, c'est-à-dire une révolution faite au moment où les antagonismes atteignent le degré élevé et où les révolutionnaires sont au plus bas. C'est une vision historique grandiose, dont il est extrêmement difficile de se détacher quand on l'a adoptée, ne serait-ce qu'une fois dans sa vie.

Hegel et Marx

J'aborderai maintenant un problème qui a été indéfiniment discuté : celui des relations entre Hegel et Marx. C'est une question sur laquelle je reviendrai une seconde fois, lorsque nous en aurons terminé avec l'étude de l'économie politique de Marx. Car, à ce moment-là, nous nous poserons la question de savoir dans quelle mesure, comme on l'a souvent dit, l'économie de Marx est l'économie de Ricardo repensée par un hégélien. Le problème des relations entre Marx et Hegel se pose à propos du *Capital*, d'autant plus que Marx indique qu'il a relu, avant de publier *Le Capital*, *La Logique* de Hegel [19].

Pour l'instant, je voudrais m'occuper seulement des relations entre les interprétations de l'histoire chez Hegel et chez Marx. Ce problème peut se traiter de deux façons différentes. On peut dire : voici, à mon sens, la pensée profonde de Hegel, voilà à mon sens la pensée profonde de Marx, et conclure soit qu'ils sont très éloignés l'un de l'autre, soit qu'ils sont très proches. En d'autres termes, le problème des rapports entre Hegel et Marx peut être abordé à partir d'une double interprétation personnelle de Hegel et de Marx. Si l'on traite le problème de cette façon, on obtient deux types de résultats possibles. L'un est celui auquel aboutit Alexandre Kojève dans son *Introduction à la lecture de Hegel*[20], ou celui auquel parvient Éric Weil dans *Hegel et l'État*[21]. Dans cette perspective, on met le maximum d'idées marxistes dans Hegel et on explique qu'en profondeur Hegel et Marx ont voulu dire la même chose. Cette démarche n'est pas impossible parce que l'interprétation de la pensée de Hegel n'est pas facile et qu'on peut y trouver un certain nombre d'éléments, surtout dans *La Phénoménologie de l'Esprit*, qui ressemblent aux idées directrices de l'interprétation de l'histoire de Marx. On peut alors considérer que l'apparence du système hégélien trahit ou dissimule le noyau substantiel de la pensée hégélienne. On est alors tout prêt à dire que Marx est en profondeur un hégélien d'autant plus qu'on a commencé par « marxiser » Hegel. Je ne dirai pas qu'on a tort ou raison de procéder ainsi, mais je dirai que c'est le procédé employé par Alexandre Kojève, sans que l'on sache avec certitude s'il témoigne d'un grand sens de l'ironie philosophique, en paraissant convaincu de la « marxisation » de Hegel à laquelle il procède ou bien s'il a entendu donner une leçon de philosophie à ses lecteurs en montrant avec quelle facilité on peut « marxiser » Hegel et « hégélianiser » Marx. C'est un exercice suprêmement philosophique auquel je ne me livrerai pas, car ce serait un exercice de haute voltige, qui exigerait beaucoup de temps et une réinterprétation de la philosophie de Hegel. Ce qui est hors de question dans le cadre de ce cours.

Il existe une autre façon de traiter ce problème. C'est celle adoptée par mon collègue Georges Gurvitch, qui, n'aimant pas Hegel, interprète Hegel dans le style du

panlogisme, du mysticisme religieux et qui, par conséquent, établit le maximum de distance entre Hegel et
Marx[22]. À partir de l'interprétation qu'il adopte de Hegel,
il explique qu'on ne peut rien trouver de commun entre
Hegel et Marx. Bien sûr, ce procédé est aussi légitime que
le procédé opposé. L'un et l'autre doivent être soumis à
une discussion de l'interprétation de la pensée hégélienne.

Étant entendu que l'on peut rapprocher ou éloigner les
deux penseurs, selon l'interprétation que l'on adopte de
l'un et de l'autre, je laisserai de côté cette manière de
traiter le problème. Je l'aborderai de manière beaucoup
plus prosaïque. Je me demanderai comment Marx, d'après
les textes dont nous disposons, a lu et compris Hegel et
comment il s'est situé par rapport à lui. De cette façon, le
problème est relativement plus simple, car nous disposons
de textes dans lesquels Marx prend position par rapport à
Hegel, et je laisse de côté la question de savoir si Marx
donnait de Hegel une interprétation juste ou fausse, ainsi
que la question de savoir si Marx donnait volontairement
une interprétation déformée pour faciliter sa propre
polémique, ce qui est encore une question que l'on
pourrait poser. Pour être aussi simple que possible, je me
bornerai à reprendre ce que Marx nous dit lui-même, dans
sa jeunesse, de ses relations avec la philosophie de Hegel.
C'est une manière certainement pas exhaustive, mais en
tout cas honnête, d'envisager un aspect du problème.

1°) Il est incontestable que Marx a beaucoup lu et
beaucoup étudié Hegel. Nul ne peut nier que, pour le
jeune Marx, la philosophie allemande, c'était la philosophie de Hegel. Pour Marx, l'achèvement de la philosophie
allemande et de la philosophie tout court se trouvait dans
la philosophie de Hegel. Personne ne peut nier que Marx
a toujours cherché dans sa période de jeunesse, entre 1837
et 1847, à se situer par rapport à Hegel. Jusqu'au *Manuscrit économico-philosophique* inclusivement, c'est-à-dire
jusque la première moitié de 1844, les principaux textes
de Marx, mis à part les articles de la *Gazette rhénane*, qui
sont malgré tout des articles de journaux – ne sacralisons

pas même les articles de journaux –, donc jusqu'au milieu de 1844, tous les textes sérieux de Marx, à savoir sa thèse de doctorat sur la philosophie grecque, la *Question juive*, l' « Introduction à la critique de la Philosophie du droit de Hegel », la *Critique de la Philosophie du droit de Hegel*, le *Manuscrit économico-philosophique*, tous ces textes sont pénétrés de langage hégélien, dominés par la problématique hégélienne et, à moins de nier l'évidence, on ne peut pas nier que le Marx de jeunesse a formé sa pensée en discutant la philosophie de Hegel. Ce premier point me paraît tellement évident qu'il ne serait peut-être pas nécessaire d'insister, mais les propositions évidentes ont ceci de caractéristique qu'elles sont très faciles à oublier. Or, il est essentiel de conserver à l'esprit ce fait majeur : *le* philosophe avec lequel Marx discute dans sa jeunesse est Hegel.

2°) Ma deuxième proposition est complémentaire de la précédente. Il est parfaitement vrai aussi que Marx n'a jamais été hégélien et qu'il n'a jamais été un disciple de Hegel. Dès sa fameuse lettre à son père de 1837, il parle de « la mélodie rocailleuse des concepts hégéliens »[23] et l'on peut trouver dans toute la période 1837-1847 une collection impressionnante de propositions désagréables et de formules agressives à l'égard de Hegel. Mais, si Marx n'a jamais été hégélien, pour lui, le philosophe par excellence reste Hegel. Or, quiconque a un peu le sens de ce qu'est le développement intellectuel ou la création intellectuelle sait parfaitement bien que l'homme le plus important pour chacun de nous, c'est celui avec lequel on s'est battu, celui avec lequel on a discuté. Affirmer donc que l'influence de Hegel n'est pas dominante chez Marx parce qu'il n'a jamais été hégélien, n'est pas exact. Il est vrai qu'il n'a jamais été hégélien, mais il est vrai aussi que Hegel était pour lui *le* philosophe et que c'est en discutant la philosophie de Hegel qu'il s'est formé lui-même.

Si j'osais, je prendrais une toute petite histoire personnelle pour donner une idée de ce que je veux dire. Un excellent collègue américain [24] m'a dit récemment qu'il voulait écrire un livre sur trois sociologues français, dont le premier était Montesquieu, le deuxième Tocqueville et le troisième Élie Halévy. Il se demandait s'il devait ajouter un quatrième chapitre contemporain sur moi-même. Je lui ai dit que c'était peut-être une bonne idée et que je n'avais pas d'objection, puisque j'ai écrit quelque part que, si j'avais le droit de me comparer à ces grands hommes, je me situerais dans leur lignée. Mais je lui ai aussitôt dit : « Ne vous faites aucune illusion, je n'ai jamais lu Montesquieu dans ma jeunesse, je n'ai jamais lu Tocqueville non plus à cette époque de ma vie [25] ; quant à Élie Halévy, si je l'ai d'abord mal connu à titre de penseur, je l'ai très bien connu à titre d'ami [26]. Ces trois hommes que vous me proposez comme illustres ancêtres, je les accepte bien entendu et très timidement, mais je ne les ai rencontrés qu'une fois que ma pensée a été formée. C'est alors que j'ai découvert que j'avais quelque parenté avec eux. » Ceux avec lesquels on se trouve proches parents ne sont pas nécessairement ceux qui contribuent à former une pensée et, ai-je ajouté : « Si vous cherchez quels penseurs ont influé sur moi, évidemment celui qui vient en première ligne, c'est Marx. Cela fait trente-cinq ans que je discute avec lui » [27]. Or, il est vrai que je n'ai jamais été marxiste, mais il est vrai aussi que j'ai commencé mes recherches de philosophie sociale par la lecture du *Capital*. J'ai cherché pendant un grand moment à me convaincre que Marx avait raison, parce que j'y voyais de gros avantages à d'autres propos. Je n'ai pu y parvenir. Alors je ne suis pas devenu marxiste. Cela dit, il n'existe pas d'auteur que j'ai autant lu et qui m'ait autant formé que Marx et dont je n'ai cessé de dire du mal. Tout cela simplement pour illustrer cette proposition banale, mais très souvent oubliée par les historiens de la pensée : l'influence ne se mesure pas au degré de parenté, elle se mesure à l'importance qu'un penseur a eue pour un autre.

Pour revenir à la question des rapports entre Hegel et Marx, il est incontestable que Marx n'a jamais été hégélien, mais que chaque fois qu'il se demandait ce qu'était la philosophie, il pensait à Hegel, et de ce fait il y a un lien étroit entre lui et Hegel. Il n'est pas non plus douteux qu'historiquement le jeune Marx a fait partie du groupe des jeunes hégéliens et qu'en dépit de l'opposition violente à de nombreux aspects de la pensée hégélienne, il était avec ces jeunes hégéliens en dialogue permanent, avec eux et avec le Maître.

3°) Au-delà de ces propositions simples, nous arrivons à un thème philosophique autrement intéressant. C'est la question de savoir ce que signifie la formule qui a été employée par Engels et par Marx selon laquelle ils ont renversé la dialectique hégélienne et qu'ils l'ont remise sur ses pieds [28]. On trouve cette formule un peu partout puisqu'elle est citée indéfiniment depuis un siècle. La question philosophique, que je voudrais aborder à la lumière des analyses auxquelles j'ai procédées jusqu'à maintenant, est celle de savoir ce que signifie ce renversement de la dialectique. L'interprétation banale, courante et dérisoire, c'est que dans la philosophie de Hegel, l'histoire est le devenir de l'idée aboutissant au savoir absolu et que dans la philosophie de Marx, l'histoire est le devenir des forces matérielles, des forces productives. Par conséquent, le renversement de la dialectique se réduirait à la substitution de la matière, ou des forces productives, à l'Idée, ou à l'Esprit, en tant que sujet du devenir historique. Une formule de cet ordre est évidemment très superficielle et peu significative. Ce qu'il faut chercher, c'est ce que Marx lui-même entendait, au moins dans ses textes de jeunesse, sur ses relations avec la dialectique hégélienne.

À ce propos, je signale un article fort intéressant et fort intelligent de Louis Althusser qui a paru sur ce sujet, dans *La Pensée* [29]. Il s'interroge sur la signification du noyau rationnel de la dialectique hégélienne dont parle Marx dans ses textes de jeunesse.

Voici les quelques indications sur ce sujet considérable que je voudrais présenter, sans prétendre épuiser le sujet, ni imposer une interprétation. Ce sont vraiment des questions extraordinairement difficiles. Aussi j'essaie de dire ce que je crois vrai, mais vraiment, en toute honnêteté, je ne suis pas sûr de mon interprétation. Il faut distinguer trois points.

Premier point : Marx, dès le départ de sa carrière intellectuelle, présente le système hégélien comme ayant mis en forme conceptuelle toutes les étapes du devenir de l'Esprit. La philosophie de Hegel, dit-il dans sa thèse de doctorat, représente un achèvement de la philosophie à la manière dont le système d'Aristote représentait un achèvement de la philosophie grecque. Cette assimilation étant admise, Marx, dès ce moment-là, pense que sa propre philosophie sera une philosophie postérieure à l'achèvement du système intellectuel et qu'elle sera donc une philosophie de l'action et de la révolution. Nous connaissons la 11ᵉ thèse sur Feuerbach : les philosophes ont jusqu'à présent pensé le monde, il importe aujourd'hui de le changer. Je dirais que ce thème constitue la réponse de Marx à l'achèvement de la philosophie par Hegel. Ce qui implique que la réalité ne soit pas conforme à l'aboutissement que suggère, qu'impose le système hégélien lui-même. En d'autres termes, la réalité historique dans laquelle se trouve Marx semble, à ses yeux, démentir la prétention du système hégélien à représenter le savoir absolu et l'achèvement du devenir de l'humanité. Donc, il est vrai que Hegel a tout pensé du devenir historique, mais il n'est pas vrai que la réalité historique ait accompli ce qui est impliqué par le système. D'où le passage d'une philosophie contemplative à une philosophie de l'action. On trouve là, à mon avis, une première réponse de Marx à Hegel. Il n'est pas vrai que l'homme puisse se considérer comme satisfait dans le monde actuel ; l'homme n'est pas tel qu'il devrait être si, vraiment, l'histoire et la philosophie étaient achevées. D'où le passage à un autre type de philosophie, à une philosophie de l'action au lieu d'une philosophie de la contemplation rétrospective.

Deuxième point : Marx, à travers tous ses textes de jeunesse, établit une distinction entre objectivation et aliénation. Il reproche à Hegel de considérer toute objectivation comme une aliénation. En distinguant entre objectivation et aliénation, Marx substitue, à un processus qu'il considère comme métaphysique dans la pensée hégélienne, un processus que, lui, Marx considère comme social ou historique dans l'interprétation du devenir. Nous trouvons là l'opposition entre une vision métaphysique de l'histoire dans laquelle le sujet-substance s'aliène dans ses œuvres pour ensuite reprendre ses œuvres (c'est la vision métaphysique de Hegel telle que Marx la comprend) et, à l'opposé, une représentation sociologico-historique où existent des formes d'objectivation, c'est-à-dire des créations de groupes humains ou d'œuvres humaines qui ne sont pas aliénations, puis d'autres processus d'objectivation qui sont aliénations. Marx conserve le vocabulaire hégélien, mais dans cette opposition, en d'autres termes, on assiste au passage d'une vision métaphysique du devenir de l'esprit à une vision sociologique de l'auto-création de l'homme à travers les antagonismes. Voilà, me semble-t-il, un des éléments fondamentaux de l'opposition Hegel-Marx ou du passage de Hegel à Marx.

Troisième point : il s'agit là d'un problème un petit peu plus difficile à résoudre. On peut s'interroger, en effet, sur la question de savoir quels sont les éléments de la structure mentale hégélienne et les éléments de la structure, de la réalité historique hégélienne, qui subsistent dans la structure mentale marxiste et dans la représentation historique de Marx. À cette question, voici sommairement les réponses que je donnerais :

1°) Marx, comme Hegel, essaie de saisir chaque époque historique comme un tout ou une totalité. J'ai cité, tout à l'heure, le texte de *Misère de la philosophie*, où Marx dit que les rapports de production constituent une totalité. Alors disons que Marx, comme Hegel, essaie de penser le devenir historique comme une succession de totalités.

2°) Alors que chaque totalité historique était définie par Hegel par un état de la conscience ou par une étape de

la liberté ou par un concept, chacune des totalités historiques de Marx est définie par un état des forces et des
rapports de production. Mais il subsiste ce qui est essentiel
dans une conception de l'histoire de cette sorte : à la fois
l'idée de la totalité et la possibilité de définir chaque
totalité à partir d'un élément. Car ce qui est indispensable,
aussi bien à la philosophie hégélienne qu'à la philosophie
marxiste, c'est la conception globalisante et la réduction
de chaque totalité à un élément considéré comme décisif.
Ce qui n'implique pas du tout que cet élément décisif
détermine les autres, mais suppose, simplement, que l'on
puisse définir chaque totalité à partir d'un seul terme.

3°) Deux problèmes difficiles se posent en termes
quelque peu différents dans la philosophie de Hegel et
dans celle de Marx. Ces deux problèmes sont communs
aux deux philosophies. Le premier est celui des rapports
qui existent à l'intérieur de chacune de ces totalités entre
les différents éléments de celle-ci. Le second problème
est de savoir quelle est la relation entre deux de ces
totalités.

Nous arrivons là à ce qui est, je crois, commun à Hegel
et au jeune Marx, mais qui sera de moins en moins
commun à Hegel et au vieux Marx ou au vieil Engels.
Entre Hegel et le jeune Marx, existe, me semble-t-il, en
commun, l'idée que les relations entre les différents
éléments des totalités comme les relations d'une totalité à
une autre sont comparables à un dialogue humain. Il ne
s'agit pas de détermination des éléments par les forces ou
les rapports de production, il s'agit à peine de détermination de la révolution socialiste par les contradictions du
capitalisme ; mais il s'agit, pour ainsi dire, d'une vision
dialectique dans laquelle, à partir d'un certain état des
forces de production, se dégagent des rapports de production auxquels les hommes réagissent d'une façon ou
d'une autre. Il existe une espèce d'intelligibilité des
relations des éléments à l'intérieur des totalités, une intelligibilité des relations d'une totalité à une autre, mais il
n'y a pas encore dans la philosophie du jeune Marx l'idée

d'une détermination rigoureuse des totalités par les forces ou les rapports de production. On y trouve plutôt la recherche de la nécessité de l'aboutissement révolutionnaire qu'un déterminisme global de la révolution.

En tout état de cause, je dirai que les problèmes philosophiques essentiels de l'interprétation marxiste lui sont légués par la philosophie hégélienne et sont évidemment aggravés par le passage de l'idée aux forces productives comme élément décisif de chaque totalité historique. Il est, en effet, plus facile de comprendre la nécessité rationnelle du passage d'une idée à une autre que de comprendre la nécessité rationnelle du passage d'un type de rapports de production à un autre.

À partir de là, il me semble que l'on peut comprendre ce que signifie le renversement de la dialectique à ce moment de la pensée de Marx. La formule la plus courante est le renversement des rapports du sujet et de l'attribut. Dans Hegel, nous dit Marx, l'idée est le sujet et les hommes apparaissent comme attribut ou prédicat, alors qu'en réalité il s'agit des hommes concrets, des hommes de chair et de sang qui sont le sujet du mouvement historique. Mais il n'est pas certain que dans la pensée de Hegel, il en fût autrement. En tout cas, il y a renversement dans la mesure où le sujet, la substance, n'était pas dans la pensée hégélienne l'homme concret et le devient dans la philosophie de Marx. Mais ce renversement laisse subsister les problèmes d'une structure de l'histoire faite de totalités définies à partir d'un terme singulier et de la relation qui existe entre les éléments des totalités et la succession des totalités.

Voilà ce que je voulais indiquer sur la relation Hegel-Marx à ce moment de la carrière de Marx. Je laisse de côté, provisoirement, ce qu'Engels a écrit sur la dialectique hégélienne et la dialectique marxiste. Nous nous occuperons plus tard du problème de la thèse, de l'antithèse et de la synthèse, de la négation de la négation. Nous verrons, en leur temps, tous ces problèmes de la dialectique matérialiste et de la dialectique de la nature. Pour l'instant, ce qui me paraît caractéristique de la dialectique marxiste, c'est une compréhension de l'histoire à partir de l'homme naturel. Mais une compréhension qui permet de saisir la totalité, de saisir les relations entre les éléments à la façon d'un dialogue intelligible entre des hommes et qui permet de voir le sens du passage d'une totalité à une autre.

Marx et Saint-Simon

Je voudrais maintenant dire quelques mots du problème que l'on trouve traité dans *La Sociologie de Karl Marx* de mon collègue, Georges Gurvitch. J'essaierai de vous montrer en quoi nous sommes largement d'accord et sur quels points nous divergeons. Il est parfaitement normal qu'il existe des différences entre des interprètes du même auteur [30].

Ce problème est celui de l'influence de Saint-Simon sur la pensée marxiste [31].

Il souligne l'opposition entre la pensée de Hegel et celle de Marx. Il a parfaitement raison, une fois admise son interprétation de Hegel, de dire qu'il existe un abîme entre l'un et l'autre. Il a parfaitement raison, aussi, d'accumuler les textes qui prouvent que Marx n'a cessé de vitupérer contre Hegel. La seule chose que je ferai observer, c'est que l'on vitupère en général l'auteur avec lequel on se bat le plus volontiers, c'est-à-dire qui, indirectement, exerce le plus d'influence sur votre propre pensée. Il n'y a donc pas entre nous de différence intrinsèque, mais nous donnons une interprétation différente de relations, qui, les faits étant donnés, sont constatées par l'un et par l'autre.

En ce qui concerne Marx et les saint-simoniens, nous rencontrons le problème particulier des relations entre Marx et les socialistes français. Il est incontestable que les socialistes français ont exercé une certaine influence sur les éléments socio-historiques que Marx intègre dans sa philosophie de l'histoire. Si, au lieu de consacrer ce cours à une tentative pour saisir la philosophie de Marx, je le consacrais à une tentative pour saisir les éléments historico-sociologiques de la pensée de Marx, je mettrais certainement plus l'accent sur l'influence des socialistes français et moins, comme je l'ai fait jusqu'à présent, sur l'influence de la philosophie hégélienne. Le but que s'est proposé Georges Gurvitch dans son cours sur *La Socio-logie de Marx* est différent de celui que je me propose et il le dit avec une parfaite précision :

« *Se donner pour but de reconstruire la sociologie de Marx en la distinguant aussi bien de son implicite philosophie de l'Histoire (désaliénation triomphant à l'aide du prolétariat dans une société sans classe où cesse toute aliénation de l'homme), que de sa doctrine politique (dictature du prolétariat, communisme, dépérissement de l'État), constitue une tâche hardie mais parfaitement réalisable* » [32].

Ce que se propose de faire Georges Gurvitch est donc différent de ce que je me propose. Il cherche ce que Marx aurait dit s'il avait été un sociologue du style des sociologues actuels. Il veut faire abstraction de la philosophie millénariste de l'histoire qui se trouve dans la pensée marxiste et il veut, simultanément, faire abstraction de la doctrine politique et de la doctrine d'action qui est dans Marx. Or, il sait, naturellement, comme moi, que Marx n'admettrait pas cette réduction, parce que l'essence du marxisme consiste à ne pas établir de différence entre la sociologie, l'interprétation de l'histoire globale et la volonté d'action révolutionnaire. Je dirais que par essence, par définition, un sociologue marxiste est celui qui ne fait pas les distinctions que Georges Gurvitch, très honnêtement, propose au point de départ. Mais le fait que les marxistes ne font pas ces distinctions ne rend pas du tout illégitimes les distinctions que le sociologue d'aujourd'hui a le droit d'adopter pour essayer d'isoler dans la pensée de Marx ce qui est proprement une sociologie, au sens d'une certaine conception de la sociologie actuelle.

Comme ce que nous nous proposons est foncièrement différent, il en résulte évidemment que nous voyons le même auteur sous des angles différents sans que l'un ait tort et que l'autre ait raison. Je cherche ce que Marx a voulu, Georges Gurvitch cherche ce que l'on peut sauver de Marx en écartant ce que lui n'aime pas. Ces deux recherches sont parfaitement légitimes. Simplement, comme elles sont différentes dans leurs objets, elles aboutissent évidemment à des conclusions différentes.

En ce qui concerne l'influence de Saint-Simon sur Marx, Georges Gurvitch apporte des faits qui sont incontestables.

Le premier est une conversation datant de la fin de la vie de Marx, conversation que j'ignorais, et que je connais désormais grâce à mon collègue : Marx aurait dit à un Russe, du nom de Kovalevski[33], qu'il avait découvert les idées saint-simoniennes chez son futur beau-père, Ludwig von Westphalen. Comme les idées saint-simoniennes dans les années 1830 étaient répandues à travers toute l'Europe, je crois volontiers que Marx a connu les idées saint-simoniennes dès sa jeunesse.

Il n'est pas douteux que Marx a été lié d'amitié avec un auteur qui s'appelle Moses Hess[34], qui a procédé à de multiples confrontations entre Hegel et Saint-Simon. À la page 14 du cours de Georges Gurvitch, on trouve un texte très frappant de confrontation entre Hegel et Saint-Simon, qui est dû à la plume de Hess[35]. Or Hess a travaillé avec Marx dans les années 1845-1846 ; donc il n'existe pas l'ombre d'un doute que Marx a pu connaître les idées saint-simoniennes de très près à travers Hess.

Georges Gurvitch indique également que le professeur berlinois, dont Marx a suivi le plus régulièrement les cours, Gans[36], était un hégélien sympathisant saint-simonien.

J'admets donc parfaitement qu'il est probable que Marx a connu les idées saint-simoniennes dès sa jeunesse. Le rapprochement de textes que l'on trouve à la page 14-15 entre un texte tiré de *L'Exposition de la doctrine de Saint-Simon*[37] et un texte de Marx sur « Les rapports entre le spiritualisme et le matérialisme » ne me convient pas entièrement. Parce que ce sont des sortes de jeux conceptuels, qui étaient pratiqués par tout le monde à l'époque et qui ne prouvent pas l'influence directe. Mais, peu importe, j'admets qu'il est extrêmement probable que Marx a connu les idées saint-simoniennes dès avant son arrivée à Paris, fin de 1843-début de 1844.

D'autre part, on sait avec certitude qu'il a étudié la doctrine saint-simonienne parce que dans *L'Idéologie allemande*, on trouve des chapitres consacrés à Karl Grün[38], qui était un philosophe allemand, ami de Proudhon et qui, selon les mots mêmes de Marx, avait appris la dialectique à Proudhon. Dans sa polémique contre Karl Grün, Marx ou Engels, mais probablement Marx, cite un grand nombre de textes saint-simoniens et démontre une connaissance approfondie de la littérature saint-simonienne.

Il n'existe donc pas l'ombre d'un doute : Saint-Simon a été parmi les auteurs socialistes que Marx a certainement connus immédiatement.

La seule remarque que je voudrais avancer aussitôt, c'est que c'est une chose que Marx ait emprunté à Saint-Simon un grand nombre d'idées sociales ou socialistes et une autre de considérer que Saint-Simon est le philosophe qui a le plus marqué la pensée philosophique de Marx. Pour revenir à la comparaison de tout à l'heure, Marx n'a jamais songé à se battre avec Saint-Simon ; il lui a, tout au plus, emprunté un certain nombre d'idées. Marx s'est battu pendant toute sa jeunesse avec Hegel, même s'il ne lui a pas emprunté d'idées. En d'autres termes, je considère que la bataille intellectuelle entre Marx et Hegel a formé la pensée de Marx. À Saint-Simon et aux saint-simoniens, Marx a éventuellement emprunté tel ou tel thème social ou socialiste que, me semble-t-il, il aurait souvent pu trouver ailleurs, mais enfin il les a peut-être empruntés. Alors, les similitudes entre les idées saint-

simoniennes et les idées de Marx, telles que les explique
Georges Gurvitch, peuvent être admises sans difficultés
ou sans discussion de détail, parce que cela n'a pas
d'intérêt ni d'importance.

Nous dirons donc :

1°) Il existe une analogie dans la conception de la
réalité sociale comme pratique, et l'idée de la réalité
sociale comme *praxis*. Marx a pu, en effet, emprunter ce
thème aux saint-simoniens. Il y a, en tout cas, parenté
entre la conception saint-simonienne de la pratique et la
conception marxiste de la *praxis*.

2°) Il est vrai que, pour Saint-Simon comme pour
Marx, la force productive ne se développe à plein qu'au-
delà du régime théologique et militaire.

3°) Il est vrai, pour Saint-Simon comme pour Marx,
que la production collective est une action totale qui
comprend à la fois la production matérielle et la production spirituelle. Cette espèce de conception globalisante
de la société et de la production, le lien inséparable entre
les forces productives et la conscience, ce sont des idées
qui, en gros, peuvent être dites saint-simoniennes. Les
idées que l'on trouve dans certains textes de Marx sont
similaires et bien que, personnellement, je ne sois pas sûr
que ce soit à Saint-Simon ou à ses disciples qu'il les ait
empruntées, ces idées étaient dans l'air, il reste parfaitement juste de souligner cette parenté.

4°) La relation entre la société civile et l'État, d'après
les saint-simoniens, dépend du caractère de la société
civile. Les saint-simoniens écrivaient que l'État était
indispensable dans toute la période militaire et théologique, qu'il cesserait d'être nécessaire dans la période
productiviste. La formule qui se trouve dans le *Manifeste
communiste*, « l'administration des choses remplacera le
gouvernement des personnes », est une formule saint-
simonienne. Il est parfaitement vrai que la subordination
de l'État politique à la société civile était un thème saint-
simonien en même temps qu'il a été un thème marxiste.

5°) Enfin, on trouve chez Saint-Simon une demi-conscience du problème des classes, mais seulement une demi-conscience, parce que Saint-Simon et les saint-simoniens opposent les oisifs et les producteurs, les exploiteurs et les exploités, mais ils n'ont pas clairement l'idée des antagonismes de classes à l'intérieur du système de production lui-même.

Énumérons les différences qu'établit Georges Gurvitch : Saint-Simon et les saint-simoniens essaient de créer une nouvelle religion, le nouveau christianisme ; ils ont une représentation panthéiste du monde ; et, d'autre part, les saint-simoniens et Saint-Simon ignorent un thème, essentiel dans la pensée de Marx, celui de la révolution.

Voici les similitudes et les différences principales que décèle Georges Gurvitch : les saint-simoniens rêvent d'une nouvelle religion et les saint-simoniens ignorent la vertu salvatrice de la révolution.

À quoi j'objecterai simplement ceci :

1°) Je suis d'accord pour admettre que Marx a connu les idées saint-simoniennes. Je n'exclus pas que ces idées saint-simoniennes aient exercé une influence sur la formation de sa pensée.

2°) Les similitudes entre les deux auteurs sont réelles, et je dois dire que, pour préparer cette leçon, j'ai relu *L'Exposition de la doctrine de Saint-Simon* et j'ai constaté avec une certaine surprise que les similitudes, les parentés sont à certains égards encore plus grandes que ne le dit Georges Gurvitch. J'ai trouvé un certain nombre de similitudes que l'on pourrait ajouter à son énumération. Par exemple : dans la sixième séance de *L'Exposition de la doctrine de Saint-Simon*, on trouve une énumération des antagonismes de classes du passé [39]. Or, cette énumération ressemble de très près à l'énumération que nous trouvons dans le *Manifeste communiste* [40]. Les saint-simoniens – qui n'ont pas toujours grand-chose à voir avec Saint-Simon –, c'est-à-dire Bazard et Enfantin, parlent de l'opposition entre maîtres et esclaves, entre patriciens et plébéiens, entre seigneurs et serfs, et ils terminent en opposant les oisifs et les travailleurs. Ce qui montre à la fois la même vision des périodes de l'histoire et la différence, au moment où nous arrivons à la période actuelle. Au lieu d'opposer prolétaires et propriétaires des moyens de production, ils ont encore tendance à opposer les oisifs, survivants du régime théologique et militaire, aux producteurs.

D'autre part, le thème selon lequel la guerre a joué un rôle dans le passé et que la guerre doit disparaître dans la société industrielle est un thème saint-simonien qui se retrouve certainement dans la pensée marxiste. Donc, quand il s'agit des rapports du système de production et de l'État, quand il s'agit des étapes de l'histoire, quand il s'agit des antagonismes caractéristiques du devenir historique, quand il s'agit de l'opposition entre le gouvernement des personnes et l'administration des choses, il s'agit de thèmes saint-simoniens effectivement passés dans la pensée marxiste. Ils sont devenus des éléments de la vision historique de Marx.

Mais, jamais dans aucun texte, Marx n'a discuté avec Saint-Simon. Ce qui pour moi est essentiel, car emprunter telles ou telles idées est une chose, discuter avec un philosophe comme Hegel en est une autre. Personnellement, de mon point de vue, je maintiens que l'ennemi intime, c'est-à-dire Hegel, est plus important que le parent occasionnel, c'est-à-dire Saint-Simon. Le problème est à peu près celui-là : Hegel était celui qu'il voulait réfuter et utiliser ; et Saint-Simon était un des socialistes qui lui procuraient tel ou tel thème de sa représentation de l'histoire.

Il existe, à mes yeux, en définitive, trois différences majeures entre la vision historique des saint-simoniens et la vision historique de Marx. Or, ces trois différences majeures sont celles qui commandent toute l'efficacité historique exceptionnelle du marxisme, et je dirai aussi, qui commandent l'inefficacité toute relative du saint-simonisme. Ce sont les suivantes :

1°) Les saint-simoniens expliquent qu'il y a eu à travers toute l'histoire des antagonismes de classes et que ces antagonismes entraînaient l'exploitation. Ils annoncent qu'ils vont disparaître et l'exploitation aussi, mais ils se représentent cette disparition comme un procès progressif, comme une atténuation progressive. Pour eux, dans la société productiviste de leur temps, les antagonismes étaient déjà atténués par rapport aux antagonismes de l'époque de l'esclavage et du servage. Or, l'idée nécessaire à la révolution marxiste est que la dernière phase d'antagonisme soit une phase extrême. On trouve ici une opposition entre la vision évolutionniste saint-simonienne et la vision révolutionnaire marxiste. Dans le premier cas, les antagonismes s'atténuent progressivement ; dans le second, ils culminent avant de disparaître. Sur ce point, Marx est plus proche de Hegel que de Saint Simon.

2°) Dans la vision saint-simonienne, le rôle créateur des déshérités, du prolétariat, manque complètement, comme fait défaut l'idée du rôle révolutionnaire des déshérités et du prolétariat. Or, si l'idée que les contradictions du capitalisme s'accentuent, si l'idée que l'exploitation va de pire en pire jusqu'au moment de la révolution, si l'idée du rôle révolutionnaire du prolétariat, si ces trois idées sont absentes, l'on peut avoir toute espèce de similitude sur la conception de la *praxis*, mais l'on n'a évidemment pas les thèmes historiquement efficaces du marxisme. Comme ce ne sont pas ces thèmes historiquement efficaces du marxisme que cherche Georges Gurvitch, mais les thèmes sociologiquement efficaces par rapport à la sociologie d'aujourd'hui, ces différences lui paraissent secondaires, alors que, dans ma perspective, elles sont évidemment fondamentales. Le fait qu'on puisse trouver l'équivalent de la *praxis* dans la pratique par rapport au rôle historique du marxisme, c'est sans aucune espèce d'importance. En revanche, si l'on n'y trouve pas l'idée de la révolution et celle du rôle du prolétariat, on ne trouve évidemment pas ce qui est l'essentiel du marxisme politico-métaphysique que nous connaissons.

3°) La troisième différence essentielle tient à ce que Marx était athée dès le départ, et le resta toute sa vie. L'athéisme est fondamental dans sa pensée et le projet marxiste est inséparable de l'idée de l'athéisme. On ne peut pas séparer l'idée de la désaliénation, celle de la réalisation de l'homme sur cette terre, de l'intention athée de Marx. On peut naturellement construire une économie planifiée et croire en Dieu, cela va de soi, il serait idiot de penser le contraire ; mais si l'on prend au sérieux le marxisme comme entreprise philosophico-politique, l'athéisme doit en être considéré comme inséparable, comme intrinsèque. Or, les saint-simoniens ont joué un rôle dans le lancement des grands travaux industriels, dans le percement du canal de Suez, dans la fondation de banques, dans le développement des forces productives, mais ils ne sont jamais devenus un mouvement philosophico-politique comparable au marxisme, parce qu'il leur manquait ce qui a fait la gloire historique du marxisme, c'est-à-dire la combinaison d'une intention philosophique et d'une intention politique ou, si l'on préfère, la jonction de la philosophie et des prolétaires. Les pauvres saint-simoniens croyaient que les banquiers construiraient le monde nouveau. La réalité leur a peut-être plus donné raison qu'aux marxistes, mais pour l'ambition philosophique, pour fonder une religion sans Dieu, ce n'était pas tout à fait la voie à suivre.

Nous pourrions compléter [41] cette analyse, en nous reportant à quelques textes saint-simoniens pour les comparer à la pensée de Marx.

Le premier se trouve dans la quatrième séance de *L'Exposition de la doctrine de Saint-Simon*.

« *Après avoir exposé ce qu'a été l'antagonisme, aux différents degrés de l'association humaine, il faut se hâter d'ajouter que jamais il n'a été assez puissant, au début d'une organisation sociale, pour l'empêcher de se maintenir et de s'étendre dans les limites nécessaires pour que l'humanité pût passer à une organisation plus avancée ; mais que jamais non plus une organisation* » *politique n'a eu assez d'énergie pour empêcher les éléments d'antagonisme qu'elle renfermait dans son sein, de s'y développer, et d'acquérir assez de force pour la renverser et la détruire, le jour où, de nouveaux besoins se faisant sentir aux hommes, les appelaient à jouir d'une organisation meilleure : on peut dire cependant que l'antagonisme, en préparant les voies d'une association plus large, en hâtant le jour de l'association univer- selle, se dévorait peu à peu lui-même, et tendait définiti- vement à disparaître.*

« Concluons de tout ce qui précède, qu'il n'y eut, à proprement parler, d'associations véritables dans le passé, que par opposition à d'autres associations rivales en sorte que tout le passé peut être envisagé, par rapport à l'avenir, comme un vaste état de guerre systématisé » [42].

On trouve dans ce texte des formules marxistes : l'opposition entre association et antagonisme et le fait que tous les régimes du passé ont comporté des antago- nismes. Ce qui correspond au thème marxiste selon lequel le passé est chargé de contradictions ou d'antago- nismes. L'on se souvient, d'une part, que dans son seul texte écrit en français, dans *Misère de la philosophie*, Marx emploie le terme d'*antagonisme* [43]. D'autre part, les antagonismes se développent à l'intérieur de chaque régime et à partir d'un moment ils atteignent le point de rupture et permettent à l'humanité de passer à un stade supérieur d'association.

Tout cela ressemble aussi à certains des thèmes du *Manifeste communiste* avec une différence essentielle. Ce vaste état de guerre systématisé n'est pas défini comme une lutte de classes, spécifiquement, mais tout autant comme une lutte des peuples ou une lutte des nations. Par conséquent, l'antagonisme n'est pas défini comme résul- tant des rapports de production et de la rivalité des classes, mais comme provenant tout autant de la rivalité qui résulte de la pluralité des groupes humains, et des unités politiques en conflit.

Si le thème saint-simonien antagonisme-association présente certaines similitudes avec le thème marxiste, il en diffère cependant en ceci qu'il n'y a pas de différenciation claire entre la lutte des peuples d'un côté et la lutte de classes de l'autre. Au contraire, chez Marx, on trouve une systématisation des antagonismes par rapport aux forces et aux rapports de production, et donc par rapport à la lutte de classes.

Cette différence apparaît plus nettement encore dans le deuxième texte que je citerai :

« *L'empire de la force physique et l'exploitation de l'homme par l'homme sont deux faits contemporains et correspondants entre eux ; le dernier est la conséquence de l'autre ; l'empire de la force physique et l'exploitation de l'homme par l'homme sont la cause et l'effet de l'état d'antagonisme.*

« *L'antagonisme, ayant pour cause l'empire de la force physique, et pour résultat l'exploitation de l'homme par l'homme, voilà le fait le plus saillant de tout le passé ; c'est aussi celui qui excite le plus vivement la sympathie que nous éprouvons pour le développement de l'humanité, puisque, sous ce point de vue, ce développement peut être exprimé par la croissance constante du règne de l'amour, de l'harmonie, de la paix* » [44].

On ne peut vraiment pas dire que ce texte soit typiquement marxiste. On y trouve effectivement la formule de l'exploitation de l'homme par l'homme. Mais, exactement comme dans le texte précédent, on n'y trouve pas de différenciation nette entre les antagonismes de classes et les antagonismes de peuples. Dans ce texte, l'on constate que l'empire de la force physique et l'exploitation de l'homme par l'homme sont donnés comme deux faits contemporains et correspondants. En d'autres termes, la violence et l'exploitation économique de l'homme par l'homme ne sont pas l'un la cause, l'autre l'effet, ce sont deux phénomènes solidaires, l'expression simultanée d'un antagonisme fondamental. S'il existe une relation, elle est inverse de la relation marxiste. Marx a tendance à faire surgir la relation de la force physique et de la violence du phénomène de l'exploitation de l'homme par l'homme. Dans ce texte saint-simonien, l'exploitation de l'homme par l'homme, résulte au contraire de l'empire de la force physique. Ces deux termes, « *empire de la force physique* » *et* « *exploitation de l'homme par l'homme* », renvoient à deux thèmes. Ces deux thèmes sont aussi présents chez Saint-Simon, chez Marx et dans tout le socialisme. Dans la formule marxiste, on part du rapport des hommes avec la nature pour en faire surgir le rapport des hommes entre eux. À partir de l'exploitation de l'homme par l'homme surgissent les relations de violence. Dans le texte saint-simonien, la relation est inverse. Évidemment, ces deux doctrines appartiennent à la même époque et présentent certaines similitudes de vocabulaire et d'inspiration. Mais on ne peut pas affirmer que la caractéristique spécifique du marxisme se trouve dans la pensée saint-simonienne.

Enfin, le troisième texte que je citerai est parallèle aux dernières lignes de *Misère de la philosophie*, dans lesquelles Marx explique qu'après la révolution, l'histoire continuera, mais comme un progrès, un progrès économique et social sans révolution politique. Autrement dit, l'histoire se divise en deux phases : l'une, celle que nous traversons encore, dans laquelle le mouvement historique s'opère par l'intermédiaire de contradictions ou d'antagonismes et de collisions ; l'autre, la phase post-révolutionnaire, qui vient ensuite et dans laquelle le mouvement historique prendra la forme d'un progrès.

Cette opposition se retrouve dans le dernier texte saint-simonien, que je vais citer. Mais l'on remarquera à quel point la tonalité est différente.

« *Nous ne voulons pas dire que, parvenus à cette condition* [c'est-à-dire l'état d'association universelle]*, l'humanité n'aura plus de progrès à faire* [Traduction marxiste : fin de la préhistoire et non pas fin de l'Histoire] ; *au* *contraire, elle marchera plus rapidement que jamais vers son perfectionnement : mais cette époque sera définitive pour elle, en ce sens, qu'elle aura réalisé la combinaison politique la plus favorable au PROGRÈS même.* [Désormais le texte saint-simonien ou positiviste n'a plus rien de commun avec le marxisme.] *L'homme aura toujours à AIMER et à* connaître *de plus en plus, et aussi à* s'assimiler *plus complètement le monde extérieur : le champ de la* science *et celui de* l'industrie se *couvriront chaque jour de plus riches moissons, et lui fourniront de nouveaux moyens d'exprimer plus grandement son AMOUR : il étendra sans cesse la sphère de son* intelligence, *celle de sa puissance* physique, *et celle de ses SYMPATHIES, car la carrière de ses progrès est indéfinie. Mais la combinaison sociale qui favorisera le mieux son développement MORAL, INTELLECTUEL et PHYSIQUE, et dans laquelle chaque individu, quelle que soit sa naissance, sera AIMÉ,* honoré, rétribué *suivant ses œuvres, c'est-à-dire suivant ses efforts pour améliorer l'existence MORALE,* intellectuelle *et* physique *des masses, et par conséquent la sienne propre, cette combinaison sociale dans laquelle tous seront sollicités sans cesse à s'élever dans cette triple direction, n'est pas susceptible de perfectionnement. En d'autres termes, l'organisation de l'avenir sera définitive, parce que seulement alors la société sera constituée directement POUR LE PROGRÈS »* [45].

Comme on peut le constater, dans cette vision, rien ne sera achevé au moment où l'on parviendra à l'Association universelle ou à la fin de la préhistoire ; le progrès continuera, mais il continuera sans bouleversement, parce qu'il n'y aura plus de contradiction. Le régime post-révolutionnaire, pour Marx aussi, n'exigera plus de révolution politique comme le régime de l'association, pour les saint-simoniens ; il sera directement adapté au progrès. L'idée est commune dans les deux pensées bien que le ton et le style soient différents.

DEUXIÈME PARTIE

ÉCONOMIE ET HISTOIRE

CHAPITRE IX

LE LIVRE I DU *CAPITAL*

Nous avons achevé l'étude des rapports entre Marx et Saint-Simon et nous en venons maintenant à la deuxième partie de ce cours, qui, je le crains, sera plus difficile que la première, puisque nous abordons l'exposé de l'Économie de Marx et, essentiellement, l'étude du *Capital*.

Le Capital, nous le savons, est l'œuvre systématique dans laquelle Marx a exposé ses conceptions de l'économie. Le sous-titre du livre est *Critique de l'économie politique*. Nous retrouvons dans ce sous-titre un concept que nous connaissons comme un concept majeur de la période 1841-1844, au moment où Marx procède à la *critique* de l'héritage hégélien. En reprenant ce titre de « Critique de l'économie politique », il veut affirmer que l'économie marxiste est à la fois une analyse de la réalité capitaliste et une analyse de la connaissance fausse. Ou encore, pour parler déjà le langage marxiste, une analyse de la connaissance mystifiée de l'économie qui caractérise les économistes bourgeois. Par ce terme d'économiste bourgeois, se trouve désigné, de toute évidence, celui qui n'est pas marxiste. L'exposé de l'économie marxiste qui suit viendra donc d'un économiste bourgeois. Il m'est difficile, dans la perspective de Marx, de me définir autrement.

La méthode que je suivrai sera différente de celle que j'ai employée jusqu'à présent parce que le thème est différent. L'étude à laquelle j'ai procédé jusque-là était l'étude de la formation d'une pensée. Je suivais, par conséquent, pas à pas Marx dans ses écrits pour essayer de retrouver le processus intellectuel de la création. Car rien n'est plus intéressant, je crois, que de suivre une pensée qui se constitue et d'examiner comment, en partant d'un certain héritage intellectuel, Marx parvient au marxisme.

Je ne suivrai pas non plus la même méthode, parce que sur la matière économique il existe un texte qui l'emporte de loin en importance sur tous les autres. Il s'agit de l'œuvre scientifique majeure de Marx, *Le Capital*. Je me porterai directement au *Capital*, sans passer par les ouvrages économiques mineurs, dont le principal est le texte de 1859, *Contribution à la critique de l'économie politique*.

Le Capital comprend trois livres [1], dont le premier seul a été publié par Marx en 1867. Les livres II et III sont posthumes et ont été publiés par Engels en 1885 et en 1894 à partir des manuscrits laissés par Marx. On parle parfois d'un livre IV du *Capital* – c'est Engels qui a utilisé l'expression dans sa préface au livre II pour désigner un manuscrit de Marx intitulé les *Théories de la plus-value*. Ces textes ont été publiés après Engels, sous divers titres mais indépendamment du *Capital* [2].

L'analyse du *Capital* présente des difficultés considérables qui tiennent à la nature même de l'ouvrage. En effet, dans *Le Capital*, Marx combine des analyses conceptuelles, l'observation d'un certain nombre de tendances qu'il a isolées, des illustrations historiques ou statistiques, et des propositions établies en apparence par une méthode abstraite. Le livre tout entier veut être systématique et sa particularité, ou plus exactement sa difficulté, c'est que les morceaux en sont clairs et que l'ensemble en est obscur, ce qui ne facilite pas l'interprétation. On peut considérer qu'il existe deux catégories de philosophes : ceux qui sont obscurs à la fois dans le détail et dans l'ensemble, et ceux qui sont clairs dans le détail et obscurs dans l'ensemble. Malebranche est le type du philosophe clair dans le détail et obscur dans l'ensemble. Chacune de ses phrases est translucide et sa philosophie globale prête à des interprétations différentes. Hegel est un philosophe aussi obscur dans le détail que dans l'ensemble. Marx, dans le détail, n'est pas fondamentalement difficile, bien que son langage soit abstrait et exige un certain entraînement intellectuel. Son obscurité tient à la méthode suivie, et à un certain nombre de questions qui sont à la fois très simples, parce qu'on les trouve dans tous les exposés élémentaires, et très difficiles, puisqu'on continue indéfiniment à les discuter.

Par exemple, pour invoquer immédiatement un cas particulier que nous aurons l'occasion d'aborder plusieurs fois : presque toute la structure systématique du *Capital* est liée à la relation entre les valeurs et les prix, c'est-à-dire à la relation entre le premier livre et le troisième. Depuis près d'un siècle, marxistes, non-marxistes, antimarxistes, marxiens et marxologues discutent indéfiniment pour savoir quel était, dans le système de Marx, la relation entre la théorie de la valeur exprimée dans le premier livre et la théorie des prix exposée dans le troisième livre. On n'éprouvera aucune difficulté à saisir les propositions telles qu'elles sont exposées, terme à terme, dans chacun de ces deux livres du *Capital*, ce que je commencerai par faire. Mais, ensuite, quand j'essaierai de comprendre ce que cela veut dire, ce sera inévitablement aussi obscur que cela l'est pour Marx et pour tout le monde.

L'obscurité qui touche à la méthode et au système m'obligera à suivre une démarche différente de celle que j'ai suivie jusque-là. J'adopterai une méthode un peu élémentaire, qui consistera à traduire aussi clairement que possible ce que Marx dit, en particulier dans le premier livre, et ce que l'on peut comprendre sans grandes difficultés. Pour ceux qui connaissent le marxisme, ce sera un peu ennuyeux, parce que l'exposé paraîtra élémentaire. Mais il est inévitable, dans le cas du *Capital*, de commencer par un exposé élémentaire, destiné à ceux qui n'ont jamais ouvert le livre, pour aller à un exposé plus en profondeur. Progressivement, j'essaierai de comprendre la méthode de Marx, ses intentions profondes, à partir de ce qu'il a écrit, étant entendu qu'il s'exprime avec une parfaite clarté dans chacun des passages de ses livres et que l'ensemble reste obscur.

La deuxième partie de ce cours sera naturellement plus incertaine, plus critiquable que la première. Car il me sera beaucoup plus difficile, dans cette partie, de distinguer l'exposition pure et simple de l'effort dans l'interprétation et de la discussion aussi honnête que possible. Dans le cas du *Capital*, il est impossible de proposer une interprétation qui ne comporte pas simultanément un jugement sur la valeur proprement économique ou philosophique du livre. Je le regrette. J'aurais bien aimé séparer complètement ces deux ordres de considérations, mais autant c'était possible dans la première partie, où j'essayais simplement de vous dire comment Marx était arrivé à devenir marxiste à partir de Hegel, autant lorsque nous allons étudier l'économie du *Capital*, il est inévitable que l'interprétation que j'essaierai de suggérer semble chargée de jugements sur la valeur et la portée du *Capital*. Après ces préliminaires, commençons notre exposé proprement dit.

Où en est Marx en 1848 ?

Où en est Marx en 1848, quand il publie le *Manifeste communiste* ? Que sait-il ? Quelles idées a-t-il tirées de sa réflexion sur l'histoire et sur la société présente, sur l'économie anglaise et sur la philosophie de Hegel ?

1°) *Les lois économiques sont historiques.*

Nous savons, il sait, que le régime capitaliste est un régime économique, un parmi d'autres, avec ses caractéristiques propres et qui n'est pas éternel. Donc, Marx ne cherche pas dans son œuvre économique à établir les lois économiques valables pour n'importe quelle économie. En revanche, il cherche à établir les lois valables pour un régime historiquement singulier. Lois qui, ou bien seraient différentes, ou bien, pour le moins, prendraient une autre forme dans d'autres régimes.

Donc, première caractéristique, nous savons que la théorie économique que nous allons étudier présente un caractère historique et non pas éternel, puisqu'elle s'applique à un régime historiquement singulier.

2°) *Le capitalisme est une totalité historique.*

Ce régime est défini en ses traits majeurs par des rapports de production qui sont eux-mêmes liés à, ou déterminés par un état donné des forces productives. Ce régime constitue un ensemble ou une totalité qui doit être compris ou comprise comme un tout.

Il y a donc un effort pour la compréhension des traits spécifiques du régime capitaliste, qui constituent celui-ci comme une totalité historique singulière.

3°) *L'injustice et la destruction future du capitalisme.*

Le régime capitaliste est essentiellement antagonique ou antagoniste ou chargé d'antagonismes. Il comporte une exploitation des salariés. Nous l'avons déjà vu dans le *Manuscrit de 1844*, nous le retrouvons dans le *Manifeste communiste*. L'exploitation des salariés est la cause majeure de la destruction future du régime capitaliste. Il s'agit donc, pour Marx, de démontrer tout à la fois que les rapports de production à l'intérieur du régime capitaliste sont antagoniques et impliquent par nature, par essence, l'exploitation de la classe salariée et en même temps que cette exploitation, c'est-à-dire cette injustice intrinsèque, est la cause de la future destruction du régime capitaliste.

Cette conjonction très simple de l'analyse de l'injustice et de l'annonce de la mort du capitalisme a une puissance suggestive incomparable. Avant même que nous entrions dans les dédales du *Capital*, nous constatons la conjonction de ces deux analyses : celle de l'exploitation et celle des causes de destruction du capitalisme. Cette conjonction est présente dans la pensée de Marx dès la fin de sa période de formation avant même qu'il ait conçu l'ensemble du *Capital*. Mais *Le Capital* va donner de cette conjonction une démonstration que nous allons étudier à partir de maintenant.

Un antagonisme fondamental

L'antagonisme présente pour Marx un double caractère : il s'agit d'une part de la lutte de *classes*, qui est inséparable du régime puisque ce régime comporte par définition une exploitation de la classe salariée, et qu'il existe un antagonisme intrinsèque entre les intérêts des capitalistes et ceux des salariés dont résulte la lutte de classes. D'autre part et simultanément, cet antagonisme étant la cause de la destruction future et finale du régime capitaliste, il présente la caractéristique d'une contradiction qui ne pourra être résolue que par la révolution. D'où il résulte que l'on peut parler d'antagonisme, puisqu'il s'agit d'une opposition fondamentale d'intérêts entre les deux classes, mais que l'on peut aussi parler de contradiction, puisque cette opposition fondamentale entre les deux classes constitue la contradiction interne du régime capitaliste, et qu'elle aboutira à sa propre destruction. Donc, le fait que l'on emploie, selon les cas, antagonisme ou contradiction, traduit cette conjonction fondamentale entre la théorie de l'exploitation et la théorie de la crise inévitable, permanente et, à un moment donné, mortelle du capitalisme lui-même.

Il va de soi que, si tout cela se déroulait ainsi, les attitudes et les jugements politiques s'imposeraient pour ainsi dire d'eux-mêmes. Comme la combinaison entre la dialectique des antagonismes et la dialectique des contradictions du régime est fascinante pour l'esprit, on peut être conduit à penser que tout cela est vrai.

Cela dit, une question se pose immédiatement à propos de ce système de pensée : s'il en est ainsi, si l'antagonisme entre les détenteurs des moyens de production et les salariés est la cause de l'autodestruction du capitalisme, la question est de savoir pourquoi les détenteurs des moyens de production, qui ont tout intérêt à éviter leur propre destruction, ne prennent pas conscience de la nature contradictoire du régime pour essayer, non par philanthropie, mais par égoïsme, de résoudre les contradictions et les antagonismes qui vont précipiter leur ruine.

À ce moment, intervient une nouvelle proposition qui est fondamentale dans le système marxiste : ni les capitalistes, ni les économistes bourgeois ne sont capables de prendre réellement conscience des contradictions du capitalisme. Cette proposition s'exprime dans deux versions différentes, l'une concerne les capitalistes et l'autre les économistes bourgeois. Les capitalistes pourraient, à la rigueur, apercevoir certaines des contradictions du régime, mais, même s'ils prenaient conscience de ces contradictions, ils ne pourraient pas modifier le fonctionnement du régime parce qu'il faut dans le système marxiste que les capitalistes, pris individuellement, ou en groupe, soient prisonniers du régime lui-même. Il faut que le régime obéisse à des lois qui entraînent les individus, même si ces individus pris individuellement voient où le système les entraîne. Il en résulte que les lois selon lesquelles se transforme le régime capitaliste sont telles que les capitalistes eux-mêmes ne peuvent pas en *empêcher* le fonctionnement. Par conséquent, ils contribuent à la destruction du régime en dépit d'eux-mêmes. Quant aux économistes bourgeois, ils pourraient eux aussi, à la rigueur, prendre conscience des contradictions du régime à condition de bien comprendre *Le Capital* et d'en admettre la vérité. Mais, bien que quelques-uns d'entre eux en soient capables, ils n'en seront pas capables collectivement, car s'ils prenaient conscience de la vérité du capitalisme, telle que cette vérité apparaît dans *Le Capital*, ils deviendraient marxistes. Or, comme ils ne veulent pas devenir marxistes, ils réfuteront *Le Capital* et, par conséquent, s'empêtreront dans les contradictions du régime. Comme nous le verrons, ils resteront prisonniers des apparences du capitalisme et ils n'en saisiront pas l'essence.

Pour que les économistes bourgeois ne puissent pas saisir la vérité du capitalisme et pour que les capitalistes ne puissent pas échapper à leur destin, il faut donc répondre à deux types de questions :

– Pourquoi les capitalistes ne peuvent-ils pas prendre les mesures qui préviendraient leur ruine ?

– Pourquoi les économistes bourgeois sont-ils victimes des apparences ?

L'économie du *Capital* comprendra donc une analyse des lois nécessaires de fonctionnement et de transformation du régime capitaliste, dont les hommes sont inconscients, et d'autre part, dirait-on aujourd'hui, une sociologie de la connaissance de l'économie bourgeoise. C'est-à-dire une critique de l'économie bourgeoise ayant pour objet de montrer à quelles illusions céderont inévitablement les économistes bourgeois, et quels systèmes de justification ils adopteront.

Les objectifs fondamentaux

Enfin, revenons à notre première proposition : le régime capitaliste est un régime entre d'autres, donc un régime historiquement singulier. Ce régime historiquement singulier a une caractéristique : il est dans l'ordre de l'économie l'équivalent de ce qu'était la démocratie dans l'ordre politique, au moment où Marx écrivait la *Critique de la Philosophie du droit de Hegel* ou au moment où Hegel parle du savoir absolu dans sa *Phénoménologie de l'Esprit*. Le régime capitaliste se comprend lui-même et comprend son propre passé. Quand l'histoire humaine aboutit au capitalisme, on peut enfin comprendre tous les régimes qui l'ont précédé et l'ensemble de l'histoire économique. Je n'entends pas que *Le Capital* est l'équivalent rigoureux du « savoir absolu » à la fin de *La Phénoménologie de l'Esprit* de Hegel. Ce ne serait pas sérieux ; ce que je veux simplement dire, parce que cela me paraît strictement marxiste, c'est que le régime capitaliste constitue l'aboutissement, l'épanouissement, l'achèvement des régimes économiques antagonistes et, précisément, parce que les antagonismes économiques ont trouvé dans le capitalisme leur forme achevée, c'est à partir du capitalisme que l'on peut comprendre les autres régimes antérieurs. En ce sens, il existe certainement encore une inspiration hégélienne dans *Le Capital* de Marx, car la compréhension de l'histoire économique s'opère finalement dans ce livre à partir de son aboutissement.

La conclusion de cette analyse initiale nous fait saisir d'un coup l'ampleur extraordinaire de l'ambition de Marx en écrivant *Le Capital*. Cette ambition est presque sans précédent, et presque sans répétition. Marx, d'après l'analyse très élémentaire à laquelle je viens de procéder, a, en effet, trois objectifs :

1°) Il veut définir l'essence du régime capitaliste à partir de ses rapports de production.

2°) Il a pour objectif d'analyser les lois de fonctionnement du régime capitaliste, ou, si nous laissons de côté le terme « lois » que Marx emploie, mais qui est d'interprétation difficile, il veut analyser le fonctionnement du régime capitaliste à partir de l'interprétation de l'essence du régime capitaliste.

3°) Il veut faire comprendre la place qu'occupe le capitalisme dans l'histoire économique de l'humanité. Il veut donc en saisir les origines, les relations aux régimes qui l'ont précédé, et l'évolution intrinsèque, l'évolution interne rendue inévitable par l'essence et le fonctionnement du régime.

En d'autres termes, essence, fonctionnement, situation historique, transformation du capitalisme vers un autre régime, tout cela doit être donné dans *Le Capital*. On doit y trouver aussi l'explication des motifs pour lesquels les économistes bourgeois, avant Marx, n'ont pas compris l'essence du capitalisme ; pourquoi ils ne comprennent pas, encore aujourd'hui, ce qu'est le capitalisme ; et pourquoi lui, Marx, aura beau annoncer aux capitalistes les causes de leur disparition future, ceux-ci ne pourront pas tirer de leçons de son enseignement, car les choses continueront comme Marx les a annoncées.

Voilà le projet de ce livre unique à tous égards, parce que c'est, évidemment, un livre philosophico-économique, un livre génial, et parce qu'il témoigne d'une ambition démesurée. En raison de son caractère unique, ce livre tient dans l'histoire de l'économie politique une place à part. Les uns peuvent le considérer comme une espèce de monument marginal, si je puis dire, situé en dehors du courant principal de l'économie politique, et d'autres peuvent le considérer comme une œuvre définitivement valable. On pourrait dire encore que *Le Capital* est tout à la fois une économie statique et une économie dynamique, une théorie et une sociologie, une économie et une sociologie. Tout cela à la fois.

Ayant ainsi délimité la tâche retenue par Marx, demandons-nous de quoi il disposait pour l'accomplir.

Ricardo et l'héritage classique

Quelles étaient ses connaissances, sa formation intellectuelle ? Qu'est-ce qui pouvait lui permettre d'atteindre les objectifs intellectuels qu'il se proposait ?

Au moment où il entreprend la tâche d'écrire *Le Capital*, c'est-à-dire après l'échec de la révolution de 1848, en gros à partir de 1850-1851, lorsqu'il se retire à Londres, nous connaissons sa conception du mouvement historique, le rôle qu'il attribue à la lutte de classes, aux forces de production, aux rapports de production. Nous connaissons aussi l'apport de l'économie politique anglaise et, en particulier, celui de l'économiste anglais qu'il préfère, c'est-à-dire de Ricardo, qui est au point de vue économique le plus proche de Marx et que Marx considère comme le dernier grand représentant de la science économique anglaise[3]. Si Marx considère Ricardo comme le plus grand, c'est peut-être parce qu'il l'est, mais c'est aussi parce que, sur un certain nombre de points essentiels pour Marx, que nous verrons, ses idées coïncident avec celles de Ricardo. Par exemple, sur le salaire, sur les relations entre le salaire et le profit, Ricardo est tout aussi pessimiste que Marx.

Qu'est-ce que la pensée économique classique apportait à Marx ? La réponse est simple : l'économie classique anglaise, que Marx étudie et n'a jamais cessé d'étudier toute sa vie, traite des sujets que l'on continue encore d'étudier et de discuter dans les cours d'économie politique aujourd'hui, à savoir les prix, les rapports entre les prix, et entre les prix et la monnaie, la répartition du produit national entre les différentes classes, etc. Bien entendu, l'économie classique était très préoccupée par la question de la répartition du produit entre les différentes classes ; elle cherchait l'origine de ce que l'on appelait le produit net, c'est-à-dire simultanément du profit, de l'intérêt et de la rente foncière ; elle commençait, dès le premier tiers du siècle, à réfléchir sur les crises économiques plus ou moins régulières.

Pour étudier tous ces phénomènes économiques, elle utilisait une méthode, qui sera également celle de Marx, à savoir un mélange d'observations et de raisonnements. Les raisonnements étaient du type de ceux que nous allons trouver dans *Le Capital*, c'est-à-dire que l'on considérait telle ou telle variable et on essayait d'établir comment ces deux variables variaient l'une en fonction de l'autre. Par exemple, une des questions que l'on se posait et que Marx se pose est de savoir comment varient les salaires et les profits. La difficulté, dont les classiques étaient partiellement conscients, c'est que l'ensemble des variables d'un système économique sont en relation réciproque. Toutes les variables d'un système économique sont interdépendantes et, si l'on considère seulement deux variables, le rapport que l'on établit entre elles n'est valable que si l'on suppose les autres variables dans une situation donnée. La méthode de raisonnement employée par les classiques le plus souvent, et que Ricardo a particulièrement et brillamment illustrée, consistait à établir des relations rigoureuses entre deux variables, sans préciser toujours exactement dans quelles conditions, dans quel contexte cette relation entre les deux variables est valable. Schumpeter appelle « *Ricardian Vice* », « vice ricardien »[4], le fait d'établir des co-variations prétendument rigoureuses en oubliant d'énumérer toutes les circonstances nécessaires pour que ces co-variations se produisent effectivement.

Cela dit, quelles que soient les différences entre les économistes classiques, ils ont tous en commun certaines caractéristiques qui les opposent à Marx lui-même et que je vais indiquer immédiatement.

La première différence tient à ce que les économistes bourgeois ne voient pas de mystère particulier dans l'économie. Pour eux, l'économie est une science construite à partir d'observations et de raisonnements. Je dirais que, pour eux, c'est une science empirique et phénoménale : ils ne font pas de différence fondamentale, par exemple, entre les prix et la valeur. Or, si nous prenons cette question des prix et de la valeur qui est tellement essentielle pour distinguer entre les classiques et les marxistes, on peut dire en simplifiant, mais sans fausser les choses, que le problème de la valeur, pour les classiques, et pour Ricardo en particulier, se réduit au problème des prix. Ce qui signifie que les différents biens, les différentes marchandises s'échangent selon des relations quantitatives déterminées, exprimées par des prix en monnaie. Si nous supposons que le quintal de blé vaut 3 800 francs, nous dirons qu'un quintal de blé est égal à un stylo « Parker 41 », le « 51 » doit coûter un peu plus cher. Le problème des prix consiste à connaître les relations quantitatives d'échange entre les différentes marchandises et à les exprimer dans une marchandise à part qui est la monnaie ou le numéraire. On sait alors quelle quantité de monnaie représente chaque marchandise. Le problème de la valeur pour les classiques est de savoir quel facteur détermine de manière exclusive ou de manière principale les relations d'échange entre les marchandises. Le problème de la valeur est donc le problème déterminant des prix relatifs. Or, sur ce point, Marx part des classiques, mais n'est pas un classique. Tout son système suppose qu'il existe quelque chose d'assez fondamental qui sépare le problème des prix de celui de la valeur. Comme l'établissement de cette différence et de ces deux relations n'est pas facile, l'interprétation de l'ensemble du *Capital* est difficile.

La deuxième différence est que, si les économistes classiques n'ignorent pas, bien sûr, que le régime capitaliste présente certaines particularités historiques par rapport au régime précédent, ils n'insistent pas sur les spécificités du capitalisme. Ils ont même tendance, effectivement, comme le leur reproche Marx, à partir de schémas très abstraits, ce que l'on a appelé « les calculs de l'homme économique isolé », ou « les robinsonnades » (par allusion à Robinson Crusoé), à concevoir l'économie capitaliste comme une économie de simples échanges interindividuels et par conséquent à confondre l'interprétation du capitalisme avec l'interprétation de toute économie. Aujourd'hui, on distingue entre les propositions valables pour un système déterminé et les propositions qui sont valables pour tous les systèmes. Les classiques ne font pas de manière rigoureuse de différence entre les lois économiques valables pour tous les temps et tous les lieux et les lois économiques spécifiques du régime capitaliste. Marx, au contraire, met l'accent sur cette opposition et en ce sens son économie est plus historique que celle des classiques.

La troisième différence tient à ce que les classiques sont plutôt soucieux de l'analyse statique ou de l'analyse à court terme que de ce que l'on appelle aujourd'hui l'analyse à long terme. La plupart des classiques ne se soucient pas, à la différence de Marx, pour qui cela est fondamental, de partir des lois du fonctionnement du régime capitaliste pour en déduire les lois selon lesquelles va évoluer le régime capitaliste.

Alors, pour considérer Marx comme un économiste classique anglais, il suffit de se reporter à ce livre extraordinaire de Joseph Schumpeter, qui s'appelle *L'Histoire de l'analyse économique*, qui n'a pas encore été traduit en français. L'on y trouve une analyse du *Capital*[5], dans laquelle Marx était considéré comme un des économistes de l'époque classique ou plus précisément comme un ricardien. Effectivement, sur un certain plan, Marx est un disciple de Ricardo et on peut considérer qu'il a simplement ajouté un certain nombre d'idées particulières ou de modifications au système ricardien. Mais ce qui fait l'intérêt de Marx dans l'histoire et pour nous ne tient pas nécessairement aux origines ricardiennes de telle ou telle de ses propositions économiques, mais au fait qu'il a utilisé un certain nombre de propositions de Ricardo, non seulement pour analyser le fonctionnement du régime capitaliste, mais pour en expliquer les transformations nécessaires.

Avant d'achever cette introduction à l'étude du *Capital*, je voudrais indiquer quels sont les livres les plus faciles pour aborder *Le Capital* ou le connaître par l'intermédiaire de ses commentateurs. Il existe un bon livre paru il y a une douzaine d'années, dont l'auteur est Henri Bartoli, qui s'intitule *La Doctrine économique et sociale de Marx*. Il offre un exposé très clair et très exact de la pensée économique de Marx.

Il existe aussi un petit livre de Joan Robinson, qui s'appelle *An Essay on Marxian Economics* [6] (Un Essai sur l'économie marxiste). Il s'agit d'une réinterprétation et d'une discussion du *Capital* par une disciple de Keynes, qui est aussi une des meilleures théoriciennes de l'économie d'aujourd'hui. Mon expression est d'ailleurs inexacte, car je devrais dire qu'il s'agit de la meilleure théoricienne parce que je ne crois pas qu'il existe d'autre femme aujourd'hui, à ce niveau, versée en théorie économique. C'est aussi une théoricienne des plus abstraites. Son essai s'adresse à ceux qui s'intéressent aux discussions techniques et proprement économiques. On peut aussi le lire en se demandant : qu'est-ce qu'un keynésien qui ne comprend rien et ne veut rien comprendre à Hegel et aux intentions philosophiques de Marx peut tirer de l'économie marxiste ? Mais admettons qu'il s'agit d'une interprétation possible de Marx.

Enfin, il existe un troisième ouvrage, le plus court des trois et peut-être le meilleur. Il s'agit de la première partie,

portant sur l'ensemble de la pensée de Marx, du livre de Schumpeter qui s'appelle *Capitalisme, socialisme et démocratie*. Le livre a été traduit en français. Il s'agit d'un excellent livre, très imprégné de marxisme d'ailleurs, et sa première partie[7] comporte une vingtaine de pages consacrées au *Capital*, qui sont très caractéristiques de la manière de Schumpeter et de sa volonté de considérer Marx comme un ricardien, il dira même comme un ricardien mineur.

Le Capital se décompose en trois livres : le premier (le seul publié du vivant de Marx) porte pour sous-titre : « Le développement de la production capitaliste ». Le deuxième (publié par Friedrich Engels) s'appelle : « Le procès de circulation du capital », le troisième (toujours publié par Engels) s'intitule : « Le procès d'ensemble de la production capitaliste ».

C'est le premier et le troisième livres qui ont exercé la plus grande influence polémique. C'est-à-dire la théorie de la marchandise, celles de la plus-value et de l'exploitation qui se trouvent dans le premier livre, et d'autre part la loi de la baisse tendancielle du taux de profit qui figure dans le troisième livre. Le deuxième livre ne comporte pas de propositions qui soient décisives pour la signification politique de l'ouvrage.

Au point de vue intellectuel et historique, en revanche, ce qui me paraît essentiel, ce ne sont pas les théories, très connues, de la plus-value, de l'exploitation, de la loi de la baisse tendancielle du profit, c'est le rapport entre l'économie politique anglaise et Hegel, entre Ricardo et le matérialisme historique. Le but de mon exposé sera de donner ma propre interprétation de ce rapport. Mais il faut évidemment commencer par le commencement et rappeler les idées essentielles de Marx.

Je suivrai l'ordre dans lequel Marx lui-même a exposé ses thèses dans le premier livre du *Capital*, étant bien entendu que, selon Marx lui-même, l'ordre de son exposé n'est ni l'ordre de la découverte, ni l'ordre historique. Nous verrons ensuite quelle est la signification de cet ordre pour Marx lui-même.

La marchandise et sa valeur

Le point de départ est le concept de marchandise [8]. Une marchandise, *die Ware* en allemand, présente, comme nous savons tous, deux caractéristiques.

Une marchandise présente comme première caractéristique d'être indispensable, comme me le sont par exemple ces lunettes pour lire. C'est ce qu'on appelle la valeur d'usage. Toute marchandise, pour être une marchandise, doit présenter une utilité pour celui qui en est le possesseur. Ou encore, toute marchandise doit répondre à un besoin humain ou à un besoin social. Une marchandise qui ne répondrait à aucune utilité ou à aucun besoin ne serait pas une marchandise.

Mais, d'autre part, cette marchandise présente une deuxième caractéristique qui est de s'échanger dans une proportion déterminée avec une quantité d'une autre marchandise. Admettons qu'avec ces lunettes on puisse acheter une demi-douzaine d'étuis. Ce qui donnerait : une paire de lunettes égale six étuis. Il s'agit de ce que l'on appelle la valeur d'échange. Et, nous dit Marx, il existe une hétérogénéité fondamentale entre cette valeur d'usage (ou valeur en usage, puisqu'au XIXe siècle on disait souvent *valeur en usage*) et la valeur d'échange.

Hétérogénéité radicale, car la valeur d'usage est qualitative. Ces lunettes répondent à mes besoins, donc à un besoin déterminé. Et précisément parce que l'usage est radicalement qualitatif, la valeur d'usage diffère en nature de la valeur d'échange, qui a pour caractéristique première et majeure d'être une valeur quantitative. En tant qu'utilité, une marchandise est incomparable à toute autre. En tant qu'échange, toute marchandise est comparable à toute autre.

Donc, puisque les deux notions d'utilité et d'échange sont radicalement hétérogènes, on peut dire que, lorsque l'on échange une marchandise contre une autre, on fait abstraction de l'utilité des marchandises. Il s'agit donc de déterminer ce qui dans les marchandises considérées comme valeurs d'échange peut expliquer les relations qualitatives qui existent entre elles.

Il faut donc trouver quelque chose dans les marchandises qui soit de même nature que le rapport quantitatif qui existe entre elles dans le rapport d'échange. Or, dit Marx, la seule caractéristique que possèdent en commun toutes les marchandises et qui soit de même nature que le caractère quantitatif de leur valeur d'échange, c'est que toutes ces marchandises sont l'expression d'une certaine quantité de travail humain. En ce sens, il est vrai de dire que toutes les marchandises sont le produit de la cristallisation du travail humain et que la valeur d'échange est en gros proportionnelle au quantum de travail humain ou social qui a été investi dans chacune de ces marchandises.

Cependant, il faut être un peu plus précis pour être marxiste. Il convient de distinguer deux concepts : la substance de la valeur et la grandeur de la valeur.

Substance de la valeur signifie que ce qui constitue la valeur d'échange comme telle, est le fait que les marchandises sont l'expression du travail humain. En revanche, ce qui n'est pas l'expression du travail humain, par exemple l'air que nous respirons, n'a pas de valeur bien que cet air nous soit indispensable pour respirer. Donc, ce qui constitue la substance de la valeur, c'est que du travail humain y soit investi.

Deuxièmement, ce qui détermine la grandeur de la valeur, propre à chaque marchandise, est la quantité du travail qui a été nécessaire pour la produire. Mais il existe évidemment des travaux de qualités différentes, plus ou moins complexes, exigeant un entraînement plus ou moins poussé, et, d'autre part, selon l'adresse du travailleur et selon l'organisation du travail, la quantité de travail nécessaire pour produire une certaine marchandise peut être différente.

Il faut donc, pour aboutir à la loi de la valeur-travail, procéder à deux réductions : réduire tous les travaux complexes au travail simple en considérant par exemple que le travail d'un contremaître ou d'un ingénieur représente tels multiples du travail de l'ouvrier non qualifié. Cela revient à réduire les différences qualitatives du travail à une notion apparemment quantitative du travail simple, dont les travaux complexes auront des multiples. En second lieu : comme à chaque époque, la quantité de travail nécessaire pour produire une marchandise variera selon les machines utilisées et selon l'organisation ; nous dirons que la valeur d'échange d'une marchandise sera proportionnelle à la quantité du travail socialement nécessaire.

La notion de travail socialement nécessaire recouvre l'idée selon laquelle, à chaque époque, dans une société capitaliste donnée, en fonction des connaissances disponibles et de la technique possible, il existe une certaine quantité de travail nécessaire pour produire la marchandise. La valeur sera proportionnelle à cette quantité de travail socialement nécessaire, étant entendu que certaines firmes qui seront en avance dans l'organisation du travail auront besoin d'une quantité moindre de travail et, par conséquent, réaliseront des bénéfices supplémentaires. Cependant que d'autres firmes se trouveront en retard par rapport à la quantité du travail socialement nécessaire et feront moins de bénéfices ou pourront s'approprier une moindre partie du volume global de plus-value disponible pour la classe capitaliste.

Nous allons voir, dans un instant, ce que signifie le volume global de plus-value disponible pour la classe capitaliste. Cette théorie est exposée au début du *Capital*, dans les premières pages. Elle est classique, et elle comporte aussi des difficultés, classiques elles aussi, dont je dis un mot.

La première, tout le monde le sait, est que sur le marché les prix des marchandises varient, au moins à court terme, en fonction du rapport entre l'offre et la demande. C'est-à-dire que s'il existe une demande de produits supérieure à l'offre, les prix monteront. Ils baisseront dans le cas inverse. On apprend cela dès le

premier cours d'économie politique, et Marx, naturellement, le savait. À quoi il répond que les prix ne sont
jamais l'expression exacte et rigoureuse de la valeur et
qu'ils fluctuent autour de la valeur en fonction des
rapports entre l'offre et la demande. Au début du *Capital*,
cette loi de la valeur-travail, c'est-à-dire la loi selon
laquelle la grandeur de la valeur est proportionnelle au
quantum de travail social nécessaire pour produire cette
marchandise, fixe le point central autour duquel oscille-
ront les prix.

Il existe une deuxième difficulté qui saute aux yeux
également et qui est présente à l'esprit de tous les
classiques, qui retenaient cette théorie de la valeur-
travail, en particulier chez Ricardo : elle concerne le
phénomène des objets rares, des objets de luxe ou des
objets d'art par exemple. Un tableau de Picasso vaut
quelques millions de francs pour quelques heures de
peinture. Si l'on applique la formule de la réduction au
travail socialement nécessaire et à l'unité de travail
simple, il faudra évidemment que l'heure de travail de
Picasso soit un multiple, qui se compte en millions, de
l'heure du travail du travailleur non qualifié. Car l'on
peut toujours réduire le travail complexe au travail
simple, quand il s'agit des multiples trois, quatre, cinq.
En ajoutant que le travail complexe a exigé un temps
d'apprentissage plus long que le travail simple, on
retrouve une espèce de biais quantitatif qui permet de
réduire le travail complexe au travail simple. Mais
lorsqu'il s'agit du travail de Picasso comparé à celui du
manœuvre, la réduction au travail simple reste possible
mais présente, évidemment, un certain nombre de difficultés.

Il est intéressant de savoir comment Ricardo avait
traité ce problème[9]. N'étant pas un métaphysicien à la
manière de Marx, il s'était tout simplement borné à dire
que l'idée de la proportionnalité des prix à la quantité de
travail ne s'appliquait manifestement pas à cette catégorie
particulière de marchandises qu'il appelait les marchan-

dises de luxe ou d'art. Sa solution était, en quelque sorte, empirique. Il formulait une proposition empirique selon laquelle il existe une certaine proportionnalité entre la quantité de travail socialement nécessaire et la valeur d'une marchandise, c'est-à-dire son prix. Il ne s'agit pas de l'idée de substance de la grandeur, mais simplement d'une proposition empirique. Mais quelque chose ne colle pas bien puisque l'on dit qu'il s'agit d'un cas particulier, étranger à la proposition générale. Dès lors, celle-ci cesse d'être générale, car à partir du moment où l'on a introduit la notion de substance de la valeur, on ne peut pas se permettre d'exclure radicalement des marchandises, d'où la nécessité logique de la réduction au travail simple.

Nous savons maintenant ce qu'est la substance de la valeur et nous savons également ce qu'est la grandeur de la valeur. Nous savons que la grandeur de la valeur est en gros proportionnelle aux quantités de travail socialement nécessaire pour produire la marchandise. Nous savons enfin que les prix oscillent autour de cette valeur. Voilà le point de départ de l'analyse marxiste.

L'échange

Passons au deuxième chapitre du *Capital*, qui porte sur « les échanges ».

L'échange consiste à échanger une marchandise A, dans mon exemple ces lunettes, contre une marchandise B, cet étui. Sous sa forme abstraite l'échange se présente sous la forme suivante : une quantité x de marchandises A s'échange contre une quantité y de marchandises B. Ou en un style encore plus simple, si j'ose dire, une lunette égale quatre étuis ou un quintal de blé égale un stylo « Parker 41 ». L'on peut multiplier les exemples, la notion ne présente pas la moindre difficulté. Dans cette égalité, la quantité x de marchandises A s'échange contre la quantité y de marchandises B ; nous dirons que le premier terme, c'est-à-dire la marchandise A, est la forme relative de la valeur et que *y* de la marchandise B est une forme équivalente. Ce qui signifie que la valeur d'une marchandise s'exprime dans une marchandise différente, qui sert à exprimer la valeur d'usage de la première marchandise. La valeur de A s'exprime en termes de B, et B est la forme d'équivalent de la valeur qui sert à exprimer la quantité de la valeur de A.

Nous avons là l'échange sous sa forme la plus simple. Pour compliquer, il suffit de dire qu'une quantité *x* de marchandises A est égale à une quantité *y* de marchandises B, à une quantité *z* de marchandises C, à une quantité *r* de marchandises D et ainsi de suite. En d'autres termes, on peut généraliser la forme relative de la valeur et découvrir que chaque valeur, chaque marchandise peut s'échanger contre n'importe quelle autre marchandise dans une relation quantitative déterminée.

L'on peut, à partir de là, subtiliser ou dialectiser ces évidences pour voir comment la forme relative ou la forme-valeur sont en relation avec la forme-utilité ou la forme-échange. Mais contentons-nous du plus simple : nous partons de la forme d'échange élémentaire entre deux marchandises, ce qui nous donne une forme relative et une forme d'équivalent. Puis, à partir de cette marchandise unique, nous trouvons des équivalents dans un grand nombre d'autres marchandises. Quand nous exprimons la relation selon laquelle la quantité *x* de marchandises A est égale à une quantité *y* de marchandises B, à une quantité *z* de marchandises C, et ainsi de suite, il nous suffit de renverser ce rapport et de dire que la marchandise A peut servir d'équivalent à la valeur de l'ensemble des autres marchandises. Une marchandise quelconque peut servir d'équivalent de valeur à l'ensemble des autres marchandises. La valeur de n'importe quelle marchandise peut s'exprimer en une quantité déterminée d'une marchandise particulière. Évidemment cette marchandise particulière dans laquelle s'exprimerait la valeur de toutes les autres marchandises, nous la connaissons, c'est la monnaie.

La monnaie est une marchandise particulière dans laquelle on peut exprimer facilement la valeur de toutes les autres marchandises. Pour Marx, cette analyse déductive a le mérite de faire apparaître une relation simple : de l'échange d'une marchandise contre des marchandises, nous passons, en généralisant, à l'échange d'une marchandise contre n'importe quelle autre, puis à l'échange contre un équivalent général à toutes les marchandises, c'est-à-dire à un échange de marchandise contre de la monnaie, la forme d'équivalent général des valeurs. On peut donc mesurer les valeurs de toutes les marchandises en les rapportant à cet équivalent général que nous appelons la monnaie ou l'argent, au sens général de ce dernier terme.

À partir de l'échange simple, puis de l'échange complexe, Marx (comme les classiques) découvre l'équivalent général de toutes les valeurs. Il n'est pas difficile ensuite de découvrir les fonctions multiples de la monnaie. Elle sert de mesure aux valeurs de toutes les marchandises. Au lieu de dire, ce qui est compliqué, qu'une paire de lunettes vaut six étuis, un stylo « Parker 41 » un demi-quintal de blé, il est plus simple d'exprimer la valeur de tous les biens par un prix en monnaie. Celle-ci sert de référence unique pour toutes les valeurs de toutes les marchandises. En style abstrait, on dira que la fonction première de la monnaie est la mesure des valeurs. Mais il faut comprendre que cette mesure de toutes les valeurs par la monnaie n'est que le développement des conditions de l'échange, de ce que les économistes appellent le système de prix relatifs, c'est-à-dire du système de rapports d'échange entre toutes les marchandises.

On comprend également, ce qui a toute son importance, que la monnaie dans la conception marxiste, au premier livre du *Capital*, est une marchandise comme une autre. Elle présente simplement un certain nombre de qualités physiques qui rendent plus facile son utilisation, d'abord comme mesure des valeurs, ensuite comme moyen de circulation, pour que les échanges se fassent facilement. Car il faut disposer d'un équivalent général pour éviter que les échanges ne se fassent directement de marchandise à marchandise par un troc généralisé. Il serait évidemment impossible de concevoir une économie complexe sans monnaie. Celle-ci sert à mesurer les valeurs, elle est moyen de circulation, elle permet aussi, c'est sa troisième fonction, la thésaurisation. Chaque fois qu'on veut acquérir une marchandise, elle sert d'instrument universel, quelle que soit sa forme : matérielle comme l'or ou l'argent, fiduciaire comme le billet de banque, abstraite comme le virement bancaire. Universelle aussi car, à certaines conditions de convertibilité et de change, elle peut servir de paiement international, ne pas se limiter aux frontières des pays, et donc être, au sens propre, d'un usage universel.

Voilà l'analyse résumée de la marchandise et de l'échange réduite à ses traits essentiels, telle qu'elle figure au début du *Capital*. À la fin du chapitre I, on trouve un développement intitulé « Le caractère fétiche de la marchandise et son secret » [10], qui est très célèbre et dont je vais citer des fragments pour les commenter, parce que tout ce que j'ai expliqué jusqu'à présent est, me semble-t-il, assez immédiatement compréhensible. Les économistes classiques ne voyaient aucun mystère dans tout cela. Pour eux qui étudiaient l'échange et les prix en monnaie, il n'y avait rien de sorcier dans tout ce que je viens d'exposer. Il est, en effet, assez clair que toute marchandise présente une valeur d'utilité pour chaque possesseur, et qu'elle s'échange avec les autres marchandises dans un rapport déterminé.

Le secret de la marchandise

On peut spéculer sur les facteurs qui déterminent le rapport quantitatif dans lequel s'échangent deux marchandises, mais il ne s'agit que d'un problème empirique, qui se résout partiellement par le raisonnement et partiellement par l'observation. Ajoutons que le passage de l'échange simple à l'échange complexe, de l'échange complexe à l'équivalent général, de l'équivalent général à la monnaie, est évident pour l'économiste classique, comme est évidente la classification des fonctions de la monnaie. En d'autres termes, les économistes classiques ou bourgeois ne voyaient pas de malice dans la marchandise. Mais pour Marx il existe un mystère, le mystère de la marchandise qu'il va exposer dans un passage fascinant.

Nous allons en étudier quelques fragments, car il serait trop ennuyeux de s'en tenir toujours à ce qui est facile, comme ces histoires d'échange, que tout le monde comprend. Il va d'ailleurs de soi que si Marx s'était borné à réexposer ce que je viens de résumer, personne ne s'intéresserait à sa théorie. Essayons de déchiffrer le secret de la marchandise.

« Le caractère d'égalité des travaux humains acquiert la forme de valeur des produits du travail ; la mesure des travaux individuels par leur durée acquiert la forme de la grandeur de valeur des produits du travail ; enfin les rapports des producteurs, dans lesquels s'affirment les caractères sociaux de leurs travaux, acquièrent la forme d'un rapport social des produits du travail. Voilà pourquoi ces produits se convertissent en marchandises, c'est-à-dire en choses qui tombent et ne tombent pas sous les sens, ou choses sociales » [11].

Commençons par la troisième phrase : *« les rapports des producteurs dans lesquels s'affirment les caractères sociaux de leurs travaux »*. Cela, nous le comprenons. Les hommes en société, surtout dans une société complexe comme la nôtre, sont dans des rapports humains en vue de la production des marchandises, mais leurs travaux organisés *« acquièrent la forme d'un rapport social des produits du travail »*. Ce qui signifie qu'ils produisent des marchandises et ne communiquent les uns avec les autres que par l'intermédiaire des produits de leur travail, c'est-à-dire par l'intermédiaire des marchandises. Les produits concrets du travail deviennent marchandises, c'est-à-dire deviennent valeurs d'échange, d'où ceci que dans la marchandise les rapports humains sont médiatisés par le monde des produits ou des marchandises divorcés de leurs créateurs. Voilà une première version, un peu plus philosophique, de ce que dit Marx dans le texte que je viens de citer.

J'attire l'attention également sur une autre proposition : « *le caractère d'égalité des travaux humains acquiert la forme de valeur des produits du travail* ». Il s'agit d'une expression un peu complexe qui signifie que pour que les marchandises soient quantitativement comparables, il faut qu'il existe un principe d'homogénéité entre elles. Or, le seul principe d'homogénéité, c'est le travail qui est cristallisé en chacune de ces marchandises, d'où la formule : « *le caractère d'égalité des travaux humains* ». En effet, si l'on partait de la notion d'une radicale inégalité des travaux humains, de leur radicale hétérogénéité, on ne trouverait pas cette identité d'essence entre la quantification de la valeur d'échange et la quantification du travail. Il faut donc commencer par poser l'égalité qualitative des travaux humains investie dans les marchandises, pour parvenir à cette identité de substance. Dire que la substance de la valeur réside dans la quantité de travail investie dans les marchandises, n'est possible que parce qu'il y a une identité fondamentale du travail humain en tant que créateur de marchandises. Du même coup, surgit la question de savoir si cette proposition de Marx est une proposition métaphysique, morale ou empirique, car, en fonction du texte même, on peut donner chacune de ces trois significations à sa proposition.

Un peu plus loin encore nous lisons ce passage :

« *En général, des objets d'utilité ne deviennent des marchandises que parce qu'ils sont les produits de travaux privés exécutés indépendamment les uns des autres. L'ensemble de ces travaux privés forme le travail social. Comme les producteurs n'entrent socialement en contact que par l'échange de leurs produits, ce n'est que dans les limites de cet échange que s'affirment d'abord les*

*caractères sociaux de leurs travaux privés. Ou bien
les travaux privés ne se manifestent en réalité comme
divisions du travail que par les rapports que l'échange
établit entre les produits du travail social et indirectement
entre les producteurs. Il en résulte que pour ces derniers
les rapports de leurs travaux privés apparaissent ce qu'ils
sont, c'est-à-dire non des rapports sociaux immédiats des
personnes dans leurs travaux mêmes, mais bien plutôt des
rapports sociaux entre les choses »* [12].

La dernière phrase de ce texte donne la clé de l'idée
de la marchandise-fétiche : les individus exécutent des
travaux, ils exécutent soit les uns indépendamment des
autres des travaux privés, soit en groupes organisés des
travaux collectifs aboutissant à la production de biens ;
mais, au lieu que les rapports humains dans le travail
apparaissent aux hommes en tant que rapports humains,
ces rapports ne leur apparaissent que comme des rapports
sociaux entre les choses, c'est-à-dire des rapports entre les
marchandises produites. Dans la société capitaliste, les
producteurs collectifs que nous sommes tous n'entrent en
relations les uns avec les autres que par l'intermédiaire des
marchandises. C'est-à-dire par l'intermédiaire de choses
vidées de leur utilité, réduites à leur valeur d'échange, de
choses sociales qui, à la fois, reflètent et dissimulent la
vérité des rapports humains dans le régime capitaliste.

Voici encore un texte concernant les marchandises-
fétiches.

*« Dans les rapports d'échange accidentels et toujours
variables de leurs produits, le temps de travail social
nécessaire à leur production l'emporte de haute lutte
comme loi naturelle régulatrice, de même que la loi de la
pesanteur se fait sentir à n'importe qui lorsque sa maison
s'écroule sur sa tête. »*

Il s'agit là d'une des premières versions de la loi de la
valeur-travail, d'une loi profonde qui agit sur les hommes
lors même que les hommes n'en sont pas conscients [13].

« *La détermination de la quantité de valeur par la durée du travail est donc un secret caché sous le mouvement apparent des valeurs des marchandises ; mais sa solution, tout en montrant que la quantité de valeur ne se détermine pas au hasard, comme il semblerait, ne fait pas pour cela disparaître la forme qui représente cette quantité comme un rapport de grandeur entre les choses, entre les produits eux-mêmes du travail* » [14].

Le point central sur lequel je veux attirer l'attention est celui-ci : la loi de la valeur-travail, c'est-à-dire la proportionnalité entre la valeur et la quantité de travail, est comparée ici à la loi de la pesanteur. Mais, d'un autre côté, Marx dit qu'il s'agit d'un secret. Pourquoi serait-ce un secret ? Nous verrons que c'est un secret parce que l'on peut dire que jamais le prix n'est conforme à la valeur, et que le secret le plus profond du régime capitaliste, et le secret aussi le plus profond de la pensée de Marx, tient à ce qu'il s'agit d'un système selon lequel la loi de la valeur est, à la fois, une loi analogue à celle de la pesanteur et une loi qui affirme que jamais les prix ne sont ni ne peuvent être conformes à la valeur. Marx va l'affirmer à de multiples reprises.

Il est inévitable, pour de multiples raisons que nous verrons progressivement, que les prix trahissent, c'est-à-dire ne révèlent pas l'exactitude de la valeur elle-même. Il ressort de cela que la loi de la valeur recouvre un grand secret, que la marchandise recouvre aussi un grand secret, parce que les hommes, naïvement, prennent les marchandises et les prix comme quelque chose qui va de soi, alors que ce monde des marchandises et des prix n'est que l'apparence de quelque chose de plus profond qui est la loi de la valeur-travail. Et les relations des hommes entre eux aussi sont dissimulées par les relations des hommes par l'intermédiaire des choses, c'est-à-dire par l'intermédiaire des marchandises.

Je citerai un dernier texte.

« *Le double caractère social des travaux privés ne se réfléchit dans le cerveau des producteurs que sous la forme que leur imprime le commerce pratique, l'échange des produits. Lorsque les producteurs mettent en présence et en rapport les produits de leur travail à titre de valeurs, ce n'est pas qu'ils voient en eux une simple enveloppe sous laquelle est caché un travail humain identique ; tout au contraire : en réputant égaux dans l'échange leurs produits différents, ils établissent, par le fait, que leurs différents travaux sont égaux. Ils le font sans le savoir. La valeur ne porte donc pas écrit sur le front ce qu'elle est. Elle fait bien plutôt de chaque produit du travail un hiéroglyphe. Ce n'est qu'avec le temps que l'homme cherche à déchiffrer le sens du hiéroglyphe, à pénétrer les secrets de l'œuvre sociale à laquelle il contribue, et la transformation des objets utiles en valeurs est un produit de la société, tout aussi bien que le langage* »[15].

Quand nous échangeons, nous autres, nous ne savons pas qu'il existe un secret, tout cela nous paraît simple. Mais, en réalité, ce que ces échanges prouvent, c'est que nous établissons sans le savoir l'égalité des travaux humains et qu'en profondeur c'est l'égalité des travaux humains qui rend compte du caractère de la marchandise, mais « la valeur ne porte pas écrit sur le front ce qu'elle est ». Elle est un hiéroglyphe qu'il faut déchiffrer et on ne le déchiffre ce hiéroglyphe qu'au bout de l'histoire économique. C'est à ce moment que nous allons trouver l'autre aspect de la pensée de Marx ; cette découverte de la loi de la valeur-travail ne pouvait pas s'opérer à n'importe quel moment. Elle ne pouvait s'opérer précisément qu'au moment où le système économique se serait développé et épanoui.

Pourquoi est-ce maintenant que nous allons découvrir le secret de la marchandise-fétiche ? Voici la réponse : souvenons-nous de la formule de l'« Introduction à la critique de la Philosophie du droit de Hegel » : la religion est l'opium du peuple et le reflet religieux ne disparaîtra que quand l'homme se sera réalisé lui-même dans le monde [16]. Je vais citer un texte du *Capital* qui exprime exactement la même idée :

> « *En général, le reflet religieux du monde réel ne pourra disparaître que lorsque les conditions du travail et de la vie pratique présenteront à l'homme des rapports transparents et rationnels avec ses semblables et avec la nature. La vie sociale, dont la production matérielle et les rapports qu'elle implique forment la base, ne sera dégagée du nuage mystique qui en voile l'aspect, que le jour où s'y manifestera l'œuvre d'hommes librement associés, agissant consciemment et maîtres de leur propre mouvement social. Mais cela exige dans la société un ensemble de conditions d'existence matérielle qui ne peuvent être elles-mêmes le produit que d'un long et douloureux développement* » [17].

Le mystère dévoilé

Ce qui signifie que la liquidation, l'élimination de la marchandise-fétiche ne peut survenir et que les illusions qui lui sont liées ne peuvent disparaître, de la même façon que leur reflet religieux ne peut disparaître, que lorsque l'homme ou l'économie sont devenus clairs et translucides à eux-mêmes. C'est parce que l'homme ne s'est pas réalisé et n'a pas conscience de lui-même qu'il a projeté son image dans l'Au-delà religieux. C'est parce que la société n'est pas consciente de la base de la société dans laquelle il vit que les capitalistes et les économistes bourgeois sont victimes des illusions.

Comment le capitalisme permet-il de découvrir ces illusions et pourquoi en est-il l'épanouissement ? Voici la réponse : elle est exposée dans le texte sur la marchandise-fétiche. C'est un texte d'une quinzaine de pages, que l'on peut lire sans difficultés, avec un peu d'attention. Comme le fait Marx [18], si l'on prend l'exemple de Robinson dans son île, il n'y aura pas de problème de la marchandise.

Voilà un homme avec sa force de travail propre, qui distribue son temps entre un certain nombre d'occupations. Quand l'on envisage une pluralité de producteurs individuels, on constate qu'ils échangent, pourrait-on dire, des produits d'utilité contre d'autres produits d'utilité. Les relations humaines sont encore directes et ne sont pas voilées par le monde des marchandises. Au Moyen Âge, il existe encore des relations humaines directes des artisans entre eux, de l'agriculteur ou du serf avec son seigneur. Dans tous les systèmes qui ont précédé le monde capitaliste, il subsistait, au moins partiellement, des relations directes des hommes entre eux. Le caractère qualitatif du travail et le caractère qualitatif des produits du travail, les échanges qualitatifs des produits du travail entre eux prédominaient largement. Qu'a-t-il fallu pour arriver au terme ? Eh bien, que l'on arrive au système capitaliste dans lequel les relations directes d'homme à homme ont disparu et où il ne subsiste plus que les relations d'homme à homme par l'intermédiaire des marchandises et, simultanément, la réduction de toutes ces valeurs utiles, de tous ces objets utiles à des valeurs d'échange. Toute chose dans le monde capitaliste s'exprime en une certaine quantité d'argent. Tout devient vénal, tout peut être acheté. Marx va alors reprendre une citation de Shakespeare, que décidément il aimait beaucoup et qu'il avait déjà utilisée dans le *Manuscrit de 1844*[19].

Le monde capitaliste est un monde où le travail humain se réduit à son égalité qualitative. En ce sens, pour ainsi dire, la vérité du travail apparaît dans le monde capitaliste de telle sorte que ce monde est l'aboutissement d'une évolution qui fait prendre conscience à l'homme de l'égalité qualitative fondamentale du travail. Mais, d'un autre côté, le travail concret, qui est toujours un travail particulier en vue de la production d'un objet utile, ce travail concret particulier est vendu dans le monde capitaliste comme un travail abstrait, réduit à une unité formelle. Tout le travail humain ne sert plus qu'à produire des valeurs d'échange, qui par conséquent sont vidées de leur qualité d'utilité pour n'être plus que des équivalents des marchandises entre elles et des équivalents entre la marchandise et l'argent. Le capitalisme est donc en un sens l'aboutissement de l'histoire humaine, puisqu'on y découvre cette égalité fondamentale du travail humain, mais c'est l'aboutissement sous une forme mystifiée. Car, au lieu de reconnaître cette vérité fondamentale de l'économie, on ne voit plus que le monde des marchandises, le monde des objets qui s'échangent les uns contre les autres dans des proportions déterminées, le monde des marchandises qui sont toutes des équivalents d'une certaine quantité d'argent.

Voilà ce que Marx appelle le mystère de la marchandise-fétiche. On retrouve là naturellement l'écho des considérations philosophiques de sa jeunesse. En même temps, cette analyse de la marchandise-fétiche nous rappelle des thèmes marxistes permanents : le caractère historique du capitalisme, le capitalisme considéré comme l'aboutissement de l'évolution économique. Cet aboutissement fait comprendre ce qui a précédé, car c'est au moment où l'on est dans un monde où tout devient vénal, où tout peut s'exprimer en quantité et en argent que l'on découvre comment, à travers l'histoire, l'homme a perdu le contact direct avec l'homme. On découvre aussi, par un renversement, qu'on pourra revenir au contact direct de l'homme avec l'homme, mais à un niveau supérieur des forces productives, c'est-à-dire au moment où la société collectivement pourra organiser son travail de telle sorte qu'à ce niveau supérieur seront réconciliées les différenciations qualitatives du travail et l'égalité quantitative qui sont divorcées dans le monde capitaliste.

CHAPITRE X

LE CAPITALISME

La division manufacturière du travail [1] est une division rationnelle et despotique. Ce qui veut dire que chaque ouvrier est mis à sa place dans le processus technique de la production, sans comprendre souvent le processus tout entier, et en obéissant à des impératifs qui sont ceux des administrateurs et des techniciens. En d'autres termes, la division manufacturière, nous dirions aujourd'hui l'organisation technique du travail, présente un caractère autoritaire et rationnel. Ce qui ne signifie pas qu'il existe une seule organisation rationnelle de la production, ni qu'on ne discute jamais avec les travailleurs, mais que par essence l'organisation du travail – ou la division manufacturière – est rationnelle et autoritaire. Or, dit Marx, la division sociale du travail est exactement à l'opposé, c'est-à-dire qu'elle est anarchique, non planifiée et non rationnelle.

Comment les différents membres d'une collectivité se répartissent-ils entre les différentes tranches de la production ? Dans un système capitaliste pur, tel que le conçoit Marx, les capitaux et les travailleurs vont vers les secteurs qui sont en expansion. Qu'est-ce qui indique que les secteurs sont en expansion ? Ce sont les secteurs qui peuvent faire des profits. Donc c'est en fonction des taux de profit variables selon les branches industrielles que se répartit la main-d'œuvre à l'intérieur du système de la division sociale. La division sociale du travail est perpétuellement modifiée, non pas selon un plan rationnel et autoritaire, comme à l'intérieur de l'entreprise, mais au hasard des fluctuations des prix et des profits sur le marché. D'où le contraste saisissant entre l'apparence autoritaire et logique de l'unité de production et l'apparence anarchique et inintelligible de la société prise globalement. Or, nous dit Marx, d'une certaine façon cette situation des sociétés capitalistes est l'inverse de la situation qui existait dans les sociétés du passé. On peut dire que la relation entre la division manufacturière et la division sociale était, dans les sociétés traditionnelles, l'inverse de ce qu'elle est dans la société moderne. Bien sûr, de cette façon, Marx simplifie le problème et je simplifie moi-même un peu Marx. Mais c'est bien là l'essentiel de sa pensée.

Le caractère révolutionnaire du capitalisme

Prenons le type de société le plus opposé à notre type de société moderne, la société de castes. Dans une société de castes, ou même dans une société d'ordres au sens de l'Ancien Régime, les membres de la collectivité sont répartis entre les différentes occupations, selon un système d'impératifs et d'interdits. La division globale du travail paraît le résultat d'une volonté ou paraît être soumise à une discipline. En revanche, le travail lui-même organisé est laissé à chacun. Il est anarchique en ce sens que chaque travailleur travaille comme il le veut. C'est donc, en passant de la société très capitaliste à la société moderne, une espèce de renversement dialectique dans les relations entre la division manufacturière et la division sociale, ou, comme nous dirions plutôt aujourd'hui, entre la division technique et la division sociale du travail.

Le texte que je suis en train de commenter se trouve au chapitre XIV du livre premier du *Capital*. En voici un passage :

« Les différentes sphères de production tendent, il est vrai, à se mettre constamment en équilibre. D'une part, chaque producteur marchand doit produire une valeur

d'usage, c'est-à-dire satisfaire un besoin social déterminé ; or, l'étendue de ses besoins diffère quantitativement et un lien intime les enchaîne tous en un système qui développe spontanément leurs proportions réciproques ; d'autre part, la loi de la valeur détermine combien de son temps disponible la société peut dépenser à la production de chaque espèce de marchandise. Mais cette tendance constante des diverses sphères de production à s'équilibrer n'est qu'une réaction contre la destruction continuelle de cet équilibre. Dans la division manufacturière de l'atelier, le nombre proportionnel, donné d'abord par la pratique puis par la réflexion, gouverne a priori *à titre de règle la masse d'ouvriers attachée à chaque fonction particulière ; dans la division sociale du travail, il n'agit qu'*a posteriori, *comme nécessité fatale, cachée, muette, saisissable seulement dans les variations barométriques des prix du marché, s'imposant et dominant par des catastrophes l'arbitraire déréglé des producteurs marchands »* [2].

Ceux qui connaissent la théorie économique moderne verront que cette vision des déséquilibres permanents, corrigés par le jeu du marché, est une idée très schumpetérienne. En effet, la conception du fonctionnement du capitalisme de Schumpeter n'est pas tellement éloignée de la vision de Marx, pour qui le système capitaliste ne comporte pas d'équilibres stables, mais va de déséquilibres en déséquilibres. La répartition des moyens de production entre les diverses branches ne s'y trouve jamais déterminée *a priori* par un plan ; elle n'est qu'un résultat provisoire, accidentel et précaire des mouvements des prix et des produits sur le marché.

Après cette analyse de la division manufacturière et de la division sociale du travail, Marx parvient à l'étape suivante du raisonnement qui doit le mener à la plus-value relative, à savoir l'introduction du machinisme. Le machinisme est un moyen d'accroître la plus-value relative. En apparence, il ne contribue pas à accroître la plus-value, puisqu'il se développe par l'usage du capital constant et que le capital constant, travail mort, transmet seulement sa valeur. Mais en réalité le machinisme permet, tout à la fois, d'utiliser une force de travail qui a une moindre valeur, c'est-à-dire celle des femmes et des enfants, et il permet, une fois épuisées les ressources de l'allongement de la durée du travail, d'accroître l'intensité du travail. Plus le travail est intense, moins est grand le nombre d'heures de travail nécessaires à la production. À ce moment s'ajoute une autre idée, liée à celle du machinisme : dans le régime capitaliste, la machine étant introduite comme moyen d'assurer le maximum de plus-value aux capitalistes, elle joue perpétuellement contre les ouvriers.

On résumera ainsi, sur ce point, la version marxiste :

1°) Le régime capitaliste, par sa recherche de la plus-value relative, est par essence un régime révolutionnaire. Dans le *Manifeste communiste*, les vertus de la bourgeoisie tenaient à ce qu'elle avait augmenté les moyens de production en un siècle, plus que l'humanité ne l'avait fait en quelques millénaires. Ce sont des vertus révolutionnaires ou constructives que Marx, d'une certaine façon, exaltait. Dans *Le Capital*, cette idée reparaît et on peut dire qu'un des caractères, aux yeux de Marx, décisif, du régime capitaliste est son essence révolutionnaire. Il n'accepte jamais comme définitive une modalité quelconque d'organisation du travail ou de mode technique de production.

2°) Il résulte de cela un bouleversement incessant de l'organisation du travail à l'intérieur des unités de production, et, plus encore, un bouleversement des relations entre les différents secteurs de la production. Ce qui exige une extrême mobilité de la main-d'œuvre.

3°) Ce bouleversement révolutionnaire des conditions de production détruit rapidement les modes anciens de travail et d'existence. Mais alors, et ce dernier point est essentiel, le machinisme, dans le cadre du capitalisme, joue de manière permanente contre la classe ouvrière. Nous retrouvons là, à nouveau, le caractère fondamentalement antagoniste du capitalisme et nous avons à nouveau Marx à son meilleur, c'est-à-dire au plus dialectique et au plus pathétique. Il est beaucoup trop intelligent pour être contre les machines et contre la transformation incessante des moyens de production. Il est donc admirateur du caractère révolutionnaire du capitalisme. Tout ce que l'on entendait contre le progrès technique, il y a encore quelques années et que l'on entend parfois encore aujourd'hui, lui aurait paru monstrueusement absurde. Mais, simultanément, il pense que dans le cadre d'un régime de propriété privée, cette transformation incessante des conditions de production accroît l'exploitation ouvrière et multiplie le malheur de la classe ouvrière. Pourquoi ?

Pour répondre, il me suffit de citer un autre passage du livre I du *Capital* :

« *L'industrie moderne ne considère et ne traite jamais comme définitif le mode actuel d'un procédé. Sa base est donc révolutionnaire, tandis que celle de tous les modes de production antérieurs était essentiellement conservatrice* »[3].

Ce thème est aujourd'hui tellement à la mode que je n'ai pas besoin de développer : l'opposition fondamentale entre l'économie moderne et l'économie traditionnelle tient à ce que l'économie traditionnelle était par essence conservatrice et que l'économie moderne est par essence conquérante et croissante.

Marx exprime cette idée avec une parfaite clarté. Au moyen de machines, grâce au progrès technique et par d'autres méthodes aussi, l'économie capitaliste bouleverse la base technique de la production, les fonctions des travailleurs et les combinaisons sociales du travail. Elle ne cesse de révolutionner la division établie en lançant, sans interruption, des masses de capitaux et d'ouvriers d'une branche de production dans une autre. Vous trouverez chez Schumpeter la même vision du capitalisme[4] : la révolution des moyens de production est constante ; le facteur décisif de cette transformation nécessaire, c'est ce bouleversement incessant.

Capitaux et ouvriers sont obligés constamment de se porter d'une branche industrielle à une autre. Si la nature même de la grande industrie nécessite le changement dans le travail, la fluidité des fonctions, la mobilité universelle du travailleur, elle reproduit d'autre part, sous sa forme capitaliste, l'ancienne division sociale du travail avec ses particularités ossifiées. Nous avons vu que cette contradiction absolue entre les nécessités techniques de la grande industrie et les caractères sociaux qu'elle revêt sous le régime capitaliste finit par détruire toutes les garanties de vie du travailleur. Celui-ci est toujours menacé de se voir retirer, avec sa force de travail, ses moyens d'existence et d'être rendu lui-même superflu par la suppression de sa fonction parcellaire. Nous savons aussi que cet antagonisme fait naître la monstruosité d'une armée industrielle de réserve, tenue dans la misère, afin d'être toujours disponible pour la demande de travail capitaliste. On aboutit ainsi aux hécatombes périodiques de la classe ouvrière, à la dilapidation la plus effrénée des forces de travail et aux ravages de l'anarchie sociale. Ce qui fait de chaque progrès économique une calamité publique. Voilà le pan négatif du processus capitaliste.

Aux dépens des ouvriers

Nous touchons là à l'essentiel de la théorie de Marx : la transformation incessante des moyens de production est nécessaire, elle est féconde ; mais, dans le cadre du régime capitaliste, elle s'opère aux dépens des ouvriers.

Pourquoi s'opère-t-elle essentiellement aux dépens des ouvriers ? Un certain nombre de mécanismes sont impliqués par la conception du capitalisme que développe Marx.

L'on trouve tout d'abord, dans le texte que je viens de citer, une raison plus sociologique qu'économique. Étant donné l'organisation machiniste de la production, le travailleur devient un travailleur parcellaire. Il a donc une qualification ou une capacité strictement limitée. Or, la nature de l'organisation du travail est telle qu'il risque constamment de perdre le moyen de gagner sa vie et de ne pas trouver, s'il est licencié, un autre emploi.

Mais il existe un mécanisme plus important encore, plus profond : la théorie que Marx veut critiquer est la théorie de la compensation. Nous savons qu'un des moyens d'accroître la plus-value relative consiste à introduire des machines. Or, en introduisant des machines, selon la vision classique, on crée le chômage technique. En remplaçant le travail humain par des machines, on crée moins d'emplois pour les ouvriers. À quoi les économistes ont toujours répondu qu'il y a compensation ; c'est-à-dire qu'on perd sur un point, mais on gagne en un autre. En d'autres termes, on crée d'autres emplois, au fur et à mesure que certains emplois disparaissent. Marx naturellement connaît cette théorie de la compensation, mais il l'a en horreur. Tout d'abord parce qu'il n'y a compensation qu'à long terme et puis parce que la théorie de la compensation offre une version optimiste et que lui cherche une version pessimiste. Comment aboutir à une version pessimiste, pour un économiste beaucoup trop intelligent pour croire au chômage technologique, en tant que tel, pour croire que le chômage technologique provient de l'introduction de nouvelles machines, pour croire que le progrès technique réduit l'emploi des ouvriers ? Ce genre de bêtise revient environ tous les vingt ans et disparaît avec la même rapidité. Jamais Marx n'a pensé une chose pareille. Sa théorie, beaucoup plus profonde, est la suivante. Il ne doute pas qu'il y ait compensation en un certain sens. Mais la transformation permanente des conditions d'existence et le remplacement permanent du travail humain par les machines recréent incessamment une armée de réserve industrielle, c'est-à-dire libère en permanence une partie des ouvriers. Alors le fait que le nombre des ouvriers employés puisse être, au bout de cinquante ans, deux ou trois fois plus élevé que cinquante ans auparavant, Marx ne l'aurait pas nié, sans trop insister sur ce fait parce que cela ne s'insérait pas parfaitement dans sa perspective. Disons que ses textes n'excluent absolument pas que le nombre des emplois augmente. Ce que sa théorie implique, c'est que le caractère permanent de la révolution des moyens de production crée et recrée, de manière permanente, une armée de réserve industrielle, c'est-à-dire une masse flottante de chômeurs. Dans ce cas, ce qui intéresse Marx, ce n'est pas le résultat final de la compensation, ni la question de savoir combien finalement on pourra employer d'ouvriers. Le point essentiel de son argumentation, c'est que le caractère permanent de la transformation des conditions de production a pour résultat de libérer, à chaque instant, une fraction de la main-d'œuvre et par conséquent de recréer à chaque instant ce que nous appellerions aujourd'hui un volant de chômage, et qui s'appelle, dans *Le Capital*, une armée de réserve industrielle.

D'où le caractère révolutionnaire du régime capitaliste qui fait que la transformation des conditions techniques du travail, dans le cadre de ce régime, aboutit à la formation d'une armée de réserve industrielle, ou encore d'une surpopulation permanente.

Marx distingue trois types de surpopulation permanente créés par le régime économique :

1°) Tout d'abord, ce qu'il appelle la forme flottante. À savoir : dans les centres de l'industrie moderne, en raison des oscillations de l'offre et de la demande, et en raison des cycles de la production, il existe constamment un certain nombre de travailleurs qui sont sortis du procès de production et qui sont employés lorsque les circonstances sont favorables, et non employés lorsqu'elles ne le sont pas.

2°) La deuxième forme de surpopulation est la forme latente. En effet, dans l'agriculture, les procédés modernes de production sont également introduits de telle sorte que la main-d'œuvre agricole devient excédentaire et que l'industrie peut prélever, en permanence, sur ce surplus de main-d'œuvre agricole. Il est curieux que Marx appelle forme latente de la surpopulation ce que l'on appelle aujourd'hui le chômage latent ou chômage invisible, ou la surpopulation agricole dans les sociétés sous-développées, quel que soit d'ailleurs le régime économique.

3°) Enfin on trouve une troisième forme de surpopulation qu'il appelle la forme stagnante et qui est constituée par les pauvres, les misérables, les ouvriers pas du tout formés, ce que Louis Chevalier appelle « les classes dangereuses »[5] et qu'on nomme aussi aujourd'hui le sous-prolétariat. Ce que Marx vise par la forme stagnante de la surpopulation, ce sont par exemple les Mexicains, les Portoricains se rendant aux États-Unis pour y chercher un travail, c'est-à-dire des groupes sociaux d'une façon ou d'une autre en état d'infériorité par rapport à la masse des travailleurs, et qui constituent une espèce de forme stagnante quasi permanente de la surpopulation, parce que précisément en raison d'infériorités diverses ils sont dotés du minimum de chances d'entrer dans le procès de production.

La diminution du taux de profit

Enfin il y a une dernière raison pour laquelle le machinisme joue contre la classe ouvrière. Elle tient à la modification de la composition organique du capital, c'est-à-dire au rapport entre le capital constant et le capital variable. Or, l'essence du régime capitaliste, dans la mesure où il tend à l'introduction du machinisme de manière à augmenter la plus-value relative, consiste à accroître le rapport entre le capital constant et le capital variable. Ce qui veut dire qu'une grandeur donnée de capital constant utilisera une grandeur en diminution de capital variable. En style moderne, on dit qu'une valeur donnée de machine offrira du travail à un nombre réduit d'ouvriers. Dans le style marxiste, celui du capital constant et du capital variable, on parle de modification de la composition organique du capital, autrement dit de l'augmentation relative du capital constant par rapport au capital variable. Ce mouvement, conforme à l'essence du capitalisme, tend à réduire le nombre des ouvriers qu'un montant donné de capital constant peut employer. Il tend aussi à réduire proportionnellement la quantité du capital variable, sur lequel la plus-value est prélevée. C'est là qu'apparaîtra la contradiction fondamentale et la justice immanente de cette histoire. Car le capitaliste, en raison de la nature même du capitalisme, pour accroître la plus-value relative, remplace de manière permanente le travail vivant par le travail mort. Mais il ne sait pas qu'en remplaçant le capital variable par du capital constant, ou le travail vivant par du travail mort, il remplace le capital qui apporte de la plus-value par du capital qui n'en apporte pas. C'est pourquoi le capitaliste agit comme un apprenti-sorcier et ne peut pas agir autrement. Il est conforme à la logique immanente du capitalisme de renouveler en permanence les moyens de production et de remplacer le capital variable par du capital constant, mais simultanément de réduire la part du capital total qui puisse fournir de la plus-value. Ce qui signifie que, même si le taux de la plus-value ne diminue pas, le taux de profit diminuera.

C'est ainsi que je viens d'exposer, par la bande, l'idée centrale de la troisième section du livre III du *Capital*, c'est-à-dire la loi de diminution du taux de profit[6]. Le taux de profit est constitué par le rapport entre la plus-value et le total du capital constant et du capital variable. Mais, en fait, cette plus-value n'est prélevée que sur le capital variable. Si donc la part du capital variable diminue dans la composition organique du capital, logiquement le taux de profit doit diminuer (alors que le taux de la plus-value peut rester constant), ce qui signifie que, dans cette conception, le caractère antagoniste du capitalisme joue contre la classe ouvrière. Celle-ci porte tout le poids de la transformation permanente des moyens de production, et, finalement, le caractère antagoniste du procès de production dans le capitalisme aboutira à des crises, précisément à cause de cette fameuse théorie de la plus-value – c'est-à-dire parce que la plus-value n'est prélevée que sur le travail vivant. C'est aussi la raison pour laquelle le prolétariat deviendra la force révolutionnaire par excellence.

CHAPITRE XI

L'IDÉE DE LA PLUS-VALUE

Si l'on s'intéresse à la philosophie économique de Marx ou encore à la relation entre philosophie et économie, l'idée de la plus-value est centrale.

En effet, c'est la théorie de la plus-value qui permet d'opposer la réalité du capitalisme à la représentation qu'en ont les capitalistes. Or, cette opposition entre la réalité et la prise de conscience est l'idée philosophique dérivée de la pensée de jeunesse qui domine encore *Le Capital* et qui lui donne sa place dans l'ensemble de l'entreprise intellectuelle de Marx.

D'autre part, c'est encore la théorie de la plus-value qui permet de rattacher l'une à l'autre la théorie économique et l'histoire ; c'est elle qui permet de donner une définition économiquement rigoureuse des rapports de production. Les rapports de production, en effet, sont caractérisés essentiellement par le rapport qui existe entre le détenteur des moyens de production et les travailleurs, c'est-à-dire par les différentes modalités de la plus-value et de l'appropriation de la plus-value à travers l'histoire. C'est donc encore la théorie de la plus-value qui permet de mettre à sa place le capitalisme dans l'histoire des régimes économiques et, par conséquent, de rattacher l'analyse économique d'un régime, entre d'autres, à l'histoire universelle des régimes économiques. Une des formules possibles de la vision historique globale de Marx serait à peu près celle-ci : ce qui a dominé toute l'histoire humaine depuis la fin de la communauté primitive, c'est l'appropriation par une minorité de la plus-value fournie par le travail humain. C'est donc la modalité de l'appropriation de la plus-value qui caractérise chaque régime économique. La modalité caractéristique du capitalisme, nous l'avons vu, c'est le salariat, modalité à la fois la plus accentuée et la moins visible, puisque, dans l'appropriation de la plus-value, en régime capitaliste tout se passe en apparence selon la liberté et l'égalité. Selon la liberté, puisque le travailleur est libre de vendre ou non sa force de travail sur le marché. Selon l'égalité, puisqu'il vend effectivement sa force de travail à sa valeur, c'est-à-dire à la valeur des marchandises nécessaires à l'entretien de la vie de l'ouvrier et de sa famille.

Enfin, c'est la théorie de la plus-value qui sert de fondement à l'ensemble de la construction théorique de Marx, car le régime capitaliste ne fonctionne que dans la mesure où il apporte de la plus-value, et ce sont les variations du taux de la plus-value et du taux de profit qui déterminent probablement les cycles à l'intérieur du capitalisme et, en tout cas, qui déterminent l'évolution irréversible du capitalisme vers sa propre destruction.

J'ai insisté sur cette signification majeure de la théorie de la plus-value parce qu'elle paraît évidente dans une certaine manière de lire et d'interroger *Le Capital*. Elle est évidente dans l'interrogation philosophique par Marx de la théorie économique. En revanche, pour un économiste pur, par exemple pour une disciple de Keynes comme Joan Robinson [1], l'on a parfaitement le droit de considérer que la théorie de la plus-value telle que je l'ai exposée ne joue qu'un rôle secondaire dans l'analyse théorique de l'économie. L'on peut considérer qu'il ne s'agit que d'une manière un peu curieuse de désigner ce que l'on appelle aujourd'hui « la valeur ajoutée ».

Pour comprendre ce que signifie ce concept de « valeur ajoutée », il suffit de considérer une entreprise, mettons Renault, qui fabrique des automobiles. Pour les fabriquer, elle est obligée d'acheter à d'autres entreprises des machines, de l'acier, diverses sortes de matières

premières, et donc de procéder à un ensemble d'achats
à d'autres entreprises. D'autre part, l'entreprise Renault
doit acheter, pour parler en termes marxistes, de la force
de travail, c'est-à-dire verser des salaires à un nombre
déterminé d'ouvriers. L'ensemble des frais de production
pour Renault est constitué par des achats à des entreprises
autres qu'elle-même et par des salaires. C'est ce que
Marx appelle : le capital constant et le capital variable.
Les Usines Renault, chaque jour, produisent un certain
nombre d'automobiles. La valeur de ces automobiles est
supérieure à la somme des achats accomplis par Renault
aux autres entreprises et des salaires versés. La différence
entre les frais de production de l'entreprise considérée et
la valeur des marchandises que cette entreprise met sur le
marché mesure la valeur ajoutée[2]. S'il n'y avait pas de
différence, l'entreprise ne pourrait pas fonctionner parce
qu'elle ferait faillite. L'impôt que l'on appelle la taxe à la
valeur ajoutée est une taxe prélevée seulement sur l'écart
entre les dépenses effectuées par l'entreprise et la valeur
finale de la production. On pourrait dire que la théorie
marxiste de la plus-value n'est qu'une manière spéciale
de désigner ce qu'aujourd'hui on appelle la valeur
ajoutée. La manière spéciale tient simplement à ceci
que ce supplément, la valeur ajoutée, d'après l'analyse
marxiste, n'est prélevé que sur les salaires au lieu d'être
le résultat global de l'ensemble des moyens de production
organisée. Si on traduit plus-value en valeur ajoutée, on
entre dans la conceptualisation comptable de l'économie
moderne, et on peut alors reprendre toute une partie
des analyses marxistes, en faisant abstraction de ce qui
intéressait Marx par-dessus tout, c'est-à-dire l'idée selon
laquelle la plus-value (ou la valeur ajoutée) dans une
entreprise tient uniquement au capital variable, c'est-à-
dire uniquement au travail humain et est prélevée exclusivement sur les salaires. Ces salaires étant justes selon la
loi de la valeur-travail, justes dans un régime où la force
de travail est une marchandise. À partir de ce moment-là,
vous avez toute la philosophie de Marx. Autrement dit, la

théorie de la plus-value, qui est fondamentale dans une interprétation philosophique de la pensée marxiste, peut être considérée comme secondaire dans une lecture strictement économique du *Capital*, faite aujourd'hui par une disciple de Keynes comme Joan Robinson.

Mais, pour le moment, tenons-nous-en à l'interprétation de l'économie marxiste à la lumière de la philosophie de Marx ou encore à la compréhension des implications économiques de la philosophie de Marx. Par conséquent, je continuerai très légitimement à prendre pour centre l'analyse de la théorie de la plus-value, quoi qu'un économiste professionnel d'aujourd'hui puisse penser.

Soit dit entre parenthèses, il est bon de se rendre compte qu'un auteur peut être lu de deux façons au bout d'un siècle. Une lecture peut se faire par rapport à ce qui paraissait essentiel à cet auteur, c'est la lecture que je tente ici, en ne cherchant pas à suggérer ce qui est essentiel dans la pensée de Marx par rapport à nous, mais ce que Marx, à l'époque où il vivait et pensait, considérait comme essentiel. Une autre méthode d'interrogation, qui ne serait pas illégitime pourvu qu'elle soit clairement reconnue, consisterait à interroger un auteur du passé par rapport à ce que nous, aujourd'hui, nous considérons comme fondamental dans son œuvre.

J'ai montré comment la théorie économique de la plus-value se transforme en une sociologie du développement du capitalisme. En effet, coopération, manufacture, division du travail, machinisme, deviennent, dans *Le Capital*, les procédés successivement employés par les capitalistes pour augmenter la plus-value relative. Ces procédés sont en même temps les étapes successives du développement technico-économique du régime capitaliste. Le mécanisme de la plus-value étant posé, Marx analyse d'une manière que nous appellerions aujourd'hui sociologique les transformations incessantes de l'économie, et il met l'accent sur une caractéristique majeure du régime économique capitaliste, qui reste vraie aujourd'hui comme elle l'était voilà un siècle, à savoir le bouleversement incessant des conditions de production, le renouvellement incessant des machines et de l'organisation du travail. Simplement, Marx fait sortir cette caractéristique du régime capitaliste, de la lutte pour la plus-value relative, ce qui est d'ailleurs une explication partiellement vraie, et il essaie simultanément de montrer que, dans le régime capitaliste, ce bouleversement incessant des conditions de production tourne au détriment des ouvriers par le fait qu'il rejette perpétuellement sur le marché du travail un excédent de travailleurs qui ne trouvent pas d'emploi, et que, par conséquent, en permanence, s'entretient une armée de réserve industrielle.

L'armée de réserve

Je vais maintenant citer un passage qui se trouve au livre premier du *Capital*. Ce passage est emprunté à un chapitre intitulé « La loi générale de l'accumulation capitaliste ». L'on y trouve une des idées majeures de Marx, car le paradoxe du *Capital*, pour le lecteur contemporain, c'est qu'il combine l'analyse la plus pénétrante que l'on ait faite au XIXe siècle de la transformation des conditions de production et de l'augmentation de la productivité, en tant que facteur majeur du régime économique moderne, avec un pessimisme radical sur les conséquences humaines de ce phénomène. En d'autres termes, je dirai que, sous une forme caricaturale, l'optimisme d'aujourd'hui aurait pu se déduire de l'analyse du capitalisme par Marx. Mais Marx tire de son analyse des transformations techniques du capitalisme les conditions et les conséquences exactement opposées à celles qu'en tire un optimiste comme Jean Fourastié[3] ou un demi-optimiste de mon propre style. Ce paradoxe, qui demande explication, se trouve là.

Pourquoi, à partir d'une telle compréhension du mécanisme de l'accumulation capitaliste et de la croissance économique, Marx parvient-il à des conséquences pessimistes ? Y parvient-il aux dépens de la propre logique de son système ? Quelle est cette logique ? Ce sont là les questions dont je voudrais débattre à propos de cette interprétation du capitalisme par Marx.

Voici le texte :

« L'armée industrielle de réserve est d'autant plus nombreuse que la richesse sociale, le capital en fonction, l'étendue et l'énergie de son accroissement, donc aussi la masse absolue du prolétariat et la force productrice de son travail, sont plus considérables. Les mêmes causes qui développent la force expansive du capital amenant la mise en disponibilité de la force ouvrière, la réserve industrielle doit augmenter avec les ressorts de la richesse. »

En d'autres termes, disons que la surpopulation ouvrière doit augmenter en même temps que la richesse. Ce qui donne déjà une combinaison entre l'augmentation de la productivité, donc du volume des biens, et l'augmentation de la misère. Le chaînon intermédiaire du raisonnement, c'est l'augmentation de l'armée de réserve industrielle. Reprenons la citation :

« La grandeur relative de l'armée industrielle de réserve s'accroît donc en même temps que les ressorts de la richesse. »

La surpopulation sera donc d'autant plus grande que l'économie sera plus riche. Si nous vivions encore dans les années 1930, à l'époque où se produisait une crise générale du capitalisme avec des millions de chômeurs, tout le monde aurait trouvé cette formule absolument convaincante. On y aurait vu une prescience géniale de ce qui devait se passer au fur et à mesure du développement du capitalisme. Aujourd'hui, dans la majorité des pays d'Europe occidentale, on manque de travailleurs. L'augmentation de la surpopulation relative, en même temps que les richesses, paraît, alors, une proposition moins confirmée par les événements. Cela dit, avec la prudence qui me caractérise, j'ajouterai qu'on ne peut jamais savoir ce qui se passera dans trente ans. Mais retenons pour l'instant que cette formule de Marx, concernant l'augmentation de l'armée de réserve industrielle au fur et à mesure de la croissance des richesses, a paru tour à tour comme une anticipation géniale, puis comme une prophétie démentie par les événements.

Revenons au texte :

« *Mais plus cette armée de réserve grossit comparativement à l'armée active du travail, plus grossit la surpopulation consolidée, excédent de population, dont la misère est inversement proportionnelle aux tourments de son travail. Plus s'accroît enfin cette couche des Lazare de la classe salariée, plus s'accroît aussi le paupérisme officiel.* Voilà la loi absolue, générale, de l'accumulation capitaliste. »

Cette phrase, celle de l'économiste-prophète, est naturellement soulignée par Marx. Suit une phrase de l'économiste-savant ou prudent, que Marx se garde de souligner :

« *L'action de cette loi, comme toute autre, est naturellement modifiée par des circonstances particulières.* »

Cette citation est caractéristique. Établir un contraste entre la loi générale et les circonstances particulières, c'est du Marx. Mais c'est aussi du Ricardo. Quand on lit les principaux chapitres des *Principes d'économie politique* de Ricardo, on y voit toujours la formule générale, que nous appellerions aujourd'hui simplement une formule tendancielle, où, toutes choses égales d'ailleurs, la loi générale est posée. Puis, on ajoute naturellement que cette loi générale est modifiée par les circonstances particulières.

Continuons, parce que c'est tout de même, me semble-t-il, révélateur :

« *On comprend donc toute la sottise de la sagesse économique qui ne cesse de prêcher aux travailleurs d'accommoder leur nombre aux besoins du capital. Comme si le mécanisme du capital ne le réalisait pas continuellement, cet accord désiré, dont le premier mot est : création d'une réserve industrielle, et le dernier : invasion croissante de la misère jusque dans les profondeurs de l'armée active du travail, poids mort du paupérisme.*

« La loi selon laquelle une masse toujours plus grande des éléments constituants de la richesse peut, grâce au développement continu des pouvoirs collectifs du travail, être mise en œuvre avec une dépense de force humaine toujours moindre, cette loi qui met l'homme social à même de produire davantage avec moins de labeur, se tourne dans le milieu capitaliste – où ce ne sont pas les moyens de production qui sont au service du travailleur, mais le travailleur qui est au service des moyens de production – en loi contraire, c'est-à-dire que, plus le travail gagne en ressources et en puissance, plus il y a pression des travailleurs sur leurs moyens d'emploi, plus la condition d'existence du salarié, la vente de sa force, devient précaire. L'accroissement des ressorts matériels et des forces collectives du travail, plus rapide que celui de la population, s'exprime donc en la formule contraire, à savoir : la population productive croît toujours en raison plus rapide que le besoin que le capital peut en avoir » [4].

Je voudrais réexpliquer ce paragraphe-clé. En quoi consiste la productivité du travail ? Une des formes caractéristiques de l'accroissement de la productivité du travail tient à ce que des machines d'une valeur toujours plus grande peuvent être mises en œuvre par un nombre réduit de travailleurs. On dira encore que le travail mort cristallisé en machines augmente plus vite que le besoin de travail vivant pour mettre en œuvre ce travail mort. D'où il résulte qu'en permanence il se produit une augmentation de la surpopulation relative. Plus la productivité du travail est accrue par le machinisme et par l'accumulation du capital, c'est-à-dire par l'accumulation du travail mort, plus augmente relativement la fraction de la population qui ne peut pas trouver d'emploi.

L'idée centrale est celle d'une non-compensation perpétuellement renouvelée. On pourrait subdiviser l'idée de Marx en deux : d'une part, la transformation perpétuelle des moyens de production rejette au chômage une fraction de la main-d'œuvre de telle sorte qu'il y a reconstitution permanente de l'armée de réserve industrielle ; et d'autre part, comme le rapport entre le travail mort et le travail vivant, ou entre le capital constant et le capital variable tend à augmenter, c'est-à-dire qu'une valeur croissante de capital constant n'a besoin que d'une valeur décroissante de capital variable pour être mise en valeur, il existe une tendance à long terme à l'augmentation du volume relatif de la surpopulation. On découvre là un des mécanismes par lesquels, selon Marx, un processus d'augmentation de la productivité du travail tourne au détriment des travailleurs eux-mêmes. Il est d'ailleurs parfaitement exact que le mécanisme décrit par Marx a joué dans de longues périodes de l'histoire et continue à jouer sur la courte période. Tout le monde admet que dans un système, tel que nous le pratiquons, d'entreprises multiples et de décentralisation des décisions économiques, il y a de longues périodes où l'accumulation du capital et le renouvellement des moyens de production entraînent une réduction du besoin d'ouvriers à l'intérieur d'une entreprise ; il en résulte le licenciement de ces ouvriers qui, jusqu'à ce qu'ils retrouvent un autre emploi, iront grossir ce que Marx appelle « l'armée de réserve industrielle ».

Dans la dernière leçon, j'étais passé directement de la théorie du machinisme à la théorie de l'armée de réserve industrielle. J'avais sauté intentionnellement les chaînons intermédiaires pour simplifier et surtout pour en rester sur l'armée de réserve industrielle et sur l'analyse sociologique de ses diverses formes.

Mais, en fait, il y a des chaînons intermédiaires dont je veux dire quelques mots maintenant.

Prenons un chapitre fameux qui s'insère dans la cinquième section du livre I. Il s'agit du chapitre XVII dont le titre est « Les variations dans le rapport de grandeur entre la plus-value et la valeur de la force de travail »[5] et que je vais essayer d'analyser aussi clairement que possible.

Le problème est le suivant : quels sont les facteurs à considérer dans la détermination de la plus-value ?

Marx part de la proposition suivante : la plus-value est facteur de trois circonstances, qui sont : la durée du travail ; l'intensité du travail ; la productivité du travail.

Nous pouvons donc considérer successivement trois cas particuliers. Nous supposons donnés deux de ces facteurs sur trois et nous cherchons comment la plus-value varie en fonction du troisième facteur.

Plus-value et productivité du travail

L'hypothèse la plus intéressante, j'entends celle qui nous intéresse le plus en raison des problèmes que je me pose, est l'hypothèse numéro 1. Nous supposons données une certaine durée et une certaine intensité du travail et nous cherchons comment varie la plus-value en fonction de la productivité du travail. La productivité du travail signifie pour Marx la quantité de marchandises produites dans une durée donnée de travail. Durée et intensité sont par hypothèse fixées à un certain niveau. Comment la plus-value varie-t-elle en fonction de la productivité du travail ? On voit tout de suite l'intérêt de la question. À la lumière des analyses du XXe siècle, le facteur décisif de l'évolution de l'économie moderne, c'est l'augmentation de la productivité du travail. Voyons comment varie la plus-value en fonction de la productivité du travail.

Marx précise naturellement que les trois lois, que je vais indiquer, sont simplement empruntées à Ricardo. Ce qui pour l'historien des idées a une signification éminente, puisque ces trois lois, qui sont pour ainsi dire les lois les plus pessimistes de l'économie marxiste, sont, d'après Marx lui-même, purement et simplement la transposition en concepts marxistes des lois établies par Ricardo lui-même.

La loi n° 1 est la suivante :

« *La journée de travail d'une grandeur donnée produit toujours la même valeur, quelles que soient les variations dans la productivité du travail* »[6].

Ce qui signifie qu'il se peut, naturellement, que, dans une durée donnée, le travail produise deux fois ou trois fois plus de choses matérielles. Mais, comme la valeur de la force de travail dépend du nombre d'heures nécessaires pour produire les marchandises elles-mêmes nécessaires à la vie de l'ouvrier et de sa famille, si la productivité du travail augmente, il en résultera que la valeur de la force de travail diminuera ; par conséquent on a le droit de dire : la journée de travail d'une grandeur donnée produit toujours la même valeur, quelles que soient les variations dans la productivité du travail. Ce qui ne signifie pas que la journée de travail produit la même quantité de choses matérielles. Il s'agit uniquement de la valeur.

Deuxième loi :

« *La plus-value et la valeur de la force de travail varient en sens inverse l'une de l'autre. La plus-value varie dans le même sens que la productivité du travail, mais la valeur de la force de travail varie en sens opposé* »[7].

C'est-à-dire que quand la productivité du travail augmente, la valeur de la force de travail diminue. En effet, si la productivité du travail augmente, il faudra moins d'heures pour produire les marchandises nécessaires à la vie de l'ouvrier et de sa famille ; or, la valeur de la force de travail est mesurée par la valeur des marchandises nécessaires à la vie de l'ouvrier et de sa famille. Donc, il résulte avec évidence que, quand la productivité du travail augmente, la valeur de la force de travail diminue. On comprend bien pourquoi ce système est satanique. Car si cela est vrai, on aboutit, selon ce raisonnement, à ce qu'au fur et à mesure que la productivité du travail augmente, la valeur de la force de travail diminue. Or, d'après tous les raisonnements que nous avons faits jusqu'à présent, il s'agit d'une loi absolument convaincante et d'une loi évidente.

Troisième loi :

« *L'augmentation ou la diminution de la plus-value est toujours l'effet et jamais la cause de la diminution ou de l'augmentation parallèles de la valeur de la force de travail* » [8].

Que signifient les expressions : augmentation ou diminution de la plus-value ? La partie de la journée où le travailleur n'est pas payé, c'est-à-dire travaille pour le capitaliste, augmente ou diminue. Or, cette augmentation ou diminution du surtravail est toujours l'effet et jamais la cause du phénomène premier, qui est la valeur de la force de travail.

Nous avons une journée de travail qui est divisée en deux parties : le travail nécessaire et le surtravail. Surtravail ou plus-value, c'est la même chose. Marx considère que l'augmentation ou la diminution de ce surtravail ou de la plus-value est toujours l'effet et jamais la cause des variations dans le travail nécessaire. En effet, le travail nécessaire est mesuré par la valeur de la force de travail. Comme les choses s'échangent à leur valeur exacte, il y a au point de départ la valeur de la force de travail. S'il faut quatre heures ou cinq heures pour produire les marchandises nécessaires à la vie de l'ouvrier et de sa famille, il restera tant d'heures pour le surtravail. Dire que l'augmentation ou la diminution du surtravail est faible signifie simplement que le facteur premier déterminant, c'est le travail nécessaire, parce que, par définition, dans notre analyse, nous partons de la valeur de la force de travail et que c'est la valeur de la force de travail qui mesure le travail nécessaire.

N'oublions pas que ces trois lois sont valables en

supposant fixées la durée et l'intensité. En effet, si l'on se donnait le droit d'augmenter la durée du travail, la loi n° 3 ne serait plus vraie, mais cette loi vaut pour l'hypothèse première où durée et intensité du travail sont, par hypothèse, fixées à un certain niveau. On trouve ces trois lois exposées comme je viens de le faire dans ce chapitre XVII du livre I du *Capital*.

Marx a précisé[9] qu'il empruntait ces trois lois à Ricardo, mais il ajoute que Ricardo n'a pas vu que ces trois lois ne sont valables qu'en supposant fixées la grandeur de la journée de travail et l'intensité du travail. Ce qui signifie que Marx a le sentiment d'améliorer Ricardo et de raffiner en faisant entrer en ligne de compte la grandeur de la journée de travail et l'intensité, conditions nécessaires pour que les lois soient valables et conditions que Ricardo lui-même n'avait pas reconnues. De plus et comme d'habitude, Marx ajoute que Ricardo a confondu le profit avec la plus-value. Nous savons cela : les lois ricardiennes sont les mêmes, mais il n'est pas question, pour Ricardo, de plus-value, mais simplement de profit.

Plus-value et intensité du travail

Le deuxième cas est intéressant à un autre point de vue. Il consiste à fixer non pas la durée et l'intensité pour suivre les variations de la plus-value avec la productivité, mais de fixer la durée et la productivité pour voir comment la plus-value varie en fonction de l'intensité du travail.

La réponse de Marx est différente de la précédente. Il considère que l'intensité accrue du travail produit non seulement plus de biens matériels mais aussi plus de valeur. Dans ce cas, la plus-value et la valeur de la force de travail peuvent varier dans le même sens et non pas dans le sens contraire. Ce qui naturellement aboutit à établir une distinction radicale au point de vue des conséquences économiques entre l'effet de l'augmentation de la productivité et l'effet de l'intensité accrue du travail. Car l'intensité accrue du travail produit plus de valeur en même temps que plus de biens matériels.

Pourquoi Marx établit-il une différence entre l'effet de la productivité et l'effet de l'intensité ? On pourrait dire que l'intensité accrue du travail n'est qu'une modalité de l'accroissement de la productivité. En fait, l'idée de Marx est la suivante : le travail socialement nécessaire qui mesure la valeur est le travail social à un certain degré d'intensité, parce que dans la réduction des travaux qualitativement différents à l'unité du travail socialement nécessaire intervient aussi la réduction des diverses intensités du travail pratiqué dans les différentes entreprises à une moyenne d'intensité. Par conséquent, si telle entreprise impose une intensité supplémentaire du travail – par exemple, une accélération du rythme du travail à la chaîne –, cette entreprise en tirera un bénéfice supplémentaire non pas seulement en biens produits, mais en valeur. Il en résulte que cette variation simultanée de la valeur de la plus-value et de la valeur de la force de travail ne vaut que de manière différentielle. C'est-à-dire que si toutes les entreprises imposent l'intensité du travail grâce à laquelle une entreprise s'est assuré une plus-value supplémentaire, à partir de ce moment-là, la valeur supplémentaire disparaît parce qu'alors nous revenons au cas où l'accroissement de la productivité diminue la valeur de la force de travail. En d'autres termes, le facteur intensité n'est qu'un facteur différentiel alors que le facteur productivité du travail, que nous avons analysé pour commencer, est un facteur fondamental, de telle sorte que la variation dans le même sens de la plus-value et de la valeur de la force de travail dans le cas de l'intensité n'est au fond qu'une espèce de complication ou de subtilité supplémentaire introduite dans l'analyse par Marx dans une phase d'intérêt essentiellement scientifique et qui ne modifie pas la perspective générale sur le système.

Plus-value et durée du travail

Le troisième cas est évidemment le cas le plus simple : nous nous donnons la productivité et l'intensité constantes, et nous considérons les variations de la durée. Les lois sont les suivantes :

« *1°) La journée de travail se réalise, en raison directe de sa durée, en une valeur plus ou moins grande – variable donc et non constante.* »

Si nous supposons la productivité et l'intensité constantes, effectivement la journée de travail produira d'autant plus de valeur qu'elle sera plus longue.

« *2°) Toute variation dans le rapport de grandeur entre la plus-value et la valeur de la force de travail provient d'un changement dans la grandeur absolue du surtravail et, par conséquent, de la plus-value.* »

La troisième loi est un peu plus compliquée.

« *3°) La valeur absolue de la force de travail ne peut changer que par la réaction que le prolongement du surtravail exerce sur le degré d'usure de cette force. Tout mouvement dans sa valeur absolue est donc l'effet, et jamais la cause, d'un mouvement dans la grandeur de la plus-value* » [10].

Quand on s'est donné l'intensité et la productivité comme des facteurs constants, ce qui détermine la valeur produite dans une journée de travail, c'est évidemment la durée de cette journée de travail. D'autre part, ce qui détermine le rapport entre le travail nécessaire et le surtravail, c'est, nous le savons, la valeur de la force de travail, c'est-à-dire la durée prioritaire du travail nécessaire. D'autre part, l'on peut évidemment augmenter la plus-value en prolongeant la journée de travail : c'est ce que Marx appelle à un autre moment la plus-value absolue. « *La valeur absolue de la force de travail peut être modifiée par les répercussions du prolongement du surtravail sur le degré d'usure de cette force.* » Cette expression assez horrible signifie ceci : en principe, la valeur de la force de travail est la valeur des marchandises nécessaires pour l'entretenir ; mais si l'on prolonge la journée de travail au point d'user la force de travail, c'est-à-dire d'user les hommes plus ou moins vite, l'on exerce, de ce fait, une influence indirecte sur la valeur de la force de travail. C'est ce que signifie la loi n° 3.

Ces trois sortes de lois et ces trois cas nous introduisent dans le mode de raisonnement marxiste qui est d'ailleurs, à mon avis, une excellente introduction à la formation économique. Pour citer Schumpeter, auteur que je cite souvent : encore aujourd'hui, lire *Le Capital* et s'entraîner à manier *Le Capital* est une des meilleures méthodes de formation des économistes [11]. Abstraction faite de la question de savoir si les analyses essentielles de Marx sont justes ou fausses.

L'accumulation du capital

En dehors de cette étude de la plus-value relative, il y a encore un autre chaînon intermédiaire entre le machinisme et l'armée de réserve industrielle. C'est ce que Marx appelle l'accumulation du capital, la modification de la composition organique du capital, et la concentration du capital. Nous connaissons le concept d'accumulation du capital. Il s'agit de l'augmentation relative du travail mort par rapport au travail vivant ou encore de la valeur croissante des moyens de production sur lesquels travaille chaque ouvrier.

Du point de vue de Marx, il y a là un mécanisme intéressant. Pourquoi ? Parce qu'à nouveau on va y découvrir l'origine d'une illusion des capitalistes. Le capitalisme, Marx en est bien conscient, consiste à accumuler du capital, c'est-à-dire à accroître la valeur des moyens de production sur lesquels travaille un ouvrier. Mais, de ce fait, le capitaliste va être mystifié. Il va croire que c'est le moyen de production qui est créateur de la plus-value et du profit. Or la plus-value, nous le savons, ne provient que du travail vivant et non pas du travail mort. Mais, précisément, parce que l'accumulation du capital multiplie le rendement matériel du travail, c'est-à-dire la productivité, le capitaliste sera victime d'une mystification. Il va croire que c'est du capital, au sens matériel du terme, que sort le surproduit ou le produit net. C'est là la grande illusion des capitalistes. Je cite un passage du chapitre XXIV du livre I du *Capital* :

> « *C'est la propriété naturelle du travail qu'en créant de nouvelles valeurs, il conserve les anciennes. À mesure donc que ses moyens de production augmentent d'efficacité, de masse et de valeur, c'est-à-dire à mesure que le mouvement ascendant de sa puissance productive accélère l'accumulation, le travail conserve et éternise, sous des formes toujours nouvelles, une ancienne valeur-capital toujours grossissante. Mais, dans le système du salariat, cette faculté naturelle du travail prend la fausse apparence d'une propriété qui est inhérente au capital et l'éternise ; de même les forces collectives du travail combiné se déguisent en autant de qualités occultes du capital, et l'appropriation continue du surtravail par le capital tourne au miracle, toujours renaissant, de ses vertus prolifiques* » [12].

Ce texte montre comment le thème fondamental marxiste revient à chaque moment dans *Le Capital*. Il y a de plus en plus de capital matériel sur lequel travaille l'ouvrier. L'apparence du capitalisme fait croire que ce capital matériel est créateur du produit net. Mais non : dans la réalité profonde ce capital matériel n'est que du travail mort. Il est vrai qu'il transfère sa valeur aux marchandises, mais il transfère cette valeur sans l'accroître. Tout l'accroissement vient du travail vivant, c'est-à-dire des travailleurs, et les capitalistes ne le savent pas.

Voilà la mystification du régime capitaliste. Si l'on veut une définition scientifique et rigoureuse de l'économiste bourgeois par rapport à l'économiste non bourgeois, on dira que l'économiste bourgeois est celui qui ne croit pas à cette théorie de la mystification du capitalisme dans le sens où Marx la présente. Il ne sait pas que tout le produit net est tiré du travail vivant, parce qu'il ne connaît pas la théorie de la plus-value.

Je reviens toujours au même point. La clé de la philosophie économique de Marx se trouve là. Toutes les théories proprement économiques sont des théories économiques entre d'autres. Si l'on abandonne la théorie de la plus-value, comme tentent de le faire certains marxistes, alors on se situe dans une interprétation du régime capitaliste selon des schémas économiques que l'on peut discuter sans fin, mais l'on abandonne le marxisme de Marx. Mais, encore une fois, le marxisme de Marx n'est qu'un des marxismes possibles. Personne n'a de droit de propriété en cette matière.

Plus il y a de travail mort cristallisé en moyens de production ou en machines, plus on peut employer d'ouvriers en chiffres absolus. Le nombre des emplois, effectivement, dépend du volume du capital et, si le capital augmente, la quantité absolue d'ouvriers qui peuvent trouver du travail augmente aussi. Il y a donc dans cette accumulation du capital deux effets possibles sur les salaires et sur la classe ouvrière.

Examinons la première possibilité : la composition organique du capital reste la même ; dans ce cas, le progrès de l'accumulation tend à faire monter le taux des salaires.

Ce que l'on appelle la composition organique du capital, c'est la relation entre le capital constant et le capital variable, entre le travail mort et le travail vivant. Si l'on suppose constante cette composition organique du capital ou encore constant le rapport entre le capital constant et le capital variable, plus l'on a accumulé de capital, plus l'on peut embaucher d'ouvriers. Il en résulte une variation possible qui est l'augmentation du taux des salaires, éventuellement au-dessus de la valeur de la force de travail en fonction d'une demande de travail supérieure à l'offre. Si les salaires montent, la plus-value diminue. La diminution de la plus-value tendra à ralentir l'accumulation du capital, et c'est là une des versions du cycle capitaliste que l'on peut trouver dans le premier livre du *Capital*. Le capital s'accumule rapidement, la composition organique ne change pas sur le moment, donc la demande de travail augmente, donc le taux des salaires augmente, donc la plus-value diminue, donc l'accumulation se ralentit et l'on a un cycle : expansion rapide avec hausse des salaires ; puis du fait de la diminution de la plus-value, ralentissement de l'accumulation et mouvement de sens contraire.

Mais le phénomène le plus général, ce n'est pas l'accumulation du capital avec maintien de la composition organique, mais la modification de la composition organique. Marx emploie trois concepts qui sont : composition technique, composition valeur et composition organique.

La composition technique du capital est définie par la relation entre les différents moyens de production, travail et machines, en fonction des exigences d'une technique déterminée. La composition technique du capital variera dans tous les régimes économiques, quels qu'ils soient à notre époque, précisément parce qu'elle est déterminée par des facteurs techniques indépendants de la nature du régime économique considéré.

La composition valeur est la relation de valeur entre les différents éléments qui entrent dans le capital.

La composition organique est la résultante de la composition valeur et de la composition technique, et elle concerne essentiellement le rapport entre ce qui produira de la plus-value et ce qui n'en produira pas, ou encore le rapport entre le travail mort et le travail vivant.

Le dernier élément qu'il faut ajouter à la notion d'accumulation du capital, c'est la concentration. Marx considérait que la production en grandes unités était plus efficace que la composition en petites. Comme le régime capitaliste ne comporte pas de plans, mais une concurrence incessante entre les unités de production, cette concurrence devrait entraîner l'élimination progressive des entreprises les moins rentables, c'est-à-dire des petites entreprises, et l'accumulation devrait donc s'accompagner d'un processus de concentration et de centralisation.

Voilà, me semble-t-il, l'essentiel des idées du premier livre, avec une seule lacune importante et intentionnelle, qui est le chapitre consacré à l'accumulation primitive. Je laisse de côté ce chapitre dont je parlerai plus tard, parce qu'il pose d'autres questions. Dans l'analyse que j'ai conduite jusqu'à présent, je me suis efforcé de retrouver la conception que Marx se faisait du fonctionnement du régime capitaliste. En revanche, la théorie de l'accumulation primitive est destinée à expliquer la formation historique du régime capitaliste. Car, bien entendu, la condition nécessaire pour qu'il y ait un régime capitaliste, c'est qu'il y ait des capitalistes. Pour qu'il y ait des capitalistes, il faut qu'il y ait un certain nombre d'individus qui possèdent du capital à l'aide duquel acheter des moyens de production et tout particulièrement la force de travail des ouvriers. Le système que j'ai décrit ne peut fonctionner qu'à partir d'une situation historique dans laquelle il existe des capitalistes. Le problème de savoir comment se sont créés ces capitalistes est celui de l'origine du régime. Et il pose au point de vue philosophique et sociologique, dans la pensée marxiste, des problèmes différents de ceux que pose l'analyse du capitalisme lui-même parce qu'il est possible que l'origine du capitalisme s'explique partiellement par la violence. Il n'est pas nécessaire qu'il y ait une loi économique de formation du régime capitaliste lui-même. Tout au moins la question reste ouverte : laissons-la de côté jusqu'à ce que je puisse reprendre de manière plus globale le problème des relations entre l'interprétation historique de Marx et sa théorie économique. Car le problème de l'accumulation primitive renvoie à cette question philosophique générale que nous traiterons plus tard.

Les livres II et III du *Capital*

Maintenant, nous pouvons dire quelques mots des livres II et III du *Capital*. De ce fait, je changerai de méthode et j'essaierai d'aller un peu plus vite pour la raison suivante : le premier livre du *Capital* a été rédigé par Marx lui-même, c'est un ouvrage achevé, cependant que les livres II et III sont des brouillons. Des brouillons rédigés par Marx à différentes périodes, qu'Engels a mis au net et publiés après la mort de Marx.

Pourquoi Marx n'a-t-il pas achevé *Le Capital* ? Pourquoi n'a-t-il jamais pu aller jusqu'au bout ? Je pense qu'il n'y avait pas de difficultés insurmontables pour Marx à aller jusqu'au bout du deuxième et du troisième livre. Mais c'était très difficile pour lui parce qu'il fallait passer du monde de la valeur, dans lequel nous sommes restés jusqu'à présent, au monde différent des prix. Il fallait, pour achever le travail entrepris, sortir d'une analyse relativement simple, à partir du moment où l'on acceptait les deux ou trois hypothèses de base, pour passer à l'analyse de ce qui se passe effectivement aux yeux des capitalistes. C'est-à-dire qu'il fallait, après la théorie de la valeur, faire la théorie des prix ; après l'analyse de la réalité, faire l'analyse des apparences. Or, le passage de la réalité aux apparences présente des difficultés que nous verrons. Je considère cependant que ces difficultés n'étaient pas insurmontables et que la raison très humaine et au fond assez pathétique pour laquelle Marx n'a pas pu achever *Le Capital*, c'est qu'il a vécu dans des conditions matérielles épouvantables, que sa santé était usée par le travail et par les privations, et que dans les quinze dernières années de sa vie, il continuait à travailler avec la même voracité que dans le passé, mais que peut-être il n'a pu accomplir l'effort qui aurait été nécessaire pour mettre au net les livres II et III. Comme pour tous les grands hommes, il existe un moment où la capacité créatrice est usée tout simplement par, disons-le en termes marxistes, la durée du travail.

Quels sont les problèmes principaux traités dans les livres II et III du *Capital* ?

Le problème du livre III, que nous verrons plus tard, est le problème du passage de la valeur au prix. Bornons-nous, aujourd'hui, à ceux du livre II.

Le deuxième livre et les métamorphoses du capital

Dans le premier livre du *Capital*, nous avons raisonné presque exclusivement en termes de valeur et nous avons naturellement fait allusion aux formes concrètes différentes que revêt la valeur. L'analyse de Marx était centrée sur les rapports des valeurs et sur la seule distinction fondamentale des deux formes de la valeur, capital constant et capital variable. Or, en fait, Marx l'admet, le capital se présente concrètement sous des formes plus différentes que les deux notions de capital constant et de capital variable. Le capital d'un capitaliste peut être de l'argent, cet argent lui-même étant de l'or, du papier-monnaie, des créances. Donc, une première forme du capital est le capital-argent. Une deuxième forme est le capital-machine. Une troisième forme est le capital-argent transformé en salaires, c'est-à-dire en capital variable ou capital nécessaire à l'achat de la force de travail des ouvriers. Enfin, quatrièmement, on trouve le capital-marchandise. Car ce qui sort des Usines Renault, ce sont des automobiles et ces automobiles, tant qu'elles ne sont pas vendues, appartiennent aux capitalistes et sont du capital-marchandise. On peut dire d'une certaine façon que le cycle des métamorphoses du capital, c'est le passage du capital-argent au re-capital-argent à travers le cycle des métamorphoses en capital-machine, en capital variable, en capital-marchandise pour le retour au capital-argent. Ce qui nous ramène à la formule, déjà expliquée :

Argent → Marchandises → Argent (mais plus)

Autrement dit, le rapport Argent → Marchandises → Argent avec un excédent est le cycle le plus simple.

Le cycle complet serait : Capital → Argent, puis Capital-Machine → Salaires → Marchandises, et puis, de nouveau, Argent, mais un peu plus qu'au point de départ.

Dans ces métamorphoses du capital, le capitaliste ne voit pas malice. Parce que, pour lui, il s'agit de partir de l'argent et d'arriver à un peu plus. S'il est un capitaliste commerçant, il achètera des marchandises à un certain prix et les revendra à un prix supérieur pour obtenir un excédent. Il trouve que tout se passe normalement. Pourquoi se trompe-t-il aux yeux de Marx ? Toujours pour la même raison : il est mystifié parce qu'il ne sait pas que tout le produit net, toute la plus-value vient d'un moment unique, qui est le capital-salaire. Le problème qui intéresse Marx, c'est que dans ces métamorphoses du capital, il n'y a qu'un moment qui soit producteur de plus-value : à la transformation du capital-argent en capital variable, c'est-à-dire en salaire. D'où résulte toute une série de problèmes particuliers qui se posera à Marx. Problèmes plus ou moins compliqués, parce qu'il lui faut passer de la réalité, qui est que tout le produit net ou toute la plus-value vient d'un moment du cycle, à l'apparence, qui est qu'à tous les moments de ce cycle les gens achètent pour revendre plus cher. Cela, c'est le premier aspect du problème. Marx est obligé de suivre les métamorphoses du capital parce que dans son système, toute la plus-value a pour origine un moment unique de ces métamorphoses et pas les autres.

Le problème du temps

Marx retrouve et ne peut pas ne pas retrouver un autre problème fondamental en économie politique, qui est le problème du temps. En effet, le cycle du capital, ou le cycle des métamorphoses, va du capital-argent au capital-argent avec un supplément. Mais une question se pose, c'est de savoir combien de temps il faut au capital selon ces formes pour revenir au point de départ avec un excédent. Les économistes se sont toujours interrogés sur cette question puisque le droit de disposer du capital, ou le droit de disposer d'un capital pendant un certain temps, s'est toujours appelé l'intérêt et que l'intérêt est une des catégories fondamentales de l'économie politique. Mais, pour Marx, l'intérêt n'est pas une catégorie fondamentale. L'intérêt de l'argent n'est qu'une des formes que revêt la plus-value. L'intérêt n'est qu'une des catégories entre lesquelles se subdivise la masse globale de la plus-value, d'où un certain nombre de problèmes que Marx doit traiter dans le livre II et dans le livre III.

Dans ces métamorphoses du capital, une autre notion doit intervenir qui va compliquer à nouveau les choses. Nous avons distingué jusqu'à présent le capital constant et le capital variable ; cette distinction est fondamentale puisque le capital constant se reproduit sans s'accroître et que le capital variable est producteur de plus-value ; mais dans le capital constant ou dans l'ensemble des capitaux, il y a une autre distinction qui saute aux yeux et qui était faite classiquement par les économistes du temps de Marx : la distinction du capital fixe et du capital circulant. Le capital fixe, c'est par exemple l'édifice de l'usine dans lequel travaillent les ouvriers. D'autre part, le capital fixe, ce sont également les machines sur lesquelles ils travaillent. Il existe un capital physiquement immobile et puis une deuxième sorte de capital physiquement mobile, comme la matière première transformée. Dans le processus de production, une partie du capital constant prend la forme d'un capital fixe et l'autre d'un capital circulant. La distinction du capital fixe et du capital circulant doit être soigneusement séparée de la distinction du capital constant et du capital variable. Marx était spécialement fier de la séparation entre ces deux distinctions, parce que les économistes de son temps avaient tendance à ne pas les séparer. Or, pour Marx, il y a une opposition fondamentale, car, dans un cas, il s'agit de la distinction entre le capital qui se reproduit et le capital qui produit un surproduit et, dans l'autre cas, il s'agit d'une distinction entre les formes ou des métamorphoses du capital, c'est-à-dire que le capital-valeur s'incarne dans des réalités distinctes dont les unes sont fixes, immuables, dans le sol et les autres circulent avec les marchandises. La matière première se trouve ou plutôt circule en même temps que la marchandise.

Ce n'est pas tout. Si l'on y réfléchit un instant, l'on voit qu'un autre aspect du problème temporel ne peut pas ne pas frapper Marx : dans le capital constant (tout ce qui n'est pas les salaires), l'on a des éléments qui transmettent à la marchandise d'un seul coup la totalité de leur valeur. Par exemple, le charbon consommé pour faire tourner l'usine transmet d'un coup à la marchandise la totalité de sa valeur. Il disparaît dans l'acte de production et, comme celle de toutes les autres matières premières, sa valeur est tout entière transmise à la marchandise. En revanche, si l'on considère la machine, l'on doit admettre que son utilisation pour la production ne transmet à une marchandise donnée qu'une fraction de valeur, parce que la machine peut servir un nombre x de mois ou d'années.

En d'autres termes, l'on doit ajouter à la distinction du capital fixe et du capital circulant, celle du capital constant et du capital variable, et ensuite, pour passer des valeurs aux prix, prendre en considération le temps différent que met une certaine valeur de capital à se transmettre aux marchandises.

Supposons qu'une machine serve pendant dix ans, elle transmettra aux marchandises une fraction de sa valeur qui sera chaque année du dixième de sa valeur globale. Divisons encore par 250 jours de travail et nous aurons la valeur transmise par jour de travail. Nous avons donc une transmission sur un temps long. Mais nous ne savons jamais avec certitude si la machine qui peut servir 10 ans servira 5 ou 10 ans, parce qu'en fonction de la transformation incessante des moyens de production, il peut se produire une dévalorisation du capital-machine par le fait que des moyens de production plus perfectionnés interdisent de maintenir en activité un capital-machine antérieur.

Quand l'on veut passer des abstractions du livre

premier du *Capital* à des formules plus concrètes du livre II, des complications considérables apparaissent du fait de la diversité des formes que prend le capital, et du fait aussi de l'inégalité du temps que met le capital pour aller de la forme initiale argent à la forme finale argent en passant par ces différentes métamorphoses. En d'autres termes, le temps de circulation du capital, selon ses éléments, est inégal et exercera son influence sur la masse de la plus-value que la partie capital constant permettra d'accumuler.

Il existe un troisième aspect des rapports entre les formes du capital, traité dans le livre II du *Capital*. Il s'agit du rapport entre les deux secteurs principaux d'une économie. Le premier est celui qui produit des moyens de production. Il comprendra un capital constant (C_1) ; plus un capital variable (V_1) ; plus une plus-value (Pl).

Le second secteur, celui des biens de consommation, sera composé de la même façon : capital constant, capital variable et plus-value.

À partir de cette distinction, surgit une série de problèmes réels ou fictifs que je développerai ultérieurement.

Le capital variable (en salaires) correspond en quasi-totalité à des biens de consommation puisque les salariés utilisent leurs salaires à acheter des biens de consommation. D'autre part, le capital constant du second secteur est composé de machines. Donc, dans le système marxiste, il doit se produire des échanges entre le secteur des moyens de production et le secteur des biens de consommation. Un des problèmes que se sont posés les marxistes, c'est de savoir à quelles conditions le système peut fonctionner. C'est-à-dire à quelles conditions les échanges entre les deux secteurs se dérouleront conformément aux exigences de l'équilibre. Le rapport du premier secteur au second secteur a été à l'origine d'une théorie moderne de l'impérialisme qui est celle de Rosa Luxemburg[13]. Elle avait découvert que les choses ne pouvaient pas fonctionner aussi simplement qu'il paraît et que le capitalisme avait besoin de marchés extérieurs pour y déverser l'excédent des biens de consommation. Sur quoi Lénine [14] lui a répondu que c'était absurde et que cela pouvait très bien fonctionner. Cette discussion se prolonge de nos jours. L'on en trouve des échos dans les *Recherches dialectiques* de Lucien Goldmann [15], qui considère la découverte de Rosa Luxemburg comme la plus grande découverte d'économie théorique de notre époque. Je parlerai de cette question plus tard.

Travail productif et travail non productif

Reprenons maintenant les questions que pose la distinction du capital fixe et du capital circulant. Nous savons qu'en tant que capital-valeur tout capital circule. C'est-à-dire que la valeur du capital-machine se transmet à la marchandise et la valeur du capital-machine circule avec la marchandise. C'est donc en tant que capital productif, au sens matériel du terme, qu'une fraction du capital ne circule pas et qu'une fraction circule. D'autre part, nous savons aussi qu'il existe un problème temporel, celui de la rapidité plus ou moins grande avec laquelle un certain capital transmet sa valeur aux marchandises. Reste maintenant à traiter un problème décisif.

Dans les cycles de métamorphose du capital, un seul moment est créateur de plus-value : le moment du travail dans l'usine. C'est le moment où le capital constant, machines et matières premières, est mis en mouvement par le capital variable, valeur de la force de travail de l'ouvrier. Il en résulte que les phases ultérieures des métamorphoses sont stériles au point de vue de la plus-value, celle par exemple de la marchandise qui circule, au sens purement physique : le producteur livre un grossiste, le grossiste fournit un détaillant, le détaillant, finalement, vend sa marchandise à un consommateur (quelquefois, le consommateur se trouvera à l'étranger : il y aura eu exportation). Il existe donc double sens de la circulation : la circulation de la valeur incarnée dans la marchandise et la circulation au sens physique du terme. Dans les deux cas, ces processus prennent du temps et ne sont pas créateurs de plus-value.

Nous arrivons au point fondamental de Marx, ce qui, me semble-t-il, résulte de la combinaison de deux idées différentes. J'ouvre auparavant une parenthèse pour insister sur un point. Ceux qui connaissent un peu l'économie moderne savent que la théorie du produit national n'est pas la même dans les pays soviétiques et dans les pays occidentaux. L'origine de cette différence dans les conceptions du produit national tient à ce que je vais expliquer, c'est-à-dire la notion du travail productif et du travail non productif.

Cette opposition entre travail productif et travail non productif a un double sens chez Marx, me semble-t-il. Je vais avancer mon interprétation avec prudence, parce qu'il s'agit d'interpréter les livres II et III et que cet exercice est toujours sujet à caution.

Le travail industriel est productif en tant qu'il est producteur de plus-value. Le capital variable qui représente les salaires est seul à l'origine de la plus-value. De ce principe découle un premier sens du caractère productif du travail. Le travail productif laisse de la plus-value par opposition au travail improductif qui n'en laisse pas.

Mais, s'y ajoute un deuxième sens : le travail commercial n'est pas du vrai travail, parce que, si l'on considère un grand magasin, on constate qu'il ne produit pas de biens au sens matériel du terme. C'est une entreprise qui, dans une économie bourgeoise et capitaliste, a été constituée au départ avec un capital-argent, sans machines, mais avec un immeuble. Y travaille un grand nombre de salariés, et les marchandises sont achetées ailleurs. Leur vente permet de récupérer de l'argent.

Il est possible dans le système marxiste de considérer que le travail de distribution, où la circulation des marchandises est un travail au même sens que le travail dans l'usine, génère plus-value à partir du moment où le capitaliste, qui a un capital constant et un capital variable, fait travailler les salariés. Cependant, il me paraît tout à fait clair que, pour Marx, il existe une différence de nature entre le travail au sens industriel du terme et les différentes sortes de travail rendues nécessaires par la circulation des marchandises. Seul le travail industriel à ses yeux est productif au sens fort, parce que seul le travail industriel est producteur de plus-value.

Il me semble que les deux idées sont nécessaires pour rendre compte de la façon de penser marxiste : d'une part, il faut avoir comme concept majeur le concept de travail au sens de l'effort humain appliqué sur les réalités matérielles ; et il faut, en deuxième lieu, avoir dans l'esprit la notion que seul le capital variable est producteur de plus-value. Si l'on combine ces deux idées, l'on a, me semble-t-il, les thèses essentielles à partir desquelles Marx retrouve toute une série de problèmes et de difficultés qui lui sont largement créés par son système conceptuel.

Comme toute la plus-value vient du moment du travail industriel, comme la circulation du capital prend un temps très différent selon les secteurs, l'on devrait avoir d'énormes différences entre les taux de profit s'ils correspondaient aux taux de plus-value. Or il faut que tout cela s'égalise. Ce qui nous conduit à ce que Marx appelle « la rotation du capital », qui n'est pas autre chose que l'ensemble des cycles de métamorphose, ou encore le temps nécessaire pour passer du capital-argent initial au capital-argent final.

La rotation du capital et la plus-value

Je suis obligé d'introduire une série de concepts nouveaux, qui sont utilisés par Marx.

D'abord, la notion de période de travail. Marx appelle ainsi le temps de travail nécessaire dans une entreprise quelconque pour aller des moyens de production mis à la disposition de l'ouvrier jusqu'aux produits finis. Une des complications d'une économie capitaliste moderne est que les périodes de travail sont extrêmement différentes selon les secteurs. Pour utiliser les mêmes exemples que Marx, si l'on prend les filés de laine, il faut quelques heures, quelques jours ou au maximum quelques semaines pour passer de l'état initial à l'état final cependant que la période de travail, lorsqu'il s'agira d'une locomotive, se comptera en mois. Donc, il y a une inégalité considérable dans les périodes de travail selon les secteurs industriels.

D'autre part, la période de travail ne se confond pas avec ce que Marx appelle « le temps de production », concept plus général. La différence entre « la période de travail » et « le temps de production » apparaît clairement si on se réfère à l'agriculture. Il faut une certaine période de travail pour mettre le sol en mesure de produire les récoltes. Une fois achevée cette période de travail, il faut, comme disait Bergson, attendre. Attendre le printemps suivant, et la récolte. Si l'on plante des forêts, par exemple, et si l'on a besoin de bois, on constate que la période de travail n'équivaut pas au temps de production. Bergson disait qu'il fallait « attendre que le sucre fonde » [16], Marx aurait dit « attendre que le blé surgisse ». Dans les deux cas, apparaît une idée aussi pertinente que simple. En dehors du temps nécessaire au travail, il y a une durée ou un temps nécessaire à l'épanouissement de l'effort accompli par le travail humain. Le temps de production n'est pas simplement fonction de la période de travail, mais aussi de circonstances naturelles.

Qu'est-ce que Marx appelle « le temps de rotation du capital » ? C'est le temps égal à la somme de son temps de production et de son temps de circulation.

Pourquoi Marx s'intéresse-t-il spécialement à ce problème du temps de rotation et du rapport au temps de production et au temps de circulation ? La cause profonde, nous la connaissons bien. Les temps de production sont très différents selon les secteurs. Les temps de circulation sont également différents selon les secteurs. Les temps de circulation changent beaucoup selon qu'il faut envoyer la marchandise à l'autre bout du monde ou bien qu'on la vend immédiatement. Or, la plus-value est tout entière tirée du moment productif et, d'autre part, la quantité de capital qu'il faut avancer pour faire fonctionner une certaine entreprise dans un certain secteur ne dépend pas simplement de l'importance de la marchandise considérée, mais dépend manifestement du temps de production et du temps de circulation. Ce qui signifie que, si la marchandise n'est achevée qu'au bout d'un an ou deux, si d'autre part il faut des mois et des mois entre l'achèvement de la marchandise et l'achèvement du cycle, c'est-à-dire la vente de la marchandise et le retour de l'argent, il faudra, selon les secteurs, avancer des volumes de capitaux extrêmement différents. Il faudra avancer d'autant plus de capital que le temps de production et le temps de circulation sont plus longs. Plus il faut de temps pour arriver au bout du cycle de métamorphose du capital, plus il faut avancer de capital. Comme toute la plus-value est prélevée sur le moment productif, cela semblerait indiquer que plus les détours de production sont compliqués et plus la circulation des marchandises est grande, moins il y aura de plus-value par rapport au capital avancé. Puisque toute la plus-value est prélevée sur le moment productif et qu'il faut avancer d'autant plus de capital que la production et la circulation sont plus compliquées. Or, la production compliquée et la circulation compliquée sont caractéristiques de l'économie moderne et du capitalisme avancé. Plus on avance dans l'industrialisation, plus les temps de production risquent d'être longs. Plus les marchandises sont compliquées à produire et à distribuer, et par conséquent plus il faudra avancer de capital. À nouveau, nous aboutissons à ceci que, comme la plus-value est prélevée sur le cycle productif, dans l'interprétation marxiste il y a contradiction entre ce qui devrait se passer et ce qui se passe, contradiction entre l'apparence et la réalité. Puisque, quand le temps de circulation est long, il faut avancer plus de capital, puisque toute la plus-value sera prélevée sur le moment productif, il semble que le rapport de la plus-value au capital avancé sera plus faible que dans les cycles de métamorphose du capital où les choses vont plus vite. Si l'on considère le rapport entre la plus-value qui est prélevée sur ce cycle et le capital que l'on avance, l'on s'aperçoit que la plus-value est uniquement prélevée en un point et que le capital sera d'autant plus grand que le temps de production sera plus long et que le temps de circulation sera plus long. L'on aura un long temps de production et de circulation, pour toujours la même quantité de plus-value. Et l'on aura un capital-argent avancé qui sera plus grand. En apparence, le profit sera plus faible ou le rapport entre la plus-value et le total du capital avancé sera plus faible.

Voilà ce qui embarrasse Marx, car il est bien évident qu'il se rendait compte qu'en apparence les choses ne se passaient pas ainsi. Il constatait qu'effectivement il fallait avancer plus de capital lorsque le temps de production ou de circulation était plus long, que d'autre part la plus-value ne serait pas modifiée par le temps de circulation, puisqu'on ne tirait pas de plus-value de la circulation et que donc, dans les secteurs où il faut avancer le plus de capital, le rapport apparent entre la plus-value et le capital avancé serait plus faible. Ce qui signifie qu'il y aura une différence entre le taux de la plus-value à chaque moment du processus de production et le taux annuel de plus-value d'un capital considéré.

CHAPITRE XII

LE LIVRE III DU *CAPITAL* : VALEURS ET PRIX

Dans notre étude du *Capital*, nous allons maintenant aborder le passage des valeurs aux prix, que l'on trouve exposé au livre III, intitulé *Le procès d'ensemble de la production capitaliste*.

Nous avons vu comment, d'après Marx, la concurrence égalise le taux de profit entre les différentes branches de l'économie en dépit de l'inégalité des taux effectifs de profit, de branche à branche. L'inégalité des taux de profit résulte de la différence dans la composition organique du capital. En effet, puisque la plus-value est prélevée exclusivement sur le capital variable, c'est-à-dire sur la portion du capital représentée par les salaires, plus on paie de salaire dans une branche, plus on dégage de plus-value. Donc le taux de profit serait plus grand dans les branches qui exploitent beaucoup de travail, si la concurrence n'intervenait pas pour égaliser le taux de profit et pour constituer ce que Marx appelle « le taux de profit moyen », à un moment donné dans l'ensemble d'une économie.

Il en résulte que la coïncidence entre les valeurs et les prix est rarement réalisée et qu'elle exige au moins trois conditions qui sont rarement remplies simultanément.

1°) Il faut d'abord que le prix auquel une entreprise particulière vend une marchandise ne comporte pas un surprofit de cette entreprise particulière par rapport à la branche considérée. Par exemple, si une entreprise arrive à obtenir de ses travailleurs une productivité supérieure à la productivité moyenne de la branche considérée, il en résultera un surprofit de l'entreprise considérée et par conséquent une différence entre valeur et prix.

2°) Pour que prix et valeur coïncident dans une branche considérée, abstraction faite de la possibilité de surprofits individuels, il faut que la composition organique du capital dans la branche considérée soit égale à la composition organique moyenne dans l'ensemble de l'économie. Toute branche dans laquelle la composition organique du capital coïncide avec la composition organique moyenne aura un prix de vente égal à la valeur. Mais cette coïncidence de la composition organique dans une branche avec la composition organique moyenne ne se réalise que pour un petit nombre de branches et peut même ne se réaliser dans aucune. La composition organique moyenne étant la moyenne établie entre les différentes compositions organiques dans la totalité des branches, il n'est pas nécessaire que la composition organique d'une branche particulière coïncide avec cette moyenne.

3°) Il faut que le volume des capitaux employés dans une branche considérée soit une fraction du capital total disponible égale à la fraction de la demande des biens produits par cette branche dans le total de la demande. C'est-à-dire qu'il ne faut pas qu'il existe d'écart entre offre et demande des produits de la branche considérée, sans quoi l'inégalité de l'offre et de la demande fera fluctuer les prix des marchandises de la branche considérée au-dessus ou au-dessous de ce qui correspondrait à la valeur authentique des marchandises.

D'une certaine façon, il n'y aura donc jamais, dans le système économique du capitalisme, tel que le conçoit Marx, de coïncidence entre prix et valeur. Mais la valeur n'en reste pas moins, pour Marx, le régulateur des variations de prix.

La loi de la baisse tendancielle du taux de profit

À partir de là, nous devons ou nous pouvons envisager ce qui s'appelle la loi de la baisse tendancielle du taux de profit. Loi, d'ailleurs, très facile à expliquer. On l'exprime de la façon suivante :

1°) Au niveau de l'économie globale ou, comme on dirait aujourd'hui, en analyse macro-économique, il y a égalité entre le total de la plus-value et le total du profit. Ce qui signifie simplement que, par définition et selon l'analyse marxiste, nous savons que la plus-value est prélevée exclusivement sur le travail vivant, c'est-à-dire sur le capital variable. Le capital constant, qui est du travail mort, c'est-à-dire constitué de machines et de matières premières, transmet sa valeur aux marchandises sans augmentation ni diminution. Par conséquent, la totalité de la plus-value n'est prélevée que sur le capital variable. Au niveau de l'économie considérée globalement, on peut donc dire que le total de la plus-value est égal au total du profit. Parce que le profit de l'ensemble des entreprises est prélevé sur le capital variable, il n'y a pas de différence en macro-économie entre total de la plus-value et total du profit.

2°) Nous savons que le taux de la plus-value est égal à $\frac{Vn}{V}$. C'est le rapport entre la plus-value dans une entreprise ou dans une branche déterminée et le capital variable employé dans cette branche.

Nous savons que le taux de profit est égal à $\frac{Pr}{C+V}$, c'est-à-dire capital constant sur capital variable.

La loi de la baisse tendancielle du taux de profit consiste à dire simplement que l'accumulation du capital et l'augmentation de la productivité du travail s'expriment par l'augmentation relative de C par rapport à V. Ou encore qu'il faut une quantité croissante de capital constant C pour mettre en mouvement une certaine quantité de capital variable V. Ou encore, pour employer une expression conforme à l'économie politique actuelle, on dira que la quantité de capital-machine ou de capital-matières premières que met en mouvement un ouvrier augmente au fur et à mesure du développement de la force de travail collective et au fur et à mesure du développement du capitalisme. On peut dire aussi que l'essence du progrès économique dans tous les régimes modernes, d'après Marx, consiste à augmenter relativement le capital constant par rapport au capital variable. Pour imaginer ce que Marx entendait par là, il suffit d'aller voir, aux Usines Renault, un ouvrier manipulant une machine valant quelques dizaines de millions de francs. L'on a, sous les yeux, l'image parlante de ce que Marx appelait l'augmentation du capital constant par rapport au capital variable. La valeur croissante du capital est représentée par les machines ou les matières premières que chaque ouvrier utilise en quantité croissante pour transformer le produit.

Puisque le taux de profit est mesuré par le rapport entre Pr et C + V, puisque C continue à augmenter constamment par rapport à V et puisque le total de la plus-value est prélevé sur V, il en résulte que le taux de profit, c'est-à-dire $\frac{Pl}{C+V}$ a tendance à diminuer.

Cela va sans difficultés. Il faut simplement réfléchir à un petit nombre de choses supplémentaires pour bien comprendre, et notamment souligner deux points : 1°) cette loi est une loi macroscopique, et 2°) cette loi est une loi tendancielle.

Par loi macroscopique qu'entend-on ? Pour reprendre l'exemple que j'ai utilisé tout à l'heure, il est entendu que l'ouvrier de Renault travaille sur une machine complexe et qu'il suffit d'un ouvrier pour manipuler une machine qui représente des dizaines et des dizaines de millions de francs. Mais le problème n'est pas de savoir quelle est la valeur de la machine qu'utilise un ouvrier, la question est de savoir quelle est la fraction de la valeur de cette machine qui se transmet à chacune des marchandises. Un certain nombre de critiques, par exemple Benedetto Croce dans sa jeunesse un peu marxiste[1], où il discutait le marxisme, avait dit en substance : Oui, à la rigueur, il est vrai que chaque ouvrier utilise un capital constant d'une valeur croissante, mais il n'est pas démontré que la fraction de la valeur du capital-machine qui se transmet à chaque marchandise augmente, car si cette machine sert

des années et des années et si elle sert à fabriquer des
millions de marchandises, il peut se faire que la fraction
de la marchandise qui entre en tant que capital constant
dans la marchandise achevée apparaisse plus faible que
dans une phase antérieure du développement capitaliste.
À quoi la réponse est très simple : il s'agit dans la pensée
de Marx d'une loi macroscopique, c'est-à-dire valable en
comptabilité globale, ou, comme on dirait aujourd'hui,
en comptabilité nationale. En comptabilité nationale, en
effet, la proposition marxiste me paraît effectivement
incontestable. Plus une économie est développée, plus
elle dispose de capital constant. Plus ce capital constant
augmente, plus il permet de mettre en mouvement de
force ouvrière. Marx, en effet, observe que l'augmentation du capital constant permet de donner du travail
à un nombre croissant d'ouvriers. Mais l'augmentation
constante du capital constant, si je puis dire, ou l'accumulation du capital, n'en a pas moins pour résultat que dans
l'économie, au niveau global, C augmente par rapport
à V, c'est-à-dire que la part du travail mort, cristallisé en
machines, augmente par rapport au capital vivant chaque
année utilisé. C'est donc une loi macroscopique valable
pour l'économie dans son ensemble, qui suffit à ce que
cherche Marx, qui ne raisonne pas pour une firme particulière. Comme nous le savons, pour lui, le taux de profit
qui s'établira dans une branche déterminée est un taux de
profit moyen qui résulte précisément de la relation au
niveau de l'économie globale entre la plus-value prélevée
dans l'année et le total du capital constant et du capital
variable. Je pense donc que, sur ce premier point, Marx a
parfaitement raison ; au niveau de l'économie globale, on
peut présenter les choses de la manière suivante. D'année
en année, dans une économie qui se modernise, la valeur
du capital constant, c'est-à-dire du travail ancien cristallisé en biens matériels, augmente par rapport à la valeur
du travail vivant. Puisque la plus-value au niveau macroscopique est prélevée exclusivement sur le travail vivant,
il en résulte que ce prélèvement peut augmenter en

quantité absolue, puisqu'il y a de plus en plus de travailleurs, mais le rapport entre la plus-value globale de l'économie et le total du capital constant et du capital variable de l'économie, ce rapport doit tendre à diminuer. C'est ce que Marx appelle : la loi de la baisse tendancielle du taux de profit.

Il s'agit d'une loi tendancielle, ai-je dit. Ce qui signifie d'abord qu'il peut se faire ou qu'il doit se faire que la masse de la plus-value augmente. En effet, la masse de la plus-value ou sa quantité absolue est fonction de deux variables : du nombre des ouvriers et du taux de la plus-value (ou de l'exploitation). La masse de la plus-value dépend du nombre d'ouvriers au travail et ensuite de la fraction de la journée de travail de l'ouvrier qui est non payée, autrement dit du taux de l'exploitation. Or, au fur et à mesure que progresse l'accumulation du capital, le nombre des ouvriers peut augmenter et même, d'après Marx, a tendance à augmenter et le taux de l'exploitation, d'après Marx, ne diminuera pas. Il en résulte donc qu'il est conforme à l'analyse marxiste que la masse de la plus-value tende à augmenter cependant que le taux de profit tend à diminuer.

Je vais citer un texte dans lequel la loi se trouve expliquée de la manière, à mon avis, la plus directe.

« Si l'on admet en outre que cette modification graduelle dans la composition du capital ne se produit pas seulement dans des sphères de production isolées, mais qu'on la retrouve plus ou moins dans toutes, ou du moins dans les sphères-clés, dans la production, qu'elle implique donc des modifications dans la composition organique moyenne de l'ensemble du capital d'une société déterminée [Remarquons bien : *"modifications dans la composition organique moyenne de l'ensemble du capital d'une société déterminée"*. La loi macroscopique est vraie dans la mesure où la composition organique moyenne du capital dans l'économie considérée tend à se modifier le sens indiqué], *il faut bien que cet accroissement progressif du*

capital constant par rapport au capital variable ait néces-
sairement pour résultat une baisse graduelle du taux de
profit général, *le taux de la plus-value ou encore le degré*
d'exploitation du travail par le capital restant les mêmes.
Or, nous avons montré que c'est une loi du mode de
production capitaliste : à mesure que celle-ci se développe,
il se produit une diminution relative du capital variable
par rapport au capital constant et donc au capital total mis
en mouvement. Ce qui signifie tout simplement ceci : le
même nombre d'ouvriers, la même quantité de force de
travail, que faisait travailler un capital variable d'un
volume de valeur donné, mettra en mouvement, dans le
même laps de temps, par suite du développement des
méthodes de production propres à la production capita-
liste, une masse toujours plus grande de moyens de travail,
de machines et de capital fixe de toute sorte, traitera et
consommera progressivement une quantité toujours plus
grande de matières premières et auxiliaires – par consé-
quent il fera fonctionner un capital constant d'un volume
de valeur en perpétuelle augmentation. Cette diminution
progressive, relative, du capital variable par rapport au
capital constant – et par suite au capital total – est
identique à l'élévation progressive de la composition
organique du capital social moyen. Ce n'est encore qu'une
autre façon d'exprimer le progrès de la force productive
sociale du travail qui se traduit précisément par ce fait : en
utilisant plus de machines et en général en employant
davantage de capital fixe, le même nombre d'ouvriers
peut transformer en produits une plus grande quantité de
matières premières et auxiliaires dans un même laps de
temps – c'est-à-dire avec moins de travail. »

Je m'arrête un instant ici pour montrer pourquoi Marx
était ravi par cette loi de la baisse tendancielle du taux de
profit. C'était le type même des conditions dialectiques
qu'il se plaisait à découvrir. Car cette loi signifie que
l'augmentation de la productivité du travail, grâce à
l'accumulation du capital qui constitue à la fois l'essence

du progrès économique et l'essence du capitalisme, va se traduire à l'intérieur du régime capitaliste par une baisse du taux de profit. Ce qui est conforme à l'utilité générale de la société rend de plus en plus difficile le fonctionnement du régime capitaliste. Nous nous trouvons évidemment face à une contradiction dialectique ravissante, puisque, dans ce système, l'augmentation de la productivité du travail ou le développement de la capacité du travail social se traduit par une baisse du taux de profit. S'il en était ainsi, ce serait une très jolie contradiction. Il n'est pas sûr qu'il en soit tout à fait ainsi, comme nous le verrons plus tard. Je reprends le texte de Marx :

« *À cet accroissement du volume de valeur du capital constant – même s'il ne traduit que très approximativement l'accroissement de la masse réelle des valeurs d'usage qui, matériellement, constituent ce capital – correspond une diminution croissante du coût du produit. En effet, chaque produit individuel pris à part contient une somme de travail moindre qu'il n'en recélait à des stades inférieurs de la production, quand le capital déboursé en travail était bien plus grand, proportionnellement à celui investi en moyens de production.* »

En d'autres termes, nous le constatons bien à partir de ce texte, la loi de la baisse tendancielle du taux de profit est une loi macroscopique et non pas une loi qui vaut pour une entreprise particulière. Pour une entreprise particulière, toute la question est de savoir quelle est la fraction de la valeur du capital constant qui se transmet à la marchandise particulière. L'augmentation de la productivité du travail peut avoir pour résultat que dans chaque marchandise particulière, il y ait moins de valeur de capital constant. C'est donc uniquement au niveau de l'économie tout entière que vaut la loi de la baisse tendancielle du taux de profit. J'ai l'air d'insister inutilement sur ce point, mais curieusement, même certains marxistes n'ont pas bien vu qu'il s'agit essentiellement d'une loi macroscopique et non pas d'une loi valable, soit pour un secteur en particulier, soit pour une entreprise en particulier. Reprenons :

« *Donc, la série établie au départ comme hypothèse traduit bien la tendance réelle de la production capitaliste. À mesure que diminue progressivement le capital variable relativement au capital constant, s'élève de plus en plus la composition organique de l'ensemble du capital, et la conséquence immédiate de cette tendance, c'est que le taux de plus-value se traduit par un taux de profit général en baisse continuelle, le degré d'exploitation du travail restant sans changement ou même augmentant.* [Ce qui signifie qu'on peut même concevoir que le taux de la plus-value augmente et que le taux de profit diminue.] *Donc la tendance progressive à la baisse du taux de profit général est tout simplement* une façon, propre au mode de production capitaliste, d'exprimer *le progrès de la productivité sociale du travail.* »

Cette dernière phrase, dois-je insister, est tout à fait caractéristique de Marx.

J'ai dit plusieurs fois, et j'y reviendrai encore, que le paradoxe de Marx consiste à combiner une analyse du progrès économique dans le capitalisme qui conduit à l'optimisme avec des conclusions pessimistes. C'est pourquoi cette phrase symbolise le paradoxe de l'interprétation du capitalisme par Marx : la loi de la baisse tendancielle du taux de profit est l'expression dans le régime capitaliste de l'augmentation de la productivité du travail. Et Marx complète :

« *Nous ne disons pas qu'il ne saurait y avoir d'autres raisons à une baisse passagère du taux de profit ; mais nous avons prouvé par là que le progrès de la production capitaliste implique nécessairement que le taux général moyen de la plus-value se traduise par une baisse du taux de profit général : c'est une nécessité évidente découlant de l'essence du mode de production capitaliste. La masse du travail vivant employé diminuant sans cesse par*

rapport à la masse du travail matérialisé qu'elle met en
œuvre, par rapport aux moyens de production consommés
productivement, il faut bien que la fraction non payée de
ce travail vivant qui se concrétise en plus-value voie son
rapport au volume de valeur du capital total diminuer
sans cesse. Or ce rapport de la masse de plus-value à
la valeur du capital total employé constitue le taux de
profit ; celui-ci doit donc baisser continuellement » [2].

Il ne me reste plus pour finir d'exposer la loi de la
baisse tendancielle qu'à indiquer rapidement les facteurs
compensateurs ou paralysants qui, d'après Marx, contribuent à ralentir cette baisse du taux de profit. Il s'agit
d'une loi tendancielle traduisant le mouvement général
de l'économie capitaliste ; mais un certain nombre de
facteurs joue en sens contraire.

Premier facteur, facile à comprendre : on peut
augmenter le degré d'exploitation de la force de travail.
Le taux de profit baisse nécessairement en supposant
constant le taux de la plus-value ou le degré d'exploitation de la force de travail. Mais si, au lieu de payer
4 heures sur 8, l'on n'en paie plus que 3, l'on augmente le
taux d'exploitation ou le taux de la plus-value, ce qui
contribue à ralentir la baisse du taux de profit.

Deuxième facteur : le capitaliste peut augmenter
l'exploitation en payant le salaire au-dessous de sa valeur.
Il ne s'agit pas du même processus que précédemment,
parce que augmenter l'exploitation de la force de travail,
ou diminuer la valeur de la force de travail, n'aboutit pas
à modifier la valeur de la force de travail, à la rémunérer
au-dessous de la valeur. Baisser le salaire consiste à
baisser le prix du travail, pour la force de travail, comme
pour toute marchandise, il existe à la fois une valeur et un
prix. La valeur est représentée par la valeur des marchandises nécessaires à la vie de l'ouvrier et de sa famille, le
prix consiste dans le salaire effectivement payé. Ce
prix de la force de travail peut osciller au-dessus ou au-
dessous de la valeur, exactement comme le prix de

n'importe quelle autre marchandise oscille au-dessus ou au-dessous de sa valeur.

Troisième facteur : il peut y avoir baisse du prix des éléments du capital constant. Or, plus l'on fait baisser la valeur de ces éléments et plus l'on freine l'augmentation de la valeur du capital constant par rapport au capital variable.

Quatrième facteur : la surpopulation relative permet de payer les travailleurs au-dessous de la valeur de la force de travail.

Cinquième facteur : dans le commerce extérieur les capitalistes peuvent s'assurer des taux de profit supérieurs aux taux de profit pratiqués à l'intérieur de l'économie considérée.

Sixième facteur, le plus intéressant, me semble-t-il, sur lequel Marx dit très peu de choses et sur lequel nous devons nous attarder un peu. Au chapitre XIV du livre III du *Capital*, soit aux pages 252 et 253 du tome I des Éditions sociales [3], l'on trouve une vingtaine de lignes consacrées à l'augmentation du capital par actions considérée comme un moyen de freiner la baisse du taux de profit. De même au chapitre XXVII de ce même livre III, on retrouve une nouvelle analyse [4] des sociétés par actions et de la signification de l'apparition de la société anonyme dans le régime capitaliste.

La socialisation du capital

Nous devons nous arrêter un instant sur ce point, parce que, historiquement, cela présente un grand intérêt. Aujourd'hui, pour la majorité d'entre nous, les sociétés par actions, les grandes sociétés anonymes figurent comme les prototypes du capitalisme. Or, ces sociétés par actions se développaient naturellement à l'époque où Marx écrivait *Le Capital*, mais le capitalisme par excellence, pour lui comme pour les économistes classiques anglais, ce n'étaient pas les sociétés par actions, c'étaient précisément les entreprises industrielles dans lesquelles le propriétaire des instruments de production était en même temps le gestionnaire des moyens de production. Il y avait dans ces entreprises coïncidence entre la fonction de propriétaire et la fonction patronale, deux fonctions sociales qui se différencient au fur et à mesure que se développe le mode capitaliste de production.

Pourquoi Marx fait-il figurer l'augmentation du capital par souscription d'actions comme un moyen de freiner la baisse tendancielle du taux de profit ?

À nouveau, on ne peut comprendre l'idée de Marx qu'en se plaçant en analyse économique macroscopique, c'est-à-dire en considérant le total de la plus-value prélevée dans une économie sur le travail vivant. Cette totalité va être distribuée entre l'ensemble des branches par égalisation du taux de profit moyen grâce à la concurrence. Mais il va se produire aussi un partage de cette masse globale de plus-value entre ce que les économistes appellent l'intérêt, c'est-à-dire une somme fixe payée chaque année en fonction de la valeur totale du capital utilisé et le profit industriel, non prévisible et non fixe, qui dépend des mouvements du marché.

Le développement des sociétés par actions, pour Marx, équivaut à la possibilité, sinon à la nécessité de l'augmentation dans le total de la plus-value sociale de la part réservée à l'intérêt. L'intérêt est un pourcentage fixe du capital. Alors, plus grande est la part du capital social, qui se présente sous forme de capital producteur d'intérêts, plus il restera de plus-value pour être répartie entre les branches et les entreprises en tant que taux de profit. Marx voit dans l'augmentation du capital producteur d'intérêts, par rapport au capital qui apporte du profit, un moyen de freiner la baisse tendancielle du taux de profit, parce que toute une partie du capital constant se trouve ainsi non compétitif pour le partage de la masse globale de la plus-value ; il est simplement producteur d'un intérêt fixe de telle sorte qu'il reste davantage de la masse globale de la plus-value à partager entre les secteurs industriels. Le taux moyen de profit peut donc être plus élevé dans la mesure où une partie croissante du capital social constant se trouve être simplement producteur d'intérêts.

La portée de cette analyse est la suivante : en termes marxistes, on peut dire que dans le capitalisme actuel, on a réussi à maintenir un taux de profit suffisamment élevé en transformant une proportion croissante du capital constant social en capital simplement producteur d'intérêts. Chaque fois que l'on nationalise une branche de l'économie, comme on l'a fait en France, l'on met une partie du capital constant en dehors de la compétition pour le profit industriel. Marx pourrait donc dire que la nationalisation des chemins de fer, de l'électricité, du gaz, d'une partie croissante de l'appareil industriel de production, revient à substituer au capital en quête de profit un capital simplement producteur d'intérêts. Or, plus il existe de capital producteur d'intérêts, plus il reste de plus-value à se partager entre le capital industriel. De telle sorte qu'en analyse marxiste, on pourrait considérer les nationalisations d'une partie de l'économie moderne comme un moyen employé inconsciemment par les capitalistes pour freiner la baisse tendancielle du taux de profit. Je ne sais pas si cette idée impeccablement marxiste a été beaucoup utilisée par les marxistes, mais elle me paraît absolument conforme à l'analyse que l'on trouve dans ce livre du *Capital*.

Voici le texte le plus bref sur ce sujet, pour résumer ce que je viens de dire :

« *Il faut encore souligner cet aspect important du point de vue économique : comme le profit prend ici purement la forme de l'intérêt, de telles entreprises demeurent possibles si elles rapportent simplement l'intérêt, et c'est une des raisons qui empêche la chute du taux général de profit, parce que ces entreprises, où le capital constant est immense par rapport au capital variable, n'interviennent pas nécessairement dans l'égalisation du taux général de profit* »[5].

À la page précédente, on trouve une phrase que je veux citer :

« Le capital, qui repose, par définition, sur le mode de production sociale et présuppose une concentration sociale de moyens de production et de force de travail, revêt ici directement la forme de capital social (capital d'individus directement associés) par opposition au capital privé ; ses entreprises se présentent donc comme des entreprises sociales par opposition à des entreprises privées. »

Donc les sociétés par actions capitalistes représentent déjà une forme sociale de capital par rapport au capital privé tel que Marx pouvait l'observer, par exemple, dans les entreprises textiles auxquelles il emprunte la majorité de ses exemples, qui étaient des entreprises personnelles, où le capital appartenait à une personne ou à une famille. Cette formule opposant les entreprises sociales aux entreprises privées est curieuse. Plus curieuse encore est la phrase qui conclut ce texte de Marx :

« C'est là la suppression du capital en tant que propriété privée à l'intérieur des limites du mode de production capitaliste lui-même » [6].

On pourrait naturellement à partir de cette idée réinterpréter les économies modernes et montrer qu'au fond Marx a eu parfaitement raison de dire que le capital des entreprises industrielles est devenu partout un capital social. En un sens, partout prévaut le mode social ou même socialiste d'entreprise, en ce sens que, dans l'immense majorité des grandes entreprises typiques du capitalisme, il s'est produit effectivement un divorce entre la fonction de gestion et la fonction de propriété. La propriété est devenue sociale par la dispersion du capital des entreprises entre un grand nombre d'individus. Il ne serait cependant pas impeccablement marxiste de dire que c'est là ce que Marx entendait, car il précise bien que cette évolution se produit *« à l'intérieur des limites du mode de production capitaliste lui-*

même ». Un peu plus loin, dans le même chapitre, il écrit que cette étape vers la socialisation du capital précède la liquidation du mode capitaliste de production.

Le partage de la plus-value

Vient ensuite, dans l'analyse de Marx, le partage de la masse globale de la plus-value entre les différents ayants-droit ou entre les différents capitalistes qui prétendent à une part de cette plus-value totale.

Dans le cadre de cette analyse macroscopique, en essayant de retrouver le fonctionnement du système capitaliste dans son ensemble, Marx doit examiner les différentes formes de capital : le capital commercial, le capital financier, le capital industriel. Il doit aussi examiner les problèmes de la monnaie et du crédit. C'est à ce moment-là que l'analyse marxiste devient la plus complexe et, je crois, aussi la plus compliquée et la plus hésitante, pour quelques raisons que je vais essayer d'expliquer le plus simplement possible.

1°) Tout d'abord, il faut bien comprendre que les problèmes que Marx aborde dans le troisième livre du *Capital* l'intéressent inégalement par rapport à son entreprise initiale. La loi de la baisse tendancielle du taux de profit l'intéresse prodigieusement, parce que c'est là un des problèmes qu'il s'était posé, c'est-à-dire expliquer par la nature essentielle du régime capitaliste certaines des lois de transformation de ce régime lui-même. La loi de la baisse tendancielle du taux de profit revêt donc pour lui un intérêt profond. En revanche, la question de savoir exactement pourquoi les crises se produisent dans telles ou telles conditions l'intéresse naturellement, parce qu'il est un économiste professionnel, mais ce n'est pas fondamental dans son œuvre. Quand il s'agit des crises, finalement, d'après tous les interprètes, on trouve beaucoup d'analyses différentes, mais elles ont toujours la même origine : Marx cherche les causes structurelles des crises dans l'économie capitaliste plutôt qu'il ne cherche à démontrer ou à découvrir un schéma spécifique des oscillations de l'économie capitaliste.

2°) Quand Marx aborde le problème des différentes sortes de capital, il est toujours soucieux de démontrer les propositions essentielles à son système. Il veut démontrer que le capitalisme financier ou commercial n'est pas en tant que tel créateur de valeur, ni de plus-value, que toute la plus-value est prélevée sur le travail vivant de l'industrie. En particulier, en ce qui concerne le commerce, nous l'avons déjà vu en expliquant le livre II du *Capital*, il veut démontrer que le commerce est nécessaire à la réalisation de la plus-value, mais qu'il n'est pas en tant que tel créateur de plus-value. Je citerai dans un instant un texte qui montre qu'il éprouvait quelques difficultés sur ce point au sein même de son analyse.

3°) Marx veut réfuter l'idée selon laquelle le profit pourrait être assimilé à un salaire de direction ou bien à la valeur du travail de direction fourni par le propriétaire. Il admet qu'il pourrait y avoir un salaire de direction dans n'importe quel système économique, mais pour lui le profit n'a rien à voir avec le salaire de direction, même si un élément de salaire de direction se trouve dans le profit ; le profit, c'est la plus-value, et la plus-value est prélevée sur le travail salarié.

4°) Ensuite Marx veut démontrer qu'il n'y a pas de théorie propre de l'intérêt du capital. L'intérêt du capital n'est qu'une fraction de la plus-value. Cela a ensuite créé toutes espèces de difficultés, parce que, dans l'intérêt, il entre nécessairement une relation quelconque avec le temps, et le droit d'utiliser le capital n'est peut-être pas l'explication la plus profonde de l'intérêt, mais, dans tous les régimes économiques, il existera toujours quelque chose qui correspond à l'intérêt. Au sens où il existe toujours une différence entre disposer d'une somme d'argent maintenant ou dans dix ans, parce qu'il est différent de disposer d'un bien aujourd'hui ou de ne pas en disposer.

Pour Marx, dans le système économique du capital, ce

qui est fondamental, c'est que l'intérêt du capital n'est qu'une fraction de la plus-value totale et que c'est sur le volume global de la plus-value qu'est prélevé l'intérêt du capital. En d'autres termes, dans le système de l'analyse économique marxiste, l'intérêt n'est pas une des catégories majeures au niveau de la production. C'est simplement une des catégories nécessaires au niveau de la distribution, c'est-à-dire au niveau où se partage la plus-value totale entre tous les ayants-droit ou encore plus exactement entre les différentes catégories de capitalistes.

Comme je l'ai indiqué précédemment, la substitution de l'intérêt au profit d'entreprises est une manière de ralentir la baisse du taux de profit, ce qui signifie que le total de la plus-value englobe ce qui se trouve distribué au capital ou aux capitalistes sous le nom d'intérêts.

Les différentes formes de travail

Dans le troisième livre du *Capital*, on doit retenir un certain nombre d'idées importantes pour l'analyse générale du système capitaliste.

Le premier point, que je rappelle, c'est qu'il n'y a qu'une seule sorte de travail qui soit producteur de plus-value. Le texte le plus frappant se trouve dans le chapitre XVII du livre III :

« Le capital industriel ne se comporte donc pas de la même manière vis-à-vis de ses salariés commerciaux que vis-à-vis de ses salariés productifs. Plus ces derniers sont nombreux, toutes choses égales d'ailleurs, plus massive est la production, plus importante est la plus-value ou le profit et vice-versa. Plus grande est l'échelle de la production, plus importante la valeur à réaliser, partant la plus-value, plus grand donc est le capital-marchandise produit, plus augmentent dans l'absolu (même s'ils n'augmentent pas en valeur relative) les frais de bureaux entraînant une sorte de division du travail. À quel point le profit est la condition première de ces dépenses apparaît entre autres

dans le fait qu'avec l'accroissement du salaire commer-
cial, celui-ci est souvent payé en partie par une participa-
tion, en pourcentage, au profit. Le travail commercial
consiste uniquement en opérations intermédiaires, liées
soit au calcul des valeurs, soit à leur réalisation, soit à
la reconversion en moyens de production de l'argent
réalisé ; son volume dépend donc de l'importance des
valeurs produites et à réaliser. Il est dans la nature des
choses qu'un tel travail ne soit pas, comme le travail
directement productif, la cause des grandeur et masse
respectives de ces valeurs mais leur conséquence » [7].

En d'autres termes, dans le travail industriel, dans
le système marxiste, plus on utilise de travail et de
travailleurs, plus on augmente la plus-value. Mais il n'en
va pas de même dans le travail commercial. Parce que le
travail commercial n'est pas directement producteur de
plus-value, mais simplement nécessaire à la réalisation de
la plus-value.

Un peu plus loin dans le même chapitre nous lisons :

« Le travailleur commercial ne produit pas directe-
ment de la plus-value, mais le prix de son travail est
déterminé par la valeur de sa force de travail, donc par
ce qu'il en coûte de la produire » [8].

À ce stade du raisonnement, Marx lui-même perçoit la
difficulté mais ne cherche pas à la résoudre. Pourquoi, en
effet, le travailleur commercial n'est-il pas producteur
de plus-value comme le travailleur industriel l'est en
fonction de la théorie générale de la valeur de la force de
travail ? C'est que la différence fondamentale entre le
travailleur industriel et le travailleur commercial est liée à
une autre idée plutôt implicite dans *Le Capital* qu'explicite, qui est que le vrai travail est seulement le travail en
relation avec les données matérielles, avec la nature et
que tout le reste ne sert qu'à la réalisation de la plus-
value.

Sociologie de la monnaie

Le deuxième point que je veux signaler touche à l'économie. On trouve de longues discussions dans la cinquième section du troisième livre du *Capital* sur les relations entre la monnaie et la monnaie métallique, entre la monnaie et le crédit, et entre le crédit et le capital.

Marx entre dans des discussions qui étaient classiques à son époque entre deux Écoles qui s'appellent la *Banking School* de Ricardo et la *Currency School* de Tooke[9]. Le problème fondamental de la controverse, en termes simples, étant de savoir si le billet de banque ressemble essentiellement à la monnaie métallique ou au crédit bancaire. Marx entre dans ces discussions de technique économique, puis il prend position contre l'École ricardienne, se rapprochant de la *Currency School*, sans cependant se confondre tout à fait avec elle. Il est impossible d'entrer en détail dans cette discussion. L'exposé français le plus simple et le plus clair est celui de Charles Rist, mort il y a une dizaine d'années, sur les doctrines relatives au crédit et à la monnaie.

Les idées qui préoccupaient Marx peuvent être résumées ainsi :

Il veut distinguer les différentes fonctions de la monnaie. Elle sert de moyen de circulation pour les revenus, pour le capital variable donc, et elle exerce aussi une fonction différente parce qu'elle sert de moyen de paiement pour les capitalistes dans la sphère de la production. Je dirai qu'une des idées centrales de Marx est la pluralité des marchés qualitativement différenciés.

Il insiste sur la fonction de la monnaie métallique considérée comme moyen de paiement universel, valable en dehors des frontières des États.

Il s'efforce de démontrer que les mouvements de la monnaie ne sont pas les mêmes dans ces différents marchés selon les fonctions remplies par la monnaie dans l'un ou dans l'autre.

La tendance de Marx est d'admettre que l'essentiel

n'est pas dans le phénomène monétaire ou dans le phénomène du crédit, mais que ce sont les mouvements réels
des biens qui déterminent les oscillations économiques. Il
n'exclut pas que les phénomènes de crédit ou les phénomènes monétaires jouent un certain rôle dans le mouvement d'ensemble du capitalisme et en particulier dans les
crises, mais il est aussi loin que possible des théories strictement monétaires des phénomènes. Il se rapproche des
classiques qui considèrent la monnaie plutôt « comme un
voile » qui dissimule les phénomènes réels que comme un
facteur essentiel de ces phénomènes réels.

Dans ses analyses de la monnaie et du crédit, il trouve en
passant le phénomène des crises. Il n'en propose pas une
explication conjoncturelle, mais s'efforce de dégager les
idées suivantes : l'économie capitaliste tend à se développer
par phases alternées d'expansion et de contraction. Marx
considère donc qu'il existe une certaine régularité dans ces
mouvements d'expansion et de contraction. Enfin, il a
tendance à croire, ce qui d'ailleurs va presque de soi, que
dans l'économie capitaliste, telle qu'elle est, existe une
raison structurelle permanente pour que des crises se
produisent.

Cette raison structurelle, on en trouve l'exposition
dans le chapitre XXX du livre III.

*« La raison ultime de toute véritable crise demeure
toujours la pauvreté et la limitation de la consommation
des masses, en face de la tendance de la production
capitaliste à développer les forces productives comme si
elles n'avaient pour limite que la capacité de consommation absolue de la société »* [10].

Cette phrase n'offre pas une théorie des crises au sens
que les économistes donnent à cette expression. Car dire
que la cause profonde des crises tient à la limitation de la
demande solvable des masses par rapport à l'augmentation de la capacité de production, consiste à répéter, sous
une forme apparemment savante, le fait même qu'il se
produit des crises, c'est-à-dire que, de temps en temps, on

constate que la production qui existe ne trouve pas de demandes pour l'absorber. Cette formule, soulignant la contradiction entre la capacité de production et la limitation de la consommation, est restée dans la littérature marxiste comme la cause structurelle fondamentale des crises, combinée évidemment avec une autre formule plus ancienne chez Marx, celle de l'anarchie de la production capitaliste. Cette formule de l'anarchie de la production capitaliste étant aussi la traduction d'un fait évident, à savoir que dans un régime capitaliste comme celui que Marx a analysé, et même dans un régime capitaliste comme celui d'aujourd'hui, il n'y a pas de planification globale, c'est-à-dire que tout se développe par une série de décisions prises par des millions d'individus et que, par conséquent, il peut se faire qu'il n'y ait pas coïncidence entre ce que les individus veulent acheter et ce qui leur est offert, et qu'il peut se produire un excès de marchandises offertes par rapport à la demande solvable.

Ces propositions sont considérées comme offrant une théorie structurelle des crises.

Quant aux théories conjoncturelles, il n'existe pas, à mes yeux, de version que l'on puisse considérer comme proprement marxiste.

J'ajoute un point qui me paraît important. Marx lui-même a parfaitement reconnu à diverses reprises que les revenus des masses augmentaient dans la phase qui précédait la crise. Donc, la limitation de la consommation des masses ne permettait pas, à ses yeux, une interprétation conjoncturelle des crises. Elle était la condition structurelle de toute crise, ce qui n'est pas la même chose.

Il reste à dire encore un mot à propos de l'intérêt, parce que par là nous touchons à des problèmes qui intéressent Marx de manière très directe. Pour lui, l'argent ne produit pas d'intérêts, en tant que tel. C'est la grande illusion du capitalisme et des économistes vulgaires d'imaginer que l'argent en tant que tel est producteur d'intérêts. Cependant, il constate que, dans toutes les sociétés, il y a eu des phénomènes d'intérêts ou d'usure. Et il a un sens très aigu des fonctions différentes remplies par l'usure ou par le prêt selon les sociétés.

Dans les sociétés du passé, dirais-je en interprétant librement, comme les sociétés antiques, à capacité de production relativement stagnante, l'usure était un phénomène destructeur des relations sociales, sans fonctions proprement créatrices. Car dans ces sociétés traditionnelles l'usure naissait de l'argent considéré comme moyen de paiement. Cet argent, moyen de paiement, était prêté par l'individu riche à l'individu pauvre. L'individu pauvre devant rembourser ce qui lui était prêté tombait de plus en plus sous la dépendance du prêteur d'argent, précisément parce que l'argent qu'il recevait n'était qu'un moyen de paiement et n'était pas créateur de valeur. C'est pourquoi, dans le passé, l'usure a été condamnée parce que c'était un phénomène prédateur. Il y a eu au Moyen Âge des lois contre le prêt à intérêt ou pour sa limitation parce que le prêt, aussi longtemps qu'il ne contribue pas au développement de la force productive, consiste en une forme d'exploitation du pauvre par le riche. Il était normal de ce fait que l'Église limitât les taux d'intérêt pour limiter cette forme d'exploitation.

Marx est intensément conscient de la transformation de la fonction du prêt à intérêt et du crédit lorsque l'on arrive à la société moderne, où le crédit sert à constituer un capital suffisamment important pour devenir créateur de valeur. Marx va donc s'efforcer de montrer que le prêt à intérêt, l'intérêt, l'usure sont des phénomènes historiquement spécifiques et que, selon le régime économique dans lequel ils se situent, des phénomènes apparemment semblables revêtent une tout autre signification. La fonction du crédit change avec l'économie moderne. L'on trouve, dans le chapitre XXXVI du livre III du *Capital*, l'essentiel de son raisonnement [11].

« *Ce qui distingue le capital porteur d'intérêt, en tant qu'élément essentiel du mode de production capitaliste, du capital usuraire, ce n'est nullement la nature ou le*

*caractère de ce capital lui-même. C'est simplement que
les conditions dans lesquelles il fonctionne ont changé et,
partant, la figure de l'emprunteur qui affronte le prêteur
d'argent s'est aussi complètement modifiée* » [12].

Ce qui signifie que le capitaliste industriel qui
emprunte l'argent ne ressemble plus à l'homme misérable
qui se rend au Mont-de-Piété pour emprunter, parce que
le capitaliste industriel qui emprunte à la banque ou
qui, par l'intermédiaire de la banque, emprunte à d'autres
individus, est en mesure de mettre en valeur cet argent
emprunté en faisant travailler des ouvriers, en créant des
valeurs par le travail industriel et, par conséquent, en
pouvant à son tour créer de la plus-value et en disposer.

Le crédit, sous sa forme moderne, est, pour Marx, une
première forme de socialisation du capital, exactement
comme la société par actions. Car tous les procédés
modernes de crédit équivalent à substituer au capital
individuel un capital social en tant que capital créateur de
la valeur et créateur de la plus-value [13].

Je voulais aussi signaler une idée amusante et profonde
de Marx, qui se trouve dans le chapitre précédant celui
que je viens de citer.

« *Le système monétaire est essentiellement catholique.
Le système de crédit est essentiellement protestant* » [14].

Ceux qui connaissent Max Weber noteront la parenté.
Mais continuons de citer :

« *C'est la foi qui sauve. La foi dans la valeur
monétaire en tant qu'esprit immanent des marchandises,
la foi dans le mode de production et son ordre tenu pour
prédestiné, la foi dans les agents industriels de la production en tant que simples personnifications du capital qui
se met lui-même en valeur* » [15].

Autrement dit, le système de crédit est une foi qui sauve
en permanence afin d'assurer la plus-value du crédit. Dans
le système marxiste, il y a place pour des interprétations

des phénomènes économiques et monétaires en termes de système de valeur. Naturellement, Weber va plus loin. Mais on trouve là, chez Marx, un exemple d'interprétation culturelle des phénomènes économiques et sociaux. Son originalité, à propos des questions monétaires, consiste à replacer ces phénomènes dans une interprétation sociologique.

La théorie de la rente

J'en viens maintenant au dernier point que je voulais traiter, à savoir la théorie de la rente qui remplit toute la sixième section du livre III du *Capital*.

Pourquoi Marx accorde-t-il beaucoup d'importance à la théorie de la rente foncière ?

Parce que la rente foncière intéressait beaucoup les économistes de son temps, et, en particulier, son maître Ricardo, qui était plein de considération pour la rente foncière. N'oublions pas d'autre part qu'à l'époque, dans la première moitié du XIXe siècle, le propriétaire de terres faisait encore office de capitaliste par excellence, et jouait un plus grand rôle que le capitaliste industriel. L'agriculture était un élément essentiel de la production nationale ; par conséquent, la rente foncière que prélevait le propriétaire foncier apparaissait comme ayant dans l'ensemble de l'économie une importance tout autre que la rente foncière aujourd'hui.

De nos jours, dans une économie industrielle développée, les produits agricoles représentent environ 10 % du total de la valeur du produit national ; par conséquent, la question de savoir comment se répartit le produit agricole entre l'ouvrier, le fermier et le propriétaire foncier peut être une question importante, ce n'est pas une question vitale. À l'époque, l'agriculture représentait une proportion beaucoup plus considérable du produit total et cette rente foncière que prélevait le propriétaire de terres sur le fermier était à la fois objet de spéculations économiques et d'indignation morale, combinaison qui faisait qu'on s'intéressait beaucoup à ce problème.

La rente foncière trouble Marx pour la même raison que l'intérêt. Il ne faut pas que la rente foncière ait une origine, une réalité matérielle. La rente foncière est, ne peut être et ne doit être qu'une fraction de la plus-value. Donc, tout ce que veut Marx, c'est démontrer que la rente foncière ne constitue pas une exception à sa théorie générale du produit net. Le produit net, c'est le produit total de la plus-value. La plus-value est prélevée sur le travail vivant. La rente foncière n'est qu'un élément du volume global de la plus-value. Ce qui l'intéresse, c'est de savoir par quel mécanisme une fraction de ce volume total de la plus-value va au propriétaire foncier. Voilà le problème qu'il se pose.

Cela dit, Marx ne peut pas ne pas faire intervenir dans son analyse ce que les économistes depuis Ricardo avaient fait intervenir, qui est une donnée naturelle, à savoir que la fertilité des terres est inégale et que la même quantité de travail sur une terre fertile ne donne pas le même produit matériel que cette même quantité de travail sur une terre non fertile. En d'autres termes, le problème de la rente foncière oblige Marx à faire intervenir dans le problème de la plus-value et de la répartition de la plus-value une donnée naturelle, l'inégale fertilité des terres. Toute l'analyse marxiste de la rente va consister à faire intervenir, à la suite de Ricardo, l'inégale fertilité des terres dans le calcul de la rente foncière, sans manquer à la proposition fondamentale qui est que la rente foncière n'est qu'un élément de la masse globale de la plus-value prélevé sur le travail vivant.

Voilà comment Marx va procéder. Nous commençons par poser cette proposition incontestable : que la même quantité de travail pour des terres de fertilité différente donnera des quantités inégales de produits. La question est de savoir maintenant quelle sera la valeur de ce produit agricole ?

Nous savons que la valeur d'un produit quelconque est égale à la quantité de travail social moyen nécessaire pour le produire. Lorsqu'il s'y ajoute un facteur naturel qui est celui de l'inégale fertilité, comment se résout le problème ? Nous dirons que la quantité de travail social qui détermine la valeur d'un produit est la quantité de travail social nécessaire pour produire la marchandise dans les terres les moins fertiles mises en exploitation. C'est-à-dire que la valeur de la marchandise va se déterminer en fonction de la quantité de travail, mais en fonction de la quantité de travail appliquée sur la terre la moins fertile. Du coup, nous obtenons une notion qui est celle de la rente différentielle. Puisque nous avons décrété que la valeur du produit agricole est déterminée par la quantité de travail social nécessaire pour produire ce produit dans la terre la moins fertile, toute terre plus fertile aura un surprofit qui résultera de l'inégal rendement de la même quantité de travail selon l'inégale fertilité des terres. Donc, l'inégale fertilité des terres nous donnera immédiatement la notion de la rente différentielle, à la seule condition que le prix s'établisse au niveau de la productivité de la terre la moins fertile.

Si nous posons ce principe, il n'y a aucune difficulté à comprendre la rente différentielle. D'ordinaire, chez Ricardo par exemple, la théorie de la rente différentielle était présentée de la manière suivante : au fur et à mesure que la population augmente, on est obligé de mettre en exploitation des terres de moins en moins fertiles, c'est-à-dire des terres sur lesquelles la même quantité de travail donne un moindre produit. Donc, la diminution du rendement du travail par suite de la moindre fertilité des terres laisse un surplus pour les terres plus fertiles et c'est sur ce surplus que peut être prélevée la rente foncière du capitaliste.

Ou encore, la présentation la plus courante est en termes de rendement décroissant d'un moyen de production considéré. Si l'on considère la terre comme un moyen de production, au fur et à mesure que l'on augmente le volume de ce moyen de production, on en obtient un rendement décroissant puisque dans ce cas l'on est obligé de mettre en exploitation des terres de moins en moins

fertiles. Marx, lui, n'a pas besoin de cela et il se contente
de la formule de Ricardo qu'il cite de la manière suivante :

« *La rente réside toujours dans la différence entre les
produits obtenus en employant deux quantités égales de
capital et de travail* » [16].

Marx commente et ajoute :

« *Ricardo aurait dû ajouter "sur la même quantité de
terrain", pour autant qu'il s'agit de rente foncière et non
pas de surprofit en général* » [17].

Cette rectification est nécessaire, car nous savons que,
dans toutes les sphères de l'économie, il y a toujours pour
le capitalisme individuel une capacité de surproduit en
assurant au travail qu'il utilise un rendement supérieur au
rendement moyen sur lequel est calculée la valeur. Il
existe donc des formes de surprofit dans toutes les sphères
de l'économie et on doit considérer dans la rente foncière
une catégorie particulière de surprofit : celle qui est liée à
l'inégale fertilité des terres. Cette inégale fertilité étant
donnée, nous constatons, pense Marx, qu'il existe une
possibilité de surprofit qui, au lieu d'être liée à des
phénomènes comme l'exploitation supérieure de la main-
d'œuvre ou bien la découverte d'un moyen plus efficace
de production, est liée à l'inégale fertilité des terres.

Toute la question est de savoir qui conserve ce surprofit.
Disons, avant de répondre à la question, que Marx
distingue deux sortes de rente différentielle : la rente différentielle n° 1 est celle qui résulte de l'application de la
même quantité de capital et de travail sur des terrains de
fertilité inégale ; la deuxième rente différentielle est celle
qui résulte de l'application de quantités différentes de
capital sur des terrains de fertilité égale ou différente [18].

Dans le premier cas, la situation est simple puisque la
même quantité de capital est utilisée sur des terrains de
fertilité inégale. Dans le second, la situation se complique
puisqu'on utilise une quantité différente de capital sur
des terrains soit de fertilité égale, soit de fertilité diffé-

rente. Dans la sixième section de ce troisième livre, Marx a étudié je ne sais combien de combinaisons possibles : avec la même quantité de capital, sur des terrains de fertilité différente, avec des quantités différentes de capital, etc. L'on peut compliquer parce que, dans la première phase d'augmentation du capital, il donne plus et puis ensuite il donne moins, ce qui aboutit à un nombre d'exemples numériques considérable. Il en donne plusieurs dizaines. N'oublions pas qu'il s'agit de manuscrits. Nous ne savons pas quelle forme définitive Marx aurait donnée à son travail. Mais il suffit de comprendre qu'entre ces deux sortes de rentes différentielles, il existe une différence au point de vue de la répartition.

En ce qui concerne la rente différentielle n° 1, c'est-à-dire la même quantité de capital sur des terrains de fertilité inégale, le volume global de cette rente différentielle dépendra du pourcentage de terrains de fertilité supérieure à ceux de fertilité inférieure par rapport au total. C'est-à-dire qu'il y aura d'autant plus de rente foncière différentielle qu'il y aura plus de terrains d'une fertilité supérieure aux terrains sur lesquels s'établit le prix. De là on déduira la plus-value et par conséquent la répartition du surprofit découlant de la répartition de la rente foncière. Pour cela, il faut connaître la proportion de répartition des différents terrains fertiles ou non fertiles.

Pour ce qui concerne la rente différentielle n° 2, le problème est différent, car elle est obtenue en appliquant davantage de capital, et elle se trouve contestée dans sa répartition entre le fermier et le capitaliste. La rente différentielle n° 1 se trouve maintenue au profit des propriétaires fonciers parce qu'elle découle d'une situation naturelle sur laquelle le fermier n'a pas d'action. En revanche, la rente différentielle n° 2 peut avoir pour résultat de donner un surprofit au fermier qui voudra le conserver, cependant que le propriétaire foncier voudra s'en emparer. En conséquence la répartition de la rente différentielle n° 2 dépendra d'une espèce de contestation ou de conflit permanent entre propriétaire foncier et fermier.

On peut poser encore une dernière question : existe-t-il une rente foncière absolue ? C'est un problème créé par l'analyse économique marxiste. Il est assez facile de comprendre le problème de la rente différentielle. De même, il est facile de comprendre pourquoi le propriétaire foncier conserve cette rente différentielle. C'est lui qui est propriétaire de l'affaire. Cela dit, la masse de la rente différentielle a tendance à se répartir entre tous les propriétaires fonciers et à se rapprocher du taux général des profits de la société considérée.

Mais comment peut-il y avoir une rente foncière absolue ? Comment est-il possible que, sur la terre où la fertilité est la plus basse et à partir de laquelle s'établit le prix, il y ait tout de même une rente ?

La question se ramène à ceci en langage marxiste : nous savons de manière générale qu'une branche de la production ne peut pas garder pour elle-même une fraction du total de la plus-value supérieure à celle qui revient à son capital en fonction du taux de profit moyen. Une branche industrielle qui produit plus de plus-value, parce qu'elle emploie relativement plus de main-d'œuvre, ne peut pas garder ce supplément de plus-value, parce qu'en fonction de la concurrence il s'établit un taux de profit moyen et que ce taux de profit moyen est calculé sur le total du capital de la branche considérée, capital constant et capital variable. D'où il résulte la question suivante : dans quelles conditions un secteur de l'économie pourrait-il conserver pour lui-même une fraction de la plus-value supérieure à la fraction qui lui revient en fonction du pourcentage de son capital dans le capital social total considéré ? La réponse de Marx consiste à dire qu'une branche peut conserver une fraction de la plus-value totale supérieure à celle qui lui revient dans la mesure où cette branche est en mesure de limiter la concurrence. L'égalisation du taux de profit s'opère parce que, si le taux de profit dans une branche qui occupe relativement plus d'ouvriers est plus élevé que dans les autres branches, il viendra du capital et que par conséquent cela aura tendance à faire baisser le taux de la plus-value au niveau moyen. Mais si une branche est en mesure de freiner ou d'empêcher la concurrence, d'après Marx, elle sera capable de conserver pour elle-même une fraction de la plus-value totale de la société considérée supérieure à la part de son capital dans le capital social total. L'on trouve cette démonstration dans le chapitre XLV du livre III du *Capital*. Je ne peux pas citer ces textes qui sont trop longs [19]. Je me borne à indiquer le raisonnement suivi par Marx.

Pour qu'il y ait une rente foncière sur le terrain le moins fertile, sur lequel s'établit le prix, il faut qu'il y ait une rente foncière qui ne soit pas une rente différentielle. La rente différentielle ne pose pas de problèmes particuliers, elle constitue une anomalie par rapport aux autres secteurs de la production, dans la mesure où la répartition entre les propriétaires individuels conserve la marque de l'origine naturelle des différences, cependant que dans les secteurs industriels ces différences individuelles tendent à s'effacer, mais sont perpétuellement recréées par le progrès économique.

Dans le cas de la production sur la terre la moins fertile, pour qu'il y ait une rente foncière absolue, il faut deux conditions :

1°) Il faut que la composition organique du capital dans l'agriculture soit plus faible que la composition organique moyenne dans l'ensemble de l'économie, c'est-à-dire il faut que l'agriculture emploie relativement plus de capital variable par rapport au capital constant que l'ensemble de l'économie. (Ce qui signifie que l'agriculture n'a pas autant progressé que l'industrie) [20].

2°) Il faut que le rapport du capital variable au capital constant soit supérieur dans l'agriculture à ce qu'il est dans l'économie dans son ensemble, car il produira dans l'agriculture plus de plus-value que la part que représente le capital de l'agriculture par rapport au capital social total.

Ce phénomène se produit dans beaucoup d'autres branches. Dans celles où le rapport capital variable/capital constant est supérieur au rapport moyen pour l'ensemble de l'économie, il y a plus de plus-value produite que cette branche ne peut en conserver en fonction du taux de profit moyen. Il faut donc que l'agriculture puisse conserver une rente foncière absolue sur les terres les moins fertiles. Qu'est-ce qui rend possible à l'agriculture de conserver ce surplus ? C'est le fait que la terre étant propriété individuelle, les propriétaires fonciers sont en mesure d'interdire le jeu de la concurrence et d'interdire la mise en exploitation de nouvelles terres. S'il y avait une concurrence qui jouait à plein dans l'agriculture comme dans l'industrie, cette rente foncière absolue serait impossible. Ce qui rend possible la rente foncière absolue, dans le raisonnement marxiste, c'est le fait que le prix des produits agricoles est au moins partiellement au prix de monopole, parce que les propriétaires fonciers ont une situation semi-monopolistique, qui leur permet de freiner l'afflux du capital dans le secteur agricole et qui du même coup permet à l'ensemble de la branche agricole de conserver une fraction de la plus-value totale supérieure à la fraction à laquelle elle a droit, en fonction du rapport qui existe entre le capital investi de l'agriculture et le capital social total.

Voilà brièvement résumée la théorie de la rente foncière différentielle et celle de la rente foncière absolue. Tout cela revient, pour Marx, à faire rentrer les phénomènes de la rente dans la théorie générale de la plus-value, la rente foncière n'étant qu'une fraction de la plus-value totale prélevée sur le travail des salariés.

Dans cette dernière partie du *Capital*, Marx parle de la petite propriété foncière. Pourquoi la petite propriété foncière doit-elle être normalement et progressivement submergée par la grande propriété capitaliste ? Parce que celle-ci est plus rentable. Vous connaissez les expressions célèbres sur « le crétinisme rural »[21] ou sur « la classe des barbares »[22], pour parler des paysans. Ce sont des détails polémiques. L'essentiel pour Marx était de faire rentrer un cas apparemment singulier, celui de la rente différentielle, dans son système général d'interprétation. De cela il était certainement très satisfait.

Nous sommes parvenus au bout de l'analyse du *Capital*, tout au moins tel que l'ouvrage nous est parvenu. Nous sommes partis de la valeur. Nous avons étudié la circulation de la valeur sous les différentes formes matérielles. Puis nous sommes passés des valeurs aux prix. Nous avons étudié la baisse tendancielle du taux de profit, puis les différentes formes que prend le capital, et nous en sommes venus au dernier moment de l'analyse, à la distribution de la plus-value. Nous savons que la plus-value est une masse globale, et que cette masse globale se distribue entre intérêt, profit et rente foncière. La répartition entre intérêt et profit industriel n'obéit pas à des règles strictes : tout dépend de la puissance relative de ceux qui prêtent de l'argent et de ceux qui le font fructifier dans l'industrie. Nous pouvons simplement dire que les sources de revenus sont la rente foncière des propriétaires, le profit, l'intérêt, et enfin le salaire. Ce que Marx réduira à « la formule trinitaire » : le salaire, le profit et la rente foncière. Cette formule trinitaire nous donne simultanément le lien entre les rapports de production et les rapports de distribution, car ce qui est fondamental, ce sont les rapports de production, c'est-à-dire la situation dans laquelle les différents agents de l'économie se trouvent les uns par rapport aux autres dans le procès de production : capitalistes, salariés, propriétaires fonciers. La formule trinitaire de distribution des revenus correspond aux relations entre le salaire et la classe ouvrière, entre le profit et la classe des capitalistes, et entre la rente foncière et la classe des propriétaires de terres. Ces trois sources de revenus correspondent à trois classes.

Les classes sociales

Nous arrivons aux derniers chapitres du *Capital*[23]. Nous en parlerons prochainement parce qu'ils sont très curieux. L'un de ces chapitres porte le titre « Complément à l'analyse du procès de production ». Il est destiné à marquer aux yeux de Marx la différence entre ce qu'il a fait et ce qu'avaient fait tous les économistes vulgaires. « L'illusion de la concurrence » est étudiée dans un autre chapitre et permet d'expliquer pourquoi les capitalistes ne comprennent pas ce qui se passe. On y trouve aussi l'étude des « Rapports de distribution et rapports de production », que je viens d'expliquer. Puis, pour achever le livre III, un chapitre d'une page et demie sur « Les classes », c'est-à-dire les trois sources de revenus qui correspondent, soit à des catégories sociales, soit à des facteurs de production.

Voici les dernières lignes de ce chapitre et donc du *Capital* :

« Cependant, de ce point de vue, les médecins et les fonctionnaires, par exemple, constitueraient, eux aussi, deux classes distinctes, car ils appartiennent à deux groupes sociaux distincts, dont les membres tirent leurs revenus de la même source. Cette distinction s'appliquerait de même à l'infinie variété d'intérêts et de situations que provoque la division du travail social, à l'intérieur de la classe ouvrière, de la classe capitaliste et des propriétaires fonciers, ces derniers, par exemple, étant scindés en viticulteurs, propriétaires de champs, de forêts, de mines, de pêcheries, etc. » [24].

Ce à quoi Friedrich Engels ajoute :

« Ici s'interrompt le manuscrit. »

Ce chapitre et ces lignes finales posent le problème suivant : en économie théorique simplifiée, il existe trois catégories dans le système de production économique et trois sources de revenus. Mais en analyse descriptive sociale, des différenciations multiples entre les groupes sont possibles. D'où une question fondamentale dans l'analyse marxiste : quelle est la relation entre la théorie des trois classes tirée d'une analyse économique schématique et la description des groupes sociaux ? C'est à ce point que Marx s'était arrêté. Mais il n'éprouvait pas de difficultés fondamentales à ce sujet. On peut, comme nous le verrons, à travers d'autres textes de lui, dresser un certain nombre d'hypothèses pour répondre à cette question essentielle.

CHAPITRE XIII

ESSENCE ET CONTRADICTIONS
DU CAPITALISME

Pour poser les problèmes intéressants contenus dans *Le Capital*, il fallait commencer par exposer purement et simplement ce que Marx avait écrit et le faire autant que possible en suivant attentivement ses textes. Je me suis efforcé de lui être aussi fidèle que possible, même lorsque je devais hâter le pas pour couvrir l'ensemble des sujets.

Je voudrais maintenant poser une question, qui me paraît en elle-même importante. À savoir : « Quelle est la signification de l'œuvre économique de Marx dans *Le Capital* ? » Ou encore, pourrait-on dire : *Le Capital* est-il un livre d'économie politique ou un livre de philosophie ? En quel sens est-ce un livre d'économie politique ? En quel sens un livre philosophique ?

En matière d'économie politique, l'exposé du *Capital* paraît aujourd'hui très difficile. On peut en effet l'enseigner de manière beaucoup plus simple, en prenant par exemple, pour point de départ, le point d'arrivée de la science économique devenue opérationnelle. Donc, à supposer que *Le Capital* soit un livre d'économie politique, ce qui est mon interprétation, c'est un livre d'un caractère particulier. Et il vaut la peine de chercher quels sont les caractères propres à ce livre en tant que livre d'économie politique et, du même coup, d'essayer une interprétation.

Les interprétations encore possibles aujourd'hui se situent entre deux termes extrêmes. L'un est représenté par le livre du père Pierre Bigo, de la Compagnie de Jésus, qui porte pour titre *Marxisme et humanisme. Introduction à*

l'œuvre économique de Karl Marx[1]. L'autre terme extrême
est représenté par les chapitres que Joseph Schumpeter a
consacrés à l'œuvre économique de Marx, soit dans un
livre qui s'appelle *Capitalisme, socialisme et démocratie*[2],
soit dans sa grande *Histoire de l'analyse économique*[3].

Marx et le père Bigo

Commençons par le père Bigo qui écrit des phrases
comme celle-ci : « *La théorie marxiste de la valeur est une
théorie normative* »[4]. Jaurès avait déjà écrit des formules
de cet ordre[5]. À quoi je réponds simplement : non, si l'on
s'en tient au marxisme de Marx. Marx aurait été horrifié
par cette manière de le justifier, en présentant une théorie
qu'il considérait comme scientifique en terme de normati-
vité. Il faut refuser de comprendre Marx comme Marx s'est
compris lui-même, pour prétendre que la théorie de la
valeur est une théorie normative. Je me demande même
d'ailleurs comment on peut en faire une théorie normative,
car il existe des problèmes insolubles, comme celui de la
réduction à l'unité du travail moyen de travaux qualitativement différents, comme celui aussi de la temporalité qui
n'est pas réductible au problème de la quantité de travail.
Ce que veulent dire les auteurs qui emploient cette
formule, à savoir le père Bigo et avant lui Jaurès, c'est que
les prix devraient être proportionnels à la quantité du
travail social investi dans chaque marchandise. Mais il
s'agirait d'une réduction purement artificielle, et il n'y a
pas de raison morale pour que l'on fasse abstraction de la
rareté, qui est un des facteurs déterminants des prix dans
toute économie ordinaire.

Voici une autre formule du père Bigo : « *Les lois
marxistes sont les lois de la réalité économique comme
les lois morales sont les lois de la réalité humaine* »[6].
Encore une fois, je dis : non. Marx a écrit et répété que
les lois tendancielles qu'il dégageait de l'étude de la
réalité étaient des lois scientifiques qui, au moins, déterminaient les tendances générales de l'évolution du régime

capitaliste. Il n'est donc pas légitime d'assimiler les lois scientifiques portant sur le fonctionnement ou la transformation de la réalité avec des lois morales, qui exposent ce que doit être une certaine conduite.

Enfin, une dernière formule du père Bigo : « *L'idée d'*aliénation *domine toute cette économie politique. Il est remarquable que le mot ne se rencontre jamais dans* Le Capital *avec son sens philosophique* »[7]. Je trouve ces deux phrases absolument grandioses. D'abord, on écrit que « *l'idée philosophique d'*aliénation *domine toute l'économie politique de Marx* ». Ensuite, parce qu'on a lu attentivement *Le Capital*, on constate que jamais Marx n'y emploie les expressions « *Entfremdung* » ou « *Entaüsserung* », qui sont les deux concepts philosophiques avec lesquels, dans sa jeunesse, Marx désignait le phénomène d'aliénation. L'on se souvient que dès *L'Idéologie allemande*, c'est-à-dire dès l'époque 1846-1847, Marx parlait avec une certaine ironie du terme d'aliénation et, quand il employait le mot « aliénation », il ajoutait : « pour me faire comprendre des philosophes ». Ce qui, à cette époque, sous sa plume, n'était pas une formule laudative. Il y a donc un extraordinaire paradoxe à écrire simultanément que la pensée du *Capital* est dominée par le concept d'aliénation et que, comme par hasard, ce concept ne se retrouve pas dans le texte du *Capital*. À quoi j'ajoute que le livre le plus remarquable écrit par un père jésuite sur le marxisme de Marx depuis une quinzaine d'années, à savoir le livre du père Jean-Yves Calvez[8], commet de manière plus subtile et probablement volontaire ce que je considère comme une erreur identique à celle du père Bigo, en faisant une synthèse de la pensée philosophique de Marx avant 1848 et de la pensée économique de Marx dans *Le Capital*. Naturellement, encore une fois, les historiens de la philosophie disposent de toutes les libertés. Si notre auteur disait : « Je prends les thèmes de jeunesse de Marx et je réinterprète *Le Capital* à leur *lumière* », même si Marx croyait à ce moment-là qu'il faisait autre chose, personne ne pourrait interdire ce genre d'exercice. Quand j'ai dit une fois :

« Après tout, le marxisme de Marx n'est qu'un des marxismes possibles », j'étais plus sérieux que je n'en avais l'air. Le propre des grandes pensées et des grandes doctrines, c'est de prêter à de multiples interprétations. Mais si nous cherchons à comprendre comment Marx a pensé *Le Capital* et l'économie politique dans *Le Capital*, on ne peut pas sérieusement croire qu'était essentielle pour lui une notion qui n'y figurait plus. Car enfin ce serait une espèce de défi au bon sens que de considérer qu'un livre de 3 000 pages est dominé par une notion qu'on n'y rencontre pas. Si Marx avait voulu penser l'économie politique du *Capital* à la lumière de l'*Entfremdung*, il l'aurait dit ; en fait, il n'y avait pas besoin d'attendre un siècle pour découvrir que l'idée centrale du *Capital* ne s'y trouve pas.

Le père Bigo écrit encore : « *Entre 1843 et 1867* [1843 c'est la date à laquelle le père Bigo situe le *Manuscrit économico-philosophique 1843-1844*], *il y aura un développement, il n'y aura pas un changement d'axe. L'analyse du capitalisme se trouve en substance achevée. Et c'est une dialectique d'aliénation* »[9].

Là encore, nous atteignons au grandiose. Comme manière d'interpréter Marx, on ne peut pas concevoir mieux. Se retournant dans sa tombe, celui-ci dirait sans doute : « Protégez-moi de mes amis ! » Car cette phrase signifie ceci : Marx en 1843 a à peine six mois de formation économique et il a trouvé rapidement dans la lecture des économistes classiques un certain nombre de thèmes, à savoir que le travail est une marchandise, que le salaire est au niveau le plus bas, thèmes que j'ai expliqués à propos du *Manuscrit économico-philosophique*.

Effectivement, à cette époque, en 1843-1844, il a retraduit toutes ces formules de l'économie anglaise dans une dialectique philosophique de l'aliénation. Seulement, quand il a fait cela, il a fait une critique philosophique du régime capitaliste, il n'en a pas fait une critique économique. Or, en 1867, quand il publie le premier livre du *Capital*, ce qui passionne Marx, c'est la substitution d'une critique rigoureusement économique, ou d'une critique que Marx considérait comme rigoureusement économique, à la critique philosophique ou existentialiste du régime capitaliste.

Les interprétations du type de celle du père Bigo ont pour origine l'insatisfaction éprouvée par l'économiste de 1963 à l'égard de la critique économique du *Capital* de Marx. Comme il éprouve le sentiment que cette critique proprement économique du capitalisme n'est pas solide, il cherche refuge dans un retour à la critique existentialiste ou philosophique de la jeunesse de Marx. S'il disait que certains des thèmes de la critique existentialiste de Marx restent valables, en dépit du vieillissement des instruments économiques de la critique du capitalisme, j'en serais volontiers d'accord. Mais il devrait être bien entendu que c'est une manière de repenser l'œuvre de Marx avec une distance d'un siècle, mais pas une manière de découvrir sa pensée profonde. Sa pensée profonde, en 1867, consistait à vouloir écrire quelque chose qui soit, à la fois, un livre d'économie politique et une critique de l'économie politique.

Pour suggérer que Marx ne raisonne pas en économiste, on invoque en général deux arguments, qui sont également invoqués par le père Bigo et dont je vais dire quelques mots :

1°) On fait observer que Marx n'a pas une théorie cohérente des crises et que les différents textes relatifs aux crises ne s'intègrent pas aisément dans une théorie générale des crises satisfaisante.

2°) Les nombreux textes de Marx relatifs à la monnaie et au crédit ne sont pas très faciles à intégrer non plus en une théorie économique d'ensemble.

D'où l'on peut conclure : cela prouve à quel point Marx s'intéressait peu aux problèmes spécifiquement et étroitement économiques.

Je pense que cette conclusion est radicalement fausse. Pauvre Marx ! S'il ne s'intéressait pas aux problèmex proprement économiques, pourquoi aurait-il consacré trente-cinq ans à les étudier ? Pourquoi aurait-il lu tous les économistes de son temps ? Il faut voir ce que Marx a lu : il a lu tout ce que l'on pouvait lire ; et non seulement il a écrit *Le Capital*, mais il a écrit aussi ce qui représente huit tomes de la traduction Molitor [10], à savoir une étude des théories de la plus-value et du profit de tous les économistes de son temps. L'idée que Marx ne se considérait pas comme l'égal ou le supérieur des économistes professionnels est proprement délirante, et l'idée que Marx ne se tenait pas pour un économiste est une idée qu'on ne peut à aucun degré défendre.

En ce qui concerne les deux points selon lesquels il pourrait y avoir une théorie cohérente, ou bien selon lesquels il est difficile d'aboutir à une théorie cohérente, la réponse est extrêmement facile. Marx a observé, plutôt plus nettement et plus clairement que les économistes de son temps, le phénomène des crises, les fluctuations de l'économie, et il a suggéré qu'il y avait dans le régime capitaliste des mécanismes qui déterminaient ces fluctuations. Il a mis au jour les facteurs structurels qui déterminent les fluctuations, et il les a trouvés dans ce que l'on appelle l'anarchie de la production, et probablement dans la difficulté de réalisation des valeurs, et aussi dans le fait qu'il y a une contradiction fondamentale dans le régime capitaliste à vouloir réduire au minimum les salaires de manière à baisser les prix de revient et d'autre part à produire en masse ce qu'exigent les consommateurs.

Ces données très simples se trouvent dans les différents textes relatifs à la théorie des crises. Marx ne va pas plus loin. Pourquoi ? L'on a le choix entre deux explications qui expriment chacune une part de la vérité.

La première, c'est que du temps de Marx personne n'allait beaucoup plus loin et qu'il n'est pas tellement sûr qu'aujourd'hui encore on aille beaucoup plus loin. Bien entendu, le XIXe siècle a connu des fluctuations économiques, mais il n'est pas absolument démontré que ces fluctuations économiques soient déterminées à chaque fois par le même mécanisme. Il y a des conditions permanentes qui expliquent le caractère fluctuant du développement de l'économie, mais il n'est pas démontré que la situation de crise soit toujours la même. Par conséquent, le fait que Marx n'ait pas découvert un modèle des crises ne prouve pas qu'il n'était pas un économiste, mais tout simplement qu'il n'avait pas mis au point un modèle des crises, que peut-être il n'était pas sûr qu'existait un modèle des crises. Et deuxième argument : étant donné ce qu'il voulait faire, c'est-à-dire une théorie du régime capitaliste considérée dans ses traits essentiels, il n'avait même pas besoin de dégager un modèle unique de crises : il lui suffisait de mettre en lumière le phénomène des crises comme tenant à l'essence du capitalisme.

Quant au deuxième point, le problème de la monnaie et du crédit, Marx s'en est beaucoup occupé. Il a participé aux discussions qui avaient lieu à son époque. S'il ne propose pas une théorie complète de la monnaie et du crédit, c'est que monnaie et crédit devaient figurer essentiellement dans un livre à venir du *Capital* jamais écrit. Marx traite de monnaie et de crédit dans la *Contribution à la critique de l'économie politique* et partiellement dans le premier livre du *Capital*. Mais ces matières devaient figurer dans le troisième livre du *Capital* et le troisième livre du *Capital*, édité par Engels, est inachevé. Là encore, pour ce que Marx voulait faire, il n'était pas tellement essentiel de déterminer quel était le rôle de la monnaie et du crédit dans le développement du capitalisme et dans les prix.

Cela dit, je voudrais réserver tout de même ce que contient de vérité, à mes yeux, l'interprétation du père Bigo. Voici deux remarques que je voudrais avancer.

La première, c'est que l'erreur du père Bigo ne consiste pas à présenter une certaine interprétation, défendable par ailleurs, mais à ne pas établir une distinction rigoureuse entre la manière dont Marx lui-même pensait son œuvre économique et la manière dont lui, le père Bigo, un siècle après, la pense. Il a tous les droits de la penser comme il veut, mais il n'a pas le droit d'oublier que Marx l'a pensée autrement. Je trouve qu'il est plus intéressant de chercher comment Marx pensait son œuvre propre que se borner à énoncer : « Voici ce que je peux sauver d'une œuvre économique que j'admire et à laquelle, sur le plan scientifique, je ne peux pas adhérer. »

Ma deuxième remarque, c'est que, même si l'on admet l'intention du père Bigo, il a, à mon avis, sous-estimé la signification de la formule, qui sert de sous-titre au *Capital*, à savoir : « *Critique de l'économie politique* ». Pour ma part, ce qui me frappe, c'est que, dans l'interprétation que je présente de l'œuvre de Marx, le point central est la notion de critique : critique de la religion, critique du droit, critique de la politique, critique de l'économie politique. Or, tout se passe, chez la plupart des interprètes que j'ai cités comme si, obsédés par le concept d'aliénation, ils oubliaient le concept de critique qui, pour Marx, était le concept central.

L'interprétation de Schumpeter

Passons à une autre thèse extrême. C'est l'interprétation de Schumpeter, dont je suis naturellement beaucoup plus proche. Voici ce qu'il écrit :

> « *De par sa formation germanique et son penchant pour la spéculation, Marx avait acquis une culture philosophique approfondie et il s'intéressait passionnément à la métaphysique* » [11].

Cela est vrai pour la jeunesse de Marx. Je ne suis pas convaincu que ce soit vrai pour son âge mûr.

> « *La philosophie pure à la mode allemande constitua son point de départ et fut le grand amour de sa jeunesse. Marx était un néo-hégélien, ce qui signifie, sommairement, que tout en acceptant les positions et les méthodes fondamentales du maître, lui-même et son groupe éliminèrent les interprétations conservatrices données à la philosophie de Hegel par beaucoup de ses autres disciples et leur substituèrent des thèses à peu près opposées. Cet*

arrière-plan apparaît dans tous ses écrits, chaque fois qu'il en trouve l'occasion. Il n'est donc pas surprenant de voir ses lecteurs allemands ou russes, portés à la même prédilection par la pente de leur esprit et par leur formation, s'emparer en premier lieu de cet élément philosophique et le tenir pour la clé principale du système » [12].

Je compléterai de la manière suivante cette phrase de Schumpeter : il n'est pas surprenant de voir des lecteurs de Marx allemands, russes et français (depuis 1945) portés à la même prédilection par la pente de leur esprit. Cette interprétation philosophique du marxisme a été un phénomène allemand entre 1920 et 1933. Il a été un phénomène russe à une date antérieure et il est devenu aujourd'hui un phénomène français, légèrement dépassé par le mouvement des idées, mais il joue encore un grand rôle dans la pensée française actuelle. Continuons cette lecture de Schumpeter :

« Ce faisant, ils commettent, à mon avis, une erreur et ne font pas justice à la valeur scientifique de Marx. Certes, celui-ci se complaisait à certaines analogies formelles que l'on peut constater entre son argumentation et celle de Hegel. Il aimait confesser son hégélianisme et user de la phraséologie hégélienne. Un point, c'est tout. Nulle part, Marx ne trahit la science positive en faveur de la métaphysique. On en trouve d'ailleurs la confirmation sous sa plume dans sa préface à la seconde édition du premier tome du Capital *et il n'a dit là que la pure vérité et ne s'est pas fait illusion à lui-même, comme on peut le démontrer en analysant son argumentation, fondée sans exception sur les données sociales, et en remontant aux véritables sources de ses propositions, dont aucune ne jaillit dans le domaine de la philosophie »* [13].

L'on voit que la question de l'interprétation historique reste encore entièrement ouverte.

En ce qui concerne l'interprétation strictement scientifique de Marx, je dirais qu'à mon sens, Schumpeter va trop loin dans le sens opposé à celui du père Bigo. En effet, dans le livre que je viens de citer, qui est le dernier que Schumpeter ait publié de son vivant et dans un de ses livres de jeunesse, *Epochen der Dogmen- und Methoden-geschichte*[14], le grand Autrichien a toujours considéré Marx économiste essentiellement et presque exclusivement comme un disciple de Ricardo et donc comme un économiste professionnel. L'allusion à Hegel, qui se trouve dans la postface à la deuxième édition du livre I du *Capital*, ne serait, pour Schumpeter, qu'une coquetterie et ne toucherait pas à l'essence de sa pensée.

À quoi j'objecterai les arguments suivants. Il est vrai que Marx, dans sa maturité, est avant tout un sociologue et un économiste. Il est vrai que Marx observe les faits et raisonne en économiste classique. Il est vrai aussi qu'il aime la terminologie hégélienne et que, quand il trouve deux mouvements contraires dans la réalité économique, au lieu de dire qu'il s'agit de deux mouvements de sens contraire, ce que tout le monde dirait sans difficultés, il parle de « contradiction », parce que son langage philosophique consiste à employer le terme « contradiction », expression qui signifie en logique que deux propositions sont contradictoires, dans le sens vague et diffus de deux tendances contraires qui se combattent à l'intérieur de la réalité économique. Il s'agit bien d'une terminologie hégélienne et on peut considérer que cette terminologie ne touche pas à l'essentiel. Mais il existe un élément qu'à mon avis Schumpeter néglige systématiquement : il s'agit de l'expression « critique de l'économie politique ». Jamais Ricardo ou aucun de ses disciples n'a écrit un livre économique intitulé *Critique de l'économie politique*.

Ce n'est donc pas pour proposer une synthèse facile entre ces deux interprétations contradictoires, mais pour essayer de retrouver son intention profonde, que j'avance que Marx, dans *Le Capital*, a la conviction qu'il raisonne en économiste et en économiste pur, et que, simultanément, tout en raisonnant en économiste, il entreprend quelque chose qu'aucun des économistes classiques ou disciples de Ricardo n'a esquissé ou n'aurait songé à faire, à savoir la critique simultanée de la réalité capitaliste et de la science de cette réalité capitaliste, c'est-à-dire de la science économique bourgeoise.

Si l'on n'accepte pas cette double signification du livre de Marx, on va ou bien dans le sens du père Bigo ou bien dans le sens de Schumpeter, et, dans chacun de ces deux sens, on méconnaît ou on néglige une partie de ce qui était l'interprétation du *Capital* par Marx lui-même. À mes yeux, en effet, on ne peut comprendre ce livre que si l'on admet contre le père Bigo que c'est un livre de science économique, et contre Schumpeter qu'aux yeux de Marx, ce livre de science économique était autre chose qu'un livre économique comme les autres.

La conciliation entre ces deux thèses n'est pas mystérieuse si l'on consent à penser comme Marx lui-même. Il pensait avoir trouvé le moyen de faire simultanément l'analyse de la réalité capitaliste et la critique de cette réalité en un double sens : d'abord, en montrant que les contradictions internes de cette réalité conduisent à l'auto-destruction du capitalisme ; ensuite, en expliquant, selon la formule de l'apprenti-sorcier, que les capitalistes et leurs interprètes, les économistes bourgeois, ne comprennent pas les contradictions internes à la réalité capitaliste.

Par conséquent la critique de la réalité capitaliste est en même temps la critique de la prise de conscience de cette réalité capitaliste par les capitalistes et par les économistes bourgeois. Ce qui, aux yeux de Marx, revient à un travail d'économiste, mais en même temps à un travail d'économiste différent de celui des économistes bourgeois. Ce qui, à nos yeux, peut passer pour un travail de philosophe ou de moraliste.

Ce que je reproche à la quasi-totalité des interprètes actuels de Marx, c'est de ne pas tenir les deux bouts de la chaîne et de ne pas voir que, dans la pensée de Marx, il y avait une unité organique entre le raisonnement économique et la signification philosophico-historique de ce raisonnement. Je répète : la condition de cette synthèse est la notion de critique de l'économie politique, c'est-à-dire la critique simultanée de la réalité et de la prise de conscience que nous en prenons.

Cela admis, pourquoi si peu d'interprètes acceptent-ils d'interpréter Marx dans *Le Capital* comme Marx s'est pensé lui-même ? Je suis ici obligé, sans éprouver aucune intention polémique, d'entrer dans la discussion du marxisme. La raison pour laquelle, à mes yeux, cette interprétation n'est pas à la mode, c'est qu'on a beaucoup de peine à admettre que la tentative marxiste, c'est-à-dire la critique de la réalité et de sa prise de conscience en utilisant les raisonnements des économistes classiques, ait avorté. La plupart des interprètes estiment que la tentative de Marx a échoué, c'est-à-dire que Marx n'a pas réussi à faire ce qu'il voulait faire. En toute franchise je pense, moi aussi, qu'il n'a pas réussi dans son entreprise et qu'elle était probablement irréalisable, puisqu'il s'agissait d'utiliser les méthodes de l'économie classique pour critiquer à la fois la réalité et sa prise de conscience. Mais réussite ou pas, c'est une chose, et c'en est une autre que de comprendre d'abord ce qu'il a voulu faire. C'est ce que je vais essayer de montrer.

J'ai dit, en passant, quelle était mon interprétation. Je voudrais maintenant exprimer mon avis de façon plus claire en mettant l'accent sur les points essentiels : ce qu'était la critique pour Marx et pourquoi cette critique ne nous convainc pas.

La critique selon Marx

Le centre de l'idée de critique de l'économie politique, c'est la distinction entre la valeur et les prix. Les économistes bourgeois s'en tiennent aux phénomènes tels qu'ils apparaissent immédiatement à l'entrepreneur individuel, c'est-à-dire qu'ils s'en tiennent aux prix, à la monnaie, au crédit. Les économistes ont une conscience phénoménale de la réalité économique et, d'après Marx, ce qui leur échappe, c'est la réalité profonde, authentique expliquée dans le premier livre du *Capital*, à savoir la valeur. Or, si c'est bien là le centre de la critique de l'économie politique, d'après Marx, et cela me paraît évident d'après tout ce qu'il a dit, on comprend pourquoi beaucoup ne veulent pas retenir cette interprétation. De l'avis presque unanime des économistes d'aujourd'hui, c'est la partie la plus faible du *Capital*. Pourquoi est-ce la partie la plus faible ? Essayons d'expliquer comment la plupart des économistes raisonnent là-dessus. Ils évitent de se demander pourquoi Marx attachait une telle signification à l'opposition entre la valeur et les prix. Ils ne voient même pas pourquoi il y voyait le centre de toute sa construction. Revenons au contraire à la pensée de Marx.

Marx part, il l'écrit lui-même, des propositions ricardiennes. Ricardo avait écrit en toutes lettres que les prix des marchandises étaient en gros proportionnels à la quantité de travail investi dans chacune d'elles. Il avait ajouté que la valeur exprimait une espèce de prix régulateur ou de prix naturel, qu'il y avait dans la réalité des fluctuations des prix autour des valeurs, mais il n'avait pas établi de distinction de nature entre valeur et prix. La valeur était simplement l'élément régulateur des prix.

Ce qui me paraît l'élément philosophique fondamental du *Capital*, c'est d'avoir pris cette distinction entre prix et valeur comme une distinction essentielle et d'avoir repensé le système capitaliste à partir de là, en suivant la démarche suivante : on remonte à la valeur comme au phénomène essentiel, non perçu par les sujets économiques et les capitalistes eux-mêmes, et on revient de la valeur, qui est l'essence du capitalisme, aux phénomènes des prix et de la distribution des revenus. Ce qui se passe au niveau de la valeur, c'est-à-dire de l'essence, explique ce qui arrive aux capitalistes au niveau des phénomènes, et les capitalistes ne s'en rendent pas compte.

En d'autres termes, si l'on admet pour un instant le raisonnement marxiste, ce qui est essentiel dans le capitalisme, c'est que la valeur est proportionnelle à la quantité de travail social investi dans chaque marchandise. Admet-

tons que le salaire soit celui qu'indique Marx lui-même
dans sa théorie du salaire, c'est-à-dire la valeur des
marchandises nécessaires à la vie de l'ouvrier et de sa
famille. Admettons donc que la plus-value tout entière
soit prélevée sur l'écart entre la valeur des salaires et la
valeur produite par l'ouvrier et nous obtenons ce qui, aux
yeux de Marx, traduit l'essence du régime capitaliste. Or,
cette vision essentielle du régime capitaliste, les capitalistes ne l'ont pas. Ils s'imaginent que la terre ou le
capital produisent un surplus. Ils vivent au niveau des
prix de production, au niveau de la différence entre les
coûts et les prix de vente, c'est-à-dire qu'ils n'ont pas
compris que l'origine de toute la plus-value, de la masse
globale de plus-value de la société considérée, ne se
comprend que lorsqu'on a compris la théorie de la valeur,
celle du salaire et celle de l'exploitation.

Si l'on accepte cette vision, l'on a d'un côté l'essence
du régime capitaliste, et de l'autre côté, la façon dont les
capitalistes voient leur propre système. Là se situe, à mon
avis, l'essence de la pensée de Marx. Il a cru avoir trouvé
une analyse essentielle du régime capitaliste qui allait
plus loin que les interprétations superficielles des économistes bourgeois, et il a cru que les relations abstraites
établies au niveau de l'essence rendaient compte à la fois
des contradictions du régime, de la raison pour laquelle
les capitalistes ne voyaient pas ces contradictions. C'est
là que se trouve l'essence de la critique au sens marxiste.

En quoi consiste la critique de la religion ? Les hommes
projettent leur propre réalité dans le monde illusoire et
transcendant de la religion parce qu'ils ne se réalisent pas
eux-mêmes. La critique de la religion est donc simultanément la critique des illusions religieuses et la critique de la
réalité sociale, qui suscitait les illusions religieuses. Il suffit
de transposer cette critique au cas de l'économie politique :
l'on a la critique des illusions des économistes, qui considèrent que le surplus peut émaner de la terre ou du capital
en tant que tel, ou encore de l'argent, car l'idée que l'argent
produit de l'intérêt est une illusion économique compa-

rable à l'illusion religieuse. Il s'agit donc d'une critique des illusions dans lesquelles vivent les sujets économiques : on découvre la réalité fausse qui rend compte du monde faux dans lequel vivent les sujets économiques. Or, ce monde faux, c'est le monde de la plus-value, de l'exploitation du travail dont les capitalistes ne peuvent pas prendre une conscience exacte parce que, s'ils en prenaient une conscience exacte, ils ne se reconnaîtraient plus tels qu'ils sont. Ce qui fait que, du même coup, les illusions des économistes bourgeois sont nécessaires en fonction de la réalité profonde du régime capitaliste.

Voilà, me semble-t-il, ce que recouvre l'idée de critique dans *Le Capital*. J'évoquerai pour défendre cette interprétation plusieurs arguments.

Le premier est ce que dit Marx lui-même. Quand on interprète un auteur, je ne vois pas de raison, quand il s'agit d'un auteur de la taille de Marx, de ne pas le croire sur parole. Or il se réfère à cette interprétation de la critique de l'économie politique, au début, au milieu et à la fin du livre I du *Capital*. Il ne cesse d'insister sur cette opposition entre l'essence et l'apparence, et de présenter sa théorie comme une manière de critiquer l'économie politique bourgeoise et la représentation que les capitalistes ont du monde capitaliste et, en même temps, d'expliquer que sa théorie de l'essence du capitalisme permettait d'expliquer ce qui se passait au niveau des apparences. L'interprétation que je retiens est, si je puis dire, la plus marxiste. C'est celle que Marx lui-même nous a suggérée. Simplement il est curieux de constater que dans l'histoire des idées, quand il s'agit de textes un peu difficiles et sur lesquels il faut réfléchir, les gens veulent toujours substituer à ce que l'auteur a dit un certain nombre de choses différentes. Or, je maintiens que c'est ce que Marx a dit.

D'autre part, je ne trouve pas que cette manière qu'a Marx de poser le problème soit une manière dérisoire. Je trouve même que c'est une admirable construction intellectuelle. Cette construction intellectuelle est-elle solide ou non ? C'est une autre affaire. Pour l'instant, nous voulons comprendre ce que Marx a voulu faire, et ce qu'il a écrit. Je dirai donc que le marxisme de Marx, dans *Le Capital*, est une critique de l'économie politique fondée sur la distinction entre la réalité essentielle du monde de la valeur, de l'exploitation et de la plus-value, et le monde des apparences, du capital, des revenus et de toute la suite.

S'il en est ainsi, pourquoi éprouve-t-on tellement de peine à l'accepter ? Parce que, si l'on retient cette théorie de l'essence et de l'apparence telle que Marx l'a présentée, une difficulté apparaît. Quand on parle de phénomène et de noumène en termes kantiens, on se situe dans un domaine philosophique où l'on voit assez clairement la signification des deux concepts. Mais, lorsqu'il s'agit de science économique, la distinction de l'essence et de l'apparence est absolument incompréhensible à un économiste du XXᵉ siècle. C'est là que se multiplient les difficultés d'interprétation. Si l'on demande aujourd'hui à n'importe quel économiste : « Que signifie la distinction entre l'essence du capitalisme et son apparence ? », il répondra : « Rien du tout », parce que la distinction entre l'essence et l'apparence en matière économique est pour une pensée économique du XXᵉ siècle à peu près dénuée de signification. Pourquoi ? Parce que l'économiste du XXᵉ siècle en tant que savant du type positif et opérationnel n'opère qu'avec des concepts qui recoupent les réalités phénoménales. Quand on lui dit : « Vous laissez tomber l'essence et vous ne saisissez que les réalités phénoménales », il ne sait même pas ce que cela veut dire. Même un économiste supérieur comme Schumpeter fait à peine allusion à cette distinction de l'essence et de l'apparence, parce que, pour lui, en tant qu'analyste économique, cette distinction n'a pas de sens. Si cette distinction n'a pas de sens, on comprend pourquoi s'élèvent les objections banales que l'on oppose à toute la construction marxiste.

Ainsi, si l'on part de l'idée que la valeur d'une marchandise est proportionnelle à la quantité du travail social investi dans cette marchandise, on vous objecte immédiatement : « Que faites-vous des différences de qualité ? Vous les réduisez à l'unité du travail social. Mais comment pouvez-vous réduire à une unité quantitative le travail d'un inventeur ou d'un spécialiste dans son laboratoire et le travail d'un balayeur ? » Autrement dit, la quantification du travail en termes de quantité de travail social est une réduction purement conceptuelle et absolument non opérationnelle. Or pour un économiste du XXe siècle, un concept n'a de valeur que lorsqu'il est possible d'en saisir la mesure exacte.

De même, lorsqu'il est question du profit. On peut mesurer le profit et lui donner une valeur pour une entreprise économique donnée. Mais si on dit : « La valeur d'une marchandise est proportionnelle à la quantité de travail social moyen investi dans cette marchandise », jamais l'on ne pourra déterminer quelle est la valeur de la marchandise, parce que la notion de réduction à un travail social moyen est une réduction que l'on peut pratiquer de manière conceptuelle, mais pas une réduction opérationnelle, parce que personne ne sait quelle est la relation qu'il faut établir entre le travail de l'ingénieur qui dessine la *Caravelle*, et une heure de travail du balayeur. Donc, la notion de proportionnalité de la valeur à la quantité de travail social investi dans une marchandise est une notion philosophique qui provoque chez l'économiste deux réactions. La première est : « Vous m'assommez avec votre philosophie », et la seconde : « Calculez-moi donc votre proposition. » Or on ne peut pas calculer, parce que la réduction de travaux qualitativement différents à l'unité de travail social est une réduction rigoureusement impossible.

Ajoutons un autre argument. Si l'on considère la valeur comme l'élément régulateur des prix, il y a au moins deux autres éléments qui interviennent dans la détermination des prix : d'une part ce sont les éléments physiques, par exemple la nature dans le cas des matières premières ou des produits agricoles, et, d'autre part, le temps.

Ajoutons aussi, comme tout le monde le sait, qu'en fait les prix ne dépendent pas simplement de la quantité de travail social investi ou du coût de production, mais également de la relation entre l'offre et la demande sur le marché.

Bien entendu, Marx sait tout cela. Il a toujours expliqué que les valeurs n'étaient que des prix régulateurs autour desquels oscillaient les prix réels. Pour faire coïncider la théorie de la valeur proportionnelle à la quantité de travail social investi, il faut d'abord procéder à une réduction qui est, de manière quantitative, impossible ; ensuite il faut faire intervenir la nature et ses caractères physiques, puis le temps, puis l'offre et la demande. Dès lors, si l'on demande à un économiste : « Faut-il conserver la théorie de la valeur-travail ? », cela ne l'intéresse absolument pas, parce qu'une théorie scientifique n'est choisie que dans la mesure où elle est une théorie simplificatrice. Or, si l'on commence par prendre une formule simple, celle de la valeur-travail et puis si, pour la rendre conforme à la réalité, on y ajoute une demi-douzaine d'hypothèses supplémentaires, la réponse du savant en tant que savant sera qu'il vaut mieux prendre un autre point de départ et déclarer que les prix sont déterminés par une pluralité de variables, au lieu de se donner pour commencer une variable unique, qui par-dessus le marché n'est pas quantifiable, et obtenir l'accord entre cette hypothèse et la réalité par une série d'hypothèses supplémentaires. Donc, du point de vue d'un économiste positif d'aujourd'hui, la théorie de la valeur-travail en tant qu'hypothèse scientifique est radicalement inintéressante.

De plus, si on dit à cet économiste : « C'est l'essence et pas l'apparence qui compte », il rétorquera : « C'est très intéressant, mais je ne sais pas ce que vous voulez dire. » Un économiste veut rendre compte des phénomènes et pouvoir les manipuler statistiquement sous forme de variables dans des modèles. En tant que savant il se définit, comme tout savant, par l'analyse scientifique de la relation entre les phénomènes et la manipulation des phénomènes. Si vous prenez l'inflation, phénomène typique, on vous indiquera les trois ou quatre modèles selon lesquels se crée une pression inflationniste, puis on vous indiquera les différentes politiques possibles pour réduire la pression inflationniste : régulation de la quantité de monnaie offerte, flexibilité des marchés, etc. Si, face à cet économiste moderne, survient un marxiste qui dit : « Vous ne vous occupez que des phénomènes », l'économiste répondra : « Je m'occupe évidemment des phénomènes, mais de quoi voulez-vous donc que je m'occupe, et de quoi voulez-vous que s'occupe un savant sinon des phénomènes économiques ? » Le niveau que Marx appelle phénoménal est le seul que connaisse l'économiste, et il en résulte que la distinction essence-apparence ou valeur-prix n'est pour l'économiste d'aujourd'hui que la distinction entre le prix régulateur et le prix du marché. Par conséquent, à ses yeux, la construction marxiste est une construction très compliquée, alors qu'il existe des constructions plus simples, plus élégantes, en termes scientifiques. Dans la mesure où on veut dire à l'économiste qu'il s'agit là d'une critique de l'économie politique, parce que Marx a saisi l'essence des phénomènes, on n'entraîne pas son adhésion, parce que l'économiste ne sait pas très bien ce que veut dire en l'occurrence l'essence des phénomènes. Par conséquent il écarte cette notion qui lui est inutile. Survient alors le père Bigo qui sauve tout en disant : « Il s'agit d'une interprétation existentialiste du capitalisme. » Oui ! mais on peut dire aussi qu'il est plus simple de considérer que Marx a proposé une interprétation de l'essence du capitalisme. D'abord parce qu'il l'a dit et qu'il l'a fait comme je vais le montrer. Et puis aussi parce que cette construction philosophico-économique est spécifique de Marx, qu'on ne trouvera d'équivalent ni chez ses contemporains, ni postérieurement, que c'est un monument intellectuel qu'il faut prendre comme tel.

J'ai laissé, pour l'instant, ouverte une question implicite dans les analyses précédentes. À savoir : est-ce que la distinction entre l'essence et les phénomènes, la valeur et les prix, qui n'intéresse pas l'économiste, revêt une signification philosophique ? Nous y reviendrons. Pour l'instant, continuons notre analyse. Pour passer de la théorie de la valeur-travail aux arguments essentiels du *Capital*, il faut substituer la notion de force de travail à celle de valeur du travail qui était la notion de Ricardo, et introduire aussi les notions de salaire et d'exploitation.

Marx était certainement ravi d'avoir substitué la notion de la force de travail à la notion ricardienne de la valeur du travail, parce que cela lui donnait pour ainsi dire un point fixe. Vers la fin du *Capital*, dans le troisième livre, il parle de la distinction qu'établissent les économistes bourgeois ou vulgaires entre salaire, profit et rente, comme les trois sources de revenus ou les trois éléments du revenu national, et il remarque, ce qui est parfaitement vrai, qu'on ne peut déterminer l'un de ces éléments sans se référer aux autres. Si l'on se place immédiatement au niveau phénoménal de la distribution des revenus, soit au niveau macro-économique, soit au niveau micro-économique, on peut dire que la valeur du profit dépendra de la valeur de la rente et des salaires, que la valeur des salaires dépendra du volume du profit et de la rente, et, par conséquent, qu'il n'y a pas de point fixe. Naturellement, pour les économistes d'aujourd'hui, cette question de trouver un point fixe et une détermination de la valeur est un faux problème, parce que cela se résout en termes d'équations simultanées dans la théorie de l'équilibre. Mais Marx était naturellement satisfait d'avoir découvert ce point fixe grâce à deux notions :

1°) la notion de la valeur proportionnelle à la quantité de travail social ;

2°) la notion de la valeur de la force de travail.

L'idée centrale de Marx, dont tout le reste se déduit, est la détermination de la valeur de la force de travail à la manière dont on détermine la valeur d'une marchandise.

C'est le deuxième nœud de l'argumentation marxiste et de la critique marxiste de l'économie politique. Peut-être ce deuxième nœud est-il encore plus important que le premier.

On se souvient de l'argumentation : le capitaliste achète non pas une quantité donnée de travail, parce que sans cela il n'y aurait pas de surplus, il achète une force de travail. Cette force de travail est pour ainsi dire une valeur d'usage de l'ouvrier lui-même, qui produit pendant une journée une valeur supérieure à sa propre valeur.

Tout le nœud de l'argumentation du point de vue économique se résout à ceci : peut-on déterminer la valeur de la force de travail ? Car, pour qu'il y ait une démonstration scientifique de l'exploitation, il faut qu'il y ait une démonstration scientifique de ce qu'est la valeur de la force de travail.

La démonstration marxiste se résout en ceci : la valeur de la force de travail est la valeur incarnée dans les marchandises nécessaires à la vie de l'ouvrier et de sa famille. Puis Marx ajoutait : en général, la relation entre le travail et le surtravail ou la partie de la journée de travail qui est payée et la partie de la journée de travail qui est non payée est de l'ordre de l'égalité. C'est-à-dire qu'il se donnait un taux d'exploitation de 100 %. Le rapport du capital variable au surplus était de 100 %, sans d'ailleurs que ne soit jamais démontré pourquoi le taux de la plus-value était 100 %, ni que soit jamais affirmé, non plus, qu'il était de 100 %.

Un économiste vulgaire, disons un économiste du XXe siècle, va trouver cette démonstration du deuxième nœud scientifique de l'argumentation marxiste sans signification et non satisfaisante. Les objections qui ont été formulées sont en nombre considérable, mais les principales sont simples et peuvent être résumées en quelques mots.

Première objection : s'il y avait un court écart entre la valeur produite par le travail et la valeur payée à l'ouvrier sous forme de salaire, n'importe qui pourrait accumuler de la plus-value en faisant travailler d'autres personnes. Il y aurait donc une demande considérable de travail et finalement, par le fait d'un excès de demande par rapport à l'offre, il y aurait une réduction de ce taux de la plus-value. Laissons cet argument, qui est abstrait et statique, et que l'on peut écarter.

La deuxième objection est beaucoup plus forte. À savoir : est-ce que la notion de la valeur de la force de travail est égale à la valeur des marchandises nécessaires à la vie de l'ouvrier et de sa famille ? Cette formule est-elle une formule scientifique comparable à la formule selon laquelle la valeur d'une marchandise est proportionnelle à la quantité de travail social moyen incarnée dans cette marchandise ? L'objection centrale, c'est que ce n'est, au maximum, qu'une formule analogique et qu'il y a une différence fondamentale entre dire que la valeur d'une marchandise est proportionnelle à la quantité de travail social investi en elle et dire que la valeur de la force de travail est égale à la valeur des marchandises nécessaires à la vie de l'ouvrier et de sa famille.

Deux différences fondamentales

D'abord, si l'on dit que la valeur de la force de travail, c'est-à-dire le salaire, est égale à la valeur des marchandises nécessaires à la vie de l'ouvrier et de sa famille, de deux choses l'une :

Ou bien il s'agit d'un minimum physiologique et là, clairement, la proposition est fausse, puisqu'il est visible que depuis un siècle et demi la valeur du salaire s'est modifiée.

Ou bien l'on dit, comme Marx le fait explicitement, que la valeur de la force de travail est égale à la valeur des marchandises nécessaires à la vie de l'ouvrier et de sa famille selon les habitudes de la société considérée, et dans ce cas-là la proposition n'est pas fausse, mais elle n'est pas vraie non plus, parce qu'elle est irréfutable, c'est-à-dire que, quel que soit le niveau du salaire, l'on pourra toujours dire, une fois introduite dans la définition la notion des habitudes sociales, que c'est le minimum compatible avec les habitudes sociales de la collectivité considérée.

Or, il ne faut jamais oublier cette règle de la logique scientifique : une proposition qui n'est pas réfutable n'est pas une proposition scientifique. Pour qu'une proposition soit scientifique, il faut qu'elle soit réfutable. Si l'on dit : la valeur de la force de travail est égale à la valeur des marchandises nécessaires à la vie de l'ouvrier et de sa famille, étant bien entendu que de décennie en décennie, ou de siècle en siècle, les marchandises nécessaires à la vie de l'ouvrier et de sa famille peuvent être multipliées par 2, 3, 4, 5, la proposition sera toujours vraie ou elle ne sera jamais vraie, ou, en tout cas, elle ne permettra jamais une détermination quantitative de la valeur de la force de travail. Pour un économiste moderne, une théorie du salaire n'est une théorie que dans la mesure où elle suggère une valeur quantitative. Or, la notion de marchandises nécessaires à la vie de l'ouvrier et de sa famille, si elle est rectifiée par la transformation des habitudes sociales, devient une formule non significative, parce que non quantifiable.

Cette argumentation est celle de Schumpeter. Elle consiste à dire qu'une théorie de la valeur-travail suppose la quantification possible du travail social nécessaire à la fabrication de cette marchandise, mais que la notion de marchandises nécessaires à la vie de l'ouvrier et de sa famille est qualitative et n'est jamais identifiable au sens où l'on peut dire qu'il existe une certaine quantité de travail social investi dans une marchandise.

En d'autres termes, l'assimilation établie par Marx entre la valeur d'une marchandise mesurée par la quantité de travail social et la valeur de la force de travail mesurée par la quantité de travail social investi dans les marchandises nécessaires à la vie de l'ouvrier et de sa famille, pour un économiste strict, n'est rien de plus qu'une analogie discutable. Le plus méchant dirait que c'est un coq-à-l'âne, le plus indulgent dirait qu'il s'agit du rapprochement d'une formule de quantification possible avec une formule purement qualitative.

Enfin, toujours en prenant les arguments classiques des

économistes, entre le premier livre et le troisième livre, c'est-à-dire entre la théorie de l'essence et la théorie des phénomènes, il n'y a pas, quoi qu'en aient dit un certain nombre de critiques superficiels de Marx, de contradiction, parce qu'il suffit de faire intervenir un nombre suffisant d'hypothèses supplémentaires – par exemple, la notion du taux de profit moyen –, pour arriver à passer du premier livre du *Capital* au troisième livre, c'est-à-dire de la théorie de la valeur et de la plus-value à la théorie des prix et du profit.

Mais il est évident que l'économiste schumpeterien dira que, quand on est obligé d'ajouter tellement d'hypothèses supplémentaires pour faire coïncider une théorie de base avec la réalité, c'est que la théorie de base est ou bien fausse ou tout au moins remplaçable par une théorie meilleure. Meilleure parce que plus facile d'application. Ainsi lorsque l'on commence par dire que tout le profit est prélevé sur la plus-value, puis en constatant que ce schéma ne coïncide avec la réalité, parce que dans une branche donnée il n'y a pas de proportionnalité entre le profit et la plus-value, l'on ajoute une hypothèse supplémentaire en faisant apparaître la notion de taux de profit moyen, l'on aboutit par cette démarche à une théorie compliquée, artificielle en quelque sorte dont l'économiste positif dira qu'elle est défectueuse parce que Marx est parti d'une hypothèse fausse, à savoir que le total de la plus-value est prélevé sur le capital variable, c'est-à-dire sur le travail vivant.

Pour l'économiste, toutes ces distinctions, dès que l'on écarte l'opposition « essence-apparence », ne sont rien de plus que des constructions incertaines et inutiles. Marx part des formules simples de type ricardien et transforme la signification de ces formules abstraites en leur donnant une signification philosophique ou une signification d'essence. Ensuite, il tente de reconstruire la réalité phénoménale à partir de la réalité prétendument essentielle. Pour l'économiste positif, tout cela n'est qu'une manière compliquée ou fausse de saisir la réalité à l'aide de concepts, qui sont pour la plupart rigoureusement non opérationnels.

Je voudrais donner un exemple. Voilà quelques années, Pierre Naville a soutenu une thèse, qu'il a publiée depuis, qui s'appelle *De l'aliénation à la jouissance* [15]. Il avançait l'idée qu'un des grands mérites de Marx était d'avoir introduit la quantité en économie politique. Dans la discussion, qui a eu lieu, lors de la soutenance, entre Naville et moi, je me suis borné à lui poser la question suivante : « A-t-on jamais calculé le taux de la plus-value ? » Sur quoi il m'a répondu : « Je pense en effet que non. » Mais, m'a-t-il dit, comme on dit toujours en pareil cas : « Rien ne prouve que si on ne l'a pas fait depuis un siècle, on ne le fera pas dans le siècle suivant. » Sur quoi je lui ai répondu : « Détrompez-vous, on ne calculera jamais le taux de la plus-value, parce que ce sont des concepts non opérationnels. »

Des concepts non opérationnels peuvent avoir une signification philosophique. Si on n'a jamais calculé le taux de la plus-value, c'est qu'on n'a jamais pu calculer la valeur du salaire d'après la définition qu'en donne Marx. On n'a, par conséquent, jamais pu calculer la différence entre la valeur produite par le travail et la valeur reçue sous forme de salaire. Toute la théorie de la valeur-travail, de la force de travail et de la plus-value, revêt une signification, pour un économiste moderne, non intéressante, parce qu'elle n'est ni quantifiable ni opérationnelle. L'économiste moderne ne peut pas opérer avec de tels concepts, et doit en utiliser d'autres. Il n'en reste pas moins que, pour Marx, ces concepts étaient valables.

La question qui se pose, maintenant, est de savoir si cette théorie reste tout de même actuelle ?

On peut avancer pour cela plusieurs raisons.

La première, sur laquelle je passe rapidement, parce qu'elle est impertinente, est que la plupart de ceux qui s'occupent du *Capital* et de Marx sont des philosophes qui, n'ayant jamais fait d'économie ou n'ayant fait que de l'économie marxiste, sont fascinés par l'œuvre de Marx.

À juste titre, parce que c'est un monument fascinant.
À condition de se limiter à cet univers philosophique, on
peut vivre en compagnie de la théorie de Marx.

Il existe une deuxième catégorie de philosophes : ceux
qui ont fait de l'économie politique, mais qui sont insatis-
faits par l'économie positive qu'on enseigne, parce que la
plus grande partie de cette économie est une économie
phénoménale, une économie strictement économique, en
quelque sorte, une économie non sociologique, qui, sous sa
forme théorique, ne saisit qu'une partie limitée de la réalité
sociale qui exigerait une « Sociologie globale incluant
l'économie politique ». En effet, comparée à l'économie
marxiste, l'économie que l'on enseigne est différente,
moins excitante. On a l'impression légitime qu'elle laisse
en dehors de ses prises une grande partie de la réalité
sociale. C'est beaucoup moins vrai pour une économie du
type de celle de François Perroux [16], mais en France
généralement la théorie économique que l'on enseigne est
non sociologique. Elle suppose une simplification volontaire de la réalité pour la rendre saisissable par des
concepts quantitatifs et opérationnels. Aussi, quand on sort
de l'univers raréfié de l'économie, disons symboliquement
de la faculté de droit, et qu'on entre dans l'économie
du *Capital*, on éprouve une impression d'enrichissement.
C'est plus excitant pour l'esprit et, éventuellement, plus
satisfaisant pour les passions politiques, ce qui est bien
légitime.

Venons-en à des raisons plus sérieuses. On peut dire
que la théorie de la plus-value sous la forme scientifiquement rigoureuse où elle est présentée dans *Le Capital*
n'est pas une théorie vraie. En ce sens que c'est une
théorie qui ne peut bénéficier d'une démonstration scientifique quantitative à la manière d'une théorie scientifique. Mais cette théorie comporte une vérité sociologique profonde, qui subsiste, même si on laisse tomber la
démonstration scientifique par l'intermédiaire de Ricardo
repensé en termes hégéliens.

Que signifie la théorie de la plus-value sociologiquement ? Elle signifie que, dans un régime fondé sur la propriété privée des instruments de production, les fonds nécessaires à l'accumulation passent par l'intermédiaire des revenus privés. Le régime capitaliste est un régime où les détenteurs de capital achètent la force de travail, font travailler les ouvriers et au bout de l'année doivent avoir un excédent que l'on appellera plus-value ou profit. Tout cela est vrai. Cet excédent, ou plus-value ou profit, correspond éventuellement au salaire du chef d'entreprise, mais c'est peu de chose. Il correspond à une partie du fonds d'accumulation nécessaire dans une société moderne, et il peut correspondre aux dépenses somptuaires des bénéficiaires de ces profits.

Dès lors, le fait que le surplus passe par l'intermédiaire des revenus privés peut avoir deux conséquences que Marx a évoquées, en mettant l'accent plutôt sur l'une des deux, alors qu'aujourd'hui nous mettrions surtout l'accent sur l'autre.

Le fait que les profits dans une économie capitaliste circulent par l'intermédiaire des revenus privés peut se traduire par une dépense somptuaire des détenteurs de profits. Dans la plupart des pays aujourd'hui sous-développés, le mécanisme capitaliste est précisément dangereux, par exemple, dans l'agriculture, parce que les détenteurs de la plus-value, au sens marxiste, peuvent en utiliser la plus grande partie à des dépenses somptuaires pour maintenir un certain niveau de vie accoutumé et non pas pour le réinvestissement. On pourrait dire que la circulation du profit social par l'intermédiaire des revenus privés est d'autant plus dangereuse que la possibilité pour le détenteur de ces profits de ne pas investir est plus grande. Or, il suffit de réfléchir un instant pour voir que la situation que je décris est la situation d'une grande partie des pays que l'on appelle sous-développés, où de grands propriétaires terriens, ou bien un petit nombre de propriétaires industriels, reçoivent la plus-value et n'investissent pas ou peu. Ce qui contribue à la stagnation de ce type d'économie.

La deuxième conséquence dangereuse de la circulation du profit social ou du surplus social par l'intermédiaire du profit privé est le phénomène sur lequel Marx a mis l'accent. Il existe une concurrence entre les producteurs. Pour tenir le coup, ils accumulent au maximum. Pour dégager le maximum de profit afin d'accumuler, ils réduisent le salaire au minimum. C'est le mécanisme que Marx a décrit surtout dans *Le Capital*. C'est, au fond, le mécanisme le moins dangereux parce que, dans un régime capitaliste tel que Marx le décrit, la concurrence entre les entrepreneurs les oblige à renouveler leurs moyens de production, et par conséquent à accumuler la plus grande partie de la plus-value. Ce mécanisme d'accumulation rapide décrit par Marx caractérise toutes les économies modernes.

En d'autres termes, si je peux me permettre d'avancer une réflexion qui n'est pas courante dans la littérature marxiste, mais qui est assez conforme à l'esprit de Marx : des deux inconvénients de structure du régime capitaliste, c'est-à-dire du passage du profit social par l'intermédiaire des revenus individuels, ce n'est pas le mécanisme décrit par Marx qui est le plus dangereux, c'est l'autre, celui où il y a non-accumulation des profits privés. Dès que l'accumulation se produit, dès que les profits privés sont accumulés, ce qui est le cas dans la plupart des sociétés capitalistes développées, dès lors la différence entre le mécanisme du profit privé et le mécanisme du profit public dans un régime de type soviétique devient secondaire, parce que, dans les deux cas, la plus grande partie du surplus social se trouve réaccumulée et, dans les deux cas, ce mécanisme crée des inégalités.

C'est pourquoi, si l'on raisonne en termes marxistes, comme l'ont fait les trotskistes, on peut faire intervenir la notion d'exploitation en dehors du système de la propriété privée. Rien n'est plus simple. Il suffit de dire que, dans un système de planification intégrale, la plus-value transite par l'intermédiaire du Trésor de l'État ; la classe privilégiée est la bureaucratie et elle prélève sur ce surplus social une portion considérable destinée à lui assurer un niveau de vie élevé ; on appellera donc cela l'exploitation des masses populaires par la bureaucratie. À partir de ce moment-là, il n'y a plus de définition scientifiquement rigoureuse de l'exploitation. On constatera, de manière empirique et simple, que dans toutes les sociétés modernes, une fraction importante du surplus social est réinvestie chaque année, qu'une autre fraction est consommée par les privilégiés. Il reste à comparer l'efficacité des deux méthodes et, dans les deux cas, celui qui n'aime pas le système pourra y découvrir l'exploitation, et la dénoncer. Chacun dénoncera l'exploitation de l'autre avec des arguments également bons et également mauvais.

Paupérisation et capitalisme

J'en ai fini avec les éléments essentiels de la théorie de l'essence, si je puis dire. Je voudrais maintenant proposer quelques remarques sur le deuxième aspect. Jusqu'à présent, j'ai discuté de la critique de l'économie politique considérée comme la critique des apparences par référence à l'essence. Maintenant, je voudrais discuter ou analyser la critique de l'économie politique, afin de voir dans quelle mesure l'analyse marxiste a pu mettre en lumière les contradictions du régime capitaliste et démontrer, de ce fait, l'autodestruction de ce régime. La première partie de mon analyse portait sur la relation entre l'essence et les phénomènes – j'ai expliqué pourquoi l'économiste d'aujourd'hui ne trouve pas de sens à cette distinction, alors qu'on peut donner un sens sociologique à l'analyse ; maintenant, j'en viens à la critique de la réalité capitaliste considérée comme contradictoire.

J'ai dit plusieurs fois, au cours de cette analyse du *Capital*, qu'il y avait dans la pensée de Marx deux tendances principales.

D'une part, Marx est très conscient de l'augmentation de la productivité du travail. Il considère l'accumulation du capital comme le phénomène central de l'économie capitaliste. De plus, il décrit chaque capitaliste particulier essayant de s'assurer un surprofit, par rapport au taux de profit moyen de l'ensemble de l'économie ou de sa branche, par une efficacité supérieure du travail. C'est ce que j'appelle : Marx, chantre et admirateur du capitalisme. La théorie aujourd'hui à la mode en économie est la théorie de la croissance ou du développement [17]. C'est au fond la théorie de l'accumulation du capital. En Union soviétique, pendant longtemps, on a posé qu'il fallait que 25 % du produit national fût investi pour que l'accumulation se développât au taux souhaitable. Tout ce que Marx décrit, c'est ce que l'on appelle aujourd'hui le développement : l'accumulation du capital, la transformation de la plus grande partie du profit social en moyens de production nouveaux, l'augmentation de la productivité du travail grâce à la concurrence. De ce fait, il n'y aurait aucune difficulté, juste un peu d'ironie, à retenir cette partie de la description du capitalisme par Marx, et à dire qu'en somme il a considéré le régime capitaliste comme très efficace, en ce qui concerne le développement, parce que tout ce qu'il a écrit sur l'introduction du machinisme, le progrès de la productivité, l'accumulation du capital, c'est tout ce que l'on suggère aux pays sous-développés. C'est-à-dire de consacrer une proportion considérable de revenu national à l'investissement, de rechercher avant tout l'augmentation de la productivité du travail et d'accepter les rigueurs de la discipline du travail. En d'autres termes, il existe une théorie marxiste du développement relativement optimiste par rapport à cet objectif.

Mais il y a, chez Marx, une deuxième tendance, que nous savons pessimiste. Nous devons rechercher d'où vient ce pessimisme et comment il se combine à l'optimisme précédent. Les éléments de ce pessimisme sont la prolétarisation, la paupérisation, la loi de la baisse tendancielle du taux de profit, les crises et les hypothèses catastrophiques, c'est-à-dire l'hypothèse de la crise finale où le capitalisme s'ensevelira sous ses ruines.

La question que je voudrais poser est la plus difficile

pour l'analyse de Marx. Il a annoncé la paupérisation, l'aggravation des crises, les catastrophes dans ses textes de propagande. Cela ne fait pas l'ombre d'un doute : Marx était un militant politique et un prophète. Mais l'économiste Marx a-t-il démontré ces thèses pessimistes ? Dans *Le Capital*, Marx, de temps en temps, prophétise, mais le plus souvent il raisonne en économiste.

Qu'a-t-il démontré ? Que n'a-t-il pas démontré ? On continue aujourd'hui encore à discuter beaucoup de ses notions, comme celle de paupérisation entre autres.

Cherchons donc ce que Marx a *effectivement* démontré.

Premier point : la prolétarisation. Là-dessus, pas l'ombre d'un doute. Marx a annoncé et démontré l'augmentation du pourcentage des prolétaires dans l'ensemble de la population. Cela signifiait pour lui que le mode de production capitaliste était supérieur à tout autre, et par exemple, que pour lui, la petite propriété paysanne serait battue en brèche par le mode capitaliste d'exploitation de la terre. Marx croyait que la production en grand serait plus efficace que la production en petit. Il croyait donc à une concentration des entreprises, à une centralisation du pouvoir économique dans un petit nombre de grandes entreprises. Par conséquent, il croyait à la diminution du pourcentage des indépendants, des artisans et des propriétaires exploitants dans l'ensemble de la population. En d'autres termes, il pensait que le mode capitaliste de production se développerait irrésistiblement à travers toute l'économie. En ce sens donc, il croyait à la prolétarisation. Sur ce point, il a eu, en gros, raison. Je dis en gros, parce qu'en détail la réalité est plus complexe que celle qu'il a décrite pour plusieurs raisons. En effet, il faudrait développer une sociologie économique approfondie du capitalisme. J'énoncerai, simplement et rapidement, quelques idées. D'abord, il s'est produit des résistances politiques à la diffusion du mode capitaliste de production. Il y a eu des phases de l'histoire du capitalisme où les partis politiques ont réussi à empêcher le développement des formes capitalistes de commerce. D'autres interventions politiques ont retardé le développement du mode capitaliste de production dans l'agriculture. Ensuite, il existe un certain nombre de secteurs de l'économie où la grande taille n'est pas un avantage tellement grand pour que ne puissent subsister de petites entreprises. Dans le régime capitaliste actuel, on peut dire que, si la formule générale du mode de production capitaliste au sens marxiste s'est révélée vraie, les données actuelles sont plus complexes que les schémas proposés par Marx.

La deuxième question est plus importante. Elle n'est pas la plus importante au sens scientifique, mais elle est importante en raison de ses résonances politiques. C'est la question de la paupérisation.

Parlons d'abord de la paupérisation absolue.

L'expression signifie que le niveau de vie de la masse ouvrière tendrait à s'abaisser au fur et à mesure que s'accumuleraient les moyens de production.

Évidemment, si cette loi était vraie, la contradiction à l'intérieur du régime capitaliste serait insurmontable puisqu'on serait en mesure de produire de plus en plus et de consommer de moins en moins. Ce qui n'est pas probable. La formule de la paupérisation se trouve suggérée par des textes de Marx, qui sont des textes de passion ou de propagande. Mais, à mon avis, il n'y a à aucun degré dans *Le Capital* une démonstration scientifique de la paupérisation.

On trouve en réalité dans *Le Capital* deux tendances : selon certaines formules, le niveau de vie ouvrier devrait s'élever et, selon d'autres, il ne peut pas s'élever. La raison pour laquelle le niveau de vie ouvrier devrait s'élever est extrêmement simple : c'est l'augmentation de la productivité du travail. Du moment que l'on se donne une économie progressive où dans la même durée l'on produit de plus en plus de biens, l'on obtient logiquement l'élévation du niveau de vie ouvrier, même dans le schéma du *Capital*. En effet, puisqu'il faut supposer qu'il faille à un moment donné quatre heures pour produire la valeur investie dans les marchandises nécessaires à la vie de l'ouvrier et de sa famille, si l'on augmente la productivité du travail, l'on pourra produire cette même quantité de valeur en trois heures. Donc, de deux choses l'une : ou bien le taux d'exploitation va augmenter, ou bien il se produira une élévation du niveau de vie ouvrier. Autrement dit, avec l'augmentation de la productivité du travail, dans le cadre du schéma marxiste, on a le choix entre deux formules : ou bien l'élévation du niveau de vie, ou bien l'aggravation du taux d'exploitation. Or, Marx n'a jamais dit que le taux d'exploitation du travail augmentait.

Je prétends donc qu'on peut sans difficultés tirer du *Capital* une prévision optimiste de l'élévation du niveau de vie ouvrier sans renoncer au schéma de la plus-value. Il suffit d'appliquer la notion de la productivité croissante du travail pour obtenir l'élévation du niveau de vie ouvrier, à moins que n'intervienne une aggravation du taux d'exploitation.

D'où vient alors l'idée courante, justifiée par un grand nombre de textes de Marx, que l'idée de paupérisation se trouve dans *Le Capital* ? C'est que le moment où Marx essaie de démontrer la paupérisation n'est pas le moment où il fait intervenir l'aggravation du taux d'exploitation, mais celui où interviennent l'armée de réserve industrielle et la surpopulation. Marx essaie de montrer qu'un régime dans lequel, en permanence, les moyens de production se transforment recrée en permanence une surpopulation et place les ouvriers en état permanent d'infériorité dans leurs discussions avec les entrepreneurs. La théorie de l'armée de réserve et la théorie de la surpopulation vont dans le sens de la paupérisation uniquement sur le plan des rapports de force entre les entrepreneurs et les ouvriers.

Si j'étais marxiste ou si je réfléchissais en tant que marxiste, je n'éprouverais aucune difficulté à réconcilier les faits avec les schémas marxistes et je le ferais de la manière suivante.

La force du régime capitaliste tient à l'accumulation du capital. L'essence et la justification de l'accumulation du capital résident dans l'augmentation de la productivité du travail, qui fait que, dans le nombre d'heures qu'il travaille, l'ouvrier produit une valeur accrue. Donc, à moins qu'il n'y ait une aggravation du taux d'exploitation, le niveau de vie ouvrier va s'élever.

Cela dit, l'ouvrier dans un régime capitaliste est menacé. Pourquoi ? Parce que les emplois dans lesquels il travaille sont perpétuellement susceptibles d'être éliminés par la transformation technique. Il en résulte que, dans le régime capitaliste, la condition nécessaire pour atténuer l'exploitation ouvrière, au sens vulgaire du terme, réside dans la puissance syndicale. Quand la puissance syndicale existe en même temps, l'on peut avoir en même temps une surpopulation ouvrière. À partir du moment où les syndicats existent en dépit de la surpopulation ouvrière – ce qui est le cas aux États-Unis actuellement, puisque le chômage s'élève à 4 ou 5 % de la population active –, le mécanisme de la paupérisation décrit par Marx ne joue plus. L'on peut, sans difficulté, dans ce cas, mettre en accord les schémas du *Capital* avec la réalité du niveau de vie ascendant, lié à l'augmentation de la productivité du travail, phénomène effectivement décrit par Marx lui-même.

Il va de soi que cette transformation, qui est scientifiquement possible, présente des difficultés dans le système de Marx, dans la mesure où le catastrophisme, la révolution passent par l'intermédiaire de l'appauvrissement ouvrier. Aussi posons-nous la question suivante : pourquoi Marx a-t-il tendance à croire à la paupérisation ?

À mon avis, pour les raisons suivantes : Marx observateur de la réalité constatait, comme tous les économistes bourgeois de son temps, le niveau de vie extrêmement bas des ouvriers. Il croyait, comme la plupart de ses contemporains, que le niveau de vie des ouvriers anglais d'industrie était plus bas que celui des travailleurs du siècle précédent. D'après les études statistiques actuelles, l'idée serait fausse, mais, même à supposer que l'idée soit fausse, elle était partagée par tous les observateurs. Donc, Marx constate simultanément le développement formidable des moyens de production et le très bas niveau de vie des ouvriers. Les salaires correspondent au minimum nécessaire à la vie de l'ouvrier et les moyens de production s'accumulent. Marx est aussi philosophe, prophète et militant politique. Il trouve une magnifique contradiction dans le fait que les moyens de production s'accumulent et que les salaires restent toujours aussi bas. Il suffit d'extrapoler pour aboutir à la théorie de la paupérisation.

Prenons un exemple : supposons un Marx vivant en Union soviétique entre 1929 et 1939. Qu'observe-t-il ? les premiers plans quinquennaux, c'est-à-dire la construction d'immenses usines, une accumulation formidable du capital, une augmentation de la productivité du travail grâce à l'accumulation du capital. Que constate-t-il simultanément ? Le niveau de vie des masses populaires reste très bas et probablement même baisse. La situation de l'industrialisation initiale avec une accumulation considérable du capital et une faible consommation des masses est observée par Marx au milieu du XIXe siècle et aurait pu être observée lors des premiers plans quinquennaux en Union soviétique. S'il y avait eu un Marx soviétique, il aurait construit une théorie de la plus-value et de l'exploitation par la classe bureaucratique. Ce n'est pas tout à fait imaginaire. Il suffit de lire Trotski : l'on trouve dans son analyse de l'URSS une argumentation de type marxiste, mais retournée contre l'exploitation par la classe bureaucratique au lieu de la classe capitaliste. Dans une certaine mesure, Marx et Trotski ont raison et, dans une certaine mesure, ils ont tort. Ils ont raison tous les deux en disant que dans aucune société connue les privilégiés n'ont partagé les privations des masses populaires dans les phases d'accumulation capitaliste ou soviétique. En ce sens, ils ont raison de parler d'exploitation. En un autre sens, ils ont tort parce qu'il n'y a pas plus de théorie de la paupérisation en régime soviétique que de théorie de la paupérisation en régime capitaliste.

Naturellement, on peut parvenir d'une façon ou d'une autre à ralentir l'élévation du niveau de vie. Mais je crois, c'est la raison de mon optimisme, qu'aucun régime n'est assez efficace pour empêcher l'amélioration progressive des conditions, en fonction des progrès techniques, quelle que soit la manière dont il procède. Avec de grands efforts, je reconnais qu'on peut parvenir à ralentir ce phénomène.

Si cette analyse est exacte, on comprend que le schéma de la croissance avec paupérisation ait paru vraisemblable, puisqu'il n'est pas toujours faux qu'à certaines périodes cette paupérisation se soit produite. Il reste que ce schéma n'est pas vrai sur la longue durée.

Le sociologue positif d'aujourd'hui comparerait le schéma de croissance avec paupérisation avec les différents types de régimes, c'est-à-dire, dans mon système, selon que la plus-value sociale transite par l'intermédiaire des revenus individuels ou transite par l'intermédiaire de l'État. Il en résulte, en effet, des différences considérables qui méritent une analyse. Dans les deux cas, il y a surproduit social, mais le mode de distribution et le mode de circulation sont différents. Disons maintenant un mot du catastrophisme. Existe-t-il chez Marx une idée de la catastrophe finale selon laquelle le capitalisme devrait s'engloutir et disparaître ? Je répondrai que, dans *Le Capital*, certainement pas. Marx n'a jamais démontré, dans son livre majeur et de manière scientifique, que le régime capitaliste, à partir d'un certain moment, ne pourrait pas fonctionner. En tant qu'historien, en tant que militant politique, en tant que philosophe de l'histoire, il a annoncé de vingt-cinq manières différentes que le régime capitaliste serait paralysé par ses contradictions et qu'il céderait la place à un autre régime. Par conséquent, je ne veux pas mettre en doute ce qui est l'évidence même et le fait que Marx n'était pas optimiste sur l'avenir du capitalisme. Il était, si je puis dire, optimiste sur l'avenir de l'humanité, mais pas sur l'avenir du capitalisme. C'est une affaire entendue.

Cela dit, la question que je pose est autre : existe-t-il une démonstration économique que le capitalisme, à partir d'un certain moment, ne pourra plus fonctionner ? Je dirai qu'à mon sens, une démonstration de cet ordre n'existe pas.

Pour qu'il y ait une démonstration de cet ordre, il faudrait essayer de démontrer ce que Rosa Luxemburg [18] a essayé de faire, ce que Henryk Grossmann [19] a essayé de faire, ce que toute une école marxiste a essayé de faire. Leur démonstration consiste à dire qu'à partir d'un certain moment l'accumulation ne peut plus continuer. Mais cette démonstration ne se trouve pas dans *Le Capital*. On peut l'en tirer. Mais d'excellents marxistes, comme Lénine, se sont toujours refusés à admettre qu'il y avait dans *Le Capital* une démonstration que le développement du capitalisme ne pourrait pas continuer.

Par quoi passe alors la thèse du catastrophisme ? Je répondrai qu'à mon sens les prophéties catastrophiques de Marx ne sont pas fondées sur une analyse économique rigoureuse mais sur une analyse économico-sociologique. Elles passent par l'intermédiaire de l'aggravation de la condition ouvrière, de l'élargissement du prolétariat, de l'organisation du prolétariat, de la formation d'un parti politique et, par conséquent, par l'intermédiaire de la lutte de classes. Dans *Le Capital*, livre d'analyse économique, la lutte de classes figure indirectement dans la théorie de la plus-value et dans la théorie de l'exploitation. Elle figure aussi sous la forme de la lutte pour la journée de travail ou pour le salaire, mais, en tant que mécanisme de destruction du régime capitaliste, la lutte de classes n'apparaît pas dans *Le Capital*. Peut-être serait-elle apparue dans la fin du livre III, puisque ce livre édité par Engels s'arrête au moment où Marx vient à parler des classes. En fait, nous n'en savons rien.

Ce que personnellement je proposerai, pour résumer ma pensée, est ceci : il est bien entendu que Marx, dans le *Manifeste communiste* et tout au long de sa vie, a annoncé l'autodestruction du capitalisme par le fait de ses contradictions. Mais, ce mécanisme de destruction est un mécanisme économico-sociologique et non pas strictement économique. C'est-à-dire que la manière dont fonctionne le capitalisme doit, d'après Marx, provoquer la formation d'une classe révolutionnaire, le prolétariat, qui s'exprime dans un parti politique. C'est par l'intermédiaire de la révolution et de la prise du pouvoir que s'opérera le passage du régime capitaliste au régime socialiste. Tout cela est décevant pour une démonstration scientifique. Évidemment, Marx aurait bien voulu démontrer, en économiste, la fin du régime capitaliste. Ce qu'il a trouvé de plus proche de cette démonstration, c'est la loi de la baisse tendancielle du taux de profit, dont je parlerai brièvement dans la prochaine leçon.

Pour l'instant, je voudrais en dire simplement ceci : la loi de la baisse tendancielle du taux de profit n'est pas une invention de Marx. Tous les économistes de son temps étaient convaincus de la tendance à la baisse du taux de profit [20]. Or, aucun des économistes non marxistes n'en avait conclu à la mort nécessaire du capitalisme. Même en admettant la vérité de la baisse tendancielle du taux de profit, il n'en résulte pas que le capitalisme, à partir d'un certain moment, soit condamné à mort, parce qu'il n'y a pas démonstration du taux minimum de profit moyen nécessaire au fonctionnement du régime. Comme tout de même il faut toujours du travail vivant pour mettre en œuvre le travail mort, il restera toujours une masse de plus-value et toujours un certain taux de profit. Donc, la loi de la baisse tendancielle du taux de profit n'est pas une démonstration de la nécessité de la catastrophe du capitalisme. Ce dont je conclus que, malgré l'existence chez Marx de formules sur la contradiction entre les forces de production et les rapports de production, la théorie historique de l'avenir du capitalisme n'est pas une théorie strictement économique. C'est une théorie sociologique. C'est sous la forme sociologique, c'est-à-dire par combinaison de l'analyse du *Capital* et du *Manifeste communiste* que le marxisme a pris sa forme orthodoxe, que nous étudierons plus tard, lorsque nous aborderons dans les textes d'Engels, en particulier *L'Anti-Dühring*, ainsi que les textes de la dernière période de Marx, où s'est constitué un des marxismes possibles, un marxisme qui n'est pas le plus élevé par son niveau, mais qui a été le plus efficace.

CHAPITRE XIV

THÉORIE ÉCONOMIQUE ET HISTOIRE

Nous venons d'interpréter *Le Capital* par la notion de critique de l'économie politique. La critique de l'économie politique ou la philosophie critique de l'économie politique étant à la fois critique de la conscience que les sujets économiques prennent du régime capitaliste et critique du régime capitaliste lui-même.

Si l'on admet cette interprétation, la distinction entre l'essence de la valeur et l'apparence des prix est fondamentale. Il devient alors impossible de restituer le marxisme de Marx en considérant que la distinction valeur et prix n'est rien que la distinction des économistes classiques qui considèrent que la valeur est simplement une espèce de prix régulateur.

Mais, d'un autre côté, s'il est vrai que *Le Capital* doit être lu à la lumière de la philosophie et en particulier de la philosophie hégélienne, il est vrai aussi que Marx n'aurait pas consacré la plus grande partie de sa vie à l'étude des économistes, s'il n'avait pas été convaincu d'apporter une explication du régime capitaliste aussi scientifique, voire plus scientifique que celle des économistes eux-mêmes.

Voilà le centre de l'interprétation que j'ai proposée du *Capital*. Interprétation qui ne se confond ni avec celle du père Bigo, d'un côté, ni avec celle de Schumpeter, de l'autre, ni avec celle que propose mon ami Jean Hyppolite dans ses *Études sur Marx et Hegel* [1].

En ce qui concerne le père Bigo [2], dont j'ai cité quelques textes la semaine dernière, l'erreur qu'il commet me paraît simple et fondamentale : il se refuse à admettre que Marx, tout en étant philosophe, était économiste en même temps, et se voulait tout aussi économiste que Ricardo. Marx ne pensait à aucun degré qu'en traduisant certaines des propositions ricardiennes en un langage différent, il passait de la science à la philosophie.

D'un autre côté, il me semble que Schumpeter méconnaît la conceptualisation empruntée à Hegel. Il a tendance à réduire toute la première partie du *Capital* à une théorie de la valeur, semblable à celle de Ricardo, comme n'étant qu'une espèce de flux régulateur. Or, si telle est en effet l'interprétation que les économistes d'aujourd'hui sont tentés de donner au premier livre du *Capital*, du même coup ils laissent tomber une idée, pour Marx essentielle, à savoir la notion de la substance de la valeur opposée à l'apparence des prix. Schumpeter, me semble-t-il, sous-estime la portée que Marx lui-même donnait à la dialectique du premier livre du *Capital*, dialectique de la qualité et de la quantité, inspirant celle de la valeur d'usage et de la valeur d'échange, ne constituant pas simplement un schème interprétatif comparable aux schèmes interprétatifs des économistes anglais, mais une dialectique conceptuelle exprimant le mouvement de l'idée interne à la réalité elle-même. Ce qui signifie que Marx était resté fidèle à l'idée exprimée dès sa jeunesse dans la lettre à son père : retrouver dans le mouvement des idées internes à la réalité l'explication en profondeur de la réalité et de ses transformations.

En ce qui concerne enfin l'interprétation du *Capital* que donne Jean Hyppolite dans une communication à la Société de Philosophie, reproduite dans son livre[3], elle met l'accent, comme je l'ai fait, sur la structure du *Capital*, sur l'opposition entre l'essence et l'apparence et sur le mouvement de l'essence de la valeur à l'apparence des prix. Sur tous ces points son interprétation est à peu près la même que celle que j'ai suggérée, mais il est un point sur lequel je me sépare de lui, c'est qu'il prétend combiner le thème de jeunesse de l'aliénation, c'est-à-dire la perte de l'essence humaine, avec le thème de l'aliénation dans *Le Capital*.

Ma propre interprétation

Sur cette question je voudrais rendre tout à fait claire ma propre interprétation. J'ai dit, en référence au père Bigo, qu'il était déraisonnable d'affirmer, tout à la fois, que l'idée d'aliénation dominait *Le Capital*, et que le mot aliénation (*Entfremdung* ou *Entaüsserung*) ne figurait pas une seule fois dans ce livre. Je maintiens qu'il est déraisonnable de considérer qu'un thème peut être fondamental dans l'analyse et ne pas se trouver présent sous forme d'un concept décisif dans *Le Capital*.

D'un autre côté, il est parfaitement vrai de dire que les concepts de marchandise-fétiche ou de mystification qui reviennent plusieurs fois dans *Le Capital* sont les substituts d'une des deux idées d'aliénation. En effet, dans l'œuvre de jeunesse de Marx, l'aliénation recouvre au fond deux idées distinctes : l'une est la perte de l'essence humaine. Cette idée-là, inséparable du langage et de la pensée philosophique du jeune Marx, ne peut plus se retrouver dans *Le Capital*, où la notion même d'une essence humaine définie une fois pour toutes est contradictoire avec la conception radicalement historique de l'homme et de la création de l'homme par lui-même. L'aliénation au sens de perte de l'essence n'est pas une idée qui commande *Le Capital*. En revanche, si l'on convenait simplement d'appeler « aliénation » le fait que l'homme crée des œuvres, que ses œuvres lui échappent et qu'il devient prisonnier de ses œuvres, si dans cette perspective l'aliénation ne représente rien de plus que le thème de l'apprenti-sorcier, il est alors vrai que toute la dialectique de l'essence et de l'apparence dans *Le Capital* est une application du thème de l'aliénation ou de l'apprenti-sorcier.

À mon avis, l'erreur cardinale commise par toute l'école française récente qui interprète Marx à la lumière des œuvres de jeunesse est de ne pas avoir une fois pour toutes fait la distinction, pourtant claire et élémentaire, entre les deux sens du terme aliénation dans les œuvres de jeunesse.

D'abord, l'aliénation est conçue comme la perte de l'essence humaine et la déshumanisation de l'homme. En ce sens, il s'agit d'une critique existentialiste.

Ou bien, en second lieu, l'aliénation signifie quelque chose de beaucoup plus concret et qui n'exige pas de réflexion philosophique approfondie. Cela signifie que, à partir d'un certain degré dans l'histoire humaine, les hommes créent des institutions, en deviennent prisonniers, que ces institutions fonctionnent et se transforment selon des lois qui s'imposent et agissent comme des lois naturelles. Dans ce second sens, il est parfaitement vrai de dire que tout *Le Capital* est l'application et l'illustration de cette idée. La dialectique de la valeur d'échange, c'est précisément le développement de ce mouvement de l'homme qui crée des œuvres et qui, à partir d'un certain moment, perd conscience du principe créateur de ces institutions et prend, au contraire, les lois économiques comme des lois naturelles, au lieu de reprendre conscience et possession de ses propres œuvres, au lieu d'agir et de penser consciemment.

C'est, à mon sens, faute de cette distinction simple entre les deux notions de l'aliénation, que la plupart des interprètes français, depuis une douzaine d'années, essaient de présenter un Marx qui est, simultanément, le Marx de la jeunesse et celui de la maturité. La confusion entre ces deux Marx a pour centre la confusion entre les deux définitions de la notion d'aliénation.

Telle est résumée l'interprétation du *Capital* que je propose, sans affirmer qu'elle est l'interprétation vraie, parce que *Le Capital* est par essence un livre ambigu et difficile sur lequel on discute depuis un siècle et sur lequel on continuera de discuter certainement encore plusieurs siècles. Il me paraît possible néanmoins, pour dire ma pensée avec toute franchise, de considérer comme vraisemblable que l'interprétation que je suggère ressemble à celle que Marx lui-même donnait de son livre. En effet, si on le lit sans préjugés et en oubliant les interprètes, on trouve, non seulement dans le livre lui-même mais dans la présentation simplifiée qu'il en faisait à ses correspondants, l'esquisse de l'interprétation que je donne. Au-delà, il reste parfaitement vrai que *Le Capital* est un livre riche en arrière-plans, en arrière-pensées philosophiques et qu'il est parfaitement légitime, selon les moments, de mettre l'accent sur tel ou tel aspect d'un livre complexe.

Si l'on accepte cette interprétation, l'on découvre, du même coup, l'explication d'un fait surprenant. À savoir qu'il est extrêmement facile de présenter des réfutations apparentes de telle ou telle des propositions essentielles du *Capital* et que ces réfutations ne tirent pas beaucoup à conséquence. Ainsi, quand on lit un économiste d'aujourd'hui, même de tendance socialiste comme Joan Robinson [4], on voit que, lorsqu'elle analyse le premier livre du *Capital* en termes de valeur, et qu'elle y lit l'idée que la substance de la valeur est différente de l'apparence des prix, rien de tout cela ne l'intéresse en tant qu'économiste professionnel. Si j'ai donné dans la leçon précédente quelques-unes des objections que les économistes professionnels formulent à l'égard des analyses du *Capital*, ce n'est pas pour réfuter *Le Capital*. Cela est sans importance, tous ces arguments sont classiques, on les trouve un peu partout. C'est simplement pour dire qu'aux yeux d'un économiste, il est très facile, lorsque l'on fait abstraction de la méthode propre de Marx, de ne pas trouver d'intérêt particulier à l'analyse en termes de valeur-travail, de valeur-marchandise, de quantité de travail social investi dans la marchandise, puis de plus-value ou d'exploitation, c'est-à-dire de l'ensemble de l'analyse du *Capital*. Cela n'intéresse pas beaucoup l'économiste professionnel d'aujourd'hui pour les raisons que j'ai indiquées. Cela dit, si un économiste professionnel ne s'intéresse pas à ce genre d'analyse abstraite, dans laquelle il voit simplement une reformulation des analyses ricardiennes, également ces récitations de stricte théorie économique font peu d'impression sur ceux qui s'intéressent le plus au *Capital* et à Marx, c'est-à-dire sur les militants, catégorie généralement ferme et difficile à impressionner. Mais elles font peu d'impression aussi sur les philosophes ou sur les sociologues, qui s'intéressent au *Capital*.

En effet, même si la théorie de la valeur-travail et de l'exploitation du salaire ne sont pas des théories économiquement satisfaisantes, il n'en est pas moins vrai que ces chemins abstraits sont une élaboration possible de ce qui constitue la nature sociale essentielle du régime capitaliste. Il est vrai, en effet, que le surplus de valeur créé dans le travail par rapport à la valeur perçue par le salarié appartient à l'acheteur de la force de travail. Il est vrai que le surplus de valeur qui servira à l'accumulation passe en régime capitaliste soit par l'intermédiaire de revenus individuels, soit par l'intermédiaire des profits des entreprises. Il est donc vrai, en termes sociologiques, que le régime capitaliste est défini par le mode de circulation du surplus ou de la plus-value dans l'ensemble du système économique. De ce fait, le sociologue et le philosophe pensent trouver dans l'analyse marxiste de la plus-value une vérité durable, même si l'économiste ne s'y intéresse pas. D'autre part, si ce philosophe ou cet économiste est marxiste critique ou trotskiste, il peut sans difficulté utiliser ce même système d'analyse, mais pour faire la critique du régime d'économie soviétique. Il expliquera la circulation de la plus-value dans un régime à domination bureaucratique, de telle sorte que le système d'analyse du premier livre du *Capital*, peut-être insatisfaisant pour l'économiste professionnel d'aujourd'hui, reste significatif pour le philosophe ou pour le sociologue ou pour le critique de toutes les sociétés. Car, d'une certaine façon, on peut prendre comme centre de l'analyse sociologique de n'importe quel régime économique du passé ou du présent, le mode de prélèvement de la plus-value, le mode de circulation de la plus-value et le mode d'accumulation du capital. Il en résulte qu'on peut se distraire à réfuter *Le Capital*, dans un premier temps. Et dans un deuxième temps, antithèse, on peut se distraire à montrer que ces réfutations restent sans conséquence. Dans un troisième temps, synthèse, on peut continuer indéfiniment à discuter. C'est effectivement ce qui se passe. Montrer ces deux aspects de la réflexion fait comprendre pourquoi, selon sa formation professionnelle et selon son type d'esprit, on écarte toutes ces analyses du *Capital* comme irrémédiablement vieillies et disparues dans la tombe avec *Les Principes de l'économie politique* de Ricardo, et comment, quand on s'appelle Sartre ou Merleau-Ponty, on commente indéfiniment ces textes en y trouvant une vérité définitive.

La difficulté, aujourd'hui, par rapport à Marx, est d'être à la fois Hegel et Ricardo. Ceux qui jouent le rôle de Hegel n'y voient pas de malice et continuent de faire comme Marx et de proposer une interprétation philosophico-sociologique des régimes économiques. S'ils prennent le rôle de Ricardo, les textes de Marx ne les intéressent plus beaucoup. Ce qui serait possible encore aujourd'hui, ce serait d'être, comme le pensait Marx, un Ricardo devenu hégélien ou un Ricardo devenu philosophe : *that is the point*, comme on dit en anglais, et c'est la grande question. Marx, lui, pensait qu'on pouvait être les deux à la fois. Il n'y a pas de difficultés aujourd'hui à être l'un ou l'autre. Est-ce qu'on peut être les deux en même temps ? Bornons-nous à poser la question.

De la critique à l'histoire

Maintenant que j'ai donné l'essentiel de mon interprétation du *Capital*, je vais passer à un autre sujet qui suit logiquement, sinon dialectiquement, le sujet précédent, c'est-à-dire les relations entre la critique de l'économie politique, telle que je l'ai suivie dans *Le Capital*, et l'histoire aux différents sens du mot histoire, c'est-à-dire à la fois les relations entre le capital et l'histoire réelle, et le capital et la théorie historique de Marx.

Premier point de cette analyse : le régime capitaliste parmi les différents régimes économiques de l'histoire. Sur ce point, il n'y a pas, me semble-t-il, de grandes divergences entre les interprètes. Marx, au fond, depuis la préface à la *Contribution à la critique de l'économie politique*[5] jusqu'à la fin de sa vie, a toujours fait la même énumération des régimes économiques principaux de l'histoire humaine. Il a toujours retenu les régimes suivants : esclavage, servage, salariat, puis, au-delà du salariat capitaliste, le socialisme. Il a toujours ajouté aussi ce qu'il appelait le mode de production asiatique, qui n'entrait pas dans la succession des régimes caractéristiques de l'histoire occidentale, d'où les controverses qui ont joué un rôle important dans la pensée marxiste sur l'éventualité que les grandes lignes de l'histoire des sociétés asiatiques fussent différentes de celles de l'histoire des sociétés occidentales. En effet, la succession des régimes de l'histoire occidentale, en commençant par le monde antique, est bien pour Marx : esclavage, servage, salariat, socialisme. S'il en est ainsi, l'histoire des sociétés où a dominé le mode de production asiatique n'appartient pas au même schéma historique que celui de l'Occident. Selon Marx, il se serait établi dans les sociétés que l'on appelle aujourd'hui hydrauliques, où le développement économique était conditionné par la régularisation des eaux du fleuve, où, par conséquent, il fallait une administration centralisée et technique pour maintenir les conditions de l'existence sociale. D'où la possibilité de concevoir un type de sociétés où l'opposition de classes ne serait pas, pour ainsi dire, horizontale et extérieure à l'État, mais où existerait une autre opposition dominante : celle entre la bureaucratie techniquement nécessaire pour régulariser les eaux et la masse des travailleurs. Dans ce schéma, la plus-value serait appropriée par la classe bureaucratique. Si l'on souhaite étudier et comprendre les discussions dans le mouvement marxiste sur le mode de production asiatique, il faut se reporter au livre d'un sinologue américain d'origine allemande du nom de Karl Wittfogel, qui a publié en 1957 un livre intitulé *Oriental Despotism*, *Le Despotisme oriental* [6]. Karl Wittfogel est un ancien marxiste devenu anticommuniste. Chacune de ces deux étapes de son existence est marquée par le même extrémisme, ce qui signifie qu'aujourd'hui il critique vigoureusement l'Union soviétique et la déesse communiste, mais il le fait, évidemment, en utilisant la théorie du mode de production asiatique dans une intention polémique que l'on peut deviner sans que je la précise.

Pourquoi cette énumération des régimes économiques est-elle liée à la pensée marxiste ? Je dirai que cette énumération peut et doit être interprétée à la lumière des analyses du *Capital*. À mon sens, c'est *Le Capital* qui donne un fondement théorique à ce schéma du développement historique présenté dans la préface à la *Contribution à la critique de l'économie politique*. En effet, ce qui définit chacun de ces régimes : esclavage, servage, salariat, c'est en un sens la réaction des hommes dans le travail, mais c'est aussi la relation des hommes dans le travail considérée comme déterminant les modalités de la plus-value et les modalités de la répartition de la plus-value. Chacun de ces régimes économiques se définit par une certaine relation entre le maître et l'esclave, le seigneur et les serfs, le capitaliste et les salariés, mais ces relations sociales directes entre les hommes dans le travail sont déterminées par le partage de la plus-value. Les rapports de production me paraissent définis, dans la pensée marxiste, précisément par ce double caractère, les relations entre les hommes au travail dans la mesure où ces relations sont constitutives du mode particulier de plus-value et de répartition. C'est de cette façon-là qu'il est le plus conforme à l'inspiration marxiste de définir chaque régime économique et, simultanément, la succession des régimes.

À partir de cette énumération des régimes, la question de l'historicité se pose. Les catégories de l'économie sont-elles valables pour tous les régimes ? Que signifie l'opinion courante que l'idée marxiste est une économie historique, c'est-à-dire une économie qui met l'accent sur le caractère historique des concepts et des lois de l'économie ?

Le texte le plus instructif sur ce sujet est un texte qui n'a pas été publié par Marx lui-même. C'est l' « Introduction à la critique de l'économie politique » qu'il se proposait de publier en tête de la *Contribution à la critique de l'économie politique*, introduction qu'il n'a jamais publiée, parce qu'il a trouvé que le texte était trop compliqué et qu'il risquerait d'induire en erreur ses lecteurs [7]. Les manuscrits de cette introduction ont été retrouvés dans ses papiers après sa mort et furent publiés par Kautsky en 1903. On trouve ces textes dans l'une des éditions de la *Contribution à la critique de l'économie politique*. Ces textes sont les derniers écrits de Marx de style directement hégélien ; ils ont été rédigés avant que soit publiée la *Contribution à la critique de l'économie politique*, c'est-à-dire en août 1857, une dizaine d'années donc avant la publication du *Capital*. C'est le seul exposé que je connaisse de la méthode propre de Marx dans l'économie politique, et c'est le seul essai de Marx que je connaisse qui permette d'établir clairement les relations entre le mouvement des catégories et le mouvement des régimes économiques.

Quelles en sont les idées essentielles ? La première, essentielle aux yeux de Marx, par opposition aux économistes classiques, est que l'historicité est attachée au mode de production et non pas au mode de distribution. D'après Marx, les économistes bourgeois vulgaires, parce qu'ils partent des apparences des prix et des revenus, sont tentés de croire que les catégories de la production sont les mêmes dans toutes les sociétés, et que c'est au niveau des catégories de la distribution qu'apparaît la diversité historique. Par exemple, on considérerait que la distinction entre le propriétaire foncier et le fermier traduit une transformation historique qui ressortit au domaine de la distribution. Marx, au contraire, affirme que c'est au niveau de la production et des rapports de production que se manifeste le phénomène.

Le texte se trouve à la page 327 de la traduction de Laura Lafargue publiée en 1909 d'après l'édition Kautsky de la *Contribution à la critique de l'économie politique*. Voici le texte :

« *La distribution apparaît comme la distribution des produits et ainsi comme plus éloignée de la production et quasi indépendante vis-à-vis d'elle. Mais avant d'être la distribution des produits, la distribution est : 1°) la distribution des instruments de production, et 2°) – ce qui est une nouvelle détermination du même rapport – la distribution des membres de la société entre les différents ordres de production.* »

Il y a donc deux sortes de distribution antérieure à la distribution des revenus : la distribution des instruments de production et celle des producteurs entre les différents secteurs.

« *La distribution des produits est manifestement un résultat de cette distribution, qui est incluse dans le procès de production lui-même et détermine l'organisation de la production. Considérer la production en laissant de côté cette distribution qu'elle renferme est évidemment de l'abstraction vide, tandis que, au contraire, la distribution de produits découle de soi de cette distribution qui, à l'origine, constituait un moment de la production.* »

On retrouve, ici encore, ce jeu conceptuel : la distribution est incluse dans le procès de production dans la mesure où elle est la distribution des instruments de production et des producteurs entre les différents secteurs. Quant à la distribution des revenus, elle est incluse dans le procès de production parce qu'elle en est la conséquence. Ce qui nous ramène à l'opposition entre l'essence du régime qui est dans le procès de production (procès de production de marchandises) et la théorie des revenus, c'est-à-dire du profit et de la rente foncière, qui n'apparaît que dans le troisième livre et dans la forme extrême de l'apparence.

Marx continue :

« C'est précisément parce que Ricardo s'attachait à concevoir la production moderne dans son organisation sociale déterminée, et parce qu'il est l'économiste de la production par excellence, qu'il déclare la distribution et non la production, le thème propre de l'économie moderne. »

Nouveau jeu conceptuel : Ricardo est l'économiste de la production, bien qu'il se soit intéressé spécialement à la répartition du produit social entre les différentes classes parce que, implicitement, il montrait la distribution du produit social entre les différentes classes comme le résultat du processus de production.

Conclusion de Marx :

« Ici apparaît à nouveau l'absurdité des économistes qui traitent la production comme une vérité éternelle alors qu'ils enferment l'histoire dans le domaine de la distribution » [8].

Voilà, à mon avis, la phrase décisive qui se résume dans la proposition suivante. Marx considère que l'économie doit être une science historique, c'est-à-dire suivre et expliquer la succession des régimes économiques, chaque régime économique étant défini par le mode propre du procès de production, les phénomènes de distribution étant phénomènes seconds par rapport aux phénomènes de production, et les phénomènes de production eux-mêmes étant liés par nature aux deux concepts de forces et de rapports de production que nous avons vus dans les textes antérieurs.

Nous parvenons à la deuxième idée. Marx explique

que tout régime économique doit être interprété, compris, expliqué à partir de rapports de production. Ces rapports de production eux-mêmes comportant un certain état des forces productives et aussi une relation donnée des hommes au travail dans la mesure où ces relations déterminent le mode de la plus-value et de la distribution de la plus-value. Mais, bien que Marx affirme le clivage des rapports de production, il ajoute aussi que tout régime économique doit être considéré comme totalité. Totalité dans laquelle il convient d'analyser non seulement les rapports de production, mais aussi l'ensemble des phénomènes de distribution, d'échange, et de consommation.

Voici le texte le plus simple, il se trouve toujours dans cette même « Introduction à une critique de l'économie politique » :

« *Le résultat auquel nous arrivons n'est pas que la production, la distribution, l'échange, la consommation sont identiques mais qu'ils sont tous des membres d'une totalité, des différences dans une unité. La production se dépasse aussi bien elle-même, dans la détermination antithétique de la production, qu'elle dépasse les autres moments. C'est par elle que le procès recommence toujours de nouveau. Que l'échange et la consommation ne puissent pas être un élément prédominant, cela s'entend de soi. Il en va de même de la distribution comme distribution des produits. Mais comme distribution des agents de la production, elle est elle-même un moment de la production. Une forme déterminée de la production détermine donc des formes déterminées de la consommation, de la distribution, de l'échange, ainsi que des* rapports réciproques déterminés de ces différents facteurs* »* [9].

Voilà un texte méthodologique de Marx parfaitement clair. Il parle des rapports de production, mais il ne faut pas considérer que les rapports de production déterminent mécaniquement les autres aspects d'un régime économique. Chaque régime économique constitue une totalité concrète, dans laquelle les différents moments sont en relation réciproque, avec primauté des rapports de production, mais non pas détermination mécanique des autres moments par le moment des rapports de production.

Jusque-là, tout est assez facile. Maintenant survient un troisième élément, qui est l'explication de la méthode du *Capital*. Marx nous dit dans cette « Introduction » que, scientifiquement, la méthode consiste à commencer par des abstractions et non pas par la totalité sociale concrète. Pour comprendre la totalité sociale concrète, il faut partir de catégories abstraites et non de la totalité sociale telle qu'elle se présente à nous. Voici à nouveau un texte très clair et très simple que je vais citer :

« *Quand nous considérons un pays donné au point de vue de l'économie politique, nous commençons par sa population, la division de celle-ci en classes ; son établissement dans les villes, les campagnes, aux bords de la mer ; les différentes branches de production, l'exportation et l'importation, la production et la consommation annuelles, les prix des marchandises, etc. Il paraît correct de commencer par ce qu'il y a de concret et de réel dans les données ; ainsi donc, dans l'économie, par la population qui est la base et le sujet de tout l'acte social de la production.* »

Ce que Marx écrit là, c'est la méthode courante de l'économie concrète ou de la géographie économique d'aujourd'hui ; on commence par la distribution de la population. Mais Marx continue :

« *Mais à regarder de plus près, ce serait là une fausse méthode. La population est une abstraction si je laisse de côté les classes dont elle se compose. Ces classes sont à leur tour un mot vide de sens si j'ignore les éléments sur lesquels elles reposent, par exemple, le travail salarié, le capital, etc. Ceux-ci supposent l'échange, la division du travail, les prix, etc. Le capital, par exemple, n'est rien sans travail salarié, sans valeur, argent, prix, etc. Si donc*

je commençais par la population, ce serait une représen-
tation chaotique du tout et par une détermination plus
stricte, j'arriverais analytiquement toujours davantage à
des concepts plus simples ; du concret représenté, j'arri-
verais à des abstractions toujours plus ténues jusqu'à ce
que je sois parvenu aux plus simples déterminations.
Arrivé là, il faudrait refaire le voyage à rebours » [10].

Insistons : l'idée de Marx, c'est que l'on ne comprend
réellement la totalité sociale concrète que si l'on part des
catégories les plus simples. C'est précisément ce que nous
avons fait en étudiant *Le Capital* : nous sommes partis
des catégories les plus abstraites, le travail, l'échange,
la valeur, la valeur-marchandises et nous avons trouvé
éventuellement plus concret, dans le livre III et non pas
dans le livre premier. Il est donc bien vrai que la méthode
du *Capital* consiste à aller des catégories abstraites aux
catégories concrètes. C'est pourquoi ceux qui sont habitués
à la formation économique d'aujourd'hui trouvent les
choses tellement difficiles. On n'enseigne pas l'économie
politique aujourd'hui en partant des catégories les
plus abstraites comme le fait Marx. Comme on dispose
d'une méthode que j'appellerai, pour simplifier, la macro-
économie de la comptabilité nationale, l'enseignement
économique le plus facile consiste à partir de l'économie
considérée globalement comme une macro-économie et à
considérer les différents agents de l'économie dans le
cadre de cette comptabilité globale. Quand on s'appuie sur
l'analyse de la comptabilité nationale, on évite cette
démarche de l'abstrait vers le concret caractéristique du
Capital, car les agrégats de la comptabilité nationale sont
à la fois théoriques et concrets, abstraits et mesurables.
Pour comprendre Marx, il doit être bien entendu que, pour
lui, la méthode véritable consiste à partir des catégories
les plus simples. Naturellement, on pourrait dire : c'est du
Ricardo. Non, ce n'est pas tout à fait du Ricardo, c'est
aussi un peu du Hegel. C'est l'idée que la façon véritable
de comprendre le concret social consiste à partir de

catégories abstraites pour revenir progressivement au concret.

Cette méthode étant admise, il se présente une difficulté supplémentaire qui est, au fond, à l'origine de la grande querelle entre Proudhon et Marx : comment établir la relation entre le mouvement de l'abstrait au concret et le mouvement historique des régimes économiques ? Ou encore, dans quelle mesure le mouvement des concepts, tel que le suit Marx dans *Le Capital*, revêt-il une signification historique ? Comment, historiquement, les catégories se sont-elles développées ?

Je recommande à ceux qui s'intéressent à Marx de lire cette « Introduction », et même de la lire deux fois parce que ce n'est pas un texte facile. C'est un des textes les plus utiles pour comprendre la pensée marxiste, car il permet de répondre à la question de la correspondance entre le mouvement historique et le mouvement des concepts, en affirmant que, pour Marx, cette correspondance n'est pas nécessaire. On peut même affirmer que, pour Marx, la non-correspondance s'impose presque comme une loi. En d'autres termes, certaines catégories historiques sont déjà présentes sous la forme abstraite dans des régimes économiques peu développés cependant que, dans d'autres cas, la catégorie la plus abstraite ne se développe pleinement que dans un régime déjà très développé. Marx explique, par exemple, qu'en ce qui concerne l'argent, cette catégorie est d'une certaine façon plus simple que la catégorie capital. L'argent est présent dans des régimes économiques peu développés comme l'Antiquité, alors que le capital, au sens moderne, si je puis dire, du terme, n'est pas encore présent dans l'économie antique. De même, disons, sans compliquer les choses, que la division du travail peut exister déjà très développée dans une économie sans argent. Exemples : les communautés slaves et la civilisation des Incas. Il résulte de ces deux exemples contrastés que chaque régime économique est une totalité, et que le degré de développement des diverses catégories n'est pas le même de régime économique à régime économique. Il y a donc des correspondances, et des non-correspondances assurées entre le mouvement des catégories et le mouvement historique. Ce que Marx dit, c'est que, quand la catégorie la plus simple est aussi la catégorie la plus générale, elle n'apparaît que dans la société la plus complexe.

Une théorie de la connaissance économique

C'est une idée très marxiste facile à comprendre. La catégorie à la fois la plus simple et la plus générale est celle du travail. Le travail comme origine de toute valeur est la notion fondamentale de toute la pensée économique. Or, la catégorie la plus simple et la plus générale du travail n'a été élaborée que dans la société capitaliste moderne. Pourquoi cette catégorie la plus générale n'a-t-elle été élaborée que dans la société la plus complexe ? C'est que, probablement, il fallait qu'il y eût le maximum de diversité dans les formes concrètes du travail pour que l'homme puisse élaborer la catégorie générale et formelle du travail.

Ce que je présente ainsi pourrait s'appeler : la théorie de la connaissance économique. C'est-à-dire l'établissement de la relation entre la société concrète et le système catégoriel à travers lequel on pense les sociétés concrètes. L'exemple que donne Marx est précisément la catégorie de travail, et la notion jointe de valeur-travail, qui, en apparence, représente la catégorie la plus simple et la plus générale, mais qui ne vient à la conscience qu'au travers du mouvement historique dans le régime capitaliste. Ce qui permet à Marx de réintroduire une fois de plus ses thèmes préférés : la démocratie se comprend elle-même et comprend la monarchie. La démocratie étant la catégorie la plus générale ou la catégorie essentielle de l'ordre politique, lorsque la démocratie a pris conscience d'elle-même, elle se trouve simultanément en mesure de comprendre les régimes politiques antérieurs. Quinze ans après, Marx écrit[11] que la société capitaliste, qui est capable de se comprendre elle-même, permet de comprendre tous les régimes du passé parce que, dans le régime capitaliste, toutes les catégories de l'économie sont pleinement développées, que les formes les plus abstraites et les plus générales des catégories sont devenues conscientes. De telle sorte qu'à la lumière du système catégoriel le plus général et le plus simple à la fois, tous les systèmes catégoriels anciens et en même temps les régimes concrets peuvent être compris :

« La société bourgeoise est l'organisation historique de la production la plus développée, la plus différenciée. Les catégories qui expriment ses conditions, la compréhension de son organisation propre, la rendent apte à comprendre l'organisation et les rapports de production de toutes les formes de sociétés disparues, sur les ruines et les éléments desquelles elle s'est édifiée et dont des vestiges, non dépassés encore, traînent en elle, tandis que ce qui avait été simplement indiqué s'est épanoui et a pris toute sa signification. [Comparaison biologique :] L'anatomie de l'homme est une clef pour l'anatomie du singe. Ce qui, dans les espèces animales inférieures, indique une forme supérieure ne peut au contraire être compris que lorsque la forme supérieure est connue déjà. L'économie bourgeoise fournit la clef de l'économie antique, etc. » [12].

Curieusement, cette idée qu'on comprend l'histoire de l'économie ou que l'on comprend l'économie à la lumière du régime économique le plus développé se retrouve chez François Simiand, un économiste disciple de Durkheim, qui n'avait certainement pas spécialement étudié Hegel, et le rapprochement est assez curieux. Dans son gros livre, *Le salaire, l'évolution sociale et la monnaie* [13], il soutient la thèse méthodologique, plutôt opposée à celle de Durkheim, selon laquelle il est plus facile de comprendre les phénomènes sociaux à partir de leur forme développée qu'à partir de leurs formes initiales ou originelles. Marx, pour les raisons que je viens d'indiquer, considère lui aussi que c'est à partir de

l'économie capitaliste bourgeoise que l'on comprend tous les régimes économiques antérieurs. Du même coup, l'on comprend cette combinaison entre l'économie théorique et l'économie historique. L'économie marxiste est historique en ce sens qu'elle reconnaît la diversité des régimes, mais elle est théorique aussi parce que le système catégoriel ou conceptuel auquel aboutit l'analyse historique et économique permet de comprendre tous les régimes successifs, et de constater le degré de développement des réalités et des concepts économiques dans chacun des régimes précédents.

Modes de production et plus-value

Nous avons étudié le système de Marx tel que Marx l'a pensé. Il est naturellement possible pour un économiste de considérer que cette notion, au strict point de vue de l'économie, n'a pas tant d'importance dans le système du *Capital*. L'économiste s'attachera à d'autres parties du *Capital*, qui sont de portée économique plus grande, comme par exemple la théorie de la circulation dans le deuxième livre ou le mouvement général du capital dans le troisième livre. Mais, dans le système de Marx, tel que Marx l'a pensé, je le répète, la théorie de la plus-value est centrale et je voudrais le confirmer par les propositions suivantes :

1°) La théorie de la plus-value permet de donner une signification scientifique à la notion d'exploitation et de montrer que l'exploitation est inséparable du régime capitaliste lui-même, celui-ci étant défini par la propriété individuelle des moyens de production.

2°) La théorie de la plus-value permet de combiner l'analyse économique abstraite et l'analyse sociologique. La raison pour laquelle les marxistes n'ont jamais beaucoup aimé la distinction entre l'économie politique et la sociologie, c'est que l'économie marxiste est sociologique ou que la sociologie marxiste est économique.

On peut naturellement, si l'on a des préférences,

séparer ces deux éléments, mais ces deux éléments sont, dans la pensée de Marx, inséparables. En effet, la notion de rapports de production, dont j'ai parlé à la lumière des textes philosophiques de la jeunesse de Marx, prend à la lumière du premier livre du *Capital* une signification précise.

Le rapport de production, c'est le salariat ; c'est-à-dire le fait que l'argent transformé en capital permet à la classe dite capitaliste d'acheter la force de travail à son exacte valeur et, simultanément, d'encaisser la plus-value. En d'autres termes encore, la notion de rapports de production, grâce à la relation des capitalistes et des salariés analysée dans *Le Capital*, tend à se confondre simultanément avec le concept de propriété au sens capitaliste du terme et avec la notion de salariat. Car ce qui constitue le rapport de production capitaliste, tel que nous le comprenons à la lumière du *Capital*, c'est l'existence du capital, qui n'est pas une chose matérielle, pas plus que la marchandise, mais la détention par une classe particulière des moyens de production. Cette détention ou propriété met cette classe en situation telle qu'elle achète la force de travail des ouvriers à leur valeur exacte et empoche tout de même la plus-value. Grâce à l'analyse faite dans *Le Capital*, rapports de production, salariat, propriété, tous ces concepts reçoivent leur sens historiquement déterminé dans le cadre du régime capitaliste.

3°) Du même coup, cette analyse de la plus-value nous permet de situer historiquement le capitalisme dans l'histoire des régimes économiques et de comprendre pourquoi, d'après le texte de la préface à la *Contribution à la critique de l'économie politique*, les différents régimes économiques sont définis par la relation entre les hommes au travail, c'est-à-dire esclavage, servage, salariat. Étapes successives de l'histoire économique à partir de la communauté primitive, avec, en marge, le mode de production asiatique.

Tous ces modes de production peuvent être désormais définis et précisés par et grâce à la notion de plus-value.

Pourquoi ? La plus-value en termes sociologiques ordinaires tient au fait que le travailleur produit plus que ce qui lui est indispensable pour vivre. Réfléchissons un instant et mettons-nous par la pensée dans un système d'esclavage. À quelles conditions l'esclavage sera-t-il rentable ? L'esclavage est rentable pour le propriétaire d'esclaves à condition que la valeur que le propriétaire doit donner à l'esclave pour vivre soit inférieure à la valeur créée par le travail de l'esclave. Autrement dit, à travers toute l'histoire la condition originelle des régimes économiques successifs, c'est le surplus de la productivité du travail par rapport au minimum indispensable à l'entretien de l'ouvrier. Si le travailleur ne produisait que ce qu'il lui faut pour vivre, il n'y aurait pas d'intérêt pour un autre à réduire le travailleur en esclavage ou en servage. Donc, la condition constante des formes antagonistes de l'organisation économique, pour parler comme Marx, c'est le surplus de la productivité du travailleur par rapport à l'indispensable. Ce surplus étant admis, il existera plusieurs modalités possibles de l'appropriation de la plus-value.

La modalité la plus cynique est l'esclavage. Dans ce cas, l'esclave se vend ou est vendu et le propriétaire l'achète. L'esclave aliène sa liberté et sa personne et le propriétaire prend possession d'un autre être humain. À partir de ce moment, le propriétaire d'esclaves devient responsable de l'entretien de la vie de l'esclave et comme, au moins jusqu'à un certain âge, l'esclave a une certaine valeur, et produit un peu plus qu'il ne consomme, le propriétaire d'esclaves l'entretiendra de manière à ce qu'il puisse vivre au moins aussi longtemps qu'il produira un surplus.

Dans le servage, l'appropriation du surplus du travail humain par le seigneur prend une autre forme, mais là encore existe une espèce de lien personnel entre le serf et le seigneur, de la même façon qu'il existait un lien personnel entre l'esclave et son maître.

La beauté, si je puis dire, du système capitaliste,

d'après Marx, sa beauté, c'est-à-dire son horreur, c'est que tout paraît s'y accomplir selon la liberté et la justice et que l'appropriation de la plus-value y est autant ou plus cynique que dans les régimes de l'esclavage ou du servage. Nous arrivons là à la signification philosophique ou philosophico-historique de l'analyse de Marx. L'ouvrier ne possède que sa force de travail, il vient sur le marché et, comme il ne possède rien d'autre, il vend sa force de travail au capitaliste. Le capitaliste achète la force de travail que lui vend l'ouvrier. L'ouvrier est libre. Il est libre de vendre ou de ne pas vendre sa force de travail, mais s'il ne la vend pas, il meurt. Donc, d'après les économistes bourgeois, tout se passe dans l'ordre, puisqu'il n'est plus question d'esclavage ni de servage, l'ouvrier est libre. Il conclut ou ne conclut pas avec le capitaliste. La liberté est donc le mot d'ordre du régime capitaliste. Mais, plus encore, il est vrai que tout s'y opère selon la justice, car le régime capitaliste est dominé par la loi de la valeur-travail et la valeur de la force de travail est effectivement déterminée par la quantité des marchandises dont l'ouvrier a besoin pour vivre. Ce qui est beau, c'est que le régime capitaliste tel qu'il apparaît au capitaliste est le régime de la liberté et de l'égalité. Tout s'y traite à égalité : salaire contre force de travail. Tout s'y traite selon la liberté : l'ouvrier est libre et le capitaliste aussi.

Mais, nous dit Marx, cette liberté et cette égalité dans l'échange sont la condition d'une forme d'exploitation qui est à la fois plus abstraite et plus hypocrite que les formes antérieures de l'esclavage ou du servage. Plus abstraite parce qu'il n'y a plus de liens personnels entre les capitalistes et les salariés. Tout se traite en échanges sur le marché. Tout est abstrait et en même temps le cynisme est camouflé par l'hypocrisie puisque l'économie bourgeoise explique que tout cela est conforme aux lois éternelles de l'économie puisqu'il s'agit d'échanges.

En d'autres termes, alors que, dans les régimes précédents, l'exploitation était immédiatement visible, saisissable, alors que, dans les autres régimes, les relations entre les hommes et les classes étaient des relations personnelles, perceptibles, dans le régime capitaliste, tout est sens dessus dessous ou tout au moins tout est camouflé. La nature du régime capitaliste, c'est de présenter l'exploitation sous une forme de justice. Ce qui est, d'une certaine façon, conforme aux lois du système parce que dans le régime capitaliste la force de travail étant réduite au statut d'une marchandise, elle ne peut s'échanger que selon les lois d'échange de la marchandise, d'où résulte la plus-value et l'exploitation.

4°) La théorie de la plus-value permet à Marx une combinaison entre la théorie économique abstraite et les événements de l'histoire. Le problème de la relation entre l'analyse du régime capitaliste et l'histoire du monde moderne est un des thèmes les plus difficiles de ce cours et je l'aborderai dans les dernières leçons.

Pour l'instant, j'indique immédiatement une idée formulée par Schumpeter de la manière suivante : le mode d'analyse marxiste permettrait comme une histoire raisonnée, c'est-à-dire d'éclairer certains aspects de l'histoire contemporaine à la lumière de la théorie économique abstraite, alors que, pour la plupart des économistes encore aujourd'hui, il y a d'un côté les faits historiques ou le récit historique et, de l'autre côté, l'analyse théorique. Le mode d'analyse marxiste, tel que je viens de le décrire, cette combinaison intrinsèque de l'analyse économique et de l'analyse sociologique, permet de faire ce que Schumpeter appelle « une histoire raisonnée »[14]. Personnellement, j'aurais beaucoup de réserves méthodologiques à faire sur la manière dont Marx a cru développer une histoire raisonnée et plus encore dont, à sa suite, on a fait ce genre d'histoire, mais il est incontestable que l'analyse, à partir de la théorie de la plus-value, permet d'éclairer de nombreux aspects de l'histoire économique moderne.

Ainsi, dans le premier livre du *Capital*, on trouve un certain nombre d'exemples de cet éclairage réciproque de l'analyse abstraite et de l'histoire. Par exemple, les analyses de la lutte pour la plus-value absolue, c'est-à-dire que les batailles pour l'allongement de la durée du travail ou contre la réduction de la durée du travail sont éclairées par référence à la théorie de la plus-value absolue.

Nous en venons ici à tout un aspect du premier livre du *Capital*, dont je voudrais parler un peu. Accroître la plus-value relative, nous le savons, consiste à réduire la durée du travail nécessaire. Pour réduire la durée du travail nécessaire, il faut augmenter la productivité du travail ; en conséquence tous les efforts des capitalistes en vue de réduire la durée du travail nécessaire, c'est-à-dire d'augmenter la productivité du travail, deviennent le sous-produit de la recherche de la plus-value ou du produit net. Ce qui pourrait être exprimé de la manière suivante : l'augmentation de la productivité du travail dans le régime capitaliste est moins l'objet direct de l'effort des entrepreneurs que le sous-produit de leur effort de profit ou de plus-value. Tout au moins c'est ainsi que Marx explique les choses, et le résultat en est que, dans le premier livre du *Capital*, il passe en revue les étapes successives de l'organisation du travail dans le régime capitaliste en y voyant simplement les différents moyens par lesquels les capitalistes s'efforcent d'augmenter la plus-value relative, c'est-à-dire de diminuer la durée du travail nécessaire.

Première étape : la coopération. C'est une idée proudhonienne. Proudhon avait expliqué qu'un certain nombre de travailleurs coopérant produisaient plus que l'addition des valeurs qu'ils auraient produites individuellement. Un surplus de production résulte donc de la coopération et puisque le capitaliste, dans sa recherche de la plus-value relative, s'efforce d'accroître la productivité du travail, il aura recours aux procédés divers de la coopération.

Puis viendra la manufacture sous ses diverses formes, selon que ce sont des artisans qui sont rassemblés dans la même manufacture pour produire les mêmes objets, ou au contraire que le travail à l'intérieur de la manufacture est divisé entre un certain nombre de travailleurs, dont chacun n'accomplit que certains gestes ou ne réalise que certains travaux. Dans son analyse de la manufacture, Marx procède de façon très intéressante. Le point essentiel qu'il développe est toujours le même : l'organisation technique visant à l'efficacité du travail est présentée comme un aspect de la recherche économique de la plus-value relative.

Le rôle de la force

Au-delà de la manufacture, nous arrivons à un thème qui nous intéresse spécialement parce que c'est la reprise d'un thème de ses ouvrages de jeunesse, à savoir les deux formes de la division du travail. Marx distingue la division manufacturière et la division sociale du travail. Cette distinction apparaît également dans le livre de Durkheim, *De la division du travail social*[15]. En fait, Durkheim n'étudie pas la division manufacturière, il étudie la division sociale. Ce que Marx appelle « la division manufacturière », c'est la division des tâches à l'intérieur de l'unité de production. Ce qu'il appelle la division sociale du travail, c'est la répartition de la main-d'œuvre entre les différentes activités. Ce qui le frappe, c'est le contraste entre la nature de la division manufacturière du travail et celle à l'intérieur de la société. Cela s'explique par les deux interprétations simultanées que l'on peut proposer de l'accumulation primitive ou de la genèse du capital industriel[16]. Il y a une interprétation économique, qui consiste à montrer le surgissement à l'intérieur d'un certain régime économique d'un groupe social nouveau : le marchand, ou les marchands qui veulent se transformer en producteurs, d'où les luttes économiques entre les groupes anciens et les groupes nouveaux, et la naissance d'une société nouvelle à travers des luttes essentiellement économiques. Puis, l'on peut avoir aussi l'accumulation primitive à la suite de conquêtes coloniales et de guerres impitoyables. Si l'on admet cette

deuxième version, l'on est obligé de compliquer l'interprétation de l'histoire concrète et de mettre à l'origine
d'un régime qui, une fois constitué, se maintient lui-
même par un processus économique pur, des facteurs
extra-économiques. En particulier, on est obligé de considérer la force comme un agent économique. Dans ce cas,
l'on a une interprétation du mouvement historique d'un
régime à un autre, qui passe par la force et par l'État, ce
qui n'est pas contradictoire avec une version possible de
l'interprétation marxiste de l'histoire, mais qui introduit
un certain nombre de difficultés. La difficulté majeure
étant tout simplement que si l'on introduit la guerre,
l'État, les conquêtes, pour expliquer la naissance et
la disparition des régimes économiques, on complique
l'interprétation matérialiste, ou plutôt l'interprétation
classique de l'histoire attribuée à Marx. Car, en ce cas, il
reste vrai qu'une fois un certain régime constitué, on peut
expliquer en termes économiques la manière dont il
fonctionne ; mais, si à l'origine de ce régime se trouvent
la conquête et la force, dont la force militaire, on utilise
un facteur tout à fait autre. Le résultat de cette difficulté,
c'est que les textes de Marx et d'Engels oscillent
entre deux formes extrêmes. Une des versions extrêmes
consiste à dire que tout aurait pu se passer de la même
façon, même s'il n'y avait jamais eu de force, d'État et de
violence. Je citerai un texte d'Engels tiré de _L'Anti-
Dühring_, qui consiste non pas à nier le rôle de la force, de
l'État ou des conquêtes, mais à affirmer qu'au bout du
compte la dialectique du mode de production capitaliste
aurait abouti au même résultat sans force, ni État, ni
conquête. Voici le texte :

> « En d'autres termes, même en excluant la possibilité
> de toute rapine, de tout acte de violence et de toute
> exaction, même en supposant que toute propriété indivi-
> duelle repose à l'origine sur un travail personnel du
> possesseur et que, dans tout le cours ultérieur des choses,
> il n'est jamais échangé que des valeurs égales contre des

valeurs égales, nous arrivons néanmoins nécessairement, par le développement progressif de la production et de l'échange, au mode actuel de production capitaliste, à la monopolisation des moyens de production et de subsistance entre les mains d'une classe peu nombreuse ; à la réduction de l'autre classe, formant l'immense majorité, à l'état de prolétaires sans propriété ; à la succession périodique de production vertigineuse et de crise commerciale, et à toute l'anarchie actuelle de la production. Tout ce processus est expliqué par des causes purement économiques, sans qu'il ait été nécessaire une seule fois de faire intervenir la rapine, la violence, l'État ou autre ingérence politique quelconque » [17].

J'ai invoqué deux idées, l'une tirée de Marx disant : *« La force est un agent économique »* ; l'autre d'après le texte d'Engels : tout finalement se serait passé de la même façon s'il n'y avait jamais eu d'États et de conquêtes.

On ne peut pas dire que ces textes soient rigoureusement contradictoires parce que la contradiction est toujours difficile à pousser jusqu'au bout. Ce que dit Engels, c'est que la succession des régimes aurait pu se dérouler dans une histoire économique réduite à l'économie, c'est-à-dire que la force et l'État n'auraient pas joué de rôle décisif. Ils auraient pu modifier l'allure ou les modalités de la transformation économique, mais, dans les grandes lignes, on serait parvenu au même résultat. Cette interprétation que suggère le texte d'Engels est celle que Jean-Paul Sartre discute avec passion dans la première partie de *La Critique de la raison dialectique* [18]. C'est la version : cela serait revenu au même. Dans le détail, il y a bien eu des conquêtes, des destructions et un certain nombre d'incidents violents de cette sorte, mais, même si ces incidents ne s'étaient pas produits, on aurait tout de même au bout du compte le régime capitaliste.

Jean-Paul Sartre ne trouve pas ce point de vue très satisfaisant. Moi non plus. On a envie de dire : pour qui

cela serait-il revenu au même ? Ça ne serait pas revenu au
même pour tous. Et à quel moment cela revient-il au
même ? À la fin de l'histoire ? On est tenté de citer la
formule de Keynes : « *In the long run we are all dead* » –
« À la longue, nous sommes tous morts ». Car, évidemment, d'une certaine façon, cela revient toujours au
même. On ajoute : quelques années de plus ou de moins,
qu'est-ce que cela peut bien faire ?

Cette interprétation selon laquelle tout se serait passé
de la même façon sans force ni conquête revêt deux sens
possibles.

Ou bien c'est le sens que j'indique : finalement cela
serait revenu au même et cette interprétation satisfaisante
suffit. Ou bien cela consiste à dire : la force, l'État et les
conquêtes ont joué un rôle, mais un rôle subordonné à celui
des forces économiques. En faveur de cette deuxième
interprétation, on trouve dans l'« Introduction à la critique
de l'économie politique » un texte de Marx qui consiste à
étudier les effets possibles des conquêtes [19].

Ou bien les conquérants laissent subsister les conditions de production du peuple conquis et alors ça ne fait
pas de différence ; ou bien ils amènent avec eux leurs
formes de production et alors cela fait des différences
par rapport au peuple conquis, mais non par rapport au
peuple conquérant.

Dans les deux cas, il en résulte que les conséquences
effectives de la conquête dépendent des rapports économiques, ce qui à nouveau comporte une part de vérité,
puisque les conquérants se conduisent économiquement
ou bien comme les conquis, ou bien comme eux-mêmes se
comportaient avant la conquête, ou bien par un mélange
des deux formules. En ce sens, la conduite économique
des conquérants est partiellement déterminée par les
conditions économiques. Mais cela ne signifie pas que
cela revient au même d'être conquérant ou conquis et,
mon Dieu, pour un grand nombre de peuples à travers
l'histoire, cela fait une différence substantielle.

En d'autres termes, il est difficile d'éliminer dans le

cours de l'histoire le rôle de la violence, celui de la force et celui des conquêtes. Marx et Engels ne sont évidemment pas obligés de procéder à cette sorte d'élimination. Ils peuvent sans grande difficulté construire une théorie de l'évolution économique telle que je l'ai exposée et y ajouter le rôle de la force et de l'État au début et à la fin du processus. Simplement, ce qui les gêne lorsqu'ils introduisent le rôle de la force et de l'État, soit à l'origine, soit à la fin du régime, c'est que, du même coup, ils atténuent la rigueur de la nécessité du déroulement de l'histoire. Ce qu'ils voudraient, c'est montrer un développement des régimes économiques en fonction des lois immanentes de l'économie elle-même, c'est-à-dire de la dialectique des forces et des rapports de production. Dans la mesure où ils parviennent à interpréter le développement des régimes économiques en fonction des contradictions proprement économiques, ils éprouvent le sentiment de rester conformes à leur version générale de l'histoire et d'aboutir à ce qu'ils souhaitent, c'est-à-dire à montrer la nécessité de la ruine du régime capitaliste en fonction de ses contradictions intrinsèques. S'ils font intervenir l'État, la violence et la force militaire au début du capitalisme, pourquoi pas à la fin ? Or, si on fait intervenir l'État, la violence et la force militaire à la fin du capitalisme, c'est que les choses peuvent tourner d'une façon ou d'une autre. La nécessité historique sera démontrée de manière plus convaincante si l'on s'en tient aux lois immanentes du développement économique. Quelques pages après le texte que j'ai cité sur « la force est un agent économique », Marx décrit le développement futur du régime capitaliste et il essaie d'expliquer en termes d'une dialectique immanente la transformation et l'auto-destruction de ce régime :

« *Cette expropriation s'accomplit par le jeu des lois immanentes de la production capitaliste, lesquelles aboutissent à la concentration des capitaux. Corrélativement à cette centralisation, à l'expropriation du grand nombre de capitalistes par le petit, se développent sur une échelle toujours croissante l'application de la science à la technique, l'exploitation de la terre avec méthode et ensemble, la transformation de l'outil en instruments puissants seulement par l'usage commun, partant l'économie des moyens de production, l'entrelacement de tous les peuples dans le réseau du marché universel, d'où le caractère international imprimé au régime capitaliste. »*

Il s'agit là d'une description en termes purement économiques du développement du régime capitaliste. Voici comment Marx poursuit :

« À mesure que diminue le nombre des potentats du capital qui usurpent et monopolisent tous les avantages de cette période d'évolution sociale, s'accroissent la misère, l'oppression, l'esclavage, la dégradation, l'exploitation, mais aussi la résistance de la classe ouvrière sans cesse grossissante et de plus en plus disciplinée, unie et organisée par le mécanisme même de la production capitaliste. Le monopole du capital devient une entrave pour le mode de production qui a grandi et prospéré avec lui et sous ses auspices. La socialisation du travail et la centralisation de ses ressorts matériels arrivent à un point où elles ne peuvent plus tenir dans leur enveloppe capitaliste. Cette enveloppe se brise en éclats. L'heure de la propriété capitaliste a sonné. Les expropriateurs sont à leur tour expropriés » [20].

Et quelques lignes plus loin :

« Pour transformer la propriété privée et morcelée, objet du travail individuel, en propriété capitaliste, il a naturellement fallu plus de temps, d'efforts et de peines que n'en exigera la métamorphose en propriété sociale de la propriété capitaliste, qui de fait repose déjà sur un mode de production collectif. Là, il s'agissait de l'expropriation de la masse par quelques usurpateurs ; ici, il s'agit de l'expropriation de quelques usurpateurs par la masse » [21].

C'est le texte dans lequel Marx anticipe l'autodestruction du régime capitaliste par le jeu des lois immanentes du régime, car il contient la contradiction entre une production sociale et un régime privé de propriété, par la centralisation de la propriété, par sa réduction à un petit nombre des privilégiés, par l'accumulation de la misère à une extrémité, enfin tout le schéma des contradictions capitalistes avec comme aboutissement le passage au socialisme.

La question reste donc ouverte de savoir si, dans la conception marxiste de l'histoire des régimes, le début et la fin s'expliquent exclusivement en termes des lois immanentes des régimes ou comportent, de fait ou par nécessité, l'intervention de la force. Ce qui nous amène au deuxième problème, c'est-à-dire la théorie du régime capitaliste et l'histoire du régime capitaliste.

Théorie et histoire du capitalisme

Ma première remarque consiste à dire que la théorie marxiste du régime capitaliste est une théorie dynamique. Je dirais volontiers qu'au sens où les économistes prennent les deux mots de statique et de dynamique, il n'y a pas (à la différence du système d'Auguste Comte ou des économistes) de statique dans *Le Capital* parce que le capitalisme essentiel, le capitalisme par excellence, ne peut être que dynamique. C'est une idée schumpeterienne déjà présente dans Marx. On ne peut pas concevoir un régime capitaliste comme stabilisé. L'essence du capitalisme, c'est la lutte pour la plus-value, c'est la concurrence, donc la lutte pour l'augmentation de la plus-value absolue ou relative, donc l'accumulation du capital, donc le développement de la production et de la productivité.

La première idée, simple mais fondamentale, sera que la caractéristique de la théorie marxiste du capitalisme est une théorie historique et en tout cas une théorie dynamique. L'explication théorique du capitalisme montre pourquoi il ne peut vivre que dans la progression, dans

des crises répétées et dans des transformations incessantes. Mais ce premier sens de l'historicité du capitalisme n'est pas le sens auquel Marx tient le plus. Dans
l'accumulation du capital, dans l'augmentation de la
productivité et ainsi de suite, il y a quelque chose de plus.
La théorie marxiste du capitalisme exige que cette transformation incessante du capitalisme aboutisse à des
contradictions de plus en plus accentuées. Sinon à une
catastrophe finale, ce qui n'est pas tout à fait sûr, mais
c'est ce qu'envisageait Marx, du moins en tout état de
cause à une aggravation des contradictions du capitalisme
qui ait pour conséquence la rupture ou la révolution
nécessaire.

Je n'entrerai pas dans la discussion de savoir si la
théorie de cette transformation nécessaire du capitalisme
est valide ou non. Je voudrais simplement m'interroger
sur la question de savoir dans quelle mesure cette théorie
du devenir inévitable du capitalisme aboutit à rendre
compte de l'histoire ou du régime capitaliste, abstraitement ou concrètement considéré.

Nous retrouvons à ce point de l'analyse le problème
de la violence et de l'État, qui était posé à propos des
origines du capitalisme. La question que posait Marx était
celle de la genèse du capitalisme industriel, c'est-à-dire
de l'origine de l'accumulation primitive. La question
complémentaire ou parallèle à propos de la fin de la chute
du régime capitaliste est une question encore aujourd'hui
discutée sur le plan politique à travers le monde entier.
Si on admet qu'il y ait des contradictions dans le régime
capitaliste entre les forces et les rapports de production,
comment s'opérera la rupture ? C'est-à-dire comment se
produira la révolution par laquelle on passera du régime
capitaliste à un régime socialiste ?

Lorsque je parlais de l'accumulation primitive, ce
n'était qu'une discussion abstraite pour savoir quel rôle la
violence politique jouait aux origines du capitalisme. Si
je pose la même question à propos de la fin du capitalisme, nous entrons évidemment au cœur des discussions

politiques actuelles sur la question de savoir si l'on peut passer d'un régime capitaliste à un régime socialiste autrement que par une révolution violente.

Laissons de côté les discussions actuelles, qui n'intéressent pas Marx. Quelle est sa pensée sur la fin du capitalisme ?

Marx, me semble-t-il, se concentre sur le problème des classes, car le passage du régime capitaliste au régime socialiste s'opère par une double dialectique, à s'en tenir à ses textes. D'abord, une dialectique purement économique de la contradiction entre forces et rapports de production, combinée avec des lois comme la loi de la baisse tendancielle du taux de profit. Cette dialectique économique est résumée dans le texte que j'ai cité : la concentration de la propriété en un petit nombre de mains, l'expropriation des expropriateurs. Ce sont des textes, disons, plus pathétiques que scientifiques. Il existe aussi une version – que nous trouverons dans les livres d'Engels à la fin de sa vie et qui me paraît plus marxiste ou qui, du moins, doit se combiner avec la version de la dialectique économique immanente – selon laquelle la fin du régime capitaliste passe par l'intermédiaire de la lutte de classes. D'où une question : au niveau du *Capital*, quelle est la théorie marxiste des classes ? Question moins simple qu'il n'y paraît, puisque le chapitre consacré aux classes est le dernier chapitre du manuscrit du *Capital* qui s'arrête au milieu de ce chapitre.

La lutte de classes

Ce que je vais essayer de faire, c'est une reconstitution de la pensée de Marx sur les classes avec un effort pour en éliminer ce que les uns pourraient appeler les contradictions, les autres les difficultés, et avec un effort aussi pour montrer les différentes directions de la pensée de Marx.

Première remarque, qui paraît banale mais qu'on oublie souvent de formuler. Il est vrai que la théorie des classes ne figure dans *Le Capital* qu'au livre III et qu'en apparence Marx semble donc vouloir établir une théorie des classes à partir de la distribution des revenus. Mais il me semble qu'il suffit de réfléchir à l'ensemble de ce qu'a écrit Marx pour voir que la théorie des classes, à partir de la distribution des revenus, doit être replacée dans l'ensemble de la théorie marxiste de l'économie.

J'ai cité des textes d'où il résulte que les rapports de distribution sont commandés par les rapports de production. Il me paraît donc évident que la vraie théorie marxiste des classes n'aurait pas été, comme l'ont dit certains interprètes, une théorie fondée sur la répartition du produit social. Puisque la répartition du produit social est déterminée par la distribution des producteurs entre le rôle des capitalistes et celui des salariés, ou entre les différents secteurs de production, comme nous l'avons vu, je dirais que la théorie des classes du livre III aurait nécessairement renvoyé à la théorie implicite des classes du livre I, et que la vraie théorie marxiste des classes n'aurait pas été déduite d'une analyse de la répartition du produit social, mais aurait été fondée conformément à l'esprit d'ensemble de la doctrine sur l'analyse du procès de production. En d'autres termes, ce qui est le fondement de la théorie marxiste des classes, c'est l'opposition des capitalistes et des salariés telle qu'elle résulte du mécanisme fondamental du régime capitaliste, c'est-à-dire de la valeur-travail et de l'exploitation.

Donc, quand la plupart des marxistes ont dit : une classe est déterminée par sa place dans le procès de production, ils ont parfaitement raison et la théorie marxiste des classes, qui n'est pas élaborée dans *Le Capital*, est celle qui résulte du premier livre et de l'opposition entre les capitalistes et les salariés, l'acheteur de la force de travail et le vendeur de la force de travail.

Je dirai donc que, sur ce premier point, il ne devrait pas y avoir de doute. La théorie des classes sociales dans le régime capitaliste se déduit de l'analyse du procès de production du premier livre du *Capital* et comporte l'opposition fondamentale entre les capitalistes et les salariés. Ce qui complique, malheureusement ou heureusement, la théorie, c'est que l'opposition entre les capitalistes et les salariés est en effet l'origine de la théorie des classes dans le capitalisme, selon Marx, mais qu'il y a au moins deux ou trois facteurs de complication dans la théorie marxiste.

La première complication, dans certains textes de Marx, en particulier au début du *Manifeste communiste*, tient à une théorie universelle des classes et non pas à une théorie des classes limitée au régime capitaliste. Or, d'après la conception historique de l'économie de Marx, s'il est vrai que dans toutes les sociétés il y a des oppositions de classes, parce que dans toutes les sociétés il y a des exploiteurs qui prélèvent la plus-value et des exploités, les modalités de la plus-value et de l'exploitation varient de société à société. Par conséquent, la théorie concrète des classes sociales devrait être différente de société à société. Souvent, aujourd'hui, on pose la question suivante : existe-t-il des classes dans d'autres sociétés que dans les sociétés capitalistes modernes ? La réponse à la question, en termes marxistes, est extrêmement simple. Si l'on convient de définir comme classes des groupes sociaux hiérarchiquement disposés, dont certains exploitent les autres, il y a eu des classes sociales dans toutes les sociétés connues. Si on définit les classes sociales en disant que les capitalistes sont les détenteurs de moyens de production et les salariés, les vendeurs de leur force de travail, sous cette forme précise, les classes sont caractéristiques des sociétés capitalistes. La théorie marxiste des classes donc, comme la théorie marxiste de l'économie, est à la fois une théorie et une histoire. Certains concepts sont valables pour toutes les sociétés et ces concepts prennent dans chaque société une forme précise. Nous pouvons donc écarter cette première complication, qui tient à la différence des relations de classes de société à société.

Une deuxième difficulté survient dans la théorie

marxiste des classes tirée du premier livre du *Capital*.
C'est la suivante : il est bien vrai que l'opposition fondamentale dans une société capitaliste, selon Marx, est
l'opposition, la lutte entre le capitaliste possesseur du
capital industriel et les salariés qui ne possèdent que leur
force de travail. Mais Marx sait, tout aussi bien que ses
critiques, que les sociétés capitalistes concrètes ne
comportent pas, de manière effective, seulement deux
groupes sociaux, qu'on appellera l'un *les capitalistes*,
l'autre *le prolétariat*. Si, dans le troisième livre du
Capital, intervient, en apparence, une théorie des classes
fondée sur la distribution, c'est qu'il y a dans le système
marxiste une difficulté à passer des deux classes fondamentalement ennemies du régime capitaliste aux groupes
sociaux concrets, chacun conscient de lui-même, que décrit
la notion courante des classes. La théorie abstraite des
classes dans le régime capitaliste est facile à exprimer,
puisqu'elle se réduit à l'opposition des capitalistes et des
salariés.

Mais, déjà dans cette opposition, gît une difficulté,
c'est que le rapport de production peut s'interpréter en
termes techniques ou en termes économiques. Si on
l'interprète en termes techniques, on a la place qu'occupe
chaque producteur dans un système techniquement ou
administrativement organisé de production et l'on a un
directeur de la production quel que soit le régime économique. Si l'on interprète cette opposition en termes
économiques, l'on a le capitaliste qui prélève la plus-
value et le salarié qui vend sa force de travail. Mais le
capitaliste dans ce schéma présente ou plutôt remplit
différentes fonctions : il est celui qui possède le capital-
argent, celui qui achète les moyens de production, puis la
force de travail, il est aussi le gestionnaire de l'organisation collective de travail. Dès lors, la fonction financière
du capitaliste et sa fonction gestionnaire sont confondues
dans cette notion marxiste du capitaliste. Mais, à partir du
moment où ces fonctions sont dissociées, il devient
encore plus difficile de passer de la théorie abstraite des

deux groupes sociaux, le prolétariat et les capitalistes, opposés l'un à l'autre, à une théorie sociologique concrète. En d'autres termes, ce que Marx a vu clairement et a indiqué à de multiples reprises, c'est que les relations entre les groupes sociaux hiérarchiquement disposés ont un fondement économique qui est l'exploitation de certains groupes par d'autres. Théorie de l'exploitation qui trouvait son fondement dans la notion de la plus-value et du prélèvement de la plus-value.

Il existe donc la possibilité d'une analyse marxiste économique rigoureuse des relations de classes dans toutes les sociétés à partir de la théorie économique ou de la théorie économique des classes, mais la difficulté consiste à passer de ce schématisme des classes défini par la théorie économique aux groupes sociaux, concrets, qui existent en tant que tels, chacun conscient de lui-même et de son opposition aux autres. Aussi, à mon avis, doit-on admettre une seule façon de réconcilier la théorie abstraite et la théorie sociologique concrète. La manière qui me paraît la plus satisfaisante d'aboutir à une unité qui permette d'aller de la théorie abstraite, que nous connaissons, à la théorie concrète, qui n'a pas élaboré son marxisme, c'est de se souvenir que toute la pensée marxiste est une pensée d'action, c'est-à-dire une interprétation de la réalité destinée à changer la réalité.

Je proposerai donc, comme l'une des interprétations possibles, une interprétation qui ne me paraît pas infidèle à l'esprit de Marx. La théorie abstraite des classes devrait déboucher ou débouchera ou débouche sur une théorie concrète dans la mesure où le prolétariat veut bien se constituer en classe révolutionnaire. Car, si le prolétariat, c'est-à-dire l'ensemble des salariés industriels, prennent conscience d'eux-mêmes comme d'une classe exploitée et s'ils sont suffisamment marxistes pour avoir conscience d'eux-mêmes comme d'un groupe qui veut la révolution, à partir de ce moment-là l'écart entre la théorie abstraite et la théorie concrète tend à se rétrécir parce que l'essentiel est obtenu.

L'essentiel, c'est qu'il y ait une classe exploitée qui veuille renverser le régime d'exploitation et qui, ayant conscience de cette volonté, s'organise en classe. Alors, à ce moment-là, le mouvement du capitalisme aboutit à la constitution du prolétariat en classe révolutionnaire. Et, le fait qu'il existe des groupes petits-bourgeois qui ne savent pas s'ils sont d'un côté ou de l'autre, tout cela qui peut intéresser les sociologues empiriques devient secondaire dans la perspective qui, à ce moment-là, n'est plus ni strictement économique, ni strictement sociologique, mais qui est la perspective d'une philosophie marxiste de l'histoire.

Naturellement, cette réconciliation par l'intermédiaire de la constitution du prolétariat en classe révolutionnaire a été l'objectif permanent de Marx pendant toute sa vie. Ce qui me permet de proposer une interprétation philosophique qui serait à peu près la suivante.

Il fallait l'action, il faut l'action, pour que la théorie marxiste des classes soit vraie parce qu'elle est à la fois une analyse et une volonté. Elle est une analyse en ce sens qu'elle montre la situation du prolétariat dans la société capitaliste et elle est une volonté en ce sens qu'elle tend à enseigner au prolétariat exploité les conditions de sa libération et de la révolution. Cela dit, pour que cette théorie aboutisse à une action qui la vérifie, il faut deux conditions.

Il faut que le devenir du capitalisme ressemble suffisamment au devenir du capitalisme tel que Marx se le représentait à l'avance. Il faut donc que les contradictions internes du capitalisme créent des situations qui ressemblent plus ou moins à celles que Marx avait envisagées.

Il faut, en second lieu, que le prolétariat, placé dans cette conjoncture, réagisse comme il doit réagir pour que la théorie marxiste soit vérifiée.

Le marxisme orthodoxe ne peut exister qu'à la condition que le capitalisme veuille bien se transformer selon une dialectique immanente à ses contradictions, et aussi que le prolétariat veuille bien réagir à cette situation comme il doit le faire, s'il a bien compris Marx. Si l'une des deux conditions manque, ce qui est concevable, alors il reste deux possibilités : la possibilité d'une conception volontariste, qui devient essentiellement politique ; ou bien celle de la conception du déterminisme immanent des forces économiques, qui consiste, si je puis dire, à faire confiance à l'avenir au fur et à mesure que le présent dément certaines espérances ou certaines craintes.

En d'autres termes, le marxisme orthodoxe suppose une dialectique historique où la situation incite le prolétariat à agir d'une certaine façon et où le prolétariat agit comme il le doit. Si la situation n'est pas ce qui est prévu, le prolétariat peut tout de même agir comme il le doit. Ou bien on peut désespérer que le prolétariat agisse comme il le doit et attendre que la dialectique historique se conduise mieux. Une des deux versions est celle de la Deuxième Internationale, l'autre celle de la Troisième. Ces deux versions étaient prévues à l'avance par Marx. Mais Marx en avait fait la synthèse avant que se développent la thèse et l'antithèse. Ce qui revenait à laisser un joli problème à ses disciples.

CHAPITRE XV

DE LA THÉORIE AU RÉCIT HISTORIQUE

Nous avons donc expliqué les différentes modalités des relations entre la théorie et l'histoire dans la pensée de Marx. Les éléments principaux étaient, en résumé, les suivants.

Les relations entre théorie et histoire

1°) La théorie de l'histoire universelle, que Marx nous présente, est une théorie de la succession des régimes économiques, chaque régime étant défini essentiellement par les rapports de production, notion qui englobe simultanément les forces de production, moyens techniques de production, et l'organisation du travail ou modalité de la plus-value, plus exactement la modalité de distribution ou de circulation de la plus-value, liée à la structure de la propriété.

2°) La méthode de l'économie politique dans *Le Capital* consiste à aller de l'abstrait au concret, c'est-à-dire des catégories à l'ensemble historique singulier. J'insiste sur ce point parce qu'il n'y a pas à proprement parler contradiction entre la méthode marxiste d'analyse concrète de l'histoire et la méthode employée dans *Le Capital*, qui consiste à partir des catégories abstraites pour retrouver progressivement la totalité concrète.

Malgré tout, la méthode du *Capital* combinée avec l'intention historique de la sociologie marxiste comporte quelques difficultés. Ces difficultés réduites à l'essentiel me semblent les suivantes :

a) La méthode de l'abstrait au concret me paraît n'avoir été employée par Marx, explicitement, que dans l'analyse du régime capitaliste. La question se pose de savoir si la méthode qui consiste à partir des catégories abstraites pour aller à la totalité concrète serait valable pour les autres régimes économiques.

Je ne prétends pas répondre de manière dogmatique à cette question, puisque les textes marxistes ne permettent pas d'y répondre catégoriquement. Mais cette question importe pour la destinée posthume du marxisme parce qu'un certain nombre de marxistes, parmi les plus grands, ont jugé que la méthode propre à Marx était valable essentiellement pour le régime capitaliste et n'était pas applicable au même sens ou de la même façon pour les autres régimes. Je songe en particulier à Georges Lukács – le plus grand philosophe marxiste vivant aujourd'hui, en Hongrie –, qui a considéré dans son livre de 1923, récemment traduit en français, *Histoire et conscience de classe* [1], qu'il y avait une modification de la fonction du matérialisme historique en passant du régime capitaliste au régime post-capitaliste et qu'également il y avait une modification de fonction, si l'on comparait le rôle de l'interprétation marxiste dans un régime pré-capitaliste.

b) La deuxième difficulté est que Marx n'a pas été jusqu'au bout de son plan du *Capital*. Le livre III, dans ses projets initiaux, n'était pas le dernier. On a retrouvé plusieurs plans du *Capital* dans ses papiers, mais il semble qu'il devait y avoir au moins deux volumes supplémentaires qui auraient représenté des étapes postérieures dans la marche de l'abstrait au concret [2].

Il me paraît qu'il voulait, à partir des classes sociales, faire intervenir l'État et développer une théorie politique distincte de l'infrastructure analysée dans les livres précédents. Il voulait aussi étudier le marché mondial et les phénomènes de colonisation. Autrement dit, la démarche d'explication de l'abstrait au concret n'est pas arrivée jusqu'à son terme et, du même coup, un certain nombre de questions restent posées.

Par exemple : jusqu'à quel point le schème du développement économique du régime capitaliste tiré de l'expérience anglaise est-il valable pour tous les régimes capitalistes ? Dans un grand nombre de textes, Marx dit, explicitement, que d'autres schèmes de développement sont possibles, différents de celui qu'il avait tiré du cas anglais.

Mais, du même coup, se pose une question de portée générale : quelles sont les relations abstraites établies dans *Le Capital* qui peuvent être considérées comme valables pour tous les régimes capitalistes concrets, et quelles sont les relations abstraites qui sont valables pour un régime capitaliste singulier ? Ce qui revient à reposer de manière différente la question centrale de la relation entre les lois du régime capitaliste établies dans *Le Capital* et le devenir concret des régimes capitalistes. On trouve chez Marx une claire volonté d'expliquer l'histoire du capitalisme par les lois abstraites de fonctionnement du régime capitaliste en tant que tel, mais puisqu'il y a pluralité de régimes capitalistes concrets et historiques, la question se pose toujours de savoir comment combiner les lois abstraites valables pour un régime capitaliste schématisé avec le développement historique dans ses détails et selon les diversités des pays.

c) La question, enfin, se pose de savoir dans quelle mesure il y a accord ou contradiction entre forces et rapports de production.

Un régime économique se définit, nous l'avons vu, par, d'une part, un certain état des forces de production, d'autre part, des rapports de production, eux-mêmes définis par la propriété et les modalités de la plus-value. On peut concevoir la relation entre forces et rapports de production comme un rapport de détermination unilatérale des rapports par les forces. Ce serait une version causale et pour ainsi dire mécanique de la relation entre ces deux termes. Ce n'est certainement pas l'intention du *Capital*. L'idée marxiste par excellence est que chaque régime économique constitue une unité totale dans laquelle des forces de production définies s'expriment dans des rapports de production déterminés. En ajoutant à la totalité une notion dialectique, on dira qu'il peut y avoir contradiction entre forces et rapports de production puisque, après tout, la contradiction dont doit, à la limite, mourir le régime capitaliste, est celle qui existe entre les forces et les rapports de production. Mais si l'on va trop loin dans cette notion des contradictions entre forces et rapports de production, alors le schématisme historique, selon lequel le capitalisme avec la propriété privée représente la phase nécessaire au développement des forces de production, se trouve mis en question et, de ce fait, les grandes lignes de l'histoire se brouillent quelque peu.

Voilà très sommairement indiquées les trois difficultés que soulève la combinaison de la méthode abstraite du *Capital* et de la philosophie historique générale de Marx.

3°) L'analyse théorique du capitalisme est simultanément une analyse de l'essence dynamique du régime capitaliste et du devenir autodestructeur du régime capitaliste.

J'ai montré comment on trouve dans la pensée de Marx, telle qu'elle s'exprime dans *Le Capital*, une théorie qui anticipe beaucoup des théories modernes, selon laquelle l'essence du capitalisme est d'être un régime qui se transforme perpétuellement, qui est, pourrait-on dire, condamné à la fuite en avant. C'est un régime qui se définit non pas par un modèle d'équilibre, mais par l'impossibilité d'un équilibre stable. C'est un régime qui se définit par l'accumulation du capital et par le renouvellement incessant des moyens de production, renouvellement des moyens de production auquel les entrepreneurs sont contraints par le jeu de la concurrence, concurrence qui est elle-même liée à l'essence du capitalisme.

Cette théorie d'un capitalisme essentiellement dynamique ne présente pas de difficultés. Ce qui présente plus de difficultés, c'est la théorie du devenir endogène autodestructeur du capitalisme. On appelle « endogène », dans l'analyse économique, une transformation qui est déterminée par des facteurs internes au système économique lui-même. La guerre, par exemple, serait considérée comme un facteur exogène. Or, ce que veut démontrer Marx, c'est que le capitalisme, par son propre fonctionnement, aboutit à une situation où il ne peut plus fonctionner. Le fait est que la démonstration de cette théorie ne se trouve pas dans *Le Capital* lui-même. Cette théorie est affirmée dans des textes qui sont surtout polémiques ou romantiques ou catastrophiques. Mais, si l'on s'en tient à l'analyse économique elle-même, on ne peut pas dire que les éléments fondamentaux de la démonstration soient donnés. En effet, le devenir endogène autodestructeur peut être interprété essentiellement de trois façons différentes, qu'on trouve combinées dans *Le Capital*.

a) La paupérisation au sens où ce mot était pris classiquement, c'est-à-dire la diminution du niveau de vie des masses populaires, n'est pas et ne peut pas se trouver démontrée dans le schématisme du *Capital*. La paupérisation absolue n'est pas démontrée pour la simple raison que, si l'on se donne une productivité croissante du travail, on ne peut aboutir à un abaissement du niveau de vie que par l'intermédiaire d'une aggravation de l'exploitation et qu'il n'y a ni démonstration, ni affirmation de l'aggravation de l'exploitation du travail.

On peut naturellement faire intervenir la notion de paupérisation relative, c'est-à-dire la diminution de la part du revenu national qui va aux salariés ou à la classe ouvrière. Mais on ne trouve pas non plus de démonstration de cette paupérisation relative. Et, dans la mesure où il n'y aurait que paupérisation relative dans un niveau de vie général croissant de la population, elle n'aboutirait pas à ce qui est nécessaire, à savoir à l'autodestruction du régime capitaliste.

b) Le deuxième facteur de la théorie de l'autodestruction est la concentration. C'est-à-dire l'élimination des petits entrepreneurs, des propriétaires paysans indépendants et la concentration progressive en un petit nombre de mains de l'essentiel de la richesse, autrement dit le contraste croissant entre la masse des expropriés et le petit nombre des expropriateurs. Mais, en admettant cette tendance à la concentration, il est, d'une part, très difficile d'imaginer que cette tendance ira jusqu'à son terme et, d'autre part, un capitalisme d'entreprises concentrées n'est pas, de manière évidente, condamné à mort.

c) Le troisième facteur s'exprime par la loi de la baisse tendancielle du taux de profit. L'idée que le taux de profit tend à s'abaisser n'est pas une idée propre à Marx. Tous les économistes de son temps considéraient que le taux de profit tendait à diminuer. L'apport spécifique de Marx était l'explication d'un phénomène constaté, ou que l'on croyait constater, et que les autres économistes ne savaient pas trop comment expliquer, sinon par le rendement décroissant du capital accumulé. Marx a été ravi lorsqu'il a constaté que sa théorie de la plus-value prélevée sur le travail vivant donnait une explication extrêmement élégante d'un phénomène que les autres économistes constataient sans pouvoir, à proprement parler, l'expliquer.

La première question qui se pose, c'est de savoir si le fait lui-même est exact : y a-t-il ou non tendance à la baisse du taux de profit ? Naturellement, il est difficile de soumettre exactement à l'expérience statistique une formule comme celle de la baisse du taux de profit. D'abord parce qu'on peut calculer le taux de profit, soit brut, soit net. Il faut aussi tenir compte des mouvements de prix. Enfin, d'autres difficultés statistiques se présentent en grand nombre. Il reste que la manière la plus simple de soumettre à l'expérience le phénomène de la baisse du taux de profit consiste à traduire les formules de Marx dans le langage de l'économie moderne. C'est ce que Bertrand de Jouvenel a fait dans un article que je recommande [3]. On part de la formule marxiste de la valeur :

Capital constant + capital variable + plus-value.

Si, au lieu de parler de *capital constant*, en termes marxistes, on parle de l'ensemble du capital fixe et des matières premières achetées à des entreprises extérieures, on peut considérer que le *capital variable* et la *plus-value* représentent ce que l'on appelle la *valeur ajoutée*. En effet, une entreprise utilise des machines et des matières premières, en gros des moyens de production, achetés à d'autres entreprises. L'ensemble de ce *capital constant*, fixe ou non fixe, est mis à la disposition des ouvriers salariés. Ceux-ci travaillent sur ce capital et en font surgir un produit dont la valeur est supérieure à la valeur du capital antérieur. Ce supplément s'appelle la *valeur ajoutée*. Cette valeur ajoutée comporte à la fois les salaires distribués aux ouvriers et le profit ou la plus-value qui, dans la conception marxiste, revient au capital. Une manière de savoir s'il y a une baisse du taux de profit selon la formule marxiste est de savoir quel est le rapport entre le capital et la valeur ajoutée *V/PN* ou encore quel est le rapport, dans une économie donnée, entre le coefficient du capital et le produit de l'ensemble de la collectivité *K/Y* (ce qui n'est rien d'autre que l'inverse de la productivité du capital *Y/K*).

Le rapport entre le capital existant et la valeur du produit représente, pour ainsi dire, l'équivalent, en langage d'économie moderne, du problème que se posait Marx dans les relations entre le capital constant, d'un côté, le capital variable et la plus-value, de l'autre. Or, ce rapport entre le capital, d'un côté, et le produit national, de l'autre, ce rapport, d'après les études statistiques conduites aux États-Unis, ne tend nullement à augmenter.

Voici une citation qui se trouve dans l'étude de Bertrand de Jouvenel que j'ai déjà mentionnée. Cette citation et les calculs qu'elle invoque ont pour auteur un des plus célèbres statisticiens économistes américains, Simon Kuznets [4].

« *Une mesure pertinente*, écrit-il, *est le rapport du stock de capital compté net au produit national net. Ce*

*coefficient moyen du capital s'élève de 3,2 en 1869-1888
à 3,6 en 1909-1928, mais il tombe à 2,5 en 1947-1955.
Même en 1929-1955, alors que la moyenne du rapport est
relevée par le sous-emploi du capital durant la grande
dépression et aussi pendant les années de guerre (lorsque
nous excluons les produits militaires) il est seulement de
3,3, légèrement plus bas qu'en 1909-1928.*

*« En d'autres termes, au cours des décennies récentes,
un produit plus large a pu être obtenu avec relativement moins d'investissements. Et ce même mouvement
de gonflement, puis de dégonflement du coefficient de
capital est aussi mis en évidence si notre estimation du
capital est prise nette, non des amortissements, mais des
retraits »* [5].

En d'autres termes, si l'on considère le rapport entre la
masse du capital d'un pays donné K, et le produit annuel
Y, ce rapport ne tend pas à augmenter. Il semble, au cours
des périodes considérées, avoir dans une première phase
augmenté, puis dans une deuxième phase diminué. Il
semble diminuer aujourd'hui et le phénomène s'explique
vraisemblablement par un usage meilleur des moyens de
production, car le coefficient de capital baisse lorsque la
productivité du capital augmente. Si l'on veut s'exprimer
en termes marxistes, on parlera de la capacité du régime
économique moderne de diminuer la valeur des biens de
production, c'est-à-dire le capital mort.

En termes d'économie moderne, le fait même de la
baisse du taux de profit, que la théorie de la plus-value et
la loi de la baisse du taux de profit marxistes devaient
expliquer, ne se produit pas. L'existence du phénomène
n'est donc pas démontrée puisque le coefficient de capital,
c'est-à-dire, répétons-le, le rapport entre la masse du
capital K et le produit national Y, selon les périodes,
augmente ou diminue. Si loi il y a donc, elle prétend expliquer un phénomène qui ne se produit pas nécessairement.

J'ajouterai que, dans la mesure où ce phénomène se
produirait, on ne pourrait pas encore en déduire l'auto-

destruction du régime capitaliste, car nul ne sait à partir de quel taux de profit moyen le capitalisme ne pourrait plus fonctionner.

Si l'on entrait dans des discussions plus techniques encore, on pourrait avancer que, si le coefficient du capital tend à augmenter ou à diminuer, il pourrait en résulter des conflits plus ou moins violents entre salariés et capitalistes pour le partage du produit national. Mais laissons ces considérations qui supposeraient une analyse économique un peu plus poussée. J'ai simplement voulu indiquer que les économistes d'aujourd'hui se sont intéressés à la loi de la baisse tendancielle du taux de profit et qu'ils ont mis en question non pas tant l'explication par les formules marxistes que le fait lui-même.

4°) La théorie du capitalisme est la théorie de l'accumulation du capital, de l'aggravation des crises, de la transformation incessante des moyens de production et, en dernière analyse, de la révolution des expropriés expropriant les expropriateurs. Mais la question reste posée de savoir si l'origine et la fin de chaque régime économique s'expriment en termes purement économiques. En d'autres termes, si le mécanisme des lois économiques fait surgir et disparaître les régimes, ce qui nous a mené sur la voie des deux problèmes, que j'ai déjà traités brièvement :

1) Doit-on exprimer l'accumulation primitive en termes de politique ou de violence ou en termes proprement économiques ; autrement dit : la violence doit-elle être considérée comme un agent économique ?

2) À la fin du capitalisme quel sera le rôle de la violence ? Quelle forme sera censée prendre la lutte de classes ?

Du même coup, nous sommes arrivés à la lutte de classes et j'ai esquissé ce qu'étaient les différents éléments composant la théorie des classes dans le marxisme :

– la théorie des classes pour toutes les sociétés ;

– la théorie des classes pour la société capitaliste comprenant la théorie essentielle, figurant au début du *Capital*, liant la plus-value et la propriété privée ; et une théorie, plus superficielle, située au niveau des apparences, au niveau de la distribution du produit social ;

– enfin, troisième élément, c'était la tendance à la simplification et à la concentration de la lutte de classes entre deux classes seulement : les capitalistes, d'un côté, et les prolétaires, de l'autre.

Vers le concret : *Les Luttes de classes en France*

Je vais envisager une étape ultérieure de la démarche de l'abstrait au concret et essayer de montrer comment, à partir de ces conceptions générales de l'histoire, Marx peut raconter des histoires particulières, comment il écrit un récit historique à partir des conceptions théoriques que j'ai analysées.

On pourrait dire, en termes généraux, qu'on trouve chez Marx d'abord une théorie de la structure de toutes réalités sociales, qui est la théorie de l'infrastructure et de la superstructure, des forces et des rapports de production ; puis, une théorie du régime capitaliste : propriété privée, plus-value, transformation incessante des moyens de production, devenir endogène autodestructeur. On caricature. On trouve donc chez lui une théorie des lois du devenir du régime capitaliste.

Mais comment, de là, passe-t-on au récit historique ? Que se passe-t-il lorsqu'au lieu d'analyser les lois du devenir du régime capitaliste, on veut écrire l'histoire ? Comment Marx lui-même écrivait-il l'histoire de son temps en fonction de ses propres conceptions théoriques ?

J'étudierai, pour répondre à ces questions, plusieurs textes classiques pris dans quatre livres. D'abord, dans *Les Luttes de classes en France*, c'est-à-dire le récit des événements de 1848 à 1850. Ensuite, dans *Le*

18 Brumaire de Louis Bonaparte, ouvrage consacré à la période suivante de l'histoire de France. Puis, un ouvrage intitulé *La Guerre civile en France*, qui est l'étude de la Commune. Pour terminer, j'étudierai rapidement un texte, encore plus célèbre, la *Critique du programme de Gotha*.

L'examen de ces différents textes me permettra d'expliquer :

1°) Comment Marx utilisait la théorie des classes pour écrire l'histoire politique. Nous y trouverons l'anticipation de beaucoup de façons d'écrire l'histoire politique contemporaine.

2°) Nous verrons ensuite quelles classes il distinguait ou observait.

3°) Nous verrons enfin quelle place il faisait à la politique, à l'État et aux individus quand il racontait l'histoire.

Comme nous allons aborder des sujets peu philosophiques et très proches de l'histoire et de la politique, je procéderai par des citations que je commenterai.

Tirons le premier texte des *Luttes de classes en France*. On le trouve au début du livre et il concerne les relations entre les luttes politiques et les luttes de classes.

« *Après la révolution de Juillet, lorsque le banquier libéral Laffitte conduisit en triomphe son compère le duc d'Orléans à l'Hôtel de Ville, il laissa échapper ces mots : "Maintenant, le règne des banquiers va commencer." Laffitte venait de trahir le secret de la révolution.*

« *Ce n'est pas la bourgeoisie française qui régnait sous Louis-Philippe, mais* une fraction *de celle-ci : banquiers, rois de la Bourse, rois des Chemins de fer, propriétaires de mines de charbon et de fer, propriétaires de forêts et la partie de la propriété foncière ralliée à eux, ce que l'on appelle* l'aristocratie financière. *Installée sur le trône, elle dictait les lois aux Chambres, distribuait les charges publiques depuis les ministères jusqu'aux bureaux de tabac.*

« *La* bourgeoisie industrielle *proprement dite formait une partie de l'opposition officielle, c'est-à-dire qu'elle n'était représentée que comme minorité dans les Chambres. Son opposition se fit de plus en plus résolue au fur et à mesure que le développement de l'hégémonie de l'aristocratie financière devenait plus net et qu'après les émeutes de 1832, 1834 et 1839 noyées dans le sang, elle crut elle-même sa domination plus assurée sur la classe ouvrière.* […]

« *La* petite bourgeoisie *dans toutes ses stratifications, ainsi que la* classe paysanne *étaient complètement exclues du pouvoir politique. Enfin, se trouvaient dans l'opposition officielle, ou complètement en dehors du* pays légal, *les représentants* idéologiques *et les porte-parole des classes que nous venons de citer, leurs savants, leurs avocats, leurs médecins, etc., en un mot ce que l'on appelait les* capacités » [6].

Pour ces dernières, disons qu'il s'agit de ceux que l'on appellerait aujourd'hui « les intellectuels ».

Dans ce premier type d'analyse, l'on reconnaît immédiatement une interprétation du régime politique à partir de la classe sociale qui détient le pouvoir. En l'espèce, Marx distingue deux fractions de la bourgeoisie : la bourgeoisie bancaire et la bourgeoisie industrielle, qui se situe partiellement dans l'opposition. Il y ajoute une troisième sous-division de la classe possédante : les propriétaires fonciers, qui, à ses yeux, sont essentiellement des légitimistes.

Au-dessous de ces trois fractions de la classe bourgeoise, on trouve la petite bourgeoisie et la classe paysanne, qui sont complètement exclues du pouvoir politique, et puis les représentants idéologiques de ces classes, à savoir « les intellectuels ».

On retrouve un peu partout dans les livres de Marx ce premier type d'interprétation, qui consiste à établir une relation, terme pour terme, entre les détenteurs du pouvoir politique et les groupes sociaux.

Cependant, pour passer de la théorie abstraite des classes au récit historique, Marx est obligé, très légitimement d'ailleurs, de substituer à la représentation dualiste en deux classes une représentation plus complexe où figurent suffisamment de groupes sociaux ennemis pour que les événements politiques puissent être rapportés aux luttes sociales. Il va de soi, en effet, que s'il ne disposait, pour raconter l'histoire politique de la France, que de la conception dualiste des deux classes, il ne pourrait pas expliquer en termes de lutte sociale les conflits politiques. Donc, selon les circonstances et encore une fois de manière légitime, il tâche de distinguer les groupes sociaux, dont les conflits rendraient compte des événements politiques.

C'est là qu'il faut faire intervenir un deuxième type d'explication à propos d'une question précise : comment a éclaté la Révolution de 1848 ?

Nous trouverons sa réponse et une deuxième modalité de récit historique, un peu plus loin dans le même livre :

« Deux événements économiques mondiaux *précipitèrent l'explosion du malaise général et mûrirent le mécontentement jusqu'à la révolte.*

« *La* maladie de la pomme de terre *et* les mauvaises récoltes *de 1845 et de 1846 accentuèrent l'effervescence générale dans le peuple* […].

« *Le second grand événement économique qui hâta l'explosion de la révolution fut une* crise générale du commerce et de l'industrie *en Angleterre* »[7].

Nous trouvons là un deuxième modèle d'interprétation des événements historiques en termes de théorie générale. Il consiste à retrouver à l'origine d'un événement politique un phénomène économique. Dans le premier cas, la problématique revient à réduire les conflits politiques aux luttes de groupes sociaux, c'est-à-dire à établir une espèce de correspondance, terme à terme, entre les partis politiques et les groupes sociaux. Dans le deuxième cas, la difficulté consiste à démontrer que les circonstances économiques, qui favorisent un certain événement politique, le rendaient proprement nécessaire. Ce qui conduit à poser la question suivante : dans les mêmes circonstances économiques, aurait-il été possible que l'explosion ne se produisît pas ? Et à y répondre négativement. En effet, si l'on veut exclure complètement le rôle des événements ou des personnalités, il faut que les circonstances économiques non seulement aient favorisé un certain événement, ce que tout le monde acceptera, mais qu'elles l'aient au surplus rendu inévitable.

Toujours dans le même livre, un peu plus loin, nous retrouvons le premier type d'interprétation qui relie chaque groupe politique à un groupe social :

« *Le* Gouvernement provisoire […] *reflétait nécessairement dans sa composition les divers partis qui se partageaient la victoire. Il ne pouvait être qu'un* compromis entre les différentes classes *qui avaient renversé ensemble le trône de Juillet, mais dont les intérêts s'opposaient avec hostilité. Il était composé en majorité de représentants de la bourgeoisie. La petite bourgeoisie républicaine était représentée par Ledru-Rollin et Flocon, la bourgeoisie républicaine par les gens du* National, *l'opposition dynastique par Crémieux, Dupont de l'Eure, etc. La classe ouvrière ne possédait que deux représentants, Louis Blanc et Albert. Lamartine, enfin, dans le Gouvernement provisoire, n'était là, au premier abord, pour aucun intérêt réel, pour aucune classe déterminée ; c'était la révolution de Février elle-même, le soulèvement commun avec ses illusions, sa poésie, son contenu imaginaire et ses phrases. Mais au fond, le porte-parole de la révolution de Février, par sa position comme par ses opinions, appartenait à la* bourgeoisie »[8].

C'est un joli texte parce que chacun des membres du Gouvernement provisoire est renvoyé à une classe déterminée, mais qui contient une difficulté : le gouvernement comprend un poète. Évidemment, on ne sait pas quoi en faire. On ne l'a pas chassé de la Cité, il est bien là et son rôle va consister, aux yeux de Marx, à représenter la révolution elle-même dans son caractère poétique. C'est évidemment une jolie formule pour se sortir d'une difficulté réelle.

Considérons un autre texte, toujours dans le même livre (ou plutôt dans le même recueil d'articles). Nous sommes là dans les luttes des subdivisions de la bourgeoisie et du prolétariat. Le prolétariat, formule qui va être utilisée par les partis socialistes pendant un bon demi-siècle, n'est pas encore assez fort pour régner seul ou pour faire la révolution. Le texte est parfaitement clair :

« Le développement du prolétariat industriel a pour condition générale le développement de la bourgeoisie industrielle. C'est seulement sous la domination de cette dernière que son existence prend une ampleur nationale lui permettant d'élever sa révolution au rang d'une révolution nationale ; c'est seulement alors qu'il crée lui-même les moyens de production modernes qui deviennent autant de moyens de son affranchissement révolutionnaire. Seule, la domination de la bourgeoisie industrielle extirpe les racines matérielles de la société féodale et aplanit le seul terrain sur lequel une révolution prolétarienne est possible » [9].

C'est le texte que les mencheviks ont exagérément médité parce que c'est le texte qui donne évidemment son fondement théorique à l'idée selon laquelle le prolétariat ne peut pas faire de révolution socialiste avant que le développement de la bourgeoisie industrielle ait créé les conditions d'une révolution prolétarienne.

Je ne cite pas tout le passage. Marx va expliquer qu'il n'y avait pas encore assez d'industrie en France, qu'elle n'était pas assez développée ; qu'il n'y avait pas non plus assez de prolétariat et que, puisqu'il n'y avait pas encore de domination suffisante de la bourgeoisie industrielle, il ne pouvait pas y avoir de révolution.

Nous retrouvons ici l'utilisation dans le récit historique du schématisme théorique que nous connaissons : c'est le développement même du capitalisme qui créera les conditions de la révolution prolétarienne. Comme nous sommes à un moment de l'histoire où la bourgeoisie industrielle n'a pas encore achevé son œuvre, le prolétariat ne pourra pas assumer le pouvoir à lui seul. Il lui faut attendre que la bourgeoisie industrielle accomplisse son rôle et développe le capitalisme pour rendre possible la révolution prolétarienne

Marx écrivait tout cela en 1850. Il est parfaitement légitime, cent dix ans après, de donner une interprétation différente du cours de l'histoire. Tout ce que je veux dire, c'est que nous trouvons là un des thèmes fondamentaux à partir desquels les marxistes se sont livrés à l'interprétation des situations historiques concrètes. Mais c'est seulement une des tendances générales de ces interprétations, et ce n'est pas la tendance qui l'a finalement emporté, bien qu'elle puisse se réclamer d'un grand nombre de textes similaires.

Ailleurs dans ce livre, Marx parle du suffrage universel, et il l'invoque avec une certaine ironie [10]. Il envisage aussi le ralliement des classes moyennes au prolétariat [11]. Je voudrais citer un texte, plus intéressant, sur la relation entre la Constitution républicaine de 1848 et la lutte de classes. La contradiction qu'il fait apparaître entre ces deux termes présente un intérêt, si je puis dire, théorique. Car c'est un problème qui a troublé et divisé les marxistes que de savoir quelle était la relation entre la théorie marxiste et les institutions de la démocratie bourgeoise.

« La vaste contradiction de cette Constitution consiste en ceci : les classes dont elle doit perpétuer l'esclavage social, prolétariat, paysans, petits bourgeois sont mis par elle en possession du pouvoir politique par le moyen du suffrage universel. Et à la classe dont elle sanctionne l'ancienne puissance sociale, à la bourgeoisie, elle enlève les garanties politiques de cette puissance. Elle enserre

sa domination politique dans des conditions démocra-
tiques qui aident à chaque instant les classes ennemies à
remporter la victoire et qui mettent en question les fonde-
ments mêmes de la société bourgeoise. Des unes, elle
demande qu'elles ne poursuivent pas leur émancipation
politique jusqu'à l'émancipation sociale ; des autres,
qu'elles ne reviennent pas de la restauration sociale à la
restauration politique » [12].

Ce texte revêt la signification suivante ou tout au
moins pose le problème suivant : Marx n'a cessé de dire
que le suffrage universel, les institutions de la démocratie
bourgeoise ne mettaient pas fin à la lutte de classes
et à l'exploitation de la classe salariée par la classe
bourgeoise. Mais, simultanément, dans ce texte, il semble
indiquer qu'il existe une contradiction fondamentale
entre un régime de suffrage universel et la domination de
la bourgeoisie.

À partir du texte que je viens de citer, on peut raisonner
de la manière suivante : en dernière analyse, donner le
pouvoir politique par l'intermédiaire du suffrage universel
aux classes exploitées, revient à leur donner une possibilité de se libérer de leur exploitation ou de leur oppression.
Dans cette perspective, il y avait donc une possibilité de
justifier la valeur finalement révolutionnaire des institutions de la démocratie bourgeoise ou formelle. Mais, d'un
autre côté, on trouve des textes tout aussi nombreux dans
lesquels il est dit que ni le suffrage universel, ni le Parlement ne modifient l'ensemble de la réalité sociale. C'est
dans *Le 18 Brumaire* que Marx utilise l'expression de
« crétinisme parlementaire » [13], une des expressions les
plus volontiers utilisées par les marxistes pendant une
longue période pour désigner ceux qui s'imaginaient que
les institutions de la démocratie formelle ou les institutions représentatives avaient une valeur sociale fondamentale.

Le 18 Brumaire de Louis Bonaparte

Avant de quitter la lutte de classes, il me reste à dire quelques mots sur les paysans et le prolétariat.

Les paysans sont intervenus dans la politique française, selon Marx, le jour où ils ont élu Louis-Napoléon, c'est-à-dire le 10 décembre 1848. Je me contenterai de citer quelques lignes de ce beau texte :

« *Le 10 décembre 1848 fut le jour de l'*insurrection des paysans. *C'est de ce jour seulement que data le Février des paysans français. Le symbole qui exprimait leur entrée dans le mouvement révolutionnaire, maladroit et rusé, gredin et naïf, lourdaud et sublime, superstition calculée, burlesque pathétique, anachronisme génial et stupide, espièglerie de l'histoire mondiale, hiéroglyphe indéchiffrable pour la raison des gens civilisés – ce symbole marquait sans qu'on puisse s'y méprendre la physionomie de la classe qui représente la barbarie au sein de la civilisation. La République s'était annoncée auprès d'elle par l'*huissier *; elle s'annonça auprès de la République par l'empereur* » [14].

On le voit, il s'agit d'une manière littéraire d'écrire l'histoire, dans laquelle le talent de Marx excelle. En plus de son talent littéraire, on retrouve un style d'écriture essentiel à sa théorie, car il lui permet d'interpréter un événement comme une élection en termes de classe sociale.

Louis-Napoléon a été élu, personne ne le connaissait tellement avant l'élection, mais il a été tout de même élu, dans des élections libres, par l'immense majorité du pays. La question qui se posait à Marx était : « Qu'est-ce que représentait Louis-Napoléon ? » Réponse : « Les paysans. » Il a raison, étant donné que la majorité de la population française était paysanne. Du moment qu'il a été élu par une grande majorité, on peut dire que la majorité de ses électeurs était des paysans. Ce qui laisse entière la question de savoir si Louis-Napoléon représentait la classe des paysans de manière essentielle ou accidentelle et si, au pouvoir, il s'est comporté comme le porte-parole des paysans.

Il est donc possible dans un récit historique de donner une interprétation aux événements successifs de la politique en les rapportant aux classes sociales et aux luttes fondamentales de classes. Nous sommes ainsi passés de la théorie du schématisme historique à une théorie du récit historique ou encore d'une interprétation générale de l'histoire à un récit historique, qui s'inspire de la théorie générale de l'histoire, mais qui, naturellement, ne s'en déduit pas. Tout simplement parce que de la théorie générale de l'histoire, on n'aurait pas pu déduire que Louis-Napoléon aurait été élu président de la République française, le 10 décembre 1848.

On peut toujours, après coup, avancer que l'événement politique s'explique par un arrière-plan social ou économique. Ce genre d'explication réussit immanquablement de manière rétrospective. De manière prospective, comme pour toutes les prévisions, la méthode peut échouer.

J'ai fait allusion, plus haut, à l'expression de « crétinisme parlementaire ». Je vais maintenant citer le texte où se trouve cette expression. Marx parle des députés de l'Assemblée nationale française aux prises avec Louis-Napoléon :

> « *N'avaient-ils pas eux-mêmes fait constamment de leurs prérogatives parlementaires un usage inconstitutionnel, en particulier le jour où ils abolirent le suffrage universel ? Ils en étaient donc réduits à se mouvoir exactement dans les limites parlementaires. Et il fallait cette maladie spéciale qui, depuis 1848, exerce ses ravages sur tout le continent, le crétinisme parlementaire, qui enferme ses victimes dans un monde imaginaire et leur enlève tout sens, tout souvenir, toute intelligence du rude monde extérieur ; il fallait ce crétinisme parlementaire pour que ces hommes du parti de l'ordre, après*

avoir, de leurs propres mains, détruit toutes les conditions du pouvoir parlementaire, comme ils ne pouvaient du reste manquer de le faire dans leur lutte contre les autres classes, puissent encore considérer comme de réelles victoires leurs victoires parlementaires et se figurer atteindre le Président en frappant sur ses ministres » [15].

Toujours en ce qui concerne *Le 18 Brumaire*, on trouve quelques textes qui me paraissent présenter un certain intérêt du point de vue théorique. Tout d'abord, nous avons vu que Louis-Napoléon représente dans l'histoire française, selon Marx, l'irruption des paysans. Les paysans constituent-ils une classe ou non ? À ce problème théorique, voici la réponse que donne Marx dans un texte du *18 Brumaire*, qui est un des textes les plus souvent cités et qui fait partie de la théorie marxiste des classes.

« Les paysans parcellaires forment une masse énorme, dont tous les membres vivent dans la même situation, mais sans être liés par de nombreux rapports. Leur mode de production les isole les uns des autres, au lieu d'établir entre eux un commerce réciproque. Cet isolement est encore augmenté par le mauvais état des moyens de communication et la pauvreté des paysans. Leur champ de production, la parcelle, ne permet, dans cette culture, aucune division du travail, aucune application de la science, donc pas de diversité dans le développement, pas de variété dans les talents, pas de richesse dans la situation sociale. Chaque famille de paysans se suffit à peu près à elle seule, produit directement la plus grande partie de sa consommation et gagne ainsi ses moyens d'existence par un échange avec la nature plutôt que par un commerce avec la société. La parcelle, le paysan et sa famille ; à côté, une autre parcelle, un autre paysan et une autre famille. Une certaine quantité de familles constituent un village, et une certaine quantité de villages forment un département. La grande masse de la nation française est ainsi constituée par une simple addition de

grandeurs de même nom, à peu près comme un sac de
pommes de terre est formé par des pommes de terre. Par
le fait de vivre dans des conditions économiques d'exis-
tence qui distinguent leur mode d'existence, leurs intérêts
et leur culture de ceux des autres classes et les posent
réciproquement en ennemis, des millions de familles
constituent une classe. Et par le fait de n'être unis que
par un lien purement local, par le fait que l'identité de
leurs intérêts ne crée pas de communautés, ni d'union
nationale, ni d'organisation politique, les paysans parcel-
laires ne constituent pas de classes. Ils sont par suite
incapables de se faire prévaloir en leur propre nom,
soit par un Parlement, soit par une Convention. Ils ne
peuvent se représenter eux-mêmes ; il leur faut des repré-
sentants pris hors de leur milieu » [16].

On trouve là une théorie assez élaborée des classes. La
condition première d'une classe, c'est qu'il existe un
grand nombre de familles qui vivent dans des conditions
semblables. Il faut que ces millions de familles aient les
mêmes intérêts, qu'elles aient plus ou moins la même
culture et que ces communautés créées par la similitude
de conditions les posent en ennemis d'autres groupes
définis par d'autres conditions d'existence et d'autres
intérêts. Mais la classe n'accède à sa réalité, au sens fort
du terme de la réalité d'une classe, que par la prise de
conscience. Or, dans le cas des paysans, cette prise de
conscience de la classe comme classe ou cette organisation de la classe en parti politique ne se produit pas parce
que les paysans ne sont unis que par un lien purement
local et que l'identité de leurs intérêts ne crée pas de
communautés, ni d'union nationale, ni d'organisations
politiques.

Une classe sociale, au sens marxiste du terme, suppose
la conjonction d'une situation et, comme dirait Jean-Paul
Sartre, d'un projet. Il faut une situation dans laquelle se
trouvent un grand nombre d'hommes ou de familles. Il
faut qu'ils vivent dans des conditions analogues et qu'ils

aient les mêmes intérêts. Mais, aussi longtemps que ces millions de gens n'ont pas conscience de leur unité, ils constituent, pour parler encore en termes philosophiques, une classe en-soi et non pas une classe pour-soi. Hegel parle ainsi. En langage ordinaire, on dira que ces hommes appartiennent au même groupe mais n'ont pas conscience de constituer un groupe, et n'accèdent pas à l'unité d'organisation et de volonté, indispensable pour que la classe, au sens fort du terme, existe en tant que telle. Une classe n'existe réellement que quand elle se pense comme classe, parce que, sans cela, elle est *en-soi* et non *pour-soi*. Une classe n'existe réellement que quand elle se veut classe, c'est-à-dire quand elle a un projet. Quand cette classe s'appelle le prolétariat, et quand elle est révolutionnaire, elle dispose d'un projet. D'où cette formule célèbre : « *Le prolétariat sera révolutionnaire ou ne sera pas.* »

Effectivement, cette formule se déduit facilement de l'analyse que je viens de présenter à partir du texte relatif aux paysans. Les paysans ne constituent pas une classe parce qu'ils n'ont ni organisation, ni volonté, ni projet. De même, le prolétariat ne peut pas se constituer en classe, c'est-à-dire prendre conscience de lui-même, sans s'organiser politiquement. Dans la vision marxiste, le prolétariat ne peut se penser « prolétariat » sans se penser « exploité ». Par conséquent, s'il se pense comme prolétariat, il se pense comme volonté révolutionnaire. S'il n'est pas révolutionnaire, c'est qu'il ne se pense pas, et s'il ne se pense pas, c'est qu'il n'existe pas.

La démonstration est absolument concluante, si l'on accepte un certain nombre de prémisses.

L'État

Étudions maintenant un autre texte de portée théorique que je vais commenter un instant. C'est un texte relatif à l'État, toujours dans *Le 18 Brumaire*. Il pose un des problèmes les plus intéressants du récit historique chez Marx.

Dans la politique telle qu'il la raconte, qu'il s'agisse de la politique française entre 1848 et 1852, ou de la crise de la Commune de Paris en 1870, il part des conflits sociaux pour aller jusqu'à la bataille entre les individualités, et les petits groupes partisans qui cherchent à s'emparer de l'État. D'où la double question à résoudre : qu'est-ce que l'État pour Marx et qu'en dit-il ?

D'après sa théorie, l'État est essentiellement l'organe qui permet à une classe dirigeante de maintenir sa domination sur les autres classes. Le fait que l'État soit un organisme de domination en fait en tant que tel une réalité. Lisons Marx. Il s'agit d'un texte très célèbre.

« Ce pouvoir exécutif avec son énorme organisation bureaucratique et militaire, avec son mécanisme administratif complexe et artificiel, un demi-million de fonctionnaires et un autre demi-million de soldats, cet effroyable corps parasite qui enveloppe comme une membrane le corps de la société française et en bouche tous les pores, ce pouvoir exécutif naquit au temps de la monarchie absolue, au déclin du système féodal, déclin dont il contribua du reste à précipiter la marche. Les privilèges seigneuriaux des propriétaires fonciers et des villes se muèrent en autant d'attributions du pouvoir public, les dignitaires féodaux se transformèrent en fonctionnaires salariés, et la carte bigarrée des droits médiévaux contradictoires fit place au plan réglé d'un pouvoir suprême dont le travail est divisé et centralisé comme celui d'une fabrique. La première Révolution française, qui avait pour tâche de briser tous les pouvoirs indépendants, locaux, territoriaux, communaux ou provinciaux, afin de créer l'unité civile de la nation, ne pouvait que développer ce que la monarchie absolue avait commencé : la centralisation, mais en même temps l'étendue, les attributions et les serviteurs, les manœuvres et le pouvoir gouvernemental. Napoléon mit la dernière main à ces mécanismes, à ces machines de l'État. La monarchie légitime et la monarchie de Juillet n'y ajoutèrent rien, sauf une plus grande

division du travail. Cette division du travail croissait d'ailleurs dans la mesure même où la division du travail dans la société créait de nouveaux groupes d'intérêts, par conséquent de la matière nouvelle par l'administration de l'État. Chaque intérêt commun fut immédiatement distrait de la société pour lui être opposé comme un intérêt supérieur général, il fut arraché à l'activité personnelle des membres de la société pour devenir l'objet de l'activité gouvernementale, depuis le pont, la maison et l'école, la propriété communale du moindre village, jusqu'au chemin de fer, aux propriétés nationales, et à l'Université nationale de France. La République parlementaire se vit à son tour forcée, dans sa lutte contre la révolution, de renforcer par des mesures répressives les moyens d'action et la centralisation du pouvoir gouvernemental. Toutes les révolutions perfectionnèrent cette machine au lieu de la briser. Les partis qui se disputèrent successivement le pouvoir considéraient la mainmise sur cet énorme édifice de l'État comme le butin principal du vainqueur » [17].

Marx constate donc qu'il existe dans une société moderne une énorme machine d'État. Cette machine d'État, dans le cas français, est spécialement centralisée et elle comporte un demi-million de fonctionnaires et un demi-million de soldats. D'autre part, les luttes politiques ont pour objectif immédiat ou pour enjeu la possession de cette machine d'État ou sa domination par un groupe particulier. D'où la question : que pourrait faire une révolution ? Comme toutes les révolutions du XIXe siècle consistent à changer les détenteurs ou les propriétaires de cette machine d'État, on doit se demander :

Est-ce que cette machine d'État est liée inévitablement à la nature même de la société ou bien n'est-elle que le butin emporté par le vainqueur d'une bataille politique, parce que la vraie révolution n'a pas eu lieu ?

Il va de soi que dans *Le 18 Brumaire*, Marx va répondre que la vraie révolution consistera à détruire cette machine. *« Toutes les révolutions perfectionnèrent cette machine au lieu de la briser* », écrit-il, et, dans le style qu'il affectionnait à ce moment-là, il écrit aussi, à propos de l'évolution de l'État et de l'administration sous le Second Empire :

« *La machine de l'État s'est à tel point consolidée vis-à-vis de la société civile que, pour la faire marcher, il suffit du chef de la Société du 10 décembre, un chevalier d'industrie accouru de l'étranger, élevé sur le pavois par une soldatesque ivre qu'il allait acheter avec de l'eau-de-vie et des saucisses et à laquelle il doit sans cesse recommencer à jeter des saucisses. De là ce découragement et ce désespoir, ce sentiment de l'humiliation la plus effroyable et de la dégradation la plus affreuse qui oppresse la poitrine de la France et la laisse haletante. La France se sent comme déshonorée* »[18].

Il s'agit évidemment d'un texte polémique et littéraire. Le problème est le suivant du point de vue théorique : nous partons de l'idée que l'État est l'expression de la société civile selon la vieille théorie marxiste exprimée dans la *Critique de la Philosophie du droit de Hegel*. Nous avons découvert que, dans la société civile, il y avait essentiellement rivalité entre une classe d'expropriateurs et une classe de victimes, d'où nous avons conclu que l'État était l'instrument qu'utilisait la classe privilégiée, la classe d'exploitation, pour maintenir son règne. Mais, maintenant, intervient une autre notion, à savoir que la machine d'État acquiert une véritable indépendance, une véritable autonomie par rapport à la société civile, et qu'il suffit de n'importe qui, y compris d'un chevalier d'industrie, pour s'emparer de cette machine d'État. Dans quelle mesure est-il possible de concilier l'interprétation de l'État par la lutte de classes avec l'autonomie acquise par la machine d'État à l'égard de la société civile ?

Dans *Le 18 Brumaire*, la réponse de Marx est à peu près la suivante : la machine d'État a acquis une certaine autonomie ; mais, finalement, ceux qui possèdent cette machine d'État en tirent un certain nombre de bénéfices pour eux-mêmes. Marx est inépuisable sur le sujet des dettes dont était affecté Louis-Napoléon avant d'être élu président de la République, ce qui est exact d'ailleurs, et sur les bénéfices très personnels que Louis-Napoléon a tirés de sa situation de président de la République, mais il explique qu'au bout du compte, Louis-Napoléon, une fois au pouvoir, amené au pouvoir par la paysannerie, a fait la politique du parti de l'ordre.

On pourrait dire que la conciliation entre l'autonomie de la machine d'État et l'explication de l'État par la lutte de classes se fait par l'intermédiaire de l'idée suivante : peu importe qui, finalement, possédera cette machine d'État, car il fera la politique de la classe privilégiée. Proposition qui, malgré tout, laisse subsister une certaine difficulté. On peut en effet dire : peu importe celui qui possède cette machine d'État. Mais, pour aller jusqu'au bout de l'idée de « peu importe », il faudrait démontrer que n'importe quel groupe au pouvoir ferait fondamentalement la même politique voulue par la classe privilégiée ou encore il faudrait expliquer que celui qui est en possession de la machine d'État fait la politique voulue par la fraction de la classe privilégiée dont il représente les intérêts.

Tout cela présente des difficultés, parce que tout cela a toujours la même origine : un essai pour établir des correspondances, terme à terme, entre les groupes sociaux, les intérêts économiques et sociaux et les péripéties des batailles politiques. Il y a un exemple classique de difficulté, c'est le problème de la république bourgeoise par opposition avec la monarchie. Marx oscille entre deux explications en ce qui concerne le fait que la république bourgeoise s'est établie.

La première, de type simplement politique, consiste à dire qu'il y avait deux partis monarchistes, l'un légitimiste et l'autre orléaniste, et que la seule façon de les réconcilier, c'était de ne faire aucun roi, c'est-à-dire d'établir une république bourgeoise que pourraient accepter simultanément légitimistes et orléanistes.

L'autre explication consiste à dire que les légitimistes

représentent la propriété foncière, et les orléanistes les banquiers industriels. Et d'énoncer que la propriété foncière, d'un côté, et les banquiers et les industriels, de l'autre, ont des intérêts fondamentalement opposés et par conséquent qu'ils ne peuvent pas s'accorder.

Mais, si c'étaient les intérêts qui les empêchaient de s'accorder, ils ne pourraient pas plus s'accorder à l'intérieur de la république bourgeoise que dans une monarchie. Et, si ce qui les empêchait de s'accorder, c'est simplement que chacun avait un prétendant, nous revenons tout simplement à l'ordre de l'explication politique d'une crise politique.

En généralisant, on peut dire que la tendance générale du récit historique chez Marx consiste à passer le plus souvent possible du détail des événements politiques aux classes sociales et à leurs conflits qui servent de toile de fond. Mais évidemment la correspondance, terme à terme, présente un certain nombre de difficultés fondamentales. J'en ai montré quelques-unes, et dans un instant je tâcherai de les résumer.

La Commune

Il ne me reste plus qu'à dire un mot sur *La Guerre civile en France*. Il s'agit de l'analyse de la Commune avec l'intervention d'un thème important : la Commune, en tant que représentation du mode de gouvernement, devrait succéder à l'immense machine d'État du régime capitaliste et bourgeois.

Nous avons vu tout à l'heure qu'un des thèmes de l'analyse du *18 Brumaire* était le développement de la machine d'État qui s'était pour ainsi dire séparée de la société civile et qui avait acquis une certaine autonomie.

Dans *La Guerre civile en France*, Marx introduit l'idée que la Commune et ses institutions représentent l'antithèse de l'Empire, le modèle de ce que sera l'État révolutionnaire après la destruction de la machine d'État de la bourgeoisie.

« *L'antithèse directe de l'Empire fut la Commune. Le cri de "République sociale", auquel la révolution de Février avait été proclamée par le prolétariat de Paris, n'exprimait guère qu'une vague aspiration à une République qui ne devait pas seulement abolir la forme monarchique de la domination de classe, mais la domination de classe elle-même. La Commune fut la forme positive de cette République* » [19].

Plus loin, Marx précise la nature de la Commune :

« *La Commune devait être, non pas un organisme parlementaire, mais un corps agissant, exécutif et législatif à la fois.* [...]

« *Une fois abolies l'armée permanente et la police, instruments du pouvoir matériel de l'ancien gouvernement, la Commune se donna pour tâche de briser l'outil spirituel de l'oppression, le pouvoir des prêtres* [...].

« *Les fonctionnaires de la justice furent dépouillés de cette feinte indépendance qui n'avait servi qu'à masquer leur vile soumission à tous les gouvernements successifs auxquels, tour à tour, ils avaient prêté le serment de fidélité, pour le violer ensuite. Comme le reste des fonctionnaires publics, magistrats et juges devaient être électifs, responsables et révocables.*

« *La Commune de Paris devait, bien entendu, servir de modèle à tous les grands centres industriels de France* » [20].

Ce livre contient également trois ou quatre pages dans lesquelles Marx prend comme modèle du futur gouvernement socialiste l'exemple donné par la Commune. C'est un gouvernement socialiste presque anarchisant.

La *Critique du programme de Gotha*

C'est un des thèmes qui s'ajoute à ceux que nous connaissons déjà et qui nous introduit au dernier texte de Marx, dont je voudrais dire quelques mots, à savoir la

Critique du programme de Gotha, dont l'étude doit suivre logiquement celle des textes relatifs à la Commune.

Nous avons vu que, dans son récit historique, Marx se heurte au fait de l'appareil d'État. Dans *La Guerre civile en France*, il en conçoit la destruction par la Commune. Mais, dans la *Critique du programme de Gotha*, qui est une critique des idées de Lassalle[21], il revient à ce problème en posant les questions suivantes : qu'est-ce que l'État dans la société actuelle et que fera la révolution socialiste de l'État ?

« *La " société actuelle ", c'est la société capitaliste qui existe dans tous les pays civilisés, plus ou moins expurgés d'éléments moyenâgeux, plus ou moins modifiée par l'évolution historique particulière à chaque pays plus ou moins développée. L' " État actuel ", au contraire, change avec la frontière. Il est dans l'Empire prusso-allemand autre qu'en Suisse, en Angleterre autre qu'aux États-Unis. L' " État actuel " est donc une fiction.*

« *Cependant, les divers États des divers pays civilisés, nonobstant la multiple diversité de leurs formes, ont tous ceci de commun qu'ils reposent sur le terrain de la société bourgeoise moderne, plus ou moins développée au point de vue capitaliste. C'est ce qui fait que certains caractères essentiels leur sont communs. En ce sens, l'on peut parler d' " État actuel " pris comme expression générique, par contraste avec l'avenir où la société bourgeoise, qui lui sert à présent de racine, aura cessé d'exister.*

« *Dès lors, la question se pose : quelle transformation subira l'État dans une société communiste ? »*

La première réponse à cette question se trouve dans le texte relatif à la Commune que nous avons étudié.

La deuxième réponse, la voici :

« *Autrement dit : quelles fonctions sociales s'y maintiendront analogues aux fonctions actuelles de l'État ? Seule la science peut répondre à cette question ;*

et ce n'est pas en accouplant de mille manières le mot Peuple avec le mot État qu'on fera avancer le problème d'un saut de puce. »

Nous voyons là apparaître un premier problème : il existe une machine d'État. Cette machine sert d'instrument à la domination de la bourgeoisie. Mais Marx sait bien que cette machine d'État remplit certaines fonctions sociales qui subsisteront quel que soit le régime économique et social, d'où la question : qu'est-ce qui dans la machine d'État ressortit au capitalisme seul et qu'est-ce qui reste une fonction nécessaire de n'importe quel régime ?

Dans la *Critique du programme de Gotha*, Marx est prudent et il écrit que : « *Seule la science peut répondre à cette question* », mais il ajoute ce paragraphe indéfiniment cité et commenté :

« *Entre la société capitaliste et la société communiste, se place la période de transformation révolutionnaire de celle-là en celle-ci. À quoi correspond une période de transition politique où l'État ne saurait être autre chose que la* dictature révolutionnaire du prolétariat » [22]

C'est autour de ce paragraphe et de la confrontation entre ce paragraphe et les trois pages relatives à la Commune que s'est développée, postérieurement, la querelle entre ce que j'appellerais l'interprétation jacobine de la dictature du prolétariat et l'interprétation communarde ou anarchisante.

La notion retenue par les Soviets allait dans le sens de la conception communarde. La centralisation démocratique était dans la tradition jacobine. Avant la révolution de 1917, la conception marxiste, qui représentait la tradition anarchisante et communarde, était celle de Rosa Luxemburg, cependant que l'autre conception, la conception jacobine de la dictature du prolétariat, était déjà représentée par la tendance bolchevique du parti social-démocrate russe.

En tout état de cause, le problème qui m'intéresse ici au point de vue théorique est le suivant : dans tous les récits historiques de Marx, une des difficultés majeures que l'on rencontre est d'établir la correspondance entre les éléments politiques et les conflits sociaux.

Cette difficulté subsiste aujourd'hui. Mon ami Serge Mallet veut absolument déterminer quelle est la fraction du capitalisme qui est représentée par le général de Gaulle[23]. Sa démarche reste dans la tradition de Marx qui avait décrété que Louis-Napoléon, c'étaient les paysans, que Louis-Philippe, c'était la banque et plus précisément le banquier Laffitte. On trouve encore aujourd'hui beaucoup d'interprètes qui veulent absolument savoir quel est le groupe du capitalisme qui est représenté par un gouvernement déterminé. Mon Dieu, c'est un exercice légitime : d'abord, il est distrayant et, ensuite, il réussit toujours, parce qu'on découvre toujours un certain nombre d'intérêts, liés à un gouvernement donné. Il ne se peut pas qu'un gouvernement ne prenne des mesures plus ou moins conformes aux intérêts d'un groupe social donné. Par exemple, rien n'est plus facile que de dire que la politique d'indépendance de l'Algérie correspond aux intérêts du capitalisme moderne cependant que le capitalisme attaché à l'Algérie est un capitalisme ancien. Cette proposition contient même une petite partie de vérité, mais ne permet pas à l'avance de déterminer ni qui donnerait l'indépendance à l'Algérie, ni à quelle date, ni comment[24]. Après tout, si les choses avaient duré dix ans de plus avec des étapes très différentes, on aurait toujours pu les expliquer de la même façon.

Ce premier problème, celui de la correspondance entre intérêts et État, est suivi d'un deuxième problème – car demeure toujours la question des relations entre la société civile et l'État – qui est de savoir ce qui va disparaître de la machine de l'État à partir du moment où on aura fait la révolution. Incontestablement, Marx a été conscient de ce problème et il a oscillé, selon les moments, entre deux formules : l'une exprimait l'espoir de faire disparaître la machine de l'État en même temps que la domination de la bourgeoisie ; l'autre traduisait, d'une part, la conviction que beaucoup de fonctions administratives de l'État devraient survivre après la révolution, et, d'autre part, et plus encore, l'idée que lorsque la révolution surgirait, elle aurait besoin dans une première étape, non pas d'affaiblir, mais de renforcer le pouvoir de l'État. D'où la formule de *la dictature révolutionnaire du prolétariat*, réponse à la question : que deviendra l'État dans la première phase de la révolution ? Il doit disparaître en tant qu'État de classe, mais il ne peut pas disparaître en tant qu'instrument de puissance : la combinaison entre ces deux formules apparemment divergentes, c'est la dictature du prolétariat.

Il y a un autre passage de la *Critique du programme de Gotha* dans lequel on trouve l'indication des deux phases de la construction de la société socialiste ou communiste. La première phase, « *à chacun selon ses œuvres* », correspond à la phase du socialisme, et la deuxième phase « *de chacun selon ses capacités, à chacun selon ses besoins* » exprime la formule de la société communiste.

La formule « *à chacun selon ses œuvres* » est démontrée scientifiquement par Marx à partir de la loi de la valeur-travail. Cela consiste simplement à dire ceci : les hommes sont inégaux en capacités physiques et intellectuelles. Si donc on rémunère chacun selon la valeur produite, il en résultera des salaires inégaux. Au fond, la formule « *à chacun selon ses œuvres* » résulte de l'application de la loi de la valeur-travail dans l'hypothèse d'une inégalité de dons, de capacités et de conscience entre les individus. C'est Marx lui-même qui, dans une page célèbre de la *Critique du programme de Gotha*, dit que la formule d'accorder à chacun tout ce qui lui revient aboutit à une formule d'inégalité. Pour qu'il y ait une distribution égale, il faut que la distribution ne corresponde pas aux prestations de chacun. Ce qui est très différent de l'idée que l'on se fait vulgairement de la conception marxiste [25].

L'ensemble de la vision historique

C'est dans *Le 18 Brumaire* que l'on trouve les idées qui commandent l'ensemble de cette vision historique et que l'on peut résumer ainsi :

1°) seul le prolétariat est vraiment révolutionnaire [26] ;

2°) les classes intermédiaires sont prisonnières d'illusions démocratiques, et ces classes intermédiaires seront progressivement amenées à reconnaître qu'il leur faut passer d'un côté ou de l'autre, c'est-à-dire du côté de la bourgeoisie ou du côté du prolétariat [27] ;

3°) la République bourgeoise est l'expression de l'ensemble du parti de l'ordre, et il dépend de la force respective des différents groupes de la bourgeoisie que tel ou tel régime, monarchique, républicain ou impérial, s'établisse. Tous ces régimes ont deux caractéristiques communes : d'une part, ils renforcent la machine de l'État ; et, d'autre part, ils sauvegardent les intérêts fondamentaux de la classe possédante. Mais ces différents régimes n'en présentent pas moins certaines différences : d'une part, c'est tel ou tel individu, ou tel groupe qui recueille le butin du pouvoir ; d'autre part, selon que c'est la propriété foncière qui est au pouvoir sous le régime légitimiste ou les banquiers sous le régime orléaniste ou les chevaliers d'industrie sous le régime impérial, tel ou tel groupe social sera favorisé, mais à l'intérieur du cadre défini par les intérêts fondamentaux de la classe bourgeoise [28].

Ce genre d'analyse pouvait conduire à dévaloriser l'importance des institutions politiques et des conflits entre régimes autoritaires et régimes libéraux. Cependant, il y a suffisamment de textes de Marx en faveur du suffrage universel pour répondre qu'il n'a pas autant dévalorisé qu'on l'a dit l'importance des institutions représentatives. Enfin, le prolétariat ne sera capable de lutter à armes égales avec la bourgeoisie qu'au terme d'une évolution que la bourgeoisie elle-même favorise par l'accroissement des moyens de production.

Voilà le schéma historique qui subsiste dans les récits politiques. À cela s'ajoutent les efforts pour trouver les explications économiques ou sociales du détail des querelles politiques. Ce qui n'empêche pas Marx dans ses récits historiques de raconter souvent les événements politiques à la manière dont tous les historiens les racontent, c'est-à-dire comme des faits qui se sont passés parce que telle ou telle personne, à tel ou tel moment, a agi de telle ou telle façon.

Au-delà, la perspective d'avenir est la dictature révolutionnaire du prolétariat. Avec ses deux interprétations, la représentation *communarde-anarchisante* et la représentation *centralisatrice-jacobine*.

Je considère qu'après l'étude de ces textes, nous sommes parvenus au bout de l'itinéraire intellectuel propre de Marx. Ce qui ne signifie pas que ce dont je parlerai prochainement, c'est-à-dire du matérialisme dialectique tel qu'Engels l'expose dans *L'Anti-Dühring*, n'a pas correspondu à la pensée de Marx à la fin de sa vie, car Marx a dit, a écrit qu'il était d'accord avec les idées exprimées par Engels.

En tant qu'historien, on n'a pas le droit de refuser au Marx de la maturité ou de la vieillesse la clairvoyance sur ses propres idées. Du moment qu'il a affirmé son accord avec *L'Anti-Dühring*, nous sommes obligés de reconnaître qu'il devait bien savoir ce qu'il pensait et disait. En expliquant le matérialisme dialectique de *L'Anti-Dühring* tel qu'il est exposé par Engels, j'accepterai l'idée que ce matérialisme dialectique correspond à la pensée de Marx.

La difficulté et le charme

Concluons maintenant : Marx, à partir de 1848, n'a plus jamais écrit de texte proprement philosophique. Tous les textes philosophiques de Marx sont antérieurs à 1848 et le dernier texte qui ressemble à ce qu'un professeur de philosophie appellerait « un texte philosophique » – je dis cela

parce qu'on peut avoir une autre idée de la philosophie –,
c'est l' « Introduction à la Contribution à la critique de
l'économie politique », pas la préface, l' « Introduction »
que j'ai commentée dans la leçon précédente. Texte qui a
été publié après la mort de Marx, parce que Marx l'avait
laissé dans ses cartons en jugeant qu'il était plutôt trop
compliqué et qu'il induirait le lecteur en erreur.

On peut donc voir qu'il existe une philosophie de
jeunesse de Marx composée pour l'essentiel par des
manuscrits, non publiés par lui et pour leur plus grande
part abandonnés à la critique des rats, et qu'il existe aussi
un grand nombre d'œuvres de maturité et de vieillesse de
Marx, qui traitent d'économie et de sociologie, mais
qui ne traitent pas à proprement parler des fondements
philosophiques de la pensée marxiste que j'ai essayé
d'exposer. Il en résulte que sur quatre points essentiels (le
matérialisme, l'idéologie, les classes sociales et la dialectique), on peut discuter sur ce qu'était la pensée exacte de
Marx.

Marx était-il vers la fin de sa vie un matérialiste, au
sens philosophique du terme ? Oui, si l'on se réfère à ses
lettres à Engels et au jugement qu'il a porté sur *L'Anti-
Dühring*. Mais l'on ne trouve pas dans les grands livres de
Marx d'exposé du matérialisme métaphysique, et on ne
peut pas dire que *Le Capital* implique une métaphysique
déterminée, bien qu'il implique une certaine conception
de l'homme que l'on peut appeler naturaliste ou matérialiste en tant qu'anthropologie. Certainement, *Le Capital*
implique qu'il y ait un monde extérieur. Mais enfin,
personne ne nie qu'il existe un monde extérieur et le
problème philosophique du monde extérieur n'est pas
celui de la réalité ou de l'irréalité, c'est un petit peu plus
compliqué que cela. En tout cas, il n'y a pas de philosophie matérialiste élaborée, qui soit impliquée par l'analyse
économique du *Capital*.

L'analyse économique du maître livre de Marx est une
explication qui va de l'abstrait au concret, qui suppose
un usage des catégories, et donc une espèce de logique

interne de la réalité économique, mais qui ne suggère pas ce que l'on appelle le plus couramment un matérialisme métaphysique. Il s'agit plutôt d'une interprétation compréhensive de la conduite humaine et des relations sociales. On pourrait adopter une bonne partie du *Capital* sans le lier à la métaphysique matérialiste.

Prenons maintenant la notion d'idéologie, on trouve un assez grand nombre de textes sur l'idéologie dans les œuvres de jeunesse de Marx, mais on serait bien incapable, en utilisant les textes de la maturité ou de la vieillesse, d'élaborer une théorie complète de l'idéologie.

Car il y a dans les textes de jeunesse une conception de l'idéologie selon laquelle celle-ci est proche de l'illusion ou de la mystification. C'est la théorie des idées fausses, des idées de l'adversaire : la représentation du monde dans laquelle est prisonnier celui qui ne voit pas la réalité telle que la voit Marx.

Il existe une conception pour ainsi dire englobante de l'idéologie, selon laquelle toutes les constructions intellectuelles – philosophie, art, littérature – sont des idéologies. Mais cette deuxième conception de l'idéologie suppose qu'il y a une façon de penser adhérant à la *praxis*, qui ne soit pas idéologique, et Marx n'a jamais élaboré ce que serait une littérature, un art ou une philosophie, qui ne seraient pas idéologiques si toute élaboration intellectuelle séparée de la *praxis* économique ou industrielle est une idéologie.

En d'autres termes, on ne trouvera pas une théorie élaborée du matérialisme et de l'idéologie sous la plume de Marx. J'ai montré qu'on peut y trouver des conceptions diverses et complexes des classes sociales sans une élaboration fondamentale de la théorie des classes...

Enfin, si l'on demande : qu'est-ce que c'est que la dialectique pour Marx ?, on ne trouve guère comme texte de référence que la *Préface* au *Capital* où il explique qu'il s'est amusé à employer des expressions hégéliennes et qu'il a essayé de dégager le noyau réaliste enveloppé dans la mystification idéaliste.

En d'autres termes, sur tous les points essentiels de la pensée marxiste, il n'existe pas d'élaboration systématique, ce qui crée certainement pour l'historien une difficulté et un charme. Une difficulté, car si l'historien veut dire : voilà ce qu'a pensé Marx, il n'est jamais tout à fait sûr d'avoir raison. Un charme, parce qu'il n'y a aucune raison pour que la discussion sur ce qu'a réellement pensé Marx s'arrête jamais, puisque si l'on prend comme référence ce que Marx a voulu dire, il faudrait qu'il l'eût dit en termes non équivoques.

Mais ce charme et cette difficulté constituent, en revanche, pour ce qui concerne l'efficacité de la doctrine, un avantage incomparable. Car la doctrine que j'ai essayé de suivre depuis le début jusqu'à la fin présente une qualité, pas unique mais rarement atteinte à ce degré, c'est qu'elle peut être expliquée fidèlement en cinq minutes, en cinq heures, en cinq ans, ou en un demi-siècle. Elle se prête à la simplification du résumé en une demi-heure, ce qui permet éventuellement à celui qui ne connaît rien de l'histoire du marxisme d'écouter avec ironie celui qui a consacré sa vie à l'étudier, parce qu'il sait à l'avance tout ce qu'il faut savoir. Ce qui permet aussi à ceux qui ont le goût de la recherche de consacrer leur vie à essayer de savoir ce que Marx a voulu dire et d'aboutir à un aveu de demi-ignorance. Je pense qu'il n'y a pas de doctrine qui soit aussi grandiose dans l'équivoque, aussi équivoque dans la grandeur. C'est pourquoi je lui ai consacré un bon nombre d'heures sans être allé jusqu'au bout.

CHAPITRE XVI

LE MATÉRIALISME DIALECTIQUE

Je vais exposer la théorie du matérialisme dialectique telle qu'on la trouve dans le livre de Friedrich Engels *L'Anti-Dühring*, dont le titre complet est *Monsieur Eugène Dühring bouleverse la science*, ouvrage connu plus couramment sous son titre abrégé.

Puis je m'interrogerai sur les relations entre le matérialisme dialectique et la pensée de Marx telle que je l'ai exposée dans les leçons précédentes.

Tout d'abord je rappelle que ce livre date de 1876, qu'il a été publié, pour une première fois, au début de 1877, en feuilleton dans le journal du parti socialiste allemand qui s'appelait le *Vorwärts*. Par conséquent il s'agit d'une phase différente de l'entreprise commune de Marx et d'Engels.

Dans cette période, entre 1870 et 1880, le parti social-démocrate allemand se constitue en réunissant deux fractions : l'une qui se rattache à l'enseignement de Lassalle et l'autre à celui de Marx. Elles sont en compétition ou en conflit à l'intérieur du parti. D'autre part, les deux amis ne sont plus des exilés allemands vivant inconnus en Angleterre, mais sont en train de devenir les théoriciens ou les doctrinaires d'un grand parti ouvrier du continent. Ils n'écrivent donc plus, soit simplement pour mener des polémiques contre d'autres théoriciens, ni simplement pour expliquer ce qu'ils considèrent comme la vérité scientifique, mais ils sont en passe de devenir les autorités intellectuelles et morales d'un grand parti ouvrier.

Dans le cas de *L'Anti-Dühring*, la plume a été tenue par

Engels, sauf pour un chapitre qui a été rédigé par Marx lui-même : c'est le chapitre final (chapitre X) du deuxième tome consacré à l'histoire des doctrines économiques[1]. Ce chapitre s'intitule « Sur l'histoire critique ». Je n'en dirai presque rien, bien qu'il comporte une analyse fort intéressante du *Tableau économique* de Quesnay[2].

L'ensemble du livre a été lu par Engels à Marx et il a été, d'après ce que nous dit Engels et d'après des lettres de Marx, approuvé par lui. Si, donc, on obéit aux règles ordinaires de l'interprétation historique ou scientifique, on peut dire que ce livre, bien qu'il ait été écrit pour l'essentiel par Engels, exprime la pensée de Marx à cette période de sa vie. Mais il ne faut pas oublier non plus, pour obéir également aux règles de la critique scientifique, qu'il s'agissait d'un livre de demi-vulgarisation, destiné à être lu et compris par les militants du parti social-démocrate allemand, ce qui permet aux philosophes d'aujourd'hui de mettre en doute l'adhésion donnée par Marx aux idées d'Engels.

Ces préliminaires ne sont pas dénués d'importance pour l'interprétation. En effet, c'est dans ce livre que se trouve exposé de la manière à la fois la plus simple et la plus catégorique ce qui est devenu aujourd'hui le matérialisme dialectique, doctrine philosophique officielle de l'Union soviétique.

L'expression « matérialisme dialectique » ne se trouve pas, à ma connaissance, ou ne se trouve que rarement et probablement pas du tout, sous la plume de Marx ni dans les ouvrages de jeunesse, ni dans les ouvrages de maturité[3]. En revanche cette expression apparaît sous la plume d'Engels dans la deuxième partie de son existence. Et le matérialisme dialectique devient, à partir des années 1870, et surtout des années 1880, la philosophie officielle du parti social démocratique allemand. C'est du parti social-démocrate allemand que cette philosophie officielle d'un mouvement social est passée au parti bolchevique, puis à l'Union soviétique, puis à la Chine communiste, puis à un tiers de l'humanité. Ce livre, quelle que soit la valeur philosophique ou scientifique qu'on lui reconnaisse, revêt une signification éminente, parce que l'on y trouve l'exposé des thèses qui, encore de nos jours, sont considérées comme orthodoxes. Avec parfois des incertitudes aujourd'hui. Mais enfin il y a une dizaine d'années les idées de cet ouvrage étaient considérées comme entièrement orthodoxes en Union soviétique et dans les pays de socialisme se recommandant de Marx.

Parmi les ouvrages de la maturité ou de la vieillesse d'Engels, je crois que *L'Anti-Dühring* est le plus caractéristique. Un autre, cependant, a joué à peu près le même rôle, c'est le petit livre qui s'appelle *Ludwig Feuerbach et la fin de la philosophie classique allemande*[4]. À n'en pas douter, de ces deux ouvrages d'Engels est sorti le matérialisme dialectique, devenu la philosophie officielle de plusieurs États et de plusieurs mouvements politiques.

L'on comprend du même coup que le lien à établir entre le matérialisme dialectique d'Engels et la pensée authentique de Marx soit objet de contestation, où la science historique a moins de part que la passion politique. Pour essayer de désamorcer ces passions, si je puis dire, je vais exposer ce qu'Engels dit dans *L'Anti-Dühring* avec le minimum possible de commentaires, dans la mesure où je parviendrai à m'en abstenir, avec le minimum d'ironie aussi, dans la mesure où je parviendrai à m'en abstenir également, enfin avec le maximum de citations pour laisser entendre ce qu'a dit Engels lui-même dans ce livre fameux, en tout cas pour ses conséquences historico-politiques.

Engels s'en prend à un auteur que personne ne connaît plus, sinon à travers cette polémique, à un professeur de philosophie qui s'appelait Dühring. Pour être franc, j'avoue que je ne connais pas Dühring sinon à travers la polémique d'Engels. Dans cette situation défavorable, je suis certainement accompagné par la majorité des marxistes et des marxologues, parce qu'il faut vraiment appartenir aux fanatiques pour remonter aux textes de Dühring. Par-dessus le marché, j'ai le sentiment que Dühring ne devait pas être aussi bête que le dit Engels, parce que certaines des citations de Dühring ne sont pas mal du tout. Mais enfin, comme je n'ai pas lu Dühring, je ne dirai pas ce qu'il a dit exactement et je laisserai de côté cette polémique qui nous ennuie tous, à tort ou à raison, pour m'en tenir à l'exposé positif de la pensée d'Engels à l'occasion de sa polémique.

D'ailleurs, le cas de Dühring est celui d'un grand nombre de ceux contre lesquels Marx et Engels ont polémiqué. On ne les connaît plus qu'à travers ces polémiques. Cependant, le cas Dühring est un cas extrême, différent de celui de Stirner, par exemple, que j'ai lu passablement comme j'ai lu passablement ces jeunes hégéliens contre lesquels polémiquaient Marx et Engels, dans leur jeunesse, mais j'avoue que ma conscience historique n'a pas été jusqu'à me faire lire Dühring jusqu'à présent [5].

En dehors de cette polémique, Engels explique : 1°) la façon de penser qu'il appelle dialectique, le matérialisme dialectique ; 2°) il résume de manière simple et frappante les thèses principales de la critique économique de Marx de manière à établir un lien entre la critique économique, la prévision historique et l'avènement du socialisme. Ces trois éléments sont présents dans *Le Capital* et dans les autres livres de Marx. Mais je dirais que c'est Engels qui a réussi la synthèse, sinon scientifiquement la plus profonde, du moins la plus frappante de la critique économique du capitalisme, de la prévision historique et du déroulement des événements et de l'annonce du socialisme en tant qu'héritier ou successeur du capitalisme ; 3°) enfin, Engels nous présente un exposé aussi simple et passablement convaincant de ce qu'il faut entendre par socialisme.

La dialectique

De la philosophie appelée « matérialisme dialectique », je ne donnerai pas un exposé systématique parce qu'il est assez difficile de le faire, mais je vais essayer de présenter les thèmes fondamentaux de ce qu'Engels, dans ce livre, appelle la dialectique.

Le premier thème concerne l'opposition entre ce qu'il nomme la pensée métaphysique et la pensée dialectique. En appliquant la méthode annoncée, je citerai le texte le plus caractéristique dans lequel Engels oppose la façon de penser des métaphysiciens à la façon de penser des dialecticiens.

Ce texte se trouve à la page 9 du premier volume de *L'Anti-Dühring* (traduction Bracke-Desrousseaux) dans le chapitre premier intitulé « Généralités ».

« Pour le métaphysicien les choses et leurs copies dans la pensée, les concepts, sont des objets d'étude isolés, à considérer l'un après l'autre et l'un sans l'autre, fixes, rigides, donnés une fois pour toutes. Il ne pense qu'en antithèses sans intermédiaires, il dit : oui, oui, non, non, et tout ce qui est en plus est un mal. Pour lui de deux choses l'une : un objet existe ou n'existe pas ; une chose ne peut pas davantage être à la fois elle-même et une autre ; positif et négatif s'excluent absolument ; cause et effet s'opposent également en antithèse rigide. Cette manière de penser nous paraît au premier abord extrêmement plausible, parce qu'elle est celle de ce qu'on appelle le sens commun. Mais le sens commun, ce compagnon si respectable tant qu'il reste entre les quatre murs de sa maison, essuie des aventures tout à fait étonnantes dès qu'il s'engage dans le vaste monde de la recherche ; et pour la conception métaphysique, quoique justifiée et même nécessaire dans les domaines plus ou moins étendus selon la nature de l'objet, elle se heurte pourtant toujours tôt ou tard à une barrière au-delà de laquelle elle devient exclusive, bornée, abstraite, et s'égare en des contradictions insolubles, parce que les objets qu'elle considère isolément lui font oublier leurs relations réciproques, leur être lui fait oublier leur devenir et leur finir ; leur repos lui fait oublier leur mouvement ; parce que les arbres l'empêchent de voir la forêt » [6].

Ainsi définie, la pensée métaphysique est une pensée par concepts considérés comme copie ou reproduction des choses et qui ne connaît que : 1°) des antithèses sans synthèses ; 2°) des choses stables sans mouvement ; 3°) des causes et des effets, mais non des interactions ; 4°) des choses séparées et non pas l'ensemble du monde.

À partir de là, nous pouvons définir, par opposition, la pensée dialectique.

« Pour la dialectique, au contraire, qui embrasse les choses et leurs copies dans l'intellect. »

J'insiste sur cette phrase, mais je dois confesser que je ne me souviens pas du mot allemand utilisé par Engels[7]. Je n'ai pas pu vérifier. Ce qui est traduit ici par « copies » est souvent traduit par « reflets ». Nous trouvons là le premier élément du matérialisme dialectique : le matérialisme consiste à considérer que ce qui est dans l'intellect est la copie ou la reproduction ou le reflet de ce qui est dans les choses.

« Pour la dialectique, au contraire, qui embrasse les choses et leurs copies dans l'intellect, essentiellement dans leurs relations, leur enchaînement, leur mouvement, leur naissance et leur fin, des phénomènes tels que ceux que nous avons décrits sont autant de confirmations de la méthode expérimentale qui lui est propre. La nature est la pierre d'essai de la dialectique, et il faut dire que les sciences modernes de la nature ont fourni pour cet essai des matériaux extrêmement riches et dont la masse augmente tous les jours, et qu'elles ont ainsi prouvé qu'en dernière instance la nature procède dialectiquement et non métaphysiquement. Pourtant, l'on compte jusqu'à présent les savants qui ont appris à penser dialectiquement : et ce conflit entre les résultats acquis et la méthode de raisonnement traditionnelle explique la confusion infinie qui règne actuellement dans la théorie des sciences naturelles, et qui met au désespoir maîtres et élèves, écrivains et lecteurs »[8].

La dialectique est définie ici par une conception matérialiste des relations entre la réalité qui est donnée d'abord et la pensée que nous élaborons à partir de la réalité, cette pensée étant copie ou reflet de la réalité. La dialectique n'est pas définie de manière prioritaire par l'intervention de l'homme ou de la pensée ou de la force négative de l'esprit ; la dialectique est définie d'abord comme une caractéristique de la réalité naturelle elle-même. La réalité naturelle étant dialectique parce qu'elle est en mouvement, parce que les choses deviennent, parce que les choses naissent et finissent.

La dialectique étant une caractéristique de la structure des caractères fondamentaux de la nature, elle est évidemment très éloignée de ce que les philosophes d'aujourd'hui, existentialistes ou hégéliens, appellent dialectique, et c'est un des thèmes de discussion à l'intérieur de la postérité de Hegel et de Marx de savoir s'il y a une dialectique de la nature ou seulement une dialectique dans l'histoire humaine. Engels lui-même était convaincu que la nature était dialectique. Riazanov a publié [9] un gros livre, tiré des papiers d'Engels, composé de recherches scientifiques dont le but était de découvrir les phénomènes dialectiques dans la nature à la lumière des résultats des sciences naturelles de son temps. D'autre part, on a constaté que la dialectique est liée par Engels à la méthode expérimentale. D'où le problème : quelle est la fonction de la philosophie à l'époque scientifique ? Voici la réponse que donne Engels et qui est encore orthodoxe :

« *Du moment que l'on exige de chaque science qu'elle se rende compte de sa position dans l'ensemble total des choses et de la connaissance des choses, toute science spéciale de cet ensemble devient superflue. Ce qui, de toute l'ancienne philosophie, subsiste et garde une existence propre, c'est la théorie de la pensée et de ses lois – la logique formelle et la dialectique. Tout le reste rentre dans la science positive de la nature et de l'histoire* » [10].

Ainsi donc, la philosophie se résorbe dans les sciences particulières et le corpus des sciences expérimentales se suffit à lui-même. Il ne reste plus pour la philosophie proprement dite que la théorie de la pensée et de ses lois, c'est-à-dire la logique formelle et la dialectique.

Dans les sciences de la nature, qu'est-ce que cherche Engels en dehors de ce que nous venons de voir, c'est-à-dire de l'interaction des différents éléments, en dehors du sens de l'ensemble et en dehors du devenir ? Il cherche aussi ce que l'on pourrait appeler l'élément proprement historique, par opposition à la transformation pure et simple des données naturelles.

Que doit-on entendre par histoire ? On peut dire qu'Engels cherche dans la nature la preuve que la réalité naturelle s'est transformée dans un sens donné sans répétition pure et simple de ses états. Par exemple, il considère que la théorie kantienne du système solaire est l'introduction de l'idée d'histoire dans la nature. À la page 70 du même volume, on peut lire :

« *La théorie kantienne sur la genèse par la rotation de masses nébuleuses de tous les corps célestes actuellement existants a été le plus grand progrès que l'astronomie ait fait depuis Copernic. Pour la première fois fut ébranlée l'idée que la nature n'aurait pas d'histoire dans le temps. Jusqu'alors, les corps célestes passaient pour demeurer constamment depuis l'origine dans les mêmes orbites et les mêmes états : et bien qu'on admît que sur chacun des corps célestes les êtres organiques individuels périssaient, on n'en considérait pas moins les espèces et les genres comme immuables* »[11].

Il existe donc une histoire du système solaire, en ce sens qu'il y a formation à partir d'un état où le système n'existe pas, mais il y a devenir de ce système et il y aura peut-être sa disparition. De la même façon, dans la biologie, Engels s'attache à la conception darwinienne qui nous introduit à l'idée d'une histoire des espèces. La substitution de la notion d'histoire des espèces à une conception de la stabilité, de la notion de rentabilité à celle de l'immuabilité des espèces, lui paraissait une confirmation de l'idée dialectique telle qu'il la conçoit à ce point de l'analyse. Je vais me référer au texte sur Darwin parce que la pensée darwinienne a été mise en relation avec la pensée marxiste. Il existe toute une discussion sur le degré auquel Marx et Engels avaient admis la parenté entre l'idée darwinienne de la lutte pour la vie et l'idée marxiste de la lutte des classes. Par-dessus le marché, il existe historiquement un lien entre les conceptions de Darwin et celles de Malthus. Or, Marx et Engels étaient très hostiles à la pensée malthusienne. Voici comment Engels s'en explique à la page 92 :

« Darwin ne songe même pas à dire que l'origine de l'idée de la lutte pour l'existence doit être cherchée chez Malthus. Il dit seulement que sa théorie de la lutte pour l'existence est la théorie de Malthus appliquée au monde animal et végétal tout entier. Si grosse que soit la bévue commise par Darwin dans sa naïveté d'accepter ainsi sans y regarder la théorie malthusienne, chacun voit pourtant du premier coup qu'on n'a pas besoin des lunettes de Malthus, pour apercevoir la lutte pour l'existence dans la nature – le contraste entre la foule innombrable des germes que la nature engendre dans sa prodigalité et le petit nombre de ces germes qui peuvent arriver à maturité : contraste qui, en fait, se résout pour la plus grande partie en une lutte – parfois extrêmement cruelle – pour l'existence. Et de même que la loi qui régit le salaire ouvrier a conservé sa valeur, même quand depuis longtemps étaient périmés les arguments malthusiens sur lesquels Ricardo s'appuyait, – de même la lutte pour l'existence peut également avoir lieu dans la nature même sans aucune interprétation malthu-sienne. Du reste, les organismes de la nature ont, eux aussi, leurs lois de population, qui ne sont pour ainsi dire pas étudiées, mais dont la constatation sera d'une importance capitale pour la théorie de l'évolution des espèces. Et qui a donné l'impulsion décisive même dans cette direction ? Nul autre que Darwin » [12].

Contentons-nous de commentaires très brefs sur ce dernier point.

1°) Engels a absolument raison : l'étude scientifique des lois de la population des espèces animales est devenue aujourd'hui une discipline spéciale de la biologie d'un extrême intérêt.

2°) Engels rappelle que la théorie du salaire de Ricardo était fondée sur l'argument malthusien. Ricardo expliquait le maintien du salaire ouvrier au minimum vital par l'augmentation de la population dès que les salaires ouvriers s'élevaient. Ricardo, en effet, et les autres classiques raisonnaient de la manière suivante : si le salaire ouvrier s'élève, la population augmente et l'augmentation de la population, plus rapide que celle des ressources, ramènera le salaire ouvrier au niveau du minimum vital. Comme je l'ai expliqué à propos du *Capital*, Marx retient la théorie ricardienne du salaire au niveau du minimum vital, mais il ne la fonde pas sur l'argument malthusien. Il la fonde sur l'argument proprement économique de l'armée de réserve industrielle, c'est-à-dire sur le mode de fonctionnement du régime capitaliste.

Ce point est d'une origine et d'une importance essentielles pour comprendre l'attitude actuelle des marxistes en Union soviétique ou en Chine à l'égard du problème de la population. L'hostilité de Marx et d'Engels à l'égard de la conception malthusienne s'est prolongée jusqu'au milieu du XXe siècle, et ce n'est qu'avec de grandes hésitations qu'ici ou là, sous la pression des circonstances, telle ou telle école marxiste admet qu'il puisse y avoir une part de vérité dans l'argumentation malthusienne, même en régime socialiste. Par conséquent, ces quelques lignes sur la différence entre la théorie ricardienne et la théorie marxiste du salaire indiquent une des origines intellectuelles des discussions qui se prolongent encore aujourd'hui ; la théorie marxiste du salaire en régime capitaliste ne peut pas être transposée en régime socialiste sans modifier ce qui passe pour l'interprétation orthodoxe du capital, d'où la difficulté de réintroduire dans le système de pensée marxiste les problèmes du malthusianisme.

3°) Troisième remarque : Engels essaie de montrer et montre de manière convaincante que le fait que Darwin ait pu s'inspirer des recherches ou des idées de Malthus ne réduit pas la valeur de la découverte darwinienne, car la lutte pour la vie dans le règne animal est une donnée pour ainsi dire évidente qui s'impose aux regards de n'importe quel observateur, et les liens historiques entre l'idée malthusienne et l'idée darwinienne ne doivent pas dévaloriser la portée de la conception darwinienne.

Alors, dernier point, souvent évoqué : dans quelle mesure Marx et Engels ont-ils vu dans la lutte de classes l'équivalent de la concurrence vitale ? J'avoue que je suis très sceptique sur cette interprétation. Il est bien possible qu'il y ait quelques textes où une vague parenté soit suggérée entre ces deux doctrines, mais il existe une différence fondamentale dans la pensée de Marx et d'Engels à la fin de leur vie. À supposer qu'il y ait eu dans le passé des phénomènes de luttes de classes comparables à la concurrence vitale, dans la conception marxiste l'humanité est capable d'assumer la maîtrise de sa propre histoire et par conséquent de surmonter les phénomènes naturels ou biologiques de concurrence vitale. Il me paraît donc faux de penser que, même à la fin de leur vie, Marx et Engels ont vu davantage, en mettant les choses au mieux pour cette interprétation, que la prolongation dans le règne humain de certains phénomènes biologiques, mais ils n'ont jamais admis, et ils ne pouvaient pas admettre, que la dialectique de la lutte de classes fût comparable à cette concurrence vitale dont Engels parle dans le texte que j'ai cité.

J'ajoute pour ceux qui s'intéressent au livre de Sartre sur la *Critique de la raison dialectique* que le rôle que joue la rareté dans ce livre et le rôle que joue la conception malthusienne sont essentiellement non marxistes, au moins dans la mesure où l'on se réfère à ce que Marx et Engels ont dit [13].

Faire sortir l'histoire essentiellement de la rareté revient pour ainsi dire à renverser l'argumentation d'Engels et de Marx qui, eux, font sortir l'histoire de la plus-value, c'est-à-dire du surplus. Ils font sortir l'histoire du fait que le travailleur produit plus que ce qui lui est nécessaire pour vivre. Et parce qu'il produit plus que ce qui lui est nécessaire pour vivre, l'histoire donne l'exploitation, la lutte de classes et donc toute la dialectique à laquelle nous assistons. À mon sens, l'interprétation de l'histoire en termes de rareté est radicalement différente de l'interprétation de l'histoire en termes de plus-value, qui est l'essence de l'interprétation marxiste.

Les vérités scientifiques

À partir de cette idée que tout change dans la nature, Engels nous introduit au thème suivant : « Il n'y a pas de vérité définitive. » Il nous explique successivement qu'il n'y a pas de vérité définitive en mathématique, en biologie, en science historique et, du même coup, en morale. Alors, comme ces différentes propositions peuvent paraître de caractère distinct, voici quelques textes. D'abord ce passage à propos de l'affirmation selon laquelle il n'y a pas de vérité définitive en mathématique.

« L'état virginal où tout ce qui était mathématique avait une valeur absolue et était démontré d'une manière irréfragable fut perdu pour jamais ; alors s'ouvrit le règne des controverses, et nous en sommes arrivés au point que la plupart des gens différencient et intègrent sans comprendre ce qu'ils font, par un pur acte de foi, parce que cela a toujours réussi jusque-là. C'est pis encore en astronomie et en mécanique ; et en physique et en chimie on se trouve au milieu des hypothèses comme dans un essaim d'abeilles » [14].

Cela signifie que les sciences naturelles ne cessent de se transformer, de rectifier leurs propositions, de confirmer ou de réfuter les hypothèses. Par conséquent, je dirai que la science est l'histoire de la science, ou encore que la vérité scientifique est l'histoire de la vérité scientifique, ou encore que la vérité scientifique est une histoire, une découverte progressive de la vérité. Ce qui naturellement ne signifie pas, comme le suggère Engels, que toutes les vérités soient relatives, c'est tout autre chose. Mais enfin,

Engels met dans le même sac la vérité scientifique comme une découverte progressive et l'absence de morale absolue.

En ce qui concerne la biologie, voici la preuve qu'il n'y a pas de vérité absolue.

« *Il se produit assez souvent des découvertes comme celle de la cellule, qui nous forcent de soumettre à une révision totale toutes les vérités biologiques définitives et sans appel, et à en éliminer par tas une fois pour toutes. Celui-là donc qui voudra établir en ces matières des vérités authentiques invariables devra se contenter de platitudes comme celles-ci : Tous les hommes sont mortels, tous les mammifères femelles ont des mamelles, etc. ; il ne pourra même pas dire que les animaux supérieurs digèrent avec l'estomac et l'intestin et non avec la tête, car l'activité nerveuse centralisée dans la tête est nécessaire à la digestion* »[15].

Il ne résulte pas avec évidence de ces textes qu'il n'y ait pas de vérité morale définitive. Mais enfin, Engels prétend démontrer que dans les sciences biologiques la vérité n'est qu'une découverte progressive qui remet en question les vérités auparavant établies. Cela permet-il de dire qu'on ne peut rien considérer comme vérité définitivement acquise en biologie au-delà de « tous les hommes sont mortels », la question peut se discuter.

À partir des sciences biologiques, nous arrivons aux sciences historiques et dans les sciences historiques, nous dit Engels, il est encore plus vrai que dans les sciences naturelles qu'il n'y a pas de vérité définitive. Voici le texte le plus caractéristique, dans lequel, d'abord, il affirme que les sociétés humaines se transforment, sont dans l'histoire ou n'ont aucune histoire :

« *Nous sommes donc, dans le domaine de l'histoire de l'humanité, moins avancés en science que dans celui de la biologie. Bien plus : lorsqu'une fois, par exception, on parvient à reconnaître le lien intérieur qui unit les formes d'existence politiques et sociales d'une époque, c'est régulièrement lorsque ces formes se sont déjà à moitié survécu et vont vers la décadence. »*

Cette phrase est la reprise, au niveau d'une philosophie matérialiste, de l'idée hégélienne présente dans l'*Introduction à la philosophie du droit* selon laquelle on ne comprend une époque que lorsqu'elle est achevée. La même idée se trouve ici exprimée en termes matérialistes.

« La connaissance est donc ici essentiellement relative, se réduisant à pénétrer les rapports et à considérer les conséquences de certaines formes politiques et sociales qui n'existent que pour un temps et chez des peuples donnés, et qui sont essentiellement périssables. Celui-là donc qui, dans ce domaine, fera la chasse aux vérités définitives et sans appel, aux vérités authentiques et immuables, celui-là n'en rapportera guère que des platitudes et lieux communs de la pire espèce, par exemple, que les hommes ne peuvent en général vivre sans travailler, qu'ils se sont ordinairement divisés jusqu'ici en dominateurs et dominés, que Napoléon est mort le 5 mai 1821, etc. » [16].

L'analyse doit être décomposée ainsi :

1°) On ne peut arriver à déceler le lien intérieur entre les différents aspects d'une société d'une époque que lorsque ces formes sont à moitié mortes. En termes abstraits, la connaissance historique est rétrospective.

2°) Comme d'époque en époque, les phénomènes sont extrêmement différents, la structure des sociétés est autre, on ne peut viser qu'à établir des rapports valables pour des époques particulières.

3°) Les propositions valables pour l'histoire entière sont des platitudes.

Aucune de ces propositions ne signifie logiquement que les vérités sont relatives. Cela signifie que des propositions relatives à la structure d'une société ne peuvent pas être transposées à l'ensemble des sociétés parce qu'il y a différenciation de société à société. Mais, quoi qu'il en soit, Engels arrive au thème suivant : les choses ne se répètent pas en matière historique et par conséquent les vérités dites définitives seraient en histoire des platitudes. Au-delà de ces propositions, Engels dit que l'antithèse entre la vérité et l'erreur est une antithèse relative et il en donne pour exemple la loi de Boyle [17] selon laquelle, à température constante, le volume des gaz est inversement proportionnel à la pression à laquelle ils sont soumis. Cette loi était considérée, dit Engels [18], comme une vérité absolue ; or on a constaté qu'elle ne s'appliquait que dans certaines limites et qu'il fallait ajouter des hypothèses supplémentaires pour tenir compte de l'ensemble des phénomènes.

Cette relativité de la vérité scientifique sert à Engels pour introduire quelque chose qui lui tient beaucoup plus à cœur et qui joue un rôle beaucoup plus grand dans la politique, à savoir que chaque classe a sa morale. Nous passons alors de l'idée du devenir historique de la vérité, qui demanderait au point de vue de l'épistémologie un certain nombre de précisions ou de corrections, à une idée beaucoup plus simple selon laquelle chaque classe a sa morale, parce que la morale de chaque classe est liée à ses conditions matérielles :

« *Quoi qu'il en soit, lorsque nous voyons que les trois classes de la société moderne, l'aristocratie féodale, la bourgeoisie et le prolétariat, ont chacune leur morale propre, nous n'en pouvons tirer qu'une conclusion, c'est que, consciemment ou inconsciemment, les hommes puisent en dernière analyse leurs idées morales dans les conditions matérielles sur lesquelles la situation de leur classe est fondée, dans les conditions économiques où ils produisent et échangent leurs produits* » [19].

Nous trouvons là un des thèmes fondamentaux du matérialisme dialectique : le caractère de classe de la morale. Thème qu'amplifie l'idée suivante : des notions comme celles de liberté et d'égalité ne prennent un sens précis qu'à chaque époque et en fonction du devenir historique. Une revendication comme celle du socialisme ne peut pas naître à n'importe quelle époque. Elle a pour condition un certain développement de la société et, en particulier, de l'infrastructure économique.

Engels va discuter des deux thèmes fondamentaux de la morale : l'idée de l'égalité et celle de liberté. Voici, me semble-t-il, les idées les plus importantes en ce qui concerne d'abord l'égalité et ensuite la liberté.

L'égalité et la liberté

Engels admet que l'idée que tous les hommes ont quelque chose de commun remonte à la plus haute Antiquité. Il y a donc, si je puis dire, une sorte de platitude de l'égalité valable pour toutes les sociétés ou pour toute l'humanité. Mais la revendication prolétarienne d'égalité ne prend son sens précis qu'en fonction des circonstances économiques. Par conséquent l'idée d'une morale universelle de l'égalité n'a pas grand sens. En revanche, citons-le :

« La revendication de l'égalité a dans la bouche du prolétariat une signification double. Tantôt elle est – et c'est notamment le cas dans les premiers débuts, par exemple dans la Guerre des paysans – la réaction spontanée, naturelle contre les inégalités sociales criantes, contre le contraste entre richesse et pauvreté, entre maîtres et esclaves, entre dissipateurs et affamés ; comme telle, elle est simplement l'expression de l'instinct révolutionnaire, et ce n'est qu'en cela aussi qu'elle trouve sa justification. Ou bien née de la réaction contre la revendication égalitaire bourgeoise, dont elle tire des conséquences plus ou moins exactes et allant plus loin, elle sert de moyen d'agitation pour soulever les travailleurs contre les capitalistes par les propres affirmations des capitalistes, et, en ce cas, elle s'élève et tombe avec l'égalité bourgeoise elle-même. Dans l'un et l'autre cas, ce qu'il y a véritablement dans la revendication prolétarienne de l'égalité, c'est la revendication de l'abolition des classes. Toute revendication égalitaire qui va au-delà tombe nécessairement dans l'absurde » [20].

Voilà un texte typiquement marxiste. Le sens de la revendication d'égalité n'est pas à chercher dans les formules abstraites et creuses, mais dans une œuvre historique déterminée, qui s'appelle l'abolition des classes. Et la philosophie abstraite de l'égalité ne signifie rien. Ce qui signifie quelque chose, c'est la revendication concrète de l'abolition des classes, qui est la traduction historique et nécessaire de l'idée d'égalité.

Quant à la liberté, elle est – thème hégélien – la conscience de la nécessité :

« *La liberté de la volonté n'est donc pas autre chose que la capacité de se décider en connaissance de cause. Il en résulte que, plus* libre *est le jugement d'un homme concernant une question déterminée, plus grande est la* nécessité *qui détermine la teneur de ce jugement ; tandis que l'incertitude fondée sur l'ignorance, l'incertitude qui semble faire un choix arbitraire entre un grand nombre de décisions possibles, diverses et contradictoires, prouve par là même qu'elle n'est pas libre, qu'elle est dominée par l'objet même qu'elle devrait dominer. La liberté consiste donc en cette souveraineté sur nous-mêmes et sur le monde extérieur, fondée sur la connaissance des lois nécessaires de la nature : elle est ainsi nécessairement un produit de l'évolution historique* »[21].

Conclusion similaire donc à celle qui concerne l'égalité. La liberté ne trouve son sens que dans une perspective historique déterminée.

Il me reste, maintenant, à traiter trois idées parmi les plus célèbres et les plus spécifiques du matérialisme dialectique : 1°) la présence de contradictions aussi bien dans le monde réel que dans la pensée ; 2°) le changement des quantités en qualités ; 3°) la négation de la négation.

Les contradictions

Dühring avait écrit que les contradictions, c'est-à-dire les pensées ou les propositions contradictoires, n'étaient que dans la pensée et non dans le réel. Engels va expliquer que la contradiction se trouve bien dans la réalité et pas seulement dans la pensée.

Voici le genre de démonstration qu'il propose :

« *Le mouvement même est une contradiction : déjà même le simple changement mécanique de lieu ne peut s'accomplir que parce qu'un corps, en un seul et même moment du temps, est en un lieu et en même temps en un autre lieu, en un seul et même lieu, et non en ce lieu. Et la constante position et solution simultanément de cette contradiction est justement le mouvement* » [22].

Il y aurait donc contradiction dans la nature dans la mesure où le mouvement lui-même serait contradiction entre le fait d'être ici et le fait d'être là, le mouvement serait à la fois la position et la solution de cette contradiction.

Autre exemple de contradiction :

« *La contradiction entre la faculté de connaître de l'homme intérieurement illimitée, et le fait que cette connaissance existe en réalité exclusivement chez des hommes extérieurement limités, et connaissant d'une manière limitée, se résout dans la suite des générations – suite qui, pour nous au moins, n'a pratiquement pas de fin – dans le progrès à l'infini* » [23].

Donc, nous dit Engels, les contradictions sont dans la réalité et pas seulement les oppositions et les conflits, car chacun admettrait volontiers qu'il y a opposition et conflit entre les forces de la réalité ; mais dans la version que nous présente Engels dans les chapitres concernant la dialectique, il faut que la notion selon laquelle A et non-A ne peuvent pas être vraies à la fois, une contradiction donc, soit un phénomène de la réalité et pas seulement un phénomène de la pensée.

Ma tâche, ici, devient assez facile : la coopération d'un certain nombre de travailleurs fait surgir une force nouvelle et par conséquent quelque chose de qualitativement nouveau. Lorsque la température tombe, mettons à zéro degré, l'eau va se congeler, ce qui signifie qu'une modification quantitative de température provoquera une modification qualitative de l'état naturel [24]. Il est plus facile encore de montrer qu'en chimie, il suffit d'une modification quantitative pour obtenir un corps différent. Tout corps se résout en une composition quantitativement définie entre éléments plus simples. C'est un exemple que prend encore Engels du fait que des changements quantitatifs à un certain moment produisent des changements qualitatifs [25].

On trouve encore un autre exemple emprunté à l'art militaire, qui concerne Napoléon et les Mameluks. Deux Mameluks sont supérieurs à trois cavaliers français, mais quand on arrive à un nombre suffisant, trois cents cavaliers français sont supérieurs à trois cents Mameluks [26]. Cet exemple montre la différence entre qualité et quantité.

Nous abordons là une discussion [27] un peu plus intéressante. Voilà ce que dit Dühring : Marx aurait emprunté à Hegel l'idée de la négation de la négation. Or, cette idée est d'origine religieuse. Toute la dialectique, thèse, antithèse et synthèse, n'est que la traduction en concepts d'une idée religieuse, celle de la chute et de la rédemption. Au bout du compte, pour Dühring, la propriété collective, que Marx considérait comme l'aboutissement de la négation de la propriété privée, était elle-même la négation de la propriété collective originelle. Cette affirmation de la propriété collective comme négation de la négation était empruntée à une vision d'origine religieuse que Hegel avait simplement conceptualisée. Sur ce point la réponse d'Engels revêt une importance très grande pour la signification qu'il convient de donner à ces trois formules : contradiction, changement de quantité en qualité et négation de la négation.

Pour Engels, répondant à Dühring, Marx n'a nullement démontré la thèse de la propriété collective finale en utilisant l'argumentation de la négation de la négation. En d'autres termes, le schéma thèse-antithèse-synthèse n'est pas un schéma par lequel on démontre quoi que ce soit. Engels considère que c'est simplement un schéma que l'on retrouve dans la réalité observée empiriquement. D'où, d'après la version orthodoxe d'Engels que je suis en train d'exposer, il est illégitime de démontrer une thèse, une proposition de fait en se référant au schéma : thèse-antithèse-synthèse – ou négation de la négation. C'est uniquement après coup, une fois la réalité observée, sans œillères et sans préjugés, que l'on constate que le devenir historique s'organise assez bien selon la formule thèse-antithèse-synthèse – ou négation de la négation.

Je ne citerai pas le texte correspondant d'Engels[28], mais on retiendra que son idée est fondamentale, ou tout au moins qu'elle devrait être fondamentale. Les schémas dialectiques ne sont pas applicables aveuglément à n'importe quelle sorte de réalité. Il faut observer la réalité et constater si et dans quelle mesure ses transformations s'intègrent dans des schémas dialectiques de cette sorte.

Pour ce qui concerne la négation de la négation dans la nature, je vais à nouveau citer un texte pour essayer d'être objectif.

« Prenons un grain d'orge. Des milliards de grains semblables sont écrasés, bouillis, brassés et finalement consommés. Mais si un tel grain d'orge rencontre les conditions pour lui normales, s'il tombe sur un terrain favorable, il subit, sous l'action de la chaleur et de l'humidité, une métamorphose spéciale : il germe ; le grain périt comme tel, il est nié ; il est remplacé par la plante née de lui, qui est la négation du grain. Mais quel est le cours normal de la vie de cette plante ? Elle grandit, fleurit, est fécondée et finalement produit de nouveau des grains d'orge : et dès que ceux-ci ont mûri, la tige meurt ; elle aussi, de son côté, est niée. Résultat de cette négation de la négation : nous avons de nouveau le grain d'orge du commencement non pas simple, mais multiplié dix, vingt ou trente fois »[29].

Cet exemple de la négation de la négation donne simultanément le retour au point de départ mais à un niveau supérieur. Car, n'oublions pas que ces lois formelles de la dialectique s'appliquent à un devenir qui est à la fois *historique,* en ce sens qu'il est unique, et *progressif,* en ce sens que ce qui se produit au point d'arrivée est supérieur à ce qui était au point de départ. La loi de la négation de la négation concerne des phénomènes très courants, nous dit Engels. Il donne une autre application, concernant la proposition mathématique selon laquelle en multipliant $-a$ par $-a$ nous avons $+a^2$, c'est-à-dire la grandeur positive primitive. Il s'agit aussi à ses yeux, d'une négation de la négation [30].

En ce qui concerne l'histoire humaine, le fait essentiel c'est que la négation de la négation nous mènera à un niveau supérieur. Voilà l'exemple qu'Engels utilise [31] : l'humanité est partie de la propriété collective communale ou communautaire étroite, puis la chute des sociétés archaïques s'est produite par la lutte de classes, les luttes de classes ont été créées par la propriété individuelle. Le socialisme sera la négation de la négation, c'est-à-dire la négation de la propriété individuelle, elle-même négation de la propriété collective initiale. Mais cette négation de la négation ramènera une propriété collective à un niveau beaucoup plus haut de développement des forces productives, et de l'humanité.

Nous retrouvons, sous une forme matérialiste, l'idée hégélienne selon laquelle l'histoire progresse à travers des contradictions et des luttes. Son aboutissement ne consiste pas simplement en quelque chose de nouveau, mais en quelque chose de nouveau qui conserve les phases antérieures dans une synthèse supérieure. L'on connaît la formule et le concept hégélien « *aufheben* », qui signifie à la fois « surmonter » et « conserver ». Tout cela se trouve maintenu dans le matérialisme dialectique d'Engels qui combine une philosophie naturaliste avec les formes intellectuelles de la philosophie hégélienne.

Voici un autre exemple de la négation de la négation, que nous donne Engels [32] : dans l'Antiquité, la philosophie a commencé par le matérialisme, le matérialisme antique simple, qui a été nié par l'idéalisme, et l'idéalisme à son tour sera nié par le matérialisme moderne qui surmonte, dépasse, et conserve à la fois le matérialisme antique et l'idéalisme.

Voilà la philosophie du matérialisme dialectique réduite à sa plus simple expression, mais je crois exactement résumée. Comme les chapitres d'Engels dans *L'Anti-Dühring* sont les seuls textes synthétiques sur le matérialisme dialectique, ce livre a toujours été conservé comme l'exposé le plus valable de cette théorie.

Que pensait Marx de tout cela ? C'est une autre affaire encore une fois. Tout ce que je peux dire, c'est que Marx avait manifesté son accord avec le texte d'Engels.

Venons-en aux deux parties suivantes que je vais traiter plus rapidement. La partie consacrée à l'économie politique comporte une longue discussion sur le rôle de la violence en histoire et d'autre part un résumé des thèses principales du *Capital*.

Je ne traiterai pas du « résumé » d'Engels [33]. On peut s'y reporter. J'en retiens cinq points qui résument à ses yeux les thèses essentielles du *Capital* : 1°) la théorie marxiste de la valeur ; 2°) la théorie du travail simple et composé ; 3°) la théorie de la plus-value ; 4°) la théorie du caractère historique des lois économiques ; 5°) la théorie de la rente foncière.

Ces cinq points résument à ses yeux les thèses essentielles du *Capital*.

Théorie de la violence

J'ai fait allusion à la théorie de la violence en parlant du *Capital* et de la théorie de l'accumulation primitive. Le problème que se pose Engels, et que se posait Marx, réduit à ses termes les plus simples, est le suivant : l'exploitation, nous dit Engels, est essentiellement un phénomène économique. C'est le fait que le possesseur des moyens de production fait travailler quelqu'un pour lui et d'une manière ou d'une autre lui donne de quoi vivre, mais conserve pour lui-même la plus-value, c'est-à-dire l'excès de la valeur produite par le travailleur sur le minimum qui lui est nécessaire pour vivre et qui constitue le salaire.

Or, cette conception rencontre la difficulté suivante : il est bien entendu que l'exploitation est un phénomène économique, mais pourquoi celui qui est militairement le plus fort ne créerait-il pas les conditions de l'exploitation ? Pourquoi l'exploitation, phénomène économique, n'aurait-elle pas pour origine, entre autres au moins, la force ? C'est-à-dire la supériorité acquise par la violence, par un individu ou par un groupe sur un autre individu ou sur un autre groupe. Rien n'est plus facile que d'admettre que l'exploitation est un phénomène économique, mais rien n'est plus difficile que d'exclure, en théorie, que le phénomène d'exploitation ait pour origine la victoire militaire d'un groupe sur un autre groupe. Il n'y a d'ailleurs aucune difficulté fondamentale, il n'y aurait qu'à admettre que l'exploitation économique peut avoir pour origine la force militaire. Dans certains textes, Engels et Marx l'ont admis, mais en gros cela les ennuie parce que cela complique leur interprétation de l'histoire. Dans plusieurs chapitres, Engels me paraît présenter successivement les idées suivantes :

1°). À la page 35 du tome II de *L'Anti-Dühring*[34], il dit que même s'il n'y avait pas eu de violences le cours général de l'histoire aurait pu être le même. L'inconvénient de cette thèse, c'est, d'une part, qu'elle est difficile à démontrer et, d'autre part, qu'elle ne nous avance pas beaucoup pour le problème précis que l'on peut se poser. Est-ce que, dans l'histoire telle qu'elle s'est déroulée, la force militaire n'a pas été l'origine de l'exploitation économique tout autant que l'exploitation économique l'origine de la force militaire ? Affirmer que, même s'il n'y avait pas eu de force militaire, on en serait arrivé au capitalisme, puis au socialisme, c'est d'abord difficile à démontrer et ne permet pas ensuite de dire que l'on puisse rendre compte de l'histoire telle qu'elle s'est réellement déroulée. Car, pour cela, il faut bien tenir compte de la force armée, de l'organisation militaire, de la violence.

2°) La deuxième idée se trouve présentée par Engels dans un certain nombre d'autres textes. Pour aller plus vite, je ne les citerai pas, je renverrai simplement aux pages 49-50 du tome II de *L'Anti-Dühring*[35]. Il explique dans ce passage que la force militaire à notre époque est fonction des ressources économiques. Ce qui est incontestable en gros, mais ce qui ne résout pas davantage le problème, car dire qu'il y a une certaine proportionnalité entre ressources économiques et force militaire peut être vrai pour le capitalisme, mais pas nécessairement vrai pour l'histoire passée. Il est difficile, par exemple, d'expliquer que les conquêtes des cavaliers mongols s'expliquent par la supériorité des ressources économiques des Mongols sur les populations sédentaires, puisque très évidemment le régime économique des cavaliers mongols était beaucoup plus simple et beaucoup plus primitif que celui des populations sédentaires conquises par les Mongols. Donc, il est très difficile de poser comme composition générale qu'à toutes les époques la force militaire a été fonction des ressources économiques.

3°) La troisième idée qu'expose Engels est importante. L'exploitation économique a été une nécessité historique. Il a fallu l'esclavage dans l'Antiquité pour que l'on puisse avoir la civilisation grecque. Vous connaissez sa phrase célèbre : « *Nous avons le droit de dire : sans esclavage antique, point de socialisme moderne* »[36]. C'est une thèse très hégélienne, un tout petit peu saint-simonienne aussi. Les phénomènes qui nous paraissent aujourd'hui répréhensibles ont, aux yeux de la postérité, une rationalité qui pouvait échapper à ceux qui avaient le bonheur ou le malheur de les connaître directement. L'esclavage nous paraît aujourd'hui intolérable et inadmissible, mais il a été une condition de la civilisation antique et du même coup une condition du socialisme moderne, parce qu'il fallait à l'époque où les moyens de production n'étaient pas assez développés que le surplus, la plus-value fût réservée à une petite minorité qui a trouvé grâce à l'exploitation la richesse nécessaire aux loisirs et le loisir nécessaire à la culture. Ou encore, on pourrait dire que l'idée marxiste, qui malheureusement n'est pas fausse, c'est que la plupart des civilisations du passé sont nées, pour utiliser un langage marxiste, « sur le fumier de l'esclavage ». Il a fallu que des masses d'hommes fussent exploitées pour qu'un petit nombre bénéficie des conditions de vie qui permettaient les activités intellectuelles supérieures. Il est clair qu'un des grands thèmes marxistes, c'est qu'avec le développement des forces productives la nécessité du « fumier de l'esclavage » devait disparaître.

4°) Enfin, Engels s'interroge sur l'origine du pouvoir politique à partir des nécessités sociales. Il existe des textes de lui qui montrent que, dans toutes les sociétés, « *la souveraineté politique se fonda partout sur l'exercice d'une fonction sociale* » [37]. Il constate qu'il y avait partout des organes destinés à préserver les intérêts communs, à les garantir contre les intérêts contraires, et on pourrait dire qu'Engels fonde sa théorie de l'origine de l'État sur la nécessité de la fonction politique pour répondre à certaines nécessités sociales. Cette théorie est en soi satisfaisante ; elle comporte naturellement une difficulté, c'est que, si l'État ou le pouvoir politique a pour origine des fonctions sociales liées à la vie en commun, on ne voit pas pourquoi dans un régime socialiste l'État qui doit remplir ses fonctions sociales indispensables à la vie collective disparaîtrait. En d'autres termes, on trouve deux théories de l'État dans Engels : une théorie consiste à faire sortir le pouvoir politique des exigences de la vie collective ; et l'autre qui revient à annoncer sa disparition pour l'avenir, quand la lutte de classes s'achèvera.

Dans la mesure où on définit l'État comme nécessaire à l'exercice des fonctions sociales, il devrait nécessairement survivre à toutes les transformations des régimes économiques ou sociaux. En revanche, dans la mesure où l'État est essentiellement l'organe par lequel une classe maintient sa domination sur les autres classes, il devient concevable que l'État en tant qu'État disparaisse le jour où avec l'abolition des classes la nécessité de domination d'une classe sur une autre classe disparaît également. Pour concilier ces deux théories, il faut dire qu'après la révolution, l'État, en tant qu'organe de domination d'une classe, disparaîtra, et qu'il survivra en tant qu'exercice des fonctions nécessaires à la vie collective. Toute la question est de savoir ce qui dans les fonctions de l'État ressortit aux nécessités collectives permanentes et ce qui ressortit aux nécessités transitoires de la domination d'une classe sur une autre. Mais, comme malheureusement il y a encore sinon lutte de classes à l'intérieur du moins des classes hostiles à l'extérieur, nous ne pouvons pas savoir ce qui dans l'État appartient à la première catégorie et ce qui appartient à la seconde.

La guerre

En ce qui concerne la guerre, il faut se référer à un texte tout à fait étonnant d'Engels qui, au fond, semble admettre le caractère permanent et politique des guerres entre les sociétés. Le voici :

« *La communauté et le groupe de communautés dont elle faisait partie ne fournissaient pas les forces de travail en excédent disponible : la guerre les fournissait...* »

La guerre a donc une fonction économique qui est de fournir les esclaves nécessaires à la civilisation grecque.

« *... la guerre les fournissait, et la guerre était aussi vieille que l'existence simultanée de plusieurs groupes sociaux l'un à côté de l'autre* »[38].

Si l'on prend au pied de la lettre cette formule, la guerre risque d'être difficile à éliminer de l'histoire humaine, même si nous supposons une transformation du régime économique.

Enfin, intervient chez Engels une dernière idée qui est que la plupart du temps la puissance politique, l'État, doit agir dans le sens de l'évolution économique. Cette idée est présentée de la manière suivante : il arrive qu'un peuple conquérant dispose d'institutions économiques inférieures à celles du peuple conquis ; dans ce cas, la plupart du temps, le peuple conquérant devra s'adapter lui-même aux institutions économiques du peuple conquis, et la puissance politique devra, à travers le temps, agir dans le sens de l'évolution économique nécessaire.

Quelle conclusion tirer de tout cela ? Voici une belle phrase très marxiste que je m'empresse de citer, avant d'en venir à des considérations plus générales :

« *C'est, une fois pour toutes, un fait que l'humanité, née de l'animalité, a eu besoin de moyens barbares et presque animaux pour se tirer de la barbarie* »[39].

Engels essaie de maintenir la primauté d'une interprétation économique du cours de l'histoire par l'affirmation que, même en dehors de la violence, de la force et de l'État, les grandes lignes du devenir économique auraient été les mêmes.

Il essaie aussi le plus possible d'expliquer par des données économiques l'intervention même de l'État et de la force militaire. C'est de la force économique que dépend la force militaire ; c'est des problèmes économiques que dépend la manière dont le conquérant utilisera sa conquête et à la longue la force politique, l'État ne pouvant agir que dans le sens des nécessités économiques.

Voilà la direction générale de son interprétation, ce qui ne l'empêche pas, parce qu'il regarde la réalité, de reconnaître que l'État naît des nécessités de la vie en commun, que l'État acquiert un certain degré d'indépendance par rapport à la société, et enfin qu'il éclate des guerres sans fonction économique à côté des guerres expliquées économiquement, et que par conséquent l'histoire réelle, bien que ses grandes lignes soient commandées par le développement des forces productives, n'exclut pas dans le détail, un détail assez substantiel, l'intervention de l'État devenu autonome par rapport à la société et l'intervention des rivalités entre les États, des guerres qui, dans le texte que j'ai cité, semblent liées à la coexistence de communautés diverses.

Le socialisme scientifique

Nous pouvons maintenant conclure sur le socialisme scientifique.

Le socialisme scientifique est celui qui n'est pas utopique. Qu'est-ce que le socialisme utopique ? Les versions dont nos deux auteurs, Marx et Engels, disent le plus de bien, sont celle de Saint-Simon et celle de Fourier. En quoi un socialisme scientifique diffère-t-il d'un socialisme utopique ?

Le socialisme utopique veut transformer la société en invoquant des idées, en se réclamant d'un idéal, en décrivant ce que serait ou ce que doit être la société bonne. Le socialisme scientifique se fonde tout d'abord sur l'étude scientifique de la réalité historique. Il ne commence donc pas par l'affirmation de valeurs, par la proclamation d'un but, par la fixation d'un objectif, mais par l'analyse du réel. Il consiste d'abord dans la prise de conscience du fait que la volonté socialiste est l'expression d'une réalité historique singulière, que cette volonté n'aurait pas pu se manifester à toutes les époques et que pour ainsi dire la volonté socialiste est la réponse d'une classe à une conjoncture historique déterminée. Disons que le socialisme scientifique commence par s'appliquer à lui-même sa propre conception de l'histoire.

Puisque la façon de penser de chacun de nous est formée par les relations sociales dans lesquelles il se trouve, il serait paradoxal que la pensée socialiste de Marx ou d'Engels échappât à l'explication par une doctrine ou une théorie qui se veut universellement valable.

La caractéristique première du socialisme scientifique, consiste donc à s'expliquer lui-même par les circonstances. Le socialisme scientifique est d'abord historiquement daté. Il est la prise de conscience de la réalité historique, plus précisément des contradictions de cette réalité historique.

Quelles contradictions Engels retient-il, dans cet exposé à l'usage des militants, comme les contradictions majeures du monde capitaliste contemporain, à partir duquel s'explique le socialisme scientifique ? D'abord la contradiction entre le caractère social de la production et l'appropriation capitaliste ou privée :

« *La contradiction entre production sociale et appropriation capitaliste se manifeste sous forme d'un antagonisme entre prolétariat et bourgeoisie* » [40].

En plus il constate :

« *un antagonisme entre l'organisation rationnelle de la production à l'intérieur de chaque fabrique et l'anarchie de la production dans l'ensemble de la société* » [41].

La première contradiction est celle de la propriété privée en régime de production sociale ; la deuxième est celle de l'anarchie du marché à une époque d'organisation rationnelle de la production.

Ces deux contradictions, que je présente sous la forme volontairement simplifiée et vulgarisée d'Engels, sont les deux contradictions retenues par toute la propagande et toute la pensée marxiste depuis un siècle. La contradiction du régime capitaliste se manifestera par une révolte du mode de production contre le mode d'échange [42]. C'est l'une des expressions employées par Engels qui parle aussi d'une révolte des forces productives contre le mode d'échange.

Ces contradictions iront en s'aggravant. Engels reproduit quelques textes de Marx, tirés du *Capital*, dans lesquels ces contradictions sont exprimées sous la forme la plus imagée ou la plus frappante pour le lecteur. À partir de ces contradictions, Engels dessine la voie de l'action révolutionnaire, c'est-à-dire celle de l'organisation du prolétariat en classe révolutionnaire, il annonce la prise du pouvoir, l'organisation consciente de la société et le dépérissement de l'État.

Dans son livre, il est question du dépérissement de l'État

de manière explicite en fonction de l'idée que, l'État étant l'organe de domination d'une classe sur une autre classe, avec la disparition des classes, disparaîtra par conséquent la nécessité d'un État [43]. Nous trouvons dans son analyse des expressions qui sont devenues classiques : passage du règne de la nécessité au règne de la liberté, suppression de la division entre les villes et les campagnes, ou de la division entre le travail intellectuel et le travail matériel.

En ce qui concerne la description de la société communiste ou l'organisation économique en régime communiste, Engels se borne à dire que, quand les producteurs associés organiseront l'économie, ils devront tenir compte de deux facteurs : l'utilité de la production considérée, c'est-à-dire sa valeur d'usage, et la quantité d'heures de travail nécessaires pour cette production.

Comment combinera-t-on la considération de la valeur d'usage et celle de la quantité d'heures de travail ? Le texte d'Engels reste passablement obscur. Il dit que la loi de la valeur-travail ne fonctionnera pas dans une société communiste à la manière dont elle fonctionne dans une société capitaliste parce que, dans une société communiste telle que la conçoivent Marx et Engels, la comptabilité sociale devient translucide. Leur idée fondamentale est que dans une société capitaliste les relations entre les personnes passent par l'intermédiaire des choses, et que la loi de la valeur est celle qui établit une relation d'équivalence approximative entre les marchandises, mais qu'ensuite il en résulte toute la complication du passage des valeurs aux prix et que, finalement, il n'y a pas une organisation rationnelle de la production dans son ensemble.

La société communiste, au contraire, telle que la conçoit Engels, telle que la conçoit aussi probablement Marx, est une société entièrement compréhensible aux hommes dans sa structure et dans sa comptabilité, parce que précisément les producteurs associés planifieraient. Cela dit, je pense que l'on peut ajouter que les indications données sur une planification dans les textes de Marx et d'Engels se résument à peu de chose. C'est un économiste communiste célèbre, Oskar Lange[44], originaire de Pologne, où il joue un grand rôle dans la planification, qui a dit un jour en plaisantant, mais sérieusement, que dans les futurs palais des bureaux de planification socialiste, on devrait mettre devant la porte quelques statues des économistes libéraux, par exemple la statue d'un célèbre économiste libéral autrichien, réfugié avant la guerre aux États-Unis, Ludwig von Mises, qui avait eu le mérite d'attirer l'attention des planificateurs socialistes sur la difficulté des problèmes de la planification. Il est en effet incontestable que les textes de Marx et d'Engels suggèrent la planification, mais ne procurent aucune analyse technique qui puisse permette de planifier.

Marx et Engels

J'ajoute quelques mots en ce qui concerne les relations du matérialisme dialectique d'Engels avec la pensée de Marx telle que nous l'avons connue jusqu'à présent.

En ce qui concerne l'économie, il n'y a pas de problème. Ce qu'Engels dit sur ce sujet dans *L'Anti-Dühring* n'est qu'un résumé intelligent, mieux que la vulgarisation, mais sans aucune prétention à l'originalité, de ce que l'on trouve de façon beaucoup plus élaborée et compliquée dans *Le Capital*. L'intérêt de ces textes de la vieillesse d'Engels, c'est de montrer ce qui dans *Le Capital* conserve son efficacité politique. On voit très bien en effet quels sont les éléments de la construction scientifique de Marx tirés du *Capital*, qu'Engels, devenu le patron de la social-démocratie allemande, retient parce que ces idées comportent des virtualités d'action politique.

En ce qui concerne l'histoire, les textes d'Engels dans *L'Anti-Dühring* sont quelque peu simplifiés par rapport à ceux de Marx, mais ils ne sont pas fondamentalement différents. On rencontre naturellement les difficultés que j'ai indiquées à propos des relations entre la force et l'économie, mais ces difficultés existent au même degré dans Marx parce qu'il est bien évident que l'histoire de l'huma-

nité telle que nous la connaissons ne peut pas être racontée
en faisant abstraction de l'État, du pouvoir politique, de la
force et des guerres, et que si l'on veut réduire ces phénomènes politiques aux phénomènes sociaux et économiques,
on oscille perpétuellement entre la thèse : « *Finalement, ce
serait revenu au même* » – à quoi on pourra toujours
répondre : c'est revenu au même pour qui ou pour quoi ? –
ou bien la thèse « *Les phénomènes politiques et les phénomènes de guerre sont explicables par les phénomènes
économiques* », et alors là, on rencontre l'extrême difficulté
de démontrer que l'issue des guerres a toujours été déterminée par l'état des ressources économiques et que cela ne
fait pas de différence que ce soit l'un ou l'autre qui ait
gagné. Ces difficultés de la conception historique d'Engels
dans *L'Anti-Dühring*, on les trouve également dans la
plupart des livres de Marx, le chapitre du *Capital* sur
l'accumulation primitive, ou dans *Le 18 Brumaire de Louis
Bonaparte*. Il serait donc parfaitement injuste de dire
qu'Engels, sur ce point a aplati la pensée marxiste.

Pour ce qui est du socialisme, Engels n'a pas dit grand-
chose d'autre que ce que Marx avait dit lui-même. Et ni
l'un ni l'autre n'ont dit grand-chose. Sur ce point, l'un
comme l'autre ressortissent au prophétisme. À un prophétisme fondé sur une prévision qui se veut scientifique.

Pour ce qui est de la dialectique de la nature, et du
matérialisme, on doit admettre que cette philosophie n'est
pas indispensable à la philosophie critique de Marx. Dans
les écrits du jeune Marx, on trouve une philosophie tout à
fait différente. Y a-t-il un accord entre la philosophie du
jeune Marx et celle du Marx de la maturité ? Sans doute
pas en ce qui concerne la conception de l'histoire et les
relations entre l'évolution historique et la conscience.
Mais il y a toujours eu *tension* entre la sociologie et le
prophétisme, entre la primauté des rapports de production
et la totalité. De même qu'il y a toujours eu tension entre
la compréhension du mouvement historique réel et sa
réduction à l'infrastructure. L'œuvre d'Engels ne résout
pas les tensions, elle les fait apparaître très clairement [45].

TROISIÈME PARTIE

LA DESTINÉE POSTHUME

CHAPITRE XVII

LES MARXISMES

Dans cette dernière partie, je suivrai inévitablement une méthode différente de celle que j'ai adoptée dans la première partie. Il s'agit en effet d'un domaine immense pour lequel je serai obligé de procéder par affirmations rapides, sans avoir la possibilité d'analyses détaillées et de démonstrations, comme j'ai essayé de le faire à propos de la pensée de Marx proprement dite.

La destinée posthume de la pensée de Marx comporte trois aspects ou peut être étudiée de trois points de vue.

1°) D'abord l'histoire de la marxologie ou, plus précisément, l'histoire et le développement de la connaissance et de l'interprétation de la pensée de Marx et d'Engels, abstraction faite des prises de position politiques ou sociales. Il existe une histoire de la marxologie, comme il existe une histoire des interprétations de la pensée kantienne. On peut la distinguer, au moins par abstraction, du devenir du marxisme.

2°) C'est-à-dire de l'histoire des interprétations de la pensée de Marx par ceux, individus, groupes ou partis, qui se déclarent marxistes, qui affirment leur adhésion à la pensée de Marx et qui donnent de celle-ci une certaine interprétation, inévitablement liée à l'action qu'ils mènent ou qu'ils veulent mener. Si Marx avait été un philosophe à la manière de Kant, il y aurait eu seulement une histoire de la marxologie, comprenant des écoles distinctes. Mais, comme nous le savons, Marx voulait transformer le monde et pas seulement le penser. Inévitablement, sont apparus et se sont développés des écoles ou des mouvements marxistes qui ont voulu ou veulent transformer le monde et pas seulement le penser. Ils ou elles ont pensé Marx lui-même ou éventuellement ils ou elles ont transformé son œuvre, en l'interprétant, de manière à l'adapter à leur propre action.

3°) Enfin il existe une histoire des mouvements politiques et sociaux, des États mêmes, qui se réclament de la pensée de Marx.

Si l'on avait la prétention démesurée d'écrire une histoire complète de la destinée posthume de Marx, on devrait se situer successivement à ces trois niveaux : celui de la marxologie, celui des différentes écoles d'interprétation de Marx, et celui enfin des mouvements politiques et sociaux ou étatiques qui se déclarent marxistes.

On pourrait même ajouter un quatrième niveau qui concernerait l'influence de la pensée de Marx sur ceux qui se déclarent non marxistes ou anti-marxistes ou à demi marxistes. Par exemple, on pourrait épiloguer sur le point de savoir si, dans une histoire de la pensée marxiste, il faudrait inclure *La Critique de la raison dialectique* de Jean-Paul Sartre puisque celui-ci se déclare marxiste [1], au moins pour l'essentiel sans que, nécessairement, ceux qui sont officiellement marxistes lui retournent la politesse et l'acceptent comme l'un des leurs. Mais, pour ne pas le retenir, disons que ce quatrième niveau serait celui de la pensée marxiste au sens large, telle qu'elle a agi et continue d'agir chez les penseurs qui n'appartiennent pas officiellement à aucune des écoles.

Les trois niveaux que nous retenons, pour compliquer notre tâche, ne sont ni confondus, ni tout à fait séparés. Voici pourquoi. Tous ceux qui se déclarent marxistes, c'est-à-dire qui appartiennent à la catégorie n° 2 ou à la catégorie n° 3, sont en même temps, à un degré ou à un autre, marxologues. Car on ne peut évidemment pas se déclarer marxiste sans connaître au moins un certain nombre de citations de Marx, pas plus qu'on ne peut se déclarer kantien en affirmant que l'on n'a pas lu *La*

Critique de la raison pure. Il en résulte donc que tout marxiste est en un certain sens et jusqu'à un certain point marxologue. D'autre part, il n'est pas douteux que, pendant une longue période et probablement aujourd'hui encore, avec un petit nombre d'exceptions, la plupart des marxologues se déclarent plus ou moins marxistes à moins que, par accident, ils ne se déclarent anti-marxistes, ce qui d'une certaine façon revient au même. La distinction entre la prise de position à l'égard de la pensée de Marx et l'interprétation historique de ce que Marx a dit, serait plus facile s'il s'agissait d'une pensée se voulant purement contemplative. En revanche, si les deux éléments sont abstraitement séparables dans le cas de Marx, ils sont toujours concrètement plus ou moins confondus. Enfin, les mouvements qui se déclarent marxistes ou les États qui se réclament de la pensée de Marx ont des interprétations qu'ils considèrent toujours comme de la pensée de Marx, ce qui ne les empêche pas de les changer. Il en résulte que quiconque essaie de discuter de la pensée de Marx en dehors de ces orthodoxies sera toujours suspect, et à juste titre, d'obéir à des arrière-pensées non strictement scientifiques.

Ces banalités étant rappelées, je vais maintenant essayer d'indiquer les périodes principales, d'abord de la marxologie, de l'histoire de la marxologie ou du développement de la marxologie, et ensuite de l'histoire du marxisme.

Les trois phases de la marxologie

On peut distinguer trois phases principales, qui correspondent à la découverte progressive de l'ensemble des textes de Marx, puisque sa pensée n'a pas été globalement connue au moment de sa mort.

La première période qui a déclenché un premier débat de marxologie correspond aux années 1880 et 1890, entre la mort de Marx en 1883 et celle d'Engels douze années plus tard, période durant laquelle Engels a publié les livres

II et III du *Capital* [2], puisque seul le premier livre avait été
publié du vivant de Marx en 1867. La publication des
livres II et III a fait connaître un aspect essentiel de la
pensée économique de Marx : le passage des analyses les
plus abstraites du livre I, à savoir la théorie de la valeur et
de l'exploitation, aux aspects plus concrets, la circulation
du capital dans le deuxième livre, le passage de la valeur
aux prix [3] et la théorie de la baisse tendancielle du taux de
profit [4], éléments que j'ai analysés dans les leçons sur *Le
Capital*, mais qui sont apparus comme nouveaux à la fin
du XIXe siècle.

La publication des livres II et III du *Capital* a
déclenché le premier grand débat de marxologie. Il a
porté essentiellement sur un problème de théorie économique, à savoir sur la compatibilité entre la théorie de la
valeur exprimée dans le livre I du *Capital* et la théorie des
prix exprimée dans le troisième. À l'époque, s'était
développée la théorie marginaliste de l'économie. Il y a
eu une polémique entre un des plus célèbres marginalistes
autrichiens, à savoir Böhm-Bawerk [5], et les marxistes,
d'une part, sur la cohérence logique du système
développée dans *Le Capital* et, d'autre part, sur la valeur,
au point de vue scientifique, de la théorie de la valeur-
travail par rapport aux théories marginalistes qui se
développaient à ce moment-là. Je dirais donc que la
première période caractéristique du développement de
la marxologie se situe dans les vingt dernières années
du XIXe siècle. Elle correspond à la connaissance de
l'ensemble du *Capital* et à la confrontation, d'une part,
entre le début et la fin du *Capital*, et, d'autre part, entre la
théorie de Marx dérivée de la théorie ricardienne et celle
de l'école moderne qui se développait à ce moment-là,
c'est-à-dire l'école marginaliste.

La deuxième période de l'histoire de la marxologie
commence dans l'entre-deux-guerres et s'épanouit,
surtout en France, dans les dix années qui ont suivi la
Seconde Guerre. En effet, les ouvrages de jeunesse de
Marx n'ont été connus intégralement qu'au début des

années 1930 et c'est dans l'édition que l'on appelle, par simplification, l'édition *MEGA – MEGA*, ce sont les initiales de *Marx Engels Gesamtausgabe*[6], en allemand –, l'édition complète des œuvres de Marx et d'Engels. Elle avait été entreprise par l'Institut Marx-Engels de Moscou, mais n'a jamais été achevée[7]. La première partie de cette édition cependant, c'est-à-dire celle qui devait comprendre et qui comprend effectivement l'ensemble des textes de Marx et d'Engels antérieurs à 1848, a été achevée. Pour la première fois, on a pu trouver rassemblés tous les textes, ou plutôt tous ceux qui ont été conservés au moins, qui ont été rédigés par Marx et par Engels entre leur jeunesse et le *Manifeste communiste* (1848). On trouve dans ces volumes même les dissertations de l'élève Marx au lycée de Trèves, ainsi que les fameuses lettres adressées à son père, et surtout les textes permettant d'interpréter la jeunesse philosophique de Marx.

Ce développement de la connaissance du jeune Marx avait été précédé par des interprétations, dont les deux plus célèbres sont celles du philosophe hongrois Georges Lukács[8] et d'un philosophe allemand qui s'appelle Karl Korsch[9], qui avait pour ainsi dire, à partir d'une connaissance partielle des textes de jeunesse de Marx, réinterprété Marx en termes hégéliens.

Les textes religieux de Hegel n'ont été connus aussi que longtemps après sa mort. Il s'est produit le même phénomène pour Marx. La connaissance des textes de jeunesse a suscité cette deuxième période de marxologie. Tout le débat a tourné autour d'un problème : quelle relation existe entre le Marx, philosophe hégélien des années 1839-1844, c'est-à-dire jusqu'au *Manuscrit économico-philosophique* compris, et en laissant de côté *L'Idéologie allemande* où l'influence positiviste, matérialiste d'Engels paraît déjà plus visible, et le Marx de la maturité ?

C'est dans les années 1930 que cette discussion a commencé et j'ajouterai volontiers qu'elle s'est épanouie, surtout en France où le débat a trouvé son centre, entre 1945-1946 et 1955-1956.

Le livre le plus substantiel de ce débat est celui d'un jésuite, le père Calvez [10], livre avec lequel d'ailleurs je suis en désaccord fondamental, mais livre remarquable par la solidité de l'érudition et par la profondeur de l'interprétation. Mon désaccord avec ce livre tient à ce qu'il utilise indifféremment des textes de jeunesse et des textes de la maturité de Marx et reconstitue une philosophie marxiste de l'aliénation comme si on avait le droit de considérer comme contemporains des textes qui ne le sont pas et dont l'auteur lui-même, d'une certaine façon, a reconnu qu'ils ne l'étaient pas. Faire une synthèse de la philosophie de jeunesse de Marx et de celle du *Capital* est naturellement quelque chose qu'un marxien, si je puis dire, surtout s'il est jésuite et s'il veut discuter Marx, a la droit de faire, mais qui est contraire, à mes yeux, aux règles de la marxologie. La marxologie que j'ai essayé de pratiquer ici suppose que l'on fasse confiance à l'auteur et que lorsque l'auteur dit qu'il a changé d'avis ou qu'il n'est plus d'accord avec lui-même ou qu'il a modifié son vocabulaire, on le prenne au mot. La réinterprétation de l'auteur par une synthèse des textes de périodes différentes est un exercice en lui-même intéressant et légitime, mais qui n'est pas conforme aux règles de la marxologie.

Un autre philosophe français a pris position aussi sur toutes ces questions, c'est Henri Lefebvre [11], qui, lui, en tant que marxiste, a proposé aussi, d'une autre façon, une combinaison entre la philosophie de la jeunesse de Marx et celle de la maturité.

Enfin, je dirais volontiers qu'il est en train de s'esquisser une troisième période d'apaisement ou d'érudition, en un mot une marxologie non engagée, à la suite de circonstances historiques diverses. D'une part, il y a eu un travail d'érudition considérable dont, en France, un homme comme Maximilien Rubel [12] est l'exemple le plus éclatant. D'autre part, je pense qu'il existe dans la marxologie une tendance aujourd'hui – une fois perdu le désir, inspiré par les circonstances, de combiner le jeune Marx et le Marx de la maturité – à essayer de retrouver le propre développement de la pensée de Marx, sans vouloir nécessairement rendre plus acceptable tel ou tel aspect de la pensée de sa maturité en invoquant tel ou tel texte de jeunesse pour lequel on éprouve une préférence. Je me risquerais à suggérer que nous sommes entrés dans la période de la marxologie détachée ou non engagée. Combien de temps durera-t-elle ? Comme on le dit en style marxiste, cela dépendra du contexte historique. Les circonstances pourront faire que les marxologues s'engagent à nouveau.

Les écoles et les mouvements marxistes

Là encore je procéderai en me bornant à l'essentiel, en me tenant aux grandes lignes.

La première période où la pensée de Marx s'est transformée en action politique est la période de la Première Internationale, dont Marx a été un des fondateurs, et qui a été déchirée par les querelles entre marxistes et proudhoniens d'abord, entre Marx et Bakounine ensuite, et qui, de toute évidence, n'a pas représenté un important mouvement marxiste, parce que Marx vivait encore et que par conséquent il s'agissait de Marx lui-même et pas encore du marxisme.

La deuxième période se déroule dans le dernier quart du XIXᵉ siècle et au début du XXᵉ. Elle est marquée, dominée par ce que j'appellerai la marxisation plus ou moins profonde des partis socialistes européens. Les partis socialistes européens n'ont pas été tous marxistes à l'origine, ils ne le sont pas tous devenus au même degré, mais il s'est produit dans l'histoire de la pensée marxiste un fait essentiel : dans les vingt dernières années du XIXᵉ siècle et surtout après la mort de Marx, la social-démocratie allemande est devenue, au moins dans sa doctrine, dans ses déclarations, de plus en plus marxiste. Marx n'a pas été d'accord avec le programme de Gotha[13] et le degré d'orthodoxie marxiste de la social-démocratie allemande a toujours été objet de contestations. Mais on peut dire qu'au début du XXᵉ siècle, le théoricien le plus important de la social-démocratie allemande, à savoir Karl Kautsky, qui était de fait l'exécuteur testamentaire d'Engels [14], se considérait comme un marxiste orthodoxe et que les congrès de la social-démocratie juraient tous de leur fidélité à l'héritage intellectuel et politique de Marx lui-même.

Cette période, entre 1880 et 1914, est donc marquée par :

1°) La marxisation plus ou moins accentuée des différents partis socialistes européens. Un seul n'ayant jamais été marxisé d'aucune façon, à savoir le parti travailliste anglais, qui a compté un petit nombre de marxistes, tous des marginaux ou des dissidents, mais qui n'a jamais été profondément influencé par le marxisme. Le parti français, le parti italien, le parti allemand, le parti belge, au contraire, à des degrés différents, ont été touchés par la pensée marxiste. Personnellement, je ne pense pas que Jaurès ait été jamais très marxiste, mais enfin il se déclarait d'une certaine façon marxiste [15] et si l'on écrivait une histoire des partis socialistes du continent à la fin du XIXe siècle, on serait obligé évidemment de tenir compte de la forme et du degré de leur adhésion à la pensée de Marx.

2°) Durant cette période, il n'a pas régné, à proprement parler, d'interprétation tout à fait orthodoxe de Marx à la façon de celle qui est apparue à partir de 1930, quand l'Union soviétique a déclaré appliquer la pensée de Marx et qu'un homme seul s'est proclamé comme l'interprétation de la vérité doctrinale de Marx.

À la fin du XIXe siècle et au début du XXe siècle, les écoles marxistes se déclaraient toutes marxistes, mais donnaient des interprétations différentes de Marx. Par exemple, toutes les écoles marxistes se réclamaient du matérialisme historique, mais elles n'acceptaient pas toutes le matérialisme dialectique au sens que ce mot revêt dans *L'Anti-Dühring* ou chez les philosophes soviétiques actuels. Il existait des marxistes qui essayaient de combiner Marx avec Kant [16]. Dans l'école austro-marxiste, les marxistes autrichiens tentaient de repenser philosophiquement le matérialisme historique dans un cadre différent de celui de la philosophie marxiste exprimée par Engels. En d'autres termes, les fondements philosophiques du marxisme étaient objet de contestations et le livre de Lénine, *Matérialisme et Empiriocriticisme* [17], était précisément une critique de certaines tentatives de penseurs qui se déclaraient marxistes pour réinterpréter les thèses essentielles du marxisme avec une philosophie différente.

Ainsi donc, dans cette période, il n'existait pas d'orthodoxie philosophique strictement liée à l'ensemble des écoles qui se déclaraient marxistes.

3°) Toujours au cours de cette période, les écoles marxistes ont connu un certain nombre de grands débats intellectuels sur quelques problèmes posés par la réalité elle-même. Il s'agit du débat sur le révisionnisme et de celui sur l'impérialisme.

La question du révisionnisme a opposé deux sociaux-démocrates allemands, d'un côté Karl Kautsky [18] et de l'autre Eduard Bernstein [19], qui étaient de grands amis, qui avaient été tous deux liés à Engels et qui sont restés tous les deux à l'intérieur de la social-démocratie allemande.

En le réduisant à l'essentiel, je vais dire un mot du débat Kautsky-Bernstein. Il avait pour objet et pour centre la question suivante : dans quelle mesure l'évolution du régime capitaliste confirme-t-elle la prévision marxiste ? Ou encore quelles conséquences la social-démocratie doit-elle tirer, dans sa pensée et son action, des formes actuelles prises par le capitalisme ? Le débat Kautsky-Bernstein sur le révisionnisme est le premier au cours duquel on a posé l'alternative qui, d'une certaine manière, subsiste encore aujourd'hui : révolution violente et radicale ou réforme progressive ? Il est bien entendu que ces indications résument grossièrement un débat dont je parlerai bientôt un peu plus longtemps.

La deuxième question débattue au sein du mouvement marxiste a été l'impérialisme et, indirectement, la question appelée en allemand la *Zusammenbruch*

Theorie, la théorie de l'effondrement ou de l'écroulement, et enfin, troisièmement, la théorie de la guerre.

Impérialisme, écroulement catastrophique, guerre, ces trois notions se sont trouvées liées dans le débat pour la raison suivante : à la fin du XIXe siècle et au début du XXe siècle se sont déroulés des événements diplomatiques connus de tous : la conquête de l'Afrique ou plutôt de la partie de l'Afrique qui n'était pas encore conquise par les États capitalistes d'Europe, d'où la tentative normale et légitime des marxistes d'expliquer dans le cadre de leur système intellectuel le phénomène historique qu'ils avaient devant les yeux, c'est-à-dire l'expansion du capitalisme européen par le colonialisme. Enclins à expliquer économiquement l'expansion coloniale, les marxistes se posaient la question de savoir si, privé de cette expansion, le capitalisme n'était pas condamné à mort. Autrement dit, si le capitalisme reste enfermé à l'intérieur de ses frontières, n'est-il pas condamné par ses contradictions internes à un effondrement catastrophique ? Il se développa à l'époque, surtout à partir des livres de Rosa Luxemburg [20], toute une littérature marxiste sur l'effondrement inévitable du capitalisme en l'absence d'expansion coloniale.

Enfin, au début du XXe siècle, tous les partis socialistes d'Europe, unis dans la IIe Internationale – au sein de laquelle le parti social-démocrate allemand exerçait une influence prédominante –, étaient angoissés par la menace de la guerre européenne. Ils étaient donc amenés à réfléchir sur les causes de la guerre qui menaçait l'Europe en même temps que sur les moyens de prévenir cette guerre. Les opinions oscillaient entre le pacifisme de Jaurès et la résignation, disons joyeuse, de certains bolcheviks.

En effet, dans le cadre de la pensée marxiste, on pouvait raisonner de la manière suivante : le capitalisme est la cause fondamentale des guerres ; donc tant qu'il existera un capitalisme ou des capitalismes, il se produira des guerres. On ne peut pas les empêcher. De plus, elles affaibliront le capitalisme, donneront une chance aux révolutions. En conséquence, pour certains socialistes, leur parti n'avait pas pour tâche de sauver le capitalisme en lui évitant des guerres, mais de le laisser se détruire lui-même dans des guerres. J'ai simplifié la doctrine, mais cette tendance était évidemment représentée au sein de la IIᵉ Internationale.

À l'autre extrémité, se situaient des hommes qui étaient, si je puis dire, plus pacifistes que révolutionnaires, par exemple Jaurès. Ils pensaient que le devoir de la IIᵉ Internationale était d'agir pour essayer d'empêcher la guerre européenne que les uns et les autres sentaient venir. Les derniers Congrès de la IIᵉ Internationale [21] avant la guerre ont longuement discuté des possibilités d'action en ce sens. Certains proposaient la grève générale, comme moyen d'empêcher la guerre ; cela n'a d'ailleurs jamais été accepté par l'ensemble de la IIᵉ Internationale. L'on trouve dans le roman de Roger Martin du Gard, *L'Été 1914* [22], des échos de la dernière réunion de la IIᵉ Internationale, qui s'est tenue dans les jours qui ont précédé l'explosion de la guerre mondiale et des discussions entre les différents socialistes marxistes sur ce que l'on pouvait faire ou ne pouvait pas faire pour empêcher la guerre.

Résumons-nous : la période de la IIᵉ Internationale n'a pas comporté d'uniformité philosophique. Elle a permis des réinterprétations de Marx à partir de diverses philosophies et il y a eu deux grands débats intellectuels : celui du révisionnisme et celui de l'impérialisme et de la guerre.

L'origine commune à ces débats est évidemment la nature même de la pensée marxiste. J'ai employé, au cours de ces leçons, pour définir le marxisme en tant que socialisme scientifique, la formule suivante : le socialisme scientifique n'est pas, comme beaucoup le pensent, une science du socialisme, pour la bonne raison que Marx a toujours dit qu'on ne pouvait pas savoir ce que serait le socialisme. Le socialisme scientifique ne se définit curieusement et logiquement que par la science du capitalisme et de son histoire. Dès lors, tout mouvement politique et social qui prétend s'inspirer des leçons de Marx pour agir afin de transformer le monde, est obligé de manière permanente de confronter son enseignement et sa doctrine avec les événements. Les grands débats que j'ai rappelés portent sur l'histoire, soit du régime capitaliste en tant que tel, soit des États capitalistes.

Le débat du révisionnisme, par exemple, portait essentiellement sur les questions suivantes : est-il vrai que l'évolution économique tende de plus en plus à la concentration de la propriété en un petit nombre de mains ? Est-il vrai qu'elle tende de plus en plus à accentuer les contradictions entre les classes ? Est-il vrai que la condition des masses salariées devient de plus en plus pénible et mauvaise au fur et à mesure que se développe le capitalisme ? En d'autres termes, est-il vrai que les contradictions du capitalisme en s'aggravant donnent une chance accrue à une révolution de type violent ? Disons, en simplifiant, que la thèse de Bernstein revenait à mettre en question la synthèse centriste, à l'intérieur de la IIe Internationale, représentée par Kautsky. En effet, pour un parti qui se recommande de Marx et qui se veut avant tout révolutionnaire et destructeur du régime capitaliste, les trois hypothèses suivantes sur l'avenir historique s'imposent.

Première hypothèse : l'évolution spontanée du capitalisme conduit à l'explosion révolutionnaire. S'il en est ainsi, le parti socialiste peut s'efforcer d'améliorer la condition des ouvriers à l'intérieur du régime capitaliste, sans que ces réformes compromettent les chances d'avenir de la révolution. Cette première hypothèse est celle que j'appelle « la synthèse centriste ». Le parti social-démocrate allemand se déclare révolutionnaire, il agit de manière réformiste et il garde confiance dans la révolution qui se produira avec l'aide de l'histoire sinon avec sa coopération active. C'était la formule idéale, la meilleure solution parce qu'elle permet tout à la fois de répondre aux désirs de tous les hommes, qui est d'améliorer de manière immédiate leurs conditions sans supprimer l'espoir révolutionnaire à long terme. Mais la condition de réalisation de cette synthèse est que l'histoire veuille bien faire ce que l'action réformiste ne fait pas. Il faut qu'en dépit des réformes obtenues par l'action de la social-démocratie, le capitalisme devienne de plus en plus contradictoire et donne finalement de lui-même des chances à la révolution. Cette synthèse suppose donc que le parti social-démocrate ne modifie pas, ne diminue pas les chances de la révolution à long terme en agissant de manière réformiste dans l'immédiat.

La deuxième hypothèse est celle que Bernstein a formulée, avec timidité : l'histoire n'est pas aussi complaisante qu'elle devrait l'être ; les réformes que la social-démocratie peut obtenir, dans le cadre d'un régime de propriété privée et de semi-marché, améliorent la condition des masses populaires et l'évolution du capitalisme ne devient pas telle qu'un beau jour on puisse passer des réformes à la révolution. Si on admet cette deuxième hypothèse, la perspective apocalyptique ou radieuse, comme on voudra, de la révolution, s'efface. Il ne reste plus que la formule : c'est le mouvement qui est la fin. On sait qu'une grande discussion correspond à la querelle du réformisme entre Kautsky et Bernstein : est-ce que l'action quotidienne constituait finalement le tout de l'action révolutionnaire ou bien est-ce que la révolution surgirait un beau jour au terme de l'action réformiste ? Bernstein avait tendance à dire que c'était l'action progressive et quotidienne des réformes qui, considérée globalement, constituerait l'équivalent d'une révolution. La révolution n'interviendrait qu'au terme de réformes, elle se définissait pour ainsi dire comme le total des réformes qui apparaîtraient rétrospectivement comme ayant transformé fondamentalement la condition des hommes et le mode de fonctionnement du régime économique.

Parallèlement à ces deux conceptions, il existait une troisième possibilité incarnée par Lénine, parce que c'est lui qui l'a formulée le premier de la manière la plus catégorique et la plus claire dans son livre de 1902, *Que faire ?*[23]. On peut la résumer de la façon suivante.

Il est vrai que le prolétariat abandonné à lui-même ne demande que des réformes. Les ouvriers sont réformistes ou, comme l'écrit Lénine dans son livre, ils sont trade-unionistes, en employant le mot anglais, c'est-à-dire que le prolétariat, dans le cadre d'un régime capitaliste, ne rêve pas d'une révolution bouleversante, mais veut améliorer son sort *hic et nunc*. Comme Lénine avait tendance à croire que l'action réformiste réduisait les chances de la révolution violente au lieu de les accroître, il en tirait la conclusion qu'il était nécessaire de lutter contre ces tendances propres au prolétariat et qu'il fallait faire prédominer le parti de la classe ouvrière sur la classe ouvrière elle-même, parce que ce parti est à la fois plus déterminé et plus conscient que celle-ci.

De là naîtra la IIIe Internationale, dont le débat avec la IIe Internationale se prolongera jusqu'à la Seconde Guerre mondiale, et même, pourrait-on dire, peut-être jusqu'en 1953.

Au cours de cette période, au moins dans la première phase, d'autres débats se sont déroulés que l'Occident a mal connus, mais qui ont une assez grande importance pour le développement de la pensée marxiste. Ce sont les débats russes entre 1917 et 1929, qui sont naturellement liés aux querelles entre les différentes factions à l'intérieur du Parti bolchevique, mais qui portent aussi sur des enjeux intellectuels réels. Par exemple, il y a eu, avant la mise en train des plans quinquennaux, un débat sur l'industrialisation, sur ses différentes méthodes, sur les classes sociales qui seraient amenées à assumer le coût économique et humain de l'industrialisation. Sans que je puisse entrer dans les aspects fort intéressants de cette controverse, il est important de savoir que ce qu'est devenu le régime soviétique à partir de 1930 n'avait été ni prévu, ni prédéterminé par les dirigeants du parti bolchevique.

Au sein du parti bolchevique, deux débats principaux se sont déroulés avant 1917.

Le premier portait sur l'organisation du parti. Il opposait curieusement Lénine à Trotski. Dans ce débat, Lénine était favorable à ce que l'on appelle « le centralisme démocratique », c'est-à-dire à l'organisation d'un parti peu nombreux de révolutionnaires professionnels avec une autorité très forte de l'État-major sur l'ensemble des troupes. La scission entre *bolcheviks* et *mencheviks* avait été provoquée par des divergences sur l'organisation du parti bolchevique. Dans cette controverse sur l'organisation du parti, Trotski s'opposait à Lénine, car il se méfiait de ce que Lénine appelait le « centralisme démocratique ». Contre la version de Lénine, il a utilisé cette phrase, qui depuis a été citée indéfiniment par les anti-marxistes : « Vous remplacez le prolétariat par le Parti, le Parti par le Comité central, le Comité central par le Bureau politique, le Bureau politique par le Secrétaire général et finalement, au nom du prolétariat, vous aboutirez au pouvoir absolu du Secrétaire général »[24]. Je ne cite pas les termes exacts, mais la formule critiquait Lénine qui, lui, considérait qu'il était indispensable de constituer un parti étroitement lié et agissant de manière disciplinée. On ne doit pas oublier que Lénine pensait en fonction des exigences de la lutte révolutionnaire, presque constamment clandestine, dans la Russie d'avant 1914.

Le deuxième débat interne au parti russe portait sur la conception marxiste elle-même, la possibilité ou l'impossibilité qu'une révolution socialiste intervienne dans un pays qui n'avait pas encore développé avec l'aide du capitalisme ses forces de production. Les *mencheviks* étaient convaincus que la révolution qu'ils attendaient en Russie devait être une révolution bourgeoise parce que, disaient-ils, le prolétariat n'était pas assez fort, et parce que dans un pays non industrialisé le prolétariat ne pouvait pas, selon les schémas ordinaires, être la classe la plus forte. Lénine était plutôt de cet avis avant 1917. En revanche, Trotski envisageait la possibilité d'une révolution socialiste dans un pays comme la Russie en sautant la phase du capitalisme pour des raisons liées à la structure particulière du développement économique russe. Donc, pour penser que l'on pouvait sauter de l'organisation collective de l'agriculture au socialisme, ceux qui adoptaient cette thèse mettaient l'accent sur l'extrême concentration de l'industrie russe, largement créée par l'État russe lui-même. Ils pensaient qu'en dépit du faible développement du capitalisme et des moyens de production en Russie, la révolution attendue pouvait se transformer en révolution socialiste sans attendre une longue phase intermédiaire de capitalisme.

Ces deux débats sur l'organisation du Parti et sur la possibilité du socialisme dans un pays non encore capitaliste étaient les débats principaux à l'intérieur du parti russe avant la prise du pouvoir.

Après la prise du pouvoir vinrent les débats sur l'industrialisation, débats dans lesquels les différents interlocuteurs ont souvent changé de position. C'est à partir des plans quinquennaux que le marxisme soviétique a été lié à un certain nombre de propositions, qui n'étaient nullement contenues dans Marx, qui n'étaient pas impliquées par le marxisme, et qui ne pouvaient pas l'être, puisqu'il y a très peu d'indications dans les œuvres de Marx sur la manière dont se développerait le socialisme. À partir de 1930, la priorité accordée à l'industrie lourde est devenue une des caractéristiques du modèle de développement socialiste. Dès ce moment, la formule selon laquelle 25 % du produit national doivent être consacrés à l'investissement est devenue une formule semi-sacrée, et la collectivisation de l'agriculture a été considérée comme un élément essentiel de l'édification du socialisme. Or aucune de ces trois propositions n'était contenue ni dans _Le Capital_, ni dans les textes marxistes antérieurs à 1917, et cela d'aucune façon.

Le modèle de développement économique offert par l'Union soviétique à partir de 1930 s'est développé dans des circonstances historiques particulières à la suite de débats idéologiques nouveaux. Je considère comme une période différente dans l'histoire de la pensée marxiste, et je n'en dirais qu'un mot pour ne pas entrer dans le détail de querelles, la période 1930-1953. Période que l'on appelle aujourd'hui celle du « culte de la personnalité » [25]. Période unique où l'on peut dire que le mouvement marxiste mondial a présenté une orthodoxie. Car les marxistes, dans l'ensemble, étant par nature des intellectuels, sont plutôt enclins à la discussion et à la division. L'état normal d'un marxiste consiste à discuter avec un autre marxiste sur l'interprétation vraie soit des textes, soit de la réalité. Au cours de cette période, ce genre de discussion n'a pas été supprimé parce qu'il existait toujours des marxistes *in partibus infidelium* ainsi que des demi, des quart, des trois-quarts de marxistes, mais une interprétation unique était considérée comme orthodoxe et obligatoire. Le Parti bolchevique de l'Union soviétique exerçait une autorité absolue sur l'ensemble du mouvement de la IIIe Internationale et, par bonne ou mauvaise chance, un homme et un homme seul déterminait à chaque instant quelle était l'interprétation vraie.

Disons qu'il a existé une période où l'école marxiste de la IIIe Internationale s'est cristallisée en orthodoxie. Cette période de cristallisation idéologique est aussi celle durant laquelle le marxisme a exercé sur toute une catégorie d'esprits la plus grande fascination. Peut-être la cristallisation idéologique n'est-elle pas la seule cause de la fascination, d'autres phénomènes ont dû jouer, la guerre, le fascisme, la crise du capitalisme ; mais, enfin, le fait est que l'influence exercée par le marxisme dans une partie du monde s'est trouvée au plus haut dans la période de cristallisation idéologique 1930-1933.

Nous sommes sortis de cette période et nous sommes entrés dans une nouvelle période, qui commence avec la mort de Staline, en 1953. On a recommencé à discuter, comme il convient d'abord, sur ce que l'on appelle la déstalinisation. De plus, à l'intérieur du mouvement marxiste de l'autre côté de l'Europe, sont apparues des modalités différentes de gestion et d'interprétation. Il

existe désormais une version chinoise et une version
soviétique[26], et d'autres encore. Après 1917, se produisit
la scission entre le parti social-démocrate, réformiste, et
le parti bolchevique, révolutionnaire. C'était une scission
simple et les deux partis pouvaient se réclamer de tel ou
tel texte de Marx. Aujourd'hui, il existe tant de pays qui
se réclament officiellement du marxisme qu'à l'intérieur
même de ceux qui ont admis la version révolutionnaire
du marxisme, il se réintroduit des distinctions qui rappel-
lent la distinction antérieure entre les réformistes et les
révolutionnaires.

Quant aux partis socialistes devenus réformistes après
1917, c'est-à-dire les partis sociaux-démocrates d'Europe
occidentale, on peut dire que, depuis 1945, ils sont
devenus de moins en moins marxistes. Il est difficile
d'affirmer que la social-démocratie de la République
fédérale d'Allemagne ou la SFIO en France sont des
partis marxistes. Peut-être, le phénomène qui est en train
de se produire dans le monde de la IIIe Internationale
reproduit, à l'intérieur du mouvement dit révolutionnaire,
une scission entre réformistes et révolutionnaires analogue à l'ancienne. Elle naîtrait d'une tentation ou d'une
menace permanente pour tous ceux qui se réclament de
Marx.

Il va de soi que cette brève histoire des écoles aurait pu
être présentée sous forme d'une histoire des événements
et des mouvements. Cela aurait obligé à faire l'histoire
des mouvements ouvriers, celle de la révolution russe et
de la construction de l'économie soviétique, et ainsi de
suite.

La nature problématique du marxisme

Quant à l'influence du marxisme sur la philosophie de
notre temps, c'est un autre sujet, un sujet plus difficile,
dont j'essaierai de parler à la fin de ce cours. Maintenant,
je vais poser la question suivante pour essayer d'y
répondre : pourquoi la pensée de Marx a-t-elle connu le

destin que je viens de rappeler ? Qu'est-ce qui prêtait la pensée de Marx à tant d'interprétations et à une telle efficacité ? J'ai indiqué, jusque-là, quelques-unes des raisons que je vais rappeler aussi brièvement que possible.

Le premier élément, peut-être le plus important, c'est que la pensée de Marx est admirablement équivoque et qu'elle se prête à des mises en forme diverses, à des niveaux extrêmement différents de complications et de subtilités. Le marxisme permet une mise en forme orthodoxe à l'usage de tous les degrés d'enseignement, de l'enseignement le plus élevé jusqu'à l'enseignement le plus élémentaire. D'une certaine façon, toutes ces mises en forme, même les plus élémentaires, retiennent des données qui sont effectivement essentielles dans la pensée marxiste.

Deuxièmement, la pensée marxiste se veut à la fois scientifique et révolutionnaire : révolutionnaire au nom de la science et scientifique en vue de la révolution. Elle s'affirme science de la réalité actuelle, c'est-à-dire du capitalisme, et elle est une prévision de la révolution, donc de la réalité future. Mais elle ne dit rien, ou elle dit le minimum, sur ce que sera le socialisme au-delà de la révolution. Ce qui permet la conjonction en elle de la science, étude de ce qui est, et de l'espoir, représentation transfigurée de ce qui sera. Le marxisme permet la conjonction de la nécessité du devenir et de l'action humaine, la conjonction de l'efficacité fondée sur une interprétation matérialiste de la réalité et de l'idéalisme humain impliqué par la certitude que l'histoire, de contradiction en contradiction, aboutira à une forme supérieure d'existence humaine.

Réduit à l'essentiel, le marxisme militant comprend :

1°) Une critique que l'on pourrait appeler essentialiste ou totalisante du régime capitaliste. C'est-à-dire une critique qui prétend montrer comment et pourquoi un régime, fondé sur la propriété privée des instruments de production et sur les mécanismes du marché, est en tant que tel et en toutes circonstances, d'une part, fondamentalement injuste et, d'autre part, condamné à mort. Ces deux éléments fondamentaux sont établis dans *Le Capital* à partir d'une théorie scientifique que nous avons étudiée : la plus-value, l'exploitation et les contradictions capitalistes.

2°) Le deuxième élément du marxisme militant, c'est l'idée d'une discrimination, d'une différence essentielle entre les classes sociales, chaque classe portant pour ainsi dire une idée, une morale, un système économique et social. Avec en plus, dans le cas du capitalisme, l'idée séduisante que la classe qui porte le régime de l'avenir est la classe opprimée d'aujourd'hui. Les victimes du régime actuel sont les porteurs d'un avenir supérieur en valeur au régime d'aujourd'hui.

3°) Le troisième élément fondamental du marxisme militant est une philosophie de l'histoire selon laquelle les régimes économiques se succèdent nécessairement, la ligne du devenir étant marquée par l'accroissement des moyens de production et la nature des relations entre les hommes au travail déterminant à chaque moment le caractère propre de chaque régime. Cette philosophie peut être exprimée en termes de loi du devenir historique, ce qui est une des présentations les plus courantes et les plus faciles. Mais il n'est même pas nécessaire d'employer la notion de lois objectives ; ce qui reste indispensable, c'est la représentation d'une succession nécessaire des régimes économiques, le salariat ayant succédé nécessairement au servage et le socialisme succédant nécessairement au salariat.

En bref, ces trois éléments constitutifs du marxisme militant sont la critique totalisante du capitalisme, la discrimination essentielle entre les classes et la philosophie de l'histoire. Or, cette philosophie, que je n'ai pas l'intention de discuter en détail ici, comporte, me semble-t-il, de manière visible, un certain nombre de lacunes ou d'équivoques, qui expliquent les interprétations indéfiniment renouvelées.

La philosophie de l'histoire

1°) Mon premier point porte sur la notion de philosophie de l'histoire ou de déterminisme historique.

Cette philosophie de l'histoire est exprimée, selon les cas, en référence au développement des forces productives ou encore en référence avec les contradictions entre les rapports de production ou, enfin, en référence avec les luttes de classes.

Les trois formules ne sont pas contradictoires, mais pour que cette interprétation soit aisément acceptée, il faut qu'il y ait pour ainsi dire un parallélisme entre le développement des forces productives, les rapports de production et les luttes de classes. Je veux dire par là que, pour que ces trois mises en forme de la philosophie de l'histoire soient pleinement cohérentes, il faudrait que l'état de développement des forces productives s'exprimât dans des rapports de production ou dans des relations de propriété déterminées et qu'enfin l'état des luttes de classes fût déterminé par les forces et les rapports de production.

Bien entendu, la réponse que l'on doit faire à une remarque de cet ordre, c'est que ces trois notions doivent être conçues dialectiquement. C'est une façon mécanique de penser que d'exiger qu'en fonction d'un état donné des forces de production il existe un état donné des rapports de production ou un état donné des luttes de classes. Il est parfaitement vrai que, la bonne façon de penser tout cela, c'est de procéder par une analyse où l'on admet qu'il puisse y avoir des relations contradictoires ou complémentaires entre forces de production, rapports de production et contradictions de classes.

Mais, du même coup, il devient difficile d'aboutir à une formule unique du devenir historique. La lutte de classes pourra être plus intense à un moment où les forces de production sont moins développées et, du même coup, le schéma historique qui était dominant dans la pensée de

Marx, devient à peu près impossible à maintenir. En fait, il est abandonné par tout le monde ou, tout au moins, il n'est maintenu que grâce à l'adjonction d'hypothèses supplémentaires. On considère qu'il se peut que les contradictions soient plus vives lorsque les forces de production sont moins développées. Il se peut aussi que la révolution ait plus de chances de survenir là où il y a le moins de développement des forces productives. Autrement dit, l'interprétation du devenir historique en termes de forces de production, de rapports de production, de luttes de classes, peut toujours être utilisée, mais elle ne fournit pas un schéma du développement historique unique et nécessaire. D'autre part, au fur et à mesure que ce schéma historique dans lequel les trois termes étaient parallèles disparaît, il devient de plus en plus difficile de passer de la théorie abstraite du devenir capitaliste, tel qu'on le trouvait exprimé dans *Le Capital* et tel que je l'ai exposé, à l'histoire réelle du devenir du monde actuel. En d'autres termes, le passage de la théorie du régime à une interprétation de l'histoire concrète devient de plus en plus difficile.

2°) Mon deuxième point consiste à noter que, dans la pensée marxiste telle que Marx l'exprime, un élément est presque complètement absent, qui est, me semble-t-il, à l'origine d'un certain nombre des plus grandes difficultés, c'est la notion même du politique. J'entends par là la relation commandement-obéissance, comme dit Aristote dans sa *Politique*, ou encore le commandement exercé par quelques-uns sur tous dans les États organisés. La théorie du politique chez Marx est une théorie de la négation du politique en tant que domaine spécifique de la réalité humaine ou historique. En effet, selon la formule classique, que l'on trouve encore dans un livre de Lénine, *L'État et la Révolution* [27], l'État n'est qu'un instrument au service de la classe détentrice des moyens de production, destiné à maintenir le pouvoir de cette classe dominante et l'exploitation de la classe dominée. Il est admis qu'au-delà de la révolution qui supprimera les classes, il n'y aura plus besoin d'État. Par conséquent la politique, l'ordre du politique, dans la mesure où il se confond avec l'ordre étatique, n'existera plus, puisque l'ordre du politique n'est que le sous-produit de la lutte de classes.

Je sais bien qu'on peut toujours ajouter des hypothèses supplémentaires et qu'il suffit d'ajouter que l'État ne peut dépérir et disparaître qu'à partir du moment où le socialisme sera universel et que par conséquent le non-dépérissement de l'État, après la prise du pouvoir, n'est pas contradictoire avec la doctrine, qu'au contraire Marx avait envisagé la dictature du prolétariat comme une phase intermédiaire. Mais ce qui me paraît évident, et d'ailleurs de plus en plus reconnu, c'est qu'une économie socialiste, dans la mesure où elle est une économie planifiée, implique un pouvoir considérable de la part de l'État. On peut naturellement déclarer que le pouvoir de l'État n'est plus par définition le pouvoir de l'État dans la mesure où les classes ne sont plus ennemies. On peut toujours jouer avec les concepts, mais je veux dire que la plus grande faiblesse de la pensée marxiste en tant que pensée sociologique, c'est d'avoir voulu ramener intégralement l'ordre du politique à être un effet des conflits de classes et par conséquent de n'avoir disposé d'aucune théorie, d'aucune conception de ce que serait ou devrait être l'État et l'ordre politique dans un régime socialiste. Cela a pour conséquence que le parti, une fois au pouvoir, ne peut se justifier lui-même qu'en refusant de se distinguer du prolétariat. Ce qui l'oblige, si je puis dire, à avoir une fausse conscience de lui-même. Il manque à la doctrine une reconnaissance du fait politique ou de l'ordre politique, comme élément permanent de toutes les collectivités humaines.

3°) En troisième lieu, la pensée de Marx contient fort peu de choses sur ce que serait une économie socialiste ou une économie post-capitaliste. On trouve naturellement les indications sur les producteurs associés, on trouve aussi des allusions au problème de la planification, mais je ne pense pas, personnellement, que l'on puisse tirer du *Capital* aucune théorie de la planification en régime socialiste. Ce que Marx a écrit sur la loi de la valeur en régime socialiste peut s'interpréter de multiples façons, et je ne suis pas sûr que les planificateurs soviétiques actuels tirent grand profit du *Capital* pour planifier l'économie socialiste. En d'autres termes, la pensée marxiste étant essentiellement une science du capitalisme, elle s'arrête, pour ainsi dire, au-delà de la révolution, avec pour résultat qu'elle s'est transformée et enrichie, par le fait des découvertes progressives de ce qu'est une économie planifiée. Je crois que le mieux est de ne pas chercher les secrets de l'économie planifiée dans *Le Capital*. Ce n'était pas le problème que Marx se posait.

4°) En quatrième lieu, on trouve, dans la pensée marxiste l'idée que la lutte de classes constitue l'élément fondamental à travers l'histoire humaine et que le prolétariat se transforme, au moment de la révolution, en classe dirigeante. Là, à mon avis, apparaît une autre des ambiguïtés ou des équivoques qui sont essentielles à la pensée marxiste. À savoir l'assimilation de l'accession au pouvoir du prolétariat à l'accession au pouvoir de la classe bourgeoise.

La représentation historique de Marx est à peu près la suivante : dans le sein du régime féodal s'est développée une bourgeoisie qui a pris le pouvoir en France à la suite d'une révolution. De la même façon, à l'intérieur du régime capitaliste se développe la classe qui succédera à la classe bourgeoise. Or, je pense qu'il y a en fait une différence fondamentale entre ces deux classes dont on s'imagine qu'elles succèdent l'une à l'autre au pouvoir. La bourgeoisie a pu accéder au pouvoir, disons dans une version simplifiée de l'histoire, en prenant la place d'une classe aristocratique. Le passage de l'aristocratie à la bourgeoisie représentait pour ainsi dire la substitution d'une élite économique à une élite d'origine militaire. En revanche, le prolétariat, c'est-à-dire la masse des ouvriers qui travaillent dans les usines, ne peut pas, en fait, être l'équivalent d'une classe dirigeante peu nombreuse comme la bourgeoisie. Il en résulte donc que l'accession au pouvoir du prolétariat n'est pas rigoureusement comparable à l'accession au pouvoir de la bourgeoisie. Dans un cas, ce sont les bourgeois eux-mêmes qui exercent les fonctions de direction, dans l'autre cas, ce sont ou des hommes qui exercent les fonctions de direction au nom du prolétariat ou d'anciens prolétaires qui exercent des fonctions de direction. Mais on peut dire que, par définition, la masse des ouvriers d'usine ne peut jamais devenir une classe dirigeante puisqu'on ne peut pas confondre une minorité qui exerce les fonctions politiques et sociales de direction avec la masse des ouvriers. Que l'on exerce le pouvoir au nom du prolétariat ou que le Parti se recrute au sein du prolétariat, c'est possible. Mais le prolétariat ne peut pas être la classe dirigeante ou la classe universelle pas plus qu'un cercle ne peut être un carré.

La version de la théorie des classes selon laquelle les classes disparaissent dans une économie socialiste est possible, si l'on veut dire par là qu'à partir du moment où il existe une planification globale de l'économie et où cette planification est décidée par un parti au nom de l'ensemble de la population, il ne subsiste plus l'équivalent des luttes de classes qui existaient dans un pays où un groupe détenait les moyens de production et où la grande masse ne possédait pas ces moyens de production. Mais il ne suffit évidemment pas qu'il y ait une économie planifiée pour que disparaissent la pluralité des groupes sociaux et l'inégalité des conditions ; et de la même façon que l'État ne disparaît que si l'on a déclaré que par définition il n'y avait plus d'État à partir du moment où un certain groupe est au pouvoir, de la même façon il n'y a plus de classes, seulement par définition, que dans la mesure où on a décrété que les groupes sociaux qui se constituent à l'intérieur de toutes les économies modernes ne méritent plus d'être appelés classes à partir du moment où ces groupes se situent à l'intérieur d'une économie planifiée.

La théorie des classes pose une dernière question : dans quelle mesure, dans les sociétés d'économie moderne, peut-on dire que les différentes classes ont une philosophie et un système des valeurs fondamentalement différents ? Dans quelle mesure est-ce que le prolétaire a une représentation du monde fondamentalement différente de la représentation qu'en ont les autres classes ? Je ne prétends pas répondre à cette question, mais je dirai qu'autant il est facile d'observer la diversité des groupes sociaux à l'intérieur de nos sociétés, autant la question de savoir s'il y a une opposition fondamentale entre l'univers des différentes classes demeure aujourd'hui une question ouverte.

5°) Mon cinquième point concerne la conception de l'homme et ses équivoques.

La conception marxiste trouve son origine dans la notion d'aliénation. La suppression des aliénations reste encore aujourd'hui l'une des formules par lesquelles on essaie de définir l'objectif des mouvements marxistes. L'aliénation peut signifier, nous l'avons vu, plusieurs choses.

La première idée pour supprimer les aliénations, c'est que la société acquière progressivement la maîtrise du fonctionnement d'ensemble de l'économie ou de la société tout entière. Une des interprétations les plus simples de l'aliénation consiste à dire que les hommes sont soumis à des lois dont ils n'ont pas la maîtrise. La suppression de l'aliénation signifie alors la maîtrise acquise sur le fonctionnement de l'économie. En ce cas, on peut dire que toutes les sociétés modernes, d'une manière ou d'une autre, s'efforcent d'acquérir le plus possible cette maîtrise : toutes les économies modernes sont marxistes par le refus d'accepter des lois économiques si ces lois paraissent contraires aux volontés et aux valeurs des hommes.

La deuxième idée marxiste de l'aliénation, c'est que chacun soit enfermé dans une activité parcellaire et que chacun ne réalise qu'une partie de lui-même dans son activité professionnelle. En ce sens, la deuxième façon de supprimer les aliénations, ce n'est pas la maîtrise de la planification globale, mais c'est la réalisation de l'homme total contre la division du travail. Cette idée de réalisation de l'homme total contre la division du travail est en elle-même séduisante et convaincante. Reste à savoir dans quelle mesure il est matériellement possible dans nos sociétés d'activités spécialisées d'échapper aux servitudes de la division du travail.

Au-delà de ces deux idées, maîtrise globale et homme total contre la division du travail, il reste, dans la conception marxiste de l'homme et, dirais-je volontiers, dans la pensée de Marx lui-même à travers tous les textes, une équivoque fondamentale, à savoir : l'homme réalise-t-il son humanité dans le public ou dans le privé, dans le travail ou dans les loisirs, dans la solitude ou dans la collectivité ?

Il n'est pas douteux que dans le *Manuscrit économico-philosophique*, l'idée de la suppression de l'aliénation comportait l'idée de la réalisation de l'homme dans le travail. L'aliénation disparaissait dans la mesure où l'homme cesserait de travailler pour un autre et où il travaillerait, soit parce que le désir de travail est spontané en lui, soit parce que son travail serait directement au service de la collectivité. Dans la note du troisième livre du *Capital*, que j'ai citée[28], on trouve la formule selon laquelle le domaine du travail est le domaine de la nécessité et que la liberté commence au-delà du travail. Avec en conclusion, qu'il faut réduire la durée du travail. D'où une question, à mon avis, légitime : l'idéal marxiste de l'homme est-il un idéal communautaire ou anarchisant ? Je répondrai que les deux possibilités se trouvent dans la pensée de Marx lui-même.

Aujourd'hui, bien sûr, les marxistes diraient que cette question est dépourvue de sens. Mais si l'on revient aux textes de Marx – et Marx était un tel rebelle que je crois qu'il aurait été rebelle contre toutes les sociétés que nous connaissons aujourd'hui aussi bien d'un côté que de l'autre –, on constate qu'il répugne à l'autorité de l'homme sur l'homme. La formule qu'il a empruntée à Saint-Simon était : « *L'Administration des choses remplacera le Gouvernement des personnes.* » Ce qui est, d'une certaine façon, l'idéal de la réduction au minimum de l'autorité que les hommes exercent les uns sur les autres. On trouve donc, me semble-t-il, dans la philosophie de Marx l'idéal d'une organisation rationnelle de la société tout entière, l'idéal d'une maîtrise que les hommes pourraient acquérir sur leur destin collectif. Mais s'y trouve aussi l'idée que la liberté commence au-delà du travail, c'est-à-dire dans le loisir, c'est-à-dire dans la sphère la plus privée et la moins collective de la vie humaine.

CHAPITRE XVIII

L'INFLUENCE DE MARX

Revenons sur quelques idées simples dégagées dans la leçon précédente. La première est que la pensée de Marx présente un double caractère.

Depuis la jeunesse jusqu'à la fin de sa vie, l'œuvre de Marx reste complexe et équivoque ; mais elle comporte aussi un certain nombre de thèmes fondamentaux et d'idées simples qui se prêtent à une mise en forme orthodoxe, qui peuvent se résumer facilement et se transformer en une doctrine à l'usage de tous.

La deuxième est que la force de conviction ou de fascination que possède la pensée de Marx tient à cette combinaison de simplification possible et d'équivoque constante. En fait, elle est assimilable par tous les esprits et à tous les niveaux de complication ou de subtilité. Simultanément, elle offre une synthèse à prétention scientifique aboutissant à une sorte de déterminisme et une doctrine idéaliste, qui annonce la réalisation nécessaire de ce que dans l'ensemble la plupart des hommes peuvent souhaiter [1].

À ces deux idées élémentaires, je voudrais en ajouter une troisième, qui revêt une assez grande importance si l'on considère ce qu'est devenue la pensée de Marx au cours du dernier siècle. Il est faux, en effet, de croire que la pensée marxiste a dominé la vie intellectuelle des pays occidentaux et des pays industriellement développés au cours des trois quarts de siècle passés. Si l'on considère ce qu'a été la diffusion de la pensée marxiste entre la mort de Marx en 1883, ou la mort d'Engels en 1895, et la guerre de 1914, ou encore la Révolution russe de 1917, on constate que le marxisme n'était un élément important de la vie politique et intellectuelle que parce que la plupart des partis socialistes s'en réclamaient d'une façon ou d'une autre. Le marxisme n'exerçait à aucun degré une influence dominante dans le développement de la pensée européenne occidentale ou mondiale. Le marxisme s'était fort peu répandu aux États-Unis. D'une manière générale et dans tous les pays d'Europe, Russie inclusivement, ceux qui se déclaraient marxistes représentaient une très faible minorité et ne jouaient nullement un rôle décisif dans la vie intellectuelle. C'est une espèce de représentation mythologique que l'idée selon laquelle la majorité des écrivains, des artistes et des professeurs aurait été dominée par la pensée marxiste depuis que Marx a existé. Entre 1883-1895 et 1914-1917, on peut dénombrer un petit nombre d'économistes et de sociologues marxistes. Ils étaient très peu nombreux et dans l'ensemble ils se rattachaient aux partis social-démocrates ; ils n'occupaient pas de position de premier plan, à peu d'exceptions près, ni dans la vie universitaire, ni dans la vie intellectuelle. On peut dire qu'avant 1914-1917, l'influence de la pensée de Marx déclinait plutôt qu'elle ne progressait ; même en Russie, l'ensemble de l'intelligentsia, les Universités n'étaient nullement dominées par la pensée marxiste.

Tout a changé à partir de 1917

Tout a changé à partir de 1917, c'est-à-dire à partir du moment où la pensée de Marx, interprétée d'une certaine façon, est devenue la doctrine officielle d'un parti qui avait pris le pouvoir dans un des grands pays d'Europe.

Ajoutons une dernière remarque : le marxisme considéré essentiellement comme un effet d'interprétation scientifique du capitalisme et de son développement a toujours engendré des controverses d'interprétation, en particulier chaque fois qu'il s'agissait d'adapter la doctrine officiellement admise aux événements nouveaux ou à tel ou tel aspect nouveau de l'histoire du capitalisme.

Les débats ont tourné autour de trois thèmes fondamentaux.

Le premier thème est ce que j'appelle la critique radicale ou la critique totalisante du capitalisme en tant que tel. Le marxisme n'est pas original par le fait qu'il critique la réalité ou qu'il critique le régime capitaliste ; son originalité tient à ce qu'il présente la critique du régime de la propriété privée et du mécanisme du marché comme une critique radicale. Radicale, cela signifie que le capitalisme serait en tant que tel, par essence et de manière inexorable, condamné à l'injustice et donc condamné à mort. Ce qui différencie la critique marxiste du capitalisme, ce n'est pas l'accent mis sur tel ou tel des défauts qui existent dans un régime de propriété privée, mais c'est l'affirmation que ces défauts sont inséparables de ce qui le constitue comme régime capitaliste en tant que tel. Par conséquent, l'injustice ne peut être ni accumulée, ni éliminée sans le renversement de ce qui définit le régime en tant que tel. Du fait que le marxisme présente une critique radicale du capitalisme, on peut dire qu'il s'assigne une tâche difficile, ou plus difficile, chaque fois que l'évolution historique semble mettre en question le radicalisme de la critique, c'est-à-dire chaque fois que les événements semblent suggérer que tout ou partie des maux du capitalisme peut être atténué ou supprimé sans recours à une révolution totale.

Au cours de deux périodes, cette impression s'est répandue.

D'abord, au tournant du siècle, marqué par la querelle du révisionnisme à l'intérieur du parti social-démocrate allemand, dont les deux principaux protagonistes étaient Bernstein et Kautsky. Ils ont discuté de beaucoup de choses, mais au centre de leurs désaccords se trouvait la mise en question de la critique radicale. L'évolution spontanée du capitalisme, au lieu de confirmer le radicalisme de la critique, ne le met-il pas en question ?

La deuxième période où le radicalisme de la critique a

été discuté est évidemment la phase que nous traversons actuellement. Elle a commencé vers 1953-1955, elle s'épanouit aujourd'hui à la faveur du développement rapide des économies européennes et de la reconnaissance d'un certain nombre de traits communs à toutes les sociétés modernes développées. Disons que la phase actuelle de la querelle révisionniste peut être définie par l'utilisation de la notion de société industrielle pour repenser les problèmes des sociétés modernes.

Le deuxième thème de débats ou d'interprétations contradictoires concerne l'incertitude sur la politique conforme à l'inspiration de la pensée de Marx. Il peut être résumé de la manière suivante : quelle place accorder dans un régime socialiste à ce que le marxisme appelle « démocratie formelle » ou « institution représentative », au moins dans la première phase d'instauration du socialisme ? L'origine de ce débat est, me semble-t-il, facile à découvrir dans la pensée de Marx lui-même, dans les lacunes et les équivoques. On peut en effet trouver des textes qui justifient les deux interprétations extrêmes qui ont été données. L'une étant celle de la IIIe Internationale, des bolcheviks ou des communistes, et l'autre étant l'interprétation des sociaux-démocrates et des socialistes occidentaux, en général, qui ont refusé d'adhérer à la IIIe Internationale et qui ont considéré que le régime soviétique tel qu'il s'est développé à partir de la révolution de 1917 était en contradiction avec les aspirations fondamentales incluses dans la pensée de Marx.

Chacune de ces deux interprétations peut se réclamer de textes marxistes. Chacune peut se fonder sur une lacune de la pensée marxiste. Cette lacune, c'est l'absence d'une théorie propre de la politique. L'État étant, selon tous les textes de Marx [2], essentiellement l'organe par lequel la classe dominante, c'est-à-dire la classe économiquement privilégiée, maintient ses privilèges et exploite les classes dominées. Que devient l'État au-delà de la suppression des classes et dans la construction du socialisme ?

Une interprétation possible consiste à utiliser les deux textes où Marx a parlé de la dictature du prolétariat[3], et ceux, beaucoup plus nombreux, où il a critiqué le parlementarisme. On cite, en particulier, la phrase fameuse sur « le crétinisme parlementaire »[4], et un bon nombre de phrases de cet ordre. Cette interprétation considère que le renversement du régime capitaliste exige en tout état de cause une phase de dictature, dont le Parti, expression du prolétariat, est l'agent nécessaire. Quant à savoir ce que sera le régime politique une fois le socialisme construit, on peut laisser la question ouverte et suggérer que, lorsqu'il n'y aura plus de classes antagonistes dans une société socialiste et lorsque tous les pays auront été convertis au socialisme, l'État pourra dépérir selon les prévisions marxistes.

L'autre interprétation possible consiste à mettre l'accent sur des textes également nombreux de Marx[5], d'où il résulte que le but de la révolution socialiste est certainement de détruire les fondements économiques et sociaux de l'exploitation, mais aussi de libérer les individus. On peut plaider que Marx critiquait la démocratie politique et les régimes représentatifs dans la mesure où ils ne donnaient pas une liberté réelle en raison de l'opposition des classes, de la propriété individuelle des moyens de production et par suite de l'incapacité des masses d'utiliser réellement les moyens démocratiques. Mais on peut plaider aussi que l'intention de Marx n'était pas de dévaloriser les institutions de la démocratie politique, mais de les transformer de manière à leur donner une authentique réalité. Après tout, les sociaux-démocrates avant 1914 étaient favorables aux institutions représentatives, au suffrage universel, aux partis politiques, et ils pouvaient plaider que la suppression des institutions politiques de la démocratie au nom de la dictature du prolétariat exercée par un parti était contradictoire à l'inspiration ou aux aspirations de Marx lui-même.

Entre ces deux interprétations, il n'y a pas de choix radical possible en se référant à Marx seul, pour la bonne raison que la pensée politique de Marx lui-même est à tel point lacunaire ou incertaine que l'on peut indifféremment soutenir l'une et l'autre thèse.

L'explication des contradictions d'interprétation à partir des textes se retrouve dans la querelle actuelle à l'intérieur du monde soviétique, entre le communisme chinois et le communisme russe. En effet, dans le marxisme il n'existe pas plus de théorie des relations internationales qu'il n'existe une théorie de la politique intérieure. Plus exactement la théorie des relations internationales, comme la théorie de la politique intérieure, se réduit à l'affirmation que, lorsque le capitalisme aura été éliminé par une révolution, le problème cessera de se poser. Il est postulé que les conflits internationaux n'ont pas d'autres causes que le caractère capitaliste des États. Une fois les États devenus socialistes, l'amitié régnera d'elle-même entre les pays convertis au socialisme. Mais les événements semblent suggérer que l'ordre politique, la dimension politique, est constitutif de toute société. Il ne suffit pas de modifier le régime économique ou social pour faire disparaître les problèmes de gouvernement à l'intérieur et ceux des relations entre les États sur le plan international.

La théorie de l'impérialisme

Le troisième thème de discussion possible est fourni par la philosophie de l'histoire incluse dans la pensée marxiste, qui comporte, comme nous l'avons vu, une difficulté centrale, celle du passage d'une théorie abstraite du devenir capitaliste à une interprétation concrète de l'histoire. En d'autres termes, quel est le lien entre un certain schéma du devenir du régime capitaliste et l'histoire concrète et détaillée de notre temps ?

Depuis la mort de Marx et d'Engels, les pensées qui se réclament d'eux ont introduit deux éléments nouveaux pour combler l'intervalle entre la théorie abstraite et l'histoire concrète. Le premier élément est la théorie léniniste de l'impérialisme, qui, du même coup, permet d'intro-

duire un deuxième élément : l'explication des guerres
du xxe siècle par le régime économique. Cette théorie
de l'impérialisme et des guerres représente l'adjonction
typiquement léniniste à la pensée de Marx. On peut
naturellement, en cherchant bien, trouver des éléments de
ces théories dans les textes de Marx lui-même. Mais,
pour l'essentiel, c'est Lénine qui a introduit la théorie de
l'impérialisme et qui a par conséquent essayé d'assurer le
passage entre la théorie abstraite du devenir capitaliste et
l'histoire concrète.

Enfin, aujourd'hui, il s'agit de combiner l'interprétation des régimes économiques dans l'abstrait avec l'analyse des réalités ou des unités historiques concrètes.
Supposons qu'on assimile les États-Unis ou l'Europe
occidentale avec le capitalisme, la difficulté qui naît est la
suivante : le capitalisme, dans l'abstrait, est défini par un
certain nombre de caractères, comme la propriété individuelle des instruments de production, les mécanismes du
marché. Mais, concrètement, il n'existe pas un capitalisme mais une série d'États-nations qui, en dehors de ces
institutions typiques du capitalisme – institutions plus ou
moins en voie de transformation –, comportent toutes
espèces de caractéristiques culturelles, psychologiques,
historiques, traditionnelles. Les philosophies de l'histoire
qui se recommandent de Marx ont tendance à confondre
une définition abstraite d'un régime avec des unités historiques concrètes, ou encore à expliquer la manière dont
se déroulent les événements historiques non pas par
l'ensemble des caractères que présentent les unités nationales ou les unités supranationales, mais par les caractères abstraitement définis du régime économique. En
d'autres termes, la pensée de Marx comportait un schéma
du devenir des régimes économiques, et ce que les partis
marxistes ont eu à faire, c'est à s'adapter de manière
constante à un devenir historique qui n'est que partiellement déterminé par les caractéristiques intrinsèques et
théoriques des régimes capitalistes.

La critique radicale du capitalisme

J'examinerai enfin les thèmes fondamentaux de la pensée marxiste à la lumière de la situation d'aujourd'hui, c'est-à-dire que je vais commencer par la critique radicale du régime capitaliste en tant que tel, le régime capitaliste condamné à l'injustice et condamné à mort. Je vais essayer de voir ce qui subsiste de ces arguments à la lumière de la situation dans laquelle nous nous trouvons aujourd'hui. Je me hâte d'ajouter, à titre de parenthèse, que de ces discussions abstraites ne résulte pas nécessairement une conclusion d'ordre politique. Car on peut choisir tel ou tel engagement, comme on dit aujourd'hui, dans l'ordre politique, abstraction faite de la congruence entre la critique radicale que Marx pouvait élaborer vers 1850 et les réalités de notre temps.

Donc le régime fondé sur la propriété des instruments de production et sur un certain degré de concurrence ou de mécanisme du marché est condamné à l'injustice. Cette critique radicale est fondée sur la théorie de la plus-value, qui comporte à son tour deux théories : la théorie de la valeur-travail et la théorie du salaire. La valeur de la force de travail étant désignée dans le premier livre du *Capital* comme la valeur des objets, des marchandises indispensables à la vie de l'ouvrier et de sa famille. C'est par l'intermédiaire de la théorie de la valeur-travail et de la théorie du salaire que l'on aboutit à la théorie de la plus-value, et c'est la théorie de la plus-value qui se trouve au centre de la critique radicale du capitalisme en tant que tel.

Sur ce point central, je formulerai un certain nombre de remarques.

1°) Le travailleur ou l'ensemble des travailleurs d'une entreprise ne peut ou ne peuvent jamais recevoir l'ensemble de la valeur de leur travail, si l'on définit la valeur de leur travail comme la valeur des marchandises qui sortent de l'entreprise. En effet, il suffit de se reporter au texte de Marx lui-même pour savoir qu'il a dit dans sa

Critique du programme de Gotha qu'il faut déduire de ce produit intégral du travail les sommes nécessaires à l'amortissement du capital et une certaine fraction de valeur nécessaire à l'accumulation, c'est-à-dire à l'élargissement du capital ; il faut en déduire enfin une certaine fraction de la valeur, prélevée par l'État lui-même, de manière à assurer le fonctionnement des services collectifs, voire une certaine redistribution des revenus en faveur de quelques groupes non privilégiés. Par conséquent, la différence entre un régime de type capitaliste et un régime d'un autre type n'est pas que, dans un cas, l'ouvrier se voit refuser une fraction de la valeur qui lui revient et que, dans l'autre cas, l'ensemble de ce qui lui revient lui est attribué, mais c'est que, selon les régimes économiques, il existe des mécanismes différents pour accomplir cette redistribution d'une fraction de la valeur produite en vue de l'amortissement du capital ou de son élargissement. Ce qui donne l'impression, quand on lit *Le Capital*, que la critique radicale est vraie, mais que Marx dans tous ses exemples numériques nous donne toujours un taux de plus-value de 100 %, et que ce taux de 100 %, simple illustration numérique, finit à la longue par exercer une sorte d'influence obsessionnelle et d'apparaître comme une évidence parce qu'elle est répétée dans tous les exemples. Mais on ne trouvera dans aucune page du *Capital* une démonstration selon laquelle le taux de la plus-value est de 100 % plutôt que d'un autre montant. Comme je l'ai indiqué, il est strictement impossible de calculer le taux de la plus-value parce qu'on ne peut calculer, c'est évident, la valeur du salaire en fonction de la définition qui en a été donnée par Marx. De deux choses l'une : le minimum nécessaire à la vie de l'ouvrier et de sa famille est un minimum biologique et alors manifestement la proposition est fausse, ou bien c'est un minimum sociologique, comme la plupart des textes de Marx le laissent entendre, mais à partir de ce moment-là la valeur du salaire est indéterminable.

En d'autres termes, aujourd'hui, il convient de

comparer ce que l'on pourrait appeler le mécanisme de prélèvement et de distribution de la plus-value selon les différents systèmes économiques. On ne peut pas tirer de la théorie abstraite de la plus-value une condamnation radicale d'un système parce que, dans tout système, il existe une plus-value et que ce qu'il faut comparer ce sont les montants, les mécanismes, les modes de distribution de la plus-value existant dans tout régime économique moderne.

2°) Au niveau de la psychologie simple et vulgaire, la critique radicale fondée sur la notion de plus-value était agissante dans la mesure où il apparaissait que le niveau de vie des salariés n'était pas modifié, amélioré par le développement de la production. Dans les textes de polémique ou dans *Le Capital*, il est toujours supposé que s'accumulent d'un côté la richesse et de l'autre côté la misère. Or, l'expérience dont nous disposons au milieu du XXe siècle suffit à montrer que, très grossièrement, il existe une proportionnalité entre le niveau du salaire et la productivité du travail. Or, si on admet qu'il y a, à nouveau très grossièrement, une proportionnalité entre le niveau de vie et le développement économique de la société considérée globalement, on est conduit inévitablement à affaiblir la portée d'une critique radicale, qui verrait dans le mode de propriété ou dans le mécanisme de la plus-value la cause essentielle et fondamentale de l'injustice.

3°) L'expérience du monde actuel comporte quelque chose de très étonnant par rapport à la formation intellectuelle du siècle passé. Je pense que, dans les pays que l'on appelle aujourd'hui sous-développés, la population des travailleurs industriels peut être considérée comme demi-privilégiée, ou, tout au moins, beaucoup moins misérable que la population non employée en villes ou que celle des campagnes.

J'ai constaté dans un certain nombre de pays d'Asie, par exemple en Inde, que la pauvreté des ouvriers travaillant dans les industries modernes paraissait une demi-richesse comparée à la misère des masses urbaines qui n'ont pas d'emplois dans l'industrie et *a fortiori* par rapport à la misère des masses paysannes. En d'autres termes, lorsque Marx observait les premières populations ouvrières d'Angleterre, il avait le sentiment juste que par rapport à la condition des paysans chassés de la campagne par la surpopulation et par la réorganisation des propriétés, le prolétariat urbain constituait une amélioration.

4°) Dans les pays développés, les critiques multiples sont possibles, légitimes et, je dirais même volontiers, nécessaires. En revanche, ce qui est difficile, c'est ce que j'ai appelé la critique radicale, définie par l'impossibilité de pallier les maux du capitalisme sans une révolution touchant au fondement même du régime.

Sur quoi portent les critiques non radicales, c'est-à-dire les critiques multiples ? Je vais donner un certain nombre d'exemples des thèmes de critique sociale qui pourraient rester effectifs dans les sociétés développées du monde occidental.

a) Toutes les sociétés occidentales, aussi bien d'un côté que de l'autre de l'Atlantique, du fait qu'elles tolèrent la propriété individuelle des moyens de production et la liberté du secteur commercial ou du secteur spéculatif, rendent possibles des accumulations considérables de fortunes individuelles.

L'on ne peut pas tolérer la propriété individuelle des instruments de production, l'existence d'un marché des valeurs mobilières, la propriété de la terre, sans, du même coup, rendre possible qu'un petit nombre d'individus soient capables d'accumuler des fortunes immenses. Dans tous les pays occidentaux, le capital est distribué de manière extrêmement inégale.

Je ne dis pas que c'est bon en soi, ou mauvais en soi, mais je dis qu'en fonction d'une certaine conception de la bonne société, apparaît là un objet de critique parfaitement légitime, car c'est une des données structurelles des sociétés occidentales telles que nous les connaissons.

b) On peut aussi faire valoir, de façon juste, que dans toutes les sociétés occidentales il subsiste, en dépit d'une mobilité sociale accrue, des inégalités considérables au point de départ. C'est-à-dire que les chances pour un fils d'ouvrier de venir étudier à la Sorbonne sont extrêmement faibles comparées aux chances que possède à cet égard le fils d'un directeur d'entreprise ou le fils d'un professeur de faculté. L'inégalité des chances au point de départ est nécessairement grande dans une société comme la société occidentale.

À partir de cette constatation, la discussion portera sur un certain nombre de points.

Dans quelle mesure cette inégalité n'existe-t-elle pas dans n'importe quelle société ? Aussi longtemps qu'il existe des inégalités très grandes dans les manières de vivre des différentes familles, on trouvera des inégalités équivalentes dans les chances des enfants au point de départ. Supposons deux enfants qui ont reçu en dotation de la nature les mêmes capacités intellectuelles : l'un vit dans un milieu ouvrier et l'autre dans un milieu d'intellectuels. Incontestablement, le deuxième, qui n'est pas plus doué par la nature que le premier, aura infiniment plus de chances de faire de bonnes études, parce qu'il y sera aidé par son milieu. Mais ces sortes d'inégalités risquent d'exister dans toutes les sociétés quelles qu'elles soient. Reste à savoir dans quelle mesure elles sont plus accentuées dans une société de type occidental que dans une société d'un autre type.

Récemment, *Le Monde* [6], rendant compte d'un de mes livres, avait écrit que parmi les défauts structurels des sociétés capitalistes, j'avais oublié de faire figurer cette inégalité au point de départ. À quoi je répondrai : « Non, j'ai toujours reconnu cette inégalité au point de départ. » La question qui se pose est la suivante : dans quelle mesure ces inégalités au point de départ peuvent-elles être atténuées par le développement de la société moderne, c'est-à-dire par l'élévation du niveau de vie ? Je pense que ces inégalités ne peuvent être supprimées dans aucune société, mais qu'elles peuvent être atténuées.

Il s'agirait aussi de savoir à quel point les différentes

sociétés que nous connaissons sont à cet égard différentes ? À mon avis, cela est difficile à démontrer parce que les statistiques relatives au monde soviétique sont difficiles à obtenir ; néanmoins l'effort pour atténuer ces inégalités de chance me paraît plus grand du côté oriental du monde par rapport à ce qui se passe, disons, aux États-Unis. La gratuité de l'enseignement en effet est un facteur qui tend à atténuer ces inégalités de chance.

c) Si nous continuons à chercher les objets de critique sociale qui persistent dans les sociétés occidentales actuelles, nous trouvons un certain nombre de phénomènes liés aux sociétés capitalistes qui peuvent paraître contredire notre notion du juste et de l'injuste. Par exemple, on peut citer les profits accidentels, qui viennent à certains individus sans qu'ils aient fait quoi que ce soit pour les mériter. L'exemple le plus classique, c'est le profit qui résulte pour un propriétaire foncier de l'utilisation de la terre qu'il possède pour le développement d'une ville ou encore du supplément de valeur que reçoit une certaine propriété par le fait que la municipalité a décidé d'un aménagement dans son voisinage. Tout régime de propriété individuelle de la terre, tout régime de propriété individuelle au sens large, comporte inévitablement un certain nombre de profits de ce type qui ne résulte pas d'un effort ou d'un mérite particulier. On peut citer les profits que sont capables d'accumuler ceux qui ont l'art de prévoir les mouvements des cours des matières premières ou des actions, disons, en gros, les profits spéculatifs, à propos desquels certains économistes plaident qu'il s'agit là de mécanismes utiles à l'économie dans son ensemble, mais à propos desquels d'autres plaident qu'il y a disproportion entre les profits possibles et les services rendus. Enfin, tout régime comme celui que nous connaissons dans les pays occidentaux rend possibles dans les périodes de plein-emploi et d'inflation des profits du secteur commercial, qui peuvent être considérés comme non justifiés par ceux qui veulent critiquer la société au nom de certaines idées du juste et de l'injuste.

d) Enfin, dernier thème général de critique possible : le développement économique tel que nous le connaissons aujourd'hui dans le monde est bien loin de supprimer les inégalités. Plaçons-nous à l'intérieur d'un pays comme la France : le développement économique, tout en apportant à la collectivité un supplément de ressources, et en augmentant statistiquement le revenu moyen par personne ou par personne employée, s'opère par un processus d'inégalité. Certaines régions se développent plus vite que d'autres ; certains secteurs, de même, certains métiers cessent d'être utiles et par conséquent ceux qui les exercent sont condamnés à la reconversion. On peut plaider que le développement économique, lorsqu'il s'opère dans le cadre d'un régime comme celui que nous connaissons en Occident, tolère un très grand degré d'inégalité de développement entre secteurs, entre professions et entre régions. Entendons-nous bien : cette inégalité est inséparable du progrès économique. Celui-ci ne consiste pas à produire toujours plus les mêmes biens de la même façon, mais à produire toujours plus de biens différents selon des procédés différents et il est inévitable, si l'on veut le progrès économique, qu'il se produise des inégalités. En régime planifié ou en régime non planifié, les inégalités de cet ordre sont inséparables du progrès économique. On peut plaider cependant que dans tel régime économique, on pourrait compenser ou atténuer ces inégalités plus que dans tel autre. En tout cas, on pourrait critiquer l'acceptation excessive de ces inégalités dans le régime capitaliste.

Enfin, évidemment, se pose le problème des pays que l'on appelle sous-développés et de la responsabilité qu'assument les pays dits développés dans la pauvreté des premiers. Sur ce point, essayons d'être aussi objectifs que possible. La responsabilité des pays développés d'aujourd'hui dans le sous-développement de la moitié ou des deux tiers de l'humanité peut avoir deux sens radicalement différents, qu'il est indispensable de distinguer si l'on veut essayer de penser honnêtement le problème.

Prenons brutalement un cas extrême et, disons-le, pénible à traiter pour un Français. Prenons le cas de l'Algérie [7]. Si un Algérien venait discuter avec moi et me disait : la France est responsable de la pauvreté de l'Algérie actuelle, je ne pourrais évidemment pas rejeter au moins une part de la responsabilité de la collectivité française par rapport à la condition de l'Algérie actuelle. En effet, dans la mesure où la France a occupé militairement l'Algérie, puis l'a gouvernée pendant un siècle, elle a été responsable de la gestion de ce pays, et dans un sens politique et moral, elle est responsable du fait qu'elle a laissé ce pays avec une population considérable et des ressources limitées. Cette disproportion entre la population et les ressources a été aggravée par le fait que la minorité française, qui avait développé un secteur de la réalité algérienne, a dû quitter le pays et l'a par conséquent privé des cadres techniques et des capitaux qui avaient créé une partie de société moderne en Algérie. Dans ce cas extrême, si l'on veut dire que celui qui a conquis, occupé et gouverné un pays, puis qui lui a donné l'indépendance et l'a quitté assume une part de responsabilité dans son sous-développement, personne honnêtement ne saurait le nier. Si tel gouvernant de l'Inde disait que la Grande-Bretagne porte une part de responsabilité dans le sous-développement de l'Inde, bien que le cas ne soit peut-être pas aussi extrême que dans le cas de l'Algérie, il serait également difficile de le nier.

Cette première proposition demande à être corrigée par une réflexion difficile, mais nécessaire sur la question suivante : que se serait-il passé si ces pays avaient été livrés à eux-mêmes ? Un certain nombre de pays n'ont pas été colonisés et ne se sont pas développés plus que les pays voisins qui, eux, avaient été colonisés. Bien qu'on ne puisse pas nier la responsabilité historique des colonisateurs dans le sous-développement, on ne peut pas non plus dire qu'en l'absence de colonisation, il n'y aurait pas une partie de l'humanité actuelle qui serait sous-développée, car beaucoup de pays qui n'ont pas été colonisés sont aujourd'hui par rapport aux pays développés des pays sous-développés.

En troisième lieu, j'énoncerai une idée qui me paraît la plus importante de toutes, qui est évidente, mais qui suscite en général des réactions passionnées : ce n'est pas parce que certains pays sont développés que d'autres sont sous-développés. En d'autres termes, les pays dits riches n'ont pas besoin de la pauvreté des pays effectivement pauvres pour continuer à être relativement riches. Ou encore, en termes plus précis, la continuation de la croissance dans les pays d'Europe occidentale, des États-Unis, de l'Europe de l'Est ou du Japon n'est pas un obstacle, mais bien au contraire une condition favorable au développement des pays aujourd'hui les plus pauvres.

Étant donné la nature d'une économie moderne, le volume des biens disponibles pour l'ensemble de l'humanité n'est pas limité par le manque de terres ou de ressources naturelles, mais par l'inefficacité du travail et par le manque de capital dans une partie du monde. L'on peut parfaitement concevoir la continuation du développement dans les pays développés et, simultanément, le développement des pays sous-développés.

Certes, il peut se produire sur tel ou tel point particulier, par exemple sur les prix des matières premières, des contradictions d'intérêts entre pays développés et pays sous-développés ; mais il n'est pas vrai qu'il existe une contradiction fondamentale dans le monde d'aujourd'hui ou dans l'espèce humaine, qui ferait que la richesse relative des uns aurait pour condition la pauvreté des autres et selon laquelle on ne pourrait atténuer la pauvreté des non-privilégiés qu'en réduisant la richesse ou la croissance des pays privilégiés.

L'essence de l'économie moderne telle que nous la connaissons aujourd'hui, au milieu du XXᵉ siècle, et telle d'ailleurs que Marx l'avait pressentie, au milieu du XIXᵉ siècle, c'est qu'il n'existe pas de contradiction fondamentale entre le développement des uns et celui des autres.

Cette idée est évidente pour celui qui veut bien réfléchir sur l'économie moderne, mais elle choque, elle dérange, parce que l'espèce humaine est ainsi faite que lorsqu'on est dans une situation malheureuse, il est extrêmement difficile de ne pas en imputer la responsabilité à quelqu'un d'autre. Chacun, lorsqu'il se trouve mal en point, veut nécessairement qu'il y ait quelque part quelqu'un qui soit responsable ou qui soit le responsable unique, d'où la tentation de transfigurer le contraste réel dans le degré de développement des différents pays du monde en une espèce de contradiction fondamentale entre le développement des uns et le développement des autres. Attitude compréhensible, mais idée fausse.

Je ne dis pas que les pays dits développés aident très efficacement les pays sous-développés, je veux dire simplement que lorsque les pays développés affirment qu'ils veulent aider les pays en voie de développement, il n'est pas nécessaire de leur prêter un degré extrême d'hypocrisie, car, effectivement, il ne serait pas contraire à leur intérêt de favoriser le développement des pays aujourd'hui sous-développés. Il n'y aurait contradiction entre le développement des uns et des autres que le jour où l'humanité tout entière manquerait, soit de terres, soit de matières premières. Or, cette pénurie absolue n'est pas à prévoir, quelle que soit l'allure du développement, avant un ou deux siècles. Dans l'immédiat, il n'est donc pas besoin de supposer l'hypocrisie des privilégiés. On peut même reconnaître qu'ils sont conscients à la fois de leurs intérêts et de l'intérêt des autres.

Les contradictions : les crises

Après avoir envisagé essentiellement l'aspect « condamnation de l'injustice », je vais examiner maintenant un autre aspect de cette critique radicale que l'on pourra appeler « la condamnation à mort ». Il s'agit de la théorie des contradictions. Disons, pour simplifier, que je vais considérer successivement la théorie des crises, la théorie de la paupérisation et ce que l'on a appelé la théorie du catastrophisme.

Sur les crises, je ne dirai qu'un mot. L'économie capitaliste, l'économie occidentale, s'est développée à travers le XIXe siècle par un mouvement alterné d'expansion et de contraction avec des moments de crises aiguës. Ces alternances ont été observées. On a proposé un grand nombre de théories pour les expliquer et pour distinguer les mouvements de longue durée d'un demi-siècle et les mouvements sur dix ans ou moins. On peut se reporter au livre de Joseph Schumpeter sur les cycles (*Business Cycles*). Depuis 1945, il ne s'est pas produit à proprement parler de crises, mais certains phénomènes d'alternance ont continué à être observés. Des phases de développement rapide, en Europe occidentale, ont succédé à des phases de ralentissement ou de stagnation. Aux États-Unis, il s'est même produit de vraies récessions, c'est-à-dire qu'à la suite d'une phase d'expansion est intervenue une phase de diminution de la production. Cette diminution n'a jamais été très considérable et n'a pas donné lieu à ce que l'on avait observé au cours des années 1930, c'est-à-dire une grande dépression. L'expérience actuelle ne permet pas de formuler un jugement catégorique ou une prévision certaine sur la capacité des économies occidentales à éviter entièrement les crises. D'autre part, il n'est pas exclu que même dans des économies planifiées apparaissent certains phénomènes d'alternance. Cela nous mènerait trop loin de chercher les motifs ou les causes de ces phénomènes d'alternance dans l'économie moderne. La question centrale est de savoir si les grandes crises présentent un caractère inévitable ou non dans les régimes d'économie occidentale et capitaliste.

Au moment où je parle, en 1963, les observateurs, au moins les observateurs occidentaux, sont aussi optimistes qu'ils étaient pessimistes dans les années 1930, parce que les observateurs, même lorsque ce sont des économistes professionnels, éprouvent une tendance irrésistible à extrapoler. En période de crise, ils pensent que les crises sont irrésistibles ou inévitables et, en période d'expansion rapide, ils pensent que l'expansion continuera indéfiniment. Nous sommes tous comme cela, donc je ne dirai pas avec certitude que les économies libres ou semi-libres ne connaîtront plus de crises. Je dirai que la probabilité me paraît être que les économies de type capitaliste plus ou moins modifiées ne connaîtront plus l'équivalent d'une grande crise comme celle des années 1930. Expliquer les causes de la grande dépression des années 1930 exigerait une analyse approfondie que je ne peux mener dans ce cadre. Disons qu'à mon sens, les sociétés occidentales ont acquis une maîtrise suffisante des phénomènes économiques, non pas, pour l'instant, pour éviter l'inflation, certainement pas pour éviter les alternances de croissance rapide et de croissance ralentie, mais selon toute probabilité pour éviter les grandes crises ; je pense que les techniques connues et les analyses permettent de supposer que les gouvernements ne dépasseront pas la mesure ordinaire d'irrationalité, et qu'ils éviteront ainsi les grandes dépressions comparables à celles des années 1930 dans les économies occidentales.

Bien sûr, une prévision de cet ordre ne peut pas avoir la prétention d'accéder à la dignité d'une vérité scientifique. On peut concevoir bien des circonstances politiques où des difficultés de fonctionnement des économies du type occidental se produiraient ; mais, en gros, je dirais que les économies que l'on appelle aujourd'hui capitalistes et qui préfèrent s'appeler autrement parce que le mot capitaliste reste considéré comme un terme péjoratif, les économies de type occidental, si l'on préfère, ne sont pas parvenues et ne parviendront probablement pas à éliminer complètement les phénomènes d'alternance. Mais, si j'ose m'exprimer avec une extrême prudence, il est encore moins démontré qu'elles soient incapables d'éviter les grandes dépressions. La probabilité me paraît être qu'elles éviteront les grandes crises, fût-ce au prix d'un appel assez constant à l'inflation.

Laissons la question des crises qui supposerait des

analyses économiques plus poussées et prenons une question plus passionnelle et socialement plus intéressante, celle que l'on appelle la question de la paupérisation.

La paupérisation et les inégalités

J'ai indirectement parlé de cette question à propos des inégalités, quand je me plaçais au point de vue du juste et de l'injuste. Maintenant je vais la considérer essentiellement par référence à la notion de contradiction, dans la mesure où l'on s'interroge pour savoir si les régimes capitalistes sont ou ne sont pas condamnés à mort.

Laissons d'abord le thème de la paupérisation absolue, qui ne me paraît pas exiger une étude scientifique très poussée. Il suffit de prendre n'importe quelle statistique de n'importe quel pays économiquement développé pour savoir que la thèse de la paupérisation absolue, si l'on entend par là que la masse de la population ou la masse des salariés a aujourd'hui des revenus inférieurs à ceux qu'elle avait il y a un demi-siècle ou il y a un siècle, ne mérite pas d'être prise au sérieux.

En revanche, la thèse de la paupérisation relative mérite d'être discutée parce que la notion même est équivoque.

On peut s'interroger sur le point de savoir si l'intervalle entre le bas et le haut de la pyramide des revenus est aujourd'hui plus large ou plus étroit qu'il y a vingt ans ou cinquante ans. On peut poser cette question de l'écart entre les plus pauvres et les plus riches, soit à propos de la fortune ou du capital, soit à propos du revenu. À cette question, je répondrai que l'écart entre le bas et le haut, aussi bien en ce qui concerne le capital que le revenu, reste considérable et qu'il n'y a pas d'indication qu'il doive être tellement réduit. En ce qui concerne le capital, si la plus grande partie d'une population, disons dans une société comme la société française, vit de ses revenus et dispose de fort peu de capital, il existe une minorité qui possède des capitaux considérables, en valeurs mobilières ou en propriétés foncières. Entre ceux qui possèdent peu ou pas de capital et ceux qui possèdent des accumulations considérables, l'intervalle reste aussi grand aujourd'hui qu'il y a cinquante ans. Aussi longtemps qu'il y aura possibilité de propriété individuelle de la terre et des moyens de production par l'intermédiaire des actions, l'inégalité dans la répartition du capital, au sens que je viens de définir, c'est-à-dire l'intervalle entre le bas et le haut, restera considérable et ne peut être modifiée que difficilement.

Une deuxième question se pose alors. Peut-on réduire sensiblement l'inégalité dans la répartition des fortunes en réduisant la part du capital qui appartient par exemple à trois ou cinq pour cent de la population locale ? Cette réduction est possible, mais difficile, à mettre en œuvre par le seul intermédiaire de l'impôt sur les successions dont l'action est relativement lente. D'autre part, il peut se faire que des accumulations de fortunes se reconstituent au moment où certaines d'entre elles sont amputées par le jeu de la fiscalité. Ces inégalités considérables dans la répartition de la fortune et du capital n'ont cependant qu'une influence restreinte sur la distribution des revenus en raison de la part limitée que représentent l'intérêt et les autres revenus du capital dans l'ensemble des revenus d'une collectivité. En ce qui concerne l'inégalité dans les revenus, l'on peut à nouveau poser la question de l'écart entre le bas et le haut. Pour la totalité des revenus, cet écart reste considérable dans la mesure où une petite fraction de la population dispose des revenus de capitaux importants. Ils ne représentent pas une part considérable du total des revenus, mais pour tel ou tel groupe limité ils peuvent être considérables. Entre le salarié situé au bas de la hiérarchie des salaires et, disons, le propriétaire d'une grande entreprise industrielle et par ailleurs d'une écurie de courses [8], l'écart est absolument considérable. Et il est certainement plus élevé que l'écart possible dans une société où les moyens de production ne sont pas propriété individuelle.

L'autre question concerne l'éventail des salaires. Est-il aujourd'hui plus ou moins ouvert qu'il ne l'était il y a cinquante ans ? La réponse ne fait guère de doute. Si l'on considère, par exemple, les fonctionnaires français, l'écart entre celui qui est situé en bas de l'échelle et celui au plus haut de la hiérarchie était beaucoup plus grand au siècle dernier qu'aujourd'hui. En ce qui concerne l'éventail des salaires dans les entreprises privées, même s'il est plus ouvert que dans le secteur public, il l'est moins qu'il y a cinquante ans. Dans tous les pays de développement moderne, on observe que cet éventail tend à se rétrécir au fur et à mesure que la richesse de la collectivité augmente. Ce qui ne signifie pas qu'il ne subsiste pas des intervalles considérables, de 40 à 50 fois éventuellement, entre celui qui est en bas et celui qui est en haut de la hiérarchie des salaires, mais la tendance est plutôt à la fermeture de l'écart qu'à l'élargissement. Encore faudrait-il distinguer les écarts pour les revenus globaux des familles, des écarts de salaires, car il faut ajouter aux revenus salariés ou aux revenus de traitements, les profits ou les intérêts du capital ; et, d'un côté et de l'autre, les transferts sociaux et de la fiscalité.

Un autre aspect de la question doit être abordé. Quelle est la part du revenu qui va au 1 % ou aux 5 % de ménages qui disposent des revenus les plus élevés dans une société ? D'après les statistiques anglaises et américaines, qui sont les plus abondantes en cette matière, la part des 1 ou 5 % les plus favorisés va en diminuant en tant que pourcentage du revenu global. Cependant, la tendance et la signification de ces statistiques doivent être corrigées par tous les éléments de fraudes, légales ou illégales, qui compromettent leur vérité. En particulier, il a paru récemment en Angleterre un livre d'un sociologue, le professeur Titmuss[9], qui remet en question un certain nombre des conclusions que l'on avait tirées des statistiques fiscales en ce qui concerne la réduction des inégalités. Il suggère qu'elle est probablement moins accusée qu'on ne l'avait pensé, étant donné l'ingéniosité déployée pour tourner de manière plus ou moins légale l'impôt sur le revenu et l'impôt sur les successions. L'on sait en effet que l'impôt sur le revenu en Angleterre s'élève jusqu'à des taux considérables, sur les tranches supérieures, il s'élève jusqu'à 19 shillings par livre [10], ce qui équivaut à peu près à un prélèvement total et il en résulte que, si l'on s'en tient aux statistiques fiscales, il y a inévitablement une réduction considérable de la part des revenus qui vont à la fraction 1 % ou 5 % la plus riche. Cependant, si ces règles étaient appliquées de manière intégrale, beaucoup des phénomènes que l'on observe dans la vie anglaise seraient inexplicables, ce qui prouve que les prélèvements de 19 shillings sur la livre comportent malgré tout des atténuations légales. Si l'on tient compte des prélèvements fiscaux, il y a probablement – j'en suis convaincu, mais pour le démontrer il faudrait des statistiques et des commentaires – tendance à réduction de la part des plus favorisés dans le total des revenus. C'est ce que montrent les statistiques existantes, en y ajoutant un coefficient d'incertitude.

La part des salaires dans le revenu national va-t-elle en augmentant ou en diminuant ? Nous abordons là un problème complexe. Un phénomène visible dans les sociétés modernes est, sinon toujours, du moins presque toujours, l'augmentation du nombre des salariés par rapport au nombre des travailleurs indépendants. Si l'on calcule la part des salaires dans le total du revenu national, l'on observe presque toujours une augmentation de la part des salaires qui traduit simplement une diminution de la part des travailleurs indépendants dans la population active. Dans une société comme la nôtre, une fraction du revenu global est constituée des revenus du capital, des intérêts et des profits, une autre fraction des revenus du travail, des salaires et traitements, auxquels s'ajoutent une troisième catégorie, les revenus que l'on appelle mixtes, ceux des propriétaires d'exploitations agricoles, commerciales ou industrielles, dans la mesure où ces exploitants sont propriétaires, et travailleurs. C'est la raison pour laquelle on dit revenu mixte, puisqu'il comporte un profit de l'entreprise pour l'activité d'entrepreneur, un intérêt et un loyer pour la propriété du capital et un salaire pour leur travail. Dans la mesure où le pourcentage des travailleurs indépendants diminue, le pourcentage des revenus des salariés va, bien entendu, en augmentant.

Si l'on fait abstraction de la modification du nombre des salariés dans le total des détenteurs de revenus, la part des salaires dans le revenu national va-t-elle en augmentant ou en diminuant ? La part du capital augmente-t-elle par rapport à la part des salaires ? Nous entrerions, si nous poursuivions, dans des discussions techniques qui demanderaient beaucoup de temps. Je ne peux qu'indiquer ce qui me paraît la conclusion la plus importante sur cette question.

Il me paraît impossible de tirer d'aucune des statistiques dont on dispose la conclusion que la part du capital va en augmentant dans les sociétés développées d'Occident. Il paraît extrêmement probable que sur la longue durée, la part des revenus distribués en profits des grandes entreprises ou en dividendes irait tantôt en diminuant tantôt en augmentant. En effet, les grandes entreprises utilisent par autofinancement une partie de leurs bénéfices pour l'amortissement et pour le financement des nouveaux investissements et peuvent diminuer la part des profits distribués en raison des taux considérables du prélèvement fiscal. D'autre part, le progrès technique peut profondément affecter la rentabilité du capital dans un sens ou dans l'autre.

Si l'on oppose brutalement pour le secteur le plus capitaliste profits du capital et salaires, il me paraît impossible de suggérer une diminution de la part des salaires par rapport à la part des profits distribués. Mais si l'on considère les profits réinvestis dans l'entreprise ou les profits prélevés par la fiscalité, la situation pourra être différente.

D'autre part, sur une période donnée, il est impossible d'affirmer qu'il n'y a pas des cas où la part des salariés ou en particulier la part des salariés au bas de la hiérarchie ne va pas en diminuant par rapport aux cadres les plus élevés de la hiérarchie des salaires, ou encore par rapport aux profits commerciaux ou par rapport aux profits des indépendants. En d'autres termes, si l'on définit la paupérisation relative par la participation plus faible des salariés à l'augmentation globale des ressources de la collectivité, augmentation moins que proportionnelle, il est parfaitement possible qu'une situation de cet ordre se produise dans un certain nombre de cas pour certaines périodes. Dans ces cas, on pourrait plaider avec des arguments sérieux la thèse de la paupérisation relative. C'est ce qu'a fait, dans un récent numéro des *Temps modernes*, Gilbert Mathieu [11], en retenant une demi-douzaine d'années et en essayant de montrer que, sur cette période de progrès économiques, les salariés et surtout les catégories les moins favorisées des salariés ont vu leurs ressources augmenter moins que les ressources globales de la collectivité, ou encore ont vu leurs revenus augmenter moins que l'ensemble des revenus disponibles pour toute la population. En d'autres termes, la répartition des profits d'une augmentation globale des ressources ou la répartition d'une augmentation globale des revenus entre les différents groupes n'est pas quelque chose à propos de quoi on puisse formuler de manière catégorique et générale des propositions du type : la répartition favorise les salariés ou tel autre groupe. On peut affirmer qu'il n'y a pas, de manière générale, tendance à la diminution de la part des salariés dans l'ensemble des revenus, mais pour telle ou telle période cela peut se produire. Tel groupe de salariés peut se trouver effectivement défavorisé.

De même, on peut admettre que le progrès économique, tel qu'il se déroule en Occident, continue à satisfaire des besoins que l'on peut considérer comme non prioritaires, cependant que pour une fraction de la population des besoins que l'on peut considérer comme prioritaires ne sont pas satisfaits. Pour m'exprimer de manière plus claire encore : dans le pays le plus riche d'Occident, c'est-à-dire aux États-Unis, il subsiste environ 10 ou 15 % de la population qui est extrêmement pauvre, sinon misérable, et 20 à 25 % de la population américaine disposent de revenus inférieurs à ce qui passe pour un seuil de décence. En d'autres termes, le développement de l'économie moderne n'a pas résolu tous les problèmes, comme le pensent certains, aujourd'hui emportés par un optimisme égal à leur pessimisme d'il y a vingt ans. Le progrès économique ou croissance est la condition de l'amélioration de la situation de tous, mais il ne suffit pas à faire disparaître d'un coup les problèmes d'inégalité et de pauvreté.

Les formules catégoriques dans un sens ou dans un autre sont dangereuses. Ce qui, en revanche, paraît incontestable, c'est qu'au fur et à mesure qu'augmentent les ressources globales d'une collectivité, le pourcentage de la population qui voit satisfaits ses besoins fondamentaux augmente. Une des conséquences les moins douteuses du progrès économique considéré objectivement, c'est d'accroître le pourcentage de la population qui dispose en gros de ressources suffisantes pour accéder à un style de vie dit « petit bourgeois », pour acquérir ce que l'on appelle les biens de consommation durables.

La croissance, le progrès économique ne suppriment pas les inégalités ; probablement, ils tendent à atténuer certaines inégalités et à en créer d'autres. Mais leur fonction essentielle, leur résultat principal, c'est de faire qu'un pourcentage croissant de la population accède à un certain minimum ou dépasse un certain minimum. Ce dépassement n'exige pas de manière rigoureuse l'atténuation de l'inégalité. Il suffit que le volume global des ressources soit plus grand, que le revenu moyen par famille soit plus élevé pour que, sans que l'inégalité soit tellement modifiée, un nombre croissant de familles dépasse le minimum. Ce qui ne signifie pas que l'on ne peut pas ou que l'on ne doit pas diminuer les inégalités, mais ce qui signifie qu'en tout état de cause le progrès économique augmente le pourcentage de la population, qui dépasse le minimum même si l'on admettait l'hypothèse pessimiste selon laquelle il ne se produirait pas d'atténuation des inégalités. Or, en fait, il y a certainement atténuation de certaines inégalités grâce aux lois fiscales et à la progressivité des impôts sur le revenu, d'une part, et grâce aux lois sociales et à l'ensemble des mesures prises pour assister, par redistribution, les catégories les plus défavorisées.

Le thème du catastrophisme

Venons-en maintenant au troisième thème : le thème du catastrophisme ou le schéma d'évolution du capitalisme. Il me paraît aujourd'hui le plus inactuel. C'est d'ailleurs celui que l'on discute le moins.

Au début du siècle, lors de la première querelle du révisionnisme, on a beaucoup discuté la question de savoir si la petite propriété paysanne disparaîtrait ou ne disparaîtrait pas, si les petites entreprises industrielles étaient ou non condamnées à mort, si la concentration des grandes entreprises allait en s'accentuant, si tous ces phénomènes de concentration tendaient à paralyser la concurrence et le fonctionnement du système économique. Ces sortes de discussion ne se sont pas prolongées et, au fond, elles n'intéressent plus, ou elles intéressent peu, me semble-t-il, pour les raisons suivantes.

Aux États-Unis, le pays le plus avancé sur cette voie, il s'est opéré une sorte de renversement dans les jugements portés sur les grandes concentrations ou sur les grandes sociétés. En effet, voilà une génération, les hommes de gauche américains, ceux que l'on appelle là-bas les « libéraux », étaient hostiles aux grandes concentrations, aux grandes sociétés, à tout ce que l'on appelle dans un style courant « cartels ou trusts », bien qu'une grande *corporation* ne soit pas un *trust* et qu'un *trust* ne soit pas un *cartel*. Être de gauche, c'était être hostile aux très grandes entreprises, il y a trente ans.

Aujourd'hui, l'attitude des « libéraux » américains a changé pour la raison suivante. On s'est aperçu que la condition des ouvriers dans les grandes sociétés non seulement n'était pas pire, mais était souvent meilleure que dans les petites entreprises. D'autre part, à partir du moment où l'obsession de la croissance a dominé les esprits, on a constaté que les grandes sociétés avaient évidemment l'avantage de disposer de fonds considérables pour la recherche scientifique, condition du renouvellement des moyens de production et par suite du progrès économique, de telle sorte que les « libéraux » américains ont cessé d'être hostiles aux grandes sociétés en tant que telles. Je dirai volontiers que, si l'on a pour objectif prioritaire la croissance économique, il devient normal d'être favorable aux grandes *corporations*, aux grandes sociétés.

Après tout, les grandes entreprises soviétiques ne se distinguent pas par leur taille microscopique et si on découvre que la grande dimension est favorable à la croissance économique en régime planifié, pourquoi la grande *corporation* serait-elle contraire à la croissance en régime non planifié ? Puisque l'objectif prioritaire est la croissance, puisque la *corporation* comporte des éléments favorables à la croissance par le fait de disposer des ressources nécessaires en capital et en recherche scientifique, il va s'opérer une conversion. Au lieu de craindre la formation des grandes sociétés, la majorité des observateurs ou des critiques sociaux vont souhaiter plutôt ces concentrations. Le phénomène n'est pas seulement américain, il est français aussi. Les réformateurs d'aujourd'hui et nos planificateurs critiquent plutôt les petites entreprises qu'elles considèrent comme inefficaces ou incapables de monter et de financer les bureaux d'études et les laboratoires de recherche dont seules les grandes sociétés disposent parce qu'elles dépensent beaucoup pour la recherche.

En un mot, le thème de la concentration a perdu de son actualité au fur et à mesure que le désir de croissance emportait toute autre considération.

L'idée que la concentration allait paralyser la concurrence a perdu son prestige et son efficacité pour plusieurs raisons que l'on peut analyser.

La première, c'est que, dans les pays européens, le régime dans lequel nous sommes comporte de manière constante une coopération entre l'État et les entreprises. Les dirigeants des entreprises, les unes privées, les autres publiques, siègent au commissariat au Plan dans les commissions de modernisation avec les fonctionnaires de l'État. Plus l'idée d'une certaine planification refoule l'idée de la concurrence pure et simple entre des petites unités, moins on craint la concentration en tant qu'elle pourrait détruire les mécanismes du marché ou la compétition capitaliste.

S'il se produit de grandes concentrations dans certains secteurs, il s'en produit aussi d'équivalentes dans les organisations syndicales aux États-Unis. D'où l'idée, aujourd'hui classiquement admise, que la puissance des grandes sociétés ou des organisations patronales rencontre en face d'elle la puissance des organisations syndicales. L'on connaît, aux États-Unis, les grandes batailles entre les syndicats ouvriers de la sidérurgie et les entrepreneurs de ce secteur. Un économiste de Harvard, John Kenneth Galbraith, qui était jusqu'à une date récente ambassadeur des États-Unis en Inde, a développé une théorie du *Countervailing Power*[12], c'est-à-dire de l'équilibre entre des grands blocs sociaux. À la notion de concurrence ou de compétition entre petites entreprises, qui était considérée dans le passé comme la condition même du fonctionnement du régime capitaliste, s'est substituée l'idée de grandes concentrations de pouvoir économique (pouvoir patronal et pouvoir syndical, action semi-planification de l'État) de telle sorte qu'aujourd'hui personne ne passe son temps à chercher quelle est la fraction d'un secteur économique qui est contrôlée par un petit nombre d'entreprises.

Il est assez frappant de voir que le plus souvent c'est la concentration insuffisante qui est considérée comme nuisible. Par exemple, quand on observe le marché des réfrigérateurs, qui a connu des difficultés ces derniers mois en raison des importations en provenance d'Italie, on n'a pas déploré que la concurrence fût insuffisante entre un nombre suffisant d'entrepreneurs français, mais on a constaté que la concentration était insuffisante. En d'autres termes, la concentration est aujourd'hui acceptée à la fois par la gauche et par la droite dans nos sortes d'économies comme étant une condition de l'amélioration de la productivité. La recherche de la dimension optimum des entreprises est devenue un aspect de la réflexion rationnelle sur l'économie et personne ne croit que les fusions et l'accroissement de la taille des entreprises empêchent de fonctionner les systèmes économiques dans lesquels nous vivons.

En ce qui concerne l'agriculture, qui a été elle aussi un des objets à propos desquels les révisionnistes ont discuté avec les orthodoxes au début du siècle, la question a cessé de passionner pour la même raison. Les petites entreprises agricoles ont résisté au développement capitaliste beaucoup plus que ne le pensaient les marxistes orthodoxes et beaucoup plus qu'on ne le pense aujourd'hui souhaitable. Au début du siècle, on se demandait si les exploitations agricoles individuelles disparaissaient ou non. La capitalisation de l'agriculture sur le modèle anglais, avec fermiers salariés, se généraliserait-elle sur le continent européen ? On constate, aujourd'hui, que ce développement capitaliste ne s'est pas produit spontanément pour l'ensemble de l'agriculture européenne. Beaucoup d'hommes de droite ou de gauche ont tendance plutôt à le regretter. Ce qui est en question, désormais, est de savoir comment transformer la petite entreprise familiale ou personnelle, qui n'a pas disparu, de manière à favoriser le progrès économique et la productivité du travail comme dans les autres branches de l'économie.

Le schéma d'évolution du capitalisme, concentration, paralysie de la concurrence, tout ce schéma à propos duquel on a passionnément discuté, à partir de Marx, aujourd'hui, n'intéresse plus personne. Si le régime capitaliste doit être condamné à mort, ce n'est certainement pas par le fait d'un excès de concentration ou par la disparition des petites entreprises empêchant la concurrence.

Je dirais qu'aujourd'hui ce serait plutôt à partir du mécanisme inverse que l'on discuterait. Entre marxistes et occidentaux, le débat porterait plutôt sur la question du taux de croissance et on aurait plutôt tendance à dire que les économies occidentales ne se développent pas assez vite parce qu'elles ne planifient pas assez, parce qu'elles ne se concentrent pas assez, parce qu'elles ne consacrent pas assez de ressources à l'investissement. En d'autres termes, la critique moderne serait plutôt inverse de ce qu'elle était il y a un demi-siècle. On aurait plutôt tendance à dire que les régimes occidentaux sont condamnés par le défi lancé par l'autre régime économique, parce que ces économies occidentales ne ressemblent pas assez à l'image que Marx en donnait. Pour lui, l'accumulation du capital, l'investissement donc, c'était « *la loi et les prophètes* ». Or aujourd'hui, le mérite suprême des économies dites marxistes, c'est leur taux élevé d'investissement, que conditionne leur taux de croissance. Et c'est là que réside la cause supposée du catastrophisme occidental, c'est l'insuffisance en Occident par rapport à l'Est, de la croissance partiellement imputable, soit à la concentration insuffisante, soit à l'excès de consommation. Je ne m'étends pas sur ce qu'il faut penser de ce genre de controverse ; je remarque simplement qu'après un siècle la controverse se déroule à fronts inversés. L'économie qui se recommande du marxisme est celle qui se vante d'accumuler beaucoup. Celles qui se recommandent de l'anti-marxisme sont suspectes de ne pas croître assez parce qu'elles n'investissent pas assez. Ce qui signifie que, comme il arrive souvent, l'histoire est ironique avec tous, avec les pro et avec les anti puisqu'aussi bien les pro et les anti peuvent trouver des situations exactement inverses de celles qui étaient prévues par l'initiateur des arguments en faveur de leur thèse. Mais, en tout état de cause, le schéma d'évolution du capitalisme qui, il y a un demi-siècle, conduisait au catastrophisme ne conduit aujourd'hui à rien de tout cela.

Il reste naturellement un autre argument, celui du taux de profit. J'en ai déjà parlé. Il peut se présenter en termes orthodoxes. Dans ce cas, le taux de profit s'exprime dans le rapport :

$$\frac{\text{Profit}}{\text{Capital constant + capital variable}}$$

La baisse du taux de profit comme fondement de l'interprétation catastrophique suppose, d'abord, que l'on puisse déterminer à partir de quel moment le taux de profit est insuffisant pour faire fonctionner un régime comme le nôtre. D'autre part, cela suppose qu'on puisse observer à travers les statistiques une diminution du taux de profit, ce que jusqu'à présent on n'a pas pu faire. Enfin, cela suppose admis que le profit ne peut être tiré que du capital variable.

Si l'on fait abstraction de ces difficultés, le problème en termes modernes, comme je l'ai dit, se formule de la manière suivante. Est-ce que le capital que l'on investit aujourd'hui (investissements actuels) a un rendement déclinant en termes de production supplémentaire ? Autrement dit, le rapport entre le capital et la production (le coefficient de capital) va en diminuant, ce qui signifie que la productivité du capital augmente. Cela traduit en termes modernes l'idée de la baisse du taux de profit. En effet, si, au fur et à mesure qu'il y a plus de capital, les investissements supplémentaires produisaient une production supplémentaire moindre, il en résulterait effectivement une difficulté croissante de fonctionnement. Le rapport entre le capital et la production, comme nous l'avons vu, est effectivement un facteur important de l'évolution du capitalisme à long terme. C'est pourquoi on a mené des études statistiques, d'ailleurs extrêmement délicates, pour essayer de déterminer quelles sont les variations du coefficient de capital, et donc de la relation entre le capital et la production à travers le temps.

On a observé des variations complexes de ce coefficient de capital. Il existe des périodes où ce coefficient augmente, c'est-à-dire où la productivité du capital baisse et où il faut plus de capital pour obtenir une certaine valeur de production. Il existe des périodes, au contraire, où le coefficient de capital diminue, pendant lesquelles la productivité du capital augmente et où il faut un investissement plus faible pour obtenir une augmentation de production. Or, le phénomène peut-être le plus frappant de ces quinze dernières années, de cette période de prospérité européenne, c'est que le coefficient de capital en Europe a évolué de manière très favorable. C'est-à-dire qu'avec 100 d'investissement on a obtenu plutôt 30 de production supplémentaire que 25, ou plutôt 35 que 30. Cela signifie que le rendement, la productivité du capital, au cours de ces dernières années a augmenté en Europe et non pas diminué.

Il est évident que le coefficient de capital ou, l'inverse, la productivité du capital, est un facteur essentiel. Si, avec un investissement donné, l'on obtient une augmentation plus importante de la production qu'avec le même investissement en valeur mais antérieur (et donc moins innovant), le système économique fonctionne plus facilement que si l'on est obligé d'avoir un investissement plus considérable pour obtenir la même augmentation de production. En fonction de quoi varierait le rendement ou productivité du capital ? Deux ou trois facteurs le font varier.

Le premier élément est le point du circuit de production où se situe l'investissement : le rendement du capital dans un secteur de base très éloigné des produits finaux est probablement un rendement relativement faible. En revanche, si l'on investit dans des industries très proches du secteur biens finaux, il se peut que le rendement du capital soit plus élevé.

Il se peut aussi que le rendement du capital dépende de la qualité de l'organisation de la production. Les progrès accomplis dans l'organisation rationnelle du travail pourront augmenter le rendement du capital et par conséquent obtenir un effet inverse de cette diminution du taux de profit, qui était le fondement de la théorie catastrophique.

Enfin, il se peut que le rendement du capital dépende de la nature des procédés nouveaux, de la nature des progrès techniques accomplis et que, selon les moments, selon les rythmes du progrès technique qui peut favoriser tantôt la productivité du travail tantôt celle du capital, tantôt les deux, le rendement du capital, précisément, tende à augmenter ou à diminuer.

En tout état de cause, je ne connais pas de démonstration d'aucun économiste selon laquelle le rendement du capital considéré sur une longue période d'un demi-siècle ou d'un siècle aurait eu tendance à diminuer. Je ne pense donc pas qu'on puisse parler d'une tendance à la diminution du rendement ou de la productivité du capital. Par conséquent il n'existe pas de démonstration, en termes économiques modernes, du fait de la baisse du taux de profit, qui était un des fondements de la théorie catastrophique.

Je répète que cette idée de la baisse du taux de profit n'est pas une idée originale de Marx. Tous les économistes de son temps (à commencer par Ricardo) croyaient à la baisse du taux de profit. Ce que Marx pensait apporter en propre, c'était une démonstration théorique personnelle d'un phénomène que tous les observateurs et les économistes d'alors croyaient constater. Naturellement, il est permis de penser que d'ici un siècle les économistes constateront une baisse du taux de profit et s'étonneront de notre incapacité à l'avoir observée et prévue en 1963. Mais, enfin, pour l'instant, cette observation fait défaut, même si sa prévision peut réconforter les croyants.

CHAPITRE XIX

PHILOSOPHIE DE L'HISTOIRE
ET SITUATION HISTORIQUE

Cette dernière leçon sera un peu plus brève que les précédentes, mais suivra la même méthode. Je voudrais mettre en relation avec la situation actuelle les deux autres parties essentielles de la pensée marxiste, c'est-à-dire la philosophie de l'histoire d'une part et d'autre part la réduction de la politique à la lutte de classes.

La philosophie de l'histoire de Marx se présente sous trois formes et comporte trois versions d'ampleur différente.

On trouve d'abord une vision du devenir du capitalisme, qui constitue, pour ainsi dire, une philosophie de l'histoire du monde moderne. En deuxième lieu, il y a une vision de l'histoire universelle, qui figure dans la préface à la *Contribution à la critique de l'économie politique* avec la succession des régimes économiques, chacun défini par le mode propre de la plus-value et de la répartition de la plus-value. Enfin, il existe la philosophie du matérialisme dialectique telle qu'elle apparaît dans *L'Anti-Dühring* et telle qu'elle est devenue la philosophie officielle en Union soviétique. Le matérialisme dialectique se caractérise, d'une part, par l'affirmation d'un matérialisme métaphysique et, d'autre part, par l'affirmation des caractéristiques propres du devenir de la réalité aussi bien matérielle qu'humaine, à savoir les transformations permanentes, les transformations par mutation et le caractère contradictoire des moments successifs de la réalité matérielle et humaine.

Ces trois versions de la philosophie de l'histoire sont évidemment liées dans *L'Anti-Dühring* et même, probablement, dans la pensée de Marx. Mais elles sont, au moins par abstraction, séparables et je n'ai pas l'intention de discuter la philosophie de *L'Anti-Dühring* parce qu'il s'agirait alors d'une vraie discussion philosophique, ce qui n'est pas mon propos. Je n'ai pas l'intention non plus de réduire la vision du développement historique de Marx à une formule passe-partout, susceptible d'expliquer toutes les transformations de toutes les sociétés à travers le monde.

En d'autres termes, nous devrons considérer qu'il n'a jamais nié que le développement des sociétés modernes, même s'il présentait certaines caractéristiques que l'on pouvait retrouver partout, devait et pouvait se diversifier de société à société en fonction de facteurs multiples. Il n'est donc pas question d'attribuer au modèle de développement tiré de l'exemple anglais qui se trouve dans *Le Capital* une signification exemplaire dans la pensée de Marx.

La situation présente

Il n'en reste pas moins que la situation historique dans laquelle nous nous trouvons, à peu près un siècle après la parution du premier livre du *Capital*, est à l'évidence foncièrement différente de la situation sur laquelle Marx réfléchissait. Je me bornerai à énumérer ces différences en les commentant brièvement, parce qu'elles sautent aux yeux et que tout le monde les connaît.

Les traits fondamentaux de la situation présente sont les suivants :

1°) Les pays où le développement des forces productives, au sens marxiste du terme, est le plus avancé sont aussi les sociétés qui sont ou semblent le moins menacées par des révolutions du type de celles que Marx avait conçues, des révolutions dont l'acteur principal serait un parti se réclamant de la classe ouvrière elle-même. Je rappelle ce que n'importe qui peut constater en ouvrant les yeux sur le monde actuel et ce que n'importe quel doctrinaire peut expliquer d'une façon ou d'une autre.

2°) C'est un fait d'expérience, aussi, que les régimes économiques ou politiques, qui se déclarent marxistes ou se réclament de la pensée de Marx, ou de celle de Marx et de Lénine, se sont établis dans des pays où le développement dit capitaliste avait été relativement retardé. Les régimes qui se réclament du marxisme ont eu en fait pour fonction principale de promouvoir un développement des forces productives, ce qui dans les textes initiaux de Marx était la fonction propre du capitalisme. De ce paradoxe ou de cette ironie, il résulte que l'obsession de l'accumulation du capital, qui paraissait dans *Le Capital* un trait majeur du capitalisme, est devenue, pour des raisons parfaitement intelligibles, l'obsession principale des régimes qui se recommandent du marxisme.

3°) Le phénomène le plus frappant dans le monde de 1963 est l'inégal développement des forces productives, ou l'inégale modernisation, des différentes sociétés. Chacune mesure le contraste entre les pays où le revenu national est élevé et ceux que l'on appelle en voie de développement ou sous-développés. Chacun sait que, quel que soit le régime économique, qu'il soit du type de la planification centralisée autoritaire ou qu'il soit du type du marché ou du type mixte, tous les pays où le développement a atteint un certain niveau présentent des caractéristiques communes au point de vue de la répartition de la population entre les différents secteurs, au point de vue de l'élévation du revenu par tête. En d'autres termes, tout le monde sait qu'un certain nombre de phénomènes sont communs à tous les pays développés, et que des différences fondamentales existent entre pays développés et pays non développés, quel que soit le régime des pays non développés, quel que soit le régime des pays développés.

4°) Une autre proposition est évidente, bien que la mode intellectuelle conduise à l'oublier : s'il est vrai qu'il existe des traits communs, au point de vue économique et même social, entre les pays développés du type de planification centralisée et les pays développés du type du régime du marché plus ou moins modifié, aucune preuve ni même aucune indication ne conduit à penser que ces deux sortes de régimes doivent, à une date indéterminée, finalement se confondre. Il n'y a pas de preuve, ni même de début d'indication, que les pays que l'on appelle occidentaux doivent devenir socialistes au sens que les pays soviétiques donnent à ce terme. Il n'y a pas non plus d'indication ni de début de preuve que les pays qui se réclament du marxisme doivent en vieillissant et en s'enrichissant devenir de plus en plus semblables aux pays d'Occident. Ce serait là un grand sujet de discussion sur lequel je ne veux dire que quelques mots. Voilà une dizaine d'années, la mode intellectuelle impliquait une différence radicale entre les pays de régimes différents. La mode intellectuelle aujourd'hui tourne dans l'autre sens. L'opinion la plus courante pense que les deux sortes de régime vont ressembler de plus en plus les uns aux autres. La conviction selon laquelle, au fur et à mesure que se développent les pays de type soviétique et les pays de type occidental, les deux sortes de régimes doivent devenir semblables, me paraît une nouvelle forme d'illusion ou d'idéologie. En discutant, on pourrait probablement suggérer que les régimes deviendront moins différents, mais il n'existe pas de preuve, il n'y apparaît aucun début de preuve que nécessairement à un degré donné de développement des forces productives, il y ait place pour un type de régime économique et un seul [1].

La formule selon laquelle, en dernière analyse, les pays soviétiques et les pays occidentaux devraient avoir la même sorte de régime est au fond une version nouvelle de l'idée, que je crois fausse, selon laquelle, à un degré donné de développement des forces productives, ne correspond, et ne peut correspondre qu'un certain type de régime économique, social ou politique. Rien ne me paraît au contraire plus facile à admettre qu'à un certain degré de développement des forces productives, puisse correspondre aussi bien un régime politique de parti unique qu'un régime de partis multiples. De manière plus immédiatement proche de l'économie, on peut dire, si l'on se donne par la pensée un certain revenu par tête de la population, que la répartition des ressources entre les différents emplois n'est pas déterminée de manière nécessaire par l'état de développement des forces productives.

Pour donner un exemple simple de ce que j'avance, il existe en France une Commission présidée par Guillaumat qui s'occupe de réfléchir sur ce que sera la France de 1985[2]. Cette commission a établi des projections du produit national français pour cette date en partant de certaines hypothèses sur le taux de croissance de la production nationale et de la productivité. Ces projections globales résultent d'un certain nombre d'hypothèses sur la répartition de la population entre les différents secteurs et d'autres hypothèses sur le taux de croissance de la productivité selon les secteurs. Si l'on se donne un certain produit national français en 1985, l'on ne se donne pas simultanément la répartition de ces ressources entre la consommation privée et la consommation publique, ou entre la défense nationale et la consommation. L'on ne se donne pas simultanément le taux d'investissement. En d'autres termes, à partir des hypothèses de croissance du produit national, qui sont la forme moderne de l'hypothèse du développement des forces productives – car les formules des planificateurs modernes sont la transposition en style d'économie moderne de la notion du développement des forces productives –, il me paraît impossible d'affirmer que le développement des forces productives crée de manière nécessaire une certaine répartition des ressources entre les différents emplois et *a fortiori* qu'il crée nécessairement un certain mode de régulation de la vie économique et toujours *a fortiori* un certain mode de régulation de la vie politique.

Nul ne peut dire ce que Marx penserait

Voilà quels sont, me semble-t-il, les quatre phénomènes les plus frappants de la conjoncture présente. Ils ont une conséquence immédiate pour le problème qui nous concerne, qu'il est à peine nécessaire de souligner, et qui fait partie de l'analyse que j'essaie de proposer. Il faut commencer par reconnaître que la situation dans laquelle Marx a réfléchi est fondamentalement différente de la situation dans laquelle nous réfléchissons. Quiconque dit que Marx penserait aujourd'hui ceci ou cela, émet une hypothèse plus révélatrice de lui-même que de Marx. Dire ce que Marx penserait de la situation actuelle consiste à se demander ce qu'un homme, au cas où il aurait été tout à fait différent de ce qu'il a été, penserait d'une situation qu'il n'a pas connue. Dire ce que serait le marxisme de Marx en 1963 est, en dernière analyse, une question largement dénuée de sens. Savoir ce qui est le marxisme des marxistes est une question parfaitement raisonnable parce que déterminable par observation et par analyse. Mais comme mon cours a été consacré non pas au marxisme, mais à la pensée de Marx, une des premières conclusions, banale, évidente, que je voudrais suggérer, c'est que nul ne peut dire ce que Marx penserait de la situation actuelle parce qu'il n'a jamais réfléchi sur une conjoncture comme celle que nous connaissons.

Cela dit, que peut-on tirer d'une analyse de la conjoncture, dont je souligne à nouveau la rigoureuse banalité, en ce qui concerne le rapport entre ce que nous vivons aujourd'hui et la pensée de Marx ?

La première idée que je voudrais suggérer, c'est qu'un des éléments principaux de la philosophie de Marx relative à l'histoire de la société moderne, un de ses éléments essentiels se trouve ébranlé ou même réfuté par l'histoire qui s'est déroulée effectivement. J'entends par là que le schème marxiste classique du développement de la société moderne tel qu'on le trouve dans l'introduction à la *Contribution à la critique de l'économie politique* et tel qu'il s'est maintenu chez les auteurs de la IIe Internationale avant 1914, n'a pas été confirmé par les événements. Ce schéma soulignait le parallélisme entre le développement des forces productives, d'une part, et la succession des régimes économiques, d'autre part. Ce parallélisme qui était au centre non pas de l'ensemble de la philosophie marxiste, mais de l'interprétation que Marx a donnée du devenir de la société moderne n'est en rien confirmé.

Le premier fait incontestable, et banal, qui résulte de l'analyse de la critique radicale du capitalisme par Marx, c'est que le développement des forces productives sans révolution violente, dans le cadre d'un régime de propriété privée des instruments de production plus ou moins modifié avec un régime du marché plus ou moins corrigé par l'État, n'a pas conduit à des contradictions de plus en plus intenses. De même, des régimes dits socialistes, au sens que les Soviétiques donnent à ce terme, ne sont pas sortis du développement des forces productives dans le cadre des sociétés occidentales.

Le deuxième fait qui contredit le parallélisme entre le développement des forces productives et la succession des régimes économiques et sociaux, est que les régimes dits capitalistes ont comporté et comportent encore une grande diversité et une grande flexibilité.

L'expérience semble avoir prouvé que les propriétaires des moyens de production ou les dirigeants d'une économie capitaliste, ou bien sont moins stupides que ne le pensait Marx lui-même, ou bien sont moins prisonniers de leur propre régime, et qu'ils ne sont pas condamnés à la contradiction essentielle qui devait les emporter, entre une croissance indéfinie de la production et une limitation excessive du pouvoir d'achat.

Soit que les capitalistes agissent plus librement, soit qu'ils soient plus intelligents que ne le pensait Marx, en fait tous les régimes de propriété privée ou semi-privée ont pu se développer, non sans crises ni drames, mais sans qu'ils soient aujourd'hui plus contradictoires et plus menacés qu'ils ne l'étaient il y a un siècle ; ils le sont même plutôt moins. On peut d'ailleurs plaider, et ce serait une vue relativement amusante, que pour une part la capacité de réformes des régimes capitalistes est due à Marx lui-même. Car il suffit qu'une certaine prévision soit développée avec la force convaincante de Marx pour qu'elle prenne une valeur d'enseignement à l'égard de ceux dont elle annonce la mort. Si l'on se donne le droit d'imaginer le passé autrement qu'il n'a été, on peut dire que le grand réformateur du capitalisme aura été, en un certain sens, Marx lui-même. Ce serait une idée amusante à défendre car elle comporte tout juste assez de vérité pour qu'on puisse la dire brillante[3]. Mais je ne pense pas qu'elle soit vraie parce que le pays où se sont produits beaucoup de réformes du capitalisme, le pays où il s'est le plus développé, est les États-Unis, pays qui n'a jamais pris Marx très au sérieux. Il semble en réalité que les transformations du régime capitaliste sont liées à un très grand nombre de facteurs parmi lesquels, disons la liberté politique, la liberté d'organisation des syndicats, la mécanique de l'économie humaine, l'influence réformatrice de Marx n'étant qu'un élément. Ce qui est peut-être vrai en revanche, c'est que depuis 1945, la menace réelle et supposée à laquelle les pays d'Occident sont exposés a été un facteur utile pour la raison banale que les pays se tiennent mieux lorsqu'ils se sentent en danger ou que les hommes donnent leur meilleur lorsqu'ils sont soumis à un défi. Idée banale, exprimée depuis longtemps, qu'il faut accepter sans lui donner une portée exclusive.

Troisième idée importante, que je voudrais suggérer à propos de la conjoncture présente, c'est que les régimes qui se recommandent ou qui se réclament de Marx n'ont fait et ne pouvaient faire qu'un usage limité des idées de Marx lui-même pour la simple raison, que j'ai indiquée plusieurs fois, que Marx s'est défendu de dresser le plan de ce que serait le socialisme. De telle sorte qu'il y a certainement des relations entre les régimes qui se réclament de la pensée de Marx et la pensée de Marx, mais elles sont beaucoup plus compliquées qu'il ne paraît au premier abord. En ce qui concerne, en particulier, la planification de l'économie, il n'est pas si facile de décréter que la planification soviétique est directement déterminée par les conceptions de Marx dans *Le Capital*. Quand les dirigeants soviétiques ont discuté de la collectivisation de l'agriculture, ce qui a été une des grandes décisions soviétiques entre 1924 et 1928, naturellement, des deux côtés des participants au débat on pouvait citer des textes de Marx – on peut toujours citer des textes de Marx –, mais il n'existe aucune raison de considérer que les idées de Marx impliquaient que l'on collectivisât l'agriculture spécialement de la manière dont on a procédé.

Certaines idées du *Capital* ont exercé une certaine influence sur la planification soviétique, mais, dans une large mesure, ce sont les idées que les planificateurs soviétiques tendent à abandonner aujourd'hui, parce qu'au départ une de leurs tendances était de vouloir déterminer les prix des produits, abstraction faite de la notion de rareté. Ils voulaient déterminer les prix des produits en fonction d'un calcul du coût de revient et, en particulier, du coût en heures du travail, ce qui n'était pas une conséquence nécessaire des analyses du *Capital*, mais qui était plus ou moins suggéré par *Le Capital*. La tendance, aujourd'hui, des planificateurs soviétiques consiste plutôt à rapprocher les prix des produits des prix que les Occidentaux ou les capitalistes appelleraient des prix de marché ou des prix vrais. Ils font désormais entrer dans leurs calculs de prix la notion de rareté relative. Ils s'éloignent donc d'une des conséquences que l'on pouvait tirer des schémas de Marx.

Si l'on faisait une étude des régimes qui se réclament de Marx spécialement au point de vue de l'économie, on devrait constater que dans une large mesure le régime économique de type soviétique n'est pas une application des idées de Marx et du *Capital*, tout simplement parce qu'il n'y a pas dans *Le Capital* de théorie de ce que doit être une économie planifiée. Certaines tendances de pensée ont été utilisées par les planificateurs, par exemple les calculs matières ou les calculs en heures de travail, ou encore la dépréciation du rôle du taux d'intérêt, orientations qui sont plus ou moins suggérées par les analyses marxistes. Mais les planificateurs soviétiques d'aujourd'hui, bien qu'ils citent toujours Marx, peuvent difficilement être considérés comme ses héritiers [4].

ANNEXE I
LE MARXISME DE MARX

*Cette annexe reproduit le résumé du cours du Collège de France professé par Raymond Aron en 1976-1977, et qui a été publié dans l'*Annuaire du Collège de France, *Paris, 1977, pp. 471-485.*

Le motif de ce cours est pour ainsi dire donné dans la situation intellectuelle de notre époque. Revenir au texte même de Marx nous est imposé non plus seulement par la nécessité d'apprécier exactement la pertinence de ce que j'ai appelé il y a quelques années les « marxismes imaginaires » mais, de façon plus décisive, par celle de comprendre le dialogue implicite entre les dissidents de l'Est et les marxistes de l'Ouest. Quel est le sens – quels sont les sens – de cette doctrine singulière, discréditée mais vérité d'État à l'Est, en honneur et constituant la référence obligée de presque toute la critique sociale à l'Ouest ? Qu'a donc dit Marx pour qu'on puisse lui faire dire tant de choses ?

Ce retour au texte même de Marx exigeait une reconstitution de sa biographie intellectuelle, puisque le jugement que l'on porte sur la relation entre le jeune Marx et le Marx de la maturité, entre les *Manuscrits de 1844* et *Le Capital*, engage l'interprétation ultime de sa pensée. Et l'équivoque essentielle de cette pensée, son jeu de renvois entre la philosophie et l'économie, se traduit pour ainsi dire biographiquement dans la transformation du jeune philosophe hégélien de gauche en l'économiste d'une stupéfiante érudition, dont la maturité est occupée à l'analyse critique de l'économie capitaliste et des doctrines des économistes bourgeois.

Le concept de critique

Un concept offre pour ainsi dire immédiatement le lien à la fois chronologique et essentiel entre les deux versants de l'entreprise marxiste : c'est le concept de *critique*, qui a dominé l'itinéraire intellectuel de Marx depuis sa jeunesse. En 1843, il écrit une *Critique de la philosophie du droit de Hegel*. En janvier 1844, il publie une *Introduction à une contribution à la Critique de la philosophie du droit de Hegel* dans le premier (et dernier) numéro des *Annales franco-allemandes* fondées avec son ami Ruge. Dans cette même revue paraît du reste l'article de Friedrich Engels, *Esquisse d'une critique de l'économie politique*, article important dans la mesure où il contribuera à tourner Marx vers l'étude de l'économie politique, tout en lui fournissant un matériau et des suggestions substantiels. Assurément, la notion de « critique » était utilisée par tous les jeunes hégéliens qui, à travers leurs querelles, essayaient de définir quelle était la vraie « critique ». Marx avait d'abord songé à une critique de la religion, de la politique, de la morale ; puis, dès le début de ses études d'économie politique, il signe, en 1845, un contrat avec un éditeur pour une critique de la politique et de l'économie. Mais ce qui interdit de dissoudre le concept marxiste de « critique » dans la généralité du débat néo-hégélien, c'est qu'on le trouve encore en 1867 dans le sous-titre de l'œuvre majeure de Marx : *Le Capital, Critique de l'économie politique*.

Au point de départ, le concept de critique naît évidemment du rapport de Marx et de sa génération à la philosophie de Hegel. À leurs yeux – et sur ce point ils ne font que reprendre d'une certaine manière ce que Hegel lui-même pensait de son œuvre –, Hegel a pensé le monde jusqu'au bout, porté au jour la rationalité implicite de l'histoire humaine et achevé ainsi la philosophie en son sens traditionnel. Cependant, le monde tel qu'il est n'est pas le monde rationnel tel qu'il devrait être selon la philosophie même de Hegel ; la réconciliation du réel et du rationnel sous la forme de l'État prussien laisse à désirer. En d'autres termes, la rationalité immanente à l'histoire que Hegel a mise en lumière continue, contre la lettre de Hegel, à travailler de son négatif l'État moderne, à « critiquer » cet État, et donc à critiquer la philosophie même de Hegel qui affirme cette réconciliation. Le point où la difficulté est la plus visible est évidemment la question religieuse : comment l'État moderne peut-il se dire encore « chrétien » (et Hegel y consentir), alors que Hegel a montré que la vérité du christianisme est dans son devenir-monde, dans sa sécularisation, que la vérité de la transcendance est dans l'immanence ? Marx partage donc avec les jeunes hégéliens le désir de libérer l'esprit humain de l'illusion religieuse et cet athéisme originel restera fondamental dans sa pensée. Et cela d'autant plus que l'illusion religieuse est à ses yeux en quelque sorte le *type* de toutes les illusions qui peuplent le monde de la culture, et par lesquelles les hommes font vivre au-dessus d'eux et contre eux leur propre capacité créatrice, illusions politiques, morales, et bientôt économiques.

Mais, et c'est ici que Marx se sépare des autres néo-hégéliens et commence pour ainsi dire à devenir marxiste, la « critique » ne saurait se limiter à la critique intellectuelle. En effet, si, selon la vision même de Hegel, l'histoire des hommes est celle du développement de la raison, s'il y a une relation étroite entre leur vie et leurs concepts, la critique doit s'attaquer aussi pratiquement à la réalité sociale et politique dans laquelle s'expriment et s'enracinent leurs idées fausses, leurs illusions. Critiquer les illusions religieuses, politiques, morales, c'est critiquer le monde social et politique dont elles sont la conscience fausse. Conscience fausse parce que le monde

qu'elles expriment est « faux ». Telle est, me semble-t-il,
une des sources majeures de toute l'entreprise marxiste
ultérieure.

En quoi consiste plus précisément la critique marxiste
de Hegel ? D'abord, Marx reprend la critique feuerbachienne et renverse l'ordre du sujet et du prédicat. Attribuant à Hegel, de façon un peu sommaire du reste, la
théorie que le Sujet est l'Idée et que les diverses compo-
santes de la société réelle (famille, société civile) sont les
prédicats, il renverse l'ordre des facteurs et affirme qu'il
faut partir des êtres « réels », de la famille, de la société
civile, pour montrer que ces êtres réels produisent leurs
institutions, leur État, comme ils produisent leurs idées
et leurs dieux. C'est pourquoi Marx ne peut accepter le
monarque dont Hegel fait le sommet de l'État rationnel tel
qu'il le conçoit, puisque la seule constitution rationnelle
est la démocratie, constitution dans laquelle les hommes
apparaissent et s'apparaissent comme les auteurs de leurs
rapports politiques, constitution qui apparaît comme un
libre produit de l'homme. Plus décisive encore politiquement est la question des rapports entre la société civile
et l'État. Marx admet une grande partie de l'analyse
hégélienne dans la mesure où elle décrit adéquatement la
société civile comme le système des besoins, comme le
règne de l'égoïsme, de la particularité, de la guerre de
tous contre tous. Il approuve le contraste que dresse
Hegel entre l'homme de la société civile engagé dans sa
particularité égoïste et l'universel qui est sa vraie vocation
politique, comme citoyen ou membre de l'État. Mais il
n'accepte pas la réconciliation imaginée par Hegel entre
la société civile et l'État par l'intermédiaire du Droit, du
monarque et de la classe « universelle » des fonctionnaires. Marx écrit : « Ce qu'il y a de profond chez Hegel,
c'est qu'il ressent la séparation entre la société civile et
la société politique comme une contradiction, mais son
erreur, c'est qu'il se contente d'une solution illusoire de
cette contradiction, et tient cette illusion pour la chose
même. »

Ainsi voyons-nous dès les années 1843-1845 se dégager les thèmes principaux de sa pensée : 1. Le thème de la *critique* : la critique du monde de la culture (religion, morale, etc.) se dépasse pour ainsi dire elle-même et se fait appel à la transformation réelle du monde, à la réalisation dans ce monde-ci de l'essence humaine, réalisation qui abolira la réalisation fantastique de cette essence dans la religion et les autres domaines de la culture. 2. Dans l'ordre politique et social proprement dit, la critique se spécifie : la démocratie se présente comme la réalisation et la manifestation, sous la forme d'une constitution particulière, de l'homme producteur de ses rapports politiques. Plus important encore, Marx voit la vocation des sociétés modernes dans la réconciliation effective du producteur économique et du citoyen, réconciliation qui irait bien au-delà de la provisoire et illusoire synthèse de l'État hégélien.

Dans ces années-là aussi se constitue un troisième thème, fondamental, le thème du *prolétariat*. Dans sa conception du prolétariat, Marx reste en rapport avec Hegel, mais d'une façon beaucoup moins directe que pour les deux thèmes précédents. Hegel en effet a certes pris conscience de l'existence et du sort du prolétariat mais, dans la *Philosophie du droit*, il l'abandonne sans sourciller à ce sort et refuse même qu'on lui fasse la charité, car ce serait lui enlever sa seule dignité, qui réside dans le travail. Rien chez Hegel ne suggère une vocation universelle du prolétariat. Ce qui reste cependant chez Marx d'hégélien (et peut-être d'ultra-hégélien) dans sa conception originelle du prolétariat, c'est qu'il le voit comme pur négatif, perte et négation de l'humanité de l'homme, à ce point dépouillé qu'il incarne la condition humaine dans sa nudité ; et parce qu'il est la perte, le négatif de l'homme, il est destiné à en devenir la reconquête, le positif : son émancipation ne peut qu'entraîner celle de la société tout entière puisque, par suite de la condition qui lui est faite, il n'a aucun intérêt particulier, égoïste.

Hegel serait sans doute resté songeur devant ce renversement du pur négatif au pur positif sans délai ni médiation pour ainsi dire, mais c'est cette idée du prolétariat qui va permettre la coagulation de tous les thèmes critiques, en désignant le support historique et sociologique chargé de réaliser, en ce monde-ci, par son action, la tâche libératrice qui restait confinée jusque-là dans le cerveau des jeunes hégéliens.

Les *Manuscrits de 1844* et le travail aliéné

Il reste que, dans son projet critique originel, Marx ne mentionne pas l'économie politique parmi ses cibles. Peut-être l'article d'Engels, *Esquisse d'une critique de l'économie politique*, a-t-il joué le rôle de déclencheur. En tout cas, dans les *Manuscrits de 1844,* c'est bien l'économie qui vient au centre de la recherche et de la critique. Ce texte, on le sait, a joué un rôle considérable dans la critique marxiste ou marxologique depuis sa publication en 1932. C'est qu'à la différence du *Capital*, s'y trouvent jointes étroitement considérations économiques et considérations politiques. On comprend qu'aux yeux de certains, ce texte étincelant, hâtif et parfois incohérent, contienne la philosophie implicite du *Capital*. J'hésiterais à suivre un tel jugement, en raison même de ce caractère chaotique, en raison du fait que Marx après 1845 ne parlera plus jamais un tel langage, en raison enfin de la référence à Feuerbach dont ce texte est plein, Feuerbach avec qui Marx rompra intellectuellement peu de temps après. Tels qu'ils sont cependant, ces *Manuscrits* contiennent une riche et prometteuse substance qu'il convient d'inventorier.

Ce qui est d'abord frappant, c'est qu'après quelques mois seulement d'étude de l'économie politique, les positions de Marx sur ce sujet sont pour l'essentiel fixées. La plupart des thèses à la démonstration desquelles il va plus tard consacrer des milliers de pages, il les affirme ici de manière catégorique. Dans le premier manuscrit, il propose une vue radicalement pessimiste de l'économie capitaliste ; il s'efforce en particulier de démontrer que, quelle que soit la phase de l'économie – expansion ou dépression –, l'ouvrier reste victime du système. Il affirme aussi que, du produit de son travail, l'ouvrier ne reçoit que la plus petite part, juste suffisante pour sa perpétuation, non comme homme mais comme ouvrier. De ce sort fait à l'ouvrier, il trouve l'image affreuse dans les doctrines économiques libérales qui ne considèrent l'ouvrier que comme travailleur, que dans le temps de son travail. Apparaît aussi dans ce texte la notion de travail abstrait – qui jouera un si grand rôle dans *Le Capital* –, travail abstrait dont toute la substance pour ainsi dire est d'être utilisé par le capital et de produire du profit.

Plus importante encore pour la fortune de ce texte est la notion de *travail aliéné* que Marx introduit ensuite. Le travail aliéné est en effet dans la pensée de Marx un concept central parce qu'il constitue la racine à la fois de la propriété privée et de la division du travail. Ce thème a été tellement commenté et donc obscurci qu'il importe d'en résumer les articulations principales : 1. Le produit de son travail devient extérieur, étranger au travailleur, doublement étranger, et parce que l'organisation parcellaire du travail rend le travailleur partie d'un mécanisme qu'il ne maîtrise d'aucune façon, et parce que le produit est jeté sur le marché dont les lois sont hors de sa portée. 2. Conséquence de 1 : le travail lui-même, au lieu d'être un acte créateur dans lequel l'être essentiel du travailleur s'exprime, devient une activité étrangère, en ce sens qu'une part infime de ses capacités y est employée et que ses aspirations humaines y sont réprimées. 3. Ce troisième point doit être rattaché à l'influence de Feuerbach que Marx subit encore à ce moment-là. Dans le travail aliéné, il y a un renversement entre l'activité générique – celle par laquelle l'homme est proprement humain – et l'activité biologique ou animale : le travail aliéné n'est plus qu'un moyen en vue de manger, de boire et de dormir. Cette analyse du travail aliéné est caractéristique du moment où

Marx passe de la critique feuerbachienne de la politique à la critique feuerbachienne de l'économie.

Ce qui est peut-être plus intéressant, mais aussi plus troublant, c'est que dans ce texte le travail aliéné devient pour ainsi dire l'explication ou la compréhension au sens philosophique, le concept de la réalité socio-économique du capitalisme : la propriété privée. Marx écrit : « Le salaire est une conséquence directe du travail aliéné et le travail aliéné est la cause directe de la propriété. En conséquence, la disparition d'un des termes entraîne aussi celle de l'autre. » On voit l'importance d'une telle conception pour le destin ultérieur du marxisme. L'émancipation humaine passe désormais aux yeux de Marx par l'abolition de la propriété privée. Marx qui avait trouvé dans le prolétariat l'instrument de la réalisation de sa « critique » vient de mettre au clair la tâche historique qui doit lui être confiée : abolir la propriété privée. Le nom de l'émancipation réalisée, c'est le *communisme*, « solution de l'antagonisme entre l'homme et la nature… entre l'homme et l'homme… énigme résolue de l'histoire et se connaissant comme cette solution ». Le vague immense de ces formules rend tout commentaire hasardeux. Ce qu'on peut dire de ce genre de textes va dans deux sens : d'une part, ce langage est plutôt de type feuerbachien, ce n'est en tout cas pas le langage que Marx parlera après 1845 ; mais d'autre part, Marx, dans ces passages, a achevé de désigner sa cible (la propriété privée) et de nommer en le caractérisant vaguement son but (le communisme). Ce qu'il pouvait encore y avoir chez lui de philosophie interprétative et analytique s'abolit pour ne plus laisser place qu'à l'action. Cela est confirmé par ce qu'il écrit dans le troisième manuscrit. Dans ce texte, il poursuit sa critique de Hegel selon deux thèmes : 1. Le sujet du devenir, de l'histoire, est l'homme sensible et non pas l'Idée ou l'Esprit. 2. La philosophie de Hegel ne représente que l'expression abstraite, spéculative, du mouvement de l'histoire.

Si l'on résume ce qui est significatif pour le développement ultérieur de la pensée de Marx, c'est l'analyse du travail aliéné. Pour le reste, Marx poursuit certes son dialogue critique avec Hegel, mais très souvent sur la base de l'idée feuerbachienne de l'homme sensible, idée qu'il va abandonner pour l'essentiel dès l'année suivante dans ses *Thèses sur Feuerbach*. Dès lors, il est difficile de faire un sort particulier à des expressions comme *der Gattungs-mensch* ou *das Gattungswesen*, car elles ne reviendront plus. Les idées d'homme générique ou d'essence de l'homme disparaissent pour faire place à l'homme socia-lisé, créateur de lui-même par le processus des rapports sociaux et par la transformation de la nature. Loin de faire de ces textes le sommet de l'œuvre de Marx, je serais tenté d'attribuer à la rupture avec Feuerbach qui les suit une signification majeure. Alors en effet, tout ce qui constituait les points d'arrêt de la réflexion de Feuerbach, tout ce qui faisait de lui sinon certes un philosophe traditionnel, du moins un penseur en quelque façon contemplatif, à savoir la nature, l'homme sensible, l'essence de l'homme, tous ces concepts sont abolis ou du moins relativisés ; ils ne sont tout au plus que des moments, arbitrairement fixés par la spéculation philosophique, de l'activité humaine, pratique et sociale, de la *praxis*. Il n'y a plus d'autre objec-tivité que l'activité de l'homme, production continuée de l'homme par lui-même. En un certain sens, on pourrait dire qu'à partir de 1845, Marx ne fait que reprendre en l'amplifiant son idée de la critique active de ce monde-ci, de la « critique des armes ». Mais Feuerbach a contribué à le confirmer dans son refus de la spéculation, de l'abstrac-tion, à donner une dignité à la positivité du monde immédiat, de l'homme du besoin, positivité opposée à l'abstraction philosophique. Et après que le monde ordinaire des hommes – monde de la nourriture, du besoin – a réfuté la philosophie (Feuerbach), la praxis réfute ou plutôt transforme le monde ordinaire (rupture avec Feuer-bach). Faut-il dire que Marx reste philosophe parce qu'il veut transformer les hommes ? Cela se peut, mais il voit ce changement souhaitable opéré par la transformation révolutionnaire de leurs conditions de vie et, au bout du compte, il ne nous dit jamais avec quelque précision quelle idée il se fait des hommes ainsi transformés.

Le Capital

Après avoir résumé les principaux éléments de la philosophie marxiste de l'histoire telle qu'on la trouve dans *L'Idéologie allemande*, j'ai entamé la seconde partie de ce cours, la plus importante puisqu'elle était consacrée à l'étude du *Capital*.

D'une certaine façon, le point de départ du *Capital* nous livre une des clefs de la démarche marxiste. Marx ne part pas de la production (quoique ultérieurement il découvre dans le système productif la racine de l'ordre capitaliste), mais de la *marchandise*, et donc de l'*échange* ; c'est à partir de l'analyse du monde de la marchandise qu'il démonte et reconstruit le mode de production capitaliste. Pour qu'un objet soit une marchandise, il faut qu'il ait une valeur d'usage (condition d'existence), mais dès lors que ces marchandises sont échangées les unes contre les autres dans des rapports déterminés, la valeur d'usage n'intervient plus (les valeurs d'usage sont qualitativement irréductibles). Si les marchandises s'échangent, il faut trouver une « substance », un élément qui soit commun à toutes les marchandises pour les rendre commensurables. La « substance » commune à toutes ces marchandises, c'est le *travail humain*. D'où la théorie que ce qui détermine la valeur d'échange des marchandises, c'est la quantité de travail humain incorporé dans chacune d'elles. Nous savons qu'il faut préciser : quantité de travail *socialement nécessaire*. Le concept-clé d'une telle analyse est évidemment celui de travail humain *abstrait*, dans la découverte duquel Marx voit une de ses supériorités décisives sur Ricardo. Le travail abstrait, c'est le travail dépouillé de toute particularité tenant soit au producteur soit à la valeur d'usage du produit ; c'est le pouvoir humain de produire de la *valeur*.

Mais s'il est vrai que les marchandises s'échangent à leur valeur, en proportion de la quantité de travail abstrait incarné dans chacune d'elles, l'essence d'un tel échange, de l'échange marchand, c'est qu'il est égal, c'est qu'à la fin il y a la même quantité qu'au point de départ. D'où le problème de Marx, qui était celui des physiocrates, qui est celui des classiques : d'où vient le surplus ? On connaît la solution de Marx : il y a une marchandise particulière qui s'échange à sa valeur, de telle sorte que la loi des échanges n'est pas violée, et qui cependant donne du surplus. Cette marchandise particulière, c'est la *force de travail*. La force de travail produit plus de valeur que le salaire (qui est son prix d'achat) n'en incorpore. C'est ici que réside la deuxième grande novation de Marx par rapport à Ricardo, dans la substitution de la notion de force de travail à celle de travail. L'essence du système capitaliste est de comporter un échange unique qui s'opère selon la loi de la valeur mais qui, grâce à une marchandise particulière qui est la force de travail, produit le surplus, la *plus-value*. Et par conséquent la loi même de fonctionnement est loi d'injustice.

Ce qu'il importe de remarquer, c'est que cette loi de fonctionnement, cette loi d'injustice, est aussi la loi de la spécificité ou de l'originalité du régime capitaliste. En effet, quand Marx a achevé l'exposé de la théorie de la plus-value en régime capitaliste, il fait la comparaison avec l'esclavage et le servage ; dans le cas de l'esclavage, l'équivalent de la plus-value existe, mais cet équivalent est visible : le propriétaire d'esclaves entretient ses esclaves pour qu'ils travaillent, pour qu'ils lui rapportent plus qu'ils ne lui coûtent. De même, la corvée féodale fait voir de façon parfaitement claire que le seigneur accapare le produit d'une partie du temps de travail du serf. D'où la spécificité du capitalisme : dans ce régime, l'accaparement d'une partie du produit du travail du travailleur n'est pas visible ; la plus-value n'est pas arrachée visiblement en vertu de l'inégalité sociale et pour ainsi dire par la force presque nue, elle est en quelque sorte subtilisée.

Le marché produit invisiblement ce que l'inégalité politico-sociale des sociétés précapitalistes produisait visiblement. Ainsi le mode de production capitaliste offre ce spectacle paradoxal qu'à la fois l'extorsion de la plus-value est masquée aux yeux des agents économiques (à la différence de ce qui se passe dans les sociétés précapitalistes), et que la plus-value accède à sa *vérité économique* dans la mesure où la loi de la valeur vient à réalisation complète (à condition naturellement d'être convenablement analysée par Marx lui-même). C'est cette situation paradoxale qui conduit Marx à conclure que le mode de production capitaliste est le dernier système antagoniste de l'histoire humaine.

D'une certaine façon, un des ressorts principaux de l'opposition entre Marx et les économistes classiques, c'est le point de vue historique qu'adopte Marx. Ce qui apparaît à des économistes comme relevant des lois éternelles de l'économie, il le voit en opposition avec les modes de production antérieurs, insiste sur son originalité. Ce qui fait l'originalité du mode de production qui commence à se développer au XVIIIᵉ siècle, c'est que cette séparation entre le travailleur et ses moyens de production, ce règne de la marchandise, au lieu de ne se réaliser que « dans les pores » d'une société, deviennent des phénomènes généraux, englobant le tout de la société. Le mode de production capitaliste prend ses traits décisifs par différence et opposition avec les sociétés précapitalistes.

C'est ce que Marx expose avec une grande netteté dans le chapitre fameux consacré au « caractère fétiche de la marchandise et son secret », dans la première section du *Capital*. Marx écrit, à propos de l'économie marchande : « C'est seulement un rapport social déterminé des hommes entre eux qui revêt ici pour eux la forme fantastique d'un rapport des choses entre elles. » En d'autres termes, lorsque les producteurs mettent en rapport les produits de leur travail à titre de valeurs, ils ont le sentiment d'échanger des choses, de se soumettre à la loi des choses dans la mesure où ils produisent pour le marché où sont échangées les choses ; ils ne voient pas que ces choses sont « une simple enveloppe sous laquelle est caché un travail humain identique » ; ils ne voient pas que ces choses sont le résultat du travail humain, de l'égalisation des travaux humains, donc du rapport des hommes entre eux. En revanche, dans les sociétés précapitalistes (et Marx donne ici l'exemple de la corvée) : « Les rapports sociaux des personnes dans leurs travaux respectifs s'affirment nettement comme leurs propres rapports personnels, au lieu de se déguiser en rapports sociaux des choses, des produits du travail. »

La valeur et la plus-value

Il va de soi que Marx, faisant cette comparaison, ne suggère pas l'éloge réactionnaire des sociétés précapitalistes. Ses remarques sur Aristote nous permettent de préciser son rapport à ces sociétés. Un peu avant le chapitre sur « le caractère fétiche de la marchandise », il fait l'éloge d'Aristote pour sa distinction très claire de la valeur d'usage et de la valeur d'échange ; il le félicite aussi d'avoir compris que l'échange supposait l'égalité. Mais Aristote n'a pas compris que cette égalité était celle du travail humain abstrait, travail abstrait qui ne peut être compris que lorsqu'il est arrivé à sa pleine manifestation, lorsque par conséquent « le rapport des hommes entre eux comme producteurs et échangistes de marchandises est le rapport social dominant ». En d'autres termes, l'infériorité décisive des sociétés précapitalistes (esclavage, servage), c'est qu'elles ne peuvent accéder à la conception du travail abstrait, du travail en tant que seulement « humain », sans particularité. Elles ne peuvent accéder à la loi de la valeur.

Il reste que, même dans les sociétés capitalistes, cette loi de la valeur fait problème pour le lecteur de Marx. La question posée par Jaurès désigne, un peu maladroitement, la difficulté : est-ce que la loi de la valeur est une

loi de fait ou une norme de justice ? La réponse de Marx
pourrait être imaginée un peu de cette manière : dans la
société capitaliste, la loi de la valeur est loi de fait mais
elle ne deviendra norme de justice que lorsqu'elle sera
immédiatement visible aux yeux de tous. Nous venons de
voir en effet comment, par suite du caractère fétiche de la
marchandise, la société capitaliste s'ignorait elle-même ;
et il faut ajouter ici que, dans cette société, selon Marx, la
loi de la valeur ne s'exprime que par sa « négation ».
Jamais la réalité telle qu'elle s'offre au regard des agents
économiques ne confirme l'égalité entre la valeur et le
prix. Et cela pour trois raisons : 1. L'effet des déséquilibres entre l'offre et la demande. 2. Les marchandises ne
sont pas uniquement produites par du travail humain
vivant, immédiat, mais par un mélange de travail vivant
et de travail cristallisé en biens de production. 3. La
relation entre le capital constant et le capital variable, et
donc la plus-value, varie considérablement selon les
secteurs ; pour que le système fonctionne, il faut donc
que se crée un taux de profit moyen, de sorte que les
différences de composition organique entre les différents
secteurs ne se reflète pas dans les prix. On comprend que,
suivant la logique de cette analyse, Marx indique dans
certains textes que ce qui caractérise la période intermédiaire entre le capitalisme et le socialisme, c'est qu'à ce
moment-là les marchandises s'échangent conformément
à la loi de la valeur. C'est une réponse possible à la
question de Jaurès.

Cela dit, il va de soi que, s'il y a une telle différence
entre l'essence du mode de production capitaliste et son
apparence, entre son fonctionnement réel et la conscience
qu'en prennent les acteurs, entre la loi de la valeur et les
prix, Marx devrait répondre avec précision à la question :
d'où peut-on tirer la certitude de la vérité de la loi de la
valeur si elle ne s'exprime que par sa propre négation,
si elle ne se traduit pas dans les apparences, si les
apparences paraissent la réfuter ? De fait il n'y répond
guère ou suggère seulement qu'il n'y a pas de problème.

Certes le capitaliste ignore que la plus-value est prélevée seulement sur le travail vivant ; il pense en effet en termes de profit et postule que le profit est prélevé sur l'ensemble du capital constant et du capital variable : « Le profit tel qu'il se présente ici est donc la même chose que la plus-value ; cette mystification découle nécessairement du mode de production capitaliste ; comme on ne peut plus distinguer dans la formation apparente du coût de production entre capital constant et capital variable, l'origine de la mutation de la valeur qui se produit au cours du processus de production doit être transférée de la partie variable du capital au capital total et parce que le prix de la force de travail apparaît à l'un des pôles sous la forme modifiée du salaire, la plus-value doit revêtir au pôle opposé la forme modifiée du profit. » Ce qui reste paradoxal, c'est que le régime capitaliste, parce que, plus que tout autre, il augmente la complexité de la production, rend de moins en moins vraie – ou, disons, de moins en moins vérifiable – la loi de la valeur-travail ; c'est que le régime capitaliste est défini *à la fois* par cette loi de la valeur-travail et par une évolution qui rend la réalité apparente de moins en moins conforme à cette loi. La société capitaliste est caractérisée *à la fois* par la montée de la vérité sur la valeur, de la vérité de la valeur, et par la croissance de l'erreur des hommes sur leur société. C'est cette contradiction qui, aux yeux de Marx, l'autorise à prévoir et à hâter un changement radical qui dévoilerait la vérité de l'économie et établirait entre les hommes des rapports sociaux transparents. Il reste qu'à accroître ainsi indéfiniment la distance entre ce que les hommes d'une société vivent et perçoivent et la « vérité » que l'analyste découvre dans leur société, on entre dans un mode de pensée *essentiellement* invérifiable où l'on ne voit plus ce qui pourrait garder l'analyse contre l'arbitraire. Nous retrouverons cette difficulté pour ainsi dire généralisée dans la sociologie marxiste des modes de production, dans la sociologie des rapports entre l'infrastructure et la superstructure.

Un point économiquement très important dans le contexte des doctrines classiques, c'est que là où Marx ne veut voir que la plus-value, les économistes bourgeois – et les agents économiques – distinguent l'intérêt, le profit et la rente. Aux yeux de Marx, ces trois choses ne sont que des « formes phénoménales » de la plus-value. J'ai déjà parlé du profit. Marx règle le compte de l'intérêt aussi expéditivement : l'argent ne peut produire du surplus. Plus important et plus compliqué est le cas de la rente. Quand Marx traite de la rente, il a en face de lui deux interlocuteurs : les physiocrates et Ricardo. Quant aux physiocrates, Marx leur reconnaît l'immense mérite de remonter du capital marchand qui opère uniquement dans la sphère de la circulation jusqu'au capital productif, jusqu'à la production du surplus. Assurément ils ont tort de croire que le surplus est produit exclusivement dans l'agriculture, mais ils cherchent à analyser la nature de la plus-value en tant que telle. Marx prend donc les physiocrates au sérieux et d'ailleurs reconnaît que, pour qu'il y ait un surplus, il faut une fertilité suffisante de la nature. En Ricardo, Marx trouve devant lui le théoricien de la rente différentielle : les terres sont de fertilité différente ; au fur et à mesure qu'augmente la population, il faut mettre en culture des terres moins fertiles et donc consacrer aux récoltes une quantité supérieure de travail ; il en résulte évidemment que le propriétaire des terres fertiles pourra recevoir une rente différentielle, correspondant à l'inégalité du coût de production selon la fertilité naturelle des terres. Cette théorie a aux yeux de Marx un inconvénient fondamental : elle ne comporte pas de rente absolue, car les terres les moins fertiles ne donneraient plus de rente. Il faut donc découvrir une rente absolue. Marx la trouve, on le sait, dans la différence de la composition organique du capital dans l'agriculture et dans l'industrie : le capitaliste agricole met en œuvre plus de travail que ne le fait une fraction égale de capital non agricole. Comme la structure de la propriété foncière, la très faible fluidité de la main-d'œuvre agricole empêche la péréquation des capitaux investis, la constitution d'un taux de profit moyen, les capitalistes fonciers sont en mesure de prendre une partie supplémentaire de la plus-value globale : la rente absolue.

C'est sur cette analyse de la rente que j'ai achevé l'étude de l'économie de Marx, étude attentive surtout à mettre en évidence l'ordre des concepts fondamentaux. Ce qui m'a paru le plus original dans la pensée de Marx, c'est précisément la façon dont il décrit l'originalité, la spécificité du mode de production capitaliste. Cette spéci-ficité, c'est l'opposition de l'essence et de l'apparence, de la valeur et du prix, de l'échange égal de tous les produits à leur valeur et de la production du surplus. Cette oppo-sition me paraît centrale, non seulement parce qu'elle témoigne de la rémanence du mode de pensée hégélien (logique de l'essence, les hommes obéissent à des règles qu'ils ignorent, ruse de la raison), mais aussi et surtout parce qu'elle permet de mettre en relation l'extrême élaboration de l'analyse économique du capitalisme avec le caractère schématique, à peine esquissé, de sa socio-logie générale, et le caractère vague, incertain, parfois incohérent, de sa vision politique du socialisme à venir. En effet, ce que Marx voit dans le capitalisme, c'est une exploitation qui se déroule entièrement dans la sphère de l'économie. Le processus social essentiel s'accomplit dans cette sphère et les hommes ne s'en rendent pas compte. Autonomes, tout-puissants et mystifiants : tels sont les rapports de production en régime capitaliste. Dès lors, on est tenté de dire que ce que la vulgate marxiste désigne comme la « détermination en dernière instance » par l'économie ne vaut que pour le régime capitaliste, d'autant plus que Marx distingue très nettement, nous l'avons vu, ce mode de production de ceux qui l'ont précédé. C'est là, dans une certaine mesure, la thèse de Lukács dans *Histoire et conscience de classe*. Mais cette thèse est largement exagérée parce qu'il y a, pour ainsi dire, un effet rétroactif de l'interprétation économique : dans les sociétés précapitalistes, les rapports sociaux sont plus transparents parce que l'instance économique, et avec elle le secret de la valeur, ne s'y sont pas complètement déployés. Dès lors, dans ces sociétés aussi, c'est le mode de prélèvement de la plus-value qui est encore le facteur décisif.

Le socialisme de l'avenir

En fonction d'une telle vision, on comprend que Marx ne se pose pas les questions qui nous paraissent s'imposer à propos du régime socialiste de l'avenir. Au-delà des analyses économiques et sociologiques proprement dites, qui doivent prouver la chute inévitable du capitalisme (baisse tendancielle du taux de profit, appauvrissement et révolte du prolétariat englobant la grande majorité de la population, etc.), l'opposition radicale entre l'essence et l'apparence, entre la raison immanente à la société et la conscience des hommes, exige, aux yeux hégéliens de Marx, un dépassement, une *solution* : une société ne peut subsister lorsqu'elle est fondée sur une telle contradiction, lorsqu'elle est à ce point « fausse ». Dès lors, le régime postérieur sera un régime où la dissimulation monétaire et marchande de la réalité disparaîtra et où on retrouvera la transparence des relations sociales caractéristique des régimes précapitalistes, mais sur une base toute nouvelle (plus de domination et forces productives indéfiniment développées). Marx écrit : « Représentons-nous enfin une réunion d'hommes libres travaillant avec des moyens de production communs, et dépensant, d'après un plan concerté, leurs nombreuses forces individuelles comme une seule et même force de travail social... Les rapports sociaux des hommes dans leurs travaux et avec les objets utiles qui en proviennent restent ici simples et transparents dans la production aussi bien que dans la distribution. » On pourrait résumer ainsi la formule du socialisme à venir : la loi de la valeur *moins* l'échange, ou encore : les forces productives *moins* la forme-marchandise. J'ai mis longtemps à me convaincre – mais je ne crois pas qu'il soit possible de refuser cette conclusion – qu'aux yeux de Marx, la source de tous les maux de l'humanité réside dans la forme-marchandise plus radicalement que dans la propriété privée, qui n'est, semble-t-il, que la condition sociale d'existence de la forme-marchandise. Ainsi s'éclairent en un sens la politique suivie par les bolcheviks lors du communisme de guerre, les prises de position répétées de Lénine contre tout commerce, contre toute propriété, même la petite propriété, commerce et petite propriété assimilés par lui au capitalisme. C'est finalement la catégorie même de l'économique qui doit être abolie. Si l'on prend au sérieux une telle perspective, on comprend que le dialogue entre l'économie issue de Marx et la science économique ordinaire soit voué à un malentendu perpétuel parce que fondamental. Et on comprend que la sociologie du régime socialiste à venir soit chez Marx si succincte et si vague : ce régime est donné pour ainsi dire en creux, et tout entier, dans l'analyse des contradictions de la société capitaliste elle-même, en contradiction avec les sociétés précapitalistes ; il prend place comme le dévoilement de la vérité sur l'être social des hommes.

Le prolétariat

Il va de soi que, me proposant d'analyser le système intellectuel de Marx, j'ai consacré une grande place à sa théorie des classes. J'ai tenté de montrer à la fois que son analyse effective des classes et de leurs luttes dans une société donnée pouvait être riche et nuancée, attentive à l'originalité des situations (j'ai commenté en particulier *Le 18 Brumaire de Louis Bonaparte*), mais aussi à quel point ce qui était pour lui sa contribution essentielle à la théorie de la lutte des classes (c'est-à-dire l'idée de son abolition par le prolétariat) restait vague et équivoque. Il m'a toujours paru en effet que le point le plus contestable de sa sociologie (et de sa politique) des classes résidait dans sa conception du prolétariat, et plus précisément, du prolétariat constitué en classe dirigeante. Assurément, Marx imagine le rôle du prolétariat dans la révolution socialiste sur le modèle du rôle de la bourgeoisie dans la Révolution française. Il reste que la façon dont il décrit le prolétariat aussi bien philosophiquement (pure négativité, perte de l'homme) qu'économiquement (dénuement extrême, homme-marchandise) ne permet pas de concevoir sociologiquement ce parallèle et le rend à proprement parler absurde ; et l'on comprend sans peine alors la nécessité politique du recours à un parti censé représenter le prolétariat. Mais si Marx a pu voir un phénomène nécessaire, rationnel et glorieux là où, avec beaucoup d'autres, je vois une absurdité, c'est sans doute qu'à ses yeux, tout ce qui pour nous fait problème était réglé d'avance dans le fondement économique de cette révolution. Par où nous sommes renvoyés à sa théorie du capitalisme et aux remarques que je faisais plus haut. Encore une fois : la révélation consciente de la loi de la valeur, de la vérité du travail humain par l'abolition de la propriété privée et de la forme-marchandise élimine tout ce que nous concevons comme des problèmes économiques ou politiques difficiles ou insolubles.

Contradictions ou tensions ?

En conclusion, j'ai essayé de reprendre une question que je n'ai cessé de poser tout au long de ce cours : pourquoi une pensée si riche mais si étrange, si cohérente en un sens mais exposée à tant d'objections, et qui curieusement se fait gloire et mérite de la principale objection (que l'essence de la société capitaliste par elle révélée est en contradiction avec toutes les apparences), peut-elle occuper depuis si longtemps le devant de la scène politique et intellectuelle, passer pour ce que Jean-Paul Sartre a appelé « la philosophie indépassable de notre époque » ? Tout compte fait, je serais disposé à admettre qu'en un sens elle est indépassable : elle réussit en effet ce tour de force de joindre ensemble l'affirmation extrêmement forte des grandes obsessions de la société moderne (développement économique, confiance dans le pouvoir illimité de l'homme sur la nature) et la négation la plus radicale de cette société (refus de l'échange, de la forme-marchandise, du règne des choses). J'ai dit souvent que le secret de la fortune historique de Marx était qu'il nous promet l'accès à la communauté rationnelle et transparente de Rousseau par le moyen du saint-simonisme, du développement économique. De surcroît, il n'est pas douteux que Marx a vu avec une extrême acuité des problèmes essentiels de la société moderne, problèmes essentiels qui sont encore les nôtres : contradiction entre la subjectivité du travail et l'objectivité du monde des marchandises ; contradiction entre la volonté prométhéenne de contrôle social et l'imprévisibilité du marché ; contradiction entre la liberté et l'égalité des agents politiques, des citoyens d'un côté et l'inégalité et la dépendance des agents économiques de l'autre. Employant le terme « contradiction », j'emploie le terme, hégélien, de Marx. Toute l'étrangeté de Marx est peut-être là. Contradiction est un terme de la logique ; il appelle une solution radicale. L'apparition d'une nouvelle société a la nécessité et le caractère total du dévoilement de la vérité même. Pour ma part, au lieu de contradictions, je préférerais parler de tensions ou d'oppositions ou de conflits. Et la tâche des hommes n'est plus alors de hâter l'abolition de ces contradictions par une entreprise prométhéenne de transformation sociale que l'idée qu'elle se fait d'elle-même conduit à un arbitraire exorbitant, mais de vivre avec ces tensions en tentant de les comprendre et, les comprenant, de les rendre moins dures, non à l'« être générique » ou au « prolétaire » abstrait, mais, comme disait Marx, aux « hommes en chair et en os ».

ANNEXE II

LE CAPITAL INACHEVÉ
LES LIVRES II ET III

Nous reproduisons dans cette annexe des extraits du cours du Collège de France (1976-1977), dont on vient de lire le résumé écrit par Raymond Aron.

Nous avons retenu quatre chapitres, chacun correspond à une leçon.

– Chapitre I : 15ᵉ leçon, mardi 22 février 1977.

– Chapitre II : 16ᵉ leçon, jeudi 24 février 1977.

– Chapitre III : 17ᵉ leçon, mardi 1ᵉʳ mars 1977.

– Chapitre IV : 18ᵉ leçon (1ʳᵉ partie), jeudi 3 mars 1977.

Ces quatre chapitres concernent les livres II et III du Capital. *Ils complètent donc les chapitres XI et XII de ce livre, comme nous l'expliquons dans la Note sur la présente édition.*

CHAPITRE I

APRÈS LE PREMIER LIVRE DU *CAPITAL*

Je vais essayer de dégager en langage aussi peu technique que possible et en un temps aussi bref que possible les idées à mes yeux essentielles des livres II et III du *Capital*.

Le plan du *Capital*

Pour commencer, quelques mots sur le plan du *Capital*. Le plan considéré comme le plan primitif, celui qui figure dans une lettre du 22 février 1858 à Lassalle [1] ou dans une lettre du 2 avril 1858 à Engels [2], ce plan primitif comprend six thèmes ; d'abord les trois premiers : « le capital », « la propriété foncière », « le travail salarié » ; et ensuite les trois thèmes : « État », « commerce extérieur », « marché mondial ». D'après l'interprétation courante [3], ce serait au cours des années 1860, vers 1863-1865 que Marx serait revenu du plan dit primitif des années 1850 au plan définitif qui se trouve approximativement réalisé dans *Le Capital* que nous possédons.

À ce propos, je voudrais faire quelques remarques. Les trois premiers thèmes, « capital », « propriété foncière », « travail salarié », ne soulèvent guère de difficulté. Seulement, ces trois thèmes s'impliquent l'un l'autre. En effet, dans la *Contribution à la critique de l'économie politique*, en 1859, on part de la marchandise, on arrive à la monnaie ou l'équivalent universel, et puis au capital. Donc premier sujet : aller de la marchandise au capital. Mais, pour que l'argent devienne capital, il faut qu'il s'échange contre du travail salarié, il en résulte donc que le capital ne fonctionne en tant que capital que par l'achat du travail salarié ou par l'achat de la force de travail. Donc, le premier thème « capital » implique le thème 3

« travail salarié », et il implique de la même façon le thème 2 « propriété foncière ». En effet, le capitalisme, tel que Marx l'a exposé, se définit essentiellement par la production en vue de la plus-value. Or, la plus-value est prélevée exclusivement sur la force de travail, il en résulte donc que le capital n'est capital que face au travail salarié et que le capital n'est capital, dans l'analyse du régime capitaliste, que par l'intermédiaire de la propriété. Par conséquent, les trois thèmes, admettons-le, sont constitutifs de l'analyse du mode de propriété capitaliste et, ce qui importe, ce sont moins ces trois thèmes distincts que l'ordre dans lequel il analyse et présente les trois éléments constitutifs du mode de production étudié.

Le plan suivi à chaque fois par Marx pour exposer ces trois thèmes est en gros le même. Dans la *Contribution*, nous n'avons que les deux premiers chapitres, le chapitre de la marchandise et le chapitre de la monnaie. Ce qui nous manque, c'est le chapitre sur le capital qui aurait dû être la troisième livraison qu'il n'a pas écrite, ou tout au moins pas publiée en 1859. Quand il écrit *Le Capital*, il suit à peu près la même démarche, il part de la marchandise, et puis il y a l'équivalent universel et on arrive au capital, mais quand on arrive au capital, il faut que ce capital achète de la force de travail et, à ce moment-là, on a le travail salarié et la propriété.

En revanche, les trois autres thèmes sont annoncés, « l'État », « le commerce extérieur » et « le marché mondial » ; or, chose curieuse, on a trouvé des milliers et des milliers de pages de manuscrit, mais jamais le début d'un traitement systématique ni de « l'État », ni du « commerce extérieur », ni du « marché mondial », comparables à la manière dont il a traité non pas une fois mais un nombre considérable de fois dans ses manuscrits chacun des autres thèmes, car il a présenté sous des formes multiples le passage de la marchandise au capital en passant par l'intermédiaire de la monnaie. Il n'y a pas, en effet, de différence substantielle entre l'analyse de la marchandise et de la monnaie dans la *Contribution* de

1859, dans les *Grundrisse* de 1857-1858 et dans *Le Capital* de 1867. Ces trois premiers thèmes, il les a traités un nombre considérable de fois, toujours dans un langage légèrement différent, mais en des termes qui n'ont pas varié. De plus, les thèmes des livres II et III du *Capital* sont l'un « la circulation du capital » et l'autre le passage de la valeur au prix, ou « le procès général de circulation du capital ». En effet, lorsque Engels a voulu rédiger ce que nous appelons les livres II et III du *Capital*, il a trouvé le même sujet, traité deux ou trois fois, dans des manuscrits, les uns un peu meilleurs, les autres un peu moins bons, mais chacun de ces sujets a été traité plusieurs fois par Marx.

D'où la conclusion que les spécialistes de Marx n'ont jamais tirée et que, en toute humilité, je me risque à tirer : le fameux plan primitif de 1859[4] (où *Le Capital* aurait été, comme le croit Maximilien Rubel, appelé *Économie* et où on serait passé des trois premiers thèmes aux trois thèmes suivants : « État », « commerce extérieur » et « marché mondial ») est resté dans l'esprit de Marx à l'état pur et simple de fantasme. Il n'a jamais commencé, ni explicitement ni réellement, à rédiger le livre qui aurait comporté non pas seulement ce que nous possédons, et qui est déjà énorme, puisque ça représente plusieurs milliers de pages, mais, en plus qui aurait traité, dans le même style, du « commerce extérieur », de « l'État » et du « marché mondial ».

Bien entendu, on trouve des allusions au « commerce extérieur » dans *Le Capital*, et le « commerce extérieur » avec la théorie des avantages comparatifs de Ricardo y figure marginalement. De temps à autre, Marx a besoin du commerce mondial pour résoudre une difficulté quelconque de son analyse du régime capitaliste ; mais jamais il ne consacre un traitement autonome au « commerce extérieur » dans le style où il a traité, maintes fois, de la circulation du capital. De la même façon, on ne trouve pour ainsi dire pas dans *Le Capital* de traitement de l'État. Étant donné la manière dont il a traité du capitalisme, on ne sait pas comment il aurait traité de l'État. Il y a bien des textes de Marx, dont je parlerai quand j'aurai traversé le désert aride du *Capital* et que j'arriverai à des textes beaucoup plus faciles qui sont des textes journalistiques, où il a traité de l'État.

Ce que l'on peut dire, c'est que le plan, que l'on considère dans la marxologie comme le plan primitif ou comme le plan authentique, est resté, à mon sens, pour des raisons très profondes, un fantasme. Marx a indéfiniment retraité les mêmes sujets, avec d'ailleurs une certaine incapacité à aboutir. Mais on ne voit pas encore aujourd'hui comment il serait passé du « travail salarié », troisième partie, à « l'État », quatrième partie du plan primitif, parce que les trois premières parties, « le capital », « la propriété foncière », « le travail salarié », ne conduisaient pas particulièrement à « l'État », sauf à la rigueur par l'intermédiaire des impôts. Comme Ricardo traite en effet des impôts dans ses *Principes*, peut-être, serait-il venu à l'État par les impôts. Mais tout ce que l'on peut dire, c'est qu'il n'y a pas dans *Le Capital* de théorie de l'État, et qu'il n'y a même pas le moyen de déterminer quel aurait été le lieu de passage intellectuel de ce qu'il a traité dans *Le Capital* à ce qu'il annonçait dans son fameux livre, que Maximilien Rubel appelle *Économie* et qui aurait englobé « l'État », « le commerce extérieur » et « le marché mondial ».

En ce qui concerne le marché mondial, il y a toutefois une idée, que l'on trouve exprimée à diverses reprises dans *Le Capital*, mais qui figure déjà dans le *Manifeste communiste* : la vocation universelle ou planétaire du capitalisme. Mais c'est là une idée que Marx a eue très jeune dans son existence, qu'il a exposée dans le *Manifeste* comme une donnée de fait : l'expansion universelle du capitalisme à travers toutes les régions du monde. Il reprend cette idée sous diverses formes dans *Le Capital*, mais sans qu'on puisse y trouver une analyse rigoureuse proprement dite.

Je suggère donc l'idée que ce plan (je ne dis pas du tout

qu'il ne l'a pas pensé, puisqu'il a écrit dans deux lettres et dans un texte publié que c'était son plan) est resté un projet ou une image qu'il n'a peut-être jamais abandonné, mais qu'il n'a jamais commencé à réaliser. D'ailleurs je voudrais comprendre pourquoi le seul plan authentique serait le plan considéré comme celui du *Capital*, alors que c'est tout autant le plan des *Grundrisse*, c'est-à-dire un plan de 1857-1858.

La valeur et le travail

Nous savons, après l'étude du premier livre du *Capital*, que Marx a repris et poussé à son terme logique la méthode abstraite de l'économie classique telle que Ricardo l'avait pratiquée.

Point de départ : l'utilité d'une marchandise n'est que la condition de sa valeur, la quantité de sa valeur est proportionnelle à la quantité de travail qui est incorporée en elle. D'où une première proposition fondamentale : l'utilité est condition, elle n'est, à aucun degré, mesure de la valeur, elle n'a pas de rapport avec la mesure de la valeur. Cette distinction radicale entre condition et quantité de valeur se trouve formulée dès le premier chapitre des *Principes* de Ricardo[5] et elle constitue le point de départ ou un des points de départ de la pensée de Marx.

Le deuxième point de départ, c'est la définition philosophique du travail humain, telle qu'un lecteur de Hegel pouvait la conserver. Le travail humain a comme caractéristique, par opposition à l'activité des animaux, que le travailleur a la représentation du but ou l'image de l'objet qu'il peut construire dans l'esprit ; il en résulte donc que le travail humain est un travail téléologique, qui vise une fin et que, d'autre part, c'est l'activité par laquelle l'homme se trouve en relation avec la nature.

Mais, troisième idée fondamentale, Marx, à la suite des classiques mais avec beaucoup plus de rigueur, établit une distinction radicale, que les non-économistes peuvent trouver surprenante, mais qu'il est fondamental de comprendre si l'on veut suivre ses raisonnements, entre le processus naturel de transformation des objets dans et par le travail, et le processus économique. En d'autres termes, ce que Marx, à la suite des économistes classiques, appelle « capital », ce ne sont ni les machines, ni les outils dans leur caractéristique d'objets matériels : le capital, c'est du travail accumulé. Le capital en tant que concept économique, ce ne sont pas des machines, c'est du travail accumulé qui est, à son tour, producteur de valeur, plus exactement c'est du travail accumulé qui, faisant travailler la force de travail, est créateur de surplus. Il y a donc, de ce fait, une différence fondamentale entre le calcul en valeur et la richesse. On établit cette distinction entre concept de valeur et celui de richesse, en prenant pour point de départ le chapitre 20 des *Principes* de Ricardo [6].

Mais laissons Ricardo et les complications, et livrons-nous à l'activité qui a longtemps été une activité favorite des économistes : essayons de comprendre, à partir de Robinson, dans son île, comment naît la conceptualisation économique de Marx.

Robinson trouve autour de lui du gibier, des fruits et des plantes. Et il va de soi que, s'il trouve des fruits qu'il n'a qu'à détacher de l'arbre pour s'en nourrir, il sera plus riche que si, autour de lui, il ne trouvait rien. Donc, l'homme se trouvera plus ou moins riche selon le milieu naturel dans lequel le hasard le fait vivre. Mais la valeur est quelque chose d'autre que cette plus ou moins grande abondance que la nature met à la disposition de Robinson.

Le calcul économique, ou l'économie et la valeur, commence dans ce cas lorsque Robinson se demande ce qu'il possède. Il est seul dans son île et la nature est plus ou moins généreuse, mais cette plus ou moins grande générosité, c'est une donnée naturelle, ce n'est pas de l'économie. L'économie commence lorsque Robinson se demande ce qu'il a. Il possède un certain temps de force de travail et « les marchandises s'échangent en fonction de la quantité de travail accumulé ». On pourrait dire : en fonction du temps que le travailleur a consacré à la production de cette marchandise. Robinson dans son île possède en tout et pour tout un certain temps dans lequel il peut utiliser sa force de travail : les objets prendront une valeur en fonction de la part de son temps de travail disponible qu'il aurait consacré soit à attraper du gibier, soit à arracher les fruits des arbres. Si les fruits sont donnés sans qu'il ait besoin de leur consacrer beaucoup de temps, ils auront peu de valeur, ce qui n'empêchera éventuellement pas qu'il vivra beaucoup plus facilement s'il n'a qu'à ramasser les fruits. En d'autres termes, dans cet exemple le plus simple, vous trouvez l'origine de la distinction, qui souvent a fait paradoxe, entre richesse et valeur : la valeur naît à partir du moment où l'on calcule le temps que le travailleur, dans ce cas le travailleur individuel, consacre à obtenir tel ou tel objet dont on suppose qu'il lui est utile, puisque Robinson ne consacrera son travail qu'à acquérir des objets utiles.

Substituons maintenant la collectivité à Robinson. Au lieu de dire que les différents objets qu'acquiert Robinson ont une valeur proportionnelle au temps qui lui aura fallu pour les acquérir ou pour attraper le gibier ou pour transformer tel ou tel bois en outil, nous dirons que la valeur de telle ou telle marchandise sera proportionnelle à la quantité de temps de travail que la collectivité aura consacrée à la production de cette marchandise particulière. En un mot, la détermination des valeurs relatives par le temps de travail incorporé dans chacun des biens ou des marchandises résulte du travail socialement nécessaire. Dans le cas de l'individu, le temps socialement nécessaire est le travail nécessaire pour l'individu considéré. Pour une collectivité, le travail nécessaire sera le temps de travail moyen qui, dans une collectivité donnée, est considéré comme nécessaire pour fabriquer ou pour produire la marchandise considérée.

Quand on s'interroge sur la théorie de la valeur-travail et sur la mesure de la valeur par la quantité de travail, on trouve dans la littérature, surtout dans la littérature

ancienne, par exemple chez Jaurès[7], la discussion
suivante : est-ce que cette notion selon laquelle la valeur
d'une marchandise est proportionnelle à la quantité de
travail qui se trouve incorporée en elle, est une loi de fait
ou une norme de justice ? Est-ce que les échanges
devraient se faire proportionnellement à la quantité de
travail ou est-ce que les échanges se font effectivement
proportionnellement à la quantité de travail ? Et c'est là
que nous allons retrouver une réponse typique de Marx,
c'est-à-dire philosophique et hégélienne.

Pour les économistes, cela ne fait pas question : la loi
de la valeur-travail est un schéma abstrait, ou un modèle
qui fait abstraction d'un grande nombre de facteurs et qui
est valable dans la mesure où on fait abstraction de ces
valeurs.

On peut dire aussi, comme le dit Marx, qu'il faut que
le principe de la mesure de la valeur soit le travail pour
que les marchandises soient commensurables. On connaît
la discussion d'Aristote par Marx[8]. Aristote, nous dit
Marx, ne pouvait pas penser que le travail fût la substance
commune aux marchandises parce qu'il lui manquait
l'idée du travail égal ou abstrait, l'idée de l'égalité des
travaux dans le principe de la création des valeurs, ou
encore la notion de la généralité ou de l'égalité des
travaux concrètement hétérogènes. Idée qui ne pouvait
pas venir dans une société où l'esclavage jouait un rôle
essentiel dans la production des biens. En ce sens, Marx
considère que la notion de travail abstrait, ou la notion de
la force de travail en tant que créatrice de la valeur, représente une étape dans l'histoire de l'humanité, et que le
régime dans lequel la valeur des marchandises est proportionnelle à la quantité de travail incorporée en elle, n'est
possible que dans un mode de production qui généralise
en un système d'échanges la forme marchandise. En
d'autres termes, la loi de la valeur-travail devient vraie à
partir du moment où nous sommes dans un régime où la
forme marchandise domine la vie économique.

Marx dit ce que Max Weber dira plus tard en d'autres

termes qu'il y a toujours eu des échanges de marchandises, toujours eu du commerce, et que parfois le commerce a été réservé à tels ou tels peuples commerciaux dans le mode de production asiatique par exemple, ou aux juifs dans les ports de la Baltique. Pour reprendre une expression de Marx, le commerce ou la marchandise représentaient des facteurs marginaux par rapport à l'essentiel du mode de production. En revanche, dans le système capitaliste, la production en vue du marché devient caractéristique du mode de production, couvrant progressivement l'ensemble de la vie économique.

Cela dit, ce qui complique les choses et ce qui alors est hégélien, c'est que, s'il est vrai que la loi de la valeur-travail est la loi fondamentale des valeurs relatives dans le système de production capitaliste, il faut dire en même temps – et cette proposition est aussi vraie que la loi de la valeur de travail ou la proportionnalité des valeurs à la quantité de travail incorporée en chaque marchandise – que cette loi ne se manifeste que par sa négation. En d'autres termes, jamais la réalité telle qu'elle s'offre à nous ne confirme l'égalité entre la valeur et le prix. Je reprends la formule philosophique : la loi de la valeur-travail est la loi du système capitaliste à condition de bien comprendre que cette loi ne s'exprime dans la réalité visible que par sa propre négation.

En quoi consiste la négation de la loi censée confirmer la validité de la loi ? Veuillez excuser ce langage philosophique, mais il me paraît essentiel pour comprendre pourquoi la loi de la valeur-travail est à la fois la loi de la réalité et n'est pas la loi de la réalité. En effet, nous avons fait abstraction de l'offre et de la demande, il en résulte donc que, même s'il n'y avait pas d'autre différence entre les prix que nous connaissons et la valeur que nous calculons que celle qui résulte de l'excès de l'offre et de la demande, les prix ne refléteraient jamais exactement la valeur. Il est donc vrai de dire que la caractéristique du régime capitaliste ou d'une économie de marché est que les prix ne sont jamais conformes aux valeurs ; il en résulte donc, en style philosophique, que la loi ne s'exprime dans les apparences que par sa propre négation.

Mais il y a une deuxième raison pour laquelle les prix ne reflètent jamais les valeurs. C'est que, si nous considérons les marchandises dans le système capitaliste, ces marchandises sont produites non pas uniquement par du travail humain vivant, immédiat, mais par un mélange de travail cristallisé en biens de production et de travail immédiat, et du fait que le temps de circulation des différentes parties du capital est variable, il en résulte une deuxième cause d'écart entre les prix et la valeur.

Il existe une troisième cause pour laquelle les prix ne reflètent jamais la valeur. Nous savons que la plus-value est entièrement prélevée sur le travail vivant ou immédiat ; nous savons que, si nous considérons une marchandise quelconque, elle se borne à incorporer l'usure du capital constant des machines, mais aussi que le surplus ou la plus-value est intégralement tirée du travail vivant. Or, si vous considérez les différentes marchandises, la relation entre le capital constant et le capital variable (c'est-à-dire entre la partie de la valeur incorporée dans les machines, d'une part, et la partie de la valeur qui correspond à du salaire, d'autre part) varie considérablement selon les secteurs. Il existe des secteurs où le prix de la marchandise est presque uniquement de la main-d'œuvre, et, en revanche, dans d'autres secteurs, le prix de la marchandise est essentiellement du capital qui s'est transféré dans la marchandise mais sans surplus. Or, si les secteurs où on trouve le maximum de capital variable (c'est-à-dire le maximum de main-d'œuvre) reflétaient dans leurs prix la totalité des plus-values que ces marchandises incorporent, certains secteurs auraient une plus-value considérable puisque beaucoup de travail immédiat, et beaucoup d'autres secteurs qui ont surtout du capital constant qui se transfère sans s'augmenter auraient le minimum de plus-value, ce qui rendrait le fonctionnement du système impossible puisqu'il y aurait des normes différentes dans la quantité de plus-value qui se trouve dans les différents secteurs. Par conséquent, il se crée, et c'est ce que nous verrons dans le livre III du *Capital*, un *taux de profit moyen* qui élimine les inégalités qui résultent du fait que plus il y a de capital variable ou de travail immédiat, plus il y a de plus-value et que, d'autre part, cette différence n'est pas reflétée dans les prix, sinon il en résulterait des taux de profit tellement variables de secteur à secteur que le système ne pourrait pas fonctionner.

Il existe donc trois raisons fondamentales pour lesquelles les prix ne sont pas conformes aux valeurs et pour lesquelles, de ce fait, il devient juste de dire que l'échange des marchandises conformément à la quantité de travail est tout à la fois la loi du capitalisme mais une loi du capitalisme qui ne s'exprime que dans une apparence qui semble nier la loi elle-même.

Bien entendu, tout cela ne va pas sans difficulté lorsque l'on quitte la philosophie pour revenir à un univers économique plus simple. Pour l'instant, si l'on veut comprendre les discussions sur la loi de la valeur, il faut admettre cette idée que le capitalisme est à la fois caractérisé par l'échange des marchandises conformément à la quantité de travail, mais qu'il est aussi caractérisé au niveau des apparences, c'est-à-dire de la réalité visible, par la négation de la loi. D'où la possibilité, que l'on trouve indiquée dans un certain nombre de textes de Marx, que ce qui caractérise une des périodes intermédiaires entre le capitalisme et le socialisme ce serait que, à ce moment-là, les marchandises s'échangent conformément à la loi de la valeur-travail. Il n'est pas absurde de penser que cette loi qui est la loi scientifique du capitalisme, mais qui ne s'exprime que par sa négation, puisse ne pas s'exprimer par sa négation dans la phase intermédiaire entre le capitalisme et le socialisme. Et effectivement, dans la *Critique du programme de Gotha*, Marx conçoit des bons de travail qui seraient distribués aux ouvriers, qui ne circuleraient pas et qui rétribueraient le travail de chacun en fonction de la valeur produite. Pour cette raison, la discussion sur loi de la réalité et loi normative est une fausse discussion car, à coup sûr, Marx considérait cette loi – c'était indispensable pour toute sa théorie de la plus-value – comme la loi de la réalité, mais d'une réalité essentielle, qui se projette dans une apparence qui semble contredire la loi elle-même.

Autre exemple de ces contradictions que le philosophe retrouve dans la réalité à partir des notions antithétiques de valeur et de richesse : il est juste de dire que les sociétés s'enrichissent en réduisant la valeur des marchandises ; d'une certaine manière, cela va de soi. Beaucoup des difficultés, pour les lecteurs, viennent de ce qu'on a posé une fois pour toutes que la richesse est une notion radicalement différente de la valeur. La valeur est une notion relative, et la richesse est une notion absolue puisqu'elle désigne la quantité des objets agréables à la disposition des individus. Il n'y a donc rien de contradictoire à s'enrichir, en augmentant la quantité des biens agréables à la vie et en réduisant la valeur relative de ces marchandises, et même en réduisant la valeur de l'ensemble des marchandises au fur et à mesure qu'il y en aura davantage.

À partir du moment où l'on admet cette contradiction fondamentale entre valeur et richesse, on trouve une nouvelle contradiction dans la réalité qui, aux yeux de Marx, est fondamentale. Puisque l'économique est défini non pas par la recherche de richesse, mais par la recherche de valeur ou de plus-value, l'enrichissement est le sous-produit de la recherche de plus-value. Autrement dit, le capitalisme, vu par Marx, est le régime où tout le monde est en quête de valeur, de plus-value, de profit, et où le progrès économique et technique est le sous-produit de cette recherche. D'où ceci que l'on voit en confrontant la pensée de Marx avec celle d'Aristote : puisque le capitalisme est défini non pas par la recherche de la richesse, qui pourrait à la rigueur être limitée, mais par la recherche de la valeur, le capitalisme devient en tant que tel une recherche indéfinie, orientée vers un infini inaccessible, l'économique devient la chrématistique (la chrématistique, c'est la recherche de valeur en quantité indéfinie). Et Marx considère que de cette recherche de la valeur et de la plus-value résulte un progrès technique et scientifique plus rapide qu'à aucune autre période de l'histoire, mais c'est un résultat non voulu de l'essence du régime.

Pour retrouver la même idée à un niveau primitif d'expression, il suffirait de relire le dernier texte de Staline[9], où l'idée, que je suis en train d'exposer à un niveau philosophique, se trouve reprise au niveau de la propagande. En effet, Staline, dans son dernier texte daté de 1952, disait : qu'est-ce qui définit le régime capitaliste ? C'est la recherche indéfinie du profit. Qu'est-ce qui définit le régime socialiste ? C'est la recherche de l'amélioration constante de la vie humaine, du confort, de l'élévation du niveau intellectuel et moral de la population. Or, cette opposition, bien entendu caricaturale ou simplifiée, me paraît dans la suite de l'idée qui était celle de Marx. Marx, en effet, pensait que, dans un système fondé sur la marchandise et sur la recherche de la plus-value, les entrepreneurs, effectivement, augmentaient indéfiniment la productivité du travail. Comme ils augmentaient indéfiniment cette productivité, il en résultait à coup sûr l'enrichissement de la collectivité. Mais, à ses yeux, le régime était défini par le fait que les acteurs n'avaient la visée directe ni de l'enrichissement ni de tel ou tel bien réel, mais celle de la plus-value, et par le fait que les conséquences favorables du régime étaient le sous-produit d'une activité visant la plus-value. En ce sens, il n'est pas absurde de dire, comme Staline, que, dans le schéma de Marx, un régime socialiste aurait, entre autres, pour caractéristique que l'enrichissement de la collectivité ne serait pas un sous-produit de la recherche de la plus-value, mais la visée directe de la collectivité[10].

Cela dit, l'expérience semble prouver jusqu'à présent qu'il y a des avantages à ne pas viser directement mais à viser par intermédiaires. Cela appelle de longs développements, visant à comprendre quelle idée se faisait Marx du socialisme. Question difficile à laquelle personne n'a pu donner de réponse, ou tout au moins à laquelle beaucoup de ses lecteurs ont donné des réponses mais souvent contradictoires et toutes incertaines.

Le livre II : la circulation du capital

Après cette introduction un peu plus longue qu'il n'était prévu, venons-en aux livres II et III du *Capital*, c'est-à-dire aux brouillons qui ont été mis en forme par Engels. C'est la mise en forme d'Engels qui est considérée comme la plus utilisable. Personnellement, après avoir hésité, je me suis servi cette fois [11] de la mise en forme de Maximilien Rubel dans le tome II des *Œuvres* de Marx dans la Pléiade. Il existe, je le sais, un certain nombre de différences entre les éditions, mais elles n'intéressent que les spécialistes, car on trouve l'essentiel partout.

À quelles questions répondent les deux livres suivants du *Capital* ?

La première question fondamentale que nous connaissons déjà, c'est que tous les schémas du livre I du *Capital* se réfèrent aux valeurs et que, par conséquent, tous les calculs en valeur sont extrêmement éloignés de la réalité concrète, telle que nous la saisissons. Par conséquent, les livres II et III du *Capital* ont pour fonction première de combler au moins partiellement l'écart entre des modèles extrêmement abstraits et la réalité ou l'apparence dans laquelle vivent les capitalistes ou les économistes bourgeois. Dans le livre premier du *Capital*, nous savons que Marx a élaboré la distinction entre le capital constant, qui transmet seulement sa valeur aux marchandises, et le capital variable, c'est-à-dire celui qui rémunère la force de travail, qui transmet une valeur supérieure à celle qui a été avancée par le capitaliste. À partir de là, il y a un certain nombre de difficultés évidentes que je vais énumérer pour introduire les livres II et III du *Capital*.

Dans le capital constant (c'est-à-dire tout ce qui n'est pas les salaires, tout ce qui n'est pas la rémunération de la force de travail), il y a de toute évidence deux parties qui sont foncièrement différentes : d'une part, le capital constant qui est incarné dans des machines et, d'autre part, celui qui accompagne physiquement les marchandises. Si l'on considère la machine dans l'usine, elle transmet à la marchandise une partie de sa valeur, que définit son usure. Mais la machine reste dans l'usine. En revanche, la matière première utilisée par cette machine transmet sa valeur à la marchandise et, simultanément, elle accompagne physiquement cette marchandise. Il est donc nécessaire de distinguer à l'intérieur du capital constant, d'une part, ce que l'on appellera le capital fixe, c'est-à-dire, en simplifiant beaucoup, celui qui reste en place, ou celui qui dure pendant plusieurs processus de production, et, d'autre part, le capital circulant qui épuise sa valeur dans un processus unique de production. On expliquera cette distinction, entre capital fixe et capital circulant, en se référant à l'idée de rester sur place ou d'accompagner la marchandise pour rendre l'idée plus immédiatement saisissable. Mais économiquement, la distinction la plus valable consiste à considérer le capital constant circulant comme celui qui s'épuise ou qui épuise sa valeur dans un processus unique de production, cependant que le capital constant fixe sert dans un grand nombre de procès de production. Il en résulte donc que le temps qu'il faut à un certain capital, incorporé soit dans des machines soit dans des matières premières, pour revenir à sa forme de capital-argent, disons le temps de circulation, change considérablement selon les différents éléments du capital constant. Le problème que se pose Marx dans le deuxième livre du *Capital*, c'est l'analyse des complications qui résultent du temps que prennent les différents éléments du capital constant pour accomplir le circuit total qui va de l'argent à l'argent en passant par la marchandise, par les moyens de production, par la marchandise puis par l'argent et retour au point de départ.

Le circuit de circulation du capital introduit, évidemment, une série de complications supplémentaires dans les schémas de Marx, tels qu'ils figurent dans premier livre, puisque les différents éléments de ce capital ne mettent pas le même temps à circuler. D'autre part, il ne faut pas oublier un certain nombre de complications supplémentaires qui font, selon Marx, que ce n'est que dans le processus de production, au sens étroit du terme, que naît la plus-value. Dans le deuxième livre, il s'agit donc pour l'essentiel de la circulation du capital et des complications qui résultent de l'hétérogénéité du capital selon son temps de circulation.

Une troisième question se trouve traitée dans le troisième livre. Il s'agit du problème suivant : d'après les analyses du livre premier, il y a d'autant plus de plus-value dans une marchandise ou dans un secteur que ce secteur ou cette marchandise contient en elle plus de travail vivant, immédiat, ce qui aurait pour résultat que les secteurs de l'économie qui donnent le plus de plus-value sont les secteurs où il y a le moins de machines et le plus de travail vivant, immédiat. Or, de toute évidence, les choses ne se passent pas comme ça au niveau des apparences ou au niveau de l'économie politique vulgaire. Il faut donc, dans le troisième livre, substituer au calcul en valeur le calcul en prix et en profit, c'est-à-dire se rapprocher des apparences telles que les vivent les capitalistes qui n'ont pas lu *Le Capital*. Il en résulte de nouveaux problèmes philosophiquement intéressants.

À partir du moment où il est entendu que les apparences de l'économie trahissent l'essence ou encore que les prix ne reflètent pas les valeurs, comment peut-on tirer la certitude de la vérité de la loi de valeur qui ne s'exprime que par sa propre négation ? Mais pour arriver à ces problèmes certainement intéressants, il faut d'abord traverser nombre de chemins difficiles.

Le livre II du *Capital* est consacré, je l'ai dit, à des questions assez simples, comme celle du mouvement circulaire du capital. J'ai suggéré la raison pour laquelle

Marx s'intéresse à ce thème. La différence entre capital fixe et capital circulant était une distinction classique dans l'économie politique de son temps ; mais l'originalité de Marx, c'est d'avoir introduit l'opposition du capital constant et du capital variable.

Dans la première section du livre II, il étudie le « mouvement circulaire du capital » à travers les temps différents que prennent les différents éléments du capital pour se transformer. La deuxième section est consacrée à « la rotation du capital », c'est-à-dire qu'il s'agit de déterminer combien de fois le capital passera par le moment essentiel, celui où il y a production et production de plus-value. La troisième section introduit quelque chose de nouveau : la distinction entre les secteurs 1 et 2, entre le secteur producteur de moyens de production et le secteur producteur de biens de consommation. À ce moment-là, Marx se rapproche encore plus de la réalité, puisqu'il s'interroge sur les conditions auxquelles peuvent s'effectuer les échanges entre secteur 1 et secteur 2.

Je voudrais exposer rapidement la section 1 du livre II du *Capital*, celle intitulée : « le mouvement circulaire du capital ».

Cette section se comprend assez facilement à partir de l'idée qui se trouve exposée déjà dans la *Critique* de 1859 : l'idée des métamorphoses du capital. C'est une expression philosophico-économique imagée que Marx a toujours employée. Vous vous souvenez que le capital ou la valeur passe par des formes différentes : la forme marchandise, la forme argent, la forme capital. Ces métamorphoses du capital signifient simplement que la même quantité de valeur peut se présenter comme une marchandise ou sous forme d'argent ou comme un moyen de production, ce qui est, après tout, à nouveau, une marchandise mais une marchandise d'un caractère particulier qui représente du travail cristallisé et qui servira à produire une valeur supplémentaire.

Quand la marchandise est vendue, le vendeur substitue la forme argent à la forme marchandise. Quand il achète avec cet argent la force de travail, la valeur prend la forme capital. Or la valeur ne donne un surplus qu'au moment où elle fonctionne en tant que capital, non pas en tant que machine ou en tant qu'acheteur de la force de travail. Une fois que la marchandise est produite, elle contient en elle de la valeur et une partie de cette valeur c'est de la plus-value.

Cela dit, une fois que la marchandise est produite, un autre cycle ou d'autres métamorphoses sont encore nécessaires, ce que Marx appelle la réalisation de la valeur. L'idée est comme toujours simple : nous supposons que l'homme aux écus, au lieu de thésauriser l'argent, a acheté à la fois des machines et du travail humain, de la force de travail. Avec ces machines et cette force de travail, il a créé une marchandise. Cette marchandise contient plus de valeur que n'en a avancée le capitaliste, mais avant que cette marchandise ne puisse revenir à l'homme aux écus, sous forme d'argent, il faut réaliser la plus-value, autrement dit, il faut vendre la marchandise produite.

De la même façon que le capital machine ne vaut rien s'il n'y a pas de travail vivant qui mette en mouvement ce capital machine, la marchandise, avec sa plus-value, ne vaut rien si elle ne trouve pas d'acheteur. Il y a donc – je me borne à résumer le texte de Marx – après le processus de production un deuxième moment qui s'appelle la réalisation de la plus-value ou la réalisation de la valeur.

Cela dit, il ne faut pas oublier, c'est une des idées majeures de Marx, que le capital n'est productif, créateur de plus-value, que dans la mesure où il met en mouvement une force de travail, puisque toute la plus-value est prélevée sur la force de travail. Par conséquent, la productivité du travail, pour Marx, n'est pas la productivité physique, mais la création de plus-value.

D'autre part, selon Marx, toute la plus-value est formée, créée, dans l'acte de production et le circuit commercial n'ajoute rien aux valeurs. Le circuit commercial est considéré par Marx comme des frais de circulation, des faux frais du système de production. Cette idée que le commerce, ou la circulation des marchandises, ne crée pas de valeur est restée une des idées fondamentales du calcul économique en Union soviétique et une des causes de la différence de calcul du produit national en Union soviétique par rapport aux pays occidentaux. En effet, les pays occidentaux considèrent que les services, en particulier les services commerciaux, peuvent être considérés comme créateurs de valeur au même titre que le processus productif. En revanche, les Soviétiques, à la suite de Marx, considèrent que la circulation physique des marchandises, de même que la circulation commerciale des marchandises, n'ajoute rien à la valeur, que c'est simplement la transmission de la valeur ou la réalisation de la valeur créée dans le processus de production. Marx ne fait une exception que pour les frais de transport. Pour ceux-ci, il admet qu'il s'agit de quelque chose comme une augmentation de la valeur physique du bien dans la mesure où la marchandise peut être transférée n'importe où.

Mais disons qu'on trouve chez Marx deux idées simultanées qui ne s'accordent pas tellement ensemble, dont l'une est proprement économique, l'autre quelque peu philosophique.

Une première idée est que le capital n'est productif que dans la mesure où il produit de la plus-value, donc qu'il n'est productif que dans la mesure où il achète de la force de travail. D'où ceci : si un chanteur chante pour le plaisir et si un dessinateur dessine pour le plaisir, il s'agit d'une simple activité, expression immédiate et spontanée de l'activité humaine, et tout est bien ; si, en revanche, une entreprise fait chanter le chanteur et transforme son chant en marchandise pour obtenir des bénéfices, le capital qui sert à faire chanter ou à faire dessiner devient du capital productif dans la mesure où il sert à produire de la plus-value, le travail salarié pouvant être le travail d'un artiste. En apparence, cette notion de création de la plus-value dans des activités de cet ordre devrait réserver l'activité de plus-value en dehors du processus physique de production.

Mais la deuxième idée de Marx, qui ne s'accorde pas tellement avec celle que je viens de résumer, c'est que des services, comme les services commerciaux, étant, par essence, simplement la réalisation de la valeur ou de la plus-value, car ils consistent simplement à transférer un bien d'une personne à une autre, ne sont pas créateurs de plus-value. Comme d'habitude, cela paraît plus simple qu'il n'est. Marx sait très bien qu'une entreprise commerciale fait des bénéfices et que, dans la circulation des marchandises, beaucoup d'hommes font des bénéfices. Simplement, à ses yeux, ces bénéfices sont prélevés sur ce que j'appellerai « le pool de plus-value », qui est créé totalement au moment du processus de production, et dont la répartition entre les différents secteurs permet même au secteur commercial non créateur de plus-value d'obtenir des bénéfices. À nouveau, le raisonnement est à la fois simple et paradoxal. Il est simple en ce sens que, à partir de l'instant où l'on admet que toute la plus-value se crée à un moment donné du processus de production et de circulation, pour que tout de même l'économie fonctionne, il faut qu'elle ne révèle pas l'origine véritable de la plus-value. D'où la particularité paradoxale du système marxiste qui en fait à la fois une économie et une critique de l'économie. Marx pense, en effet, qu'ayant découvert le mystère du système économique capitaliste dans les calculs en valeur et dans la plus-value, les capitalistes sont assez naïfs pour ne pas reconnaître le mystère de leur propre système. Ils sont de malheureux prisonniers des apparences, des victimes du fétichisme, ils ne savent pas où se crée le surplus ou la plus-value dont ils vivent tous.

Cette vision n'est pas sans créer des difficultés. Car, si on comprend bien le raisonnement, il reste à démontrer pourquoi, si les apparences trahissent la réalité, la réalité est bien comme le dit Marx. C'est une difficulté fondamentale.

CHAPITRE II

LE PROBLÈME DE LA TRANSFORMATION

J'avais commencé à présenter quelques-unes des idées essentielles du livre II du *Capital* concernant la « circulation du capital ». Il faut entendre par ce terme le transfert des valeurs d'une forme à une autre, ou encore la métamorphose de la valeur d'une forme à une autre. Il ne s'agit donc pas du mouvement physique des marchandises d'un endroit à un autre, bien que la circulation du capital lorsqu'elle comporte du commerce et du commerce à distance puisse impliquer le transport physique de la marchandise.

En ce qui concerne la circulation du capital, tout à fait au début du premier livre du *Capital*, comme dans le texte de 1859 de la *Contribution à la critique de l'économie politique*, Marx avait distingué trois formes : la forme marchandise, la forme argent, et la forme capital. La marchandise peut se transformer en argent, l'argent en capital. L'argent se transforme en capital dans la mesure où il sert au processus de production ou encore dans la mesure où il est employé à l'achat de marchandises nécessaires à la production de marchandises et à l'achat de la force de travail d'où sera tirée *exclusivement* la plus-value.

La circulation du capital

Toujours dans le livre II du *Capital*, Marx distingue trois circuits différents selon que le point de départ est l'argent, la production ou la marchandise. Je vais les résumer parce qu'on entre là dans certains aspects techniques du *Capital*.

Dans la mesure où l'on prend l'argent pour point de départ du circuit, on a l'argent qui se métamorphose en marchandises et ces marchandises passent par le moment essentiel qui est celui de la production. Le processus de la production consiste à utiliser simultanément des biens de production et de la force de travail. C'est donc dans le processus de production que se crée la totalité de la plus-value ou du surplus. De la production sort à nouveau une marchandise, qui n'est plus M mais M', c'est-à-dire une marchandise qui inclut en elle une valeur supérieure à celle qui existait originellement dans le capital qui a acquis les marchandises nécessaires à la production. C'est au moment de l'achat de la force de travail qu'il y a le surplus et que M devient M' qui se transformera ensuite en argent, mais une quantité d'argent supérieure à l'argent qui était au point de départ du circuit : c'est donc un nouveau circuit avec un capital-argent supplémentaire, dans la mesure où au moins une partie de la plus-value n'aura pas été consommée.

Si l'on prend pour point de départ le processus de production, on a le même circuit. Le processus de production permet de créer des marchandises qui comportent une certaine plus-value, ensuite cette marchandise créée se transformera en argent. Une fois qu'il y a de l'argent, il s'échangera contre des marchandises à égalité et on reviendra au point de départ, c'est-à-dire au processus de production, mais à nouveau il pourra y avoir un élément de plus-value supplémentaire.

Le troisième circuit part de la marchandise (ou éventuellement de la marchandise incluant de la plus-value), on passera à l'argent et au circuit de production et à nouveau il y aura création supplémentaire de plus-value.

Qu'est-ce qui est, aux yeux de Marx, important dans cette théorie ? Deux concepts, l'un est celui de la réalisation de la plus-value et l'autre celui de la rotation du capital.

En effet, il ne suffit pas de produire des marchandises qui contiennent une valeur supérieure à celle qui a servi à les produire ; il faut que la marchandise puisse être vendue et c'est au moment de la réalisation, de la vente de cette marchandise que la plus-value est réalisée, qu'elle trouve son équivalent dans la forme argent, qui permettra de reprendre le circuit. La réalisation de la plus-value est en effet indispensable, car la marchandise a beau valoir plus que les marchandises qui ont servi à la produire, si cette marchandise ne trouve pas d'acheteur, la valeur incluse dans cette marchandise restera inutile.

En ce qui concerne la notion de rotation du capital, il s'agit de déterminer le temps que prend un certain capital, une certaine valeur pour aller de la forme initiale, mettons de la forme argent, à une nouvelle forme argent après avoir parcouru les différentes formes ou encore après avoir passé par les différentes métamorphoses.

Quelle est l'idée qui fonde ces analyses du circuit ? Le problème que discute Marx est à la fois un problème central pour les physiocrates et un problème traité, mais marginalement, dans les *Principes* de Ricardo. Ricardo n'a traité le problème de la circulation ou de la rotation du capital qu'indirectement dans le premier chapitre des *Principes*. Il y fait deux remarques qui tendent à expliquer pourquoi le principe simple de la proportionnalité des valeurs des marchandises à la quantité de travail ne s'applique pas en rigueur. Il explique ces décalages de la valeur des marchandises par rapport au principe fondamental de la proportionnalité de la valeur à la quantité de travail par deux remarques.

1°) L'emploi des machines et des capitaux fixes et persistants (c'est l'expression de Ricardo) modifie considérablement le principe qui veut que la quantité de travail consacrée à la production des marchandises détermine leur valeur relative. On comprend en effet que, lorsque il s'agit de Robinson, dans son île, ou lorsqu'il s'agit d'une production d'objets très simples, la proportionnalité de la valeur des marchandises à la quantité de travail puisse s'appliquer en rigueur, car, dans ce cas, tout le travail ou presque est du travail direct ou immédiat. En revanche, lorsque nous avons un appareil de production complexe, on comprend que, puisque cet appareil de production complexe sert non pas une fois mais un grand nombre de fois, non pas une année, mais une série d'années, la quantité de travail qui se trouve dans une marchandise n'est plus la mesure rigoureuse de sa valeur.

2°) La deuxième remarque est du même ordre. Le principe qui veut que la valeur ne varie pas avec la hausse ou la baisse des salaires se trouve encore modifié par la durée de vie du capital, et par la durée plus ou moins grande avec laquelle il retourne à celui qui l'a engagé. En effet, d'après la théorie générale, la valeur augmente avec la hausse des salaires et baisse avec la baisse des salaires ; mais ce principe se trouve modifié du fait que, selon la nature du capital, celui-ci dure ou ne dure pas.

En fait, ce problème de la circulation du capital, Marx l'a probablement trouvé davantage en lisant les physiocrates que dans sa lecture de Ricardo. Les physiocrates distinguaient, en ce qui concerne le circuit productif, deux sortes d'avances : les avances primitives et les avances annuelles. Chez les physiocrates, c'était l'agriculture, et l'agriculture seule, qui était créatrice de surplus. Pour que le travail agricole soit productif, c'est-à-dire fournisse davantage que le travail qui a été incorporé dans la terre, d'une part, il faut que la terre soit mise en culture, c'est ce que les physiocrates appellent les avances primitives ; deuxièmement, il faut aussi chaque année des avances supplémentaires qui sont les avances annuelles, les semences. Il en résulte donc qu'il y a, même dans l'agriculture, des capitaux dont la durée varie. La valeur de ces capitaux se transmet partiellement dans chacune des marchandises issues du circuit mais ne se transmet pas de manière aussi simple que se transmet la valeur du travail immédiat.

Le temps de rotation d'un capital se définit comme le retour d'une valeur donnée ou d'un capital donné à sa forme initiale et il est clair que, selon la nature du capital considéré, le temps de rotation est plus ou moins grand. Si une machine dure dix ans, la part de la valeur de cette machine ou encore l'usure de cette machine qui se transmet à la valeur de chaque marchandise est faible. Il en résulte donc qu'il faudra, pour que la valeur d'une marchandise qui durera une dizaine d'années revienne à la forme initiale de l'argent, qui a permis d'acheter la marchandise, un nombre considérable de circuits fonctionnant puisque la rotation d'un capital sera d'une durée considérable.

Qu'est-ce qui intéresse Marx dans cette notion de la rotation du capital ?

C'est que, pour commencer, le temps de rotation du capital fixe est de toute évidence le temps le plus long. C'est de la durée du capital fixe que résulte, aux yeux de Marx, un certain nombre des difficultés propres à l'économie capitaliste et en particulier le problème de la réalisation des valeurs incluses dans le capital fixe. Problème qui est, aux yeux de Marx, à l'origine des crises.

« À mesure que la valeur et la durée du capital fixe engagé se développent avec le mode de production capitaliste, la vie de l'industrie et du capital industriel se développe dans chaque entreprise particulière et se prolonge sur une grande période, disons en moyenne dix ans. Mais si, d'une part, cette vie est prolongée par le développement du capital fixe, elle est abrégée, d'autre part, par le progrès incessant des moyens de production, qui va de pair avec le développement du mode de production capitaliste. »

Nous trouvons là une des contradictions qui, aux yeux de Marx, est caractéristique du mode de production capitaliste. Car, d'une part, les capitalistes sont amenés à rendre de plus en plus complexe l'appareil productif, donc à faire que la durée de ce capital productif soit de plus en plus long, mais comme, d'autre part, par suite de la concurrence, les capitalistes renouvellent de manière permanente l'appareil de production, ils tendent à dévaloriser les investissements fixes, c'est-à-dire le capital fixe lui-même.

« D'où le renouvellement des moyens de production et leur remplacement continuel par suite de l'usure

" morale ", bien avant leur usure physique complète. On peut admettre que, pour les branches les plus importantes de la grande industrie, ce cycle de vie est aujourd'hui de dix ans en moyenne. [Ce qui était assez bien vu pour l'époque.] *Nous nous abstenons cependant de donner ici un chiffre précis. Un point est acquis : ce cycle de rotations qui s'enchaînent et se prolongent pendant une série d'années, où le capital est prisonnier de son élément fixe, constitue une des bases matérielles des crises périodiques. Au cours du cycle, les affaires passent par des phases successives de dépression, d'animation moyenne, de précipitation, de crise. Les périodes d'investissement du capital sont certes fort différentes et fort discordantes ; mais la crise constitue toujours le point de départ de nouveaux investissements importants. Elle fournit donc plus ou moins, si l'on considère la société dans son ensemble, une nouvelle base matérielle pour le prochain cycle de rotations »* [12].

J'ai choisi cette citation parce qu'à mon avis c'est un des textes les plus précis et les plus intéressants sur les crises que Marx ait écrits. D'abord, cela n'a rien à voir avec ce qu'on écrit couramment sur sa théorie des crises, c'est-à-dire la théorie de la sous-consommation ou de l'insuffisance du pouvoir d'achat distribué. Ce qu'il voit comme le point de départ de la crise, c'est la contradiction virtuelle, toujours possible, entre la lenteur de l'usure physique du capital et la rapidité éventuelle de son usure morale. « L'usure morale » signifie que l'appareil productif, tout en étant encore en état de fonctionner, fonctionne avec un rendement tellement inférieur à celui des nouveaux instruments de production qu'il est en fait dévalorisé. Si l'on veut un exemple pour illustrer ce cas, on n'a qu'à songer à ce dont il est question dans les journaux tous les jours, c'est-à-dire la crise de la sidérurgie française, qui illustre précisément cette usure morale de l'investissement productif, ou du capital productif, qui est encore physiquement capable de fonctionner. Comme une partie de ce capital représente une capacité productive nettement inférieure à celle des nouveaux instruments de production, ou bien les entreprises fonctionnent à perte, ou bien, si on veut égaliser les profits à l'ensemble du secteur, on met en déficit les entreprises qui fonctionnent avec la dernière forme de technique. Si la rotation du capital fixe est en raison du décalage entre l'usure physique et l'usure morale, une des origines permanentes de la possibilité de crise, la théorie de la rotation du capital variable, a une signification tout autre.

Le capital variable est celui qui rémunère la force de travail. Or, nous savons que toute la plus-value est prélevée sur la force de travail au moment où celle-ci contribue à la production. Par conséquent, quand Marx s'interroge sur la rotation du capital variable, il cherche à démontrer que tous les capitalistes sont soucieux de réduire le temps de rotation du capital variable ou encore de faire passer le plus souvent possible la valeur capital par la phase productive, c'est-à-dire par la phase qui consiste à acheter de la force de travail d'où sera tirée la plus-value. Plus il y a rotation du capital variable, plus souvent dans une année il y aura prélèvement de la plus-value sur le travail vivant, plus il y aura au bout de l'année de plus-value.

Ou encore, on peut distinguer entre les deux taux de plus-value un taux de plus-value qui est un taux de plus-value direct dans la production elle-même, et un taux de plus-value annuel qui dépend simultanément du taux de plus-value et du nombre de rotations du capital variable au cours d'une année. Le raisonnement est très simple, puisque c'est à chaque fois que le capital variable produit ou donne de la plus-value : si la même quantité de valeur de capital variable est utilisée trois fois dans une année à produire de la plus-value, le taux annuel de la plus-value est plus élevé que s'il n'y a que deux rotations, c'est-à-dire s'il n'y a que deux fois où le capital variable est consacré à la production de valeur.

Marx, ensuite, établit un certain nombre de distinctions supplémentaires. Retenons celle entre le temps de production et le temps de travail. Distinction en effet nécessaire, il suffit de se référer à l'agriculture. Le temps de production d'une récolte ne se confond pas avec le temps de travail, pour la bonne raison que le temps de travail, c'est celui pendant lequel l'agriculteur a cultivé le sol ou a semé. Mais ensuite il faut qu'il attende que la récolte vienne en laissant agir les forces naturelles. Dans l'industrie, de la même façon, le temps de travail ne coïncide pas nécessairement avec le temps de production parce qu'il y a des moments d'arrêt où il est nécessaire pour la transformation des matières que l'on ne travaille pas et pourtant c'est un moment nécessaire du processus de production. Or, Marx avait toujours pour obsession que la valeur supplémentaire, la plus-value, ne soit tirée que du travail vivant, donc ne montre l'effort du capitaliste de façon à *augmenter au maximum le temps de travail et à réduire le temps de production* qui n'est pas un temps de travail puisque chaque fois qu'il y a un temps de production qui n'est pas un temps de travail, il n'y a pas prélèvement de la plus-value.

Voilà, me semble-t-il, ce qu'il est important de savoir pour comprendre la circulation du capital chez Marx. Elle ne joue pas un rôle décisif dans l'interprétation politique ou les arguments de propagande que l'on tire du marxisme mais, en revanche, pour les économistes elle constitue une des parties intéressantes du *Capital*. Car, à ce moment-là, Marx raisonne en pur économiste. Il se pose, au fond, le problème que se pose tout capitaliste : avec un capital donné, comment obtenir dans le minimum de temps le maximum de production et le maximum de bénéfices. Chez Marx, il y a exclusivement maximum de plus-value, donc de profit, mais il y a, en résultat supplémentaire de cette recherche du maximum de plus-value ou de profit, une augmentation croissante de la capacité de production.

La théorie des secteurs

La troisième section du livre II introduit une idée supplémentaire sur laquelle il me faut m'attarder quelques instants parce qu'elle a joué un rôle relativement important dans une des théories dérivées de Marx, à savoir une des théories de l'impérialisme, celle de Rosa Luxemburg [13].

Marx, vers la fin du deuxième livre du *Capital* [14], introduit, presque pour la première fois, la distinction entre la nature physique revêtue par les valeurs qu'il étudie. Il distingue deux secteurs productifs : le secteur 1 dans lequel sont produits des biens de production, et le secteur 2 dans lequel sont produits des biens de consommation. Et il explique les relations qui s'établissent entre ces deux secteurs. Je vais les résumer rapidement.

Considérons le secteur 1, c'est-à-dire celui qui produit des biens de production, et supposons que des valeurs de ce secteur soient 4 000 de capital constant plus 1 000 de capital variable et en admettant un taux de plus-value de 100 %, soit 1 000 de plus-value. Considérons maintenant le secteur 2 et supposons que le capital constant soit composé de 2 000 plus 500 de capital variable plus 500 de plus-value, en admettant que le taux de plus-value soit le même dans les deux secteurs. Il en résulte que, dans le premier secteur, la valeur des biens de production est égale à 6 000 et, dans le deuxième secteur, la valeur des biens de consommation est égale à 3 000. Mais considérons maintenant la nature physique de ces valeurs et supposons qu'il s'agisse d'une reproduction simple, c'est-à-dire que tout le capital variable et toute la plus-value soient consommés. On appelle en effet reproduction simple dans le système marxiste un circuit qui se borne à reproduire le circuit initial. Si nous supposons que le capital variable et la plus-value sont entièrement consommés (par définition le capital variable est consommé puisqu'il est attribué à la force de travail, et on peut supposer pour simplifier qu'il n'y a pas d'épargne, alors, la totalité de ce qui est payé aux salariés et la totalité de la

plus-value est consommée essentiellement par les capitalistes), si ces 2 000 sont consommés, puisque la production de ce secteur est composée de biens de production, il
faut bien que ces 2 000 s'échangent avec des produits de
consommation produits dans le secteur 2. Considérez
maintenant le capital variable et la plus-value du secteur 2.
Là il n'y a pas de difficulté puisque le capital variable et la
plus-value sont totalement consommés et puisque dans le
secteur 2 on produit des biens de consommation : la
consommation du capital variable et de la plus-value du
secteur 2 s'opère à l'intérieur du secteur 2. Mais la
consommation du capital variable et de la plus-value
du secteur 1 ne peut pas se faire à l'intérieur du secteur 1
puisque le secteur 1 ne produit que les biens de production. Par conséquent, pour qu'il y ait un échange égal et
une reproduction simple, il faut que le capital constant du
secteur 2 soit égal à la somme du capital variable et de la
plus-value du secteur 1, c'est-à-dire que l'échange doit se
faire de manière telle que les biens de consommation
produits dans le secteur 2 soient d'une valeur égale aux
biens de consommation qui représentent la somme du
capital variable et de la plus-value.

Tout cela est simple, le problème est de savoir quelle
conséquence on peut en tirer.

Ce que Marx se borne à dire dans ce deuxième livre du
Capital, c'est que, si l'on suppose une reproduction simple,
c'est-à-dire que tout ce qui est capital variable et plus-value
est consommé, dans ce cas-là, il doit y avoir égalité entre la
valeur incarnée dans le capital constant du secteur 2 et la
valeur représentée par le capital variable et la plus-value du
secteur 1. En revanche, il est facile de voir, en supposant
une reproduction élargie, définie par le fait qu'une fraction
de la plus-value ne sera pas consommée mais investie,
qu'il n'y aura pas l'égalité prévue par ce schéma entre le
capital constant et le secteur 2 et le capital variable et la
plus-value du secteur 1.

Une série de marxistes ont multiplié les exemples
numériques pour montrer que, lorsqu'il y avait reproduc-

tion élargie, il se produisait des difficultés pour la réalisation de la plus-value : par exemple, on supposait qu'il y avait un excès de consommation dans le secteur 2 qui ne trouvait pas preneur et qui, par conséquent, devait être exporté.

Cette relation entre les deux secteurs a joué un rôle important dans la manière de penser des dirigeants soviétiques. En effet, cette distinction des deux secteurs, très simple et très grossière, est la distinction à partir de laquelle les Soviétiques ont pensé le développement de leur propre économie et leur obsession a été qu'il fallait développer au maximum le secteur des biens de production.

Auparavant, certains des auteurs marxistes avaient pensé que le régime capitaliste rencontrerait des difficultés insurmontables pour la réalisation de la plus-value en ce sens qu'il y aurait un développement insuffisant de la capacité productive des salariés et que, par conséquent, les biens de consommation en surnombre ne pourraient pas réaliser leur valeur. Rosa Luxemburg avait, à partir de là, esquissé une théorie de l'impérialisme ou tout au moins une théorie selon laquelle les pays capitalistes ne pouvaient continuer à vivre qu'en trouvant des marchés dans les pays en voie de développement. Je laisse de côté cette analyse. Il suffit et il est important, même par une vue sommaire, de se souvenir de cette distinction entre les deux secteurs et des relations nécessaires entre eux, car c'est une des idées qui, sans revêtir une importance fondamentale, ont joué un rôle dans la littérature et les controverses marxistes.

De la valeur aux prix, de la plus-value au profit

J'en viens maintenant – et je vais volontairement très vite – au livre III, c'est-à-dire au passage de la valeur au prix et de la plus-value au profit.

Nous avons vu dans le livre I, sur lequel a porté l'essentiel de mon effort d'exposition, ce qu'était la valeur ; nous avons vu ensuite la réalisation de la valeur, c'est-à-dire la vente des marchandises incarnant en dehors des valeurs initiales engagées la plus-value, et maintenant nous venons de voir le problème des relations entre les secteurs 1 et 2. Nous arrivons par ce biais à une question que je me suis refusé à poser jusqu'à présent mais qui est pour ainsi dire évidente. Les capitalistes, et Marx en tombe d'accord, ne connaissent pas la distinction entre le capital constant et le capital variable ; ils connaissent la distinction entre le capital fixe et le capital circulant ; ils connaissent bien entendu la différence des temps de rotation des différents éléments du capital ; ils savent naturellement que les avances qu'ils donnent aux salariés reviendront très vite, cependant que les avances qui sont investies dans les biens de production auront un temps de rotation beaucoup plus long. Alors, les capitalistes ne connaissant pas la distinction du capital constant au capital variable, la question se pose. Comment passer des catégories de Marx aux catégories du capital des capitalistes ? Comment passer des catégories des capitalistes aux catégories de Marx ?

La solution de Marx est au fond la plus simple et la plus élégante : elle consiste à dire qu'il n'y a pas de problème. Le capitaliste ne connaît pas la distinction entre capital constant et capital variable parce qu'il ne connaît, lui, que le coût de production. Il calcule l'ensemble du capital qu'il engage pour produire des marchandises. L'ensemble de ce qu'il dépense, c'est le coût de production, et le profit, c'est l'écart entre le prix de vente de sa marchandise et le coût de production. En d'autres termes, il connaît l'écart entre le coût de production et le prix de vente, et il l'appelle le profit.

Voici un des textes de Marx les plus frappants qui justifieront la formule : il suffit de se référer à l'interprétation du système par les capitalistes pour avoir le passage du système des valeurs au système des prix.

« Rejeton imaginaire du capital total avancé, la plus-value prend ainsi la forme du profit. *Une certaine valeur*

est donc du capital parce qu'elle est investie pour produire un profit ; ou bien il y a du profit parce qu'une certaine valeur a été employée comme capital. [...]

« *Le profit, tel qu'il se présente ici, est donc la même chose que la plus-value ; cette mystification découle nécessairement du mode de production capitaliste. Comme on ne peut plus distinguer, dans la formation apparente du coût de production, entre capital constant et capital variable, l'origine de la mutation de la valeur, qui se produit au cours du processus de production, doit être transférée de la partie variable du capital au capital total. Et parce que le prix de la force de travail apparaît à l'un des pôles sous la forme modifiée du salaire, la plus-value doit revêtir, au pôle opposé, la forme modifiée du profit* »[15].

Ce qui signifie que le capitaliste connaît l'ensemble de ses productions, le capital fixe plus le capital circulant, qu'il connaît les différents taux de rotation et puis l'ensemble qui constitue le coût de production et, au-delà du coût de production, il y a ce qu'ils appellent profit. Or, ce qu'il ne sait pas, c'est que l'ensemble du profit est tiré exclusivement du capital variable. Si vous passez de la formule capital constant et capital variable à la plus-value, vous n'avez qu'à substituer à plus-value le terme de profit, dire *Pr* au lieu de *Pl* et supposer que le profit est prélevé sur l'ensemble du capital constant et du capital variable.

Pour Marx : le capitaliste est mystifié, il croit son profit tiré tout aussi bien du capital constant que du capital variable. Or, en fait, la totalité du profit, qui se confond avec la plus-value, est tirée du capital variable. Il en résulte donc que ce qu'on appellera taux de profit, c'est le rapport entre le profit et la totalité du capital constant et variable, alors que le taux de plus-value, c'est le rapport entre la plus-value et le capital variable. En ce sens, Marx postule qu'il n'y a pas de problème ; étant parti de la théorie que j'ai exposée, celle du premier livre selon laquelle la seule possibilité de surplus résulte du

travail vivant, il a, du même coup, affirmé que tout le
surplus est acquis dans le moment de la production et par
prélèvement sur le travail vivant, seulement le capitaliste
ne le sait pas. Le capitaliste ne voit que la relation entre
son profit, tel qu'il le calcule, et la totalité du capital et
non pas la relation de ce profit au capital variable. Voilà,
me semble-t-il, réduit à l'essentiel, comment Marx passe
de la plus-value au profit.

J'ai choisi un autre texte pour montrer comment le
capitaliste, mystifié dans son calcul économique,
continue à ressembler à l'homme mystifié de la philosophie de jeunesse de Marx. Car on se pose souvent la
question de savoir ce qu'il reste de la façon de penser que
Marx avait dans sa jeunesse dans ses calculs austères du
Capital et, dans le texte que j'ai retenu volontairement,
on retrouve des expressions philosophiques :

« *La façon dont on transforme la plus-value en profit
par l'entremise du taux de profit n'est qu'un développement de la méthode employée à propos du processus de
production : l'interversion du sujet et de l'objet* [On
retrouve là les concepts philosophiques que j'avais essayé
d'élaborer à propos des textes philosophiques de
jeunesse]. *Nous y avons vu que toutes les forces productives subjectives du travail prennent figure de forces
productives du capital. D'une part, la valeur, ou le travail
passé, qui domine le travail vivant, est personnifiée dans
le capitaliste ; d'autre part, l'ouvrier apparaît simplement comme de la force de travail matérialisée, comme
une marchandise. Cette interversion donne forcément
naissance, même dans les simples rapports de production, à la fausse conception correspondante, à une
transposition de la conscience que ne font que développer
davantage encore les métamorphoses et les modifications
du processus de circulation proprement dit* »[16].

Autrement dit, le capitaliste se figure que le profit se
dégage de l'ensemble du capital, constant et variable, il
attribue au capital en tant que tel une capacité de produc-

tion de surplus, il attribue au capital une capacité de produire des intérêts. Il est donc victime d'une mystification. Ce qui explique, à mon sens, un des noyaux philosophico-économiques de l'ensemble du *Capital* : la différence entre la manière dont les agents économiques se représentent le fonctionnement du système capitaliste et la manière dont Marx lui-même se représente ce fonctionnement.

Bien entendu, nous savons la difficulté à laquelle se heurte Marx : il est facile de dire que le profit provient de l'ensemble du capital constant et du capital variable aux yeux du capitaliste et qu'en réalité il provient tout entier du capital variable. Mais nous savons aussi que, si nous regardons de façon naïve, comme le capitaliste, il n'est pas vrai que le profit soit d'autant plus élevé dans un secteur de production où il y a davantage de travail humain et moins de capital constant, c'est-à-dire moins de machines. Il est évident qu'il n'est pas vrai que ni dans une entreprise particulière ni dans un secteur de production, il y ait une proportionnalité entre le profit et l'importance du capital variable, ce serait plutôt l'inverse.

D'où la solution à laquelle recourt Marx : d'abord, le capitaliste est victime d'une mystification, il se trompe sur l'origine du profit ; et, deuxièmement, il se produit du fait de la concurrence une égalisation des taux de profit qui tend vers un taux de profit moyen. Là, Marx est obligé de l'affirmer, parce que le système ne pourrait pas fonctionner s'il y avait effectivement des différences de taux de profit proportionnels à la perspective de capital constant et de capital variable dans chaque secteur. Si nous supposons un secteur où la relation du capital constant au capital variable est de 5 000 à 500, c'est-à-dire une différence de 10 fois, puis un autre secteur où la relation du capital constant au capital variable est de 5 000 à 2 500, il est clair que, dans le deuxième secteur, la plus-value prélevée sur le travail humain est plus importante que dans le secteur où il n'y a que 500 de capital variable. Il y aurait donc, dans ce cas-là, même en supposant le même taux d'exploitation, c'est-à-dire en supposant qu'il y ait 500 de plus-value et 2 500 de plus-value, il y aurait évidemment une énorme différence entre le taux de profit puisque tout est tiré du capital variable I.

Il faut donc que la réalité ne révèle pas le fonctionnement fondamental du système. Le système n'est possible que parce que les capitalistes ne connaissent pas ce que Marx a mis au jour, c'est-à-dire le prélèvement intégral du surplus ou de la plus-value sur le travail vivant. Il faut d'autre part qu'il y ait une concurrence entre les capitalistes et les entreprises, qui ait pour résultat de produire un taux de profit moyen. Selon Marx, ce taux de profit moyen se produit dans une économie qui a pour condition la fluidité simultanée du capital et du travail. Pour qu'il se constitue un taux de profit moyen, en dépit de la composition organique variable du capital variable selon les secteurs, il faut que les capitaux et les hommes passent avec le maximum de liberté d'un secteur à un autre. Marx n'exclut pas qu'il y ait des taux de profit différents selon les entreprises, parce que nous nous situons encore à un très haut niveau d'abstraction. Il y a les profits spéculatifs, il y a les profits qui sont tirés de l'avance technique d'une entreprise sur les autres, mais ce qu'il faut pour que le système, tel qu'il le conçoit, fonctionne, c'est qu'il existe un taux de profit moyen pour l'ensemble du secteur. À la rigueur, il peut y avoir un taux de profit différent pour des entreprises individuelles, mais il ne doit pas y avoir, au moins de manière virtuelle, de taux de profit différents de secteur à secteur.

La baisse du taux de profit

La composition organique du capital se définit comme le rapport entre le capital constant et le capital variable. Nous savons que, d'après Marx, à cause de la concurrence, les capitalistes en cherchant leur profit provoquent simultanément et de manière permanente l'accroissement de la capacité productive, l'accumulation du capital et la concentration du capital. En d'autres termes, un des sous-produits de la recherche du profit est l'augmentation de la capacité productive. L'augmentation de la capacité productive est liée, dans l'esprit de Marx, à la modification de la composition organique du capital. La composition organique du capital n'est rien d'autre que la relation entre le capital constant et le capital variable. Si nous supposons que l'évolution du capitalisme tend à aller de la composition organique 5 000-2 500 à la composition organique 5 000-500, nous voyons immédiatement que le taux de profit tendra à diminuer, puisque, par l'exemple que j'ai pris 5 000-500, en supposant un taux d'exploitation de 100 %, nous aurons 500 de profit sur un capital de 5 500 ; dans le deuxième cas, nous aurions un taux de profit de 2 500 sur un capital de 7 500. Au fur et à mesure que la composition organique du capital tend de cette formule vers celle-ci, il y a ce que l'on appelle une loi de la baisse tendancielle du taux de profit.

Cette loi de la baisse tendancielle du taux de profit joue un rôle essentiel dans la vision de Marx lui-même, et elle continue de jouer un rôle essentiel dans la représentation que les marxistes se sont faits du devenir inévitable et des limites du mode de production capitaliste. Pour comprendre cette loi de la baisse tendancielle du taux de profit dont la formule est très simple, il faut commencer par deux remarques.

La première, c'est que l'idée qu'il y avait une tendance historique à la baisse du taux de profit, était une idée généralement acceptée par tous les économistes du temps de Marx. L'idée d'une tendance à la baisse du profit n'est, à aucun degré, une invention de Marx.

Ce qui est propre à Marx et qui lui a procuré une satisfaction intellectuelle extraordinaire, c'est qu'il a pensé que sa théorie de la plus-value lui permettait d'expliquer ce que les autres économistes constataient ou croyaient constater (par les rendements décroissants et l'absence de progrès technique) sans bien en connaître l'explication, la baisse tendancielle du taux de profit. Les économistes et

Marx croient tous à la tendance historique à la baisse du taux de profit ; mais Marx tire de sa poche sa composition organique du capital, c'est-à-dire le rapport entre le capital constant et le capital variable. Il constate – et il a raison – que le progrès du mode de production capitaliste se traduit par une augmentation de la part du capital constant par rapport au capital variable. Il croit trouver dans cette modification de la composition organique du capital l'explication à la fois simple, éclairante, illuminante d'un fait historique que les autres économistes se bornaient à constater sans le comprendre.

Marx, en tant que savant, ne se contente pas de cette explication de la loi de la baisse tendancielle du taux de profit, il ajoute que cette loi – c'est souvent le cas avec les lois de Marx – subit des influences multiples qui agissent en sens contraire et ralentissent ses effets. Il énumère un certain nombre de facteurs qui d'après lui, tendent à ralentir l'action de cette loi.

1°) Les capitalistes peuvent augmenter l'intensité de l'exploitation, ils peuvent exploiter davantage le travail, par exemple faire travailler les salariés avec une intensité plus grande.

2°) Ils peuvent évidemment abaisser le salaire au-dessous de la valeur, ce qui leur permettra de récupérer quelque chose.

3°) Bien qu'il y ait une tendance à l'augmentation du capital constant, il ne faut pas oublier que le progrès technique a pour résultat de provoquer une dépréciation constante de ce même capital fixe, du fait de progrès techniques qui rendent certains appareils de production désuets ou obsolètes et qui, par conséquent, en diminuent la valeur.

4°) Le capitaliste, par le fait qu'il accumule de plus en plus de moyens de production fixes, tend à créer une surpopulation relative (du fait que l'on utilise de plus en plus de capital pour la production, on court le risque, plus ou moins inévitablement, de créer ce qu'il appelle « une armée de réserve industrielle » des travailleurs en surnombre, qui pèseront du même coup sur le niveau des salaires).

5°) Il y ajoute encore l'action du commerce extérieur qui permet éventuellement de faire des bénéfices supplémentaires et, par conséquent, de diminuer l'action de la loi de la baisse tendancielle du taux de profit.

6°) Enfin, il fait intervenir, comme élément contraire, l'accroissement du capital-actions, c'est-à-dire le passage du capital individuel au capital par actions avec des possibilités de plus en plus grandes d'extension de l'appareil productif et d'augmentation de la concentration du capital.

J'ai choisi le texte qui me paraît le mieux illustrer l'importance que Marx attachait à la loi de la baisse tendancielle du taux de profit. Dans ce passage, Marx parle des contradictions de la loi, il s'efforce de démontrer une fois de plus le caractère historique et non pas permanent du mode de production capitaliste :

« La baisse du taux de profit et l'accumulation accélérée ne sont que des expressions différentes du même processus : elles expriment toutes deux le développement de la productivité du travail. »

Je pense que ce passage est un des plus importants par sa simplicité. En effet, qu'est-ce que nous sommes aujourd'hui amenés à penser ? C'est que le développement de la productivité du travail est l'essence même du progrès économique. Plus le travail devient productif, plus on est capable de produire des richesses. Marx ne le nie naturellement pas, mais ce qui est, pour lui, la caractéristique du capitalisme, c'est que ce développement de la productivité du travail s'exprime par la baisse du taux de profit et l'accumulation accélérée qui tendront progressivement à paralyser le capitalisme :

« De son côté, l'accumulation accélère la baisse du taux de profit, dans la mesure où elle implique la concen-

tration du travail sur une grande échelle et, par suite, une composition supérieure du capital ["composition supérieure du capital", c'est la composition organique du capital]. *D'autre part, la baisse du taux de profit accélère également la concentration du capital et sa centralisation par l'expropriation des petits capitalistes, du dernier des producteurs directs chez qui il y a encore quelque chose à exproprier. Ainsi, l'accumulation se trouve accélérée, quant à la masse, bien que le taux d'accumulation baisse avec le taux de profit.* »

Tout se passe par une série de contradictions et le mécanisme fondamental du capitalisme devient un mécanisme contradictoire qui remplit une certaine fonction historique mais qui, à partir d'un certain point, sera paralysé.

« *En outre, dans la mesure où le taux d'expansion du capital total, le taux de profit, est le moteur de la production capitaliste (comme la mise en valeur du capital en est le but unique), sa baisse ralentit la formation de nouveaux capitaux indépendants et apparaît ainsi comme une menace pour le développement du processus de production capitaliste. Elle favorise la surproduction, la spéculation, les crises, le capital excédentaire à côté de la population excédentaire. Les économistes qui, à l'exemple de Ricardo, considèrent le mode de production capitaliste comme un absolu, ont alors la sensation que ce mode de production se crée lui-même une barrière, et ils en rendent responsables non pas la production, mais la nature.* »

Nous savons que la barrière dans le développement de l'économie pour Ricardo, c'est la nécessité de mettre en valeur des terres de plus en plus pauvres ; dans ce cas-là, la barrière à l'expansion est une barrière naturelle, la théorie de la rente différentielle (expression elle-même des rendements décroissants).

« *L'important, dans l'horreur qu'ils éprouvent devant
le taux de profit décroissant, c'est qu'ils s'aperçoivent
que le mode de production capitaliste rencontre, dans le
développement des forces productives, une limite qui n'a
rien à voir avec la production de la richesse comme telle.
Et cette limite particulière démontre le caractère étroit,
simplement historique et transitoire, du mode de production capitaliste ; elle démontre que ce n'est pas un mode
de production absolu pour la production de la richesse,
mais qu'à un certain stade il entre en conflit avec son
développement ultérieur* » [17].

Ce dernier texte est un des textes les plus simples et les
plus clairs qui expriment une des idées que j'ai exposées
au point de départ, l'idée que le mode de production
capitaliste ne peut pas continuer indéfiniment, qu'il sera
paralysé par lui-même. Marx l'avait exposé déjà dans le
Manifeste de 1848, à une époque où il n'avait pas encore
écrit les 5 à 10 000 pages d'économie politique dont je
suis en train de tirer quelques heures de cours. Il savait
déjà ce qu'il voulait démontrer et, dans ce dernier texte,
l'on voit comment la contradiction entre l'augmentation
de la capacité productive, l'augmentation des richesses
et la loi de la baisse du taux de profit, constituent
l'ensemble des contradictions qui, d'après Marx, doit à
un moment donné paralyser le fonctionnement du régime.

Avec la loi de la baisse tendancielle du profit, nous
avons une théorie de l'autodestruction du capitalisme
infiniment plus intéressante que les théories de l'autodestruction qu'on trouvait dans les textes de jeunesse ou
que l'on retrouve lorsqu'il s'agit de l'insuffisance de la
capacité de consommation. L'idée centrale est que l'économie, dont le moteur est la recherche du profit, finit par
se paralyser elle-même, parce que la recherche du profit
tend à créer des circonstances où le taux de profit devient
insuffisant.

CHAPITRE III

REPRODUCTION ET DESTRUCTION
DU CAPITALISME

Je vais essayer de terminer la partie la plus ingrate de ce cours, c'est-à-dire l'effort pour rendre intelligibles les idées maîtresses des livres II et III du *Capital*, ou plus exactement des brouillons que nous possédons et qui constituaient la matière première de ces deux livres qui ont été édités, mais pas composés.

Le thème sur lequel réfléchit Marx dans le deuxième livre est celui de « la circulation du capital », c'est-à-dire du passage de celui-ci par une série de formes différentes. Le concept de circulation conduit à celui de reproduction qui contient celui de rotation et finalement on arrive à l'analyse des échanges intersecteurs, entre le secteur 1 et le secteur 2. L'analyse des échanges intersecteurs est en quelque sorte une esquisse de macroéconomie.

Le livre III du *Capital* contient deux thèmes fondamentaux. L'un consiste à aller du calcul en valeur au calcul en prix, c'est-à-dire à passer d'un modèle simplifié, où les marchandises ont une valeur proportionnelle à la quantité de travail socialement nécessaire incorporé ou cristallisé en chacune d'elles, aux échanges économiques réels, tels qu'ils sont perçus par les agents économiques eux-mêmes. Le décalage entre ce que Marx considère comme les phénomènes fondamentaux qu'il a analysés dans le premier livre et la perception qu'en ont les agents économiques dans le système capitaliste définit l'opposition, à ses yeux, entre l'économie scientifique et l'économie vulgaire. L'économie vulgaire se tient à la surface des phénomènes en ne connaissant que les prix.

Simultanément, le livre III du *Capital* esquisse à partir de l'analyse de son autoreproduction du capitalisme ce qui devrait être son autodestruction. En effet, le livre II, sur la circulation, contient l'analyse de l'autoreproduction du mode de production capitaliste. Mais cette autoreproduction comporte des transformations, en particulier la transformation de la composition organique du capital, composition organique du capital qui se définit comme la composition valeur du capital, déterminée par les conditions techniques. Ce qui signifie que les conditions techniques de production obligent à modifier la composition organique, donc à utiliser une masse supplémentaire de capital constant pour faire travailler le capital variable.

À l'origine de ces thèmes, aussi bien de la circulation que de la reproduction, on retrouve ce qui est, pour Marx et pour nous tous, les données fondamentales de la condition humaine. En effet, notre vie est à la fois continue et fractionnée dans le temps. Nous avons besoin d'entretenir en permanence notre existence mais le travail de chacun de nous est discontinu. Le cycle économique, tel que le décrit Marx, est à la fois comparable au cycle des saisons qui détermine le cycle de production et de reproduction de l'agriculture. Il est comparable au cycle de l'activité humaine. Il est clair que la théorie de la circulation ou de l'autoreproduction trouve sa première image dans le travail de la terre. D'abord, la mise en culture, ou, pour employer le langage des physiocrates, les « avances primitives », puis viennent les « avances annuelles » qu'il faut récupérer au bout de l'année, puisque ces avances annuelles ont permis les récoltes de l'année écoulée. Il faut qu'au terme de l'année écoulée, on retrouve l'équivalent de ces avances annuelles pour avoir la récolte de l'année suivante. Mais ce travail de la terre est discontinu et, simultanément, l'entretien des travailleurs est permanent. D'où l'idée présentée l'autre jour selon laquelle le temps de production ne se confond pas avec le temps de travail. Ce décalage entre temps de production et temps de travail apparaît avec évidence avec le travail de la terre. L'agriculteur ne travaille pas en permanence pendant le temps de production, qui s'écoule entre les semailles et la récolte. Le travail est discontinu, même si la terre de manière continue provoque la transformation des semailles en blé.

Dès le niveau du cycle économique, on peut saisir les relations complexes et fondamentales que Marx établit entre les éléments matériels du travail économique et l'activité économique en tant que telle. En effet, la production au sens matériel du terme consiste ou bien dans l'agriculture à faire produire la nature, ou bien dans l'industrie à utiliser la force humaine qui est une des forces naturelles pour transformer les choses. En revanche, au sens économique, la production ne consiste pas dans cette transformation de la nature physique des objets, mais dans le transfert de la valeur à des choses ou à des terres qui deviennent marchandises lorsque ces choses ou ces récoltes sont offertes sur le marché.

Le seul capital, au sens économique du terme, dont dispose la société est une certaine quantité de force de travail dans des conditions naturelles plus ou moins favorables. Il me semble que, si l'on veut comprendre la représentation quasi philosophique que Marx se fait de l'homme et de l'humanité, il faut comprendre qu'il sait très bien que l'économie se définit par la domestication de la nature par l'homme et que cette activité physique de production ne constitue pas le phénomène économique central.

Le phénomène central, pour lui, c'est que le travail est l'origine de la valeur. Le travail est le seul capital économique proprement dit dont dispose Robinson dans son île et même en dernière analyse une collectivité donnée. C'est une certaine quantité de travail que la collectivité répartira d'une certaine manière entre les différentes marchandises ou entre les différents secteurs produisant les différents types de marchandises. Puisque le travail est l'origine de toute valeur, l'essence du progrès économique réside dans l'accroissement de la productivité du travail grâce à l'organisation, à la coopération, à l'amélioration des outils, parfois grâce à l'allongement du temps de travail. Mais, fondamentalement, pour Marx le devenir de l'économie consiste à augmenter la productivité du travail de manière à pouvoir réduire le temps de travail socialement nécessaire. Cela est parfaitement expliqué dans un texte célèbre du troisième livre [18] : le but vers lequel tend tout le mouvement économique qui accroît la productivité du travail consiste à réduire, pour la collectivité elle-même, le temps de travail socialement nécessaire de manière à pouvoir assurer aux hommes le maximum de temps libre.

Le paradoxe central

Du même coup, j'en arrive à une idée qui, si je puis dire, me revient perpétuellement au fur et à mesure que je relis et que je réexpose la pensée économique de Marx, c'est qu'il y a dans la représentation économique de Marx une espèce de paradoxe. D'une part, il sait que le principe de la proportionnalité du taux d'échange, de la valeur au travail socialement nécessaire, cristallisé dans chaque marchandise, est d'autant moins vrai que l'économie se complique.

Dans le cas de Robinson dans son île qui n'a que son travail et très peu d'outils, la loi de la valeur-travail s'applique assez facilement. La quantité de travail qui est cristallisée dans une marchandise ou le taux des échanges entre les marchandises répond assez bien, dans ce cas, à cette notion de « plus il y a de travail, plus ça vaut ; moins il y a de travail, mieux ça vaudra ». Mais, d'autre part, Marx sait que cette loi de la valeur-travail devient d'autant moins vraie que la production est plus complexe et, en fait, les livres II et III sont une tentative pour aller de la représentation simple de la loi de la valeur-travail à l'expérience directe que les agents économiques ont du monde économique, expérience qui semble démentir la loi fondamentale dont il est parti. Comme le régime capitaliste est, pour lui, celui qui, plus que tout autre, augmente la complexité de la production et qui par suite rend de moins en moins vraie la loi de la valeur-travail, le paradoxe de la philosophie économique de Marx, c'est que le régime capitaliste est à la fois défini par cette loi de la valeur-travail et par une évolution qui rend la réalité apparente de moins en moins conforme à la loi de la valeur-travail. Marx croit cependant que cette loi de la valeur-travail (c'est-à-dire l'échange des marchandises en fonction de la quantité de travail social général cristallisé dans chaque marchandise) ne devient valable pleinement que dans les sociétés développées parce que le travail tend à devenir interchangeable. Quand il parle des États-Unis[19], Marx semble dire que les États-Unis sont le pays qui est ou qui va être le pays le plus avancé économiquement et où le *job*, le travail perdra toute espèce de spécificité qualitative et que, à ce moment-là, la notion du travail général correspondra de plus en plus à la réalité, c'est-à-dire le travail créateur de valeur sera le travail général abstrait qui peut passer indifféremment d'un emploi à un autre.

Or, simultanément, Marx est conscient que l'économie moderne est industrielle, que l'augmentation de la productivité du travail a pour conséquence de réduire le temps de travail nécessaire, ce qui amène un économiste comme Pareto à faire l'objection suivante[20] : il y a, dit-il, une espèce de curieux paradoxe dans cet aspect de la théorie de Marx, car si on arrive à faire la même marchandise avec moitié moins de travail, d'après cette théorie, cette marchandise vaudra moitié moins ; alors pourquoi les producteurs seraient-ils intéressés à diminuer la quantité de travail nécessaire si du même coup ils diminuaient la valeur de cette marchandise, c'est-à-dire les conditions auxquelles cette marchandise s'échange avec les autres marchandises ? Bien entendu, nous connaissons les réponses dans le système de Marx. La première consiste à dire que, si on réduit le temps de travail nécessaire, on peut éventuellement produire plus de marchandises. Même si le taux des échanges, c'est-à-dire la valeur diminue, on peut éventuellement grâce à l'augmentation de la quantité productive retrouver son compte. D'autre part, on peut aussi dire que celui qui essaie de réduire le temps de travail nécessaire aussi longtemps qu'il a un processus de production plus efficace que les autres aura un surprofit qui est lié à l'écart entre ces conditions nouvelles de production et les conditions anciennes.

Aucune de ces deux réponses n'est pleinement satisfaisante. Ce que Marx a cru, c'est que le système capitaliste est un système où, bien que la réduction de la quantité de travail aboutisse pour chaque marchandise à réduire sa valeur et que, par conséquent, elle soit en apparence contraire à l'intérêt du producteur, du fait de la plus-value, le capitaliste a intérêt à réduire le temps de travail nécessaire de manière à réduire la valeur de la force de travail et, par conséquent, à augmenter la plus-value.

Il n'en reste pas moins que le système tel que Marx l'a conçu comporte un élément paradoxal puisque, l'augmentation de la productivité du travail diminuant, le travail nécessaire diminue la valeur et que le système tout de même est supposé avoir pour moteur la volonté permanente de réduire la durée du travail nécessaire, c'est-à-dire d'augmenter la productivité du travail. L'idée de Marx est celle-ci : dans la théorie libérale, il y a « la main invisible » ; chaque agent économique cherche son intérêt égoïste et la compétition de ces intérêts égoïstes tourne à l'intérêt du plus grand nombre par l'intermédiaire du mécanisme de la concurrence. On trouve chez Marx l'équivalent de cette main invisible, mais simplement avec une signification inversée. Ce n'est pas la main invisible des libéraux, c'est l'apprenti-sorcier. Une des idées essentielles de Marx, c'est que, du fait de la concurrence et de la recherche de la plus-value, dans laquelle les capitalistes sont engagés, il y aura en permanence une tendance à augmenter la productivité du travail. Cette tendance entraînera la réduction de la part du travail immédiat direct et, du même coup, par l'intermédiaire de la loi de la baisse tendancielle du profit, le système rencontrera des obstacles. De ce fait, le régime capitaliste apparaîtra comme un régime historiquement limité. Car il ne faut jamais oublier que toutes les analyses du *Capital* sont sous-tendues par la philosophie de l'histoire. Il utilise les concepts de l'économie classique pour démontrer que le mode de production capitaliste n'est pas un mode de production éternel comportant des lois universellement valables, et pour démontrer aussi la particularité historique des lois et même des concepts qu'il utilise. Il n'en reste pas moins que l'évolution du mode de production capitaliste telle que nous l'avons décrite éloigne peu à peu la réalité vécue par les agents économiques de la loi initiale de la valeur-travail.

Je vais rappeler, maintenant, les conditions d'égalité entre la valeur et les prix dans le système marxiste.

1°) Pour aboutir à déterminer le prix ou même la valeur, il faut une réduction du travail complexe au travail simple et pour réduire le travail complexe au travail simple, ou bien il faut un calcul du temps nécessaire pour former le travailleur qui fait un travail complexe, ou bien il faut établir de manière arbitraire combien d'unités de travail simple entrent dans le travail complexe.

2°) Il faut déterminer quel est le travail moyen socialement nécessaire. Pour connaître le travail socialement nécessaire à un moment donné, il faut savoir quel est, dans la moyenne des entreprises de production, le travail socialement nécessaire pour produire une certaine marchandise. Car, si le travail employé est plus grand que le travail socialement nécessaire, il en résultera une diminution de la plus-value pour le capitaliste. Si ce travail est moindre que le travail socialement nécessaire, il en résultera un surprofit.

3°) Pour trouver la valeur ou l'égalité entre la valeur et le prix, il faut faire abstraction de l'offre et de la demande. Il faut supposer que le prix reflète la valeur. Non seulement il faut faire abstraction des variations secondaires qui se produisent sur le marché en fonction d'oscillations temporaires de l'offre et de la demande, mais il faut supposer que la répartition des moyens de production s'est accomplie conformément à la répartition de la demande finale. Car si on a investi dans un secteur plus de force de travail que les consommateurs ne sont disposés à acheter de marchandises produites par cette force, il en résultera un surplus d'offre et, par suite, une baisse de prix. Il faut donc, même si on fait abstraction des variations secondaires de l'offre et de la demande, supposer un accord entre la répartition des moyens de production et la répartition de la demande dans l'ensemble de la société.

4°) Il faut ne considérer que l'usure du capital fixe et non pas la totalité de travail utilisé pour permettre la production de la marchandise, car il va de soi que, si l'on voulait faire entrer dans la valeur de la marchandise la totalité du capital fixe, il en résulterait un décalage entre valeur de la marchandise et prix.

5°) Ensuite, il faut faire abstraction du temps de rotation. Il faut supposer que le temps nécessaire au capital pour aller de sa forme initiale jusqu'au bout pour revenir à sa forme initiale est le même dans tous les secteurs.

6°) Enfin, pour que les prix ne s'écartent pas trop de la valeur, il faut que se crée un taux de profit moyen. En effet, s'il ne se crée pas, la diversité de la composition organique du capital selon les secteurs entraînerait une différence considérable entre les valeurs des différentes marchandises puisque les marchandises des secteurs où il y aurait beaucoup de travail variable, c'est-à-dire de travail direct, donc beaucoup de plus-value, auraient une valeur supérieure alors que la réalité est différente.

Au point où nous sommes parvenus, en suivant les transformations progressives, au moment où nous considérons la perception du monde économique par les agents eux-mêmes, la loi de la valeur-travail ne s'exprime plus en dernière analyse que par sa propre négation. La loi de la valeur-travail demeure vraie comme principe fondamental, mais dans le monde tel que l'observe l'agent économique, il n'en retrouve pas, au moins de manière directe, la domination puisque de multiples circonstances sont nécessaires, et des circonstances exceptionnelles pour qu'il y ait accord entre la valeur et le prix.

Que connaît le capitaliste propriétaire ? Il connaît l'ensemble de son coût de production. Il calcule l'écart entre ce qu'il a dépensé ou avancé et le prix qu'il peut obtenir par la vente de sa marchandise. Cet écart, c'est le profit. Et pour Marx, l'ensemble du profit que les capitalistes peuvent obtenir correspond à l'ensemble de la plus-value. Mais le profit n'est égal à la plus-value que, dans un cas particulier, par l'intermédiaire de la constitution d'un taux moyen de profit, sans quoi il y aurait évidemment selon la composition organique du capital, d'énormes différences. Ce qui reste la théorie fondamentale de Marx à partir de laquelle il faut comprendre ce qu'il a voulu faire, c'est que, si le profit se définit comme l'écart entre l'ensemble des sommes avancées par les entrepreneurs et ce qu'ils obtiennent par la vente des marchandises, le capitaliste ne sait pas que la totalité du profit accumulé par les différents entrepreneurs a une origine unique qui est la plus-value ou le travail non payé. C'est pour cette raison que Marx parle toujours de la mystification ou du mysticisme dont les entrepreneurs sont victimes. Les entrepreneurs calculent l'ensemble de leurs coûts de production, puis, par rapport à ces coûts, ils établissent un taux de profit en mettant au numérateur le profit et au dénominateur l'ensemble du capital constant et du capital variable. Mais ce que le capitaliste ne sait pas, et ce que Marx croit savoir, c'est que la totalité du profit, donc la totalité de la plus-value est prélevée, exclusivement, sur le travail vivant, direct, immédiat et que, par conséquent, au fur et à mesure qu'il y en aura moins par rapport au capital constant, le taux de profit diminuera.

Marx pense que c'est par le travail du salarié qu'est acquise la plus-value. Si on disait cela au capitaliste, à l'entrepreneur d'aujourd'hui, il répondrait que l'ensemble des dépenses nécessaires pour sa production sont l'achat des machines, des matières premières, de tout ce qui est nécessaire pour mettre en route son appareil de production. Son entreprise dépense une somme de capital variable (ou de salaire) pour rémunérer les agents de maîtrise, les directeurs, tous les salariés. Pour qu'il y ait du profit, il faut qu'une fois déduit tout ce qui a été payé aux fournisseurs, et grâce à la production obtenue, il puisse vendre la marchandise de manière telle qu'il récupère plus qu'il n'a avancé.

Pour Marx, de ce que chaque entreprise ajoute de travail vivant sort le surplus par rapport à l'ensemble des frais. L'entrepreneur en serait au fond surpris, car il admettrait cette proposition en disant que, au bout du compte, il doit recevoir plus qu'il n'a dépensé, et parmi ce qu'il a dépensé, figurent en particulier les salaires. Mais il dirait : c'est tout aussi bien par le fait d'organiser le travail, par la coopération, par des nouveautés techniques que j'obtiens le surplus. L'idée de Marx, c'est que tout ce qui est capital constant, capital fixe, matières premières, transmet simplement sa valeur et que tout le surplus est tiré du salaire, et du salaire des ouvriers. Il est facile, me semble-t-il, dans un dialogue avec l'entrepreneur de lui exposer le système conceptuel de Marx qui, tout à la fois, le surprendrait et lui paraîtrait évident. Car, si on veut dire que ni les matières premières, ni les machines ne donneront de profit si on n'y ajoute le travail qui transformera des éléments matériels en éléments de marchandise que l'on vendra, c'est vrai. Mais pourquoi est-ce que tout le surplus viendra du travail vivant ? Ce n'est vrai que, à partir de l'idée de Marx, si l'on peut déterminer avec rigueur un coût de la force de travail et établir que ce qui est donné aux salariés sous forme de salaire est essentiellement différent, inférieur à la force de travail.

En d'autres termes, on pourrait exprimer les choses de la manière suivante : l'entrepreneur crée effectivement du surplus, parce que le travail de l'entreprise consiste à organiser l'ensemble de manière à créer du surplus. Ce que dit Marx, c'est que c'est uniquement parce qu'on met du travail vivant sur le travail mort qu'il y a du surplus ; l'entrepreneur d'aujourd'hui répondrait : c'est vrai, il ne suffit pas d'avoir des machines, il faut les faire travailler, mais ce n'est pas uniquement parce qu'on met du travail vivant qu'il y aura un surplus, c'est dans la mesure où on organisera la production de manière telle que le surplus résultera de cet ensemble créé, d'une part, par les dépenses faites pour acquérir les moyens de produire et, d'autre part, les dépenses faites pour appliquer du travail aux produits reçus d'autres fournisseurs.

L'intérêt, le profit et la rente

Au niveau phénoménal, les agents économiques distinguent l'intérêt, le profit et la rente. Cette distinction, selon Marx, est sans valeur. En effet, aussi bien l'intérêt, le profit que la rente, d'après lui, avec des complications pour la rente, dérivent toutes de la plus-value, ce ne sont que des formes phénoménalement distinctes du même ensemble que nous appelons la plus-value. C'est une distinction phénoménale, apparente et que, comme d'habitude, il appelle mystificatrice. Pourquoi ?

Toujours la même argumentation fondée sur les analyses du livre I : l'argent en tant que tel ne rapporte pas d'intérêt, l'argent en tant que tel ne produit pas de surplus, l'argent en tant que tel transmet sa valeur dans une marchandise, de la même façon que la marchandise transmet sa valeur à l'argent, dans la mesure où celui-ci est le représentant universel des valeurs. Aux yeux de Marx, penser que le capital produit en tant que tel de l'intérêt, c'est être victime d'une mystification ou se situer au niveau des apparences. L'intérêt et le profit sont distincts pour le capitaliste, ils ne sont pas distincts pour Marx.

Reste le troisième terme, qui pose à Marx des problèmes compliqués : la rente.

Je vais en dire quelques mots en mettant Marx en relation avec les physiocrates. Pour faire entendre sa voix au lieu de la mienne, j'ai choisi quelques textes caractéristiques de l'analyse marxiste de la rente.

« On confond généralement le surtravail et, par conséquent, le surproduit avec la rente foncière, cette partie du surproduit spécifiquement déterminée, quant à sa quantité et à sa qualité, du moins sur la base du mode de production capitaliste. La base naturelle du surtravail en général, c'est-à-dire la condition naturelle sans laquelle ce travail ne serait pas possible, est que la nature fournit soit en produits du sol, végétaux ou animaux, soit en pêcheries, etc., les moyens de subsistance nécessaires, avec une dépense de travail qui n'absorbe pas la journée de travail tout entière. Cette productivité naturelle du travail agricole (qui inclut ici le simple travail de cueillette, de pêche, de chasse et d'élevage) est la base de tout surtravail ; en fait, tout travail s'oriente initialement et essentiellement vers l'appropriation et la production de la nourriture » [21].

J'ai cité ce texte volontairement parce qu'il montre le lien entre Marx et les physiocrates. Marx, bien qu'il essaye d'éliminer le plus possible la productivité naturelle pour arriver à la productivité du travail, n'ignore pas que la condition de l'ensemble de la vie économique, c'est, au point de départ, la productivité naturelle, c'est-à-dire le fait que l'agriculteur travaillant sur une certaine terre peut produire plus de nourriture par son travail qu'il n'en a besoin pour vivre.

Du même coup, on aurait pu, en suivant cet aspect de la pensée de Marx, éliminer beaucoup d'erreurs qui ont été commises dans notre siècle, en particulier dans les pays qu'on appelle les pays du Tiers Monde, qui croyaient que la seule condition du développement conforme à la doctrine de Marx, c'était l'industrie. En fait, on peut parfaitement, si on s'amuse à jouer avec les citations, trouver dans Marx suffisamment de citations comme celle qui précède pour en tirer une doctrine de développement tout autre que celle qui est devenue à la mode, c'est-à-dire que l'augmentation de la productivité de la nature et le surproduit de l'agriculture sont la condition première du surproduit industriel. Disons au moins que c'est une déduction qu'on a le droit de faire. Toute rente foncière est de la plus-value et introduit du surtravail.

Voici un deuxième texte.

« Les producteurs directs doivent travailler au-delà du temps nécessaire à la reproduction de leur force de travail, à leur propre reproduction. Ils doivent effectuer du surtravail. C'est la condition subjective. La condition objective est qu'ils soient capables *d'accomplir du surtravail ; que les conditions naturelles soient telles qu'une* partie *de leur temps de travail disponible suffise à leur reproduction et à leur propre conservation comme producteurs, que la production de leurs moyens de subsistance nécessaires n'absorbe pas toute leur force de travail »* [22].

Ce texte complète le précédent et pourrait servir de fondement pour mettre en mouvement le mécanisme du surtravail industriel. La condition préliminaire, c'est d'assurer suffisamment de surtravail dans l'agriculture, c'est-à-dire d'augmenter la fertilité de la nature par la science ou la technique, de manière à disposer d'un surtravail ou d'une plus-value sous la forme de biens de consommation, « le besoin social », écrit-il. C'est le moment où il arrive à la question de la répartition des forces de travail entre les différents secteurs et cette répartition dépend, dit-il, du développement du travail social.

Quand Marx traite de la rente foncière, il trouve en face de lui et comme interlocuteurs deux sortes d'économistes : les physiocrates et les classiques, comme Ricardo.

Dans les textes que je viens de citer, il subsiste une réminiscence des physiocrates, c'est-à-dire de la productivité du sol et du travail, en tant que condition préliminaire et fondamentale de la production de plus-value.

En ce qui concerne Ricardo, il s'agit du théoricien de la rente différentielle. Remettons-nous, par la pensée, à l'époque où Marx étudie la rente foncière, au milieu du XIXᵉ siècle en Angleterre. Les deux classes dominantes de la société anglaise sont les propriétaires de terre et les industriels. La bataille politique ou économique fondamentale, au milieu du XIXᵉ siècle en Angleterre, se déroule entre les propriétaires fonciers qui perçoivent la rente et les industriels qui souhaitent un bas prix du blé, c'est-à-dire des subsistances nécessaires aux salariés, parce qu'ils veulent, pour augmenter ou sauvegarder leurs profits, que les salaires ne soient pas trop élevés. Marx lui-même a assisté aux controverses sur le libre-échange, à la rivalité entre propriétaires fonciers et industriels. Il est soucieux de faire rentrer la rente foncière dans le cadre de sa théorie générale de la plus-value. En effet, sa théorie ne lui donne satisfaction que dans la mesure où elle couvre tous les surplus et bien que, dans les textes que j'ai cités, il reconnaisse que la condition première du surplus dans le travail agricole, c'est la fertilité naturelle de la terre, il veut faire rentrer la rente foncière, c'est-à-dire le surtravail accaparé par le propriétaire foncier, dans sa théorie générale de la plus-value. Par conséquent, il ne peut pas se satisfaire de la théorie ricardienne la plus simple, qui est la théorie de la rente différentielle. Sans rentrer dans des considérations techniques, nous savons que les terres sont de fertilité différente. Au fur et à mesure qu'augmente la population, il faut mettre en culture des terres moins fertiles. Puisqu'il faudra consacrer aux récoltes une quantité supérieure de travail, il en résulte évidemment que le propriétaire des terres fertiles percevra une rente différentielle. Celle qui correspond à l'inégalité du coût de production selon la fertilité naturelle des terres. Nous connaissons tous cette idée. Simplement, cette théorie de la rente différentielle revêt, aux yeux de Marx, un inconvénient fondamental. Elle ne comporterait pas de rente absolue, c'est-à-dire qu'en arrivant aux terres les moins fertiles, il n'y aurait plus de rente. Alors, pour faire rentrer la théorie de la rente foncière dans la théorie générale de la plus-value, il faut découvrir une rente absolue différente de la rente différentielle, rente absolue qui, elle, pourra être insérée dans la théorie générale de la plus-value.

Voici quelques remarques qui montrent à quel point Marx s'intéresse aux physiocrates. Dans la « genèse de la rente foncière », il écrit :

« *Les physiocrates. Premiers interprètes systématiques du capitalisme* [Il est curieux qu'il les appelle "premiers interprètes systématiques du capitalisme" alors qu'en général ils sont considérés, en fonction de la prédominance qu'ils accordent à l'agriculture, comme antérieurs à la théorie du capitalisme ; aux yeux de Marx, ils sont déjà mieux que d'autres les interprètes du capitalisme], *ils cherchent à analyser la nature de la plus-value en tant que telle. Comme pour eux la seule forme de plus-value est la rente, leur analyse se confond avec celle de la rente. Par conséquent, le seul capital qui produise de la plus-value est celui qui procure de la rente, c'est-à-dire le capital agricole et le seul travail productif est le travail agricole que le capital met en mouvement et qui produit cette plus-value : argument parfaitement juste du point de vue capitaliste. La production de plus-value leur apparaît à juste titre comme le fait déterminant. Ils ont le grand mérite de remonter du capital marchand, qui opère uniquement dans la sphère de la circulation, au capital productif* [En ce sens, il reconnaît que les physiocrates sont les ancêtres de sa propre théorie] ; *ils s'opposent ainsi au système mercantiliste qui, avec son réalisme grossier, représente véritablement la science économique vulgaire de l'époque, dont les préoccupations pratiques rejetaient dans l'ombre les premières tentatives d'une analyse scientifique faites par Petty et ses successeurs* »[23].

Texte intéressant parce qu'il met en lumière l'idée suivante : tant que l'on est dans le commerce et dans l'échange, il ne peut pas y avoir de surplus. Le grand mérite des physiocrates, aux yeux de Marx, curieusement, c'est d'avoir défini la classe des artisans comme la classe stérile. Les physiocrates distinguaient trois classes : la classe productive, ce sont les fermiers qui travaillent ; la classe des propriétaires, qui reçoivent le produit net ; et la classe qu'ils appellent volontiers stérile, à savoir la classe des artisans ou des travailleurs industriels. Non pas que, selon les physiocrates, cette classe stérile ne soit pas nécessaire, mais simplement, ils pensent qu'il y a égalité entre les avances et le produit dans le cas du travail artisanal ou du travail industriel, et ils ont tendance à penser que la totalité du surplus vient de la classe qui travaille dans l'agriculture, de telle sorte que, aux yeux de Marx, il y a là le début de ce qui est pour lui la théorie du surplus. Les physiocrates ont tort de croire que le surplus est produit exclusivement dans l'agriculture et toutes les discussions de Marx sur la fertilité de la nature et sur le surplus montrent à la fois qu'il discute avec les physiocrates et qu'il les prend au sérieux. En effet, il reconnaît que, pour qu'il y ait un surplus, il faut simplement une fertilité suffisante de la nature, alors que, pour les physiocrates, ce surplus qui ira aux propriétaires est indéfiniment reproduit chaque année. Ce n'est chez Marx que la condition nécessaire pour que se déclenche le mécanisme proprement économique de la plus-value, c'est-à-dire du travail appliqué soit à l'agriculture soit à l'industrie et qui, de ce fait, permet de créer un surplus ou de la plus-value, non pas seulement dans l'agriculture à la faveur de la fertilité naturelle de la terre, mais aussi dans l'industrie grâce au décalage entre la valeur de la force de travail et la valeur des salaires.

La théorie marxiste de la plus-value est une généralisation de la théorie du surplus des physiocrates, mais en enlevant au travail sur la terre le monopole de création du surplus [24].

Marx pourrait, aussi, trouver la rente foncière absolue à partir d'un prix de monopole. Il pourrait dire qu'il y a rente foncière absolue lorsque les propriétaires de terres utilisent le monopole qu'ils possèdent de la terre pour vendre la récolte au-dessus du prix qui correspond à la structure de la production. Ces producteurs pourraient maintenir ce prix de monopole en raison de leur petit nombre et de l'entente qu'ils pratiquent entre eux. Ce prix de monopole permettrait une espèce de rente absolue. Marx n'en nie pas l'existence, mais cette théorie ne le satisfait pas, parce qu'elle ne permet toujours pas de faire rentrer la rente foncière dans la théorie générale de la plus-value ; d'autre part, il considère que cette rente qui viendrait d'un prix de monopole serait nécessairement faible.

La deuxième raison que Marx envisage, qu'il écarte tout en montrant qu'elle a un sens, consisterait à dire que l'appropriation privée de la terre a pour résultat de limiter la mise en culture des terres les plus pauvres et que, de cette façon, certaines terres ne sont pas mises en culture parce qu'elles ne rapporteraient pas de rente. Il peut poser qu'il y a une rente sur les terres les plus pauvres parce qu'en raison de la propriété privée, on ne met pas en culture des terres qui seraient encore plus pauvres mais qui, elles, ne rapporteraient plus de rente. Là encore, il n'accepte pas cette théorie comme satisfaisante.

Pour simplifier les choses, je vais simplement lire le texte où il résume sa propre théorie de la rente foncière :

« *L'essence de la rente absolue consiste donc en ceci : pour un même taux de plus-value ou un même degré d'exploitation, des capitaux d'égale grandeur dans différents secteurs de la production procurent des masses différentes de plus-value, suivant les différences dans leur composition moyenne.* [La plus-value produite dans les différents secteurs varie en fonction de la composition organique du capital puisque c'est l'importance du capital variable qui détermine l'importance quantitative de la plus-value.] *Dans l'industrie, il y a égalisation de ces différences de plus-value et formation d'un profit moyen uniformément réparti entre les divers capitaux comme entre autant de parties aliquotes du capital social.* [Dans l'industrie, il se constitue un taux de profit moyen par égalisation des différences qui existent dans les taux de plus-value.] *Dans l'agriculture ou dans l'industrie extractive, c'est-à-dire dans les productions qui ont besoin de fonds de terre, la propriété foncière empêche cette péréquation des capitaux investis dans le sol et capte une partie de la plus-value qui, autrement, entrerait dans le profit moyen issu de cette péréquation. La rente représente alors une partie de la valeur et plus spéciale- ment de la plus-value contenue dans les marchandises qui, au lieu de revenir à la classe capitaliste qui l'a extraite des ouvriers, est extraite des capitalistes par les propriétaires fonciers auxquels elle échoit exclusivement. Il est sous-entendu ici que le capital agricole met en œuvre plus de travail qu'une fraction égale de capital non agricole.* »

Là est le point essentiel : les capitalistes fonciers, les propriétaires fonciers sont en mesure de prendre une partie supplémentaire de la plus-value parce que l'agri- culture est moins capitalisée aujourd'hui que l'industrie, parce que le capitaliste agricole met en œuvre plus de travail qu'une fraction égale de capital non agricole. Ce qui suppose que la composition organique du capital dans l'agriculture soit essentiellement différente de cette même composition organique dans l'industrie.

« *L'ampleur de l'écart, voire son existence tout court, dépend du développement de l'agriculture par rapport à l'industrie. Cette différence va nécessairement en diminuant à mesure que l'agriculture progresse, à moins que la proportion dans laquelle la partie variable du capital diminue par rapport à la partie constante ne soit plus importante pour le capital industriel que pour le capital agricole* » [25].

En dernière analyse, il n'arrive à trouver de rente absolue qu'en supposant que la composition organique du capital est différente dans l'agriculture par rapport à l'industrie, et en y ajoutant une condition supplémentaire, à savoir l'absence de mobilité et de fluidité du capital constant et du capital variable. Car l'égalisation du taux de profit moyen dans l'industrie a pour condition ce qu'il appelle la concurrence, ce qui est, en bref, la possibilité pour les capitaux et les ouvriers de passer facilement d'un secteur à un autre. En d'autres termes, la rente foncière absolue est créée à la fois par la moindre capitalisation de l'agriculture – ce qui n'est plus vrai aujourd'hui – et par l'absence de mobilité supposée dans l'agriculture.

À ce point du raisonnement, nous parvenons aux dernières pages du *Capital* sur lesquelles s'arrête le manuscrit, et qui sont consacrées à la théorie des classes.

Les classes

Au niveau économique, tel que les agents perçoivent l'économie, il y a trois sources de revenus : le salaire, la rente foncière, le profit. Il y aurait donc, semble-t-il, trois classes fondamentales : les prolétaires, c'est-à-dire les salariés, puis les propriétaires fonciers, qui perçoivent la rente, et ensuite les entrepreneurs, les capitalistes, qui perçoivent les profits. De ce fait, dans le dernier fragment intitulé « les classes », Marx dénombre trois classes :

> « *À première vue, c'est à cause de l'identité de leurs revenus et des sources de leurs revenus : voici trois grands groupes sociaux dont les membres individuels vivent respectivement du salaire, du profit et de la rente, c'est-à-dire de la mise en valeur de leur force de travail, de leur capital et de leur terre.* »

Nous définissons trois classes, mais est-ce que cela constitue une théorie des classes ?

Viennent ici les lignes sur lesquelles s'arrête le manuscrit :

« *Toutefois, de ce point de vue, les médecins et les fonctionnaires, par exemple, constitueraient également deux classes, car ils appartiennent à deux groupes sociaux distincts, dont les membres tirent leurs revenus de la même source. Le même raisonnement s'appliquerait à l'infini émiettement des intérêts et des positions que la division du travail social suscite parmi les travailleurs, tout comme parmi les capitalistes et les propriétaires fonciers (ceux-ci, par exemple, se divisent en viticulteurs, propriétaires de fermes, de forêts, de mines, de pêcheries)* » [26].

Là s'arrête le brouillon du *Capital*, livre III. Nous restons sur notre faim : la théorie des classes est-elle celle des trois sources de revenus ? Ou bien est-ce le début d'une analyse des groupes sociaux tels qu'ils se trouvent désignés dans le paragraphe suivant ? Cette esquisse ouvre-t-elle une autre perspective ?

Je suis parvenu au bout de l'exposé complet, non pas de la théorie économique du *Capital*, mais des idées majeures contenues dans *Le Capital*. Il ne reste pour finir qu'à parler de la théorie des classes. Comme il convient dans l'exposition d'un philosophe hégélien, il y a comme un circuit : puisque le capital, en aboutissant aux classes, rejoint son point de départ, c'est-à-dire la philosophie de l'histoire définie par la lutte de classes.

CHAPITRE IV

LA THÉORIE DES CLASSES

Le manuscrit du *Capital* s'arrête sur la théorie des trois classes, définies par l'origine des revenus : la classe qui met en valeur sa force de travail, la vend ; la classe qui prélève la rente foncière parce qu'elle possède la terre ; et enfin, la classe qui met en valeur le capital.

On pourrait se demander pourquoi le manuscrit du *Capital* s'arrête juste à ce point. Marx ajoute simplement un paragraphe où il parle des fonctionnaires, des différentes catégories de propriétaires terriens, et tout se passe comme s'il se demandait si les groupes sociaux définis par l'origine commune des revenus constituent un groupe authentique, ou encore dans quelle mesure on peut inclure, dans une seule et même classe, dans un seul et même groupe, des individus qui tirent leurs revenus de la même source, mais qui présentent un certain nombre d'autres différences.

On peut penser que Marx a arrêté le manuscrit du *Capital* sur une théorie strictement économique des classes parce que, pour aller au-delà, il aurait dû passer de l'économie telle qu'il la concevait dans *Le Capital* à une sociologie des classes.

Je voudrais réfléchir[27] sur cet aspect essentiel de la pensée de Marx, sur sa théorie des classes. Comme chaque fois qu'il s'agit d'un élément essentiel de cette pensée, la difficulté devient considérable.

Théorie dualiste ou division tripartite

Première remarque : la division tripartite de la société, en trois classes selon les trois sortes de revenus, n'est pas contradictoire avec la théorie dualiste de la société.

Dans le *Manifeste communiste*[28], Marx explique que

les différences de classes tendront progressivement à se simplifier, que la complexité fera place à la simplicité, et qu'il n'y aura en dernière analyse que deux classes essentielles, le prolétariat et la bourgeoisie capitaliste ou possédante. Or, la division tripartite me paraît compatible avec la division pour une raison relativement simple. L'effort de Marx en tant qu'économiste tend à démontrer que tout le surplus, toute la plus-value, qu'elle s'appelle rente foncière, profit ou intérêt, a une origine unique, à savoir le travail non payé ou le surtravail ou encore l'écart entre la valeur produite par la force de travail et la valeur accordée à cette force de travail. Si tout vient de la plus-value, il devient vrai de dire que la rente foncière n'est qu'une forme particulière de la plus-value. C'est la partie de la plus-value que les propriétaires fonciers peuvent accaparer parce qu'ils possèdent précisément les terres. Mais ce n'est qu'une portion de la plus-value, de telle sorte qu'on peut dire qu'en dernière analyse, il y a les ouvriers qui mettent en valeur leur force de travail et ceux qui exploitent le travail des autres, cette exploitation prenant, selon les cas, la forme du profit industriel, de l'intérêt du capital ou de la rente foncière. Si l'on réfléchit à cet argument simple, on s'aperçoit que la division trinitaire n'est pas incompatible avec la division dualiste, au moins si l'on se donne par la pensée l'évolution ultime de la société capitaliste, ou encore l'origine ultime de tous les revenus qui ne sont pas des salaires. La partie du *Capital* que je n'ai pas analysée [29] permet de pousser plus loin la mise en accord de la division dualiste et du pluralisme des classes.

Le dualisme de la structure sociale, d'après le *Manifeste communiste*, est le point ultime de l'évolution de la société capitaliste. D'autre part, la structure dualiste de la société capitaliste est une vérité économique, elle détruit un type-idéal du capitalisme dans la mesure où, économiquement, il n'y a en réalité que deux sortes de revenus, à savoir les salaires d'un côté, la plus-value de l'autre.

Le pluralisme dans les sociétés concrètes capitalistes, en dehors de cette question de la rente foncière, résulte de l'écart entre, d'une part, le type-idéal formel d'une société exclusivement définie par, d'un côté, les propriétaires, les capitalistes, les entrepreneurs et, d'un autre côté, les salariés, et, d'autre part, les sociétés complexes et concrètes, où aussi bien les capitalistes que les salariés se présentent à nous sous de multiples formes ou dans de multiples occasions. Ce qui fait l'intérêt ou la difficulté de la théorie sociologique des classes, dans la pensée de Marx, porte sur l'écart entre le type-idéal économique et la réalité sociale vécue dans sa diversité.

La notion de classe définie par l'origine du revenu n'est pas en contradiction formelle avec la définition classiquement donnée des classes d'après Marx : une classe est définie par sa place dans le processus de production. Cette formule se retrouve dans la plupart des textes marxistes, et en particulier sous la plume de Lénine [30]. Si on traduit cette formule dans le schéma marxiste, la place dans le processus de reproduction prend un sens immédiatement intelligible. Comme je l'ai expliqué plusieurs fois, Marx distingue rigoureusement l'analyse du processus de production dans sa nature concrète ou matérielle de l'analyse du processus de production dans sa signification économique. Le processus de production physiquement considéré, c'est la transformation de la matière. Or il est bien clair que, en ce qui concerne la transformation de la matière, l'ouvrier manuel ou l'ouvrier non manuel n'ont pas exactement la même place dans le processus physique de production. Mais, si on prend la notion de processus de production au sens authentique et rigoureux de Marx, il y a ou bien le capital et le détenteur du capital, ou bien celui qui vend sa force de travail. De telle sorte que la définition d'une classe sociale par sa place dans le processus de production ne diffère pas fondamentalement de la définition de la classe par les trois sources de revenus, parce que les trois sources de revenus sont l'expression du processus de production capitaliste. Que l'on dise que la classe des propriétaires fonciers se définit par sa place dans le processus de production, c'est-à-dire que la classe propriétaire oisive accapare une partie de la plus-value sous la forme de rente foncière, ou bien que l'on parle de la classe qui tire ses revenus de la rente foncière, au bout du compte, ces deux définitions, par la production ou par la distribution, reviennent au même dans la mesure où, dans le schéma économique de Marx, celui des rapports de production implique d'une certaine manière les rapports de distribution. Le lien dialectique entre les deux schémas explique que l'on puisse, sans qu'il y ait opposition fondamentale, considérer la classe sociale comme définie par l'origine de ses revenus ou par sa place dans le processus de production – à condition de ne pas oublier qu'il s'agit du processus de production économiquement défini et non pas du processus de production dans sa définition matérielle.

N'oublions pas, en plus, que, dans le troisième livre du *Capital*, celui que j'ai résumé de manière rapide, Marx parle longuement des diverses formes que prend le capital et par conséquent des divers groupes de capitalistes. Il y a le capital marchand, le capital monétaire ou financier, le capital bancaire. En d'autres termes, si, au niveau macroéconomique, il existe un ensemble appelé la plus-value, on peut dire qu'il se projette ensuite en rente foncière, intérêt ou profit, Marx ne nie pas que la société capitaliste complexe et concrète se diversifie en de multiples groupes capitalistes. Ces multiples groupes capitalistes peuvent être d'un certain point de vue considérés sinon comme des classes au sens fort du terme, du moins comme des groupes socialement distincts exerçant un rôle différent dans l'histoire.

En particulier, la raison pour laquelle Marx s'intéresse passionnément à la rente foncière, c'est que la rente foncière est la forme capitaliste prise par la plus-value des propriétaires féodaux. À ses yeux, il s'agit des revenus de la classe des propriétaires terriens, successeurs des propriétaires féodaux. La propriété foncière s'industrialise ou se capitalise progressivement au cours du devenir du capitalisme ; mais, à l'époque où Marx écrit, la rivalité entre les propriétaires fonciers et les industriels est un des enjeux majeurs de la vie économique et un des conflits majeurs de la vie politique.

La naissance des sociétés par actions

Il ne faut pas oublier non plus que, bien que, à son époque, il ait surtout connu le capitalisme initial, et si je puis dire le capitalisme personnel, celui qui fait agir le propriétaire personnel de l'entreprise, Marx a connu aussi les premières formes du capitalisme financier, du crédit et des sociétés par actions. Il est intéressant de savoir que, aux yeux de Marx, les grandes sociétés par actions représentent une première forme de négation du capitalisme et une forme transitoire entre le capitalisme et le socialisme. Il écrit dans *Le Capital*, livre III, section 5 :

« *Dans les sociétés par actions, il y a divorce entre la fonction et la propriété du capital, et le travail est, lui aussi, complètement séparé de la propriété des moyens de production et du surtravail.* »

Autrement dit, le capitalisme, qui se définissait par la séparation de l'ouvrier et des moyens de production, est remplacé par un capitalisme par actions, dans lequel on trouve une séparation supplémentaire, celle entre la fonction directrice et la propriété.

Poursuivons :

« *Ce résultat du développement ultime de la production capitaliste est un point de transition, devant nécessairement conduire à la reconversion du capital en propriété des producteurs ; toutefois, celle-ci n'aura plus la forme de la propriété privée de producteurs individuels, mais celle de la propriété de producteurs associés, appartenant directement à la société. C'est, en outre, la transformation de toutes les fonctions du processus de*

reproduction qui sont encore rattachées à la propriété du
capital en simples fonctions des producteurs associés en
fonctions sociales. »

Dans la mesure où le propriétaire n'est plus le gestionnaire, la fonction sociale de gestionnaire est séparée du
fait de la propriété. Aux yeux de Marx, cela représente
une forme de transition entre le capitalisme originel et le
capitalisme tel qu'il est en train de se transformer sous
ses yeux.

Puis vient la formule inévitable chez lui, quand il écrit
Le Capital, formule hégélienne ou pseudo hégélienne :

« *C'est la négation* [*Aufhebung*, ce qui signifie à la fois
supprimer et conserver, c'est donc la suppression-conser-
vation] *du mode de production capitaliste au sein même*
de ce système, et, par conséquent, une contradiction qui
s'abolit elle-même et qui représente, à première vue, un
simple moment de transition vers un nouveau type de
production » [31].

Un texte de cet ordre, que les socialistes autogestion-
naires pourraient utiliser, suggère que l'analyse marxiste
de l'entreprise distingue les fonctions manageriales ou
gestionnaires de la propriété et tend à les séparer radicalement du statut et du rôle du propriétaire.

Une distinction radicale

Dernière remarque sur la distinction trinitaire des
classes sociales : ce qui est essentiel dans la pensée de
Marx, c'est de ne pas confondre les trois sources de
revenus, salaires, rente foncière, profit, avec la distinction
classique dans l'économie politique, qu'il appelle
vulgaire, de la terre, du travail et du capital en tant que les
trois facteurs indispensables à la production. Parler de
terre, de travail et de capital, c'est, aux yeux de Marx,
confondre le processus physique de production avec le
processus économique, d'où, pour lui, la différence

radicale entre les trois sources de revenus mais dont
deux en dernière analyse ont une source commune, à
savoir la plus-value, avec toutes les distinctions trinitaires
classiques dans l'économie vulgaire.

Ces indications sur les classes qui figurent à la fin
du *Capital*, ne tiennent pas une grande place, le plus
souvent, dans les exposés marxistes sur les classes.

D'abord, parce que cette théorie ne revêt qu'un caractère apparemment rigoureux du point de vue économique
et que tout s'est passé, comme si Marx, après avoir
présenté ces trois classes, à partir des trois sources de
revenus, s'était trouvé lui-même embarrassé et hors d'état
de poursuivre son analyse.

D'autre part, comme les marxistes ont pris l'habitude
de présenter la classe comme définie par la place dans le
processus de production, ils ne savaient pas quoi faire de
cette théorie des classes liée apparemment à la répartition. Ils avaient peine à accepter qu'il n'y ait pas d'opposition radicale entre la théorie des classes par les revenus
et la théorie des classes par le processus de production.
Ce que, personnellement, je suis tenté de trouver assez
facilement intelligible à partir du moment où l'on a bien
compris la distinction radicale entre le processus de
production physiquement défini et le processus de
production économiquement défini.

NOTE SUR LA PRÉSENTE ÉDITION

Pour établir cette édition nous disposons des sources suivantes :

1°) Les *Notes manuscrites* de Raymond Aron destinées au cours de la Sorbonne 1962-1963 (Faculté des lettres de l'université de Paris), réparties en 20 leçons et 243 feuillets.

2°) La *dactylographie de ces notes*, déchiffrées par Suzanne Aron, en 124 pages.

3°) *Deux exemplaires identiques dactylographiés en deuxième et troisième frappes sur papier pelure* de ce cours à partir d'un enregistrement effectué par une entreprise à la demande de Raymond Aron.

Un exemplaire avait été donné à Jean-Claude Casanova, par Raymond Aron, au début des années 1970.

L'autre se trouvait dans les papiers de Raymond Aron. Aucun de ces exemplaires ne portait de trace manuscrite de lui. L'exemplaire sur papier fort ou première frappe n'a jamais été retrouvé.

Les feuillets de ces deux exemplaires étaient classés en *19 chemises* portant le plus souvent une date. En certains endroits il était signalé que l'enregistrement était inaudible ou avait été interrompu.

4°) Un exemplaire dactylographié, en première frappe sur papier fort, du *Cours du Collège de France* en 1977 (563 pages).

Il avait été dactylographié, à partir d'un enregistrement, par la secrétaire de Raymond Aron à l'École des hautes études en sciences sociales.

5°) Le *Résumé* imprimé de ce cours tel qu'il a paru dans l'*Annuaire du Collège de France* 1977, dont le texte complet figure à l'annexe I. Ce résumé portait pour titre : *Le marxisme de Marx.*

Nous avons retenu comme base de cette publication le cours de Sorbonne (1962-1963).

Le tableau qui suit donne les correspondances entre les chapitres de cette édition, les chemises de la version dactylographiée et les leçons qui divisent les notes manuscrites de Raymond Aron.

Les chemises de la version dactylographiée n'ont pas toutes été datées et au moins l'une d'entre elles porte une date certainement inexacte. Les notes manuscrites d'Aron sont réparties en 20 leçons portant soit un numéro en caractères romains, soit le plus souvent un titre indicatif du contenu comme *I et II L'Œuvre économique* (chapitres IX et X de cette édition) ou *La théorie économique dans le Capital (III)* (chapitre XI de cette édition) ou encore *La théorie économique du Capital (IV)* (leçon 13, sans version dactylographiée ni chapitre correspondant dans cette édition).

PRÉSENTE ÉDITION *Introduction et XIX chapitres*		VERSION DACTYLOGRAPHIÉE *19 chemises, dates des cours et nombres de pages*	NOTES MANUSCRITES DE R. ARON *20 leçons*
Introduction		(1) 7 novembre 1962 (29 p.)	Leçon 1
1re partie	chapitre I		Leçon 2
	ch. II	(2) 28 novembre 1962 (52 p.)	Leçon 3
	ch. III	(3) 5 décembre 1962 (61 p.)	Leçon 4
	ch. IV	(4) 12 décembre 1962 (52 p.)	Leçon 5
	ch. V	(5) 19 décembre 1962 (56 p.)	Leçon 6
	ch. VI	(6) 9 janvier 1963 (52 p.)	Leçon 7
	ch. VII	(7) 16 janvier 1963 (59 p.)	Leçon 8
	ch. VIII	(8) 23 janvier 1963 (59 p.)	Leçon 9
2e partie	ch. IX	(9) 30 janvier 1963 (53 p.)	Leçon 10
	ch. X	(10) 6 février 1963 (16 p.)	Leçon 11
	ch. XI	(11) 13 février 1963 (52 p.)	Leçon 12
			Leçon 13
	ch. XII	(12) 27 février 1963 (59 p.)	Leçon 14
	ch. XIII	(13) 6 mars 1963 (60 p.)	Leçon 15
	ch. XIV	(14) 13 mars 1963 (56 p.) [non datée]	Leçon 16
	ch. XV	(15) 20 mars 1963 (49 p.)	Leçon 17
	ch. XVI	(16) 27 mars 1963 ? (58 p.) [datée 20 février par la secrétaire]	Leçon 18
3e partie	ch. XVII	(17) 8 mai 1963 (44 p.)	Leçon 19
	ch. XVIII	(18) 15 mai 1963 (56 p.)	Leçon 20
	ch. XIX	(19) 22 mai 1963 (14 p.)	

*

Nous avons décidé de retenir le cours de la Sorbonne (1962-1963) plutôt que celui du Collège de France (1977) pour plusieurs raisons.

Le cours de Sorbonne porte pour l'essentiel sur l'œuvre de Marx elle-même et beaucoup moins sur la postérité et les interprétations de Marx, alors que celui du Collège accorde une grande importance à cette postérité et aux interprétations contemporaines et françaises (Louis Althusser, Michel Henry par exemple).

Le cours de la Sorbonne était « un cours d'agrégation ». C'est-à-dire qu'il s'adressait à des étudiants déjà licenciés en philosophie, titulaires de leur diplôme d'études supérieures ou en train de l'achever, et se destinant tous à l'agrégation de philosophie. Il avait lieu le mercredi matin et durait deux heures. Dans le même cadre, Aron avait traité, les années précédentes, de Montesquieu, d'Auguste Comte et de Spinoza, parce que l'auteur choisi figurait au programme de l'agrégation. Pour cette même raison, le cours de 1962-1963 était consacré à Marx.

Ces « cours d'agrégation » étaient différents des « cours publics » destinés aux étudiants de licence dont, très souvent, Raymond Aron a tiré des livres : comme les *Dix-Huit Leçons sur la société industrielle* (cours de 1955-1956), *La Lutte de classes* (cours de 1956-1957) ou *Les Grandes Étapes de la pensée sociologique* (cours de 1959-1961). Les cours d'agrégation étaient moins formels, à la fois plus denses et plus didactiques. Il s'agissait d'amener les auditeurs à une compréhension complète d'un auteur tout en les familiarisant à la lecture des œuvres retenues.

Comme j'ai suivi les cours sur Montesquieu et sur Auguste Comte, et les premières leçons du cours sur Marx, je me souviens très bien de la façon dont procédait Aron. Il se munissait des livres étudiés, il en lisait de nombreux passages puis il les interprétait. Il n'hésitait pas, lorsqu'il percevait parmi ses auditeurs comme de la surprise ou de l'incompréhension, à revenir sur la question, à citer d'autres textes et à reprendre sous une autre forme ses propres explications. Il rendait ainsi très présent l'auteur inscrit au programme, il s'effaçait presque derrière lui, mais sans jamais perdre le fil de l'interprétation générale qu'il en offrait et qui permettait de comprendre plus profondément et plus largement l'intention, la cohérence et la logique de toute l'œuvre du philosophe étudié.

La qualité de son auditoire comme son intense désir de bien faire comprendre Marx, le fait que c'était la première fois qu'il consacrait un cours entier à cet auteur auquel il avait consacré tant d'études nous ont conduit à choisir d'éditer le cours de la Sorbonne. Dans celui du Collège de France, on sent Aron plus lointain, moins vibrant, presque moins intéressé par son sujet. Le public du Collège de France n'était pas celui des agrégatifs de philosophie, dont plusieurs venaient de l'École normale supérieure, et devant lesquels Aron ne pouvait pas ne pas revivre sa jeunesse. Il est vrai aussi qu'en 1977 le débat avec les marxistes et les communistes était moins vif qu'en 1962-1963. Non pas que dans son cours Raymond Aron se laisse entraîner sur le terrain politique. Au contraire, parce que les polémiques politiques retentissaient hors des murs de la Sorbonne, il s'obligeait pendant son cours, par une ascèse constante, à ne considérer que Marx, gagnant ainsi l'admiration et le respect de ceux dont il savait, à cette époque, qu'ils partageaient rarement ses opinions sur la postérité du marxisme de Marx.

*

Ayant ainsi fait le choix de transformer ce cours en un livre, à partir des éléments dont nous disposions, disons quelles difficultés nous avons rencontrées et comment nous avons essayé de les résoudre.

1°) Les notes manuscrites n'étaient pas publiables et guère utilisables. Il s'agit d'indications très brèves, de références, de schémas, de simples intitulés ou de résumés qui servaient de support à la parole d'Aron. Il ne « rédigeait » pas son cours, comme disent les professeurs. Il notait ses idées et traçait un plan qu'il suivait plus ou moins. Il écrivait (parfois) les références des textes qu'il allait citer. L'ensemble de ce manuscrit est souvent énigmatique, toujours elliptique. Mais il nous a servi à retrouver beaucoup de textes cités et à préciser certains développements du cours enregistré et dactylographié. Ajoutons que l'écriture d'Aron est peu lisible, surtout quand il s'agit de notes qui n'étaient destinées qu'à lui-même, et que Suzanne Aron, sa femme, qui a bien voulu les lire pour les déchiffrer et établir une version dactylographiée, en beaucoup de passages, alors qu'elle était la seule à pénétrer les mystères de son écriture, a dû renoncer à interpréter les abréviations ou les signes de son mari.

2°) Le texte dactylographié à partir de l'enregistrement comportait beaucoup d'erreurs non seulement sur les noms propres, sur les termes allemands, sur les vocables techniques, sur le découpage des phrases, mais aussi sur le sens même de ce qu'avait dit Aron. J'espère avoir corrigé toutes ces erreurs. J'ai dû souvent prendre le risque d'interpréter quand cela était nécessaire du fait de l'omission ou de l'incompréhension d'une phrase ou d'un paragraphe. J'ai aussi réduit certains développements, quand Aron se répétait comme fait tout professeur, et j'ai adapté le texte pour le rapprocher d'une forme plus écrite, mais en m'efforçant, toujours, de respecter le mouvement oratoire, cet art d'expliquer propre à l'admirable pédagogue qu'était Aron.

3°) L'examen de la version dactylographiée du cours a fait apparaître des difficultés plus graves encore.

a) Entre les chemises (1) et (2) il manquait, pour des raisons que nous ignorons, la dactylographie d'un cours, le deuxième, professé sans doute le 21 novembre 1962. À partir des notes manuscrites et en utilisant des passages sur Marx tirés d'un livre d'Aron, *Les Étapes de la pensée sociologique*, lui-même issu d'un cours professé à la Sorbonne en 1959-1960, j'ai reconstitué ce chapitre (le chapitre I, pp. 45-63, de cette édition, voir la note 1 p. 64).

b) À la fin du cours correspondant à la chemise (8) du 23 janvier 1963, la version dactylographiée s'interrompt brutalement au milieu d'un raisonnement, soit que l'enregistrement ait fait défaut, soit que Raymond Aron n'ait pu achever ce jour-là son enseignement. Il s'agissait des rapports entre Marx et Saint-Simon. Comme Raymond Aron reprend cette question au début du cours suivant, j'ai complété la fin du chapitre VIII de cette édition à l'aide de la version dactylographiée du chapitre suivant (voir note 41, p. 327).

c) De la chemise (10) du texte dactylographié, pour des raisons inexpliquées, elles aussi, ne sont utilisables que les 16 premières pages qui correspondent à la fin du cours. Tout ce qui suit reproduit des passages d'un cours déjà retranscrits dans la chemise (3). Manque donc, ici, un important développement concernant les livres II et III du *Capital*.

d) Aucune chemise ne correspond à la leçon 13 manuscrite qui concerne également *Le Capital*. Peut-être Raymond Aron n'a-t-il pas donné, en avril 1963, le cours qu'il avait néanmoins préparé ? Peut-être, comme pour la deuxième leçon (notes manuscrites) l'enregistrement a-t-il manqué ou la version dactylographiée a-t-elle disparu ?

Cette difficulté et celle qui précède (c) concernent les livres II et III du *Capital* publiés par Engels après la mort de Marx. Sur cette partie du commentaire de Marx par Aron : 1°) Nous savons qu'il manque une fraction de la leçon (11) manuscrite (chemise (11) de la version dactylographiée et chapitre X de cette édition) ; 2°) nous craignons, sans en être certain, qu'il manque un cours entier qui se serait situé entre les chapitres XI et XII de cette édition et qui aurait correspondu à une partie de la leçon manuscrite (13) (dont on trouve aussi des éléments dans les chapitres XI et XII de cette édition).

J'ai néanmoins préféré, pour cette partie concernant *Le Capital* et malgré ces lacunes, suivre, du chapitre XI au chapitre XII, la version dactylographiée. Ce choix me paraît justifié parce que l'ordre des notes manuscrites ne correspond pas toujours au développement oral enregistré et qu'il vaut mieux rester le plus proche possible de celui-ci. D'autant qu'au début du cours, Raymond Aron avait toujours pour habitude de revenir assez longuement sur le contenu du cours précédent, et que parfois en fin de cours il annonçait, avec précision, les sujets qu'il traiterait la fois suivante. Ces rappels et ces annonces synthétiques guideront le lecteur et compenseront partiellement les lacunes de la version dactylographiée.

En plus, pour pallier l'absence d'une partie du chapitre X de cette édition, et celle probable d'un cours entier, comme il s'agit, dans ces deux cas, de l'étude des livres II et III du *Capital*, nous avons reproduit, dans les trois premiers chapitres de l'annexe II, tous les développements du cours du Collège de France concernant la partie posthume du *Capital*, éditée par Engels, après les avoir corrigés de la même façon que la version dactylographiée du cours de Sorbonne.

e) La chemise (19) pose deux problèmes. Elle est incomplète et il n'existait pas de notes manuscrites qui y correspondent. Nous savons, par la dactylographie de l'enregistrement, que ce cours devait être plus bref que le précédent et durerait donc moins de deux heures. Mais la dactylographe précisait, dans une note manuscrite, que la bande enregistrée était inaudible pour une durée d'environ une demi-heure. Il nous manque donc la fin et plus d'un tiers de ce dernier cours. Nous savons, simplement, qu'Aron devait parler de « la réduction de la politique à la lutte de classes ». Il s'agit du chapitre XIX de cette édition (voir note 4, p. 663).

C'est la raison pour laquelle nous avons reproduit, au chapitre IV de l'annexe II, la première partie de la leçon du cours du Collège de France, professée le 3 mars 1977, qui traite de la théorie des classes (voir pp. 739-744 de cette édition).

Nous recommandons donc au lecteur, lorsqu'il aura achevé la lecture de la deuxième partie de cette édition, et s'il veut approfondir sa réflexion sur l'œuvre principale de Marx, de se reporter aux deux annexes.

La première parce qu'elle donne une vue d'ensemble, soigneusement rédigée par Raymond Aron, du *marxisme de Marx*, la seconde parce qu'elle complète la deuxième partie du cours de la Sorbonne, au prix de quelques répétitions que nous n'avons pas voulu éviter pour ne pas couper le déroulement des idées qui ne diffère pas d'un cours à l'autre mais qui n'obéit pas au même rythme, parce que le cours de Sorbonne est plus dense et plus précis que celui du Collège.

*

Dans son enseignement, Aron a constamment incité ses auditeurs à se reporter aux textes mêmes de Marx et à les lire attentivement. Il a souvent utilisé les éditions originales en langue allemande et il a parfois critiqué ou rectifié telle ou telle traduction française de Marx. On sait également quels problèmes considérables pose l'édition posthume de l'œuvre de Marx et notamment celle du *Capital*. Aussi croyons-nous respecter l'esprit de cet enseignement en accompagnant cette édition d'une bibliographie complète des différents ouvrages de Marx et de leurs traductions en français, y compris de celles dont la publication est postérieure à ce cours. Nous avons, bien sûr, indiqué, chaque fois, quelles éditions avait utilisées Raymond Aron. Il voulait en 1962-1963 former ses étudiants à la lecture de Marx : complété ainsi par une bibliographie abondante, nous espérons que ce livre continuera à remplir pour d'autres générations l'office auquel était destiné le cours magistral.

*

Christian Bachelier a bien voulu rédiger les notes qui aideront à la lecture de ce livre et qui précisent les références de toutes les citations. Il a situé aussi les différents auteurs, autres que Marx, que Raymond Aron cite, commente, critique ou recommande. Il a également composé de façon savante et précise les bibliographies. Il a bien voulu, enfin, relire les corrections que j'ai portées sur les textes dactylographiés dont nous disposions. Je le remercie bien vivement de ses précieux avis.

J'assume la responsabilité des choix éditoriaux qui ont été pratiqués, de la correction du texte, des titres et des sous-titres. En le faisant j'espère avoir été fidèle au souhait de mon maître et ami quand il m'a confié un jour qu'on pourrait « peut-être », après sa disparition, éditer ce cours. J'espère ne pas avoir commis trop d'erreurs en corrigeant, en complétant ou interprétant tel ou tel passage mal retranscrit et devenu peu compréhensible. Si cela était, puisse le lecteur me les pardonner. Qu'il sache aussi que je n'exprime que très faiblement encore par ce travail la gratitude que je dois et l'admiration que je porte à Raymond Aron.

Ersa, le 15 août 2002
Jean-Claude Casanova

NOTES

NOTES DE L'INTRODUCTION

1. *Le Manuscrit économico-philosophique* et *L'Idéologie allemande* ont été publiés respectivement dans *Marx-Engels Historisch-kritische Gesamtausgabe Werke* [*MEGA*], I, 3, Berlin, Marx-Engels Verlag, 1932, pp. 33-172 et 592-596, et *ibid.*, I, 5, Verlag für Literatur und Politik, 1932, pp. 3-528. Ces textes, avant d'être repris dans la *MEGA*, furent publiés sous les titres « Nationalökonomie und Philosophie », S. Landshut und J. P. Mayer (hrsg), *Karl Marx. Der historische Materialismus. Die Frühschriften*, I, Leipzig, Alfred Kröner, 1932, pp. 283-375, et « Die deutsche Ideologie », *ibid.*, II, pp. 1-535. Raymond Aron prit connaissance de cette dernière édition dès sa parution et l'annota attentivement. Voir les bibliographies des chapitres V et VII.
2. Propos rapportés dans une lettre d'Engels à Paul Lafargue, Folkestone, le 27 août 1890, Friedrich Engels, Paul et Laura Lafargue, *Correspondance*, II, *1887-1890*, trad. fr. par Paul Meier, Paris, Éditions sociales, 1956, p. 407.
3. Préface de Karl Marx, datée de Londres, janvier 1859, à la *Contribution à la critique de l'économie politique*.
4. *Grundrisse der Kritik der politischen Ökonomie*, dont la découverte avait été rendue publique par David Riazanov, directeur de l'Institut Marx-Engels de Moscou, en 1923. De 1927 à 1941, l'édition en fut entreprise à Moscou : Institut für Marxismus-Leninismus, *Karl Marx, Grundrisse der Kritik der politischen Ökonomie (Rohentwurf)*, 2 tomes, Moscou, Verlag für Fremdsprachige Literatur, 1939-1941, réédition en un volume, Berlin-Est, Dietz, 1953 ; trad. fr. par Roger Dangeville : *Fondements de la critique de l'économie politique*, 2 vol., Paris, Anthropos, 1967-1968 ; trad. fr. d'extraits par Jean Malaquais et Maximilien Rubel : « Principes d'une critique de l'économie politique (1857-1858) », Karl Marx, *Œuvres, Économie*, II, Paris, Gallimard, « Pléiade », 1968, pp. 173-359 ; trad. fr. par Jean-Pierre Lefebvre (dir.) : Karl Marx, *Manuscrits de 1857-1858*, 2 vol., Paris, Éditions sociales, 1980.
5. Friedrich Engels, « Umrisse zu einer Kritik der Nationalökonomie », *Deutsch-Französische Jahrbücher*, I-II, 1844, pp. 86-114 ; trad. fr. par Kostas Papaioannou : « Esquisse d'une critique de l'économie politique », Karl Marx, *Critique de l'économie politique*, Paris, Union générale d'Éditions, « 10/18 », 1972, pp. 29-64, rééd. Karl Marx, *Écrits de jeunesse*, Paris, Quai Voltaire, 1994, pp. 461-492.
6. Sur l'œuvre d'Engels, on se reportera au chapitre XVI de ce cours.
7. Dragutin Lekovic, en 1964, sous la direction de Raymond Aron, soutiendra sa thèse, *La théorie marxiste de l'aliénation*, à la Faculté des Lettres de l'Université de Paris.

8. August Bebel (1840-1913). Sur le marxisme de Bebel, voir *Die Frau und der Sozialismus. Die Frau in der Vergangenheit, Gegenwart und Zukunft* [La femme dans le passé, le présent et l'avenir], 1879 ; *Christenthum und Sozialismus* [Christianisme et Socialisme], 1892.

9. Wilhelm Liebknecht (1826-1900). Sur Marx et Liebknecht, voir *Karl Marx zum Gedächtnis* [Souvenirs sur Karl Marx], 1896.

10. Karl Kautsky (1854-1938). Voir *Karl Marx' Ökonomische Lehren* [La doctrine économique de Karl Marx], 1887 ; *Ethik und materialistische Geschichtsauffassung* [L'Éthique et la conception matérialiste de l'histoire], 1906 ; *Die materialistische Geschichtsauffassung* [La conception matérialiste de l'histoire], 1927.

11. Jean Jaurès (1859-1914). Voir sa thèse latine, *De Primis socialismi germanici apud Lutherum, Kant, Fichte et Hegel*, 1891 ; *Idéalisme et matérialisme dans la conception de l'histoire*, 1895, *Question de méthode*, 1901.

12. Jean-Paul Sartre, *Critique de la raison dialectique*, Paris, Gallimard, 1960, réédition établie par Arlette Elkaïm-Sartre, 1985, I, pp. 146 sq. et 205. Voir aussi de Raymond Aron, « Jean-Paul Sartre et le marxisme », *Le Figaro littéraire*, 29 octobre 1964 (repris dans *Marxismes imaginaires*, Paris, Gallimard, 1970, pp. 163-191), et surtout *Histoire et dialectique de la violence*, Paris, Gallimard, 1973.

13. Max Adler (1873-1937). Voir *Kausalität und Teleologie im Streite um die Wissenschaft* [Causalité et téléologie dans la querelle des sciences], 1904 ; *Demokratie und Rätesystem* [Démocratie et conseils ouvriers, 1967], 1919 ; *Die Staatsauffassung des Marxismus* [La conception marxiste de l'État], 1922 ; *Kant und der Marxismus* [Kant et le marxisme], 1925 ; *Das Rätsel der Gesellschaft* [L'énigme sociale], 1936. Voir Raymond Aron, « note de lecture : Adler (Max), *Das Rätsel der Gesellschaft. Zur Erkenntnis-Kritischen Grundlegung der Sozialwissenschaft* », *Annales sociologiques*, série A, fascicule 4, 1941, pp. 96-97.

14. Friedrich Adler (1879-1960). Voir *Ernst Machs Ueberwindung des mecanischen Materialismus* [Le dépassement du matérialisme dialectique chez Ernst Mach], 1918.

15. Otto Bauer (1881-1938). Voir *Die Nationalitätenfrage und die Sozialdemokratie* [trad. fr. par Nicole Brune-Perrin, Johannès Brune et Claudie Weil : *La question des nationalités et la social-démocratie*, Montréal-Paris, Guérin-EDI, 1987], 1907.

16. Georges V. Plekhanov (1856-1918). Voir *À propos de la conception moniste de l'histoire*, 1895 ; *Le rôle de l'individu dans l'histoire*, 1898 ; *Les questions fondamentales du marxisme*, 1908.

17. Nicolas I. Boukharine (1888-1938). Voir *L'ABC du Communisme* (avec Préobrajenski), 1919 ; *La théorie du matérialisme historique. Manuel populaire de sociologie marxiste*, 1921.

18. Léon D. Trotski (1879-1940). Voir *Bilan et perspectives*, 1906 ; *Terrorisme et communisme*, 1920 ; *Qu'est-ce que la Révolution permanente ?*, 1929 ; *La Révolution trahie*, 1936.

19. Vladimir I. Lénine (1870-1924). Voir *Que faire ?*, 1902 ; *Matérialisme et empiriocriticisme*, 1908 ; *L'impérialisme, stade suprême du capitalisme*, 1916 ; *L'État et la Révolution*, 1917.

20. Joseph V. Staline (1879-1953). Voir *Anarchisme ou socialisme*,

1907 ; *Des principes du léninisme*, 1924 ; *Matérialisme dialectique et matérialisme historique*, 1937 ; *Les problèmes économiques du socialisme en URSS*, 1952.

21. Mao Tsé-toung (1893-1976). Voir *De la pratique*, 1937 ; *De la contradiction*, 1937 ; *De la juste solution des contradictions au sein du peuple*, 1957.

22. On lit à la dernière page des notes manuscrites préparées par Raymond Aron pour cette leçon : « Il y a aujourd'hui 31 ans que j'ai commencé l'étude du marxisme. »

BIBLIOGRAPHIE

• Les Œuvres complètes de Karl Marx

Toutes les éditions des œuvres complètes de Marx sont demeurées inachevées. Il en est évidemment de même pour leur traduction en français. Dans les chapitres qui suivent, on trouvera des références détaillées aux différents ouvrages de Marx en allemand et en français. Nous nous bornons ici à donner les références des éditions quasi complètes qui font autorité tant en allemand qu'en français.

ÉDITIONS :
– « MEGA » : *Karl Marx und Friedrich Engels, Historisch-kritische Gesamtausgabe Werke/Schriften/Briefe*, éditées par l'Institut Marx-Engels de Moscou, d'abord sous la direction de David Riazanov jusqu'à son arrestation et déportation en 1931 (les 2 tomes du volume I et le volume II de la première section et les volumes I, II et III de la section III), puis sous celle de Vladimir Adoratsky (les volumes III, IV, V, VI et VII de la première section), parues d'abord à Francfort-sur-le-Main (Marx-Engels Archiv) en 1927, puis à Berlin (Marx-Engels Verlag et Verlag für Literatur und Politik) de 1929 à 1932, et enfin à Moscou en 1935. Au total, sur les 40 volumes projetés par Riazanov, 12 furent publiés, auxquels peuvent s'ajouter les 2 volumes des *Grundrisse* publiés par l'Institut Marx-Engels-Lénine en 1939-1941. En parallèle, une édition en russe, K. Marks i F. Engels, *Sotchineniia*, comprenant 28 volumes fut publiée de 1928 à 1947, suivie d'une seconde édition de 39 volumes de 1955 à 1966.
– « MEW » : *Karl Marx und Friedrich Engels, Werke*, 45 volumes édités par l'Institut für Marxismus-Leninismus, beim Zentral-Komitee der Sozialistischen Einheitspartei Deutschlands, à Berlin-Est, chez Dietz, de 1958 à 1985.
– Une « MEGA2 », *Karl Marx Friedrich Engels Gesamtausgabe (MEGA)*, sera entreprise par les Instituts du marxisme-léninisme de Moscou et de Berlin-Est ; sur les 133 volumes, 45 seront publiés à Berlin-Est, chez Dietz, de 1975 à 1994. Le projet sera repris par l'Internationale Marx-Engels Stiftung, de l'Internationaal Instituut voor Sociale Geschiedenis (l'Institut international d'Histoire sociale, d'Amsterdam).

TRADUCTIONS :
– Les *Œuvres complètes de Karl Marx*, traduites par J. Molitor, sont parues à Paris chez Alfred Costes, de 1923 à 1947, comprenant les

séries *Le Capital* (14 volumes), *Histoire des doctrines économiques* (8 volumes), *Herr Vogt* et *Le 18 Brumaire de Louis Bonaparte* (3 volumes), *Révolution et contre-révolution en Allemagne* (1 volume), *Œuvres politiques* (8 volumes), *Œuvres philosophiques* (9 volumes), *Misère de la philosophie* (1 volume), *Karl Marx devant les jurés de Cologne. Révélations sur le procès des communistes* (1 volume), *Correspondance Karl Marx-Friedrich Engels* (9 volumes). Les *Œuvres philosophiques* ont fait l'objet d'une nouvelle édition revue et augmentée par Jean-Jacques Raspaud, en 2 volumes, à Paris, aux Éditions Champ libre, 1981.

– *Œuvres complètes de Karl Marx*, publiées par les Éditions sociales à partir de 1947 et s'interrompant avec le tome XII de la *Correspondance* en 1989.

– Karl Marx, *Œuvres*, traduites sous la direction de Maximilien Rubel, chez Gallimard dans la collection « Pléiade », à partir de 1963 (4 tomes parus : *Économie I, Économie II, Philosophie, Politique I*).

• Ouvrages concernant le marxisme et la marxologie cités dans l'introduction

Harry B. ACTON, *The Illusion of the Epoch : Marxism-Leninism as a Philosophical Creed*, Londres, Cohen and West, 1962.

Henri BARTOLI, *La doctrine économique et sociale de Karl Marx*, Paris, Le Seuil, 1950.

Pierre BIGO s.j., *Marxisme et humanisme. Introduction à l'œuvre économique de Karl Marx*, thèse droit Paris 1951, préface de Jean Marchal, Paris, PUF, 1953.

Innocent-Marie BOCHENSKI o.p., *Der sowjetrussische dialektische Materialismus (Diamat)*, Berne, Francke, 1950.

Jean-Yves CALVEZ s.j., *La pensée de Karl Marx*, Paris, Le Seuil, 1956, réédition revue et abrégée, 1970.

Henri DE MAN, *Zur Psychologie des Marxismus*, Iéna, Diedrich, 1926 ; trad. fr. par Alice Pels et D.-J. Blume : *Au delà du marxisme*, Bruxelles, L'Églantine, 1927 ; Paris, Alcan, 1929 ; réédition avec les préfaces des première et deuxième éditions françaises, Paris, Le Seuil, 1974. [Voir Raymond Aron, « De Man : *Au delà du marxisme* », *Libres Propos (Journal d'Alain)*, n° 1, janvier 1931, pp. 43-47, reproduit dans *Contrepoint*, n° 16, 1975, pp. 161-169.]

Rudolf HILFERDING, *Das Finanzkapital. Eine Studie über die jüngste Entwicklung des Kapitalismus*, Vienne, Brand, 1910 ; trad. fr. par Marcel Ollivier : *Le capital financier. Étude sur le développement récent du capitalisme*, introduction par Yvon Bourdet, Paris, Éditions de Minuit, 1970.

Jean HYPPOLITE, *Études sur Marx et Hegel*, Paris, Rivière, 1955. [Voir les interventions de Raymond Aron lors de la communication de Jean Hyppolite, « De la structure du "Capital" et de quelques présuppositions philosophiques de l'œuvre de Marx », séance du 10 avril 1948, *Bulletin de la Société française de philosophie*, n° 42, 1948, pp. 170-203.]

Karl KORSCH, *Marxismus und Philosophie*, Leipzig, Hirschfeld, 1923 ; trad. fr. par Claude Orsoni : *Marxisme et philosophie*, préface de Kostas Axelos, Paris, Éditions de Minuit, 1964. [Voir Raymond Aron,

« note de lecture : Korsch (Karl), *Karl Marx* (Collection Modern Sociologists), Londres, Chapman and Hall, 1938 », *Annales sociologiques*, série A, fascicule 4, 1941, pp. 93-96.]

Georges LICHTHEIM, *Marxism. An Historical and Critical Study*, New York, Praeger, 1961.

Georg LUKÁCS, *Geschichte und Klassenbewußtsein. Studien über marxistische Dialektik*, Berlin, Malik, 1923 ; trad. fr. par Kostas Axelos et Jacqueline Bois : *Histoire et conscience de classe. Essais de dialectique marxiste*, préface de Kostas Axelos, Paris, Éditions de Minuit, 1960.

Heinrich POPITZ, *Der entfremdete Mensch. Zeitkritik und Geschichtsphilosophie des Jungen Marx*, Phil.-hist. Diss. Bâle 1949, Bâle, Verlag für Recht und Gesellschaft, 1953.

Maximilien RUBEL, *Karl Marx. Essai de biographie intellectuelle*, thèse droit Paris 1954, Paris, Rivière, 1957, nouvelle édition revue et corrigée, 1971.

Joseph A. SCHUMPETER, *Capitalism, Socialism and Democracy*, Londres, Allen and Unwin, 1942 ; trad. fr. par Gaël Fain : *Capitalisme, socialisme et démocratie*, Paris, Payot, 1951, rééd. suivie de « Les possibilités actuelles » et « La marche du socialisme », préface de Jean-Claude Casanova, 1990.

Erich THIER, *Das Menschenbild des jungen Marx*, Göttingen, Vandenhoeck und Ruprecht, 1957.

Gustav A. WETTER s.j., *Il materialismo dialettico sovietico*, Turin, Einaudi, 1948 ; trad. allemande et augmentée : *Der dialektische Materialismus. Seine Geschichte und sein System in der Sowjetunion*, Fribourg-en-Brisgau, Herder, 1952 ; trad. fr. par F. Ollivier : *Le matérialisme dialectique*, Bruxelles, Desclée De Brouwer, 1962, rééd. Paris, Payot, 1965.

1. Ce chapitre a été établi de manière différente par rapport à celui qui le précède et par rapport à ceux qui le suivent. Comme il est dit dans la *Note sur la présente édition*, nous ne disposons pas, pour cette partie du cours, de la dactylographie de l'enregistrement. Nous avons simplement les notes manuscrites dont se servait Aron face à ses auditeurs. Elles sont brèves et parfois elliptiques.

   Voici comment nous avons procédé. Le texte est établi à partir des notes manuscrites, que nous avons rendues plus accessibles en y ajoutant quelques précisions et quelques liaisons, mais en leur conservant leur caractère schématique. Pour deux parties de ce cours, celle concernant la préface à la *Contribution à la critique de l'économie politique* et celle concernant le *Manifeste communiste*, nous avons utilisé un cours sur Marx qu'Aron avait donné en 1959-1960 à la Sorbonne et qui était reproduit dans *Les Étapes de la pensée sociologique* (Gallimard, « Bibliothèque des Sciences humaines », 1967). Les deux passages tirés de ce cours coïncident très exactement avec le schéma donné dans les notes manuscrites, aussi les avons-nous reproduits tels quels. Comme il s'agit de commentaires sur des textes importants dans l'évolution intellectuelle de Marx, cette reproduction rendra plus facile la lecture et la compréhension de ce chapitre. Les passages empruntés sont mentionnés par < au début et > en fin de texte. Les notes donnent les références exactes de ces emprunts.

2. Le passage suivant est extrait de l'ouvrage de Raymond Aron, *Les Étapes de la pensée sociologique*, Paris, Gallimard, rééd. « Tel », 1994, pp. 152-153.

3. « Contribution à la critique de l'économie politique », avant-propos, Karl Marx, *Œuvres, Économie*, I, traduction de Maximilien Rubel et Louis Évrard, Paris, Gallimard, « Pléiade », 1965, pp. 272-275.

4. Le passage suivant est extrait des *Étapes, op. cit.*, pp. 148-152.

5. « Le Manifeste communiste », Marx, *Œuvres, Économie*, I, *op. cit.*, pp. 161-162.

6. *Ibid.*, pp. 164 et 166.

7. *Ibid.*, pp. 182-183.

8. Karl Marx, *Contribution à la critique de l'économie politique*, trad. sur la 2ᵉ édition allemande de Karl Kautsky par Laura Lafargue, Paris, V. Giard et E. Brière, « Bibliothèque socialiste internationale XI », 1909, p. 6.

9. « Sieben Abiturienarbeiten », *MEGA*, I, 1, 2, 1929, pp. 164-182 ; trad. fr. dans Maximilien Rubel, « Méditation d'un adolescent devant le choix d'une profession », *La Nef*, juin 1948, pp. 52-56.

10. « Marx' Brief an seinen Vater vom 10. November 1837 », publié pour la première fois dans *Die Neue Zeit*, XVI, 1, 1897, pp. 4-12, reproduit dans S. Landshut und J. P. Mayer (hrsg), *Karl Marx, Der historische Materialismus. Die Frühschriften*, I, Leipzig, Alfred Kröner, 1932, pp. 1-11, et *MEGA*, I, 1, 2, pp. 213-221 ; trad. fr. par J. Molitor : « Lettre de Marx à son père (10 novembre 1837) », *Œuvres complètes de Karl Marx, Œuvres philosophiques*, IV, *Critique de la philosophie de l'État, de Hegel*, publié par S. Landshut et J.-P. Mayer, Paris, Alfred Costes, 1935, pp. 1-16.

11. « Gedichte », *MEGA*, I, 1, 2, pp. 3-58 ; trad. fr. dans Marcel Ollivier, « Karl Marx, poète », *Le Mercure de France*, 15 avril 1933, pp. 160-183.

12. « Differenz der Demokritischen und Epikurischen Natur-philosophie », *MEGA*, I, 1, 1, 1927, pp. 3-144 ; trad. fr. par J. Molitor : « Différence de la philosophie de la nature chez Démocrite et chez Épicure », *Œuvres complètes de Karl Marx, Œuvres philosophiques*, I, Paris, Alfred Costes, 1927, pp. IX-XVI et 1-82.

13. *Die Deutsch-Französische Jahrbücher*, « Les Annales franco-allemandes », comptent un unique numéro double, fin février 1844, contenant notamment une correspondance entre Marx, Ruge, Bakounine et Feuerbach, et deux articles de Marx, « À propos de la question juive » et une « Introduction à la critique de la philosophie du droit de Hegel », reproduits dans les *Frühschriften*, I, pp. 211-282, et dans la *MEGA*, I, 1, 1, pp. 557-621.

14. Raymond Aron reprend la datation donnée par Maximilien Rubel dans sa *Bibliographie des œuvres de Karl Marx*, Paris, Marcel Rivière, 1956, p. 51. La « Critique de la philosophie du droit de Hegel » reproduit dans « Kritik der Hegelschen Staatsphilosophie (1841/42) », *Frühschriften*, I, pp. 20-149, et sous le titre « Kritik des Hegelschen Staatsrechts » dans la *MEGA*, I, 1, 1, pp. 401-553. Voir la bibliographie du chapitre III.

15. *Die Rheinische Zeitung*, « La Gazette rhénane », publia des articles de Marx du 8 mai 1842 au 18 mars 1843, reproduits dans la *MEGA*, I, 1, 1, pp. 179-393 ; trad. fr. par J. Molitor des articles « Débats sur la liberté de la presse et publications des discussions de la Diète » (5, 8, 10, 12, 15 et 19 mai 1842), « Tiré de l'article de fond du n° 179 de la *Kölnische Zeitung* » (14 juillet 1842), « À propos du communisme » (16 octobre 1842) et « La loi sur les vols de bois » (25, 27, 30 octobre, 1ᵉʳ et 3 novembre 1842), *Œuvres complètes de Karl Marx, Œuvres philosophiques*, V, Paris, Alfred Costes, 1937, pp. 8-93, 94-108, 109-116 et 117-185.

16. « Zur Kritik der Hegelschen Rechtsphilosophie, Einleitung », *Die Deutsch-Französische Jahrbücher*, I-II, février 1844. Voir la bibliographie du chapitre II.

17. *Le Manuscrit économico-philosophique* est aussi dénommé « Manuscrits de 1844 ». Voir la bibliographie du chapitre V.

18. « Zur Judenfrage », *Die Deutsch-Französische Jahrbücher*, I-II, février 1844, pp. 182-214, rédigé par Marx dans l'été 1843 à Kreuznach et achevé à Paris, reproduit dans la *MEGA*, I, 1, 1, pp. 576-606 ; trad. fr. partielle dans Hermann A. Ewerbeck, *Qu'est-ce que la Bible d'après la nouvelle philosophie allemande*, Paris, Ladrange-Garnier frères, 1850, pp. 629-660 ; par Édouard Berth, « La question juive », *Études socialistes*, n° 1, janvier-février 1903, pp. 31-53, et n° 2, mars-avril 1903, pp. 80-87 ; par J. Molitor : « La question juive », *Œuvres complètes de Karl Marx, Œuvres philosophiques*, I, *op. cit.*, pp. 163-214 ; par Jean-Michel Palmier : Karl Marx, *La Question juive*, suivi de *La Question juive* par Bruno Bauer, Paris, Union générale d'Éditions, « 10/18 », 1968, pp. 11-56 ; par Marianna Simon : Karl Marx, *À propos de la question juive*, Paris, Aubier-Montaigne, « Connaissance de Marx 2 », 1971.

19. Friedrich Engels und Karl Marx, *Die heilige Familie oder Kritik der*

    kritischen Kritik, gegen Bruno Bauer und Consorten, Frankfurt-am-Main, Literarische Anstalt, 1845. Voir la bibliographie du chapitre IV.

20. Voir la bibliographie du chapitre VI.
21. Voir la bibliographie du chapitre VII.
22. Voir la bibliographie du chapitre VIII.
23. « … j'avais lu Hegel d'un bout à l'autre, et je m'étais familiarisé avec la plupart de ses disciples. À la suite de plusieurs réunions que j'eus à Stralow avec des amis, je pénétrais dans un club de docteurs (*Doktorklub*) parmi lesquels il y avait quelques privat-dozents et le plus intime de mes amis berlinois, le Dr. Rutenberg. Dans la discussion, il s'y manifesta bien des opinions contradictoires, et je m'attachai de plus en plus solidement à cette philosophie à laquelle j'avais songé à échapper, mais tout ce qui m'était sonore s'était tu, je fus pris d'une véritable rage d'ironie, ainsi que cela pouvait d'ailleurs se produire aisément après que j'eus renié tant de choses » (« *Lettre de Marx à son père* », *loc. cit.*, pp. 12-13).
24. Auguste Cornu, *Karl Marx et Friedrich Engels, leur vie et leur œuvre*, 3 tomes, Paris, Presses universitaires de France, 1955-1958. Voir aussi Raymond Aron, « A. Cornu, *La Jeunesse de Karl Marx. De l'hégélianisme au matérialisme historique 1818-1845*, Paris, Alcan, 1934 », *Recherches philosophiques*, IV, 1934, pp. 509-510.
25. Charles Wackenheim, *La Faillite de la religion d'après Marx. La critique de la religion dans les écrits de jeunesse de Karl Marx*, Paris, PUF, 1963.
26. Maximilien Rubel, *Karl Marx. Essai de biographie intellectuelle*, Paris, Marcel Rivière, 1957, nouvelle édition revue et corrigée, 1971.
27. « Contribution à la critique de la philosophie du droit de Hegel. Introduction », *Œuvres complètes de Karl Marx, Œuvres philosophiques*, I, *op. cit.*, p. 83 (corrigé par Raymond Aron). Les textes que cite Raymond Aron, à partir d'ici, sont tirés de cette traduction, mais nous avons respecté les quelques corrections qu'il a portées sur son exemplaire du livre soit en remplaçant un mot français par un autre, soit en ajoutant le terme allemand entre crochets.
28. *Ibid.*, p. 87.
29. *Ibid.*, pp. 92-94 (corrigé par Raymond Aron).
30. *Ibid.*, p. 96.
31. *Ibid.*, p.102 (corrigé par Raymond Aron).
32. *Ibid.*, pp. 105-106 (corrigé par Raymond Aron).

BIBLIOGRAPHIE

ŒUVRES DE KARL MARX CITÉES DANS LE CHAPITRE I

• **Contribution à la critique de l'économie politique**

    Dès 1844, Marx a projeté une « Critique de l'économie politique », esquissée dans le *Manuscrit économico-philosophique*. Fin septembre 1850, il reprend ses travaux préparatoires, les poursuit durant tout 1851. Après avoir repris et immédiatement interrompu ses travaux en janvier 1853, il achève la *Contribution à la critique* de janvier 1857 à janvier 1859.

ÉDITIONS :
- *Zur Kritik der politischen Ökonomie von Karl Marx*, I. Heft, Berlin, Franz Duncker, 1859.
- *Ibid.*, réédition par Karl Kautsky, Stuttgart, Dietz, « Internationale Bibliothek 30. », 1897 (avec corrections et ajouts figurant sur des exemplaires de Marx et Engels).
- *Ibid.*, 1907 (avec « l'Introduction » inachevée, rédigée par Marx en août-septembre 1857 et publiée pour la première fois par Kautsky dans *Die Neue Zeit*, XXI, 1, 1902-1903, pp. 710-718, 741-745 et 772-781).
- *Ibid.*, *MEW*, XIII, 1961, pp. 3-160.

TRADUCTIONS :
- Karl Marx, *Critique de l'économie politique*, traduit par Léon Rémy, « Bibliothèque internationale des sciences sociologiques IV », Paris, Schleicher frères, 1899 (première traduction française).
- Karl Marx, *Contribution à la critique de l'économie politique*, traduit sur la 2ᵉ édition allemande de Karl Kautsky par Laura Lafargue, « Bibliothèque socialiste internationale XI », Paris, V. Giard et E. Brière, 1909 [édition utilisée par Raymond Aron dans son cours].
- *Œuvres complètes de Karl Marx, Contribution à la critique de l'économie politique*, traduit sur la 2ᵉ édition allemande par J. Molitor, Paris, Alfred Costes, 1954.
- Karl Marx, *Contribution à la critique de l'économie politique*, traduit par Maurice Husson et Gilbert Badia, Paris, Éditions sociales, 1957 (avec corrections et notes portées par Marx sur son exemplaire personnel et suppression des modifications de Kautsky).
- « Critique de l'économie politique (1859) », Karl Marx, *Œuvres, Économie*, I, traduction de Maximilien Rubel et Louis Évrard, Paris, Gallimard, « Pléiade », 1963, pp. 267-452 (établi conformément à l'édition de 1897).

- **Manifeste communiste**

Une première version du *Manifeste* est esquissée par Engels dans ses « Principes du communisme » (*Grundsätze des Kommunismus* publiés par Eduard Bernstein à Berlin, Buchhandlung Vorwärts, 1914), en octobre 1847. Mais le *Manifeste* est entièrement réécrit par Marx à Bruxelles en décembre 1847-janvier 1848, selon le mandat confié par le congrès de la Ligue des communistes tenu à Londres du 29 novembre au 8 décembre 1847. Engels considéra d'ailleurs dans sa préface de 1883 que le *Manifeste* était essentiellement l'œuvre de Marx.

ÉDITIONS :
- *Manifest der kommunistischen Partei*, Londres, J. E. Burghard, Office der « Bildungs-Gesellschaft für Arbeiter », février 1848 (deux éditions, plus une publication en feuilleton dans la *Deutsche Londoner Zeitung*, du 3 mars au 28 juillet 1848).
- *Das kommunistische Manifest*, Leipzig, Volksstaat, 1872 (avec les noms des deux auteurs portés sur la couverture et leur préface datée du 24 juin 1872).
- *Ibid.*, Hottingen-Zurich, Verlag der Schweizerischen Volksbuchhandlung, 1883 (avec la préface de 1872 et celle d'Engels datée du 28 juin 1883).

- *Ibid.*, Londres, German Cooperative Publishing Co, 1890 (comprend les préfaces de 1872, 1883 et une nouvelle préface d'Engels datée du 1er mai 1890).
- *Ibid.*, *MEGA*, I, 6, Berlin, Verlag für Literatur und Politik, 1932, pp. 525-557 (édition mentionnant les variantes des éditions allemandes de 1872, 1883 et 1890 et anglaise de 1890).
- *Ibid.*, *MEW*, IV, 1959, pp. 459-493 (s'appuie sur l'édition de 1890).

TRADUCTIONS :
- Une première traduction française qui aurait été publiée à Paris « la veille de l'insurrection de juin 1848 » (préface de Marx et Engels de 1872) reste introuvable. D'autres traductions seraient demeurées à l'état de manuscrits (lettres d'Engels à Marx, le 31 août 1851, et de Marx à Engels, le 13 octobre 1851).
- La première traduction française attestée a été publiée en feuilleton du 20 janvier au 30 mars 1872 par l'hebdomadaire, *Le Socialiste*, de New York, comporte des « défauts » (lettre d'Engels à Sorge, le 17 mars 1872) et se limite aux deux premières des quatre sections. Cette traduction se fonde sur la traduction anglaise de la journaliste chartiste, Helen Macfarlane, « Manifesto of the German Communist Party », publiée dans *The Red Republican* du 9 au 30 novembre 1850 (où est mentionné, pour la première fois, le nom des auteurs) et reprise dans l'organe de la section new-yorkaise de l'Internationale, *Woodhull and Claflin's Weekly*, 30 décembre 1871.
- La première traduction française complète parue en France du *Manifeste du Parti communiste* est celle de Laura Lafargue, la seconde fille de Marx, publiée en feuilleton dans l'organe du Parti ouvrier français, *Le Socialiste*, de Paris, du 29 août au 7 novembre 1885, et reproduite sous le titre « Le Manifeste de 1847 : le Manifeste du Parti communiste », dans Mermeix [Gabriel Terrail], *La France socialiste. Notes d'histoire contemporaine*, Paris, Fetscherin et Chuit, 1886, pp. 299-345. La traduction Lafargue revue par Engels est publiée en opuscule pour la première fois en 1895, par la revue socialiste, *L'Ère nouvelle*, à Paris. Cette traduction a été souvent reprise, parfois avec quelques modifications, ainsi en 1897 par les éditeurs Giard et Brière, puis revue par le Bureau d'Éditions en 1925. Révisée par Émile Bottigelli « en y apportant tant de modifications qu'elle peut être considérée comme une traduction nouvelle » et publiée dans Jean Fréville, *Les Briseurs de chaînes. Cent ans après le Manifeste*, Paris, Éditions sociales, 1948, pp. 257-315, cette version de la traduction Lafargue a fait l'objet de multiples tirages par les Éditions sociales.
- Sous le titre *Le Manifeste communiste*, une nouvelle traduction fut réalisée, à partir de l'édition allemande de 1890, par Charles Andler, publiée dans la collection « Bibliothèque socialiste 8 », Paris, Société nouvelle de Librairie et d'Édition, 1901 [édition utilisée par Raymond Aron dans son cours], rééditée en 1922 et 1925 chez Rieder.
- *Œuvres complètes de Karl Marx, Le Manifeste communiste*, traduit d'après l'édition originale de février 1848 par J. Molitor, avant-propos de Bracke (A.-M. Desrousseaux), introduction historique de David Riazanov, avec de nombreux documents inédits (dont « Les

Principes » d'Engels), Paris, Alfred Costes, 1934, édition revue et augmentée, 1953 (Molitor signale les divergences de ses deux prédécesseurs).
– « Le Manifeste communiste », Karl Marx, *Œuvres, Économie*, I, traduction par Maximilien Rubel et Louis Évrard, Paris, Gallimard, « Pléiade », 1963, pp. 157-195 et 1480-1493 (à partir de la *MEGA*).
– Karl Marx et Friedrich Engels, *Manifeste du Parti communiste*, traduit et présenté par Émile Bottigelli, Paris, Aubier-Montaigne, « Connaissance du Marxisme 1 », 1971, édition revue et augmentée par Gérard Raulet, Paris, Flammarion, « GF 1002 », 1998 (à partir de la 2ᵉ édition de 1848, avec indication des variantes des éditions de 1872, 1883 et 1890).

• ***Introduction à la critique de la « Philosophie du droit » de Hegel.***
Voir la bibliographie du chapitre II.

– « Contribution à la critique de la Philosophie du droit de Hegel. Introduction », *Œuvres complètes de Karl Marx. Œuvres philosophiques*, I, traduction française par J. Molitor, Paris, Alfred Costes, 1927, pp. 83-108 [édition utilisée par Raymond Aron dans son cours].

NOTES DU CHAPITRE II

1. Voir la note 1 de l'introduction et la bibliographie du chapitre V.
2. Arnold Ruge (1802-1880), hégélien de gauche, dirige les *Deutsche Jahrbücher*, à Dresde, puis fonde avec Marx les *Deutsch-Französische Jahrbücher* dont l'unique livraison paraît début 1844 ; peu après, il rompt avec Marx. En exil en France, il édite *Die Reform*, en 1848. Député au parlement de Francfort, il se réfugie à Londres en 1849, où il rencontre Mazzini et Ledru-Rollin et forme le Comité central de la démocratie européenne. À la fin de sa vie, il soutiendra la politique de Bismarck.
3. Correspondance entre Marx et Ruge, *Œuvres complètes de Karl Marx, Œuvres philosophiques*, V, trad. par J. Molitor, Paris, Alfred Costes, 1937, pp. 206-207.
4. *Ibid.*, p. 207.
5. « La Gazette rhénane », *Rheinische Zeitung für Politik, Handel und Gewerb*, de Cologne, commence à paraître le 1er janvier 1842. Créée par des libéraux rhénans et des jeunes hégéliens, la *Gazette* commence en mai 1842 à accueillir la collaboration de Marx qui devient directeur du journal le 15 octobre. Son premier article porte sur « La liberté de la presse ». Celui sur les rapports de l'État et de l'Église est interdit. Et un autre sur « La loi sur les vols de bois » entraîne des poursuites judiciaires contre le journal. Finalement, le gouvernement prussien décide en janvier 1843 l'interdiction de la *Gazette rhénane* à compter du 1er avril, qui entrera en vigueur bien que le journal ait publié le 18 mars une déclaration de Marx annonçant son départ de la rédaction. Voir la note 15 du chapitre I.
6. « Und das ganze sozialistische Prinzip ist wieder nur die eine Seite, welche die *Realität* des wahren menschlichen Wesens betrifft » (« Marx an Ruge, Kreuznach, im September 1843 », S. Landshut und J. P. Mayer (hrsg), *Karl Marx, Der historische Materialismus. Die Frühschriften*, I, Leipzig, Alfred Kröner, 1932, p. 225).
7. Le *Voyage en Icarie* est un ouvrage du socialiste français Cabet (note de Raymond Aron).
8. Certaines citations, comme celle-ci, sont entrecoupées par les commentaires de Raymond Aron. Aussi plaçons-nous l'appel de note de leur référence à la fin de leur dernier fragment cité.
9. *Œuvres complètes de Karl Marx, Œuvres philosophiques*, IV, *Critique de la philosophie de l'État, de Hegel*, publié par S. Landshut et J.-P. Mayer, trad. par J. Molitor, Paris, Alfred Costes, 1935, pp. 17-259. Voir la bibliographie du chapitre III.
10. « Es ist also durchaus nicht unter der *hauteur des principes*, die speziellste politische Frage [...] zum Gegenstande der Kritik zu machen » (*Marx an Ruge, loc. cit.*, pp. 225-226).
11. *Correspondance, loc. cit.*, pp. 208-209 (corrigé par Raymond Aron).
12. *Ibid.*, p. 210.
13. « Contribution à la critique de la philosophie du droit de Hegel. Introduction », *Œuvres complètes de Karl Marx, Œuvres philosophiques*, I, trad. par J. Molitor, Paris, Alfred Costes, 1927, p. 83 (corrigé par Raymond Aron).
14. « Ein verkehrtes Weltbewußtsein », « eine verkehrte Welt » (« Zur

Kritik der Hegelschen Rechtsphilosophie. Einleitung », *Frühschriften*, I, p. 264).

15. *Contribution. Introduction*, *loc. cit.*, pp. 83-84.
16. *Ibid.*, p. 85.
17. Voir Karl Marx, *Contribution à la critique de l'économie politique*, trad. sur l'édition allemande de Karl Kautsky par Laura Lafargue, Paris, V. Giard et E. Brière, 1909, p. 6.
18. *Contribution. Introduction*, *loc. cit.*, pp. 92-94 (corrigé par Raymond Aron).
19. *Ibid.*, pp. 96-97.
20. *Ibid.*, p. 102 (corrigé par Raymond Aron).
21. Maurice Merleau-Ponty (1908-1961). Raymond Aron fait allusion ici à deux ouvrages de Merleau-Ponty, *Humanisme et Terreur (Essais sur le problème communiste)*, Paris, Gallimard, 1948, rééd. « Idées », préface de Claude Lefort, 1980, et *Les aventures de la dialectique*, Paris, Gallimard, 1955, rééd. « Idées », 1977. Voir Raymond Aron, « Aventures et mésaventures de la dialectique », *Preuves*, n° 59, janvier 1956, pp. 3-20, reproduit dans *Marxismes imaginaires. D'une sainte famille à l'autre*, Paris, Gallimard, « Idées », 1970, pp. 63-116.
22. *Contribution. Introduction, loc. cit.*, pp. 105-106 (corrigé par Raymond Aron).
23. « Diese Auflösung der Gesellschaft als ein besonderer Stand ist das *Proletariat* » (*Zur Kritik, loc. cit.*, p. 279).
24. *Contribution. Introduction*, *loc. cit.*, pp. 107-108 (corrigé par Raymond Aron).
25. Ludwig von Westphalen (1770-1842), conseiller du gouvernement prussien à Trèves depuis 1816, ami de Heinrich Marx et de son fils, Karl. Ce dernier dédia, en 1841, sa thèse de doctorat à ce « vieillard plein de force et de jeunesse, qui [...] n'a jamais reculé devant les ombres des fantômes rétrogrades, ni devant le ciel souvent obscur et nuageux de son époque ». Après de longues fiançailles, Karl épousera Jenny, fille du baron Ludwig von Westphalen, le 19 juin 1843.
26. « Différence de la philosophie de la nature chez Démocrite et chez Épicure », *Œuvres complètes de Karl Marx, Œuvres philosophiques*, I, *op. cit.*, 1927, pp. XIV-XV.

BIBLIOGRAPHIE

ŒUVRES DE KARL MARX CITÉES DANS LE CHAPITRE II

• **Correspondance de 1843**
Lettres de Marx à Ruge, de mars, mai et septembre, et de Ruge, Bakounine, publiées dans les *Annales franco-allemandes*.

ÉDITIONS :
− « Ein Briefwechsel von 1843 », *Deutsch-Französische Jahrbücher*, I-II, février 1844, pp. 17-40.
− *Ibid.*, *MEGA*, I, 1, 1, 1927, pp. 557-575.
− *Ibid.*, *MEW*, I, 1961, pp. 337-346.

TRADUCTIONS :
– Lettre à Arnold Ruge, septembre 1843, *Œuvres complètes de Karl Marx, Œuvres philosophiques*, V, traduit par J. Molitor, Paris, Alfred Costes, 1937, pp. 205-211 [édition utilisée par Raymond Aron dans son cours].
– Marx à Arnold Ruge, à Dresde, Kreuznach, septembre 1843, Karl Marx et Friedrich Engels, *Correspondance*, publiée sous la responsabilité de Gilbert Badia et Jean Mortier, I, *1835-1848*, Paris, Éditions sociales, 1971 pp. 297-300.
– « Une correspondance de 1843 », Karl Marx, *Œuvres, Philosophie*, traduction de Maximilien Rubel avec la collaboration de Louis Évrard et Louis Janover, Paris, Gallimard, « Pléiade », 1982, pp. 335-346.

• ***Introduction à la critique de la philosophie du droit de Hegel***
Article de Marx publié dans les *Annales franco-allemandes*.

ÉDITIONS :
– « Zur Kritik der Hegelschen Rechtsphilosophie. Einleitung », *Deutsch-Französische Jahrbücher*, I-II, février 1844, pp. 71-85.
– *Ibid.*, *MEGA*, I, 1, 1, 1927, pp. 607-621.
– *Ibid.*, *MEW*, I, 1961, pp. 378-391.

TRADUCTIONS :
– Karl Marx, *Critique de la philosophie du droit de Hegel*, traduit par Édouard Fortin, extrait du *Devenir social*, septembre 1895, Paris, V. Giard et E. Brière, 1895 (première traduction française).
– « Contribution à la critique de la philosophie du droit de Hegel. Introduction », Karl Marx, *Œuvres complètes de Karl Marx, Œuvres philosophiques*, I, traduit par J. Molitor, Paris, Alfred Costes, 1927, pp. 83-108 [édition utilisée par Raymond Aron dans son cours].
– Karl Marx, *Contribution à la critique de la philosophie du droit de Hegel*, traduction de Marianna Simon, Paris, Aubier-Montaigne, « Connaissance du Marxisme 3 », 1971.
– « Contribution à la critique de la philosophie du droit de Hegel. Introduction », Karl Marx, *Critique du droit politique hégélien*, traduction et introduction d'Albert Baraquin, Paris, Éditions sociales, 1975, pp. 197-212.
– « Pour une critique de la philosophie du droit de Hegel », Karl Marx, *Œuvres, Philosophie*, traduction de Maximilien Rubel avec la collaboration de Louis Évrard et Louis Janover, Paris, Gallimard, « Pléiade », 1982, pp. 382-397.

NOTES DU CHAPITRE III

1. Dr. Eduard Gans (hrsg), *Georg Wilhelm Friedrich Hegel's Werke*, VIII, *Grundlinien der Philosophie des Rechts, oder Naturrecht und Staatswissenschaft im Grundrisse*, Berlin-Leipzig, Duncker und Humblot, 1833, d'après l'édition publiée sous ce titre par Hegel (Berlin, In der Nicolaischen Buchhandlung, 1821) avec des ajouts de Gans provenant du cours professé à Berlin par l'auteur.
2. G. W. F. Hegel, *Encyclopädie der philosophischen Wissenschaften im Grundrisse*, Heidelberg, Oswald, 1817 ; trad. fr. par Jacques Gibelin : *Précis de l'Encyclopédie des sciences philosophiques*, Paris, Vrin, 1952 ; trad. fr. par Maurice de Gandillac : *Encyclopédie des sciences philosophiques en abrégé (1830)*, Paris, Gallimard, 1970 ; trad. fr. par Bernard Bourgeois : *Encyclopédie des sciences philosophiques*, I. *La science de la logique*, Paris, Vrin, 1970.
3. « Contribution à la critique de la philosophie du droit de Hegel. Introduction », *Œuvres complètes de Karl Marx, Œuvres philosophiques*, I, trad. par J. Molitor, Paris, Alfred Costes, 1927, p. 83.
4. David Friedrich Strauss, *Das Leben Jesu kritisch bearbeitet*, Tübingen, Osiander, 1835 ; *La Vie de Jésus ou Examen critique de son histoire*, traduit sur la 3e édition allemande par Émile Littré, 2 volumes, Paris, Ladrange, 1839-1840.
5. [Bruno Bauer,] *Die Posaune des jüngsten Gerichts über Hegel den Atheisten und Antichristen. Ein Ultimatum*, Leipzig, Wigand, 1841 ; Bruno Bauer, *La trompette du jugement dernier contre Hegel, l'Athée et l'Antéchrist. Un ultimatum (1841)*, édition présentée et traduite par Henri-Alexis Baatsch, Paris, Aubier-Montaigne, « Connaissance du Marxisme 5 », 1972.
6. Ludwig Feuerbach, *Das Wesen des Christenthums*, Leipzig, Wigand, 1841 ; traduction française de Joseph Roy : *Essence du christianisme*, Paris, Librairie internationale, 1864 ; traduction et présentation de Jean-Pierre Osier : *L'Essence du christianisme*, Paris, Maspero, 1979, rééd. Gallimard, 1992.
7. Voir la bibliographie du chapitre IV.
8. Voir la bibliographie du chapitre VII.
9. Max Stirner [Johann Caspar Schmidt], *Der Einzige und sein Eigenthum*, Leipzig, Wigand, 1845 ; traduction française et préface de Henri Lavignes : *L'Unique et sa propriété*, Paris, Éditions de « La Revue blanche », 1900 ; trad. fr. de Robert-L. Reclaire : *L'Unique et sa propriété*, Paris, Stock, « Bibliothèque sociologique n° 28 », 1900, rééd. 1972 ; trad. fr. de Pierre Gallissaire et André Sauge : *Œuvres complètes. L'Unique et sa propriété et autres écrits*, Lausanne, L'Âge d'homme, 1972.
10. Voir la note 5 du chapitre II.
11. Voir la bibliographie du chapitre I.
12. Voir la bibliographie du chapitre I.
13. Voir la bibliographie du chapitre V.
14. Karl Korsch (1886-1961), juriste de formation, après avoir participé au mouvement des Conseils en 1918-1919, adhère à l'Unabhängige Sozialdemokratische Partei Deutschlands (USPD), scission de la social-démocratie, puis au Parti communiste VKPD avec la fusion

de la gauche de l'USPD et du KPD. Il est ainsi mêlé intimement aux premières années du Parti communiste allemand. En 1921, il est élu député au Landtag de Thuringe et, en 1923, ministre de la Justice dans l'éphémère gouvernement KPD-SPD de Thuringe. Un recueil de ses articles, _Marxismus und Philosophie_, Leipzig, Hirschfeld, 1923 (éd. augmentée 1930 ; trad. fr. : _Marxisme et philosophie_, Paris, Éditions de Minuit, « Arguments », 1964) est condamné pour déviationnisme par le Komintern. Élu au Reichstag en 1924, il dirige aussi _Die Internationale_, organe théorique du KPD. En 1925 il est accusé d'être un « zinovieviste » et finalement exclu en 1926. Après 1928, fin de son mandat parlementaire, ses activités politiques deviennent informelles. En contact avec des anarchistes et des communistes dissidents, il donne des articles notamment à _La Critique sociale_, de Souvarine (« Thèses sur Hegel et la révolution », n° 5, mars 1932 ; « Biographie de Karl Marx », n° 8, avril 1933), publie une édition populaire du livre premier du _Capital_. Professeur de droit à Iéna depuis 1924 jusqu'en 1929, date à laquelle sa chaire lui est retirée par le gouvernement nazi de Thuringe, et bien qu'il soit rétabli dans ses droits, il est alors dispensé « temporairement » de cours et finalement révoqué en 1933. Il émigre alors au Danemark, puis en Angleterre. Il donne à une collection sur les sociologues modernes un _Karl Marx_, Londres, Chapman and Hall, 1938 (_Karl Marx_, trad. fr., Paris, Champ libre, 1971). Arrivé aux États-Unis en décembre 1936, il collabore à la revue _Living Marxism_ ; dans l'enseignement supérieur, il n'occupe qu'un emploi temporaire à l'Université de La Nouvelle-Orléans en 1941-1943.

15. Raymond Aron présida, en 1961, le jury de soutenance de la thèse de 3ᵉ cycle de Charles Wackenheim, _La critique de la religion dans les écrits de jeunesse de Karl Marx_, publiée sous le titre _La Faillite de la religion d'après Marx, op. cit._

16. « Aus den Vorarbeiten zur Geschichte der Epikurischen, stoischen und skeptischen Philosophie », _MEGA_, I, 1, 1, 1927, pp. 83-144 ; « Fragments » à la suite de « Différence de la philosophie de la nature chez Démocrite et chez Épicure », _Œuvres complètes de Karl Marx, Œuvres philosophiques_, I, _op. cit._, pp. 70-82 ; « Philosophie épicurienne (Cahiers d'étude, 1839-1840) », Karl Marx, _Œuvres, Philosophie_, traduction de Maximilien Rubel, Paris, Gallimard, « Pléiade », 1982, pp. 785-862.

17. Le « Traité théologico-politique » de Spinoza, _Tractatus theologico-politicus_, est publié anonymement à Amsterdam en 1670, sous couvert d'un éditeur fictif de Hambourg, Künraht. Les extraits du _Traité théologico-politique_ (texte original latin, édition Iéna, 1802) recopiés par Marx sont reproduits dans la _MEGA_, I, 1, 2, 1929, pp. 108-110, ainsi que dans Karl Marx, « Le _Traité Théologico-Politique_ et la _Correspondance_ de Spinoza : trois cahiers d'études de l'année 1841 », _Cahiers Spinoza_, I, été 1977, pp. 29-157, avec présentation de Maximilien Rubel, « Marx à la rencontre de Spinoza », pp. 7-28, et commentaire d'Alexandre Matheron, « Le _Traité Théologico-Politique_ vu par le jeune Marx », pp. 159-212.

18. Les articles de Marx dans la « Gazette rhénane », _Rheinische Zeitung_, publiés du 5 mai 1842 au 18 mars 1843, sont reproduits

dans la *MEGA*, I, 1, 1, pp. 177-393. Voir les notes 15 du chapitre I et 5 du chapitre II.

19. « Die Verhandlungen des 6. rheinischen Landtags von einem Rhein-länder. Erster Artikel. Debatten über Preßfreiheit und Publikation der Landständischen Verhandlungen », *Rheinische Zeitung*, du 5 au 19 mai 1842 (6 articles), reproduit dans la *MEGA*, I, 1, 1, pp. 179-183 ; « Débats sur la liberté de la presse et publication des discussions de la Diète », *Œuvres complètes de Karl Marx. Œuvres philosophiques*, V, trad. par J. Molitor, Paris, Alfred Costes, 1937, pp. 8-93.

20. Voir la bibliographie du présent chapitre.

21. « Verhandlungen des 6. rheinischen Landtags vom einem Rhein-länder. Dritter Artikel. Debatten über das Holzdiebstahlsgesetz », *Rheinische Zeitung*, des 25 octobre au 3 novembre 1842 (5 articles), reproduit dans la *MEGA*, I, 1, 1, pp. 266-304 ; « La loi sur les vols de bois », *Œuvres complètes de Karl Marx. Œuvres philosophiques*, V, *op. cit.*, pp. 116-185 ; une nouvelle traduction est donnée dans Pierre Lascoumes et Hartwig Zander, *Marx : du « vol de bois » à la critique du droit*, Paris, PUF, 1984, pp. 133-170.

22. Le président Charles de Brosses, célèbre par ses *Lettres d'Italie*, a écrit *Du culte des dieux fétiches, ou Parallèle de l'ancienne religion de l'Égypte avec la religion actuelle de Nigritie*, sl, 1760, rééd. texte revu par Madeleine-V. David, Paris, Fayard, « Corpus des œuvres de philosophie en langue française », 1978. Les extraits du *Culte des dieux fétiches* (en traduction allemande, *Über den Dienst der Fetischgötter*, Berlin, 1785) recopiés par Marx sont reproduits dans la *MEGA*, I, 1, 2, p. 115.

23. G. W. F. Hegel, *Principes de la philosophie du droit*, traduit par André Kaan et préfacé par Jean Hyppolite, Paris, Gallimard, 1940, rééd. « Tel », 1995. (Signalons aussi la traduction faite à partir de l'édition Gans par Robert Derathé, *Principes de la philosophie du droit ou Droit naturel et science de l'État en abrégé*, Paris, Vrin, 1975, ainsi qu'une traduction et un commentaire réalisés par l'un des élèves de Raymond Aron, Eugène Fleischmann, *La philosophie politique de Hegel sous forme d'un commentaire des « Fondements de la philosophie du droit »*, Paris, Plon, « Recherches en sciences humaines n° 18 », 1964, rééd. Gallimard, « Tel », 1992.)

24. *Ibid.*, pp. 286-287.

25. « Tiré de l'article de fond du n° 179 de la "Kölnische Zeitung" (*Rheinische Zeitung*, 14 juillet 1842, n° 195, Supplément) », *Œuvres complètes de Karl Marx. Œuvres philosophiques*, V, *op. cit.*, pp. 101-102.

26. *Ibid.*, pp. 102-104 (corrigé par Raymond Aron).

27. Voir la bibliographie du présent chapitre.

28. Voir la bibliographie du chapitre II.

29. *Œuvres complètes de Karl Marx. Œuvres philosophiques*, IV, *Critique de la philosophie de l'État de Hegel*, trad. par J. Molitor, Paris, Alfred Costes, 1935, pp. 27-28 (corrigé par Raymond Aron).

30. *Ibid.*, pp. 25-26.

31. *Ibid.*, p. 66.

32. *Ibid.*, pp. 67-68.

33. *Ibid.*, p. 69.

34. *Ibid.*, p. 170 (corrigé par Raymond Aron).

BIBLIOGRAPHIE

Œuvres de Karl Marx citées dans le chapitre III

* **« *L'éditorial du n° 179 de la "Gazette de Cologne"* »**
  Article publié dans la *Gazette rhénane* les 10, 12 et 14 juillet 1842.

Éditions :
– « Der Leitende Artikel in Nr. 179 der *Kölnischen Zeitung* », *Rheinische Zeitung*, des 10, 12 et 14 juillet 1842.
– Reproduction du dernier des trois articles et sans son dernier alinéa dans Franz Mehring (hrsg), *Aus dem literarischen Nachlass von Karl Marx, Friedrich Engels und Ferdinand Lassalle*, I, Stuttgart, Dietz, 1902, pp. 259-267.
– Reproduction intégrale des trois articles dans la *MEGA*, I, 1, 1, 1927, pp. 232-250, repris dans la *MEW*, I, 1961, pp. 86-104.

Traductions :
– « Tiré de l'article de fond du n° 179 de la "Kölnische Zeitung" (*Rheinische Zeitung*, 14 juillet 1842, N° 195, Supplément) », *Œuvres complètes de Karl Marx. Œuvres philosophiques*, V, traduit par J. Molitor, Paris, Alfred Costes, 1937, pp. 94-108 (d'après la version abrégée de l'édition Mehring) [édition utilisée par Raymond Aron dans son cours] ; réédition. : « L'article de fond du n° 179 de la "Kœlnische Zeitung" (*Gazette rhénane*) (1842) », Karl Marx, *Œuvres philosophiques*, I, nouvelle édition revue et augmentée par Jean-Jacques Raspaud, Paris, Éditions Champ libre, 1981, pp. 539-547 et 633-640.
– « L'éditorial du n° 179 de la "Gazette de Cologne" », Karl Marx et Friedrich Engels, *Sur la religion*, textes choisis, traduits et annotés par G. Badia, P. Bange et É. Bottigelli, Paris, Éditions sociales, 1960, pp. 15-40 (d'après la *MEW*).
– « L'article de tête du numéro 179 de la *Kölnische Zeitung* (*Rheinische Zeitung*, 10, 12 et 14 juillet 1842) », Karl Marx, *Œuvres, Philosophie*, traduction de Maximilien Rubel avec la collaboration de Louis Évrard et Louis Janover, Paris, Gallimard, « Pléiade », 1982, pp. 199-220 (d'après la *MEGA* et la *MEW*).

* **Critique de la philosophie du droit de Hegel**
  Texte rédigé par Marx en 1841-1842 (selon Landshut et Mayer) ou entre fin mars et août 1843 (selon Riazanov), soit avant ou après l'expérience de la *Gazette rhénane*.

Éditions :
– « Kritik des Hegelschen Staatsrechts «, *MEGA*, I, 1, 1, Frankfurt-am-Main, Marx-Engels-Archiv, 1927, pp. 401-553.
– « Kritik der Hegelschen Staatsphilosophie », S. Landshut u. J. P. Mayer (hrsg), *Karl Marx, Der historische Materialismus. Die Frühschriften*, I, Leipzig, Alfred Kröner, 1932, pp. 20-187.
– « Kritik des Hegelschen Staatsrechts », *MEW*, I, 1961, pp. 203-233.

Traductions :

– *Œuvres complètes de Karl Marx, Œuvres philosophiques*, IV, *Critique de la philosophie de l'État, de Hegel*, publié par S. Landshut et J.-P. Mayer, traduit par J. Molitor, Paris, Alfred Costes, 1935, pp. 17-259 [édition utilisée par Raymond Aron dans son cours].

– Karl Marx, *Critique du droit politique hégélien*, traduction et introduction d'Albert Baraquin, Paris, Éditions sociales, 1975, pp. 35-194 (traduit à partir de la *MEGA* et de la *MEW*).

– Karl Marx, *Critique de l'État hégélien*, traduction et présentation de Kostas Papaioannou, élève et ami de Raymond Aron, Paris, Union générale d'Éditions, « 10/18 », 1976, réédition sous le titre « Critique du droit politique hégélien », Karl Marx, *Écrits de jeunesse*, Paris, Quai Voltaire, 1990, pp. 41-229 (traduit à partir de la *MEGA* et de la *MEW*).

– « Critique de la philosophie politique de Hegel », Karl Marx, *Œuvres, Philosophie*, édition établie, présentée et annotée par Maximilien Rubel, Paris, Gallimard, « Pléiade », 1982, pp. 865-1018.

NOTES DU CHAPITRE IV

1. Les textes de jeunesse de Hegel ont été publiés entre 1843 (Rosen-kranz) et 1936 (Hoffmeister), notamment ses œuvres théologiques au début du XXᵉ siècle dans Hermann Nohl (hrsg), *Hegel. Theologische Jugendschriften*, Tübingen, Mohr, 1907. Voir Robert Legros, « Introduction bibliographique aux écrits du jeune Hegel. La publication des manuscrits », dans Georges Lukács, *Le jeune Hegel. Sur les rapports de la dialectique et de l'économie*, trad. fr. par Guy Haarscher et R. Legros, I, Paris, Gallimard, 1981, pp. 7-19.
2. Voir Eugène Fleischmann, *La science universelle ou la logique de Hegel*, Paris, Plon, « Recherches en sciences humaines n° 25 », 1968. Eugène Fleischmann suivait le séminaire de Raymond Aron. C'était un ami de Kostas Papaioannou.
3. Voir *Œuvres complètes de Karl Marx, Œuvres philosophiques*, IV, *Critique de la philosophie de l'État, de Hegel*, publié par S. Landshut et J.-P. Mayer, trad. par J. Molitor, Paris, Alfred Costes, 1935, pp. 28-37, 52-55 et 85-87 ; *Œuvres complètes de Karl Marx, Œuvres philosophiques*, II, *La Sainte Famille ou Critique de la critique critique (contre Bruno Bauer et consorts)*, trad. par J. Molitor, Paris, Alfred Costes, 1927, pp. 99-106.
4. *Œuvres complètes de Karl Marx, Œuvres philosophiques*, II, *La Sainte Famille, op. cit.*, pp. 99 et sq.
5. *Ibid.*, pp. 101-102.
6. *Ibid.*, p. 104.
7. *Œuvres complètes de Karl Marx, Œuvres philosophiques*, IV, *Critique de la philosophie de l'État, de Hegel, op. cit.*, pp. 27-28 (corrigé par Raymond Aron).
8. *Ibid.*, p. 189 (corrigé par Raymond Aron).
9. *Ibid.*, p. 167 (corrigé par Raymond Aron).
10. Michael Young, *The Rise of the Meritocracy 1870-2033*, Londres, Thames and Hudson, 1958 ; trad. fr. par Maurice Luciani : *La Méritocratie en mai 2033*, Paris, SEDES, « Futuribles », 1969.
11. *Critique de la philosophie de l'État, op. cit.*, pp. 167-169 (corrigé par Raymond Aron).
12. *Ibid.*, pp. 221-222.
13. *Ibid.*, p. 166 (corrigé par Raymond Aron).
14. Karl Marx, *Zur Kritik der politischen Ökonomie. Erstes Heft*, Berlin, Duncker, 1859 (« Contribution à la critique de l'économie politique. Premier fascicule »).
15. *Grundrisse der Kritik der politischen Ökonomie*, voir la note 4 de l'introduction.
16. Les livres II et III du *Capital* ont été édités par Engels : *Das Kapital. Kritik der politischen Ökonomie*, Zweiter Band. Buch II. : *Der Circulationsprocess des Kapitals*, Hambourg, Meissner, 1885 (« Le procès de la circulation du Capital ») ; *Das Kapital. Kritik der politischen Ökonomie*, Dritter Band. Buch III. : *Der Gesamtprocess des kapitalistischen Produktion*, Hambourg, Meissner, 1894 (« Le procès d'ensemble de la production capitaliste »). Le livre IV le fut par Kautsky : *Theorien über den Mehrwert*, 3 tomes, Stuttgart, Dietz, 1905-1910 (« Théories sur la plus-value »). Voir les biblio-

graphies du chapitre XII et de l'annexe II, ainsi que la note 2 du chapitre IX.

BIBLIOGRAPHIE

ŒUVRES DE KARL MARX CITÉES DANS LE CHAPITRE IV

- **La Sainte Famille**

ÉDITION :
– Friedrich Engels et Karl Marx, *Die heilige Familie oder Kritik der kritischen Kritik, gegen Bruno Bauer und Consorten*, Frankfurt-am-Main, Literarische Anstalt, 1845.

TRADUCTIONS :
– *Œuvres complètes de Karl Marx, Œuvres philosophiques*, II et III, *La Sainte Famille ou Critique de la critique critique (contre Bruno Bauer et consorts)*, traduit par J. Molitor, Paris, Alfred Costes, 1927 et 1928 [édition utilisée par Raymond Aron dans son cours], rééd. : « La Sainte Famille, ou Critique de la critique critique », Karl Marx, *Œuvres philosophiques*, I, nouvelle édition revue et augmentée par Jean-Jacques Raspaud, Paris, Éditions Champ libre, 1981, pp. 129-318 et 625.
– Karl Marx et Friedrich Engels, *La Sainte Famille ou Critique de la critique critique, contre Bruno Bauer et consorts*, traduction par Erna Cogniot, Paris, Éditions sociales, 1969.
– « La Sainte Famille ou Critique de la critique critique, contre Bruno Bauer et consorts », Karl Marx, *Œuvres, Philosophie*, traduction par Maximilien Rubel, avec la collaboration de Louis Évrard et Louis Janover, Paris, Gallimard, « Pléiade », 1982, pp. 421-661.

- **Critique de la philosophie du droit de Hegel**
  Voir la bibliographie du chapitre III.

– *Œuvres complètes de Karl Marx, Œuvres philosophiques*, IV, *Critique de la philosophie de l'État, de Hegel*, publié par S. Landshut et J.-P Mayer, trad. par J. Molitor, Paris, Alfred Costes, 1935, pp. 17-259 [édition utilisée par Raymond Aron dans son cours].

1. Implicitement dans la lettre de Marx à Ruge, datée de septembre 1843 (Correspondance entre Marx et Ruge, *Œuvres complètes de Karl Marx, Œuvres philosophiques*, V, trad. fr. par J. Molitor, Paris, Alfred Costes, 1937, pp. 205-211) et explicitement dans l'avant-propos même que Marx destinait aux *Manuscrits de 1844* (Karl Marx, *Manuscrits de 1844. Économie politique et philosophie*, présentation, traduction et notes par Émile Bottigelli, Paris, Éditions sociales, 1962, p. 1).

2. G. W. F. Hegel, *La Phénoménologie de l'esprit*, trad. par Jean Hyppolite, II, Paris, Aubier, 1941, p. 316. « Le terme d'*extranéation* (*Entfremdung*) dit plus que celui d'*aliénation* (*Entäusserung*) ; il implique non seulement que le Soi naturel renonce à soi, s'aliène, mais encore se fait étranger à soi-même. Pour parler de l'opposition foncière du bien et du mal, Hegel utilise toujours le terme d'extranéation » (Jean Hyppolite, *Genèse et structure de « La Phénoménologie de l'esprit » de Hegel*, Paris, Montaigne, 1946, p. 372).

3. Voir la note 1 d'Émile Bottigelli dans Marx, *Manuscrits de 1844 op. cit.*, p. 56.

4. « *L'homme n'adore un objet qu'après s'être transporté dans cet objet*, c'est la formule définitive qui en résulte, et qui se concentre plus énergiquement en celle-ci : *l'homme s'adore en lui-même, l'homme ne veut point ne pas s'adorer lui-même*. Le développement des religions veut, du reste, que dans leur naturalisme elles adorent l'être *non-humain* parce qu'il leur paraît *humain*, et que dans leur théisme ou anthropologisme elles adorent l'être *humain* parce qu'il leur paraît différent de l'homme, un être *non-humain* ; une contradiction qui est nécessaire dans la vie de la religion. […] Plus l'homme s'élève au-dessus du niveau de la nature, plus son Dieu devient supranaturaliste ; elle reflète toujours fidèlement l'image humaine idéalisée, et il adore cette image chérie. Il reste désormais convaincu que volonté et intelligence sont les deux puissances de son essence : son Dieu doit par conséquent les posséder au plus haut degré » (extraits de *L'Essence de la religion* de Feuerbach, traduit dans Hermann Ewerbeck, *Qu'est-ce que la religion d'après la nouvelle philosophie allemande*, Paris, Ladrange-Garnier frères, 1850, pp. 11 et 16).

5. *Œuvres complètes de Karl Marx. Œuvres philosophiques*, IV, *Critique de la philosophie de l'État de Hegel*, trad. par J. Molitor, Paris, Alfred Costes, 1935, p. 165 (Une note du traducteur signale que les deux points d'interrogation figurent dans le manuscrit).

6. « Dadurch, daß Hegel das *Befremdliche* dieser Erscheinung ausspricht, hat er die *Entfremdung* nicht gehoben » (« Kritik der Hegelschen Staatsphilosophie (1841/42) », S. Landshut und J. P. Mayer (hrsg), *Karl Marx. Der historische Materialismus. Die Frühschriften*, I, Leipzig, Alfred Kröner, 1932, p. 123).

7. « Le terme d'*aliénation* a servi à tant d'usages, depuis quelques dizaines d'années, en Allemagne, en France, en Europe occidentale, aujourd'hui et même aux États-Unis, il se prête à tant de

définitions que peut-être vaudrait-il mieux l'abandonner. [...] En son équivoque même, *il fait partie de la conscience critique que notre propre société a d'elle-même.* » (Raymond Aron, *Les Désillusions du progrès. Essai sur la dialectique de la modernité*, Paris, Gallimard, 1969, p. 174.)

8. Notamment dans *L'Idéologie allemande* (1846).

9. Dans une note intitulée « Le communisme, fin de l'aliénation humaine » en annexe de son ouvrage, *La Main tendue ? Le dialogue catholique-communiste est-il possible ?* Paris, Grasset, 1937, pp. 211-244, le père Gaston Fessard analyse les extraits des *Manuscrits de 1844* traduits dans *La Revue marxiste* et, au besoin, en corrige « des inexactitudes qui vont parfois jusqu'au contresens » à l'aide de la *MEGA*, I, 3, 1932, pp. 111-126. C'est, avec l'article de Raymond Aron, « Les rapports de la politique et de l'économie dans la doctrine marxiste », *Inventaires*, n° 2, 1937, pp. 16-47, l'un des premiers commentaires français des *Manuscrits de 1844*. Ici, dans son cours, Raymond Aron vise l'affirmation du père Fessard, selon laquelle, avec ces manuscrits, « nous sommes donc au point de l'évolution de la pensée de Marx, et nous avons toutes chances de saisir dans sa pureté l'idée même de son communisme au moment où elle apparaît, à la crête, pour ainsi dire, du versant idéaliste d'où il vient et du versant matérialiste où s'inclinera le reste de son œuvre » (p. 212). Voir aussi l'article d'Alexandre Kojève dans *Critique*, n° 3-4, août-septembre 1946, pp. 308-312.

10. En 1859, dans la préface de la *Contribution à la critique de l'économie politique*, Marx reconnaît que lui manquaient, en 1842-1843, les connaissances économiques nécessaires pour juger du socialisme français et que l'arrêt de la *Rheinische Zeitung* lui offrit l'occasion de se retirer dans son cabinet d'étude (Karl Marx, *Contribution à la critique de l'économie politique*, traduit sur la 2ᵉ édition allemande de Karl Kautsky par Laura Lafargue, « Bibliothèque socialiste internationale XI », Paris, V. Giard et E. Brière, 1909, pp. 2-3). Témoignent de ces lectures les cahiers d'extraits de Paris (début 1844-début 1845), où l'on trouve, parmi les auteurs cités et annotés, Boisguillebert, James Mill, Ricardo, Jean-Baptiste Say, Adam Smith (Ökonomische Studien, Exzerpte, *MEGA*, I, 3, pp. 436-583).

11. Marx, *Manuscrits de 1844*, *op. cit.*, p. 5.

12. *Ibid.*, p. 53.

13. Sur cet économiste, disciple de gauche de Ricardo, voir le livre d'Élie Halévy, *Thomas Hodgskin (1787-1869)*, Paris, Société nouvelle de Librairie et d'Édition (Librairie Georges Bellais), 1903.

14. « L'objet que le travail produit, son produit, l'affronte comme un *être étranger*, comme une *puissance indépendante* du producteur. Le produit du travail est le travail qui s'est fixé, concrétisé dans un objet, il est l'*objectivation du travail*. L'actualisation [*Verwirklichung*, annote Raymond Aron sur son exemplaire] du travail est son objectivation » (Marx, *Manuscrits de 1844*, *op. cit.*, p. 57).

15. Voir *L'Essence de la religion* de Feuerbach, *loc. cit.*, pp. 104 sq.

16. Marx, *Manuscrits de 1844*, *op. cit.*, pp. 63-65.

17. « Le règne de la liberté ne commence que lorsqu'il n'existe plus d'obligation de travail imposée par la misère ou les buts extérieurs ; il se trouve donc par la nature des choses en dehors de la sphère de la production matérielle proprement dite. [...] Dans cet état de choses la liberté consiste uniquement en ceci : l'homme social, les producteurs associés, règlent de façon rationnelle leurs échanges avec la nature et les soumettent à leur contrôle collectif, au lieu de se laisser aveuglément dominer par eux ; et ils accomplissent ces échanges avec le moins d'efforts possible et dans les conditions les plus dignes et les plus adéquates à leur nature humaine. Mais la nécessité n'en subsiste pas moins. Et le règne de la liberté ne peut s'édifier que sur ce règne de la nécessité. La réduction de la journée de travail est la condition fondamentale » (Marx, *Le Capital*, XIV, *Livre III. Le procès d'ensemble de la production capitaliste (suite et fin)*, trad. par J. Molitor, Paris, Alfred Costes, 1930, pp. 114 et 115).

18. « La *propriété privée* est donc le produit, le résultat, la conséquence nécessaire du *travail aliéné*, du rapport extérieur de l'ouvrier à la nature et à lui-même. [...] Nous avons certes tiré le concept de *travail aliéné* (de vie aliénée) de l'économie politique comme le résultat du *mouvement de la propriété privée*. Mais de l'analyse de ce concept, il ressort que, si la propriété privée apparaît comme la raison, la cause du travail aliéné, elle est bien plutôt la conséquence de celui-ci, de même que les dieux *à l'origine* ne sont pas la cause, mais l'effet de l'aberration de l'entendement humain. Plus tard, ce rapport se change en action réciproque » (Marx, *Manuscrits de 1844, op. cit.*, p. 67).

19. « Le caractère fétiche de la marchandise et son secret » (paragraphe IV, chapitre premier « La marchandise », première section « Marchandise et monnaie » du livre premier du *Capital*).

20. Voir Marx, *Manuscrits de 1844, op. cit.*, pp. 61-65 (*MEGA*, I, 3, 1932, pp. 87-89).

21. Gabriel Marcel, *Être et Avoir*, Paris, Aubier, 1935, nouvelle édition annotée et préfacée par Jeanne Parain-Vial, Paris, Éditions universitaires, 1990. Voir aussi la recension d'*Être et Avoir* par Gaston Fessard dans *Études*, 5 juin 1936, pp. 695-696.

22. Marx, *Manuscrits de 1844, op. cit.*, p. 122.

23. *Ibid.*, p. 123.

24. *Ibid.*

25. *Ibid.*, p. 120 (Shakespeare, *Timon d'Athènes*, IV, 3, 26-29).

26. *Ibid.*, p. 87.

27. « Die Deutsche Idéologie », *MEGA*, I, 5, 1932, p. 43.

BIBLIOGRAPHIE

ŒUVRE DE KARL MARX CITÉE DANS LE CHAPITRE V

- **Les *Manuscrits de 1844***

Les textes du *Manuscrit économico-philosophique* ont été rédigés à Paris entre avril et août 1844.

ÉDITIONS :
- La première publication des *Manuscrits de 1844* a été faite par David Riazanov, directeur de l'Institut Marx-Engels de Moscou, avec des fragments du troisième manuscrit et sous le titre de « Travaux préparatoires pour *La Sainte Famille* » [en russe], *Arkhivy Karla Marksa i Fridrikha Engelsa*, III, 1927, pp. 247-286.
- « Ökonomisch-philosophische Manuskripte aus dem Jahre 1844 (Zur Kritik der Nationalökonomie, mit einem Schlußkapitel über die Hegelsche Philosophie) », *MEGA*, I, 3, Berlin, Marx-Engels Verlag, 1932, pp. 29-172 (3 manuscrits) et 592-596 (un 4ᵉ manuscrit constitué par un commentaire du dernier chapitre de la *Phénoménologie de l'Esprit* de Hegel par Marx), édition signée de Vladimir Adoratski, successeur de Riazanov.
- « Nationalökonomie und Philosophie. Über den Zusammenhang der Nationalökonomie mit Staat, Recht, Moral und bürgerlichem Leben (1844) », S. Landshut und J. P. Mayer (hrsg), *Karl Marx. Der historische Materialismus. Die Frühschriften*, I, Leipzig, Alfred Kröner, 1932, pp. 283-375 (ne comprend pas le premier manuscrit de la *MEGA*).
- Erich Thier (hrsg), *Nationalökonomie und Philosophie*, Cologne-Berlin, Kiepenheuer, 1950 (d'après la *MEGA*).
- *Die Heilige Familie, und andere philosophische Frühschriften*, Berlin-Est, Dietz, « Bücherei des Marxismus-Leninismus 41. », 1953 (les parties philosophiques de la *MEGA* avec des corrections).
- *Kleine ökonomischen Schriften, Ein Sammelband*, Berlin-Est, Dietz, « Bücherei des Marxismus-Leninismus 42. », 1955 (les parties économiques de la *MEGA* avec des corrections).
- « Zur Kritik der Nationalökonomie. Ökonomische-Philosophische Manuskripte », *MEW*, XL, *Ergängzungsband. Schriften Manuskripte, Briefe bis 1844*, I., 1968, pp. 465-567 (*MEGA* corrigée).
- « Ökonomische-philosophische Manuskripte », *MEGA2*, I, 2, 1982, pp. 323-438.

TRADUCTIONS :
- « Notes sur le communisme et la propriété privée », *La Revue marxiste*, n° 1, 1ᵉʳ février 1929, pp. 6-28, et « Notes sur les besoins, la production et la division du travail », *ibid.*, n° 5, juin 1929, pp. 513-538 (première traduction française, signée Albert Mesnil [Norbert Guterman] dans la revue de Georges Friedmann, à partir des fragments du troisième manuscrit publiés en russe en 1927), ainsi que « Critique de la dialectique hégélienne », *Avant-Poste*, n° 1, juin 1933, pp. 32-39, et *ibid.*, n° 2, août 1933, pp. 110-116 (traduction partielle et inachevée par Norbert Guterman et Henri Lefebvre, du dernier manuscrit de la *MEGA*). Ces traductions sont reprises sous forme d'extraits dans Karl Marx, *Morceaux choisis*, introduction par Henri Lefebvre et Norbert Guterman, Marx philosophe, par Paul-Yves Nizan, Marx économiste, par Jean Duret, Paris, Gallimard, 1934.
- « Économie politique et philosophie », *Œuvres complètes de Karl Marx, Œuvres philosophiques*, VI, traduction par J. Molitor, Paris, Alfred Costes, 1937, pp. 9-135 (d'après Landshut et Mayer). Sa réédition par Jean-Jacques Raspaud, dans Karl Marx, *Œuvres philo-*

sophiques, II, Paris, Champ libre, 1981, pp. 1-69, est augmentée, en appendice, pp. 515-564, d'une traduction du premier manuscrit à partir de l'édition Dietz.

- Karl Marx, *Manuscrits de 1844. Économie politique et philosophie*, présentation, traduction et notes par Émile Bottigelli, Paris, Éditions sociales, 1962 (d'après la *MEGA* et les corrections successives apportées dans les éditions Dietz ainsi que celles communiquées à Bottigelli en 1961 par l'Institut du Marxisme-Léninisme de Moscou) [édition utilisée par Raymond Aron dans son cours].
- « Économie et philosophie (Manuscrits parisiens 1844) », traduction par Jean Malaquais et Claude Orsoni, Karl Marx, *Œuvres, Économie*, II, Paris, Gallimard, « Pléiade », 1968, pp. 3-141 (d'après la *MEGA* et les manuscrits originaux conservés à l'Institut international d'Histoire sociale d'Amsterdam). L'éditeur de Marx dans la « Pléiade », Maximilien Rubel, avait auparavant traduit des fragments du premier manuscrit, « Un inédit de Karl Marx. Le travail aliéné », *Revue socialiste*, n° 8, février 1947, pp. 154-158 (*MEGA*, I, 3, pp. 81-94), et, avec Frédéric Berthelot, « Le travail salarié », dans *De Marx au marxisme 1848-1948*, Paris, Éditions de Flore, 1948, pp. 304-317 (*MEGA*, I, 3, pp. 75-78).
- « Critique de l'économie politique (Manuscrits 1844) », Engels-Marx, *La première critique de l'économie*, traduction et présentation par Kostas Papaioannou, Paris, Union générale d'Éditions, « 10/18 », 1972, pp. 65-301, rééd. dans Karl Marx, *Écrits de jeunesse*, Paris, Quai Voltaire, 1990, pp. 231-446.
- Karl Marx, *Manuscrits de 1844,* traduction de Jacques-Pierre Gougeon, Paris, Flammarion, « GF 789 », 1996 (d'après la *MEGA2*).

1. « Diese *"Entfremdung"*, um den Philosophen verständlich zu bleiben » (S. Landshut und J. P. Mayer (hrsg), *Karl Marx. Der historische Materialismus. Die Frühschriften,* II, Leipzig, Alfred Kröner, 1932, p. 26).

2. « ... dans la société communiste, où chacun n'a pas un cercle exclusif d'activité, mais peut se perfectionner dans n'importe quelle branche, la société règle la production générale et me donne ainsi la possibilité de faire aujourd'hui ceci, demain cela, de chasser le matin, de pêcher l'après-midi, de faire le soir de l'élevage, même de critiquer la nourriture, sans jamais devenir chasseur, pêcheur ou pâtre ou critique, juste suivant mon bon plaisir » (« Idéologie allemande (1ʳᵉ partie) », *Œuvres complètes de Karl Marx, Œuvres philosophiques,* VI, traduit par J. Molitor, Paris, Alfred Costes, 1937, p. 175).

3. Karl Marx, *Manuscrits de 1844. Économie politique et philosophie,* présentation, traduction et notes par Émile Bottigelli, Paris, Éditions sociales, 1962, p. 87.

4. *Ibid.,* pp. 126-127.

5. Le père Gaston Fessard (1897-1978) donnera une analyse d'ensemble de l'œuvre de Raymond Aron dans son article « Raymond Aron, philosophe de l'histoire et de la politique », Jean-Claude Casanova (éd.), *Science et conscience de la société. Mélanges en l'honneur de Raymond Aron,* I, Paris, Calmann-Lévy, 1971, pp. 49-88, développée dans l'ouvrage posthume, *La Philosophie historique de Raymond Aron,* préface de Jeanne Hersch, Paris, Julliard, 1980 ; ce dernier ouvrage est commenté par Aron, dans ses *Mémoires,* Paris, Julliard, 1983, pp. 522-525. Voir aussi Jeanne Hersch, « Dialogue sur la philosophie de l'histoire : le père Gaston Fessard et Raymond Aron », *Commentaire,* n° 11, automne 1980, pp. 384-391, et Nicolas Baverez, « Raymond Aron et le père Gaston Fessard : le drame de l'existence historique au XXᵉ siècle », *Commentaire,* n° 28-29, février 1985, pp. 193-199.

6. Les cours de Hegel tenus de 1822 à 1831 sur la philosophie de l'histoire ont été publiés par Eduard Gans dans *Georg Wilhelm Friedrich Hegel's Werke, vollständige Ausgabe,* IX, *Vorlesungen über die Philosophie des Geschichts,* Berlin-Leipzig, Duncker und Humblot, 1837, remanié en 1848 par Karl Hegel suivant des manuscrits de son père et repris dans l'édition de Georg Lasson et Johannes Hoffmeister ; G. W. F. Hegel, *Leçons sur la philosophie de l'histoire,* trad. fr. par Jacques Gibelin, Paris, Vrin, 1937, nouvelle édition remaniée par Étienne Gilson, 1987 ; l'introduction sera traduite par Kostas Papaioannou, sous le titre, G. W. F. Hegel, *La Raison dans l'histoire,* Paris, Union générale d'Éditions, « 10/18 », 1965.

7. Marx, *Manuscrits de 1844, op. cit.,* p. 132.

8. Jean-Paul Sartre, *Critique de la raison dialectique (précédé de Questions de méthode),* I, *Théorie des ensembles pratiques,* Paris, Gallimard, 1960, p. 191. Le même thème se trouve déjà évidemment dans *L'Être et le Néant,* Paris, Gallimard, 1943, ainsi que dans *L'existentialisme est un humanisme,* Paris, Nagel, 1946,

p. 55 : « L'homme n'est rien d'autre que son projet, il n'existe que dans la mesure où il se réalise, il n'est donc rien d'autre que l'ensemble de ses actes, rien d'autre que sa vie. »

9. Marx, *Manuscrits de 1844, op. cit.*, pp. 132-133.

10. Georg Lukács, *Der junge Hegel, über die Beziehungen von Dialektik und Ökonomie*, Zurich-Vienne, Europa Verlag, 1948 ; Georges Lukács, *Le Jeune Hegel. Sur les rapports de la dialectique et de l'économie*, traduit et présenté par Guy Haarscher et Robert Legros, 2 vol., Paris, Gallimard, 1981.

11. Marx, *Manuscrits de 1844, op. cit.*, pp. 143-144.

12. *Ibid.*, pp. 84 sq.

13. Nous reproduisons ici le texte de Marx auquel Raymond Aron fait allusion :

« En considérant le sens *positif* de la négation rapportée à elle-même – bien qu'à nouveau d'une manière aliénée – Hegel saisit donc l'aliénation de soi, l'aliénation de l'essence, la perte d'objectivité et de réalité de l'homme comme la prise de possession de soi, la manifestation de l'essence, l'objectivation, la réalisation. < Bref il saisit – à l'intérieur de l'abstraction – le travail comme l'*acte d'engendrement* de l'homme *par lui-même*, le rapport à soi-même comme à un être étranger et la manifestation de soi en tant qu'être étranger comme la *conscience générique et la vie générique* en devenir. >

« b) Mais chez Hegel – abstraction faite, ou plutôt comme conséquence, de la perversion que nous avons déjà décrite – cet acte apparaît d'une part comme un acte seulement *formel*, parce qu'abstrait, car l'être humain lui-même n'a de valeur que comme *être pensant abstrait*, comme conscience de soi ; et

« deuxièmement, parce que la conception en est *formelle* et *abstraite*, la suppression de l'aliénation se change en confirmation de l'aliénation. Autrement dit, pour Hegel, ce mouvement d'*engendrement de soi*, d'*objectivation de soi*, en tant qu'*aliénation et dessaisissement de soi*, est la *manifestation absolue de la vie humaine*, et par conséquent la dernière, celle qui est son propre but et qui est apaisée en elle-même, qui est parvenue à son essence.

« Sous sa forme [XXXI] abstraite, en tant que dialectique, ce mouvement passe donc pour la *vie véritablement humaine*, et comme elle est tout de même une abstraction, une aliénation de la vie humaine, elle passe pour le *processus divin*, mais pour le processus divin de l'homme – processus par lequel passe son essence différente de lui, abstraite, pure, absolue.

« *Troisièmement :* Il faut que ce processus ait un agent, un sujet ; mais ce sujet n'apparaît que comme résultat ; c'est pourquoi ce résultat, le sujet qui se connaît lui-même comme la conscience de soi absolue, est *Dieu*, l'*Esprit absolu*, l'*Idée qui se connaît et se manifeste*. L'homme réel et la nature réelle deviennent de simples prédicats, des symboles de cet homme irréel caché et de cette nature irréelle[1]. Sujet et prédicat sont donc dans un rapport

_____

1. Feuerbach écrit dans les *Thèses provisoires* (§ 51) : « Chez Hegel la pensée est l'*être* ; la *pensée* est le *sujet*, l'*être* est le *prédicat*. La Logique est la pensée dans l'élément de la pensée, ou la pensée qui se pense elle-même, la pensée comme *sujet sans prédicat* ou la pensée qui est à la fois sujet et *son propre prédicat*. »

d'inversion absolue à l'égard l'un de l'autre ; c'est le *sujet-objet mystique ou la subjectivité qui déborde l'objet, le sujet absolu* en tant que *processus* (le *sujet s'aliène*, revient à lui-même du fond de cette aliénation, mais la reprend en même temps en lui-même) et le sujet en tant que ce processus ; c'est le mouvement circulaire pur, *incessant*, en soi-même.

« *Premier point.* Conception *formelle et abstraite* de l'acte d'auto-engendrement et d'auto-objectivation de l'homme.

« L'objet devenu étranger, la réalité essentielle aliénée de l'homme – puisque Hegel pose l'homme égale la conscience de soi – ne sont rien que *conscience*, que l'idée de l'aliénation, l'expression *abstraite*, et par conséquent vide et irréelle de celle-ci, la *négation*. La suppression de l'aliénation n'est donc également rien qu'une suppression abstraite et vide de cette abstraction vide, la *négation de la négation*. L'activité substantielle, vivante, sensible, concrète de l'objectivation de soi devient donc sa pure abstraction, la *négativité absolue*, abstraction qui, à son tour, est fixée comme telle et qui est pensée comme une activité indépendante, comme l'activité à l'état pur. Or, comme ladite négativité n'est pas autre chose que la forme *abstraite et vide* de cet acte vivant, réel, son contenu ne peut être aussi qu'un contenu *formel*, produit en faisant abstraction de tout contenu. C'est pourquoi ce sont les *formes* générales abstraites de l'*abstraction*, propres à tout contenu et par suite aussi bien indifférentes à tout contenu que valables pour chacun d'eux, ce sont les formes de la pensée, les catégories logiques, détachées de l'esprit *réel* et de la nature *réelle*. (Nous développerons plus loin le contenu *logique* de la négativité absolue.)

« Ce que Hegel a réalisé ici de positif – dans sa Logique spéculative –, c'est d'avoir fait des *concepts déterminés*, des *formes* universelles *fixes de la pensée*, dans leur indépendance à l'égard de la nature et de l'esprit, le résultat nécessaire de l'aliénation générale de l'être humain, donc aussi de la pensée de l'homme, et de les avoir en conséquence présentés et groupés comme des moments du processus d'abstraction. Par exemple, l'être dépassé est l'essence, l'essence dépassée est le concept, le concept dépassé… l'Idée absolue. Mais qu'est-ce que l'Idée absolue ? Elle se dépasse elle-même à son tour, si elle ne veut pas repasser depuis le début par tout l'acte d'abstraction et se contenter d'être une totalité d'abstractions ou l'abstraction qui se saisit elle-même. Mais l'abstraction qui se saisit elle-même comme abstraction se connaît comme n'étant rien ; elle doit s'abandonner elle-même, abandonner l'abstraction, et ainsi elle arrive auprès d'un être qui est son contraire direct, la *Nature*. La Logique tout entière est donc la preuve que la pensée abstraite n'est rien pour elle-même, pas plus que l'Idée absolue, que seule la *nature* est quelque chose.

« [XXXII] L'Idée absolue, l'Idée *abstraite*, qui « *considérée* selon son unité avec elle-même est contemplation [1] » (Hegel, *Encyclo-*

---

1. *Anschauung*. Nous traduisons par contemplation, au sens d'intuition, de vue directe.

pédie, 3ᵉ édit., p. 222), qui « dans la vérité absolue d'elle-même *se résout* à faire sortir librement d'elle le moment de sa particularité ou de la première détermination et de l'être-autre, *l'idée immédiate* en tant que son reflet, *à se faire sortir librement d'elle-même en tant que nature* »*, toute cette Idée qui se comporte d'une façon si étrange et si baroque et à propos de laquelle les hégéliens se sont terriblement cassé la tête, n'est absolument rien d'autre que *l'abstraction*, c'est-à-dire le penseur abstrait. Instruite par l'expérience et éclairée sur sa vérité, elle se résout, sous de multiples conditions – fausses et encore abstraites elles-mêmes – à *renoncer à elle* et à poser son être-autre, le particulier, le déterminé, à la place de son être-auprès-de-soi, de son non-être, de son universalité et de son indétermination ; elle se résout *à faire sortir librement d'elle-même la nature*, qu'elle ne cachait en elle que comme abstraction, comme idée, c'est-à-dire à abandonner l'abstraction et à regarder enfin la nature qu'elle *a fait sortir* d'elle. L'Idée abstraite, qui devient immédiatement *contemplation*, n'est pas autre chose que la pensée abstraite qui renonce à elle-même et se résout à la *contemplation*. Tout ce passage de la *Logique* à la *Philosophie de la Nature* n'est pas autre chose que le passage – si difficile et pour le penseur abstrait et par suite décrit par lui de manière si extravagante – *de l'abstraction à la contemplation*. Le sentiment *mystique*, qui pousse le philosophe à quitter la pensée abstraite pour la contemplation, est l'*ennui*, la nostalgie d'un contenu.

« (L'homme devenu étranger à soi-même est aussi le penseur devenu étranger à son *essence*, c'est-à-dire à l'essence naturelle et humaine. C'est pourquoi ses idées sont des esprits figés qui résident en dehors de la nature et de l'homme. Dans sa *Logique*, Hegel a rassemblé et enfermé tous ces esprits figés et a considéré chacun d'eux, d'abord comme négation, c'est-à-dire comme *aliénation* de la pensée de *l'homme*, puis comme négation de la négation, c'est-à-dire comme suppression de cette aliénation, comme manifestation *réelle* de la pensée humaine ; mais – comme il est encore lui-même prisonnier de l'aliénation – cette négation de la négation est soit le rétablissement de ces esprits figés dans leur aliénation, soit le fait de s'arrêter au dernier acte, de se rapporter à soi-même dans l'aliénation qui est l'existence vraie de ces esprits figés** ; soit encore dans la mesure où cette abstraction se saisit elle-même et ressent un ennui infini de soi-même,

---

* Hegel, *Encyclopédie*, 3ᵉ édit., p. 222/§ 244/. *(Note de Marx.)*

** C'est-à-dire que Hegel remplace ces abstractions figées par l'acte tournant en cercle en lui-même de l'abstraction ; en cela il a évidemment le mérite d'avoir montré la source de tous ces concepts inadéquats qui, d'après leur date d'origine, sont propres à divers philosophes, de les avoir rassemblés et d'avoir créé comme objet de la critique au lieu d'une abstraction déterminée l'abstraction complète, dans toute son extension (nous verrons plus loin pourquoi Hegel sépare la pensée du sujet ; mais dès maintenant il est évident que si l'homme n'est pas, la manifestation de son essence ne peut pas être humaine non plus ; donc la pensée ne peut pas non plus être conçue comme la manifestation de l'essence de l'homme en tant qu'il est un sujet humain et naturel, doué d'yeux, d'oreilles, etc., vivant dans la société, le monde et la nature). *(Note de Marx.)*

l'abandon de la pensée abstraite qui se meut seulement dans la pensée, qui n'a ni œil, ni dent, ni oreille, ni rien, apparaît chez Hegel comme la décision de reconnaître la *nature* en tant qu'essence et de se consacrer à la contemplation.) » (Marx, *Manuscrits de 1844*, *op. cit.*, pp. 144-147.)

14. « Thèses sur Feuerbach », *Œuvres complètes de Karl Marx, Œuvres philosophiques,* VI, *op. cit.*, p. 143.
15. *Ibid.*, pp. 143-144.
16. *Ibid.*, p. 143.
17. *Ibid.*, p. 144 (modifié par Raymond Aron). « Die Philosophen haben die Welt nur verschieden *interpretiert* ; es kömmt darauf an, sie zu *verändern.* » (« Thesen über Feuerbach », *Frühschriften*, II, p. 5).
18. *Ibid.*, p. 141.
19. *Ibid.*, pp. 141-142.
20. Voir Karl Marx et Friedrich Engels, *L'Idéologie allemande. Première partie : Feuerbach,* trad. fr. par Renée Cartelle, Paris, Éditions sociales, 1953, p. 35.
21. Friedrich Engels, *Die Lage der arbeitenden Klasse in England, nach eigner Anschauung und authentischen Quellen,* Leipzig, Otto Wigand, 1845 ; *La Situation des classes laborieuses en Angleterre,* trad. par Bracke (A.-M. Desrousseaux), 2 vol., Paris, Alfred Costes, 1933 ; *La Situation des classes laborieuses en Angleterre d'après les observations de l'auteur et des sources authentiques,* trad. par Gilbert Badia et Jean Frédéric, avant-propos de Eric John Hobsbawm, Paris, Éditions sociales, 1961.
22. Friedrich Wilhelm von Schelling (1775-1854), nommé par Frédéric-Guillaume IV à l'Université de Berlin pour contrer l'influence des jeunes hégéliens, est pris à partie par Engels dans ses articles signés Friedrich Oswald, « Schelling über Hegel » [Critique de Hegel par Schelling], *Telegraph für Deutschland,* décembre 1841, n° 207, pp. 825-827 et n° 208, pp. 830-832, et ses brochures anonymes, *Schelling und die Offenbarung. Kritik des neuen Relationsverfuchs gegen die freie Philosophie* [Schelling et la Révélation], Leipzig, Robert Binder, 1842, *Schelling der Philosoph in Christo, oder die Verklärung der Weltweisheit zur Gottesweisheit, für gläubige Christen denen der philosophische Sprachgebrauch unbekannt ist* [Schelling, le philosophe en Christ], Berlin, Eyssenhardt, 1842, et *Die frech bedränte, jedoch wunderbar befreite Bibel, oder : Der Triumph des Glaubens* [Le Triomphe de la foi], Neumünster bei Zürich, J. F. Hess, 1842 (tous ces textes sont reproduits dans la *MEGA*, I, 2, 1929, pp. 173-281).
23. Georges Gurvitch, « La sociologie du jeune Marx », *Cahiers internationaux de sociologie,* vol. IV, 1948, pp. 3-47. Voir aussi G. Gurvitch, *La Vocation actuelle de la sociologie,* PUF, 1950.
24. Voir Marx et Engels, *L'Idéologie allemande, op. cit.*, pp. 154-155.
25. *Ibid.*, pp. 165-168.
26. *Ibid.*, p. 173.
27. « ...und andererseits ist diese Entwicklung der Produktivkraft [...] auch deswegen eine absolut notwendige praktische Voraussetzung, weil ohne sie nur der *Mangel* verallgemeinert, also mit der *Notdurft* auch der Streit um das Notwendige wieder beginnen und die ganze alte Scheiße sich herstellen müßte » (*Frühschriften*, II, p. 26).

28. « Der Kommunismus ist empirisch nur als die Tat der herrschenden Völker auf einmal und gleichzeitig möglich, was die universelle Entwicklung der Produktivkraft und den mit ihr zusammenhängenden Weltverkehr voraussetzt. […] Das Proletariat kann also nur weltgeschichtlich existieren, wie der Kommunismus, seine Aktion, nur als "weltgeschichtliche" Existenz überhaupt vorhanden sein kann » (*ibid.*, pp. 26-27).

BIBLIOGRAPHIE

ŒUVRES DE KARL MARX CITÉES DANS LE CHAPITRE VI

- **Les Manuscrits de 1844**
  Voir la bibliographie du chapitre V.

– Karl Marx, *Manuscrits de 1844. Économie politique et philosophie*, présentation, traduction et notes par Émile Bottigelli, Paris, Éditions sociales, 1962 [édition utilisée par Raymond Aron dans son cours].

- **Les Thèses sur Feuerbach**
  Rédigé à Bruxelles en mars 1845, ce texte figurant dans l'un des carnets les plus anciens de Marx (*MEGA*, I, 5, pp. 547-550) serait un syllabus préparatoire à la rédaction de la première partie de *L'Idéologie allemande*.

ÉDITIONS :
– « Marx über Feuerbach (niedergeschreiben in Brüssel im Frühjahr 1845) », en annexe de Friedrich Engels, *Ludwig Feuerbach und der Ausgang der klassischen deutschen Philosophie*, Stuttgart, Dietz, 1888, pp. 59-62 (première publication).
– « Ad Feuerbach », Institut K. Marksa i F. Engelsa, *Arkhivy Karla Marksa i Fridrikha Engelsa*, I, 1924, pp. 208-210, avec le signalement en note des corrections faites par Engels (précédé d'une présentation par David Riazanov, « K. Marks i F. Engels o L. Feierbakhe », pp. 191-199, de leur traduction russe, « Tezi o Feierbakhe », pp. 200-202, et du fac-similé du manuscrit, pp. 203-207) ; reproduit dans *Marx-Engels Archiv*, I, 1925, pp. 227-230.
– « Marx über Feuerbach », *MEGA*, I, 5, Berlin, Marx-Engels Verlag, 1932, pp. 533-535.
– « A. Thesen über Feuerbach », S. Landshut und J. P. Mayer (hrsg), Karl Marx, *Der historische Materialismus. Die Frühschriften*, II, Leipzig, Alfred Kröner, 1932, pp. 4-5.
– « Thesen über Feuerbach », *MEW*, III, 1959, pp. 5-7.

TRADUCTIONS :
– « Notes de Marx sur Feuerbach (écrit à Bruxelles au printemps 1845) », en appendice de Frédéric Engels, « Ludwig Feuerbach et la fin de la philosophie classique allemande », dans Frédéric Engels, *Religion, philosophie, socialisme*, traduit par Paul et Laura Lafargue, Paris, Librairie G. Jacques, « Bibliothèque d'études socialistes VIII », 1901, pp. 233-237.

– Karl Marx, « Thèses sur Feuerbach », Friedrich Engels, *Ludwig Feuerbach et la fin de la philosophie classique*, traduction, introduction et notes de Marcel Ollivier, Paris, Les Revues, 1930, pp. 139-145.
– « Thèses sur Feuerbach », Karl Marx, *Morceaux choisis*, introduction par Henri Lefebvre et Norbert Guterman, Marx philosophe, par Paul Yves Nitzan, Marx économiste, par Jean Duret, Paris, Gallimard, 1934, pp. 49-52.
– « Thèses sur Feuerbach », *Œuvres complètes de Karl Marx, Œuvres philosophiques*, VI, traduit par J. Molitor, Paris, Alfred Costes, 1937, pp. 141-144 [édition utilisée par Raymond Aron dans son cours] ; rééd. : « Thèses sur Feuerbach », Karl Marx, *Œuvres philosophiques*, II, nouvelle édition revue et augmentée par Jean-Jacques Raspaud, Paris, Éditions Champ libre, 1981, pp. 75-77.
– « Thèses sur Feuerbach », Karl Marx et Friedrich Engels, *L'Idéologie allemande. Critique de la philosophie allemande la plus récente dans la personne de ses représentants Feuerbach, B. Bauer et Stirner et du socialisme allemand dans celle de ses différents prophètes*, traduction de Henri Auger, Gilbert Badia, Jean Baudrillard, René Cartelle, Paris, Éditions sociales, 1968, rééd. 1976, pp. 1-4 (avec signalement des corrections portées par Engels).
– « Thèses sur Feuerbach », traduction de Gilbert Badia, Gérard Bensussan et Jean-Pierre Lefebvre, dans G. Badia, *Karl Marx. Les « Thèses sur Feuerbach »*, Paris, PUF, « Philosophies », 1987, pp. 19-22.

• *L'Idéologie allemande*
Voir la bibliographie du chapitre VII.

– Karl Marx et Friedrich Engels, *L'Idéologie allemande. Première partie : Feuerbach*, trad. fr. par Renée Cartelle, Paris, Éditions sociales, 1953 [édition utilisée par Raymond Aron dans son cours].

1. À propos de *L'Idéologie allemande*, Marx écrira dans la préface à la *Contribution à la critique de l'économie politique* : « Et quand, au printemps de 1845, il [Engels] vint, lui aussi, se domicilier à Bruxelles, nous résolûmes de travailler en commun à dégager le contraste de notre manière de voir avec l'idéologie de la philosophie allemande, en fait, de nous mettre en règle avec notre conscience philosophique d'autrefois. Le manuscrit, deux forts volumes in-octavo, était depuis longtemps entre les mains de l'éditeur en Westphalie quand on nous avertit qu'un changement de circonstances mettait obstacle à l'impression. Nous abandonnâmes d'autant plus volontiers le manuscrit à la critique rongeuse des souris que nous avions atteint notre but principal, voir clair nous-mêmes » (Karl Marx, *Contribution à la critique de l'économie politique*, traduit sur la 2ᵉ édition allemande de Karl Kautsky par Laura Lafargue, Paris, V. Giard et E. Brière, « Bibliothèque socialiste internationale XI », 1909, p. 8).

2. Pierre-Joseph Proudhon (1809-1865) est d'abord tenu en grande estime par Marx pour son célèbre mémoire, *Qu'est-ce que la propriété ?* (1840), qui soumet « la propriété, base de l'économie nationale, au premier examen sérieux en même temps que scientifique » (*La Sainte Famille*). Ils se rencontrent à Paris en 1844. Mais, de la dialectique de Hegel, Proudhon retient, contrairement à Marx, le principe d'équilibre des antagonistes. Opposé ainsi à la violence révolutionnaire et au communisme, il refuse de collaborer au comité de correspondance communiste imaginé par Marx, début 1846. Prônant les échanges coopératifs et l'Association ou « Mutualité » conciliant production collective et propriété individuelle, Proudhon s'en prend au projet communiste dans le *Système des contradictions ou Philosophie de la misère*, paru en juillet 1846 et destiné notamment par ses références hégéliennes aux exilés allemands de Paris. « Il veut être la synthèse ; il n'est qu'une erreur composée », écrit alors Marx dans *Misère de la philosophie*. En juin 1848, Proudhon est élu député à l'Assemblée nationale. Il lance vainement, en janvier 1849, une « Banque du Peuple ». Ses articles dans *La Voix du peuple* à l'encontre du prince-président lui valent trois ans de prison, durant lesquels il rédige ses *Confessions d'un révolutionnaire*. Il tente ensuite d'appeler l'Empereur à la conciliation avec *La Révolution sociale démontrée par le coup d'État du 2 décembre 1852*. En 1858, un autre de ses écrits, *De la justice dans la révolution et dans l'Église*, l'oblige à s'exiler à Bruxelles jusqu'à l'amnistie de 1862. Le principe associatif demeure au centre de sa pensée tant avec *Du principe fédératif* (1863) qu'avec *De la capacité politique de la classe ouvrière* (posthume, 1865).

3. À la suite du coup d'État de Louis-Napoléon Bonaparte, un socialiste allemand émigré aux États-Unis, Joseph Weydemeyer, commande à Marx une série d'articles sur le sujet. Rédigés entre fin décembre 1851 et mars 1852, ils sont publiés sous le titre « Der Achtzehnte Brumaire des Louis Napoleon », *Die Revolution* (New

York), n° 1, mai 1852. *Le Dix-Huit Brumaire* est commenté dans Raymond Aron, *Les Étapes de la pensée sociologique. Montesquieu, Comte, Marx, Tocqueville, Durkheim, Pareto, Weber*, Paris, Gallimard, 1967, pp. 285-295. Voir la bibliographie du chapitre XV.

4. Karl Marx et Friedrich Engels, *L'Idéologie allemande. Première partie Feuerbach*, trad. par Renée Cartelle, Paris, Éditions sociales, 1953, p. 11.

5. Pierre Teilhard de Chardin (1881-1955), jésuite, entre au laboratoire du Muséum d'Histoire naturelle en 1912, enseigne la géologie et la paléontologie à l'Institut catholique de Paris de 1920 à 1923, puis effectue de nombreuses missions scientifiques, notamment en Chine jusqu'en 1946. Ses recherches d'anthropologie l'amènent à concilier les exigences scientifiques et chrétiennes en une cosmographie évolutionniste, sur laquelle l'Église catholique lui impose le silence. Publication posthume (1955), *Le Phénomène humain*, rédigé de 1938 à 1940, décrit la montée de la matière (géosphère) à la vie (biosphère) et de la vie à l'esprit (noosphère), l'humanité consciente d'elle-même se réalisant par « l'ultra-humain »; l'homme spiritualisé. Ce mouvement de convergence des temps, vers « l'oméga », le centre des centres, trouve son sens dans « le Christ évoluteur ». Voir Claude Cuénot, *Pierre Teilhard de Chardin. Les grandes étapes de son évolution*, Paris, Plon, 1958, rééd. Le Rocher, 1986, et Henri de Lubac, *Teilhard et notre temps*, Paris, Cerf, 1970.

6. *Œuvres complètes de Karl Marx, Œuvres philosophiques*, II, *La Sainte Famille ou Critique de la critique critique (contre Bruno Bauer et consorts)*, traduit par J. Molitor, Paris, Alfred Costes, 1927, p. 165.

7. Marx et Engels, *L'Idéologie allemande, op. cit.*, p. 19.

8. *Ibid.*

9. *Ibid.*, p. 20.

10. *Ibid.*, p. 21.

11. « Jetzt erst, nachdem wir bereits vier Momente, vier Seiten der ursprünglichen, geschichtlichen Verhältnisse betrachtet haben, finden wir, daß der Mensch auch "Bewußtsein" hat » (« Die deutsche Ideologie », S. Landshut und J. P. Mayer (hrsg), *Karl Marx. Der historische Materialismus. Die Frühschriften*, II, Leipzig, Kröner, 1932, p. 20). Trad. fr. : « Et c'est maintenant seulement, après avoir déjà examiné quatre moments, quatre aspects des rapports historiques originels, que nous trouvons que l'homme a aussi de la "conscience" » (Marx et Engels, *L'Idéologie allemande, op. cit.*, p. 21).

12. Marx et Engels, *L'Idéologie allemande, op. cit.*, pp. 21-22.

13. *Ibid.*, p. 23.

14. « ... solange die Menschen sich in der naturwüchsigen Gesellschaft befinden, solange also die Spaltung zwischen den besonderen und gemeinsamen Interessen existiert, solange die Tätigkeit also nicht freiwillig, sondern naturwüchsig geteilt ist, die eigene Tat des Menschen ihm zu einer fremden gegenüberstehenden Macht wird, die ihn unterjocht, statt daß er sie beherrscht » (« *Die deutsche Ideologie* », *op. cit.*, p. 25). Trad. fr. : « ... aussi longtemps que les hommes se trouvent dans la société naturelle, donc aussi longtemps

que la scission existe entre l'intérêt particulier et l'intérêt commun, aussi longtemps donc que l'activité n'est pas divisée volontairement, mais naturellement, l'acte propre de l'homme se transforme pour lui en puissance étrangère qui s'oppose à lui et l'asservit, bien loin qu'il ne le domine » (Marx et Engels, *L'Idéologie allemande, op. cit.*, p. 24).

15. Voir David Joravski, *The Lyssenko Affair*, Cambridge Mass., Harvard University Press, 1970, et Jaurès Medvedev, *Grandeur et décadence de Lyssenko*, trad. fr., Paris, Gallimard, 1971.

16. « ... die Produktionskraft, der gesellschaftliche Zustand und das Bewußtsein » (« *Die deutsche Ideologie* », *op. cit.*, p. 22).

17. *Verkehrsform* (notamment « *Die deutsche Ideologie* », *op. cit.*, pp. 23, 31 et 67) est traduit par « mode de rapports » ou « mode de commerce » par Molitor (« Idéologie allemande. 1ʳᵉ partie », *Œuvres complètes de Karl Marx, Œuvres philosophiques*, VI, traduit par J. Molitor, Paris, Alfred Costes, 1937, pp. 172, 184 et 232) et par « forme de relations » dans les Éditions sociales (Marx et Engels, *L'Idéologie allemande, op. cit.*, pp. 23, 29 et 67). *Verkehr* est traduit en français par Marx lui-même par « commerce » : « Les hommes ne renoncent jamais à ce qu'ils ont gagné, mais cela ne vient pas à dire qu'ils renoncent jamais à la forme sociale dans laquelle ils ont acquis certaines forces productives. Tout au contraire. Pour ne pas être privés du résultat obtenu, pour ne pas perdre les fruits de la civilisation, les hommes sont forcés, du moment où le mode de leur commerce ne correspond plus aux forces productives acquises, de changer toutes leurs formes sociales traditionnelles. – Je prends le mot *commerce* ici dans le sens le plus général, comme nous disons en allemand : *Verkehr*. – Par exemple : le privilège, l'institution des jurandes et des corporations, le régime réglementaire du moyen âge, étaient des relations sociales, qui seules correspondaient aux forces productives acquises et à l'état social préexistant, duquel ces institutions étaient sorties » (lettre [en français] à Pavel V. Annenkov, Bruxelles, 28 décembre 1846, Karl Marx-Friedrich Engels, *Correspondance*, I, *1835-1848*, trad. fr., Paris, Éditions sociales, 1971, p. 449).

18. Voir la préface de Raymond Aron à André Thérive, *Essai sur les trahisons*, Paris, Calmann-Lévy, 1951, pp. VII-XXXII.

19. Marx et Engels, *L'Idéologie allemande, op. cit.*, p. 63.

20. *La Sainte Famille, op. cit.*, p. 62.

21. Karl Marx, *Misère de la philosophie. Réponse à la Philosophie de la misère de M. Proudhon*, Paris, Éditions sociales, 1947, p. 136.

22. « Dans le *présent*, Marx, et avec lui n'importe quel marxiste, en est réduit au moment même où il réclame le réel, le concret, le sensible, à satisfaire les besoins de libération de son être empirique avec *l'idée* qu'au terme toute aliénation humaine aura disparu. Et encore cette idée est-elle contradictoire en elle-même, puisque d'une part le communisme doit être la *fin du devenir*, étant le retour complet de l'homme à lui-même, la solution de toutes les querelles qui sont le moteur de l'histoire ; et que d'autre part, il ne peut être que le *principe de l'avenir* prochain dans une évolution sans fin.

« Achèvement du progrès et progrès sans fin, telle est l'antinomie que doit résoudre en effet toute philosophie de l'histoire, qu'elle soit idéalisme ou matérialisme historique mais, pour enserrer sous son regard et dans son être deux termes aussi opposés, il faut dépasser l'histoire. Comment Marx le pourrait-il ? Si l'histoire est la preuve irréfutable de sa naissance, par lui-même, du processus de sa création, il est évident qu'elle lui offre aussi la preuve non moins visible et irréfutable du non-achèvement de cette création. [...] Bref, il faut être logique et choisir, ou bien traiter de la même manière la question de la création de l'homme et celle de son achèvement. Dans ce cas, s'il doit y avoir une fin véritable de toutes nos aliénations, il faut admettre qu'il y a eu aussi un commencement et la raison d'être de ce commencement : Dieu ; – ou bien si l'histoire n'est que la formation de l'homme par le travail humain et le devenir de la nature pour l'homme, il faut avouer que le communisme, fin véritable de nos querelles, ne peut être que *pensé, connu dans son concept*, tandis que la réalité empirique et vécue demeure la perpétuation et la croissance sans fin de nos aliénations » (Gaston Fessard, *La Main tendue ? Le dialogue catholique-communisme est-il possible ?*, Paris, Grasset, 1937, pp. 236-237).

23. Les termes employés par Marx sont, en effet, plutôt crus : « die ganze alte Scheiße sich herstellen müßte » (« *Die deutsche Ideologie* », *op. cit.*, p. 26).

24. Marx et Engels, *L'Idéologie allemande, op. cit.*, p. 26.

25. *Ibid.*, pp. 13-14.

26. *Ibid.*, p. 59.

27. *Ibid.*

28. Dans la préface (juillet 1920) à la réédition de *L'Impérialisme, stade suprême du capitalisme*, rédigé en 1916 et publié en Russie dans le courant de 1917, Lénine écrit : « Ce livre montre que la guerre de 1914-1918 a été de part et d'autre une guerre impérialiste (c'est-à-dire une guerre de conquête, de pillage, de brigandage), une guerre pour le partage du monde, pour la distribution et la redistribution des colonies, des "zones d'influence" du capital financier, etc. » (*Œuvres*, XXII, p. 206). Et, il considère qu'il n'existe pas, « *sur le terrain du capitalisme*, un moyen autre que la guerre de remédier à la disproportion entre, d'une part, le développement des forces productives et l'accumulation des capitaux, et, d'autre part, le partage des colonies et des "zones d'influence" pour le capital financier » (*ibid.*, p. 297). Raymond Aron a fait une critique de ces conceptions, notamment dans *Les Guerres en chaîne*, Paris, Gallimard, 1951 (reproduit en partie dans *Une histoire du vingtième siècle*, Paris, Plon, 1996, pp. 65 sq.).

29. I. V. Stalin, *Marksizm i voprosy jazykoznanija* [Marxisme et questions de linguistique], Moscou, Gosudarstvennoje izdatel'stvo politicheskoj literatury, 1950, reproduisant un article de Staline publié dans la *Pravda*, 20 juin 1950, et des lettres publiées dans le *Bolchevik*, 29 juin, 11, 22 et 28 juillet 1950 ; trad. fr. : Joseph Staline, *À propos du marxisme en linguistique*, Paris, Les Éditions de la Nouvelle Critique, 1951.

30. *Œuvres complètes de Karl Marx. Œuvres philosophiques*, VII,

Idéologie allemande (suite), trad. par J. Molitor, Paris, Alfred Costes, 1938, pp. 82 et sq.
31. Dans la leçon introductive à son cours de 1958-1959, Gurvitch précise : « Marx fut d'abord et avant tout un sociologue et c'est la sociologie qui fait l'unité de son œuvre scientifique. [...] En laissant de côté la doctrine politique et prophétique de Marx, soulignons pour notre part que son humanisme prométhéen n'a certes rien d'original : commun à la plupart des philosophes du XVIIIe siècle, il est approfondi par deux grands penseurs, pourtant bien différents, sur qui s'ouvre le XIXe siècle : Saint-Simon en France et Fichte en Allemagne ; mais ces deux philosophes ne se considéraient-ils pas tous les deux comme des fils spirituels de la Révolution française ? L'intérêt de l'appel de Marx à l'homme total, à la société totale, à l'acte total ne réside pas dans sa philosophie humaniste, *mais dans sa découverte d'une nouvelle dimension*, négligée par les philosophes et les économistes : la réalité sociale prise dans l'ensemble de ses paliers en profondeurs et étudiée par la sociologie qui capte les ensembles mouvants de la vie sociale dans des types » (Georges Gurvitch, *La Sociologie de Karl Marx*, cours de la Sorbonne 1958-1959, Paris, Centre de Documentation universitaire, 1961, pp. 2 et 5). Et, dans sa leçon finale, il termine en disant : « À mon tour, cependant, et indépendamment des réserves que j'ai déjà faites au sujet des problèmes de *l'aliénation*, de *l'idéologie* et finalement des *classes sociales*, j'adresserai encore à Marx, pour conclure, un certain nombre de reproches, que les limites de ce cours ne me permettent pas de développer en détail : [...] 5. Enfin, l'élément utopique et eschatologique de sa pensée » (*ibid.*, p. 93).

BIBLIOGRAPHIE

ŒUVRES DE KARL MARX CITÉES DANS LE CHAPITRE VII

• **L'Idéologie allemande**
Texte rédigé, avec Engels, entre septembre 1845 et mai 1846, à Bruxelles.

ÉDITIONS :
Les premières publications de *L'Idéologie allemande* sont sous forme de fragments :
– C'est ainsi le cas du seul manuscrit publié du vivant de Marx (correspondant au chapitre V de la deuxième partie de *L'Idéologie*), « Karl Grün : "Die soziale Bewegung in Frankreich und Belgien" (Darmstadt, 1845) oder : Die Geschichtschreibung des wahren Sozialismus », *Das Westphälische Dampfboot*, n° 8, août 1847, pp. 439-463, et n° 9, septembre 1847, pp. 505-530 (publié dans *Die Neue Zeit. Revue des geistigen und öffentlichen Lebens*, XVIII, 1899-1900, I, 7 octobre 1899, n° 1, pp. 5-11, *ibid.*, 14 octobre 1899, n° 2, pp. 37-46, *ibid.*, 4 novembre 1899, n° 5, pp. 132-141, *ibid.*, 11 novembre 1899, n° 6, pp. 164-172, avec une présentation

d'Eduard Bernstein, « Karl Marx über Karl Grün als Geschichts-
chreiber des Sozialismus », pp. 4-5, et indication des variantes du
manuscrit par rapport au texte publié en 1847).
- De même, les chapitres « Sankt Max » et « Der "Prophet"
Kuhlmann » sont publiés par Bernstein dans *Dokumente des Sozialismus*, en 1903, et « Das Leipziger Konzil von Friedrich Engels und
Karl Marx », par Gustav Mayer dans *Archiv für Sozialwissenschaft
und Sozialpolitik*, vol. 47, n° 3, août 1921, pp. 782-808.
- Et, surtout, l'avant-propos et le chapitre « Feuerbach » sont publiés
par David Riazanov, de l'Institut Marx-Engels de Moscou, dans
Arkhivy K. Marksa i F. Engelsa, I, 1924, pp. 230-306.

Les premières publications intégrales sont faites simultanément en
1932 :
- *MEGA*, I, 5, *Die deutsche Ideologie, Kritik der neuesten deutschen
Philosophie in ihren Repräsentanten, Feuerbach, B. Bauer und
Stirner, und des deutschen Sozialismus in seinen verschiedenen
Propheten*, Berlin, Verlag für Literatur und Politik, 1932, pp. 3-528
(première publication intégrale, suivie des indications marginales
portées sur le manuscrit par Marx et Engels, éditée sous la signature
de Vladimir Adoratskij, directeur de l'Institut Marx-Engels-Lénine).
- « Die Deutsche Ideologie », S. Landshut und J. P. Mayer (hrsg),
Karl Marx. Der historische Materialismus. Die Frühschriften, II,
Leipzig, Alfred Kröner, 1932, pp. 1-535 (intégralité, mais dans un
ordre différent de la *MEGA* avec quelques erreurs de lecture du
manuscrit, sans les passages barrés ni les variantes).

Des éditions successives complètent ces premières éditions :
- Karl Marx und Friedrich Engels, *Die Deutsche Ideologie, Kritik der
neuesten Deutschen Philosophie in ihren Repräsentanten, Feuer-
bach, B. Bauer und Stirner, und des Deutschen Sozialismus in
seinen verschiedenen Propheten*. Berlin-Est, Dietz, « Bücherei des
Marxismus-Leninismus 29 », 1953.
- « Die Deutsche Ideologie », *MEW*, III, 1959, pp. 9-530.
- S. Bahne, « "Die Deutsche Ideologie" von Marx und Engels. Einige
Textergängzungen », *International Review of Social History*, vol. 7,
1962, pp. 92-104 (feuillets supplémentaires du « Feuerbach » et de
« Sankt Max », et variantes).
- « I. Feuerbach. Gegensatz von materialistischer und idealisticher
Anschauung », *Deutsche Zeitschrift für Philosophie*, 1966, 10, 14.
Jahrgang, pp. 1199-1256 (publication de la première partie suivant
un nouvel ordre établi par l'Institut für Marxismus-Leninismus beim
ZK der SED).
- « Die deutsche Ideologie », *MEGA2*, 1972, pp. 32-119 et 359-507
(*MEW* et compléments de 1962 et 1966).

TRADUCTIONS :
- Karl Marx et Frédéric Engels, « L'idéologie allemande. Feuerbach », *Commune. Revue de l'Association des Écrivains et Artistes
révolutionnaires*, n° 3, novembre 1933, pp. 175-190, et n° 4,
décembre 1933, pp. 432-452 (premiers fragments traduits en
français, d'après la *MEGA*). Cette traduction est reprise sous forme
d'extraits dans Karl Marx, *Morceaux choisis*, introduction par Henri

Lefebvre et Norbert Guterman, Marx philosophe, par Paul Yves
Nizan, Marx économiste, par Jean Duret, Paris, Gallimard, 1934.
– *Œuvres complètes de Karl Marx. Œuvres philosophiques*, VI,
   Économie politique et philosophie. Idéologie allemande (1ʳᵉ partie),
   publié par S. Landshut et J.-P. Mayer, traduit par J. Molitor, Paris,
   Alfred Costes, 1937, pp. 137-257, *ibid.*, VII, *Idéologie allemande
   (suite)*, 1938, *Ibid.*, VIII, *Idéologie allemande (suite)*, 1947, et *ibid.*,
   IX, *Idéologie allemande (suite et fin)*, 1947 ; rééd. : « L'Idéologie
   allemande », Karl Marx, *Œuvres philosophiques*, II, nouvelle
   édition revue et augmentée par Jean-Jacques Raspaud, Paris,
   Éditions Champ libre, 1981, pp. 71-512 et 565-577.
– Karl Marx et Friedrich Engels, *L'Idéologie allemande. Première
   partie Feuerbach*, traduit par Renée Cartelle, Paris, Éditions
   sociales, 1953 (d'après la *MEGA*) [édition utilisée par Raymond
   Aron dans son cours].
– Karl Marx et Friedrich Engels, *L'Idéologie allemande. Critique de
   la philosophie allemande la plus récente dans la personne de ses
   représentants Feuerbach, B. Bauer et Stirner et du socialisme
   allemand dans celle de ses différents prophètes*, traduction de Henri
   Auger, Gibert Badia, Jean Baudrillard, René Cartelle, Paris, Éditions
   sociales, 1968 (d'après la *MEW*), rééd. 1976 (d'après les compléments de la *MEGA2*).
– « L'Idéologie allemande (conception matérialiste et critique du
   monde) (1845-1846) », Karl Marx, *Œuvres, Philosophie*, traduction
   de Maximilien Rubel, Paris, Gallimard, « Pléiade », 1982, pp. 1037-
   1325 (traduction d'après la *MEGA*, texte recomposé par Rubel,
   amputé des passages attribués à Engels et de ceux jugés par l'éditeur
   « étrangers au sujet central »).
– Friedrich Engels et Karl Marx, *L'Idéologie allemande, 1845-1846.
   Première partie*, présentation et commentaires de Jean-Jacques
   Barrière et Christian Roche, traduction par Hans Hildenbrand, Paris,
   Nathan, 1989.

• *La Sainte Famille*
   Voir la bibliographie du chapitre IV.

– *Œuvres complètes de Karl Marx, Œuvres philosophiques*, II et III,
   *La Sainte Famille ou Critique de la critique critique (contre Bruno
   Bauer et consorts)*, traduit par J. Molitor, Paris, Alfred Costes, 1927
   et 1928 [édition utilisée par Raymond Aron dans son cours].

• *Misère de la philosophie*
   Voir la bibliographie du chapitre VIII.

– Karl Marx, *Misère de la philosophie. Réponse à la Philosophie de
   la misère de M. Proudhon*, Paris, Éditions sociales, 1947 [édition
   utilisée par Raymond Aron dans son cours].

1. *Œuvres complètes de Karl Marx. Œuvres philosophiques*, VII, *Idéologie allemande (suite)*, publié par S. Landshut et J.-P. Mayer, trad. par J. Molitor, Paris, Alfred Costes, 1958, p. 182. En note, Molitor signale : « Le concept de la "bonne volonté" ne se trouve pas dans Kant. »

2. *Socialisme ou Barbarie* paraît de mai 1949 à juin 1965 (40 numéros) sous la direction notamment de Cornelius Castoriadis et Claude Lefort. Ce dernier, ainsi qu'un autre militant de ce petit groupe, Yvon Bourdet, sont alors en thèse sous la direction de Raymond Aron (Lefort, *Le Travail de l'œuvre. Machiavel*, Paris, Gallimard, 1972, et Bourdet, thèse soutenue en 1973 sur ses travaux sur l'austro-marxisme). Voir Philippe Raynaud, « Société bureaucratique et totalitarisme. Remarques sur l'évolution du groupe Socialisme ou Barbarie », *Revue européenne de Sciences sociales*, 1989, XXVII, n° 86, pp. 255-268 ; et Claude Habib et Claude Mouchard (dir.), *La Démocratie à l'œuvre. Autour de Claude Lefort*, Paris, Esprit, 1993.

3. Des circulaires et brochures rédigées ou inspirées par Marx et Engels ont ainsi amené à l'expulsion de Bakounine et de ses partisans, regroupés dans l'Association de la Démocratie socialiste, hors de l'Association internationale des Travailleurs (AIT), dite « Première Internationale », fondée en septembre 1864 : « Le Conseil général au Conseil fédéral de la Suisse romande à Genève », le 16 janvier 1870 (reproduit dans *Le Mouvement socialiste*, n° 127, 1ᵉʳ septembre 1903, pp. 50-57) ; « Résolution de la Conférence des délégués de l'AIT sur les dissensions en Suisse romande », *L'Égalité*, journal de l'AIT de Suisse romande, 21 octobre 1871 (« Beschluß der Londoner Konferenz über die Streitigkeiten in der romanischen Schweiz », reproduit dans *MEW*, XVII, 1962, pp. 427-430) ; *Les prétendues scissions dans l'Internationale. Circulaire privée du Conseil général de l'Association internationale des Travailleurs*, Genève Imprimerie coopérative, 1872 (reproduit dans *Le Mouvement socialiste*, n° 253-254, juillet-août 1913, pp. 5-50) ; *L'Alliance de la Démocratie socialiste et l'Association internationale des Travailleurs. Rapport et documents publiés par ordre du Congrès international de La Haye, 21 juillet 1873*, Hambourg-Londres, 1873 (traduit en allemand, *Ein complot gegen die Internationale Arbeiter-Association. Im Auftrage des Haager Congresses verfaßter Bericht über die Treiben Bakunin's und der Allianz der sozialistischen Demokratie*, Brunswick, Bracke, 1874, reproduit dans *MEW*, XVIII, 1962, pp. 237-471). Les relations entre Marx et Bakounine ont été conflictuelles dès leur première rencontre à Paris en 1844 : bien qu'il ait refusé d'adhérer à la Ligue des communistes, Bakounine, en admirateur de Marx, réalisa la traduction en russe du *Manifeste communiste* et entreprit, plus tard, celle du *Capital* ; de même, ils s'opposent à propos de la tentative révolutionnaire de Herwegh dans le duché de Bade et Bakounine est alors accusé d'être « un agent du tsar » par la *Neue Rheinische Zeitung* de Marx.

4. Raymond Aron fait allusion ici aux invectives échangées alors entre « dogmatiques » chinois et « révisionnistes » soviétiques, pour s'en tenir aux qualificatifs les plus amènes. « La querelle entre Moscou et Pékin s'exprime dans le langage idéologique qui est de rigueur de l'autre côté du rideau de fer, ce qui ne signifie pas que les causes en soient idéologiques », remarque Raymond Aron. Voir à ce sujet, dans Raymond Aron, *Les Articles de politique internationale dans Le Figaro, II, La Coexistence (mai 1955 à février 1965)*, présentation et notes par Georges-Henri Soutou, Paris, Éditions de Fallois, 1993, entre autres les articles, « Qui est le plus dangereux ? », 16 juillet 1960, pp. 691-694 ; « Moscou et Pékin » 31 mars-1ᵉʳ avril, 7-8 avril et 11 avril 1962, pp. 1013-1022 ; « Khrouchtchev et Mao Tsé-toung ou la semaine de la pensée marxiste », 21 mars 1963, pp. 1166-1169 ; « Du monolithisme au conflit sino-russe », 4 juillet 1963, pp. 1209-1212 ; « Les contradictions du socialisme », 11 juillet 1963, pp. 1212-1215 ; « Khrouchtchev, Mao Tsé-toung et la bombe », 24 juillet 1963, pp. 1215-1218 ; « Fin de la Troisième Internationale ? », 11 septembre 1963, pp. 1244-1247 ; « L'Occident et la Chine », 31 octobre 1963, pp. 1258-1261.
5. Pierre-Joseph Proudhon, *Système des contradictions économiques, ou Philosophie de la misère*, Paris, Guillaumin, 1846.
6. Les annotations marginales de Proudhon portées sur l'ouvrage de Marx sont publiées pour la première fois dans Célestin Bouglé et Henry Moysset (éd.), *Œuvres complètes de P.-J. Proudhon, Système des contradictions économiques, ou Philosophie de la misère*, introduction et notes de Roger Picard, II, Paris, Marcel Rivière, 1923, pp. 415-423. Ces annotations sont reproduites en marge dans l'édition de *Misère de la philosophie. En réponse à la Philosophie de la misère de M. Proudhon*, Paris, Alfred Costes, 1950.
7. Karl Marx, *Misère de la philosophie. Réponse à la Philosophie de la misère de M. Proudhon*, préface de Friedrich Engels, Paris, Éditions sociales, 1947, p. 64.
8. *Ibid.*, p. 68.
9. *Ibid.*, p. 80.
10. *Ibid.*, p. 88.
11. *Ibid.*
12. *Ibid.*
13. *Ibid.*, p. 115.
14. Vladmir I. Lénine, *L'État et la Révolution. La doctrine marxiste de l'État et les tâches du prolétariat dans la révolution* [en russe], rédigé en août-septembre 1917, publié en brochure fin décembre 1918, réédité avec un ajout en 1919, reproduit dans Lénine, *Œuvres*, XXV, pp. 413-531.
15. Marx, *Misère de la philosophie, op. cit.*, pp. 135-136.
16. Voir « Contribution à la critique de la philosophie du droit de Hegel. Introduction », *Œuvres complètes de Karl Marx, Œuvres philosophiques*, I, trad. fr. par J. Molitor, Paris, Alfred Costes, 1927, p. 83.
17. Voir la note 21 du chapitre VI.
18. Voir « *Contribution à la critique de la philosophie du droit* », *loc. cit.*, p. 107.

19. Dans la postface à la deuxième édition allemande du *Capital* (24 janvier 1873), Marx rappelle l'importance qu'il accorde à la dialectique de Hegel. En effet, avant de rédiger la première version du *Capital* d'août 1861 à la fin de 1865, il avait précisé dans une lettre à Engels : « Ce qui m'a beaucoup servi dans ma méthode de rédaction, c'est que, par un pur hasard – Freiligrath avait découvert quelques volumes de Hegel ayant primitivement appartenu à Bakounine et m'en avait fait cadeau –, j'avais revu la *Logique* de Hegel. Si jamais j'ai le temps de me livrer à des travaux de ce genre, j'aurais grande envie d'écrire deux ou trois feuilles pour rendre intelligible au vulgaire le côté rationnel de la méthode découverte, mais en même temps sophistiquée par Hegel » (Marx à Engels, le 14 janvier 1858, *Œuvres complètes de Karl Marx. Correspondance K. Marx-Fr. Engels*, publiée par A. Bebel et E. Bernstein, traduit par J. Molitor, V, *La New York Tribune. La crise économique de 1857*, Paris, Alfred Costes, 1932, pp. 170-171).

20. Alexandre Kojève, *Introduction à la lecture de Hegel. Leçons sur la Phénoménologie de l'esprit,* professées de 1933 à 1939 à l'École pratique des Hautes Études, réunies et publiées par Raymond Queneau, Paris, Gallimard, 1947, rééd. « Tel », 1979. Raymond Aron assiste au séminaire de Kojève, ainsi que Georges Bataille, le père Fessard, Pierre Klossowsky, Alexandre Koyré, Jacques Lacan, Robert Marjolin, Maurice Merleau-Ponty, Raymond Polin, Queneau, Éric Weil. À ce propos, voir Raymond Aron, *Mémoires*, Paris, Julliard, 1983, pp. 94-96.

21. Éric Weil, *Hegel et l'État*, Paris, Vrin, 1950. « J'ai eu la chance d'avoir pour amis, dans ma jeunesse, trois hommes dont je ne pouvais me dissimuler à moi-même la supériorité : Jean-Paul Sartre, Éric Weil, Alexandre Kojève », notera Raymond Aron en tête de l'épilogue à ses *Mémoires*, précisant : « Ma familiarité avec ces trois êtres d'exception, dont l'un devint un monstre sacré et les deux autres vécurent dans la quasi-obscurité, me protégea des illusions. Je ne rêvai jamais de me mesurer avec les Grands du Passé, je me plus tout au contraire à les citer, à les interpréter, les prolonger » (pp. 731 et 732). À Weil, Raymond Aron dédia sa thèse principale, *Introduction à la philosophie de l'histoire. Essai sur les limites de l'objectivité historique,* Paris, Gallimard, 1938, rééd. revue et annotée par Sylvie Mesure, « Tel », 1986. Sur Éric Weil (1904-1977), voir Raymond Aron, *Mémoires, op. cit.,* pp. 99-100, et la bibliographie de son œuvre donnée dans Éric Weil, *Philosophie et réalité. Derniers essais et conférences,* Paris, Beauchesne, 1982, pp. 375-400.

22. Georges Gurvitch, *La Sociologie de Karl Marx,* cours de la Sorbonne 1958-1959, Paris, Centre de Documentation universitaire, 1961, pp. 22-29.

23. « Ich hatte Fragmente der Hegelschen Philosophie gelesen deren groteske Felsenmelodie mir nicht behagte » (« Marx' Brief an seinen Vater vom 10. November 1837 », S. Landshut und J. P. Mayer (hrsg), *Karl Marx. Der historische Materialismus. Die Frühschriften,* I, Leipzig, Kröner, 1932, p. 7).

24. Melvin Richter, professeur de philosophie politique au Hunter College de la City University of New York.

25. Quelques années plus tard, Raymond Aron écrit ainsi : « Je me réclame de l'école des sociologues libéraux, Montesquieu, Tocqueville, auxquels je joins Élie Halévy. Je le fais non sans une ironie ("descendant attardé") […]. Il ne me paraît pas inutile d'ajouter que je ne dois rien à l'influence de Montesquieu ou de Tocqueville dont je n'ai sérieusement étudié les œuvres qu'au cours des dix dernières années. […] Je continue, presque malgré moi, à prendre plus d'intérêt aux mystères du *Capital* qu'à la prose limpide et triste de *La Démocratie en Amérique* » (Raymond Aron, *Les Étapes de la pensée sociologique. Montesquieu, Comte, Tocqueville, Durkheim, Pareto, Weber*, Paris, Gallimard, 1967, rééd. « Tel », 1976, p. 21).

26. Voir Raymond Aron, « Élie Halévy et l'ère des tyrannies » [réunissant Raymond Aron, « L'Ère des tyrannies » *Revue de Métaphysique et de Morale*, XLVI, mai 1939, pp. 283-307, « L'itinéraire intellectuel d'Élie Halévy » et « Le socialisme et la guerre », séance du 28 novembre 1970, *Bulletin de la Société française de philosophie*, LXVI, n° 1, janvier-mars 1971, « Pour le centenaire d'Élie Halévy »], *Commentaire*, n° 28-29, février 1985, pp. 327-350, reproduit en postface à Élie Halévy, *L'Ère des tyrannies*, Paris, Gallimard (1938), rééd. 1990.

27. « Au point de départ de mon travail, dit R. Aron, il y a une réflexion sur "la philosophie marxiste de l'histoire", héritière de Hegel », rapporte le père Fessard rendant compte de la soutenance de thèse de Raymond Aron, le 26 mars 1938 (Gaston Fessard, *La Philosophie historique de Raymond Aron*, Paris, Julliard, 1980, p. 37).

28. Dans la postface à la deuxième édition allemande du *Capital*, Marx écrit que la dialectique hégélienne « marche sur la tête ; il suffit de la remettre sur les pieds pour lui trouver la physionomie tout à fait raisonnable » (Karl Marx, *Le Capital. Critique de l'économie politique. Livre premier. Le développement de la production capitaliste*, traduction de Joseph Roy entièrement révisée par l'auteur, I, Paris, Éditions sociales, 1959, p. 29). Quelques années auparavant, il avait déjà indiqué dans une lettre : « Ma méthode d'exposition n'est pas celle de Hegel, puisque je suis matérialiste et Hegel idéaliste. La dialectique de Hegel est la forme fondamentale de toute dialectique, mais seulement quand on l'a débarrassée de sa forme mystique et c'est précisément cela qui distingue ma méthode » (Marx à Kugelmann, 6 mars 1868, Karl Marx, *Lettres à Kugelmann (1862-1874)*, préface de Lénine, introduction d'Erno Czobel, trad. par Rose Michel, Paris, Éditions sociales internationales, « Bibliothèque marxiste n° 11 », 1930, p. 88).

29. Louis Althusser, « Contradiction et surdétermination (Notes pour une recherche) », *La Pensée*, n° 106, novembre-décembre 1962, pp. 3-22, reproduit avec une annexe inédite dans L. Althusser, *Pour Marx*, Paris, François Maspero, 1972, pp. 85-128. Raymond Aron fait la critique, entre autres, de cet article d'Althusser dans *Marxismes imaginaires. D'une sainte famille à l'autre*, Paris, Gallimard, « Idées », 1970, rééd. « Folio essais », 1998, pp. 175-323.

30. Raymond Aron fait ici discrètement allusion aux critiques formulées à son égard par Georges Gurvitch (1894-1965). Celui-ci avait

en effet achevé son cours public donné en Sorbonne durant l'année universitaire 1959-1958 par une attaque : « Je ne saurais me joindre aux critiques que mon collègue Raymond Aron a formulées, en particulier dans son livre, *Le Grand Schisme* (1948), où il écrit qu'une des difficultés de Marx vient de ce que "la dialectique implique à la fois la saisie des totalités et celle des significations. Or la causalité, par elle-même, élimine les unes et les autres" (p. 103), et que "mêler l'interprétation compréhensive et l'analyse causale" conduit à la confusion (pp. 107-108). Je répondrai à mon collègue d'abord qu'il part d'une conception mécaniste de la causalité ; or celle-ci, comme tout procédé de déterminisme, présuppose des cadres de références, et très précisément, dans le domaine de la sociologie, les phénomènes sociaux totaux. Ensuite, que la causalité – et plus largement le déterminisme et ses procédés – présuppose la saisie des cadres, des univers concrets, ce qui avait déjà été entrevu par notre maître commun en philosophie, Léon Brunschvicg, dans son livre, *L'Expérience humaine et la causalité physique* (1922). En ce qui concerne l'application à la sociologie, tout ce que Mauss écrit sur les "phénomènes sociaux totaux" implique l'idée que la compréhension des phénomènes sociaux totaux et l'explication causale par ces derniers, ne sont que deux moments d'un seul et même procédé. D'une façon plus large, j'ai moi-même pris position dans ce débat, en détachant l'explication en sociologie de la liaison avec le procédé technique qui s'appelle causalité, et j'ai donné un ample développement de ce point de vue dans mon ouvrage, *Déterminismes sociaux et liberté humaine* (1955), dans mon étude. "La crise de l'explication en sociologie" (*Cahiers internationaux de sociologie*, 1956, XXI) ainsi que dans le *Traité de sociologie*, section II, chapitre VI, "Les règles de l'explication en sociologie" (pp. 236-281). Je ne peux donc accepter les critiques que, sur ce point, M. Aron adresse à Marx » (G. Gurvitch, *La Sociologie de Karl Marx, op. cit.*, pp. 92-93).

31. G. Gurvitch, *La Sociologie de Karl Marx, op. cit.*, pp. 11-22.
32. *Ibid.*, p. 6.
33. Maxime Maximovitch Kovalevski, « Deux vies parallèles. Karl Marx et Herbert Spencer » [en russe], *Vestnik Evropy* [La Revue européenne], n° 8, 1909, en partie traduit en allemand dans Maxim Kowalewski, « Erinnerungen an Karl Marx », Marx-Engels-Lenin-Institut Moskau (hrsg), *Karl Marx. Eine Sammlung von Erinnerungen und Aufsätzen,* Moscou-Leningrad, Verlagsgenossenschaft ausländischer Arbeiter in der UdSSR, 1934, pp. 212-231. Kovalevski a déjà publié des souvenirs sur Marx dans « Mes périples scientifiques et littéraires » [en russe], *Rousskaïa Jizn* [La Vie russe], janvier 1895. Lors de ses études en Europe occidentale, Kovalevski (1851-1916) rencontre Marx en 1872 à Londres, puis en 1875 à Carlsbad. Marx et Engels apprécièrent ses travaux notamment sur l'*obchtchina*, la communauté rurale, ou sur les coutumes claniques, ceci à partir de ses expéditions ethnographiques au Caucase. Professeur à la faculté de droit de Moscou depuis 1878, Kovalevski en est exclu en 1887 pour son opposition politique et émigre. Il fonde en 1901 à Paris l'École supérieure des Sciences sociales, accueillant les universitaires russes exilés.

Après la révolution de 1905, il revient en Russie, obtient une chaire à Saint-Pétersbourg et est élu député à la première Douma en 1906, puis devient, en 1907, membre du Conseil d'État.

34. Moses Hess (1812-1875), ayant passé plusieurs années en France après la révolution de 1830 dans les milieux fouriéristes et saint-simoniens, propage leurs théories socialistes parmi les jeunes hégéliens ; ainsi, en 1837, décrit-il, dans *Die heilige Geschichte der Menschheit von einem Jünger Spinozas* (« L'Histoire sacrée de l'humanité par un disciple de Spinoza »), un communisme messianique fondé sur la synthèse de l'éthique de Spinoza, de la philosophie de l'histoire de Hegel et des doctrines socialistes alors en cours en France. C'est le même principe de synthèse qui gouverne son deuxième ouvrage, publié anonymement en 1841, *Die europäische Triarchie* (« La Triarchie européenne »), prônant pour l'émancipation de l'humanité le passage à l'action par l'alliance de la volonté active française, de l'esprit spéculatif allemand et du génie pratique anglais contre les empires réactionnaires autrichien et russe. Rédacteur à la *Rheinische Zeitung* (la *Gazette rhénane* de Cologne), il s'efforce de convertir Marx et Engels aux idées saint-simoniennes, socialistes et communistes. Après sa collaboration à l'unique numéro des *Annales franco-allemandes*, Marx et Engels lui proposent de rédiger des chapitres de la future *Idéologie allemande*. Par ailleurs, Hess écrit dans les publications des « socialistes vrais », *Deutsches Bürgerbuch für 1845* et *Neue Anekdota*. Après avoir participé à la fondation de la Ligue des communistes, il rompt avec Marx et Engels. Plus tard, il adhère au socialisme de Lassalle. Son ouvrage, *Rom und Jerusalem. Die letzte Nationalitätenfrage* (1862), en fait un des précurseurs du sionisme.

35. « Dans cet ouvrage [*La Triarchie européenne*, de Moses Hess], on trouve la confrontation suivante entre Hegel et Saint-Simon : "Si chez Hegel, comme chez les penseurs allemands en général, l'accent est mis sur l'activité spirituelle, chez les penseurs français est mise en relief l'activité réelle. Cette orientation trouve sa meilleure expression chez Hegel et chez Saint-Simon, en tant qu'Allemand et Français particulièrement représentatifs. Tandis que Saint-Simon voyait bien l'avenir, avait l'impulsion nécessaire à l'action et le feu indispensable à un cœur généreux, Hegel, lui, comprenait le passé, était contemplatif et possédait la persuasion d'un calme logicien" (p. 147) » (G. Gurvitch, *La Sociologie de Karl Marx, op. cit.*, p. 14).

36. Eduard Gans (1798-1839), juriste ami et disciple de Hegel, se voit confier par ce dernier, en 1825, l'enseignement de sa philosophie du droit à l'Université de Berlin. Avec Hegel, il fonde, en 1827, les *Jahrbücher für wissenschaftliche Kritik* (« Annales de critique scientifique »). En 1828, Gans complète son cours par des leçons d'histoire, portant en particulier sur la Révolution française. En 1829, les subventions de la revue sont supprimées et, en 1831, les cours de Gans, qui attirent près de 3 000 auditeurs dont Marx, sont suspendus sous pression du Kronprinz. À partir de 1832, Gans collabore à la première édition des œuvres complètes de Hegel, notamment en rédigeant les additifs au cours de 1818-1819 sur la

« Philosophie du droit », *Grundlinien der Philosophie des Recht, oder Naturrecht und Staatswissenschaft im Grundrisse* (tome VII des *Hegel's Werke)*, et en adaptant les « Leçons sur la philosophie de l'histoire », *Vorlesungen über die Philosophie der Welt Geschichte* (tome IX). Les obsèques de Gans sont l'occasion d'une grande manifestation libérale.

37. Les conférences données par les saint-simoniens en 1829-1830 à la salle de la rue Taranne sont rassemblées par Bazard, Enfantin et Olinde Rodrigues dans *L'Exposition de la doctrine de Saint-Simon*, Paris, Librairie universelle, 1831.

38. Karl Grün (1817-1887), publiciste, ancien condisciple de Marx à l'Université de Bonn, disciple de Feuerbach, ayant trouvé refuge à Paris, entre en contact, durant l'hiver 1844-1845, avec Proudhon, dont il devient l'ami, et traduit en allemand *La Philosophie de la misère*. Grün est l'un des représentants du « socialisme vrai » attaqués par Marx et Engels dans *L'Idéologie allemande*. C'est d'ailleurs la critique par Marx de son livre, *Die soziale Bewegung in Frankreich und Belgien. Briefe und Studien*, Darmstadt, Leske, 1845, qui est la seule partie de *L'Idéologie allemande* à être publiée (*Westphälisches Dampfboot*, août 1847).

39. La sixième séance, le 25 février 1829, a pour titre « Transformation successive de l'exploitation de l'homme par l'homme, et du droit de propriété » et sous-titre « maître, esclave. – patricien, plébéien. – seigneur, serf. – oisif, travailleur. » (*Doctrine de Saint-Simon. Exposition Première année, 1829,* nouvelle édition publiée avec introduction et notes par Célestin Bouglé et Élie Halévy, Paris, Rivière, 1924, p. 235).

40. « Toute l'histoire de la société humaine jusqu'à ce jour est l'histoire de luttes de classes. Homme libre et esclave, patricien et plébéien, baron et serf, maître artisan et compagnon – en un mot oppresseurs et opprimés, dressés les uns contre les autres dans un conflit incessant, ont mené une lutte sans répit, une lutte tantôt masquée, tantôt ouverte ; une lutte qui chaque fois s'est achevée soit par un bouleversement révolutionnaire de la société tout entière, soit par la destruction des deux classes en conflit » (K. Marx et F. Engels, *Le Manifeste communiste*, I, traduction nouvelle par Charles Andler, Paris, Société nouvelle de Librairie et d'Édition, 1901, p. 20).

41. Le 23 janvier 1963, ou bien Raymond Aron n'a pas disposé de suffisamment de temps pour achever son étude des rapports entre Marx et Saint-Simon, ou bien cette partie de l'enregistrement a fait défaut. Comme il le reprend cette question au début de la leçon suivante, la fin de ce chapitre, à partir de ce paragraphe, est tirée du texte dactylographiée correspondant au début du cours du 30 janvier 1963.

42. *Doctrine de Saint-Simon. Exposition Première année, 1829*, nouvelle édition publiée avec introduction et notes par Célestin Bouglé et Élie Halévy, Paris, Rivière, 1924, p. 211.

43. Par exemple, « l'antagonisme des classes » (Karl Marx, *Misère de la philosophie. Réponse à la Philosophie de la misère de M. Proudhon*, Paris, Éditions sociales, 1946, pp. 53-54) ; « l'antagonisme entre le prolétariat et la bourgeoisie » (*ibid.*, p. 135).

44. *Doctrine de Saint-Simon, op. cit.,* pp. 212-213.
45. *Ibid.*, pp. 221-222.

BIBLIOGRAPHIE

ŒUVRES DE KARL MARX CITÉES DANS LE CHAPITRE VIII

- **L'Idéologie allemande**
  Voir la bibliographie du chapitre VII.

– *Œuvres complètes de Karl Marx. Œuvres philosophiques,* VII, *Idéologie allemande (suite),* publié par S. Landshut et J.-P. Mayer, traduit par J. Molitor, Paris, Alfred Costes, 1938 [édition utilisée par Raymond Aron dans son cours].

- **Misère de la philosophie**
  Texte rédigé en français entre décembre 1846 et juin 1847, puis publié simultanément à Paris et Bruxelles.

ÉDITIONS :
– Karl Marx, *Misère de la philosophie. Réponse à la Philosophie de la misère de M. Proudhon,* Paris-Bruxelles, A. Franck-C. G. Vogler, 1847 (édition princeps).
– réimpression autorisée par Marx en feuilleton dans *L'Égalité, organe collectiviste révolutionnaire*, de Jules Guesde, n⁰ˢ 12, 14 et 16, des 7, 21 avril et 5 mai 1880 (inachevé).
– Karl Marx, *Das Elend der Philosophie. Antwort auf Proudhon's « Philosophie des Elends »,* traduit en allemand par Eduard Bernstein et Karl Kautsky, avec une préface de Friedrich Engels, Stuttgart, Dietz, 1885 (selon Engels, la traduction allemande prend compte des corrections et additions laissées par Marx dans un exemplaire offert à Natalia Outina en 1876), rééd. avec avertissement d'Engels de 1892, dans la *MEW*, IV, 1964, pp. 63-182.
– Karl Marx, *Misère de la philosophie, réponse à la « Philosophie de la misère » de M. Proudhon, avec une préface de Friedrich Engels*, Paris, V. Giard et E. Brière, « Bibliothèque socialiste internationale II », 1896 (intègre partiellement les modifications de la traduction allemande de 1885).
– Karl Marx, « Misère de la philosophie. Réponse à la Philosophie de la misère de M. Proudhon », *MEGA*, I, 6, 1932, pp. 117-228 (reprend les corrections et annotations portées dans les éditions de 1885 et 1896).
– Karl Marx, *Misère de la philosophie. Réponse à la Philosophie de la misère de M. Proudhon,* préface de Friedrich Engels, Paris, Éditions sociales, 1946 [édition utilisée par Raymond Aron dans son cours].
– Karl Marx, *Misère de la philosophie. En réponse à la Philosophie de la misère de M. Proudhon,* préface de Fr. Engels, avec les annotations marginales de Proudhon sur son exemplaire Paris, Alfred Costes, 1950.
– Karl Marx, *Misère de la philosophie. Réponse à la Philosophie de la*

misère de M. Proudhon, préface de Friedrich Engels, Paris, Éditions sociales, 1960 (d'après la *MEGA).*

- « Misère de la philosophie. Réponse à la Philosophie de la misère de M. Proudhon (1847) », Karl Marx, *Œuvres, Économie,* I, Paris, Gallimard, « Pléiade », 1963, pp. 1-136 (d'après l'édition de 1847 et la *MEGA,* avec des corrections supplémentaires faites par Maximilien Rubel et le rétablissement des citations de Proudhon, Ricardo et Bray).

- • *Introduction à la critique de la philosophie du droit de Hegel*
  Voir la bibliographie du chapitre II.

- « Contribution à la critique de la philosophie du droit de Hegel. Introduction », *Œuvres complètes de Karl Marx, Œuvres philosophiques,* I, trad. fr. par J. Molitor, Paris, Alfred Costes, 1927, pp. 83-108 [édition utilisée par Raymond Aron dans son cours].

NOTES DU CHAPITRE IX

1. Pour ce qui concerne la partie du *Capital* étudiée par Raymond Aron dans ce chapitre, on trouvera une bibliographie précise à la suite des présentes notes.
2. Karl Marx, *Histoire des doctrines économiques*, trad. fr. de J. Molitor, 8 volumes, Paris, Costes, 1924-1925. Il s'agit de la traduction des *Theorien über den Mehrwert,* « Théories sur la plus-value », d'après le manuscrit de Marx rédigé entre août 1861 et juin 1863, et publié par Karl Kautsky, à Stuttgart chez Dietz en 1905 et 1910. Engels souhaitait en faire le livre IV du *Capital.*
3. « Quoiqu'enveloppé dans cet horizon bourgeois, Ricardo dissèque l'économie bourgeoise – laquelle est tout autre dans ses profondeurs qu'elle n'apparaît à la surface – avec une acuité théorique telle que lord Brougham a pu dire de lui : *Mr Ricardo seemed as if he had dropped from an other planet* (M. Ricardo paraissait être tombé d'une autre planète) », écrit Marx notamment, dans le chapitre sur « la marchandise » de la *Contribution à la critique de l'économie politique,* ajoutant plus loin : « Comme Ricardo, en donnant à l'économie politique sa forme achevée, a le plus nettement formulé et développé la détermination de la valeur d'échange par le temps de travail, c'est naturellement sur lui que se concentre la polémique des économistes » (Karl Marx, *Contribution à la critique de l'économie politique,* traduit sur la 2e édition allemande de Karl Kautsky par Laura Lafargue, Paris, V. Giard et E. Brière, « Bibliothèque socialiste internationale XI », 1909, pp. 74 et 75).
4. Voir Joseph A. Schumpeter, *History of Economic Analysis,* edited from manuscript by Elizabeth Boody Schumpeter, Londres, Allen and Unwin, 1954, pp. 473, 541, 618, 653, 668 et 1171 (J. A. Schumpeter, *Histoire de l'analyse économique,* trad. fr. sous dir. de Jean-Claude Casanova, préface de Raymond Barre, II, *L'Âge classique, 1790 à 1870,* Paris, Gallimard, 1983, pp. 134, 223, 326, 371 et 389 ; III, *L'Âge scientifique, de 1870 à J. M. Keynes,* p. 544).
5. J. A. Schumpeter, *History, op. cit.,* pp. 575 sq. (*Histoire, op. cit.,* II, pp. 269 sq.).
6. Joan Robinson, *An Essay on Marxian Economics,* Londres, Macmillan, 1942 (1re édition), rééd. 1949 (*Essai sur l'économie de Marx,* trad. fr. par Alain et Christiane Alcouffe, Paris, Dunod, 1971).
7. Joseph A. Schumpeter, *Capitalism, Socialism and Democracy,* New York, Harper, 1942 (J. A. Schumpeter, *Capitalisme, socialisme et démocratie,* trad. fr. par Gaël Fain, Paris, Payot, 1951, rééd. suivie de *Les possibilités actuelles* et *La marche du socialisme,* préface de Jean-Claude Casanova, 1990, « Première partie : La doctrine marxiste », pp. 17 sq.).
8. « La marchandise » constitue le chapitre premier de la première section du livre premier du *Capital.*
9. Voir Ricardo, *Des principes de l'économie politique et de l'impôt* (1817), chapitres 1 et 4. Comme aucune traduction française ne s'impose, le lecteur attentif se reportera à l'édition anglaise, *On*

the *Principles of Political Economy and Taxation*, tome premier de *The Works and Correspondence of David Ricardo*, edited by Piero Sraffa with the collaboration of Maurice H. Dobb, Cambridge, Cambridge University Press, 1951.

10. Quatrième partie du chapitre premier de la première section du livre premier du *Capital*.

11. Karl Marx, *Le Capital. Critique de l'économie politique. Livre premier. Le développement de la production capitaliste*, traduction de Joseph Roy entièrement révisée par l'auteur, I, Paris, Éditions sociales, 1959, pp. 84-85.

12. *Ibid.*, p. 85.

13. À la fin du passage cité, Marx a placé en note une phrase tirée de l'article d'Engels, « Umrisse zu einer Kritik der Nationalökonomie » (Esquisse pour une critique de l'économie politique), paru en 1844 dans l'unique numéro des *Annales franco-allemandes* : « Que doit-on penser d'une loi qui ne peut s'exécuter que par des révolutions périodiques ? C'est tout simplement une loi naturelle fondée sur l'inconscience de ceux qui la subissent. »

14. K. Marx, *Le Capital. Livre premier*, I, *op. cit.*, p. 87.

15. *Ibid.*, p. 86.

16. « Der Mensch, der in der phantastischen Wirklichkeit des Himmels, wo er einen Übermenschen suchte, nur den *Wiederschein* seiner selbst gefunden hat, wird nicht mehr geneigt sein, nur den *Schein* seiner selbst, nur den Unmenschen zu finden, wo er seine wahre Wirklichkeit sucht und suchen muß. [...] Die Religion ist der Seufzer der bedrängten Kreatur, das Gemüt einer herzlosen Welt, wie sie der Geist geistloser Zustände ist. Sie ist das *Opium* des Volks » (« Zur Kritik der Hegelschen Rechtsphilosophie, Einleitung », S. Landshut und J. P. Mayer (hrsg), *Karl Marx, Der historische Materialismus. Die Frühschriften*, I, Leipzig, Alfred Kröner, 1932, pp. 263-264).

17. Marx, *Le Capital. Livre premier*, I, *op. cit.*, p. 91.

18. Pour le développement de ce qui suit, voir dans Marx, *Le Capital. Livre premier*, I, *op. cit.*, pp. 88-94.

19. « De l'or ! De l'or jaune, étincelant, précieux ! Non, dieux du ciel, je ne suis pas un soupirant frivole... Ce peu d'or suffirait à rendre blanc le noir, beau le laid, juste l'injuste, noble l'infâme, jeune le vieux, vaillant le lâche... Cet or écartera de vos autels vos prêtres et vos serviteurs ; il arrachera l'oreiller de dessous la tête des mourants ; cet esclave jaune garantira et rompra les serments, bénira les maudits, fera adorer la lèpre livide, donnera aux voleurs place, titre, hommage et louange sur le banc des sénateurs ; c'est lui qui pousse à se remarier la veuve éplorée. Celle qui fera lever la gorge à un hôpital de plaies hideuses, l'or l'embaume, la parfume, en fait de nouveau un jour d'avril. Allons, métal maudit, putain commune à toute l'humanité, toi qui mets la discorde parmi la foule des nations... » (traduction de *Timon d'Athènes*, IV, 3, 26-42).

BIBLIOGRAPHIE

ŒUVRE DE KARL MARX CITÉE DANS LE CHAPITRE IX

* Le livre premier du *Capital*

Le projet remontant à 1844, Marx réalise les premiers travaux préparatoires irrégulièrement jusqu'en 1859, puis, entre août 1861 et juillet 1863, résume ces travaux en 23 cahiers, qu'il remanie et augmente jusqu'en 1865 : le brouillon des trois livres est achevé en décembre 1865. En mars 1867, le texte définitif du livre premier est remis à l'éditeur et, en septembre, sortent des presses un millier d'exemplaires du premier livre du *Capital*, le seul livre du *Capital* publié du vivant de Karl Marx.

ÉDITIONS :
– Karl Marx, *Das Kapital. Kritik der politischen Oekonomie*, Erster Band, Buch I., *Der Produktionsprocess des Kapitals*, Hambourg, Otto Meissner, 1867.
– *Ibid.*, deuxième édition, 1872, postface datée du 24 janvier 1873 (édition revue et modifiée par Marx).
– *Ibid.*, troisième édition, 1883 (première édition posthume, réalisée par Friedrich Engels, avec corrections portées sur l'exemplaire appartenant à Marx et d'après la première édition française de 1872-1875).
– *Ibid.*, quatrième édition, 1890 (édition par Engels, avec additions d'après la première traduction anglaise de 1887).

Les rééditions postérieures à Engels :
– Karl Marx, *Das Kapital*, Volksausgabe, Berlin, Dietz, 1914 (édition populaire établie par Kautsky d'après la deuxième édition et modifications provenant des notes et lettres de Marx).
– Karl Marx, *Das Kapital*, Volksausgabe, Vienne-Berlin, Verlag für Literatur und Politik, 1932 (édition populaire comprenant les trois livres du *Capital* établie par l'Institut Marx-Engels-Lénine de Moscou, le livre premier à partir de la quatrième édition).
– Karl Marx, *Das Kapital*, Berlin, Kiepenheuer, 1932 (édition établie par Karl Korsch et reprenant la deuxième édition de Marx).
– *MEW*, XXIII, *Das Kapital. Kritik des politischen Ökonomie. 1. Bd.*, 1962 (reprend le texte de la quatrième édition).
– « Das Kapital. Kritik der politischen Ökonomie, I., Hamburg, 1872 », *MEGA2*, « *Das Kapital* » *und Vorarbeiten*, VI, 2 volumes, 1987 (texte de la deuxième édition parue en 1872-1873 accompagné d'un volume d'appareil critique).
– « Das Kapital. Kritik der politischen Ökonomie, I., Hamburg, 1883 », *MEGA2*, « *Das Kapital* » *und Vorarbeiten*, VIII, 2 volumes, 1989 (texte de la troisième édition parue en 1883 accompagné d'un volume d'appareil critique).
– « Das Kapital. Kritik der politischen Ökonomie, I., Hamburg, 1890 », *MEGA2*, « *Das Kapital* » *und Vorarbeiten*, X, 2 volumes, 1991 (texte de la quatrième édition parue en 1890 accompagné d'un volume d'appareil critique).

TRADUCTIONS :
La traduction de Joseph Roy revue par Marx :
– Karl Marx, *Le Capital*, traduction de Joseph Roy entièrement

révisée par l'auteur, Paris, Maurice La Châtre, août 1872-mai 1875 ; rééd. Librairie du Progrès, 1875.

– Karl Marx, *Le Capital, Critique de l'économie politique, Livre premier*, Paris, Bureau d'Éditions, 3 tomes, 1938-1939 ; rééd. augmentée de documents, Éditions sociales, 3 tomes, 1948-1950 [édition utilisée par Raymond Aron dans son cours].

– *Œuvres complètes de Karl Marx, Le Capital, Le procès de la production du capital*, traduit par J. Roy, précédé d'une introduction à l'ensemble du marxisme par Karl Kautsky et préface de la deuxième édition par Friedrich Engels, Paris, Alfred Costes, 1949.

– Karl Marx, *Le Capital. Livre I*, traduction de J. Roy, chronologie et avertissement de Louis Althusser, Paris, Garnier-Flammarion, « Texte intégral 213 », 1969 ; rééd. « Champs », 1985.

– « Le Capital (Livre premier) », traduction par Joseph Roy revue par Maximilien Rubel, Karl Marx, *Œuvres. Économie*, I, préface par François Perroux, édition établie par Maximilien Rubel, Paris, Gallimard, « Pléiade », 1963, pp. 535-1406 (cette édition comporte de nombreuses corrections de la première traduction, elle place la documentation et l'appareil statistique en annexe et inverse les deux derniers chapitres de Marx).

– « Le Capital. Paris 1872-1875 », *MEGA2, « Das Kapital » und Vorarbeiten*, VII, 2 volumes, 1989 (un volume de texte et un autre d'appareil critique).

Des traductions sous forme de résumés :

– Karl Marx, *Le Capital*, résumé et accompagné d'un aperçu sur le socialisme scientifique par Gabriel Deville, Paris, Oriol « Bibliothèque socialiste », 1883 ; rééd. C. Marpon et E. Flammarion, 1886, 1887 ; rééd., E. Flammarion, 1897, 1919, 1928, 1948 (abrégé très répandu et sévèrement critiqué par Engels).

– Karl Marx, *Le Capital*, extraits faits par Paul Lafargue, introduction de Vilfredo Pareto, Paris, Guillaumin, « Petite Bibliothèque économique française et étrangère », 1894 ; rééd. 1897.

– Karl Marx, *Abrégé du « Capital »*, par Carlo Cafiero, traduction française par James Guillaume, Paris, Stock, « Bibliothèque sociologique 43 », 1910.

– Karl Marx, *Le Capital*, édition populaire (résumé-extraits) par Julien Borchardt, texte français établi par Jean-Paul Samson, Paris, Rieder, 1935 ; rééd. PUF, 1956.

La traduction Molitor :

– *Œuvres complètes de Karl Marx, Le Capital, Le procès de la production du capital*, traduit par J. Molitor, précédé d'une introduction à l'ensemble du marxisme par Karl Kautsky et avant-propos de Friedrich Engels, 4 tomes, Paris, Alfred Costes, 1924-1930 (d'après la quatrième édition allemande, cette traduction comprend toutefois de nombreuses erreurs, au point où l'éditeur lui a substitué à partir de 1949 la traduction Roy).

Une traduction récente :

– Karl Marx, *Le Capital. Critique de l'économie politique. Quatrième édition allemande. Livre premier. Le procès de production du capital*, traduction française sous la responsabilité de Jean-Pierre Lefebvre, Paris, Éditions sociales, 1983 ; rééd. PUF, « Quadrige 152 », 1993.

NOTES DU CHAPITRE X

1. Nous ne disposons, pour cette leçon, que d'une partie du manuscrit : la seconde, qui offre une première synthèse de la vision du capitalisme dans le livre I du *Capital*. Sans doute Raymond Aron, dans la première partie, reprenait-il les questions traitées dans la leçon précédente et les complétait-il par une étude des notions de plus-value, de machinisme et de manufacture, de rapports de production et de forces de production. On complétera donc la lecture de ce chapitre par celle de l'annexe II. De toute façon, Raymond Aron revient sur ces questions dans les leçons qui suivent.
2. Karl Marx, *Le Capital. Critique de l'économie politique. Livre premier. Le développement de la production capitaliste*, traduction de Joseph Roy entièrement révisée par l'auteur, II, Paris, Éditions sociales, 1948, pp. 45-46.
3. *Ibid.*, pp. 165.
4. Voir Joseph A. Schumpeter, *Theorie der wirtschaftlichen Entwicklung*, Leipzig, Duncker und Humblot, 1912, trad. angl : *The Theory of Economic Development*, Cambridge, Mass., Harvard University Press, 1934, et *Capitalism, op. cit.*, en particulier la deuxième partie. La traduction en français de *Theorie der wirtschaftlichen Entwicklung* a été très critiquée, nous en donnons néanmoins la référence : *Théorie de l'évolution économique*, Paris, Dalloz, 1935, rééd. 1983.
5. Louis Chevalier, *Classes laborieuses et classes dangereuses à Paris pendant la première moitié du XIXᵉ siècle*, Paris, Plon, 1958.
6. Karl Marx, *Le Capital. Critique de l'économie politique. Livre troisième. Le procès d'ensemble de la production capitaliste*, traduction de Catherine Cohen-Solal et Gilbert Badia, I, Paris, Éditions sociales, 1957, 3ᵉ section, chapitres XIII, XIV et XV.

BIBLIOGRAPHIE

ŒUVRE DE KARL MARX CITÉE DANS LE CHAPITRE X

• Le livre premier du *Capital*
  Voir la bibliographie du chapitre IX.

– Karl Marx, *Le Capital. Critique de l'économie politique. Livre premier. Le développement de la production capitaliste,* traduction de Joseph Roy entièrement révisée par l'auteur, II, Paris, Éditions sociales, 1948 [édition utilisée par Raymond Aron dans son cours].

1. J. Robinson, *An Essay*, *op. cit.*, rééd. 1966, particulièrement le chapitre III. Voir la note 6 du chapitre IX.
2. La comptabilité nationale, depuis l'un de ses principaux fondateurs, John R. Stone (prix Nobel 1984), définit la *valeur ajoutée* comme égale à la différence entre la valeur de la production et la valeur des biens et des services qui sont détruits ou transformés au cours du processus de production. Le produit intérieur brut est la somme des valeurs ajoutées par les agents producteurs. Ce concept permet de mesurer la production d'une entreprise ou d'une collectivité en ne comptant pas deux fois la valeur des biens produits par un producteur et utilisés par un autre dans le processus de production.
3. Raymond Aron fait allusion au principal ouvrage de Jean Fourastié à cette époque, *Le Grand Espoir du XXe siècle*, Paris, PUF, 1949, édition revue et définitive, Gallimard, « Tel », 1989.
4. Karl Marx, *Le Capital. Critique de l'économie politique. Livre premier. Le développement de la production capitaliste*, traduction de Joseph Roy entièrement révisée par l'auteur, III, Paris, Éditions sociales, 1950, p. 87.
5. Karl Marx, *Le Capital. Critique de l'économie politique. Livre premier. Le développement de la production capitaliste*, traduction de Joseph Roy entièrement révisée par l'auteur, II, Paris, Éditions sociales, 1948, Cinquième section : « Nouvelles recherches sur la production de la plus-value », chapitre XVII : « Les variations dans le rapport de grandeur entre la plus-value et la valeur de la force de travail », pp. 192-201.
6. *Ibid.*, p. 192.
7. *Ibid.*, p. 193.
8. *Ibid.*, p. 194.
9. *Ibid.*, p. 195.
10. *Ibid.*, p. 197.
11. Joseph Schumpeter, *Esquisse d'une histoire de la science économique des origines jusqu'au début du XXe siècle*, trad. fr. par Georges-Henri Bousquet (de « Epochen der Dogmen- und Methodengeschichte », la contribution de Schumpeter au grand traité collectif, Max Weber (hrsg) *Grundriss der Sozialökonomik*, I., *Wirtschaft und Wirtschaftswissenschaft*, Tübingen, J. C. B. Mohr, 1914, pp. 19-124), Paris, Dalloz, 1962, pp. 130 sq., note 1. Voir aussi J. A. Schumpeter, *Capitalisme, op. cit.*, 1re partie.
12. Marx, *Le Capital. Livre premier*, III, *op. cit.*, p. 47.
13. Rosa Luxemburg, *Die Akkumulation des Kapitals. Ein Beitrag zur ökonomischen Erklärung des Imperialismus*, Berlin, Singer, 1913, rééd. Leipzig, Francke, 1921 ; trad. fr. par Marcel Ollivier : *L'Accumulation du capital. Contribution à l'explication économique de l'impérialisme*, Paris, Librairie du Travail, « Histoire et Éducation prolétariennes 8 », 1935, rééd. Maspero, 1970.
14. Vladimir I. Lénine, *L'Impérialisme, stade suprême du capitalisme* [en russe], écrit de janvier à juin 1916, publié en brochure à Petrograd courant 1917.

15. Lucien Goldmann, *Recherches dialectiques*, Paris, Gallimard, 1959, p. 94.
16. « Ce petit fait est gros d'enseignements. Car le temps que j'ai à attendre n'est plus ce temps mathématique qui s'appliquerait aussi bien le long de l'histoire entière du monde matériel, lors même qu'elle serait étalée tout d'un coup dans l'espace. Il coïncide avec mon impatience, c'est-à-dire avec une certaine portion de ma durée à moi, qui n'est pas allongeable ni rétrécissable à volonté. Ce n'est plus du pensé, c'est du vécu. Ce n'est plus une relation, c'est de l'absolu » (Henri Bergson, *L'Évolution créatrice*, Paris, Alcan, 1907, p. 10, reproduit dans H. Bergson, *Œuvres*, édition du centenaire, Paris, PUF, 1959, p. 502).

BIBLIOGRAPHIE

ŒUVRE DE KARL MARX CITÉE DANS LE CHAPITRE XI

* Le livre premier du *Capital*.
  Voir la bibliographie du chapitre IX.

– Karl Marx, *Le Capital. Critique de l'économie politique. Livre premier. Le développement de la production capitaliste,* traduction de Joseph Roy entièrement révisée par l'auteur, II et III, Paris, Éditions sociales, 1948 et 1950 [édition utilisée par Raymond Aron dans son cours].

NOTES DU CHAPITRE XII

1. Benedetto Croce (1866-1952), disciple et ami d'Antonio Labriola, l'introducteur du marxisme en Italie, participe, entre 1895 et 1900, à la « crise révisionniste », notamment par ses communications à l'Accademia Pontaniana, de Naples, et ses articles donnés à la revue de Georges Sorel, *Le Devenir social*. Ces textes sont réunis dans *Materialismo storico ed economia marxistica*, Milan-Palerme, Sandron, 1900 (*Matérialisme historique et économie marxiste. Essais critiques*, trad. fr., Paris, Giard et Brière, 1901). La baisse tendancielle du taux de profit, exposée dans le livre III du *Capital*, y est critiquée, dans « Per la interpretazione e la critica di alcuni concetti del marxismo » (*op. cit.*, trad. fr., pp. 209-234) et « Una obiezione alla legge marxistica della caduta del saggio du profitto » (*ibid.*, pp. 237-255). Il évoque, à la troisième personne, son rôle dans cette période : « À côté de Labriola, un de ses disciples, suivant la voie ouverte par le maître qui pourtant combattit et désapprouva cette hardiesse, soumit à une révision toutes les thèses essentielles de Marx. Et ce disciple jugea comme anti-économique et comme anti-scientifique le concept de la survaleur ; il lui reconnut une seule utilité, celle d'une comparaison instituée pour des motifs de polémique sociale entre un paradigme abstrait et la réalité. Il démontra qu'une simple *ignoratio elenchi* était à la base de la loi centrale du troisième volume du *Capital* portant sur la chute du taux de profit et sur la fin automatique du capitalisme par l'effet du progrès technique. Il réduisit le matérialisme historique à un simple canon empirique d'historiographie, à une méthode accordant plus d'attention aux recherches sur la vie des sociétés humaines, sur la production et la distribution de la richesse. Et il appliqua successivement à toutes les autres thèses marxistes le même procédé d'analyse critique » (*Histoire de l'Italie contemporaine 1871-1915*, trad. fr., Paris, Payot, 1929, p. 178).

2. Karl Marx, *Le Capital. Critique de l'économie politique. Livre troisième. Le procès d'ensemble de la production capitaliste*, traduction de Mme C. Cohen-Solal et Gilbert Badia, I, Paris, Éditions sociales, 1957, pp. 226-227 (passages soulignés par Marx).

3. « VI. Augmentation du capital par actions. [...] À mesure que progresse la production capitaliste, ce qui va de pair avec une accumulation plus rapide, une partie du capital n'est plus comptée et employée que comme capital productif d'intérêt. [...] Mais ces capitaux, bien que placés dans de grandes entreprises productives, ne fournissent, déduction faite de tous les frais, que des intérêts plus ou moins grands qu'on appelle dividendes : dans les chemins de fer par exemple. Ils n'entrent donc pas dans le système de péréquation du taux de profit général, étant donné qu'ils rendent un taux de profit inférieur au taux moyen. S'ils y entraient, celui-ci tomberait beaucoup plus bas. D'un point de vue théorique, on peut les y inclure et on obtient alors un taux de profit inférieur à celui qui semble exister et qui détermine réellement les capitalistes, car c'est justement dans ces entreprises que le capital constant est le

plus élevé relativement au capital variable » (Marx, *Le Capital. Livre troisième*, I, *op. cit.*, pp. 252-253).

4. Marx, *Le Capital. Livre troisième,* II, *op. cit.*, pp. 102-103.
5. *Ibid.*, p. 103.
6. *Ibid.*, p. 102.
7. Marx, *Le Capital. Livre troisième*, I, *op. cit.*, p. 309.
8. *Ibid.*
9. Sur ces deux écoles, voir Charles Rist, *Histoire des doctrines relatives au crédit et à la monnaie depuis John Law jusqu'à nos jours*, Paris, Sirey, 1938.
10. Marx, *Le Capital. Livre troisième*, II, *op. cit.*, p. 145.
11. *Ibid.*, p. 259 sq.
12. *Ibid.*, p. 260.
13. *Ibid.*, p. 266.
14. *Ibid.*, p. 252.
15. *Ibid.*
16. David Ricardo, *On the Principles of Political Economy and Taxation* (1817), cité dans Karl Marx, *Le Capital. Critique de l'économie politique. Livre troisième. Le procès d'ensemble de la production capitaliste*, traduction de Mme C. Cohen-Solal et Gilbert Badia, III, Paris, Éditions sociales, 1960, p. 40.
17. Marx, *Le Capital. Livre troisième,* III, *op. cit.*, p. 40.
18. *Ibid.*, pp. 56-57.
19. *Ibid.*, pp. 142-145.
20. *Ibid.*, p. 148.
21. « Die Bourgeoisie hat [...] einen bedeutenden Teil der Bevölkerung dem Idiotismus des Landlebens entrissen » (*Kommunistisches Manifest*, 1848). Ce thème est aussi présent dans *Le XVIII Brumaire de Louis Bonaparte* et *La Guerre civile en France*.
22. « La petite propriété crée une classe de barbares presque en marge de la société, unissant la grossièreté des formes sociales primitives à tous les tourments et toute la misère des pays civilisés » (Marx, *Le Capital. Livre troisième*, III, *op. cit.*, pp. 191-192).
23. Karl Marx, *Le Capital. Livre troisième,* III, *op. cit.*, Septième section : « Les revenus et leurs sources », pp. 193 sq.
24. *Ibid.*, p. 260.

BIBLIOGRAPHIE

Œuvre de Karl Marx citée dans le chapitre XII

• Le livre troisième du *Capital*
Ensemble de textes rédigés par Karl Marx principalement en 1864 et 1865, selon Engels, et comprenant aussi un cahier sur le rapport entre le taux de la plus-value et le taux de profit, daté de 1875 – Engels reconnaît avoir rencontré de grandes difficultés dans l'édition de ce livre (Engels, avant-propos, *Capital*, livre III, tome IX de l'édition Costes, pp. 10-21), ce qui amène Riazanov à estimer que ce livre doit beaucoup à Engels (*Archiv für die Geschichte des Sozialismus und der Arbeiterbewegung*, n° XI, 1923, p. 393).

Éditions :
- Karl Marx, *Das Kapital. Kritik der politischen Oekonomie*. Dritter Band. Buch III : *Der Gesamtprocess der kapitalistischen Produktion*, herausgegeben von Friedrich Engels, Hambourg, Otto Meissner, 1894 (édité par Engels, plusieurs rééditions dont la 3ᵉ en 1911).
- Karl Marx, *Das Kapital. Kritik der politischen Oekonomie*. Dritter Band. Buch III : *Der Gesamtprozess der kapitalistischen Produktion*, Berlin, Dietz, 1926 (édition populaire par Kautsky).
- Karl Marx, *Das Kapital. Kritik der politischen Ökonomie*. Dritter Band III : *Der Gesamtprozess der kapitalistischen Produktion*, Zurich, Ring Verlag, 1933 (édité par l'Institut Marx-Engels-Lénine de Moscou, avec la correspondance de Marx et Engels se rapportant au livre III).
- *MEW*, XXV, *Das Kapital. Kritik der politischen Ökonomie*, III. Band. Buch III : *Der Gesamtprozess der kapitalistischen Produktion*, 1964.

Traductions :
- Karl Marx, *Le Capital. Critique de l'économie politique*, livre III, *Le processus d'ensemble de la production capitaliste*, traduit par Julian Borchardt et Hippolyte Vanderrydt (Institut des Sciences sociales de Bruxelles), Paris, Giard et Brière, « Bibliothèque socialiste internationale », 1901-1902 (première traduction française).
- Karl Marx, *Le Capital*, tomes IX à XIV : *Le procès d'ensemble de la production capitaliste*, traduction française de J. Molitor, agrégé de l'Université, inspecteur d'Académie, Paris, Alfred Costes, 1928-1930 (Raymond Aron, comme de nombreux spécialistes, a constaté des erreurs dans cette traduction).
- Karl Marx, *Le Capital. Critique de l'économie politique. Livre troisième. Le procès d'ensemble de la production capitaliste*, traduction de Catherine Cohen-Solal et Gilbert Badia, 3 volumes, Paris, Éditions sociales, 1957-1960 [édition utilisée par Raymond Aron dans son cours].
- « Matériaux pour le deuxième volume du *Capital*. Livre III : Le processus d'ensemble du capital (1864-1875) », traduit par Michel Jacob, Maximilien Rubel et Suzanne Voute, Karl Marx, *Œuvres. Économie*, II, édition établie et annotée par Maximilien Rubel, Paris, Gallimard, « Pléiade », 1968, pp. 865-1488 et 1738-1852 (traduit à partir de la *MEW* et profondément remanié par Maximilien Rubel sur la base des manuscrits conservés dans le fonds Marx-Engels de l'Institut international d'histoire sociale d'Amsterdam).

1. Pierre Bigo s.j., *Marxisme et humanisme. Introduction à l'œuvre économique de Karl Marx*, thèse de droit, Paris, 1951, préface de Jean Marchal, Paris, PUF, 1953.
2. J. A. Schumpeter, *Capitalism, Socialism and Democracy* (1942). Voir la note 7 du chapitre IX.
3. J. A. Schumpeter, *History of Economic Analysis* (posthume, 1954). Voir la note 4 du chapitre IX.
4. P. Bigo, *op. cit.*, p. 21.
5. « Je crois que la théorie de la valeur de Marx résiste à toutes les critiques quand on l'entend dans son vrai sens, c'est-à-dire comme une métaphysique sociale, comme une dialectique profonde de la valeur, non comme une théorie superficielle des prix. Mais, même si on la juge arbitraire ou fausse, ou abstraite, si on constitue la valeur même par le coût de production, là encore toute l'action capitaliste semble combinée pour cacher aux capitalistes eux-mêmes l'exploitation qu'ils exercent. Dans les frais de production rentrent, en effet, des éléments de nature bien différente, mais qui semblent contracter une valeur de même ordre parce qu'ils concourent à déterminer, à constituer la valeur du produit. Les salaires et l'amortissement du capital d'un côté, le profit du capital de l'autre, quelle distance entre ces éléments ! quel abîme ! Tant que l'homme ne sera pas parvenu, si jamais il doit y parvenir, à ce degré de toute-puissance paresseuse où des mécanismes presque divins, pareils aux automates pensants que forgeait Vulcain aux forges de l'Olympe, feront toutes les besognes, se réparant et s'entretenant eux-mêmes, où l'action humaine ne sera plus qu'un libre jeu et où la facilité infinie de la production absorbera l'échange et la valeur, tant qu'il y aura des valeurs, le travail appliqué à la production des objets sera, sous toutes les formes sociales imaginables, un élément essentiel de la valeur même s'il n'en constitue pas le tout. Et dans le travail, je comprends, bien entendu, l'amortissement du capital qui peut se définir par la somme de travail nécessaire à reconstituer les mécanismes de production, usés par le temps et par leur service même. Voilà donc, dans l'ordre de la valeur, un élément permanent, éternel. Au contraire, le profit du capital suppose un système social particulier, et qui peut n'être que transitoire » (Jean Jaurès, *L'Armée nouvelle*, 1910).
6. P. Bigo, *op. cit.*, p. 37.
7. *Ibid.*, p. 27.
8. Jean-Yves Calvez s.j., *La pensée de Karl Marx*, Paris, Le Seuil, 1956, réédition revue et abrégée, 1970.
9. P. Bigo, *op. cit.*, p. 32.
10. Voir la note 2 du chapitre IX.
11. J. A. Schumpeter, *Capitalisme, socialisme et démocratie*, trad. fr., Paris, Payot, rééd. 1990, p. 23.
12. *Ibid.*, pp. 23-24.
13. *Ibid.*, p. 24.
14. J. A. Schumpeter, « *Epochen der Dogmen- und Methoden-*

geschichte » (1914, voir la note 11 du chapitre XI), en particulier le chapitre III, § 20.

15. Pierre Naville, *De l'aliénation à la jouissance. Essai sur le développement de la sociologie du travail chez Marx et Engels*, thèse lettres Paris 1953, Paris, Rivière, 1957. Raymond Aron relate la soutenance de thèse de Naville dans ses *Mémoires* (pp. 482-483).

16. François Perroux (1903-1987). Professeur d'économie politique à la faculté de droit de Lyon de 1928 à 1937 puis à Paris jusqu'en 1955, date à laquelle il occupe la chaire d'analyse des faits économiques et sociaux au Collège de France jusqu'en 1974. Parmi ses premiers écrits, il donne une préface, « La pensée économique de Joseph Schumpeter. Les dynamiques du capitalisme », à la traduction française de l'ouvrage de Schumpeter, *Théorie de l'évolution économique. Recherches sur le profit, le crédit, l'intérêt et le cycle de la conjoncture*, Paris, Dalloz, 1935. Dans *L'Europe sans rivages*, Paris, PUF, 1954, *L'économie du xxᵉ siècle*, PUF, 1961, *L'économie des jeunes nations*, Paris, PUF, 1962, et notamment dans son article, « La firme motrice dans une région et la région motrice », *Cahiers de l'ISEA*, série AD, n° 1, mars 1961, pp. 11-67, il expose sa théorie de la domination économique, ainsi que les thèmes de l'échange inégal, des espaces économiques passif ou actif, du « pôle de développement », de la « désarticulation », du « sentier de croissance ». Il est aussi l'auteur de la préface, « Dialectiques et Socialisation », au premier tome des *Œuvres* de Karl Marx, édité par Maximilien Rubel, Paris, Gallimard « Bibliothèque de la Pléiade », 1963.

17. Voir « Théorie du développement et idéologies de notre temps » (1962) et « Théorie du développement et philosophie évolutionniste » (1961), reproduits dans Raymond Aron, *Trois essais sur l'âge industriel*, Paris, Plon « Preuves », 1966, pp. 15 sq.

18. Rosa Luxemburg (1870-1919), militante de la IIᵉ Internationale, estime dans sa thèse sur l'impérialisme (voir la note 13 du chapitre XI) que la crise du capitalisme proviendra du heurt de l'expansion impérialiste à la finitude du monde et qu'alors la crise de surproduction posera l'alternative, guerre impérialiste ou révolution. Par ailleurs, elle s'oppose à Lénine sur divers points, notamment la centralisation du parti révolutionnaire. Active dans l'extrême gauche de la social-démocratie allemande, Rosa Luxemburg est écartée de toutes responsabilités au moment de la Grande Guerre, participe alors à la Ligue spartakiste opposée à l'union nationale. Suite à la révolution de novembre 1918, les spartakistes, formés depuis en parti communiste, déclenchent une insurrection à Berlin, le 6 janvier 1919. Elle est tuée lors de la répression de ce mouvement.

19. Henryk Grossmann (1881-1950), économiste marxiste orthodoxe, a consacré ses recherches à l'évolution du taux de profit et à la chute du capitalisme. Après des études de droit à Cracovie et Vienne, il réalise des travaux en histoire économique (*Österreichs Handelspolitik mit Bezug auf Galizien in der Reformperiode 1772-1790*, Wien, C. Konegen, 1914 ; *Die Anfänge und geschichtliche Entwicklung der amtlichen Statistik in Österreich*, Brunn, F. Irrgang, 1916). En 1917, il est affecté au Comité scientifique

pour l'économie de guerre du ministère autrichien de la Guerre. En 1919, au Bureau central de la Statistique de la République polonaise, il organise le premier recensement. À l'Université libre de Pologne, à Varsovie, il est chargé du cours de statistique en 1921 puis, en 1922, de celui d'économie politique. Il devient marxiste, et, en 1925, après avoir été mis en résidence surveillée du fait de ses sympathies pro-soviétiques, il gagne l'Allemagne. À l'Université de Francfort, il est assistant de Carl Grünberg, qui dirige l'*Institut für Sozialforschung*, puis promu maître de conférences en 1930. Il travaille alors sur les théories marxistes des crises et de l'impérialisme. Il étudie ainsi le changement de plan du *Capital* (« Die Änderung des ursprünglichen Aufbauplans des Marxschen *Kapitals* und ihre Ursachen », *Archiv für die Geschichte des Sozialismus und der Arbeiterbewegung*, XIV, 2, 1929). Avec son interprétation du schéma de la reproduction élargie du livre II du *Capital* exposée dans *Das Akkumulations- und Zusammenbruchsgesetz des kapitalistichen Systems*, Leipzig, C. L. Hirschfeld, 1929, Grossmann considère avoir rétabli la théorie marxienne des crises. Aussi consacre-t-il un essai au rôle de l'or dans les modèles économiques de Marx et Rosa Luxemburg (« Die Goldproduktion im Reproduktionsschema von Marx und Rosa Luxemburg », *Festschrift für Carl Grünberg*, Leipzig, C. L. Hirschfeld, 1932, pp. 152-184) et un autre à la transformation de la valeur en prix (« Die Wert-Preis-Transformation bei Marx und das Krisenproblem », *Zeitschrift für Sozialforschung*, I, 2, 1932, pp. 55-84). Il suit l'Institut de Francfort dans l'émigration, à Paris en 1933, à Londres en 1935, enfin à New-York en 1937. En 1949, il rallie l'Allemagne de l'Est, où il est nommé à la chaire d'économie politique de l'Université de Leipzig. Son *Marx, die klassische Nationalökonomie und das Problem der Dynamik* est traduit en français : *Marx, l'économie politique classique et le problème de la dynamique*, préface de Paul Mattick, Paris, Champ libre, 1975.

20. Voir J. A. Schumpeter, *History*, *op. cit.*, pp. 584 sq. ; trad. fr. : *Histoire*, *op. cit.*, II, pp. 281-286.

1. Jean Hyppolite, *Études sur Marx et Hegel*, Paris, Rivière, 1955.
   Jean Hyppolite (1907-1968) intègre la rue d'Ulm en 1925, un an
   après Raymond Aron dont il devient l'un des amis. Après l'agrégation de philosophie en 1929, sur le conseil de Cavaillès, il étudie
   Hegel, traduit *La Phénoménologie de Hegel*, 2 tomes, Paris,
   Aubier, 1939-1941, et en fait le commentaire dans sa thèse, *Genèse
   et structure de la « Phénoménologie de l'esprit » de Hegel*, Paris,
   Aubier, 1946, complétée par *Logique et existence. Essai sur la
   logique de Hegel*, Paris, PUF, 1953. Il joue un rôle central dans les
   études hégéliennes en France. Il donne, par ailleurs, *Sens et
   Existence dans la philosophie de Maurice Merleau-Ponty*, Oxford,
   Clarendon Press, 1963. Professeur à l'Université de Strasbourg de
   1945 à 1947 puis à la Sorbonne, il est ensuite directeur de l'École
   normale supérieure de 1955 à décembre 1963, date de sa leçon
   inaugurale à la chaire d'histoire de la pensée philosophique au
   Collège de France. Il contribuera à faire revenir Raymond Aron à
   l'Université en 1955 en soutenant son élection à la Sorbonne.
2. Voir la note 1 du chapitre XIII.
3. Jean Hyppolite, « De la structure du "Capital" et de quelques
   présuppositions philosophiques de l'œuvre de Marx », séance du
   10 avril 1948, *Bulletin de la Société française de Philosophie*,
   n° 42, 1948, pp. 170-203, reproduit dans *Études sur Marx et
   Hegel, op. cit.,* pp. 142-170.
4. Voir la note 6 du chapitre IX.
5. Voir le commentaire de la préface de la *Contribution à la critique
   de l'économie politique* fait par Raymond Aron dans le chapitre I.
6. Karl A. Wittfogel, *Oriental Despotism. A Comparative Study of
   Total Power*, New Haven, Yale University Press, 1957 ; *Le despotisme oriental. Étude comparative du pouvoir total*, traduction
   française par Anne Marchand, avant-propos de Pierre Vidal-
   Naquet, Paris, Éditions de Minuit, 1964, remplacée par la nouvelle
   traduction de Micheline Pouteau et une nouvelle préface de
   l'auteur, 1977. Karl August Wittfogel (1896-1988), tout en étant
   membre actif du KPD, étudie l'histoire et la sociologie de la Chine.
   Ses travaux sont publiés par l'Institut de recherches sociales de
   Francfort (*Wirtschaft und Gesellschaft Chinas. Versuch einer
   wissenschaftlichen Analyse einer grossen asiatischen Agrargesell-
   schaft*, 1. Teil, *Produktivekräfte, Produktions- und Zirkulationsprozess*, Schriften des Instituts für Sozialforschung an der Universität
   Frankfurt am Main, 3. Band, Leipzig, C. L. Hirschfeld, 1931). Ses
   thèses sur le despotisme oriental et la société hydraulique sont alors
   condamnées par le VIᵉ congrès du Komintern. Après avoir été
   interné par les nazis en 1933 au camp de concentration d'Ester-
   wegen, il s'exile aux États-Unis, voyage en Chine de 1935 à 1937.
   À partir de 1939, il dirige le *Chinese History Project*, puis enseigne
   l'histoire chinoise à l'Université de Seattle et à Columbia.
7. La *Contribution* elle-même, sans « l'Introduction », a été publiée
   en 1859. Voir la bibliographie du chapitre I.
8. Karl Marx, « Introduction à une critique de l'économie

politique », K. Marx, *Contribution à la critique de l'économie politique*, traduit sur la 2ᵉ édition allemande de Karl Kautsky par Laura Lafargue, Paris, V. Giard et E. Brière, « Bibliothèque socialiste internationale XI », 1909, pp. 326-327.

9.   *Ibid.*, pp. 331-332.

10. *Ibid.*, pp. 332-333.

11. *Œuvres complètes de Karl Marx. Œuvres philosophiques*, IV, *Critique de la philosophie de l'État de Hegel*, traduit par J. Molitor, Paris, Alfred Costes, 1935, pp. 66-69.

12. Marx, « Introduction à une critique de l'économie politique », *loc. cit.*, p. 342.

13. François Simiand, *Le salaire, l'évolution sociale et la monnaie. Essai de théorie expérimentale du salaire*, 3 vol., Paris, Alcan, 1932. François Simiand (1873-1935), agrégé de philosophie, élève de Durkheim et de Lévy-Bruhl, consacre sa thèse de droit aux questions économiques et sociales, *Les salaires des ouvriers des mines en France*, Paris, Librairie Georges Bellais, 1904. Il occupe à partir de 1932 la chaire d'histoire du travail au Collège de France. Il participe aussi à la fondation de *L'Année sociologique* et aux travaux de l'Institut français de sociologie.

14. J. A. Schumpeter, *Capitalisme, op. cit.*, pp. 69 et 72.

15. Émile Durkheim, *De la division du travail social. Étude sur l'organisation des sociétés supérieures*, thèse présentée à la Faculté de Lettres de Paris, Paris, Alcan, 1893.

16. « Les différentes méthodes d'accumulation primitive que l'ère capitaliste fait éclore se partagent d'abord, par ordre plus ou moins chronologique, le Portugal, l'Espagne, la Hollande, la France et l'Angleterre, jusqu'à ce que celle-ci les combine toutes, au dernier tiers du XVIIᵉ siècle, dans un ensemble systématique, embrassant à la fois le régime colonial, le crédit public, la finance moderne et le système protectionniste. Quelques-unes de ces méthodes reposent sur l'emploi de la force brutale, mais toutes sans exception exploitent le pouvoir de l'État, la force concentrée et organisée de la société, afin de précipiter violemment le passage de l'ordre économique féodal à l'ordre économique capitaliste et d'abréger les phases de transition. Et, en effet, la force est l'accoucheuse de toute vieille société en travail. La force est un agent économique » (Karl Marx, *Le Capital. Critique de l'économie politique. Livre premier. Le développement de la production capitaliste*, traduction de Joseph Roy entièrement révisée par l'auteur, III, Paris, Éditions sociales, 1950, p. 193).

17. Frédéric Engels, *M. E. Dühring bouleverse la science (Anti-Dühring)*, traduit par Bracke (A.-M. Desrousseaux), II, *Économie politique*, Paris, Costes, 1933, pp. 35-36.

18. Le thème de la violence est au centre de la critique de la *Critique de la raison dialectique* que Raymond Aron fera dans *Histoire et dialectique de la violence*, Paris, Gallimard, 1973, pp. 184 sq. Dans ses *Mémoires*, Aron résumera à ce propos : « La définition de la liberté par la révolte, par la projection vers l'avenir, par la négation, ne présente pas d'originalité par rapport à la tradition hégélienne. Ce qui est nouveau et typiquement sartrien, c'est de prendre pour exemple et pour illustration de la révolte la foule. [...] D'où résulte une philosophie de la violence (ou de la révolu-

tion violente), suggérée sinon affirmée. Le symbole de la praxis, ce n'est plus, dans l'abstrait, la négation de la réalité mais, concrètement, la foule en fusion, sursaut collectif dans et par lequel les consciences dépassent l'altérité qui, en temps normal, enferme chacune en elle-même. » Aron a notamment conclu : « Sartre refuse donc libéralisme (ce qu'il entend par ce terme) et réformes, non après examen de la conjoncture singulière mais par principe ; son choix de la violence et de la Révolution est philosophique en même temps que politique. [...] Il reste à savoir si une philosophie qui comporte de telles implications, le choix *systématique* de la violence ou de la Révolution, mérite d'être tenue pour une dialectique de l'homme, bien que, à la différence des philosophes fascistes de la violence, elle se donne à l'horizon l'humanité, non comme un tout, la somme des habitants de la planète, mais comme l'"unité infinie de leurs réciprocités", universaliste donc en ses aspirations et ses valeurs, à l'extrême opposé des fascismes » (*Histoire et dialectique de la violence, op. cit.*, pp. 221-222).

19. « Toutes les conquêtes comportent trois possibilités. Le peuple conquérant soumet le peuple conquis à son propre mode de production (par exemple, les Anglais en Irlande au XIXᵉ siècle et en partie dans l'Inde) ; ou bien il laisse subsister le mode ancien et se contente d'un tribut (par exemple, les Turcs et les Romains), ou bien il s'établit une action réciproque qui produit quelque chose de nouveau, une synthèse (cela s'est produit en partie dans les conquêtes germaniques). Dans tous les cas, le mode de production, soit celui du peuple conquérant, soit celui du peuple conquis, soit celui provenant de la fusion des deux, est décisif pour la distribution nouvelle qui s'introduit. Quoique celle-ci apparaisse comme une condition préalable pour la nouvelle période de production, elle est elle-même un produit de la production, non seulement de la production historique en général mais d'une production historique déterminée » (Marx, « Introduction à une critique de l'économie politique », *loc. cit.*, pp. 328-329).

20. Marx, *Le Capital. Livre premier*, III, *op. cit.*, pp. 204-205.

21. *Ibid.*, p. 205.

BIBLIOGRAPHIE

ŒUVRES DE KARL MARX CITÉES DANS LE CHAPITRE XIV

• **Introduction à une critique de l'économie politique**
Karl Marx a rédigé ce texte dans le courant de l'été de 1857. L'introduction est ainsi datée du 23 août 1857.

ÉDITIONS :
– Karl Marx, « Einleitung zu einer Kritik der politischen Ökonomie », publiée par Karl Kautsky dans *Die Neue Zeit*, des 7, 14 et 21 mars 1903, pp. 710-718, 741-745 et 772-781, reproduit dans la 2ᵉ édition de Karl Marx, *Zur Kritik der politischen Œkonomie*, Stuttgart, Dietz, 1907.
– Karl Marx, « Einleitung zu einer Kritik der politischen Ökonomie »,

éditée par l'Institut Marx-Engels-Lénine de Moscou dans le premier tome des *Grundrisse der Kritik der politischen Ökonomie (Rohentwurf) 1857-1858. Anhang 1850-1859*, Moskau, Verlag für fremdsprachige Literatur, 1939, pp. 5-31, réédition fac-similé à Berlin-Est, Dietz, 1953.
– Karl Marx, « Einleitung zu einer Kritik der politischen Ökonomie », *MEW*, XIII, 1961, pp. 615-642.

TRADUCTIONS :
– « Introduction à une Critique de l'Économie politique (Document inédit, par Karl Marx) », traduit par Edgard Milhaud, *Revue socialiste*, n° 222, juin 1903, pp. 691-720 (avec l'avertissement de Kautsky).
– Karl Marx, « Introduction à une critique de l'économie politique », Karl Marx, *Contribution à la critique de l'économie politique*, traduit sur la 2ᵉ édition allemande de Karl Kautsky par Laura Lafargue, Paris, V. Giard et E. Brière, « Bibliothèque socialiste internationale XI », 1909, pp. 305-352 (les ajouts de Kautsky sont signalés) [édition utilisée par Raymond Aron dans son cours].
– Karl Marx, « Introduction à une critique de l'économie politique », *Œuvres complètes de Karl Marx. Contribution à la critique de l'économie politique*, traduction sur la 2ᵉ édition allemande par J. Molitor, Paris, Alfred Costes, 1954, pp. 263-304.
– Karl Marx, « Introduction à la critique de l'économie politique », Karl Marx, *Contribution à la critique de l'économie politique*, traduit par Maurice Husson et Gilbert Badia, Paris, Éditions sociales, 1957, pp. 147-176 (à partir du manuscrit publié dans l'édition des *Grundrisse* et en le comparant au texte édité par Kautsky).
– Karl Marx, « Introduction générale à la critique de l'économie politique (1857) », traduit par Maximilien Rubel et Louis Évrard, Karl Marx, *Œuvres, Économie*, I, Paris, Gallimard, « Pléiade », 1963, pp. 231-268 (à partir de l'édition Dietz de 1953, et en tenant compte de l'édition Kautsky).
– Karl Marx, « Introduction », Karl Marx, *Fondements de la critique de l'économie politique. Grundrisse der Kritik der politischen Ökonomie (Ébauche de 1857-1858). En annexe : travaux des années 1850-1859*, traduit par Roger Dangeville, Paris, Anthropos, I, 1967, pp. 9-42.

• **Critique de la philosophie du droit de Hegel**
  Voir la bibliographie du chapitre III.

– *Œuvres complètes de Karl Marx. Œuvres philosophiques*, IV, *Critique de la philosophie de l'État de Hegel*, traduit par Jacques Molitor, Paris, Alfred Costes, 1935, pp. 17-259 [édition utilisée par Raymond Aron dans son cours].

• Le livre premier du *Capital*
  Voir la bibliographie du chapitre IX.

– Karl Marx, *Le Capital. Critique de l'économie politique. Livre premier. Le développement de la production capitaliste*, traduction de Joseph Roy entièrement révisée par l'auteur, 3 tomes, Paris, Éditions sociales, 1948-1950 [édition utilisée par Raymond Aron dans son cours].

1. Georg Lukács, *Geschichte und Klassenbewußtsein. Studien über marxistische Dialektik*, Berlin, Malik, « Kleine revolutionäre Bibliothek Bd. 9 », 1923, traduction française par Kostas Axelos et Jacqueline Bois : *Histoire et conscience de classe. Essais de dialectique marxiste*, préface de Kostas Axelos, Paris, Éditions de Minuit, « Arguments », 1960. Ce recueil d'études, rédigées entre 1919 et 1922 « directement en allemand, à une époque où la langue de Hegel et de Marx, de Goethe et de Nietzsche, gardait pour Lukács pas mal de secrets », selon son traducteur (préface d'Axelos, p. 8), fut l'objet d'une condamnation par Boukharine et Zinoviev, lors du Vᵉ Congrès du Komintern en juin 1924, et, d'autre part, de critiques de la part du social-démocrate Karl Kautsky dans *Die Gesellschaft*, juin 1924. Lukács accepta la condamnation par Moscou de son livre. Et lors de sa réédition, en 1967, à Budapest, il se croit encore obligé de s'exprimer « avant tout sur ces tendances négatives et de mettre les lecteurs en garde contre des conclusions erronées, qui étaient peut-être difficilement évitables alors, mais ont depuis longtemps cessé de l'être » (postface, p. 404). Aron porte un jugement nuancé sur cet ouvrage : « Le livre de G. Lukács, *Histoire et conscience de classe*, marque un retour aux sources hégéliennes du marxisme. Il contient les principaux thèmes des débats idéologiques qui se déroulèrent dans les milieux socialistes et communistes de la République de Weimar, débats auxquels la publication des ouvrages de jeunesse donna une impulsion nouvelle au début des années 30. Renié par l'auteur lui-même, le marxisme d'*Histoire et conscience de classe* apparaît hégélien et existentiel : hégélien, puisqu'il tend à saisir l'unité dialectique du sujet et de l'objet, des contradictions immanentes à la totalité et de la classe qui en prend conscience avant de les surmonter ; existentiel puisqu'il se soucie avant tout de la condition faite à l'homme par le régime capitaliste et que la réification des rapports sociaux, l'aliénation de l'homme dans les choses caractérisent la réalité et, de ce fait, impliquent la critique de la réalité » (Raymond Aron, *Marxismes imaginaires. D'une sainte famille à l'autre*, Paris, Gallimard, « Idées », 1970, pp. 19-20). Voir aussi R. Aron, *Les Étapes de la pensée sociologique*, Paris, Gallimard, rééd. « Tel », 1996, p. 201, et *Mémoires*, Paris, Julliard, 1983, pp. 98-99.

2. Selon les plans du *Capital* retrouvés dans les papiers de Marx, il devait y avoir au moins deux volumes supplémentaires, probablement portant sur l'État et le marché mondial, selon l'exposé fait par Riazanov devant l'Académie de Moscou en novembre 1923, où il dresse l'esquisse du plan de publication des manuscrits du *Capital* dans le cadre de la *MEGA* (*Archiv für Geschichte des Sozialismus und der Arbeiterbewegung*, XI, 1925, pp. 385-400), tandis que, à l'inverse, Henryk Grossmann (« Die Aenderung des ursprünglichen Aufbauplans des Marxschen "Kapitals" und ihre Ursachen », *AGSA*, XIV, 1929, pp. 305-338) prétendait que *Le Capital* était une œuvre achevée.

3. Bertrand de Jouvenel, « Le coefficient de capital », _Bulletin SEDEIS. Étude_, n° 821, supplément 1, 20 mai 1962.

4. Simon S. Kuznets (1901-1985), né à Kharkov, gagne en 1922 les États-Unis où il achève ses études d'économie à Columbia. Ses travaux portent sur l'analyse des changements économiques, le mouvement de la production et des prix, les fluctuations cycliques et variations saisonnières de l'industrie et du commerce et sont publiés en 1930 sous le titre _Secular Movements in Production and Prices_. De 1927 à 1961 au _National Bureau of Economic Research_, il poursuit ses recherches sur la mesure du revenu national et la formation du capital aux États-Unis : _National Income and Its Composition 1919-1938_ (1941) ; _National Product in Wartime_ (1945) ; _National Product since 1869_ (1946). Par ailleurs, il enseigne l'économie à l'Université de Pennsylvanie (1930-54), puis à John Hopkins (1954-60) et enfin à Harvard (1960-71). Après guerre, ses recherches sont consacrées à l'analyse quantitative et comparative de la croissance économique des nations : _Economic Growth and Structure_ (1965, trad. fr. : _Croissance et structure économiques_, Paris, Calmann-Lévy, 1972) ; _Modern Economic Growth, Rate, Structure and Spread_ (1966, trad. fr. : _La croissance économique moderne, taux, structure, difficultés_, Paris, Éditions internationales, 1973) ; _Economic Growth of Nations. Total Output and Production Structure_, Cambridge Mass., Belknap Press of Harvard University Press, 1971. À partir de ses observations statistiques de l'économie américaine, il dégage une théorie de cycles longs, « cycles Kuznets » (15-20 ans), mettant en évidence, entre autres, le rôle des facteurs démographiques et techniques dans les phénomènes de croissance. En 1971, il reçoit le prix Nobel d'économie « pour son interprétation de la croissance économique, à partir de bases empiriques, qui a conduit à un point de vue nouveau et approfondi sur la structure économique et sociale et le processus du développement ».

5. B. de Jouvenel, _loc. cit._, p. 7 (traduit par Jouvenel et tiré de Simon Kuznets et Elizabeth Jenks, _Capital in the American Economy. Its Formation and Financing_, Princeton, Princeton University Press, 1961, p. 397).

6. Karl Marx, _Les luttes de classes en France (1848-1850)_, suivi de _Les Journées de juin 1848_, par Friedrich Engels, Paris, Éditions sociales, 1952, pp. 25-26.

7. _Ibid._, p. 29.

8. _Ibid._, p. 30.

9. _Ibid._, pp. 33-34.

10. _Ibid._, p. 30 et surtout p. 42.

11. _Ibid._, p. 46.

12. _Ibid._, p. 56.

13. Marx l'utilise dans deux cas : Karl Marx, _Herr Vogt (III). Le XVIII Brumaire de Louis Bonaparte_, trad. par J. Molitor, Paris, Alfred Costes, 1928, pp. 263 et 299. Voir aussi R. Aron, _Les Étapes, op. cit._, pp. 285-295.

14. Marx, _Les Luttes de classes en France, op. cit._, p. 57.

15. Marx, _Herr Vogt (III). Le XVIII Brumaire, op. cit._, p. 263.

16. _Ibid._, pp. 313-314.

17. *Ibid.*, pp. 310-312.
18. *Ibid.*, p. 312.
19. Karl Marx, *La Guerre civile en France 1871 (La Commune de Paris)*, avec une introduction de Friedrich Engels et des lettres de Marx et d'Engels sur la Commune de Paris, trad. fr., Paris, Éditions sociales, 1952, p. 48.
20. *Ibid.*, pp. 48-49.
21. Ferdinand Lassalle (1825-1864), de formation hégélienne, publiciste et juriste, appelle à l'insurrection en Rhénanie lors de la révolution de 1848, ce qui lui vaut d'être emprisonné ; Marx prend alors sa défense dans la *Neue Rheinische Zeitung*, des 11 février et 4 mars 1849 (reproduits dans Karl Marx, *Œuvres*, IV, *Politique*, I, édition établie, présentée et annotée par Maximilien Rubel, Paris, Gallimard, « Pléiade », 1994, pp. 185-192, notes pp. 1238-1239). Il entretient une correspondance suivie avec Marx et lui adresse ses écrits, comme *Die Philosophie Herakleitos des Dunklen von Ephesos (La Philosophie d'Héraclite l'obscur*, 1858). En 1861 à Berlin et 1862 à Londres, Lassalle rencontre Marx pour lui proposer vainement la direction d'une future revue, puis celle du mouvement ouvrier allemand. Lassalle prône un socialisme d'État où la classe ouvrière soutiendrait l'unité allemande sous obédience prussienne tandis que l'État prussien octroierait le suffrage universel et des subventions aux coopératives de production. En mars 1863, il fonde l'*Allgemeiner Deutscher Arbeiterverein* (Association générale des Ouvriers allemands) et commence à négocier avec Bismarck. Le 30 août 1864, Lassalle est touché mortellement dans un duel au pistolet livré par amour pour Helen von Dönniges. L'Association lassalienne rejoindra les marxistes du Parti ouvrier social-démocrate d'Allemagne d'August Bebel et Wilhelm Liebknecht lors du Congrès d'unification du Parti ouvrier tenu à Gotha du 22 au 27 mai 1875.
22. Karl Marx et Friedrich Engels, *Critique des Programmes de Gotha et d'Erfurt*, trad. fr., Paris, Éditions sociales, 1950, pp. 33-34.
23. Serge Mallet, « Gaullisme et néocapitalisme », *Esprit*, n° 2 (281), février 1960, pp. 205-228, reproduit dans S. Mallet, *Le Gaullisme et la gauche*, Paris, Le Seuil, 1965, pp. 84-108. « Mon ami » est une allusion ironique d'Aron à un autre article de Mallet, rendant compte d'*Immuable et changeante* et intitulé « Raymond Aron ou le dernier des "libéraux" », *Les Temps modernes*, n° 165, novembre 1959, pp. 931-940, reproduit dans *ibid.*, pp. 74-83. Serge Mallet (1927-1973), sociologue et militant politique, chef de travaux à l'École pratique des hautes études, est l'auteur d'essais notamment sur *Les Paysans contre le passé*, Paris, Le Seuil, 1962 et *La Nouvelle Classe ouvrière*, Paris, Le Seuil, 1963 (partiellement extraits d'articles des *Temps modernes*, février-avril 1959, et de *La Nef*, janvier-février 1959), et, plus tard, *Le Pouvoir ouvrier. Bureaucratie ou démocratie ouvrière*, Paris, Anthropos, 1971 (recueil d'articles de 1964-1971), ainsi qu'en collaboration avec Claude Lefort, Pierre Mendès France, Pierre Naville, *Les travailleurs peuvent-ils gérer l'économie ?*, Paris, Éditions du Centre d'Études socialistes, 1961, et avec Claude Lefort, Edgar Morin, Pierre Naville, *Marxisme et sociologie*, Paris, Éditions du

Centre d'études socialistes, 1963. Membre du comité de rédaction de *France-Observateur*, puis du conseil d'administration du *Nouvel Observateur*, il collabore aussi, entre autres, à *Tribune socialiste, Arguments*. Membre du Parti communiste jusqu'en 1958, puis de l'Union de la Gauche socialiste, il participe à la fondation du Parti socialiste unifié dont il est membre du comité politique depuis la fondation, puis du bureau national à partir de 1963.

24. Aron fait allusion ici aux polémiques qui ont suivi la publication de sa brochure, *La Tragédie algérienne*, Paris, Plon, « Tribune libre », 1957, et auxquelles il répond dans *L'Algérie et la République*, Plon, « Tribune libre », 1958, reproduits dans Raymond Aron, *Une histoire du xxᵉ siècle. Anthologie*, Paris, Plon, 1996, pp. 532 sq. Voir Raymond Aron, *Mémoires, op. cit.*, pp. 360 sq., et *Le Spectateur engagé, op. cit.*, pp. 186, ainsi que Nicolas Baverez, *Raymond Aron. Un moraliste au temps des idéologies*, Flammarion, « Champs », 1995, pp. 341 sq.

25. Sur cette question de la répartition du produit, voir dans *La Critique du programme de Gotha*, les commentaires de Marx de l'article 3, et notamment le passage suivant : « Dans une phase supérieure de la société communiste, quand auront disparu l'asservissante subordination des individus à la division du travail et, avec elle, l'opposition entre le travail intellectuel et le travail manuel ; quand le travail ne sera pas seulement un moyen de vivre, mais deviendra lui-même le premier besoin vital ; quand, avec le développement multiple des individus, les forces productives se seront accrues elles aussi et que toutes les sources de la richesse collective jailliront avec abondance, alors seulement l'horizon borné du droit bourgeois pourra être définitivement dépassé et la société pourra écrire sur ses drapeaux : "De chacun selon ses capacités, à chacun selon ses besoins !" » (Marx et Engels, *Critique, op. cit.*, p. 25).

26. Marx, *Herr Vogt (III). Le XVIII Brumaire, op. cit.*, p. 154.

27. *Ibid.*, pp. 199-200 et 205-206.

28. *Ibid.*, p. 160.

BIBLIOGRAPHIE

Œuvres de Karl Marx citées dans le chapitre XV

- ### Les luttes de classes en France (1848-1850)

Éditions :

– Série d'articles intitulée « 1848 bis 1849 », rédigés par Marx à Londres en 1849-1850 et publiés dans les trois premiers numéros de la *Neue Rheinische Zeitung. Politisch-ökonomische Revue*, « Die Juniniederlage 1848 » (n° 1, janvier 1850), « Der 13. Juni 1849 » (n° 2, février 1850), « Folgen des 13. Juni 1849 » (n° 3, mars 1850).

– Publié pour la première fois en brochure sous le titre *Die Klassenkämpfe in Frankreich 1848 bis 1850*, Berlin, Vorwärts, 1895, par Engels qui ajoute, en plus de sa préface, un extrait d'un article

commun, « Revue. Mai bis Oktober » (n° 5-6, mai-octobre 1850), comme chapitre 4 titré « Die Abschaffung des allgemeines Stimmrechts » ; deuxième édition, 1911, avec avant-propos d'August Bebel.
– « Die Klassenkämpfe in Frankreich 1848 bis 1850 », *MEW*, VII, 1960, pp. 9-107.

TRADUCTIONS :
– Karl Marx, *Les luttes de classes en France (1848-1850). Le XVIII Brumaire de Louis Bonaparte*, traduction française de Léon Rémy, Paris, Schleicher, « Bibliothèque internationale des sciences sociologiques n° 5 », 1900, pp. 1-181.
– Karl Marx, *Les Luttes de classes en France*, Paris, Éditions sociales internationales, « Bibliothèque marxiste n° 22 », 1936, traduction française anonyme, révisée et rééditée de nombreuses fois par les Éditions sociales, à partir de 1948 : Karl Marx, *Les Luttes de classes en France (1848-1850)*, suivi de *Les Journées de juin 1848*, par Friedrich Engels, trad. fr., Paris, Éditions sociales, 1952 [édition utilisée par Raymond Aron pour son cours].
– « Les luttes de classes en France. 1848 à 1850 (1850) », Karl Marx, *Œuvres*, IV, *Politique*, I, édition établie, présentée et annotée par Maximilien Rubel, Paris, Gallimard, « Pléiade », 1994, pp. 237-344.

• **Le XVIII Brumaire de Louis Bonaparte**
  Article écrit entre décembre 1851 et mars 1852 par Marx.

ÉDITIONS :
– Karl Marx, « Der 18te Brumaire des Louis-Napoleon », *Die Revolution* (New York), 1ᵉʳ mai 1852 (première publication).
– Karl Marx, *Der Achtzehnte Brumaire des Louis Bonaparte*, 2ᵉ édition, Hambourg, Meissner, 1869 (avec nombreuses modifications dont la rectification du titre et un avant-propos de Marx), 3ᵉ édition en 1883 avec préface d'Engels, et 4ᵉ en 1907.
– Karl Marx, *Der Achtzehnte Brumaire des Louis Bonaparte*, Stuttgart, Dietz, « Kleine Bibliothek Nr. 31 », 1914.
– Karl Marx, *Der Achtzehnte Brumaire des Louis Bonaparte*, édition et préface de Rjazanov, Vienne-Berlin, Verlag für Literatur und Politik, « Marxistische Bibliothek Nr. 7 », 1917.
– Karl Marx, *Der Achtzehnte Brumaire des Louis Bonaparte*, édition et préface de J. P. Mayer, Berlin, Dietz, « Kleine Bibliothek Nr. 31 », 1932.
– « Der Achtzehnte Brumaire des Louis Bonaparte », *MEW*, VIII, 1960, pp. 111-207.

TRADUCTIONS :
– Karl Marx, *Le Dix-huit Brumaire de Louis Bonaparte*, traduction sur la 3ᵉ édition allemande par Édouard Fortin, Lille, Imprimerie ouvrière G. Delory, 1891 (première traduction française revue par Engels et Paul Lafargue).
– Karl Marx, *La Lutte des classes en France (1848-1850). Le XVIII Brumaire de Louis Bonaparte*, traduction française par Léon Rémy, Paris, Schleicher, « Bibliothèque internationale des sciences sociologiques n° 5 », 1900, pp. 185-362.

– Karl Marx, *Le 18 Brumaire de Louis Bonaparte*, trad. par Marcel Ollivier, Paris, Éditions sociales internationales, « Bibliothèque marxiste n° 5 », 1928.
– « Le 18 Brumaire de Louis Bonaparte », Karl Marx, *Herr Vogt (III). Le XVIII Brumaire de Louis Bonaparte*, traduit par J. Molitor, Paris, Alfred Costes, 1928, pp. 141-331 [édition utilisée par Raymond Aron pour son cours].
– Karl Marx, *Le 18 Brumaire de Louis Bonaparte*, Paris, Éditions sociales, 1945 ; « Le 18 Brumaire de Louis Bonaparte », Karl Marx, *Les Luttes de classes en France 1848-1850. Le 18 Brumaire de Louis Bonaparte*, avertissement d'Émile Bottigelli, Paris, Édition sociales, 1948, pp. 169-267 ; Karl Marx, *Le 18 Brumaire de Louis Bonaparte*, nouvelle édition, Paris, Éditions sociales, 1976 ; Karl Marx, *Le 18 Brumaire de Louis Bonaparte*, présentation et annotation par Raymond Huard, traduction revue par Gérard Cornillet, Paris, Édition sociales, 1984.
– « Le 18 Brumaire de Louis Bonaparte (1852) », Karl Marx, *Œuvres*, IV, *Politique*, I, édition établie, présentée et annotée par Maximilien Rubel, Paris, Gallimard, « Pléiade », 1994, pp. 433-544.

• *La Guerre civile en France 1871 (La Commune de Paris)*

Adresse rédigée par Marx en mai 1871 (les travaux préparatoires de l'Adresse ont été publiés par l'Institut Marx-Engels-Lénine de Moscou dans *Arkhivy K. Marksa i F. Engelsa*, III [VIII], 1934) et lue devant le Conseil général de l'Association internationale des Travailleurs, à Londres, le 30 mai 1871, publiée immédiatement, et à laquelle sont souvent jointes deux autres adresses de Marx sur la guerre franco-prussienne datées du 23 juillet et du 9 septembre 1870.

ÉDITIONS :
– *Address of the General Council of the International Working Men's Association on the Civil War in France, 1871, to All the Members of the Association in Europe and in the United States*, Londres, Truelove, 1871 (Adresse du Conseil général de l'Association internationale des Travailleurs sur la guerre civile en France). Les éditions suivantes seront complétées par Marx en juin et août 1871.
– Première version allemande : « Der Bügerkrieg in Frankreich », *Volksstaat* (Leipzig), 26 juin-29 juillet 1871, publiée par Engels.
– Karl Marx, *Der Bügerkrieg in Frankreich. Adresse des Generalrats der Internationalen Arbeiterassoziation*, complétée par les deux adresses sur la guerre franco-allemande et une introduction de Friedrich Engels, Berlin-Est, Dietz, 1949.
– « Der Bürgerkrieg in Frankreich », *MEW*, XVII, 1962, pp. 3-365.

TRADUCTIONS :
– Première version française publiée dans *L'Internationale*, organe des sections belges de l'Association internationale des Travailleurs, 16 juillet-3 septembre 1871, puis sous forme de brochure, revue par Marx, en juin 1872.
– Carl Marx, *La Commune de Paris*, traduction française, préface et notes de Charles Longuet, avec introduction d'Engels (1891), Paris, G. Jacques, « Bibliothèque d'Études socialistes n° 2 », 1901, réédi-

tion avec avant-propos et notes d'Amédée Dunois, Paris, Librairie de L'Humanité, 1925.
– Karl Marx, *La Guerre civile en France, 1871 (La Commune de Paris)*, avec introduction de Friedrich Engels et des lettres de Marx et d'Engels sur la Commune de Paris, traduction française anonyme, Paris, Bureau d'éditions, « Les éléments du communisme », 1933, rééd. Éditions sociales, 1946 ; Karl Marx, *La Guerre civile en France 1871 (La Commune de Paris)*, avec une introduction de Friedrich Engels et des lettres de Marx et d'Engels sur la Commune de Paris, trad. fr., Paris, Éditions sociales, 1952 [édition utilisée par Raymond Aron pour son cours].
– Karl Marx, *Œuvres de Karl Marx. La Guerre civile en France, 1871*, nouvelle édition accompagnée de travaux complémentaires, Paris, Éditions sociales, 1953.

• *Critique du Programme de Gotha*
  Marx rédigea les « Randglossen zum Programm der Deutschen Arbeiterpartei » (Annotations marginales au programme du Parti ouvrier allemand), à la suite du programme du Parti ouvrier des 14-15 février 1875, inspiré de celui de l'Association internationale des Travailleurs fondée en 1864 par Marx et Engels, en vue du Congrès d'unification du Parti ouvrier avec les lassaliens tenu à Gotha du 22 au 27 mai 1875. Ce texte est joint à une lettre de Marx adressée le 5 mai 1875 à Wilhelm Bracke, l'un des fondateurs du Parti social-démocrate.

ÉDITIONS :
– Le texte est publié par Engels sous une forme édulcorée dans *Die Neue Zeit*, n° 18, 31 janvier 1891, pp. 563-575, et dans le *Vorwärts*, organe du Parti social-démocrate allemand, du 1er au 3 février 1891. Une réédition avec rétablissements des passages omis par Engels est réalisée par Boris Nicolaïevski, dans *Die Gesellschaft*, août 1927, pp. 154-171.
– Karl Marx, *Zur Kritik des sozial-demokratischen Programms von Gotha (der « Gothaer Programmbrief »)*, Reichenberg, Runger, 1920 (édité par Karl Kreibich).
– Karl Marx, *Randglossen zum Programm der Deutschen Arbeiterpartei*, introduction et édition par Karl Korsch, Berlin, Vereinigung Internationalen Verlags-Anstalt, 1922.
– Karl Marx und Friedrich Engels, *Kritiken der sozialdemokratischen Programm-Entwürfe von 1875 und 1891*, préface et annotation de Herrmann Duncker, Berlin, Internationale Arbeiterverlag, « Elementsbücher der Kommunismus Bd. 12 », 1928.
– Karl Marx, « Kritik des Gothaer Programms », Marx-Engels-Lenin-Institut Moskau, *Karl Marx, Ausgewählte Schriften in zwei Bänden*, II, Moscou-Leningrad, Verlagsgenossenschaft ausländischer Arbeiter in der UdSSR, 1934, pp. 566-617 ; réédité à part : Karl Marx, *Kritik des Gothaer Programms*, avec notes et annexes du Marx-Engels-Lenin Institut de Moscou et une introduction de Vladimir Adoratski, Zurich, Ring-Verlag, 1935.
– « Kritik des Gothaer Programms », *MEW*, XIX, 1962, pp. 11-32.

TRADUCTIONS :
– Karl Marx, « Lettre sur le programme socialiste », *Revue d'éco-nomie politique*, 1894, pp. 748-770 (traduction par Georges Platon).
– Karl Marx, *Critique du programme de Gotha*, avec préface et notes d'Amédée Dunois, Paris, Librairie de L'Humanité, 1922.
– Karl Marx et Friedrich Engels, *Critiques des programmes de Gotha et d'Erfurt*, Paris, Bureau d'éditions, « Les éléments du commu-nisme », 1933 ; trad. révisée à partir des éditions de l'Institut Marx-Engels-Lénine de Moscou (Zürich, Ring, 1934, Berlin, Neuer Weg, 1946) : Karl Marx et Friedrich Engels, *Critique des programmes de Gotha et d'Erfurt*, trad. fr., Paris, Éditions sociales, 1950 [édition utilisée par Raymond Aron pour son cours].
– K. Marx et Fr. Engels, *Programmes socialistes. Critiques des projets de programmes de Gotha et d'Erfurt, Lettres de Marx et d'Engels, Programme du Parti ouvrier français (1880), Programmes de la social-démocratie allemande*, avant-propos de Bracke, Paris, Spartacus, 1947 (traduction revue et complétée à partir du texte allemand par Bracke).
– « Critique du programme du Parti ouvrier allemand (1875) », traduction française par Maximilien Rubel et Louis Évrard, Karl Marx, *Œuvres, Économie*, I, Paris, Gallimard, « Pléiade », 1963, pp. 1407-1434 (à partir des originaux d'Engels et de Nicolaïevski).
– Karl Marx, Friedrich Engels, *Manifeste du Parti communiste (1848). Critique du programme de Gotha (1875)*, Paris, Librairie générale française, « 10/18 », 1973 (traduction française de Corinne Lyotard à partir des Karl Marx-Friedrich Engels, *Ausgewählte Schriften*, Berlin-Est, Dietz, 1972).

1. Voir Frédéric Engels, *M. E. Dühring bouleverse la science (Anti-Dühring)*, II, *Économie politique*, traduit par Bracke (A.-M. Desrousseaux), Paris, Alfred Costes, 1933, pp. 149-195, ou Friedrich Engels, *Anti-Dühring (M. E. Dühring bouleverse la science)*, traduction d'Émile Bottigelli, Paris, Éditions sociales, 1956, 3ᵉ édition revue, 1971, pp. 257-289, ainsi que, p. 257, la note 1 de Bottigelli sur les manuscrits des « Notes marginales sur l'*Histoire critique de l'économie politique* » de Marx.

2. François Quesnay (1694-1774), médecin de Louis XV et grand propriétaire foncier, donne à l'*Encyclopédie*, de Diderot et d'Alembert, notamment les articles « Fermiers », « Grains » et « Hommes » (1756-1757). Son *Tableau économique*, de 1758, et publié en 1766 dans la revue des physiocrates, le *Journal de l'Agriculture, Commerce, Arts et Finances*, se fonde sur la notion de « produit net », c'est-à-dire le revenu agricole, pour donner une description des « circulations », ou circuits économiques, entre classe « productive », classe propriétaire et classe industrielle ou « stérile ». Marx s'inspire du *Tableau* pour élaborer ses schémas de reproduction simple et élargie (*MEW*, XXVI, 1, 1965, p. 319, et lettre à Engels, 6 juillet 1863, reproduite dans la *MEGA*, III, 3, 1930, p. 150) et considère la théorie physiocratique comme « la première conception systématique de la production capitaliste » (« Le Capital, livre II », Karl Marx, *Œuvres. Economie*, I, Paris, Gallimard, « Pléiade », 1963, p. 730). Voir Engels, *M. E. Dühring, op. cit.*, II, pp. 174-193, ou Engels, *Anti-Dühring, op. cit.*, pp. 277-288.

3. Marx emploie le terme « dialectique matérialiste ». L'expression « matérialisme dialectique » est, en effet, d'abord le fait d'Engels, dans son *Ludwig Feuerbach* (1886), puis de Josef Dietzgen (1887) et Plekhanov (1891), et utilisée ensuite de manière systématique par Lénine.

4. Friedrich Engels, « Ludwig Feuerbach und der Ausgang der klassischen deutschen Philosophie », *Die Neue Zeit*, nº 4, avril 1886, et nº 5, mai 1886, puis en brochure, *Ludwig Feuerbach und der Ausgang der klassischen deutschen Philosophie*, Stuttgart, Dietz, 1888 (avec des corrections, un avant-propos et en appendice « les Thèses sur Feuerbach » de Marx), enfin, figure dans la *MEW*, XXI, 1962, pp. 259-307. La première traduction en français, réalisée par Laura Lafargue et revue par Engels, est publiée, sous le titre « Ludwig Feuerbach et la fin de la philosophie classique allemande », dans la revue socialiste, *L'Ère nouvelle*, en 1894.

5. Karl-Eugen Dühring (1833-1921), *Privat Dozent* de l'Université de Berlin, enseigne la mécanique et professe, à partir des années 1860, une doctrine socialiste synthétisant, entre autres, le positivisme, le matérialisme mécaniste et l'économie politique. Ses thèses rencontrent un grand écho dans la social-démocratie allemande, influençant notamment, un temps, Bernstein, Bebel et Wilhelm Liebknecht. Dühring a donné une analyse critique du *Capital* dans la revue *Ergänzungsblätter zur Kenntnis der Gegenwart*, III, 3, 1867. Sa critique du marxisme s'est ensuite développée dans *Kritische*

Geschichte der Nationalökonomie und des Sozialismus, Berlin, Grieben, 1871 (« Histoire critique de l'économie politique et du socialisme »), *Cursus der National- und Socialökonomie, einschließlich der Hauptpunkte der Finanzpolitik*, 1873 (« Cours d'économie sociale et politique »), et *Cursus der Philosophie als streng wissenschaftlicher Weltanschauung und Lebensgestaltung*, Leipzig, Koschny, 1874 (« La philosophie, conception rigoureusement scientifique du monde »). « Dühring est si oublié, bien qu'il ne fût pas un esprit sans valeur, qu'on a peine à s'imaginer l'ascendant pris par lui sur nombre de jeunes gens à cette époque », note Bracke, le traducteur de *L'Anti-Dühring*, dans sa préface (Engels, *M. E. Dühring, op. cit.*, I, *Philosophie*, 1931, p. VI).

6. Engels, *M. E. Dühring, op. cit.*, I, pp. 9-10.
7. « *Abbilder* » (Friedrich Engels, « Herrn Eugen Dühring's Umwälzung der Wissenschaft », *MEW*, XX, 1962, p. 22).
8. Engels, *M. E. Dühring, op. cit.*, I, pp. 11-12.
9. « Dialektik der Natur », *Marx-Engels-Archiv*, II, 1927, pp. 117-395, reproduit dans un volume spécial de la *MEGA*, Friedrich Engels, *Herrn Eugen Dührings Umwälzung der Wissenschaft. Dialektik der Natur*, Moscou-Léningrad, 1935, pp. 481-690, à l'occasion du 40ᵉ anniversaire de la mort d'Engels, repris dans la *MEW*, XX, 1962, pp. 305-620.
10. Engels, *M. E. Dühring, op. cit.*, I, p. 16.
11. *Ibid.*, p. 70.
12. *Ibid.*, pp. 92-93.
13. J.-P. Sartre, *Critique de la raison dialectique, op. cit.*, pp. 200-224. Voir l'analyse de Raymond Aron dans *Histoire et dialectique de la violence*, Paris, Gallimard, 1973, pp. 49-53 et 250.
14. Engels, *M. E. Dühring, op. cit.*, I, p. 125.
15. *Ibid.*, pp. 126-127.
16. *Ibid.*, pp. 127-128.
17. Robert Boyle (1627-1691), physicien et chimiste anglais qui a formulé le premier la loi connue sous le nom de « loi de Mariotte ».
18. Engels, *M. E. Dühring, op. cit.*, I, pp. 131 sq.
19. *Ibid.*, p. 135.
20. *Ibid.*, pp. 157-158.
21. *Ibid.*, pp. 170-171.
22. *Ibid.*, p. 182.
23. *Ibid.*, p. 183.
24. *Ibid.*, p. 192.
25. *Ibid.*, pp. 179 sq. (chapitre XII, « Dialectique. Quantité et qualité »).
26. On trouvera la citation complète de Napoléon dans *ibid.*, p. 196.
27. *Ibid.*, p. 198 sq. (chapitre XIII, « Dialectique. Négation de la négation »).
28. *Ibid.*, pp. 198-202.
29. *Ibid.*, pp. 209-210.
30. *Ibid.*, p. 212.
31. *Ibid.*, pp. 214 sq.
32. *Ibid.*, p. 215.
33. Engels, *M. E. Dühring, op. cit.*, II, chapitres V à IX, pp. 74-148.

34. « En d'autres termes, même en excluant la possibilité de toute rapine, de tout acte de violence et de toute exaction, même en supposant que toute propriété individuelle repose à l'origine sur un travail personnel du possesseur et que, dans tout le cours ultérieur des choses, il n'est jamais échangé que des valeurs égales contre des valeurs égales, nous arrivons néanmoins nécessairement, par le développement progressif de la production et de l'échange, au mode actuel de production capitaliste, à la monopolisation des moyens de production et de subsistance entre les mains d'une classe peu nombreuse ; à la réduction de l'autre classe, formant l'immense majorité, à l'état de prolétaires sans propriété ; à la succession périodique de production vertigineuse et crise commerciale, et à toute l'anarchie actuelle dans la production. Tout le processus est expliqué par des causes purement économiques, sans qu'il ait été nécessaire une seule fois de faire intervenir la rapine, la violence, l'État ou autre ingérence politique quelconque » (Engels, *M. E. Dühring, op. cit.*, II, pp. 35-36).

35. « Tout ce qui concerne l'organisation et le mode de combat des armées, et partant la victoire ou la défaite, dépend manifestement de conditions matérielles, c'est-à-dire économiques, du matériel homme et du matériel armes, de la qualité et de la quantité de la population, et de la technique. [...] Et comment les progrès de la technique, aussitôt devenus militairement utilisables, et aussi utilisés, ont obligé presque par force à des changements, voire à des révolutions, dans le mode de combat, et cela souvent contre la volonté du commandement, nous l'avons vu cas par cas. À quel point, d'ailleurs, la conduite d'une guerre dépend de la productivité et des moyens de communication tant de sa région d'arrière que du théâtre de la guerre un sous-officier un peu ambitieux d'avancer pourrait aujourd'hui éclairer là-dessus M. Dühring. Bref, partout et toujours, ce sont des conditions et de moyens d'action économiques qui aident la "force" à vaincre, et sans lesquels elle cesse d'être force : et celui qui, suivant les principes de M. Dühring, voudrait réformer l'art militaire du point de vue opposé, ne pourrait récolter que des raclées » (*ibid.*, pp. 49 et 50).

36. *Ibid.*, p. 67.
37. *Ibid.*, p. 65.
38. *Ibid.*, p. 66.
39. *Ibid.*, p. 67.
40. Frédéric Engels, *M. E. Dühring bouleverse la science (Anti-Dühring)*, III, *Socialisme*, trad. par Bracke (A. M. Desrousseaux), Paris, Alfred Costes, 1933, p. 31.
41. *Ibid.*, p. 35.
42. *Ibid.*, p. 40.
43. *Ibid.*, pp. 46-47.
44. Oskar Lange (1904-1965). Après des études à Cracovie, en Grande-Bretagne et aux États-Unis, il enseigne l'économie et mène des recherches à l'Université de Chicago de 1939 à 1945. Ambassadeur de Pologne à Washington et délégué au Conseil de Sécurité des Nations unies de 1945 à 1947, il occupe des responsabilités politiques durant la période stalinienne : membre du Parti socialiste polonais depuis 1927, député en 1947, il appuie la fusion

avec les communistes dans le Parti ouvrier unifié polonais en 1948, entre immédiatement au Comité central, puis, en 1955, au Conseil d'État de la République populaire dont il devient vice-président en 1957. Professeur, à partir de 1949, à l'École nationale de Planification et de Statistique dont il devient directeur en 1952, membre de l'Académie polonaise la même année, il enseigne l'économie politique à l'Université de Varsovie à partir de 1956. Président du Conseil économique polonais à partir de 1957, il est partisan de la « voie polonaise du socialisme ». D'une manière générale, il a tenté d'intégrer dans les conceptions socialistes les principes du calcul économique et les méthodes de l'économétrie.

45. Ce paragraphe est reconstruit à partir des notes manuscrites de Raymond Aron. Nous ne savons pas ce qui a été effectivement dit au cours, car la dactylographie en est interrompue.

BIBLIOGRAPHIE

ŒUVRE DE FRIEDRICH ENGELS CITÉE DANS LE CHAPITRE XVI

• *L'Anti-Dühring*

Cet ouvrage est conçu par Engels principalement durant l'été et l'automne de 1876 (selon les travaux préparatoires d'Engels publiés par Riazanov dans *Marx-Engels Archiv*, II, 1927, pp. 399-426). Début mars 1877, Marx lui fournit le chapitre X, « Sur l' "Histoire critique" ». Engels rédige jusqu'en avril 1878.

ÉDITIONS :

– Friedrich Engels, « Herrn Eugen Dührings Umwälzung der Philosophie / der Politischen Ökonomie / des Sozialismus », feuilleton de 33 articles dans *Vorwärts*, organe du Parti social-démocrate allemand, du 1er janvier 1877 au 7 juillet 1878.
– Friedrich Engels, *Herrn Eugen Dührings Umwälzung der Wissenschaft*, Leipzig, Genossenschafts-Buchdruckerei, 1877-1878, 2e édition, Hottingen-Zürich, Volksbuchhandlung, 1886, 3e édition (revue et augmentée), Stuttgart, Dietz, 1894.
– *MEGA*, volume spécial pour le cinquantenaire de la mort d'Engels, Moscou, Marx-Engels Verlag, 1935 : Friedrich Engels, *Herrn Eugen Dührings Umwälzung der Wissenschaft. Dialektik der Natur 1873-1882*, pp. 5-478 (avec annotations de Marx et divers travaux préparatoires d'Engels).
– Friedrich Engels, « Herrn Eugen Dührings Umwälzung der Wissenschaft (Anti-Dühring) », *MEW*, XX, 1962, pp. 1-303.

TRADUCTIONS :

– Frédéric Engels, « Socialisme utopique et socialisme scientifique », *Revue socialiste*, n° 3, 4 et 5, 1880 (traduction par Paul Lafargue de trois chapitres de *l'Anti-Dühring* remaniés par Engels), puis en brochure, *Socialisme utopique et socialisme scientifique*, Paris, Derveaux, « Bibliothèque de la Revue socialiste », 1883.
– Frédéric Engels, *Philosophie, économie politique, socialisme, Contre Eugène Dühring*, trad. sur la 6e édition allemande, introduc-

tion et notes d'Edmond Laskine, Paris, V. Giard et E. Brière, « Bibliothèque socialiste internationale VIII », 1911 (première traduction française complète).

– *Œuvres complètes de Fr. Engels* : Frédéric Engels, *M. E. Dühring bouleverse la science (Anti-Dühring)*, Paris, Alfred Costes, tome I, *Philosophie*, 1931 ; tome II, *Économie politique*, 1933 ; tome III, *Socialisme*, 1933 ; traduction par Bracke (A. M. Desrousseaux) [édition utilisée par Raymond Aron pour son cours].

– Friedrich Engels, *Anti-Dühring (M. E. Dühring bouleverse la science)*, traduction d'Émile Bottigelli, Paris, Éditions sociales, 1956, 3e édition revue, 1971.

NOTES DU CHAPITRE XVII

1. Dans la préface de la *Critique*, figure la fameuse formule : « Je considère que le marxisme comme l'indépassable philosophie de notre temps et parce que je tiens l'idéologie de l'existence et sa méthode "compréhensive" pour une enclave dans le marxisme lui-même qui l'engendre et la refuse tout à la fois » (J.-P. Sartre, *Critique de la raison dialectique, op. cit.*, pp. 9-10). Aron évoque les rapports de Sartre au marxisme dans un chapitre, « La lecture existentialiste de Marx », des *Marxismes imaginaires*, Gallimard, « Idées », 1970, pp. 163 sq. Mais surtout la *Critique*, qu'il qualifie de « sorte de monument baroque, écrasant et presque monstrueux », est l'objet essentiel de son *Histoire et dialectique de la violence*, Paris, Gallimard « Essais », 1973. Plus tard, dans ses *Mémoires*, Aron écrit : « J'élimine de la *Critique* les déclarations de fidélité au marxisme. [...] Présenter le marxisme, décrété par ailleurs "stérile", comme "l'horizon indépassable" de notre culture, c'est, disons-le dans le langage de notre jeunesse, "déconner". Le marxisme ne "totalise" certes pas le savoir de notre temps ; il est loin de condenser la philosophie de notre époque ; vue de Harvard ou d'Oxford, la philosophie d'aujourd'hui est analytique et nullement marxiste. Je ne prends pas au sérieux l'idée d'une *Critique* de la Raison dialectique, moins encore à l'heure présente que je ne le faisais dans le livre. Il n'existe pas de *Raison dialectique*, différente par essence de la raison analytique : il existe, à l'intérieur de la pensée de Sartre, une dialectique qui, à la différence des dialectiques de la plupart des philosophes, ne se définit pas, directement ou indirectement, par le dialogue. La dialectique sartrienne se réduit à la saisie totalisante de la situation, à la projection de la situation, à la projection de la conscience vers l'avenir » (*Mémoires, op. cit.*, pp. 819-820).

2. Voir les bibliographies du chapitre XII et de l'annexe II.

3. Livre III du *Capital*, Chapitre IX : « Établissement d'un taux général de profit (taux de profit moyen) et transformation des valeurs des marchandises en prix de production ».

4. Livre III du *Capital*, Troisième section : « Loi de la baisse tendancielle du taux de profit ».

5. Eugen von Böhm-Bawerk analyse le livre IV du *Capital* plus particulièrement dans un article, « Zum Abschluss des Marxschen Systems », donné dans un ouvrage de Mélanges, *Karl Knies Festgabe*, Berlin, 1896. Voir aussi Eugen von Böhm-Bawerk, *Kapital und Kapitalzins*, 2 vol., Innsbruck, Wagner, 1884-1889 (trad. fr. : *Histoire critique des théories de l'intérêt du capital*, Paris, 2 vol., Paris, Giard et Brière, « Bibliothèque internationale d'économie politique », 1902-1903, plus particulièrement tome II, pp. 70-136) ; Paul M. Sweezy (ed.), *Karl Marx and the Close of His System*, by Böhm-Bawerk. *Böhm-Bawerk's Criticism of Marx* by Hilferding, with an appendix by von Bortkiewicz, *On the Correction of Marx's Fundamental Theoritical Construction in the Third Volume of Capital*, New York, Kelley, 1949. Eugen von Böhm-Bawerk (1851-1914), économiste, l'un des principaux

représentants de l'école marginaliste de Vienne, et homme d'État, plusieurs fois ministre autrichien des Finances, s'illustre par sa théorie de l'intérêt et son rôle dans la réforme monétaire de 1892, se traduisant par l'adoption de l'étalon-or.

6. Karl Marx, Friedrich Engels, *Historisch-kritische Gesamtausgabe, Werke, Schriften, Briefen im Auftrage des Marx-Engels-Instituts Moskau*, herausgegeben von David Riazanov. Selon une communication de Riazanov faite à l'Académie socialiste de Moscou en novembre 1923 (*Archiv für die Geschichte des Sozialismus und der Arbeiterbewegung*, XI, 1925, pp. 385-400), la *MEGA* devait comporter 40 volumes. Voir la bibliographie de l'introduction.

7. L'éditeur de la *MEGA*, Riazanov, est arrêté en février 1931 à Moscou, emprisonné, puis déporté au camp de Souzdal, puis à Saratov, où il est fusillé en 1938. La publication de la *MEGA*, commencée par l'Institut Marx-Engels en 1927, est poursuivie, après la destitution de Riazanov, par Vladimir Adoratski jusqu'en 1935, puis abandonnée. Riazanov a publié les deux premiers tomes des *Marx-Engels Archiv* et 5 volumes de la *MEGA*, 7 autres qu'il avait préparés furent édités par Adoratski. David B. Riazanov (1870-1938), marxiste proche du courant de Plekhanov, parti en exil en 1900, forme le groupe d'intellectuels révolutionnaires russes « Borba » (La Lutte) et collabore à l'*Iskra* et à la *Zaria* de Plekhanov, Lénine et Martov, plus tard à *Naché Slovo*. Il entreprend des travaux sur les écrits de Marx concernant la Russie, et sur l'histoire de la Première Internationale. La social-démocratie allemande lui confie la tâche d'éditer une partie de « l'héritage littéraire » de Marx et Engels, ainsi commence-t-il à publier chez Dietz avant la Grande Guerre et à donner des articles de marxologie dans *Die Neue Zeit*. Dans ces archives du Parti social-démocrate allemand, il découvre notamment le travail préparatoire de Marx à la *Critique de la philosophie du droit de Hegel*, les *Manuscrits de 1844*, les *Grundrisse der Kritik der politischen Ökonomie*, reconstitue la correspondance de Marx. Rentré en Russie après la révolution de Février, il adhère au parti bolchevique en juillet et participe à la révolution d'Octobre. En 1918, il fonde le Centre-Archives, devient professeur à l'Université Sverdlov et participe à la fondation de l'Académie socialiste, dénommée plus tard communiste. Dans cette académie, il forme et dirige une section du marxisme, transformée en Institut Marx-Engels. Ses archives comprennent des manuscrits de Marx et Engels, des collections du *Vorwärts* publié par Marx en 1844 à Paris, et de la *Rheinische Zeitung* de 1842-1843, du *New York Tribune* et des photostats de pièces des archives allemandes. Il engage des pourparlers avec l'Institut de recherches sociales à l'Université de Francfort dirigé par Carl Grünberg et la social-démocratie allemande, en vue de la publication des œuvres complètes de Marx et Engels. Il entreprend aussi l'édition des œuvres de Plekhanov, Kautsky, Lafargue, de la « Bibliothèque du marxiste », de la « Bibliothèque du matérialisme » (Gassendi, Hobbes, La Mettrie, Helvétius, Holbach, Diderot, Feuerbach, etc.), de la « Bibliothèque des Classiques de l'économie politique », des œuvres philosophiques de Hegel, etc.

8. György Lukács (1885-1971), pendant ses études de philosophie et de sociologie en Allemagne, fréquente le cercle de Max Weber et défend une esthétique romantique antibourgeoise dans *Die Seele und die Formen. Essays*, Berlin, Fleischel, 1911 (trad. fr. : *L'Âme et les formes*, Paris, Gallimard, 1966) et *Die Theorie des romans*, Berlin, Paul Cassirer, 1920 (trad. fr. : *La Théorie du roman*, Genève, Gonthier, « Médiations », 1963). Revenu en Hongrie, il adhère au Parti communiste en décembre 1918, entre au Comité central et participe à la République des Conseils de Béla Kun (21 mars - 4 août 1919) en tant que commissaire du peuple à l'Instruction populaire. Après la défaite communiste, il trouve refuge à Vienne où il demeure jusqu'en 1929 ; là il participe aux activités du Komintern et de l'Internationale communiste de la Jeunesse, et dirige la revue *Kommunismus*, principal organe du courant gauchiste, qu'il qualifiera de « sectariste messianique ». *Histoire et conscience de classe* condamné pour déviationnisme par le Komintern, il désavoue ces essais et regagne la bienveillance des dirigeants communistes avec son *Lenin. Studie über den Zusammenhang seiner Gedanken*, Berlin, Malik-Verlag, 1924 (*La Pensée de Lénine*, Paris, Denoël-Gonthier, « Médiations », 1972). Plus personnel et plus original semble être son ouvrage, *Moses Hess und das Problem der idealistischen. Dialektik*, Leipzig, Hirschfeld, 1926. En 1929, il gagne Moscou où il collabore à l'Institut Marx-Engels en 1930 ; après un séjour en Allemagne en 1931-1933, il revient en URSS et participe aux travaux de l'Institut philosophique de l'Académie des Sciences de 1933 à 1938 puis de 1942 à 1945. Il collabore notamment à diverses publications communistes, comme *Internationale Litteratur*, ou *Uj Hang*, ou *Literaturnyi Kritik*, c'est durant cette période qu'il se convertit au réalisme littéraire et élabore la théorie du « réalisme critique » : *Balzac und der französische Realismus*, Berlin, Aufbau, 1952 (trad. fr. : *Balzac et le réalisme français*, Paris, Maspero, 1967), *Der historische Roman*, Berlin, Aufbau, 1955 (trad. fr. : *Le Roman historique*, Paris, Payot, 1965). En 1945, il retourne à Budapest et occupe une chaire d'esthétique. En 1949, son *Existentialisme ou marxisme* (Paris, Nagel, 1948) est condamné pour déviations bourgeoises et cosmopolites par le président de l'Union des écrivains soviétiques, Alexandre Fadéev, et le ministre hongrois de la Culture, József Révai : Lukács est contraint de faire son autocritique une nouvelle fois et de reconnaître ses erreurs dans *Társadalmi Szemle*, la revue doctrinale du Parti. Il donne ensuite un ouvrage de polémique politico-philosophique, *Die Zerstörung der Vernunft*, Berlin, Aufbau, 1954 (trad. fr. : *La Destruction de la raison*, Paris, L'Arche, 1958-1959), conforme à l'orientation générale. Lors de la Révolution hongroise, le 27 octobre 1956, il participe au gouvernement d'Imre Nagy, comme ministre de la Culture, et le 31, il constitue avec Nagy, Kádár, entre autres, un comité d'organisation du nouveau Parti. Après l'intervention soviétique et le revirement de Kádár, le 4 novembre, Lukács, comme Nagy, trouve refuge à l'ambassade de Yougoslavie qui les livre aux autorités soviétiques. Ils sont alors déportés en Roumanie, Nagy sera assassiné en 1958 ; Lukács, autorisé au printemps 1957 à regagner la Hongrie, est mis

d'office à la retraite. En 1967, il est réhabilité et réintégré dans le Parti.

9. Voir la note 14 du chapitre III.

10. J.-Y. Calvez s.j., *La Pensée de Karl Marx* (1956). Voir la note 8 du chapitre XIII.

11. Henri Lefebvre (1901-1991) traduit et édite, avec Norbert Guterman, des extraits des *Manuscrits de 1844* dans diverses revues entre 1929 et 1934, puis dans leur Karl Marx, *Morceaux choisis*, Paris, Gallimard, 1934, ainsi que des *Morceaux choisis de Hegel*, Gallimard, 1934, et des notes de Lénine, *Cahiers sur la dialectique de Hegel*, Gallimard, 1938. Leur ouvrage, *La Conscience mystifiée*, Gallimard, « Les Essais », 1936, portant sur le thème de l'aliénation de la classe ouvrière, est condamné par le Parti communiste. Adhérent du Parti depuis 1928, Lefebvre accepte cette condamnation, première acceptation d'une longue suite d'avanies : *Le Matérialisme dialectique*, Alcan, « Nouvelle Encyclopédie philosophique », 1939, « constitué à partir de Hegel et du concept d'aliénation », subit de la part des communistes un silence qui vaut réprobation ; et *Logique formelle et logique dialectique*, Paris, Éditions sociales, 1947, qui devait être le premier volume d'un traité sur le matérialisme dialectique commandé par le Parti, ne connaît pas de suite. Dans son *De l'existentialisme*, Lefebvre reprend les infamies répandues par Aragon sur la mémoire de Paul Nizan ; une protestation est élevée par Sartre et signée par Aron, entre autres (« Le cas Nizan », *Les Temps modernes*, n° 22, juillet 1947, pp. 181-184). Lefebvre se consacre aussi à la vulgarisation du marxisme, avec *Le Marxisme*, n° 300 de la collection « Que sais-je ? », 1948 ; *Pour connaître la pensée de Karl Marx*, Paris, Bordas, 1947 ; *Pour connaître la pensée de Lénine*, Bordas, 1957. Mais ses *Problèmes actuels du marxisme*, Paris, PUF, « Initiation philosophique », 1958, s'en prenant au « dogmatisme », font l'objet d'une riposte générale de la part de l'intelligentsia communiste ; aussi, en juin 1958, Lefebvre est-il suspendu du Parti, dont il s'éloigne un temps, notamment après son texte-bilan, *La Somme et le reste*, Paris, La Nef de Paris, 1959. Dans ce dernier livre, il défend une nouvelle fois le concept d'aliénation (pp. 115-127) ; il est ainsi des marxistes qui insistent sur le « Jeune Marx ». Entré au CNRS, il enseigne à l'Université de Strasbourg de 1961 à 1965, puis à Nanterre jusqu'en 1973 (*L'Irruption : de Nanterre au sommet*, Anthropos, 1968). En dépit des affronts anciens, il revient vers le Parti (*Une pensée devenue monde. Faut-il abandonner Marx ?* Fayard, 1980 ; *Le Retour de la dialectique. Douze mots-clefs pour le monde moderne*, Éditions sociales, 1986), et ainsi ses entretiens avec « deux communistes, de profession intellectuelle » forment-ils un ouvrage posthume (Patricia Latour et Francis Combes, *Conversation avec Henri Lefebvre*, Paris, Messidor, 1991).

12. Maximilien Rubel (1905-1996), spécialiste et éditeur de Marx, a été particulièrement marqué par l'enseignement de Max Adler à Vienne. Entré au CNRS après la guerre, il entreprend ce qu'il appelle « l'exploration historico-critique de l'œuvre marxienne ». En 1954, il soutient sa thèse, *Karl Marx, essai de biographie intel-*

lectuelle, Paris, Marcel Rivière, 1957, nouvelle édition revue et corrigée, 1971, et sa thèse complémentaire est constituée par une *Bibliographie des Œuvres de Karl Marx*, Paris, Marcel Rivière, 1956. Il donne alors des articles d'érudition marxienne à diverses revues, comme *La Revue socialiste*. De 1959 à 1980, il dirige les *Études de marxologie*, série « S » des *Cahiers de l'Institut de science économique appliquée*, et y publie de nombreux inédits de Marx, notamment en s'appuyant sur ses recherches menées dans le fonds des manuscrits de Marx et d'Engels versés à l'Institut international d'histoire sociale d'Amsterdam. Dans l'article liminaire de cette revue, il écrit : « La marxologie n'est donc qu'un instrument, ce n'est point une science. Ce qui la rend nécessaire, c'est l'existence et la croissance d'un "marxisme" tentaculaire, que l'on songe à la rareté des études sérieuses, au défaut d'une critique des textes, d'une édition de ces textes, en regard de l'immense littérature d'interprétation ou d'apologétique. » Au printemps de 1963, paraît chez Gallimard, dans la « Bibliothèque de la Pléiade », le premier tome des *Œuvres* de Marx éditées sous la direction de Rubel ; 4 volumes sur les 6 prévus paraîtront de son vivant. Éditeur aussi d'une anthologie, Karl Marx, *Pages choisies pour une éthique socialiste*, précédé d'une *Introduction à l'éthique marxienne*, Paris, Marcel Rivière, 1948, il est également l'auteur d'une étude historique, *Karl Marx devant le bonapartisme*, Paris-La Haye, Mouton, 1960, d'essais réunis dans *Marx, critique du marxisme*, Paris, Payot, « Critique de la politique », 1974.

13. Voir le chapitre XV.

14. Kautsky n'est pas le légataire universel officiel d'Engels : sur le testament d'Engels, étaient désignés Eleanor Marx (chargée de l'édition des œuvres de Marx), Bernstein et Bebel (pour les œuvres d'Engels). Les héritières légales, Laura et Eleanor Marx, ne tiennent pas compte de ces dispositions et confient les papiers de Marx à Kautsky, Eleanor se réservant les articles en anglais de Marx. Un conflit entre Kautsky et Bernstein, en plus de leur opposition politique, éclate en 1905 à propos de la suite de la publication du *Capital* ; dans la préface des *Théories de la plus-value* (*Histoire des doctrines économiques*, de Marx, trad. fr. par J. Molitor, Paris, Costes, 8 volumes, 1924-1936), Kautsky affirmant avoir été chargé par les héritiers de Marx de publier cet ouvrage, mais pas sous la forme d'un livre IV du *Capital*, comme le souhaitait Engels.

15. « Si Jaurès a pu ainsi constituer et maintenir la cohésion du parti socialiste pendant toute cette période, c'est qu'il unissait en lui-même des tendances contradictoires : auteur d'une *Histoire socialiste de la Révolution française*, où il essayait d'interpréter celle-ci à la lumière du matérialisme historique, il était en même temps un philosophe idéaliste ; affirmant le dogme de la lutte des classes, il restait pourtant attaché à la vieille tradition républicaine ; il prétendait unir le socialisme à la tradition révolutionnaire de la bourgeoisie par une République ouverte aux réformes sociales » (Élie Halévy, *Histoire du socialisme européen,* préface de Raymond Aron, Paris, Gallimard, 1948, pp. 192-193).

16. C'est notamment le cas de philosophes de l'École de Marbourg,

comme Karl Vorländer (1860-1928), le biographe de Kant, avec *Kant und der Sozialismus*, Berlin, Reuther und Reichard, 1900 ; *Kant und Marx*, Tübingen, Mohr, 1911 ; *Kant, Fichte, Hegel und der Sozialismus*, Berlin, Paul Cassirer, 1920 ; et d'austromarxistes, comme Max Adler (1873-1937), avec *Das Soziologische in Kants Erkenntniskritik*, Vienne, Wiener Volksbuchhandlung, 1924 ; *Kant und der Marxismus*, Berlin, E. Laub'sche Verlagshaus, 1925.

17. V. Lénine, *Matérialisme et Empiriocriticisme. Notes critiques sur une philosophie réactionnaire* [en russe], Moscou, Éditions « Zvéno », 1909 (écrit rédigé en février-octobre 1908 et mars 1909 à Genève et Londres).

18. Karl Kautsky (1854-1938) adhère à la social-démocratie en 1875, rencontre Bernstein à Zurich en 1880. En 1883, il fonde et dirige la revue social-démocrate, *Die Neüe Zeit*. Lors de son exil, à Londres, de 1885 à 1890, il fait fonction de secrétaire d'Engels. Revenu en Allemagne après l'abrogation des lois anti-socialistes, il dirige le Sozialdemokratische Partei Deutschlands (SPD) après le Congrès d'Erfurt de 1891. Il s'oppose aux thèses révisionnistes de Bernstein (K. Kautsky, *Bernstein und das sozialdemokratische Programm Eine Antikritik*, Stuttgart, Dietz, 1899 ; trad. fr. : *Le Marxisme et son critique Bernstein*, Paris, Stock, 1900). Opposé au recours à la grève générale prôné par Rosa Luxemburg, Kautsky rappelle que « le suffrage universel est source d'une puissante autorité morale », ceci tout en développant une critique du parlementarisme au nom de l'orthodoxie marxiste : il fait voter en 1900 la condamnation des socialistes participant à des gouvernements « bourgeois » par la IIᵉ Internationale (K. Kautsky, *Parlementarisme et socialisme. Étude critique sur la législation directe par le peuple*, trad. fr., Paris, G. Jacques, « Bibliothèque d'Études socialistes I », 1900). En avril 1917, il fonde l'USPD rassemblant les socialistes opposés à la continuation de la guerre. Après l'abdication du Kaiser, en novembre 1918, il devient secrétaire d'État aux Affaires étrangères et publie des pièces diplomatiques secrètes tendant à démontrer la responsabilité allemande dans la Grande Guerre (K. Kautsky, *Comment s'est déclenchée la Guerre mondiale*, avec les documents secrets de la chancellerie allemande annotés par Guillaume II, trad. fr., Paris, Alfred Costes, 1921). En 1922, tandis qu'une fraction de l'USPD rejoint les communistes, il retourne au SPD. Dès 1917, il est hostile aux méthodes et à la politique bolcheviques (K. Kautsky, *L'Internationale et la Russie des Soviets*, Paris, Librairie populaire, 1925 ; *Der Bolschewismus in der Sackgasse*, 1930, trad. fr. : *Le Bolchevisme dans l'impasse*, Paris, Éditions de « La Russie opprimée », 1931), et ce qui lui vaut d'être qualifié par Lénine de « renégat » et de « pseudo-marxiste oscillant entre l'opportunisme et le radicalisme ». En 1934, il émigre à Prague, puis à Amsterdam.

19. Eduard Bernstein (1850-1932), social-démocrate depuis 1872, disciple de Marx et Engels après avoir été celui de Dühring, il s'exile en Suisse en 1878 où il publie à partir de 1881 la revue *Der Sozialdemokrat*, l'hebdomadaire clandestin du SPD à Zurich, puis du fait des pressions de Bismarck à Londres à partir de 1888. En Angleterre, il se lie à Engels, mais aussi aux dirigeants de la Fabian Society, partisans du passage graduel au socialisme. Il appelle la

social-démocratie allemande à réviser la théorie marxiste : « Il faut avoir le courage de s'émanciper d'une phraséologie dépassée dans les faits et d'accepter d'être un parti des réformes socialistes et démocratiques » (« Die Voraussetzungen des Sozialismus und die Aufgaben der Sozialdemokratie », *Die Neue Zeit*, 1896, puis en brochure, Stuttgart, Dietz, 1898, trad. fr. : *Les Présupposés du socialisme*, Paris, Le Seuil, 1974). Remettant en cause les thèses marxistes de l'inéluctabilité de la crise générale du capitalisme et de la paupérisation absolue de la classe ouvrière, considérant que le lien entre révolution et socialisme est une construction artificielle issue de la dialectique hégélienne, il défend une conquête du pouvoir par l'extension des droits politiques, économiques et sociaux : « La démocratie est à la fois un moyen et un but. C'est un outil pour instaurer le socialisme et la forme même de sa réalisation. » Opposé non seulement au principe révolutionnaire, mais aussi à la dictature du prolétariat, car doutant des capacités gestionnaires de la classe ouvrière, il suscite de vives réactions de Kautsky, Plekhanov, Rosa Luxemburg et Lénine. Revenu en Allemagne en 1901, Bernstein siège au Reichstag de 1902 à 1906 et de 1912 à 1918. Opposé à la violence, tant sociale que nationale, il participe à la fondation de l'USPD. À la fin de la guerre, il réintègre le SPD et condamne l'insurrection spartakiste de novembre 1918. Après avoir été secrétaire d'État aux Finances, il siège de nouveau au Reichstag de 1920 à 1928.

20. Voir la note 13 du chapitre XI.
21. Congrès de Stuttgart (1907), de Copenhague (1910) et de Bâle (1912).
22. Roger Martin du Gard, *L'Été 1914,* 3 volumes, Paris, Gallimard, 1936 (constitue la septième partie des *Thibault*).
23. N. Lénine, *Que faire ? Les questions brûlantes de notre mouvement* [en russe], Stuttgart, Dietz, 1902 (rédigé entre l'automne 1901 et février 1902).
24. Trotsky, *Le IIᵉ Congrès du POSDR. Rapport moral de la délégation sibérienne* [en russe], Genève, 1903, et Léon Trotsky, *Nos tâches politiques,* trad. fr., Paris, Pierre Belfond, « Changer la vie », 1970. Ces textes condamnant le « substitutionisme politique » s'opposent aux conceptions définies par Lénine dans son *Que faire ?* et *Un pas en avant, deux pas en arrière,* sur l'organisation centralisée du parti révolutionnaire. Les brochures de Trotsky ne furent jamais rééditées et ne figurent pas dans le plan des Œuvres complètes de Trotsky projetées dans les années vingt. *Nos tâches politiques* ne sont pas mentionnées dans l'autobiographie de Trotsky, *Ma vie,* et souvent ignorées de ses épigones. Isaac Deutscher, qui a publié une biographie, *The Prophet Armed, Trotsky I, 1879-1921,* Londres, Cumberlege, 1954 (trad. fr. : *Le Prophète armé, Trotsky I, 1879-1921,* Paris, Julliard, « Les Temps modernes », 1962, p. 130), minimise le désaccord entre Trotsky et Lénine. Voir Bertram D. Wolfe, *Lénine et Trotsky,* trad. fr., Paris, Calmann-Lévy, « Liberté de l'Esprit », 1951.
25. Voir Raymond Aron, « Reniement du stalinisme dans le style stalinien », 1ᵉʳ mars 1956, « De la terre au ciel et retour », 25 avril 1956, « La fin d'un grand mensonge », 9 mai 1956, R. Aron, *Les*

Articles de politique internationale dans Le Figaro, II, *La coexistence (mai 1955 à février 1965)*, présentation et notes par Georges-Henri Soutou, Paris, Éditions de Fallois, 1993, pp. 156-158, 183-185 et 191-193.

26. Voir Raymond Aron, « Khrouchtchev et Mao Tsé-toung ou la semaine de la pensée marxiste », 21 mars 1963, R. Aron, *Les Articles de politique internationale, op. cit.,* II, pp. 1166-1169. Voir la note 4 du chapitre VIII.

27. N. Lénine, *L'État et la Révolution. La doctrine marxiste de l'État et les tâches du prolétariat dans la révolution* [en russe], Pétrograd, Jizn i Znanié, 1918 (rédigé en août-septembre 1917).

28. « En fait, le royaume de la liberté commence seulement là où l'on cesse de travailler par nécessité et opportunité imposée de l'extérieur ; il se situe donc, par nature, au-delà de la sphère de production matérielle proprement dite. [...] C'est au delà que commence le développement des forces humaines comme fin en soi, le véritable royaume de la liberté qui ne peut s'épanouir qu'en se fondant sur l'autre royaume, sur l'autre base, celle de la nécessité. La condition essentielle de cet épanouissement est la réduction de la journée de travail » (Karl Marx, *Le Capital. Critique de l'économie politique. Livre troisième, Le procès d'ensemble de la production capitaliste*, III, trad. fr., Paris, Éditions sociales, 1960, pp. 198-199).

NOTES DU CHAPITRE XVIII

1. Voir à ce sujet Raymond Aron, « L'impact du marxisme au XXᵉ siècle », Milorad M. Drachkovitch (éd.), *De Marx à Mao Tsé-toung. Un siècle d'Internationale marxiste*, Paris, Calmann-Lévy, 1967, pp. 15-71.
2. Notamment dans la *Critique de la philosophie de l'État de Hegel* et dans *L'Idéologie allemande*.
3. *Les Luttes de classes en France* et *Critique du programme de Gotha*.
4. *Le Dix-huit Brumaire de Louis Bonaparte*.
5. Notamment dans *L'Idéologie allemande*.
6. Pierre Drouin, « Sciences humaines. La "Société industrielle" et la psychologie économique du développement », *Le Monde*, 17 avril 1963.
7. Voir Raymond Aron, *La Tragédie algérienne*, Paris, Plon, « Tribune libre », 1957 ; R. Aron, *L'Algérie et la République*, Paris, Plon, « Tribune libre », 1958 ; et le numéro spécial de *Preuves*, n° 118, *L'Algérie devant la conscience française*, décembre 1960 (textes de Jean Bloch-Michel, Pierre Billiotte, Jacques Carat, Germaine Tillion et Raymond Aron), ainsi que R. Aron, « Algérie et Communauté », *Revue politique et parlementaire*, mai 1961, pp. 11-18.
8. Marcel Boussac (1889-1980), propriétaire alors d'un important groupe, le Comptoir de l'Industrie textile de France, holding possédant des participations dans le textile (À la Toile d'Avion, CIC-Boussac, Dior-Couture, etc.), l'immobilier et la finance, et d'un groupe de presse (*L'Aurore*, *Paris-Turf*), ainsi que d'une écurie de course renommée.
9. Richard M. Titmuss, *Income Distribution and Social Change. A Study in Criticism*, Londres, Allen and Unwin, 1962.
10. Soit un prélèvement de 95 %, une livre sterling étant formée de 20 shillings.
11. Gilbert Mathieu, « La réponse des chiffres », *Les Temps modernes*, n° 196-197, *Données et problèmes de la lutte ouvrière*, septembre-octobre 1962, pp. 403-458. (« *L'évolution en cours*, tout en élevant très lentement le niveau de vie de presque tous, *ne modifie pas fondamentalement cette situation*, puisqu'elle aggrave au contraire les états existant entre classes défavorisées et classes privilégiées », p. 456).
12. John K. Galbraith, *American Capitalism. The Concept of Countervailing Power*, New York, New American Library, 1952 ; trad. fr. par Marie-Thérèse Génin : *Le Capitalisme américain. Le concept du pouvoir compensateur*, Paris, Librairie de Médicis, 1956. La collection « Liberté de l'esprit » dirigée par Raymond Aron a publié la traduction française de *The Affluent Society* : J. K. Galbraith, *L'Ère de l'opulence*, Paris, Calmann-Lévy, 1961, éditions augmentées 1970, 1986.

NOTES DU CHAPITRE XIX

1. Raymond Aron rejette là la thèse de la convergence que certains lui prêtent à la suite de son analyse de la société industrielle dans ses *Dix-huit Leçons sur les sociétés industrielles*, Paris, Gallimard, « Idées », 1963. Voir aussi l'entretien de Raymond Aron avec Pierre Schaeffer, 13 février 1973, *Dialogues de France-Culture*, n° 1, *Quelle crise ? Quelle société ?*, Grenoble, Presses universitaires de Grenoble, 1974, pp. 35-40, et R. Aron, *Le Spectateur engagé*, pp. 229-230.

2. La remarque de Raymond Aron fait écho aux discussions, commencées le 24 janvier 1963, par le « Groupe 1985 » présidé par Pierre Guillaumat et constitué par le Premier ministre à la fin de 1962 afin « d'étudier, sous l'angle des faits porteurs d'avenir, ce qu'il serait utile de connaître dès à présent de la France de 1985 pour éclairer les orientations générales du Vᵉ Plan » (Groupe 1985, *Réflexions pour 1985. Travaux pour le Plan*, Paris, La Documentation française, 1964). Le Groupe 1985 a fait appel à Aron pour exposer à l'une de ses séances de travail, « Les problèmes posés par la croissance économique ». Voir aussi Commissariat général du Plan, *1985. La France face au choc du futur*, Paris, Armand Colin-La Documentation française, « Plan et Prospectives », 1972.

3. Dans ce paragraphe et dans celui qui précède, Raymond Aron fait allusion à une conférence d'Alexandre Kojève, qui l'avait en effet beaucoup amusé, et dont il possédait le texte dactylographié. Cette conférence prononcée le 16 janvier 1957 à Düsseldorf a été reproduite en deux parties dans *Commentaire*, sous les titres suivants : « Capitalisme et socialisme » (n° 9, Printemps 1980, pp. 135-137) et « Du colonialisme au capitalisme » (n° 87, Automne 1999, pp. 557-565).

4. La transcription de l'enregistrement du cours de Raymond Aron s'arrête ici. Selon une note manuscrite de la secrétaire qui a écouté la bande d'enregistrement, pour la dactylographier, environ une demi-heure de cours était devenue inaudible en raison de l'état de la bande. Il manque donc, triste parallèle avec la fin du livre III du *Capital* éditée par Engels, les développements que Raymond Aron a consacrés à « la réduction de la politique à la lutte de classes ».

NOTES DE L'ANNEXE II

1. « Das Ganze ist eingeteilt in 6 Bücher. 1. Vom Kapital. (Enthält einige Vorchapters.) 2. Vom Grundeigentum. 3. Von der Lohnarbeit. 4. Vom Staat. 5. Internationaler Handel. 6. Weltmarkt » (Marx an Lassalle, 22. Februar 1858, lettre reproduite dans Gustav Mayer (hrsg), Ferdinand Lassalle, *Nachgelassene Briefe und Schriften*, III. Band : *Der Briefwechsel zwischen Lassalle und Marx, nebst Briefen von Friedrich Engels und Jenny Marx an Lassalle und von Karl Marx an Gräfin Sophie Hatzfeldt*, Stuttgart-Berlin, Deutsche Verlags-Anstalt-Verlagsbuchhandlung Julius Springer, 1922, pp. 116-117).

2. « Folgendes ist short outline of the first part. Die ganze Scheiße soll zerfallen in sechs Bücher : 1. Vom Kapital. 2. Grundeigentum. 3. Lohnarbeit. 4. Staat. 5. Internationaler Handel. 6. Weltmarkt. I. Kapital zerfällt in vier Abschnitte. a. Kapital en général. (Dies ist der Stoff des ersten Hefts.) b. Die Konkurrenz oder die Aktion der vielen Kapitalien aufeinander. c. Kredit, wo das Kapital den einzelnen Kapitalien gegenüber als allgemeines Element erscheint. d. Das Aktienkapital als die vollendetste Form (zum Kommunismus überschlagend), zugleich mit allen seinen Widersprüchen » etc. (Marx an Engels, 2. April 1858, lettre reproduite dans la *MEGA*, III, 2, *Der Briefwechsel zwischen Marx und Engels 1854-1860*, im Auftrage des Marx-Engels-Instituts Moskau, herausgegeben von David Rjazanov, Berlin, Marx-Engels Verlag, 1930, p. 308).

3. Maximilien Rubel, l'éditeur de Marx dans la « Pléiade », considère qu'il n'y a pas de changement de plan. Sur ce point de marxologie, voir M. Rubel, « Introduction » à Karl Marx, *Œuvres, Économie*, II, Paris, Gallimard, « Pléiade », 1968, pp. XCIV-CXVIII.

4. « Ich betrachte das System der bürgerlichen Oekonomie in dieser Reihenfolge : *Kapital, Grundeigentum, Lohnarbeit, Staat, auswärtiger Handel, Weltmarkt*. Unter den drei ersten Rubriken untersuche ich die ökonomischen Lebensbedingungen der drei großen Klassen, worin die moderne bürgerliche Gesellschaft zerfällt ; der Zusammenhang der drei anderen Rubriken springt in die Augen. Die erste Abteilung des ersten Buches, das vom Kapital handelt, besteht aus folgenden Kapiteln : 1. die Ware ; 2. das Geld oder die einfache Zirkulation ; 3. das Kapital im allgemeinen. Die zwei ersten Kapitel bilden den Inhalt des vorliegenden Heftes » (Karl Marx, *Zur Kritik der politischen Ökonomie*, 1859).

5. « Utility then is not the measure of exchangeable value, althrough it is absolutely essential to fit it. If a commodity were in no way useful, – in other words, if it could in no way contribute to our gratification, – it would be destitute of exchangeable value, however scarce it might be, or whatever quantity of labour might be necessary to procure it. Possessing utility, commodities derives their exchangeable value from two sources : from their scarcity, and from the quantity of labour required to obtain them » (Chapter I : « On Value », Piero Sraffa (ed.), *The Works and Correspon-*

dence of David Ricardo, I, *On the Principles of Political Economy and Taxation* [1817], Cambridge, The Royal Economic Society, 1951, pp. 11-12).

6. « Value, then, essentially differs from riches, for value depends not on abundance, but on the difficulty or facility of production. The labour of a million of men in manufactures, will always produce the same value, but will not always produce the same riches » (Chapter XX : « Value and Riches, their Distinctive Properties », *Principles, op. cit.*, pp. 243 sq.).

7. Voir les notes 5 du chapitre XIII et 15 du chapitre XVII.

8. Karl Marx, *Le Capital. Critique de l'économie politique. Livre premier*, I, Paris, Éditions sociales, 1948, p. 73.

9. Le texte de Staline, *Ekonomitcheskie Problemy sotsializma v SSSR*, remplit d'abord deux numéros entiers de la *Pravda*, les 3 et 4 octobre 1952, la veille de l'ouverture du XIXᵉ congrès du Parti communiste. Au rapport qu'il devait faire devant ce congrès, Staline a substitué une discussion engagée depuis le printemps à propos du « Manuel d'économie politique » du parti. Le texte est traduit en français aux Éditions politiques d'État de Moscou, puis, en France, les communistes tirent deux éditions : J. Staline, *Les problèmes économiques du socialisme en URSS*, suivi du *Discours au XIXᵉ congrès du Parti communiste de l'Union soviétique*, Paris, Éditions sociales, 1952, puis un numéro spécial des *Cahiers du Communisme*, novembre 1952, intitulé « L'ouvrage de J. Staline, *Les problèmes économiques du socialisme en URSS*, et *Les travaux du XIXᵉ congrès du Parti communiste de l'Union soviétique (5 au 14 octobre 1952)* ». « L'ouvrage de Staline fait ressortir l'humanisme de la société socialiste où tout est subordonné à l'homme, tout vise au bien et au bonheur de l'homme. Dans la société capitaliste, l'homme et ses besoins sont perdus de vue. La course au profit est son objectif principal. Le but de la production socialiste "n'est pas le profit, mais l'homme et ses besoins, c'est-à-dire la satisfaction de ses besoins matériels et culturels" » (article « Problèmes économiques du socialisme en URSS », M. Rosentahl et P. Ioudine, *Petit dictionnaire philosophique*, Moscou, Éditions en langues étrangères, 1955, p. 499).

10. On appréciera l'ironie de Staline : « Bien plus, je pense qu'il faut renoncer à certaines autres notions empruntées au *Capital* ; où Marx se livrait à l'analyse du capitalisme, – et artificiellement accolées à nos rapports socialistes. Je veux parler entre autres de notions telles que le travail "nécessaire" et le "surtravail", le produit "nécessaire" et le "surproduit", le temps "nécessaire" et le temps "extra". Marx a analysé le capitalisme afin d'établir l'origine de l'exploitation de la classe ouvrière, la plus-value, et de fournir à la classe ouvrière privée des moyens de production une arme spirituelle pour renverser le capitalisme. On comprend que Marx se sert ici de notions (catégories) qui répondent parfaitement aux rapports capitalistes. Mais il serait plus qu'étrange de se servir actuellement de ces notions, alors que la classe ouvrière, loin d'être privée du pouvoir et des moyens de production, détient au contraire le pouvoir et possède les moyens de production. Les propos sur la force de travail comme marchandise et sur le

"salariat" des ouvriers sonnent d'une façon assez absurde sous notre régime : comme si la classe ouvrière, possédant les moyens de production, se salariait elle-même et se vendait à elle-même sa force de travail. Il n'est pas moins étrange de parler aujourd'hui de travail "nécessaire" et de "surtravail" : comme si dans nos conditions, le travail des ouvriers donné à la société en vue d'élargir la production, de développer l'instruction, la santé publique, d'organiser la défense nationale, etc., n'était pas aussi nécessaire à la classe ouvrière, aujourd'hui au pouvoir, que le travail dépensé pour subvenir aux besoins personnels de l'ouvrier et de sa famille. Il est à noter que Marx dans sa *Critique du programme de Gotha*, où il analyse non plus le capitalisme, mais entre autres la première phase de la société communiste, reconnaît que le travail consacré à la société pour élargir la production, pour l'instruction, la santé publique, les frais d'administration, la constitution de réserves, etc., est aussi nécessaire que le travail dépensé pour subvenir aux besoins de consommation de la classe ouvrière. Je pense que nos économistes doivent en finir avec ce défaut de concordance entre les vieilles notions et le nouvel état de choses dans notre pays socialiste, en substituant aux notions anciennes des notions appropriées à la nouvelle situation. Nous avons pu tolérer ce défaut de concordance un certain temps. Mais l'heure est venue où nous devons enfin remédier à ce défaut » (J. Staline, *Les problèmes économiques du socialisme en URSS*, suivi du *Discours au XIXᵉ congrès du Parti communiste de l'Union soviétique*, Paris, Éditions sociales, 1952, p. 20).

11. Dans son cours de Sorbonne, qui précède, Raymond Aron a utilisé la traduction des livres II et III du *Capital* publiée aux Éditions sociales.

12. « Matériaux pour le deuxième volume du *Capital*. Livre II. Le processus de circulation du capital (1869-1879) », traduction par Maximilien Rubel, Karl Marx, *Œuvres, Économie*, II, Paris, Gallimard, « Pléiade », 1968, p. 614.

13. Voir la note 13 du chapitre XI.

14. « Matériaux pour le deuxième volume du *Capital*. Livre II », *loc. cit.*, p. 754 sq.

15. « Matériaux pour le deuxième volume du *Capital*. Livre III. Le processus d'ensemble du capital (1864-1875) », traduction par Michel Jacob, Maximilien Rubel et Simone Voute, Karl Marx, *Œuvres, Économie*, II, Paris, Gallimard, « Pléiade », 1968, pp. 887-888.

16. *Ibid.*, pp. 894-895.

17. *Ibid.*, pp. 1024-1025.

18. « C'est un des traits civilisateurs du capital que d'imposer et d'obtenir ce surtravail d'une manière et dans des conditions qui sont plus favorables au développement des forces productives et des relations sociales, plus avantageuses pour créer les éléments d'une formation nouvelle et supérieure que ne l'étaient les anciennes formes de l'esclavage, du servage, etc. Ainsi, le capital fait, d'une part, éclore un stade de développement d'où seront absentes la contrainte et la monopolisation du progrès social (y compris ses avantages matériels et intellectuels) par une classe de

la société aux dépens de l'autre. D'autre part, il crée les moyens matériels et le germe de conditions qui permettront, dans une forme supérieure de société, de combiner ce surtravail avec une réduction accrue du temps consacré au travail matériel en général. En effet, suivant le développement de la productivité du travail, le surtravail peut être important pour une courte journée totale de travail. [...] À la vérité, le règne de la liberté commence seulement à partir du moment où cesse le travail dicté par la nécessité et les fins extérieures ; il se situe donc, par sa nature même, au-delà de la sphère de la production matérielle proprement dite. Tout comme l'homme primitif, l'homme civilisé est forcé de se mesurer avec la nature pour satisfaire ses besoins, conserver et reproduire sa vie ; cette contrainte existe pour l'homme dans les formes de société et sous tous les types de production. Avec son développement, cet empire de la nécessité naturelle s'élargit parce que les besoins se multiplient ; mais, en même temps, se développe le processus productif pour les satisfaire. Dans ce domaine, la liberté ne peut consister qu'en ceci : les producteurs associés – l'homme socialisé – règlent de manière rationnelle leurs échanges organiques avec la nature et les soumettent à leur contrôle commun au lieu d'être dominés par la puissance aveugle de ces échanges ; et ils les accomplissent en dépensant le moins d'énergie possible, dans les conditions les plus dignes, les plus conformes à leur nature humaine. Mais l'empire de la nécessité n'en subsiste pas moins. C'est au-delà que commence l'épanouissement de la puissance humaine qui est sa propre fin, le véritable règne de la liberté qui, cependant, ne peut fleurir qu'en se fondant sur ce règne de la nécessité. La réduction de la journée de travail est la condition fondamentale de cette libération » (*Ibid.*, pp. 1486-1488).

19. « Matériaux pour l' « Économie» (1861-1865) », traduction par Jean Malaquais et Maximilien Rubel, Karl Marx, *Œuvres, Économie*, II, Paris, Gallimard, « Pléiade », 1968, p. 378.
20. Voir Vilfredo Pareto, *Les systèmes socialistes*, Paris, Giard, « Bibliothèque d'économie politique », 2ᵉ édition, 1926 [1903, 1ʳᵉ édition], II, p. 388, et son introduction à Karl Marx, *Le Capital*, extraits faits par Paul Lafargue, Paris, Guillaumin, « Petite Bibliothèque économique française et étrangère », 1894, pp. XLVIII-XLIX. Voir Raymond Aron, *Les étapes de la pensée sociologique*, Paris, Gallimard, 1967, pp. 464-465.
21. « Matériaux pour le deuxième volume du *Capital*. Livre III », *loc. cit.*, pp. 1300-1301.
22. *Ibid.*, pp. 1303-1304.
23. *Ibid.*, p. 1393.
24. Nous sautons ici un développement de R. Aron sur le circuit des physiocrates, mal transcrit dans la version dactylographiée.
25. *Ibid.*, pp. 1381-1382.
26. *Ibid.*, p. 1485.
27. Nous ne retenons que la première partie de ce chapitre. La suite concerne la théorie des classes dans le marxisme soviétique ou l'analyse des classes sociales et de leurs luttes dans les écrits politiques de Marx. Ce dernier point est traité dans le chapitre XV de ce livre.

28. « Die ganze Gesellschaft spaltet sich mehr und mehr in zwei große feindliche Lager, in zwei große, einander direkt gegenüberstehende Klassen : Bourgeoisie und Proletariat » (*Kommunistisches Manifest*, 1848).
29. Il s'agit de la septième section (« Les revenus et leurs sources ») du livre III du *Capital* (« Matériaux pour le deuxième volume du *Capital*. Livre III », *loc. cit.*, pp. 1425 sq.).
30. Par exemple : « On appelle classes de vastes groupes d'hommes qui se distinguent par la place qu'ils occupent dans un système historiquement défini de production sociale, par leur rapport (la plupart du temps fixé et consacré par les lois) vis-à-vis des moyens de production, par leur rôle dans l'organisation sociale du travail, donc, par les modes d'obtention et l'importance de la part de richesses sociales dont ils disposent. Les classes sont des groupes d'hommes dont l'un peut s'approprier le travail de l'autre, à cause de la place différente qu'il occupe dans une structure déterminée de l'économie sociale » (N. Lénine, *La Grande Initiative (L'héroïsme des ouvriers de l'arrière. À propos des « samedis communistes »)* [en russe], brochure publiée à Moscou en juillet 1919).
31. « Matériaux pour le deuxième volume du *Capital*. Livre III », *loc. cit.*, p. 1176.

BIBLIOGRAPHIE

ŒUVRES DE KARL MARX CITÉES DANS L'ANNEXE II

• **Le livre deuxième du *Capital***

Le livre II du *Capital* est composé à partir de manuscrits de Marx, postérieurs à 1867 et plus souvent datant de 1870 et 1879, et publié par Friedrich Engels.

ÉDITIONS :
– Karl Marx, *Das Kapital. Kritik der politischen Oekonomie. II : Der Circulationsprocess des Kapitals*, Hambourg, Otto Meissner, 1885.
– *Ibid.*, 2ᵉ édition remaniée par Engels en 1893.
– Une édition populaire est publiée par Kautsky, Berlin, Dietz, 1926.
– Karl Marx, *Das Kapital. Kritik der politischen Ökonomie. Band II : Der Zirculationsprozess des Kapitals, herausgegeben von Friedrich Engels*, édition populaire de l'Institut Marx-Engels-Lénine de Moscou, Moscou-Léningrad, Verlagsgenossenschaft ausländischer Arbeiter in der UdSSR, 1933 (à partir de la 2ᵉ édition d'Engels).
– *MEW*, XXIV : *Das Kapital. Kritik der politischen Ökonomie. Zweiter Band. Buch II : Der Zirkulationsprozess des Kapitals, herausgegeben von Friedrich Engels*, Berlin-Est, Dietz, 1963 (reprend les ajouts et corrections des éditions de 1933, 1949, 1951 et 1953).

TRADUCTIONS :
– Karl Marx, *Le Capital, Livre II, Le procès de circulation du capital*, traduction par Julien Borchardt et Hippolyte Vanderrydt, Paris, Giard et Brière, « Bibliothèque socialiste internationale III », 1900.

– Karl Marx, *Le Capital. Le procès de la circulation du capital*, traduction par J. Molitor, 4 volumes, Paris, Alfred Costes, 1926 (tomes V-VIII des *Œuvres complètes de Karl Marx*).

– Karl Marx, *Le Capital. Critique de l'économie politique. Livre deuxième, Le procès de la circulation du capital*, traduction française par Erna Cogniot (premier volume), Catherine Cohen-Solal et Gilbert Badia (second volume), sous le contrôle d'Émile Bottigelli, 2 volumes, Paris, Éditions sociales, 1952-1953 (à partir de l'édition populaire, « Verlagsgenossenschaft ausländischer Arbeiter in der UdSSR », publiée par l'Institut Marx-Engels-Lénine de Moscou en 1933 et avec des compléments et notes tirées des éditions Dietz de Berlin-Est de 1951 et soviétique de 1949).

– « Matériaux pour le deuxième volume du *Capital*. Livre II. Le processus de circulation du capital (1869-1879) », traduction par Maximilien Rubel, Karl Marx, *Œuvres, Économie*, II, Paris, Gallimard, « Pléiade », 1968, pp. 499-863 (considérant que *le Capital* n'est qu'une partie inachevée des six d'*Économie*, l'œuvre projetée par Marx et dont le plan est exposé en 1859 dans la préface à *la Critique de l'économie politique*, Rubel fait la synthèse des manuscrits originaux de Marx et des additions d'Engels, complétée par une sélection de divers matériaux et variantes, en utilisant l'édition Dietz de 1953) [édition utilisée par Raymond Aron dans son cours du Collège de France].

• **Le livre troisième du *Capital*.**
Voir la bibliographie du chapitre XII.

– « Matériaux pour le deuxième volume du *Capital*. Livre III. Le processus d'ensemble du capital (1864-1875) », traduction par Michel Jacob, Maximilien Rubel et Simone Voute, Karl Marx, *Œuvres, Économie*, II, Paris, Gallimard, « Pléiade », 1968, pp. 865-1488 [édition utilisée par Raymond Aron dans son cours du Collège de France].

TABLE

Table 825

Table 827

TROISIÈME PARTIE
LA DESTINÉE POSTHUME

ANNEXES

ŒUVRES DE RAYMOND ARON

La Sociologie allemande contemporaine, Paris, Alcan, 1935 ; nouvelle édition Paris, PUF, « Quadrige », 1981.

Introduction à la philosophie de l'histoire. Essai sur les limites de l'objectivité historique, Paris, Gallimard, « Bibliothèque des Idées », 1938 ; nouvelle édition Paris, Gallimard, « Bibliothèque des Sciences humaines », 1986 ; réédition Paris, Gallimard, « Tel », 1991.

Essai sur une théorie de l'histoire dans l'Allemagne contemporaine. La philosophie critique de l'histoire, Paris, Vrin, 1938 ; nouvelle édition Paris, Julliard, 1987, sous le titre *La Philosophie critique de l'histoire* ; réédition Paris, Seuil, « Points Essais », 1991.

L'Homme contre les tyrans, New York, Éditions de la Maison française, 1944 ; réédition Paris, Gallimard, 1945 ; nouvelle édition dans *Chroniques de guerre. La France libre 1940-1945*, Paris, Gallimard, 1990.

De l'Armistice à l'insurrection nationale, Paris, Gallimard, « Problèmes et documents », 1945 ; nouvelle édition dans *Chroniques de guerre. La France libre 1940-1945*, Paris, Gallimard, 1990.

L'Âge des empires et l'avenir de la France, Paris, Défense de la France, 1945 ; nouvelle édition dans *Chroniques de guerre. La France libre 1940-1945*, Paris, Gallimard, 1990.

Le Grand Schisme, Paris, Gallimard, 1948.

Les Guerres en chaîne, Paris, Gallimard, 1951.

La Coexistence pacifique, essai d'analyse (sous le pseudonyme de François Houtisse et en collaboration avec Boris Souvarine), Paris, Éditions Monde nouveau, 1953.

L'Opium des intellectuels, Paris, Calmann-Lévy, « Liberté de l'esprit », 1955 ; réédition Paris, Hachette, « Pluriel », 2002.

Polémiques, Paris, Gallimard, « Les Essais LXXI », 1955.

Espoir et peur du siècle. Essais non partisans, Paris, Calmann-Lévy, « Liberté de l'esprit », 1957.

La Tragédie algérienne, Paris, Plon, « Tribune libre », 1957.

L'Algérie et la République, Paris, Plon, « Tribune libre », 1958.

Immuable et Changeante, de la IVe à la Ve République, Paris, Calmann-Lévy, « Liberté de l'esprit », 1959.

La Société industrielle et la guerre, suivi d'un *Tableau de la diplomatie mondiale en 1958*, Paris, Plon, 1959.

Dimensions de la conscience historique, Paris, Plon, « Recherches en sciences humaines », 1961 ; réédition Paris, Julliard, « Agora », 1985.

Paix et guerre entre les nations, Paris, Calmann-Lévy, 1962 ; nouvelle édition *Ibid.*, 1992 ; réédition *Ibid.*, « Liberté de l'esprit », 2001.

Dix-huit leçons sur la société industrielle, Paris, Gallimard, « Idées », 1962 ; réédition Paris, Gallimard, « Folio Essais », 1988.

Le Grand Débat. Initiation à la stratégie atomique, Paris, Calmann-Lévy, 1963.

La Lutte de classes. Nouvelles leçons sur les sociétés industrielles, Paris, Gallimard, « Idées », 1964 ; réédition *Ibid.*, 1981.

Démocratie et totalitarisme, Paris, Gallimard, « Idées », 1965 ; réédition Paris, Gallimard, « Folio Essais », 1992.

Essai sur les libertés, Paris, Calmann-Lévy, « Liberté de l'Esprit », 1965 ; nouvelle édition Paris, Hachette, « Pluriel », 1998.

Trois essais sur l'âge industriel, Paris, Plon, « Preuves », 1966.

Les Étapes de la pensée sociologique, Paris, Gallimard, « Bibliothèque des Sciences Humaines », 1967 ; réédition Paris, Gallimard, « Tel », 1996.

De Gaulle, Israël et les Juifs, Paris, Plon, « Tribune libre », 1968.

La Révolution introuvable. Réflexions sur les événements de mai, Paris, Fayard, « En toute liberté », 1968.

Les Désillusions du progrès. Essai sur la dialectique de la modernité, Paris, Calmann-Lévy, « Liberté de l'esprit », 1969 ; réédition Paris, Gallimard, « Tel », 1996.

D'une Sainte Famille à l'autre. Essai sur les marxismes imaginaires, Paris, Gallimard, « Les Essais », 1969 ; nouvelle édition Paris, Gallimard, « Folio Essais », 1998.

De la condition historique du sociologue, Paris, Gallimard, 1971 ; réédition *Ibid.*, 1983.

Études politiques, Paris, Gallimard, « Bibliothèque des Sciences Humaines », 1972.

Histoire et dialectique de la violence, Paris, Gallimard, « Les Essais CLXXXI », 1973.

République impériale. Les États-Unis dans le monde 1945-1972, Paris, Calmann-Lévy, 1973.

Penser la guerre, Clausewitz, I, *L'Âge européen*, II, *L'Âge planétaire*, Paris, Gallimard, « Bibliothèque des Sciences Humaines », 1976 ; réédition *Ibid.*, 1989 (I) et 1995 (II).

Plaidoyer pour l'Europe décadente, Paris, Laffont, 1977 ; nouvelle édition Paris, Librairie générale française, « Le Livre de poche », 1978.

Les Élections de mars et la Ve République, Paris, Julliard, 1978.

Le Spectateur engagé. Entretiens avec Jean-Louis Missika et

Dominique Wolton, Paris, Julliard, 1981 ; réédition Paris, Presses Pocket, 1983 ; réédition Paris, Éditions de Fallois, 2004.

Mémoires. 50 ans de réflexion politique, Paris, Julliard, 1983 ; réédition *Ibid.*, 1993 ; réédition Paris, Robert Laffont, 2003.

Ouvrages posthumes

Les Dernières Années du siècle, Paris, Julliard, « Commentaire », 1984.

Sur Clausewitz, Bruxelles, Complexe, « Historiques », 1987.

Études sociologiques, Paris, PUF, « Sociologies », 1988.

Essais sur la condition juive contemporaine, Paris, Éditions de Fallois, 1989.

Leçons sur l'histoire, Paris, Éditions de Fallois, 1989 ; réédition Paris, Le Livre de Poche, « Biblio Essais », 1991.

Chroniques de guerre. La France libre 1940-1945, Paris, Gallimard, 1990.

Les Articles de politique internationale dans Le Figaro, I, *La Guerre froide (juin 1947 à mai 1955)*, Paris, Éditions de Fallois, 1990.

Les Articles de politique internationale dans Le Figaro, II, *La Coexistence (mai 1955 à février 1965)*, Paris, Éditions de Fallois, 1994.

Les Articles de politique internationale dans Le Figaro, III, *Les Crises (février 1965 à avril 1977)*, Paris, Éditions de Fallois, 1997.

Machiavel et les tyrannies modernes, Paris, Éditions de Fallois, 1993 ; réédition Paris, Le Livre de Poche, « Biblio Essais », 1995.

Une histoire du xxᵉ siècle, Paris, Plon, 1996. Réédition Paris, Le Grand Livre du Mois, 1997.

Introduction à la philosophie politique : démocratie et révolution, Paris, Le Livre de Poche, « Références. Inédit sciences sociales », 1997.

Le Marxisme de Marx, Paris, Éditions de Fallois, 2002 ; réédition Paris, Le Livre de Poche, 2004.

La bibliographie scientifique complète des œuvres de Raymond Aron, établie par Perrine Simon et Élisabeth Dutartre, a été publiée aux Éditions Julliard/Société des Amis de Raymond Aron en 1989.

Achevé d'imprimer en juin 2006 en Espagne par
LIBERDÚPLEX
Sant Llorenç d'Hortons (08791)
Nº d'éditeur : 72228
Dépôt légal 1ère publication : février 2004
Edition 02 - juin 2006
Librairie Générale Française - 31 rue de Fleurus - 75278 Paris Cedex 06

31/0800/8